Mit Gottes Segen,

+ Serafin

Askese versus Konsumgesellschaft

Aktualität und Spiritualität von Mönchtum und Ordensleben
im 21. Jahrhundert

Deutsch-Rumänische Theologische Bibliothek (DRThB)
Band 4

Herausgegeben von

S. E. Erzbischof Gerhard Ludwig Müller, Rom – S. E. Metropolit Serafim von Deutschland, Zentral- und Nordeuropa, Nürnberg – S. E. Bischofsvikar Daniel Zikeli, Bukarest – Daniel Benga, Bukarest – Daniel Buda, Hermannstadt/Genf – Nicolae Dura, Wien – Lucian Farcaş, Iaşi – Jürgen Henkel, Selb/Hermannstadt – Hermann Pitters, Hermannstadt – Radu Preda, Klausenburg – Hermann Schoenauer, Neuendettelsau – Albert Rauch, Regensburg

Gründungsherausgeber und Schriftleiter:
Jürgen Henkel – Radu Preda

Band III-1; Abteilung III: Dogmatica (Dogmatik, Moraltheologie, Sozialtheologie, Ethik, Spiritualität)

Biblioteca teologică germano-română (BTGR)
Volumul 4

Editată de

E. S. Arhiepiscop Gerhard Ludwig Müller, Roma – Î.P.S. Serafim, Mitropolit pentru Germania, Europa Centrală şi de Nord, Nürnberg – E. S. Daniel Zikeli, Episcop vicar, Bucureşti – Daniel Benga, Bucureşti – Daniel Buda, Sibiu/Geneva – Nicolae Dura, Viena – Lucian Farcaş, Iaşi – Jürgen Henkel, Selb/Sibiu – Hermann Pitters, Sibiu – Radu Preda, Cluj – Hermann Schoenauer, Neuendettelsau – Albert Rauch, Regensburg

Editori fondatori şi coordonatori:
Jürgen Henkel – Radu Preda

Vol. III-1; Secţiunea III: Dogmatica (Studii de teologie dogmatică, teologie morală, teologie socială, etică şi spiritualitate)

Jürgen Henkel / Nikolaus Wyrwoll (Hg.)

Askese

versus

Konsumgesellschaft

Aktualität und Spiritualität von Mönchtum und Ordensleben
im 21. Jahrhundert

Schiller Verlag
Bonn – Hermannstadt

Verlag und Herausgeber danken folgenden Institutionen für Druckkostenzuschüsse:

- Verband der Diözesen Deutschlands/VDD, Bonn;
- Diakoniewerk Neuendettelsau;
- Deutsche Ordensobernkonferenz, Bonn;
- Rumänische Orthodoxe Metropolie von Deutschland, Zentral- und Nordeuropa, Nürnberg.

Ohne diese Druckkostenzuschüsse hätte der Band nicht publiziert werden können.

Bildnachweise
Titelseite:
Oben: Diakonissen am Bahnhof von Neuendettelsau (Bayern). Foto: Karl-Günter Beringer
Mitte: Chorgebet im Prämonstratenser-Kloster Windberg (Bayern). Foto: Kloster Windberg
Unten: Orthodoxe Nonne im Klosterskit Cornet (Erzbistum Râmnic, Rumänien). Foto: Jürgen Henkel

Rückseite:
Oben: Historische Bibliothek des Prämonstratenser-Klosters Tepl (Tschechien). Foto: Kloster Tepl
Unten: Klosterpforte im Klosterskit Cornet (Erzbistum Râmnic, Rumänien). Foto: Jürgen Henkel

S. 5/24: Pfarrer Peter Helbich
S. 28: Jürgen Henkel

Umschlag: Anselm Roth

Redaktion und Korrektorat: Dr. Jürgen Henkel

© by SV/Anselm Roth
Hermannstadt/Sibiu und Bonn 2013
Schiller Verlag
RO-550179 Sibiu, Strada Mitropoliei 30,
Tel. 0369-809125
www.schiller.ro
verlag@schiller.ro
Print: Alföldfi Nyomda

ISBN 978-3-941271-18-9

Metropolit Serafim von Deutschland, Zentral- und Nordeuropa, Nürnberg (* 4. September 1948)

Inhalt

II. Die Wurzeln vergegenwärtigen

III. Theologie und Spiritualität des Mönchtums

IV. Die Kultur der Klöster

V. Klosterleben der Gegenwart als zeitgenössische Pastoral

Zum Geleit

† S. E. Bischof Dr. Gerhard Feige, Magdeburg,
Vorsitzender der Ökumenekommission der Deutschen Bischofskonferenz

Wir verkündigen »nicht Weisheit dieser Welt«, sondern »das Geheimnis der verborgenen Weisheit Gottes, die Gott vor allen Zeiten vorausbestimmt hat zu unserer Verherrlichung«. So schreibt Paulus im Ersten Brief an die Korinther (1 Kor 2,6 f.). Sich dieser verborgenen Weisheit Gottes zu öffnen und sie in sich wirksam werden zu lassen, dem dienen Gebet, Spiritualität und Askese. Sie sind ein Weg, den Menschen vor Verstrickungen in die materielle Welt des Diesseits zu bewahren und in Berührung mit Gott zu bringen.

Wer Metropolit Dr. Serafim Joantă begegnet, erlebt einen Menschen von großer geistlicher Ausstrahlung. Er hat seine spirituelle Heimat in der Tradition des Hesychasmus. Diesem Thema war seine Promotion am Orthodoxen Theologischen Institut St. Serge in Paris gewidmet; es ist zugleich sein Lebensthema. Aus dieser spirituellen Verwurzelung heraus lebt Metropolit Serafim, sie gibt ihm Orientierung und Kraft zur Wahrnehmung seiner Aufgaben als Seelsorger und Bischof. Die geistliche Tiefe, die Metropolit Serafim eigen ist, verbindet sich mit intellektueller Weite und einem offenen Herzen für die Nöte der Schwachen und Hilfsbedürftigen.

Am 4. September dieses Jahres begeht Metropolit Serafim seinen 65. Geburtstag. Es ist mir eine Freude, ihm hierzu mit einem Geleitwort zur Festschrift, die ihm aus diesem Anlass gewidmet ist, meine herzlichen Glück- und Segenswünsche zu übermitteln. Möge Gott ihm viele weitere Jahre in Gesundheit und Wohlergehen schenken und ihn für sein Wirken als Erzbischof und Metropolit seiner Kirche mit Kraft, Mut und Zuversicht ausstatten.

Seit 1994 steht Metropolit Serafim an der Spitze der damals neu gegründeten Metropolie von Deutschland, Zentral-und Nordeuropa. In den fast zwanzig Jahren seiner Amtszeit hat er den Aufbau und die Entwicklung der Metropolie entscheidend geprägt. Die Seelsorge für die orthodoxen Rumänen in der Diaspora und die Förderung des Gemeindeaufbaus waren ihm stets ein besonderes Anliegen. In Deutschland und weit darüber hinaus ist Metropolit Serafim ein geschätzter Gesprächspartner und Vertreter seiner Kirche. Seine freundliche und zugewandte Art zusammen mit seinem zielgerichteten und tatkräftigen Handeln haben ihm hohen Respekt und große Wertschätzung eingebracht.

Die ökumenische Aufgeschlossenheit von Metropolit Serafim und sein Wirken für die Einheit aller Christen verdienen besondere Erwähnung. In den ersten Jahren seiner Amtszeit hat er seine Aufgaben vom Ostkirchlichen Institut in Regensburg aus wahrgenommen, wo ihm hierzu Räumlichkeiten zur Verfügung gestellt wurden. Damals wurden die guten Kontakte zwischen der Deutschen Bischofskonferenz und der Rumänischen Orthodoxen Kirche in Deutschland grundgelegt, die im Laufe der Jahre weiter vertieft wurden und aus denen auch persönliche Freundschaften entstanden sind. Metropolit Serafim steht mit seiner Person für die Verlässlichkeit der Beziehungen, die sich zwischen unseren beiden Kirchen entwickelt haben. Dafür sei ihm aus Anlass seines Geburtstages ausdrücklich Dank gesagt. Wenn wir in der Vergangenheit mit Gremien der Deutschen Bischofskonferenz in der Metropolie in Nürnberg zu Gast waren, hat Metropolit Serafim uns stets das Gefühl vermittelt, dass wir dort herzlich willkommen sind. Wie auch auf internationaler Ebene bringt sich die Rumänische Orthodoxe Kirche in Deutschland aktiv in den ökumenischen Dialog ein. So ist es Metropolit Serafim ein persönliches Anliegen, dass ein Vertreter seiner Kirche in unserer Gemeinsamen Kommission der Deutschen Bischofskonferenz und der Orthodoxen Bischofskonferenz in Deutschland mitarbeitet.

Die vorliegende Festschrift, mit der der Jubilar geehrt wird, knüpft thematisch an seine Verwurzelung im Hesychasmus an. Sie ist der Frage nach der Aktualität und Spiritualität von Mönchtum und Ordensleben im 21. Jahrhundert gewidmet. Dieser Frage geht sie aus orthodoxer, katholischer und lutherischer Perspektive nach. Dabei werden viele Berührungen zwischen den unterschiedlichen Traditionen sichtbar. Ich wünsche der Festschrift, dass sie dem Geehrten Freude bereitet. Möge sie darüber hinaus eine breite Rezeption finden, zum Weiterdenken anregen und eine wechselseitige Befruchtung der Traditionen in Ost und West fördern.

Einführung

Am 4. September im Jahre unseres Herrn Jesus Christus 2013 feiert Seine Eminenz Metropolit Serafim von Deutschland, Zentral- und Nordeuropa unter den freundlichen Augen Gottes seinen 65. Geburtstag. Seit 1994 wirkt der charismatische Hierarch, Mönch und Seelsorger nun bereits in der verantwortungsvollen Aufgabe als Diasporametropolit der rumänischen orthodoxen Christen in Deutschland, Österreich, Luxemburg, Schweden, Norwegen, Dänemark und Finnland und erfüllt seine wichtige und verantwortungsvolle Mission genauso engagiert wie segensreich. Metropolit Serafim hat seit 1994 unendlich viel erreicht, unter anderem den Aufbau des Metropolitanzentrums mit eigener Kathedrale in Nürnberg (2001), die Einrichtung eines Suffraganbistums für Nordeuropa (Schweden, Norwegen, Dänemark und Finnland) 2007 und Inthronisation eines Bischofs für dieses neue Bistum 2008 sowie die Anerkennung der Rumänischen Orthodoxen Metropolie für Deutschland, Zentral- und Nordeuropa als Körperschaft des Öffentlichen Rechts in Bayern (2006) und später in Baden-Württemberg, Hessen und jüngst im Saarland. Sein wichtigstes Augenmerk gilt aber der geistlich-seelsorgerlichen Betreuung der orthodoxen Rumänen in der Diaspora, dem Gemeindeaufbau und der Versorgung der Gläubigen mit Gottesdiensten und Priestern. Fand Metropolit Serafim bei seinem Amtsantritt in Deutschland neun Pfarreien vor, so sind es heute 54 Pfarrgemeinden.

Metropolit Serafim versteht sich nicht zuerst als Bischof und Kirchenpolitiker, sondern als Mönch, Priester und geistlicher Vater der ihm anvertrauten Gläubigen. Er ist auch in seinem bischöflichen Wirken tief durchdrungen von der monastischen Spiritualität, welche die orthodoxe Kirche, Theologie und Frömmigkeit in Rumänien und darüber hinaus so stark geprägt hat und der Orthodoxie auch das geistliche Überleben in der Zeit der kommunistischen Diktaturen und während anderer historischer Bedrängnisse ermöglicht hat.

In seiner Dissertation am Institut St. Serge in Paris untersuchte der Metropolit noch als Priestermönch die Traditionen der Gebetsbewegung des Hesychasmus in Rumänien (1985). Diese Arbeit über die monastischen Traditionen Rumäniens in der Neuzeit liegt außer auf Rumänisch auch auf Deutsch, Englisch und Französisch vor. Zwei international bedeutende und herausragende Persönlichkeiten haben die rumänische Orthodoxie im Blick auf die Theologie und Praxis der Askese und der Spiritualität ganz besonders geprägt: der heilige Paisij Veličkovskij (1722-1794), der in rumänischen Moldauklöstern wirkte und die Gebets- und Meditationspraxis der asketi-

13

schen Väter für die Neuzeit wiederentdeckt und vermittelt hat – auch durch zahlreiche Übersetzungen von Philokalia-Texten der frühen ostkirchlichen Kirchen- und Wüstenväter zum Herzensgebet –, und Vater Professor Dr. Dumitru Stăniloae (1903-1993), der dieses Universum an Texten zur Askese, Mystik und Spiritualität durch seine zwölfbändige Übersetzung der »Rumänischen Philokalia« (1946-1991) für die Gegenwart und die Zukunft dauerhaft erschlossen hat. Beide werden vor allem in den Studien aus Rumänien eine wichtige Rolle spielen.

Metropolit Serafim darf nun mit Fug und Recht als Neohesychast gewürdigt werden, er gehört zu den Theologen der Gegenwart, die diese Gebetsbewegung des Hesychasmus und das Herzensgebet nachhaltig vertreten, fördern und selbst praktizieren. Dies geschieht sicher nicht immer reibungsfrei oder im Gleichklang mit Welt und Gesellschaft, doch der gelebte Glaube, die Theologie und die Kirche bieten der Welt Reibungsflächen, wenn Mission und Auftrag bestimmungsgemäß erfüllt werden. Doch genau diese konsequente und nachhaltige, überzeugte und überzeugende, manchmal sperrige, immer jedoch authentische Frömmigkeit und Glaubensverkündigung machen den Hierarchen zu einem der beliebtesten Bischöfe und geistlichen Väter seiner Kirche, dem größtes Vertrauen und Respekt entgegengebracht werden und der zu den glaubwürdigsten Theologen und Bischöfen der rumänischen Orthodoxie zählt. Von Metropolit Serafim als zeitgenössischem Kirchenlehrer können Christen aller Kirchen und Konfessionen der Gegenwart mit all ihren Herausforderungen lernen, was die Worte des heiligen Apostelfürsten Paulus bedeuten: »*Stellt euch nicht dieser Welt gleich, sondern ändert euch durch Erneuerung eures Sinnes, damit ihr prüfen könnt, was Gottes Wille ist, nämlich das Gute und Wohlgefällige und Vollkommene.*« (Röm. 12,2) Entsprechend fordert er mit dem heiligen Apostelfürsten die Gläubigen immer wieder auf: »*Trachtet nach dem, was droben ist, nicht nach dem, was auf Erden ist.*« (Kol. 3,2)

Die Idee dieses Buches

Der vorliegende Band ist diesem großen charismatischen Erzbischof und Metropoliten zum 65. Geburtstag gewidmet. Dieser Festschrift und Freundesgabe für S. E. Metropolit Serafim liegt ein durchdachtes und präzises Konzept bezüglich dargestellter Themen und der Autorenauswahl zugrunde, das auch in der Gliederung zum Ausdruck kommt. Der Band soll eine Bestandsaufnahme der Aktualität und Spiritualität des Mönchtums und des Klosterlebens, des geweihten Lebens und des Ordenslebens im 21. Jahrhundert bieten, und das kirchenübergreifend aus orthodoxer, katholischer und lutherischer Perspektive. Dies unter gleichzeitiger Rückbesinnung auf die historischen und theologischen Wurzeln des Mönchtums und besonders prägende Persönlichkeiten und Traditionen wie dem heiligen Augustinus, dem heiligen Benedikt, dem Patron Europas, dem heiligen Franziskus, aber auch Bewegungen wie dem ostkirchlichen Hesychasmus und der Spiritualität etwa der Prämonstratenser. Wichtig war uns grundsätzlich, dass hier Studien und Ansätze aus verschiedenen Kirchen und Ländern Europas zu Wort kommen und auch mit Beiträgen aus verschiedenen katholischen Ordensgemeinschaften die Vielstimmigkeit des Kloster- und Ordenslebens deutlich wird. Ganz besonders hat es uns gefreut, mit dem Beitrag von Father Michael Casey OSCO sogar eine Stimme aus Australien hier präsentieren zu können. Es wird für den Leser spannend und aufschlussreich sein, die bisweilen recht unterschiedlichen Prägungen von Klöstern, Mönchtum und Orden zwischen West und Ost so konzentriert wahrnehmen zu können und auch mit manch provozierender Sicht konfrontiert zu werden.

Mönchtum, Klöster und Ordensleben wirken im so stark diesseitsorientierten 21. Jahrhundert wie ein Anachronismus. Immer mehr Menschen vor allem im Westen wenden sich von den christlichen Kirchen und verbindlichen Formen christlicher Frömmigkeit ab. Konsumismus, Materialismus und Hedonismus sind für viele längst zur alles bestimmenden Ersatzreligion geworden. Die Befriedigung rudimentär noch vorhandener meditativer Bedürfnisse wird vor allem in Spiritismus, synkretistischen Praktiken und bei fernöstlichen Religionen und Meditationsformen gesucht, oft ohne diese wirklich zu verstehen, statt auf den reichen Schatz christlicher Spiritualität aus West und Ost zurückzugreifen.

Die Aufsätze unseres Bandes wollen Antworten geben auf die Leitfragen: Welchen Beitrag können das Mönchtum und das geweihte Leben, Ordensgemeinschaften und Klöster zur Vermittlung der christlichen Spiritualität heute leisten? Auf welchen theologisch-geistlichen Grundlagen und Wurzeln basiert dieser Beitrag? Wie stark haben diese die christliche und auch die weltliche Kultur epochen- und länderübergreifend geprägt? Welche historischen, gewachsenen und aktuellen Berührungspunkte gibt es zwischen den Traditionen des geweihten Lebens in Orthodoxie, Katholizismus und Luthertum? Was trägt monastische Frömmigkeit und Spiritualität für das christliche Leben im Alltag heute aus?

Katholische, orthodoxe und lutherische Autorinnen und Autoren aus Australien, Belgien, Deutschland, Österreich, Rumänien, der Schweiz und Tschechien bieten in diesem Band jetzt eine in dieser Form bisher einzigartige kirchenübergreifende Bestandsaufnahme des geistlichen Anspruchs und Wirkens der Klöster, des Mönchtums und der Ordensgemeinschaften in Ost und West. Es äußern sich Bischöfe aus vier Kirchen, orthodoxe und katholische Äbte, eine Äbtissin und die Leiterin des Instituts für Benediktinische Studien (Salzburg) sowie Angehörige der Orden der Augustiner, Benediktiner, Dominikaner, Franziskaner, Kapuziner, Karmeliter, Prämonstratenser, Trappisten und Zisterzienser sowie auch evangelischer Gemeinschaften. Etliche Autoren sind selbst publizistisch oder in der theologischen Lehre tätig und zählen zu herausragenden Theologen der Gegenwart, die sich mit der Theologie und Spiritualität des Mönchtums beschäftigen. Wir freuen uns, dass mit katholischen und orthodoxen Äbten aus verschiedenen Kirchen und Ländern Klostervorsteher bekannter und altehrwürdiger, aber auch völlig neu gegründeter Klöster zu Wort kommen. Und wir freuen uns, dass mit S. E. Metropolit Augoustinos von Deutschland (Bonn), S. E. Metropolit Teofan der Moldau und Bukowina (Jassy), S. E. Bischof Gregor Maria Hanke OSB von Eichstätt, S. E. Weihbischof Sofian von Kronstadt (München) und S. E. Landesbischof em. Jürgen Johannesdotter (Bückeburg) auch Bischöfe verschiedener Länder und Kirchen mit Beiträgen vertreten sind.

Die Beiträge sind nach Themenfeldern gegliedert. Nach einem einleitenden Kapitel mit Beiträgen der Bischöfe (»I. Die Bedeutung des Mönchtums in Ost und West«) fragt der zweite Hauptabschnitt nach den Wurzeln des Mönchtums und deren Vergegenwärtigung (»II. Die Wurzeln vergegenwärtigen«). Das nächste Kapitel beschäftigt sich mit der monastischen Theologie und Spiritualität (»III. Theologie und Spiritualität des Mönchtums und des geweihten Lebens«). Der vierte Hauptabschnitt fragt nach der kulturprägenden Bedeutung und Rolle der Klöster (»IV. Die Kultur der Klöster«), bevor das Abschlusskapitel besonders nach aktuellen Impulsen und der Lage in der Gegenwart fragt (»V. Klosterleben der Gegenwart als zeitgenössische Pastoral«). Biographische Hinweise und eine theologische Skizze zu Metropolit Serafim ergänzen diese Kapitel und ihre Beiträge im ersten Teil des Bandes.

Danksagung

Uns bleibt die erfreuliche Aufgabe, an dieser Stelle herzlich Dank zu sagen.

Zunächst danken wir allen Autorinnen und Autoren der Beiträge sowie den Übersetzerinnen und Übersetzern der Aufsätze, die aus dem Rumänischen, Französischen oder Tschechischen ins Deutsche übersetzt wurden. Und wir danken dem Schiller-Verlag, stellvertretend Herrn Verleger Anselm Roth, der für die gesamte technische Druckvorbereitung und Abwicklung, Satz und Layout verantwortlich zeichnet.

Wir danken allen, die Fotos beigesteuert haben, und danken besonders für die unentgeltliche Überlassung der Rechte.

Ganz besonders danken wir den Institutionen, die das Erscheinen dieses Bandes durch ihre freundlichen und großzügigen Druckkostenzuschüsse überhaupt erst möglich gemacht haben:

16

- dem Verband der Diözesen Deutschlands/VDD, Bonn;
- der Deutschen Ordensobernkonferenz/DOK, Bonn, Vorsitzendem Hochw. Vater Abt Hermann Josef Kugler, Kloster Windberg/Bonn;
- der Diakonie Neuendettelsau, Hochw. Herrn Rektor Prof. Dr. h. c. Hermann Schoenauer, Neuendettelsau;
- der Rumänischen Orthodoxen Metropolie von Deutschland, Zentral- und Nordeuropa, S. E. Metropolit Serafim von Deutschland-, Zentral– und Nordeuropa, Nürnberg.

Ihnen allen sei herzlich gedankt. Sie haben den Druck dieses Bandes ermöglicht.

Zu guter Letzt

Zu guter Letzt grüßen wir – auch im Namen aller Autorinnen und Autoren, des Verlags und des Herausgeberkreises unserer Buchreihe – mit diesem Werk, dem vierten Band unserer Deutsch-Rumänischen Theologischen Bibliothek/DRThB, den Erzbischof, Metropoliten und Mitherausgeber unserer Buchreihe, Seine Eminenz Metropolit Serafim, innig zu seinem 65. Geburtstag, wünschen ihm von Herzen Gottes Segen und

»Ad multos annos!« – »La mulți ani!«

Am Gedenktag der heiligen Apostelfürsten Petrus und Paulus,
29. Juni 2013

Pfarrer Dr. Jürgen Henkel

Monsignore Dr. Dr. h. c.
Nikolaus Wyrwoll

Gründungsherausgeber und Schriftleiter,
Deutsch-Rumänische Theologische Bibliothek
Selb/Sibiu-Hermannstadt

Päpstlicher Ehrenprälat,
Konstantinopel

17

Metropolit Dr. Serafim Joantă von Deutschland, Zentral- und Nordeuropa – Ein Mensch, Mönch und Hierarch in Wort und Tat

Laudatio anlässlich der Verleihung der Wilhelm-Löhe-Medaille im März 2013

Rektor Pfarrer Prof. Dr. h. c. Hermann Schoenauer,
Diakonie Neuendettelsau, Bayern

1. Leben und die theologische Ausbildung

Seine Eminenz Metropolit Dr. Serafim Joantă von Deutschland, Zentral- und Nordeuropa wurde am 4. September 1948 in dem Dorf Boholț bei Fogarasch im Kreis Kronstadt in Rumänien unter dem Geburtsnamen Romul Joantă geboren. Er wuchs in einer traditionell orthodox geprägten Gemeinde und Familie im Herzen Siebenbürgens auf und war der jüngste von fünf Söhnen der Familie. Die starke Verwurzelung des orthodoxen Glaubens in der Umgebung prägte ihn schon als Kind und Jugendlichen.

Seine gymnasiale Ausbildung bis zum Abitur absolvierte er am Lyzeum in Fogarasch. Das Studium der Theologie führte ihn von 1970 bis 1974 nach Hermannstadt (Sibiu) in die siebenbürgische Metropole, wo auch die Rumänisch-Orthodoxe Metropolie von Siebenbürgen ihren Sitz hat. Dort schloss er sein Studium mit dem Examen 1974 ab.

Von 1982 bis 1985 studierte er an dem berühmten orthodoxen Theologischen Institut »St. Serge« in Paris, damals wie heute eine Ehrenauszeichnung für jeden orthodoxen Theologen. Dort kam er mit wichtigen Theologen der Gegenwart in Berührung. Zu seinen Lehrern zählten Oliver Clément, Pater Boris Bobrinskoy und Konstantin Andronikoff. Im Jahre 1985 promovierte er mit einer Arbeit über die rumänische Gebetstradition des Hesychasmus, jener besonderen orthodoxen Spiritualität der Askese und der Meditation, des Gebets und der Ruhe des Herzens und der Seele. Die Doktorarbeit wurde auf Französisch, Englisch, Rumänisch und auf Deutsch unter dem Titel *Hesychasmus. Rumänische Tradition und Kultur* veröffentlicht.

2. Beruflicher Werdegang

1974 wurde Romul Joantă zum zölibatären Priester geweiht. Von 1974 bis 1975 wirkte er als Priester in Pojorta (Kreis Fogarasch) im Erzbistum Sibiu. Von 1975 bis 1982 diente er als Priester an der berühmten Bischofskathedrale von Alba Iulia (Karlsburg), die bis heute ein wichtiges kirchliches und politisches Symbol für die nationale Einheit der Rumänen darstellt.

Nach seiner Promotion lehrte er von 1986 bis 1989 in Paris »Geschichte der ökumenischen Konzile« und »Geschichte der orthodoxen Kirchen«.

Kurz vor der Revolution vom Dezember 1989 kehrte Romul Joantă nach Rumänien zurück. Nachdem er am 17. Februar 1990 zuerst zum Mönch und Archimandriten geweiht wurde und den Mönchsnamen Serafim annahm, wurde er am 11. März 1990 zum Weihbischof der Metropolie von Siebenbürgen geweiht. In dieser Hinsicht galten sowohl der Metropolit Serafim, wie auch der jetzige rumänische Patriarch Daniel (Ciobotea, *1951) als Kräfte des Aufbruchs der Kirche nach den Jahrzehnten unter kommunistischer Diktatur. Das Amt als Weihbischof übte Serafim bis 1994 aus. In dieser Zeit trug er den Titel »Serafim von Fogarasch« und war zuständig für Innere Mission, Katechese und karitative Tätigkeiten. Parallel zu seinem Bischofsamt lehrte er an der Orthodoxen-Theologischen Fakultät von Sibiu die Fächer »Christliche Mission« und »Orthodoxe Spiritualität«.

Doch sein Lebensweg sollte ihn in weite Ferne führen. Im Jahre 1993 wurde auf Wunsch der Gläubigen die Rumänisch-Orthodoxe Metropolie für Deutschland, Zentral- und Nordeuropa gegründet und Weihbischof Serafim wurde am 16. Oktober 1993 von der Bistumsversammlung aus Priestern und Laien als der erste Metropolit dieser neu gegründeten Metropolie gewählt. Am 12. Januar bestätigte die Synode der Rumänisch-Orthodoxen Kirche die Wahl und am 5. Juni 1994 fand die offizielle Weihe zum Metropoliten in der St.-Lukas-Kirche in München statt.

Die Anfangszeit als Metropolit in Deutschland, Zentral- und Nordeuropa war alles andere als einfach. Der neue Metropolit musste am Anfang die rumänisch-orthodoxen Christen von 15 Ländern Europas betreuen. Es gab keinen Bischofssitz, keine eigene Kathedrale und die Gemeinden waren zerstreut und schlecht organisiert. Zuerst wurde das Ostkirchliche Institut von Regensburg zum Sitz der Metropolie. 1999 kaufte dann die Metropolie von der Evangelisch-Lutherischen Kirche in Nürnberg eine Kirche mit umliegenden Gebäuden. Diese Kirche und die Gebäude wurden sodann zur Kathedrale und zum Sitz der Metropolie umgebaut. Die Kathedrale wurde in dem Jahr 2006 von Patriarch Teoctist und vielen orthodoxen Bischöfen, Erzbischöfen und Metropoliten eingeweiht. Heute gibt es dort auch ein kleines eigenes Kloster, Büros, Gästezimmer, ein Begegnungszentrum und eine Werkstatt für Ikonenmalerei. Außerdem gibt es seither einen Weihbischof

20

mit dem Sitz in München: Seine Exzellenz Weihbischof Sofian von Kronstadt.

Das gesamte geistliche Leben der Metropolie wurde neu organisiert. Mittlerweile gibt es etwa 50 rumänische Pfarrgemeinden in Deutschland. Der Gemeindeaufbau verfolgte stets zwei wichtige Ziele: die hier lebenden orthodoxen Rumänen sollen einerseits eine geistliche Heimat finden, und andererseits soll dieser Gemeindeaufbau auch der Integration der rumänischen orthodoxen Bürger Bayerns und Deutschlands hierzulande gelten. 2006 bekam die Rumänisch-Orthodoxe Metropolie von der Bayerischen Staatsregierung die Rechte einer Körperschaft des Öffentlichen Rechtes und damit die staatliche Anerkennung verliehen.

Dies alles ist vor allem dem Charisma und dem begeisternden Wesen des Metropoliten geschuldet. Sein starker Glaube, den er überzeugend zu vermitteln versteht, und seine tiefe Spiritualität machen ihn zu einem gefragten, überzeugenden und hochverehrten Seelsorger und Hirten seiner Gemeinden und Gläubigen. Metropolit Serafim ist anderseits als ranghöchster Würdenträger der Orthodoxie in Bayern ein besonders wichtiger Dialogpartner für Kirchen, Politik und Gesellschaft.

Die Metropolie, die Kathedrale in Nürnberg und das dazugehörige Zentrum bilden heute einen lebendigen und offenen Ort der Begegnung mit der Ostkirche, eine Stätte des lebendigen Dialogs. Der ökumenische Dialog mit der Orthodoxie in Deutschland ist heute untrennbar mit Bayern und der Rumänischen Orthodoxen Metropolie sowie Metropolit Serafim persönlich verbunden. Metropolit Serafim ist nicht nur Stellvertretender Vorsitzender der Bischofskonferenz der Orthodoxen Bischöfe in Deutschland und der Konferenz Orthodoxer Kirchen (KoKiD), sondern auch Stellvertretender Vorsitzender der Arbeitsgemeinschaft Christlicher Kirchen in Bayern/ACK. Für ihn bedeutet die Ökumenische Bewegung »ohne Zweifel das größte Geschenk Gottes für die Christen«, so wie er es mehrmals unterstrichen hat.

Metropolit Serafim ist aber nicht nur als Promotor des Dialoges, als Liturg und als Seelsorger bekannt, sondern auch als Theologe. Er hat mehrere Bücher geschrieben und zahlreiche Vorträge bei verschiedenen Veranstaltungen, Seminaren, Tagungen und Konferenzen gehalten, die dann in verschiedenen Sprachen veröffentlicht wurden.

3. Beziehungen zur Diakonie Neuendettelsau

Eine weitere wichtige Dimension der Persönlichkeit Seiner Eminenz Metropolit Dr. Serafim Joantă bildet seine barmherzige Liebe für die Menschen. Egal, ob als direkte finanzielle Antwort auf unzählige Briefe von armen Menschen, die ihn um Hilfe bitten, als Unterstützung für alle in Not geratenen Rumänen von Nürnberg und der Umgebung oder als Beitrag zu der Neugestaltung der sozialen Arbeit in der Rumänischen Orthodoxen Kirche, hilft er jedes Mal so viel er kann. Denn die Diakonie bildet nach seiner Auffassung »eine Grunddimension der Kirche und der gelebten christlichen Spiritualität« und »konkreten Ausdruck der Liebe Gottes zu den Menschen«.

Und gerade weil die diakonische Tätigkeit zum Wesen und zum Leben der Kirche gehört, war es ihm immer ein großes Anliegen, den Aufbau und die Entwicklung der sozialen Arbeit von seiner Kirche in Rumänien zu unterstützen. In dieser Hinsicht hat er sich ständig bemüht, Kontakte mit verschiedenen diakonischen Einrichtungen von Deutschland zu vermitteln, unter anderem mit der Diakonie Neuendettelsau als glaubwürdigem Partner für viele Bistümer, Erzbistümer und Metropolien von Rumänien.

Auf dieser Weise konnten in Kooperation mit der Diakonie Neuendettelsau mehrere soziale Projekte in Rumänien verwirklicht werden, darunter zum Beispiel Hilfstransporte – die gleich nach der Wende die große Not vor allem von Einrichtungen für alte Menschen und für Menschen mit Behinderung zu lindern versucht haben –, Hospitationen von Mitarbeitenden, finanzielle und logistische Unterstützung für verschiedene kirchliche oder staatliche soziale Einrichtungen, Ausbildung von jungen Menschen aus Rumänien in pflegerischen Berufen hier in Deutschland (zurzeit befinden sich 17 Personen in Neuendettelsau bei einem Ausbildungsprojekt, die dann bei der Neugestaltung der diakonischen Arbeit von Rumänien helfen werden), der Aufbau eines Studienganges Sozialethik an der Rumänisch-Deutschen Universität Hermannstadt und die Gründung eines Instituts für Spiritualität und innovative Unternehmensführung an der Universität Klausenburg. Dieses Institut soll weiter den kulturellen, wissenschaftlichen und geistlichen Austausch zwischen Deutschland und Rumänien fördern. Konkrete Kooperationen und einen regelmäßigen theologischen Dialog gibt es derzeit zwischen der Diakonie Neuendettelsau und der Metropolie von Siebenbürgen, der Metropolie Klausenburg, dem Erzbistum Tomis und dem Bistum Sălaj.

Konkreter Ausdruck der Bemühungen von Metropolit Serafim ist auch die Unterzeichnung der Neuendettelsauer *Charta Oecumenica Diaconica 2008* als Grundlage für die Zusammenarbeit der Diakonie Neuendettelsau mit verschiedenen Bistümern von Rumänien und die Durchführung theologischer Konsultationen. Im Mai wird schon die Dritte große internationale Theologische Konsultation der Diakonie Neuendettelsau zusammen mit Vertretern der Rumänisch-Orthodoxen Kirche stattfinden.

4. Eine Lebensweise im Sinne von Wilhelm Löhe

Wir haben gesehen, Seine Eminenz Metropolit Dr. Serafim Joantă ist zuerst ein Mensch des Gebetes und des Gottesdienstes. Zugleich ist er aber auch ein Mensch der Taten und Werke der Barmherzigkeit, der die Liebe Gottes unter den Menschen durch Wort und Tat verkündigt. In dieser Hinsicht verkörpert er den berühmten Grundsatz Wilhelm Löhes: »Alle Diakonie geht vom Altar aus.« Denn auch für ihn gehörten Wort und Tat, Kirche und Diakonie, Altar und Philanthropie untrennbar zusammen. Das hat er durch sein ganzes Leben bist jetzt bezeugt und dies bildet auch den Grund, warum wir Seiner Eminenz Metropolit Serafim die Wilhelm-Löhe-Medaille verleihen.

Metropolit Dr. Serafim Joantă von Deutschland, Zentral- und Nordeuropa – Annäherung an seine Theologie

Pfarrer Dr. Jürgen Henkel, Akademieleiter a. D.,
Selb-Erkersreuth – Sibiu/Hermannstadt,
Gründungsherausgeber und Schriftleiter
»Deutsch-Rumänische Theologische Bibliothek«/DRThB

Botschafter der Orthodoxie im Westen

Metropolit Serafim ist nicht nur als Liturg und Prediger, in Seelsorge und Gemeindeaufbau überaus engagiert. Sondern er hat auch in zahlreichen Vorträgen bei orthodoxen und ökumenischen Veranstaltungen, Seminaren, Tagungen und Konferenzen, mit Beiträgen in verschiedensten Medien und bei öffentlichen Ansprachen unendlich viel für die Vermittlung der Orthodoxie im Dialog mit dem Westen erreicht und dabei immer die orthodoxe Theologie und ihre reiche liturgische, asketische und mystische Spiritualität als authentische und zentrale Tradition des Christentums angesprochen, erklärt und weitergegeben. Er ist ein wichtiger Glaubenszeuge der Orthodoxie in der Diaspora und ein gefragter und geschätzter Gesprächspartner in der Ökumene.

Metropolit Serafim ist dies vor allem deshalb, weil er die orthodoxe Theologie auf eine besonders glaubhafte und authentische Weise vertritt und auch im ökumenischen Dialog nicht faulen Kompromissen das Wort redet, sondern eine Begegnung in der Wahrheit sucht. Dass er als orthodoxer Hierarch viele Entwicklungen vor allem in den protestantischen Kirchen des Westens von der Frauenordination bis zur positiven Bewertung der Homosexualität und sogar der Erteilung des kirchlichen Segens für gleichgeschlechtliche Paare als mit der Heiligen Schrift und der aspostolischen Tradition unvereinbar strikt ablehnt, macht er in allen Gesprächen sehr deutlich, ohne dabei schroff oder verletzend aufzutreten. Das macht ihn zu einem geschätzten Gesprächspartner im theologischen Westen, der klare Standpunkte auf verbindliche Weise vertritt. Metropolit Serafim kann so fraglos als ein wichtiger Botschafter der Orthodoxie im Westen verstanden werden.

Einen besonders authentischen Einblick in eigene Texte von Metropolit Serafim gibt die anlässlich seines 60. Geburtstags herausgegebene Text-

sammlung »Aus der Freude leben. Gesammelte Texte von Metropolit Serafim von Deutschland, Zentral- und Nordeuropa zur orthodoxen Theologie
und Spiritualität«.[1]

Zur Theologie

In der Theologie von Metropolit Serafim kommen ganz verschiedene Themen zur Sprache. Will man in wenigen Worten das theologische Denken
von Metropolit Serafim zusammenfassen, so kann man vielleicht folgende
Synthesen ziehen:

1. Die **Theologie** selbst ist für Metropolit Serafim immer eine Frage der
   Gotteserfahrung. Es gibt keine Theologie ohne Gebet und Gotteserfahrung. Theologie ohne Gebet und Gotteserfahrung bleibt abstrakte
   Spekulation oder philosophisches System. Er vertritt die »**Theologie der
   Erfahrung**«. Diese Theologie der Erfahrung bietet die klassische ostkirchliche Theologie, die Metropolit Serafim wie andere auch mustergül-
   tig in der Theologie und der theologischen Methode der Kirchenväter
   begründet sieht. Dabei inspiriert sich die Theologie an der Liturgie und
   die Liturgie bestätigt, feiert und preist die Theologie. Wobei Theologie
   immer als lebendig und geistgewirkt verstanden wird, nie als ein bloß
   argumentatives rational-intellektuelles Denkgebäude.

2. Das **Dogma** ist für Metropolit Serafim nicht ein negatives, sondern ein
   positives Element des christlichen Glaubens, indem es Grundwahrheiten des Glaubens festhält und feiert. Allerdings darf das Dogma nicht
   missverstanden werden als eine negative Abgrenzung. Genau deshalb hat
   auch die Orthodoxie nach den Festlegungen der Sieben Ökumenischen
   Konzile keine weiteren Dogmen mehr verabschiedet. Die Dogmen wurden jeweils sofort in die Liturgie aufgenommen. Das Dogma ist nur in
   der Liturgie und der Doxologie lebendig. Die Dogmen sind keine Theo-
   reme, sondern sie werden zu einem lebendigen Gotteslob. Ohne Liturgie,
   Spiritualität und Gebet ist das Dogma leer und tot.

3. Die **Kirche** ist in erster Linie nicht Amtskirche oder Institution, sondern
   liturgische Gemeinschaft um Altar und Sakrament. Metropolit Serafim
   vertritt in dieser Hinsicht die eucharistische Ekklesiologie, wie etwa Ale-
   xander Schmemann oder Metropolit Ioannis Zizioulas. Der christliche
   orthodoxe Gottesdienst ist kein Ritual kultischer Handlungen, sondern
   ermöglicht die reale Vereinigung mit Gott im Sakrament und damit eine

---

[1] Aus dem Glauben leben. Gesammelte Texte von Metropolit Serafim von Deutschland,
     Zentral- und Nordeuropa zur orthodoxen Theologie und Spiritualität, hg. von
     Jürgen Henkel, Bonn/Sibiu-Hermannstadt: Schiller-Verlag 2008 (= ACADEMIA,
     Veröffentlichungen der Evangelischen Akademie Siebenbürgen/EAS Bd. VIII), 412 S.

reale Gotteserfahrung. Die Liturgie und jeder christliche Gottesdienst haben die mystische Vereinigung mit Gott als Antizipation der himmlischen Gemeinschaft zum Ziel. Das wird auch von den entsprechenden Ikonen der byzantinisch-ostkirchlichen Ikonographie in den Kirchen unterstrichen. Die feiernde Gemeinde auf Erden hat Anteil an der himmlischen Liturgie, die in der Kuppel jeder orthodoxen Kirche zu sehen ist und sich wie der Himmel über die gottesdienstliche Gemeinschaft wölbt.

4. Der einzelne Gläubige ist zu **Askese und Gebet** gerufen. Das macht ihn frei von Zwängen, Abhängigkeiten und Süchten dieser Welt, befreit Seele, Leib und Geist, bringt den Menschen Gott näher. Glaube ist dadurch nicht nur ein theoretisches Für-wahr-Halten einzelner Glaubensaussagen, sondern eine existenzielle Haltung des Menschen, eine persönliche Gottesbeziehung und Gotteserfahrung. Die christliche Spiritualität ist in erster Linie eine **Spiritualität des Gebets** und des Herzens, wo sich das christliche Gebet vollzieht, verwirklicht und aktualisiert, weil Gottes Gnade und Liebe in den Herzen der Menschen wohnt (vgl. Röm. 5,1). Die moralische Krise der Gegenwart ist vor allem eine Krise des Gebets, der gestörten Beziehung der Menschen zu Gott und der fehlenden Einwurzelung des christlichen Glaubens selbst bei den getauften Christen.

5. Die regelmäßige Beteiligung des Christen am Gottesdienst und der Empfang der Eucharistie sind konstitutiv für das christliche Leben. Der Metropolit ist ein vehementer Verfechter des häufigen Empfangs der Eucharistie durch die Gläubigen nach vorheriger Beichte.

Die **Askese** ist für Metropolit Serafim keine Selbstzüchtigung des Menschen oder negative Weltentsagung aus einem falsch verstanden Dualismus heraus, sondern **eine Befreiung**, eine Öffnung des Menschen für das Wesentliche, für Gott. Das Wort Gottes wiederum muss durch den Kopf in das Herz und die Seele des Menschen gelangen. Der Glaube spricht den ganzen Menschen an, nicht nur den Verstand und das Denken. Was auf den ersten Blick wie ein Antiintellektualismus verstanden werden kann, ist vor allem die große Erkenntnis, dass wahre Erkenntnis und Erfahrung Gottes nicht durch Denken herbeigeführt werden kann, denn »der Friede Gottes, der höher ist als alle menschliche Vernunft, bewahrt unsere Herzen und Sinne in Christus Jesus« (Phil. 4,7). Die Orthodoxie denkt, lebt und praktiziert den Glauben hier zutiefst ganzheitlich und lehnt jede rationalistische oder intellektuelle Engführung strikt ab. Das Geheimnis Gottes ist größer als jede menschliche intellektuelle Fähigkeit zur Erfassung. Dazu ist jedoch die Reinigung von Leidenschaften notwendig, welche die Askese ermöglicht. Die Askese ist außerdem eine christliche Antwort auf den Materialismus und Konsumismus unserer Zeit.

Europäische Ökumene - Begegnung in Wien (2009): Patriarch Daniel von Rumänien, Christoph Kardinal Schoenborn (Erzdiözese Wien) und Metropolit Serafim von Deutschland, Zentral- und Nordeuropa.

I.

Die Bedeutung des Mönchtums
in Ost und West

Spiritualität und Askese als Ort
der Begegnung zwischen Ost und West

† S. E. Metropolit Augoustinos von Deutschland, Bonn,
Vorsitzender der Orthodoxen Bischofskonferenz
in Deutschland (OBKD)

Vorbemerkung

Vor einigen Jahren habe ich unter Bezugnahme auf den verstorbenen Metropoliten Meliton (Chatzis) von Chalkedon von zwei Arten der Theologie gesprochen. »Die eine ist die akademische Theologie, die, auch wenn sie nicht frei von existentiellen Elementen ist, dem Rationalismus verpflichtet ist und als eine Gattung der Wissenschaft zu sehen ist, die verschiedene Fachgebiete hat. Die andere Art der Theologie ist, auch wenn sie nicht frei von wissenschaftlichen Elementen ist, die eucharistische, kerygmatische, pastorale und epistolare Theologie, die man auch als die Theologie der Väter bezeichnen kann.«[1]

Beide Arten der Theologie stehen selbstverständlich gleichberechtigt im Dienst der Suche nach der Einheit der Kirche. Aus Anlass der vorliegenden Festschrift für Metropolit Serafim erlaube ich mir, diese ökumenische Diakonia der akademischen und der »anderen« Theologie zu erläutern und – aus gegebenem Anlass – um einen dritten Aspekt der west-östlichen Begegnung zu erweitern. Gewidmet seien meine Ausführungen dem Jubilar, Metropolit Serafim, als Vertreter dieses dritten Weges der Theologie.

1. Die Begegnung zwischen Ost- und Westkirche als Aufgabe der theologischen Wissenschaft

Die erste Form der Theologie ist ihre akademische Form in Forschung und Lehre, die wir gerade in Deutschland in vielfältiger Form antreffen. Was nun ihre Bedeutung im Zusammenhang der west-östlichen Ökumene betrifft, muss man systematisch zwischen den Beziehungen der Orthodoxen Kir-

---

[1] Augoustinos Labardakis, *Der Sitz der Theologie im Leben* (Vorlesung anlässlich der Verleihung der Ehrendoktorwürde durch die Katholisch-Theologische Fakultät der Universität Bonn), in: Orthodoxes Forum 20 (2006) S. 9-18, hier S. 9. Vgl. Χαλκηδόνια. Μνήμη Μελίτωνος Χατζῆ, Μητροπολίτου Γέροντος Χαλκηδόνος 1913-1989, Αθήνα 1999, S. 155.

che zur römisch-katholischen Kirche und zu den Kirchen der Reformation unterscheiden. Ein wahrer Glücksfall ist hier, dass es eine hervorragende Analyse und Darstellung aus protestantischer Sicht gibt, die vom Marburger Theologen Ernst Benz stammt. Ihm kommt im Übrigen der besondere Verdienst zu, Zeit seines Lebens das reformatorisch-orthodoxe Miteinander studiert und beschrieben zu haben. In seinem Standardwerk »Die Ostkirche im Lichte der Protestantischen Geschichtsschreibung von der Reformation bis zur Gegenwart«[2] analysiert er darum meisterhaft die unterschiedlichen Phasen der (westlichen) akademischen Annäherung an das Forschungsobjekt Orthodoxie.

Er geht dabei von der Ostkirche im Geschichtsbild der Reformationszeit aus. Waren es zu Beginn der Reformation Legationsberichte etwa eines Sigmund von Herberstain, welche die westliche Kenntnis (oder Unkenntnis) der Ostkirche prägten, beginnt alsbald die theologische Auseinandersetzung mit der orthodoxen Dogmatik, etwa in der Leipziger Disputation Luthers[3] oder den Schriften Philipp Melanchthons. Auch die Schriften eines David Chytraeus[4] oder die Berichte der Württembergischen Gesandtschaftsprediger in Konstantinopel sind hier zu nennen. Erst allmählich entwickelt sich dann, insbesondere nach dem Ende des Briefwechsels mit den Tübinger Theologen[5] eine akademische Beschäftigung mit der Orthodoxie, die allerdings nie im »luftleeren Raum« stattfindet. Ob es sich um den Streit um Kyrillos Lukaris im 17. Jahrhundert oder um die diversen Geistesströmungen des reformatorischen wie den Pietismus oder die Aufklärung handelt, immer ist der Forscher und sein Forschungsobjekt an die theologischen und nicht-theologischen Faktoren seiner Zeit gebunden und ihnen verhaftet. Dies gilt in gleichem Maße auch im 18. und 19. Jahrhundert, wenn Idealis-

---

[2]   Ernst Benz, *Die Ostkirche im Lichte der Protestantischen Geschichtsschreibung von der Reformation bis zur Gegenwart* (Orbis Academicus III/1), Freiburg/München 1952.

[3]   »Wenn die Gläubigen der ganzen Welt darin übereinkämen, daß der Bischof von Rom oder Paris oder Magdeburg der erste und höchste Priester sein solle, dann würde auch ich nicht leugnen (...). Dieses aber ist niemals geschehen, geschieht nicht und wird nicht geschehen, da bis zu unseren Zeiten die griechische Kirche nicht zugestimmt hat und dennoch nicht für häretisch gehalten ist.« Zit. n. Benz, *Die Ostkirche ...*, S. 10.

[4]   Daniel Benga, *David Chytraeus (1530-1600) als Erforscher und Wiederentdecker der Ostkirchen – Seine Beziehungen zu orthodoxen Theologen, seine Erforschungen der Ostkirchen und seine ostkirchlichen Kenntnisse*, Erlangen 2001.

[5]   Neben dem Standardwerk von Dorothea Wendebourg, *Reformation und Orthodoxie – Der ökumenische Briefwechsel zwischen der Leitung der Württembergischen Kirche und Patriarch Jeremias II. von Konstantinopel in den Jahren 1573-1581* (Forschungen zur Kirchen- und Dogmengeschichte 37), Göttingen 1986, ist aus orthodoxer Sicht insbesondere die Arbeit Ἀρχιμ. Ἀμβροσίου Γ. Κουτσουρίδη, Ἡ ἀλληλογραφία τῶν θεολόγων τῆς Τυβίγγης μὲ τὸ Οἰκουμενικὸ Πατριαρχεῖο ἐξ ἐπόψεως δυτικῆς θεολογικῆς παραδόσεως, Θεσσαλονίκη 2008, zu nennen.

mus und Romantik das deutsche Geistesleben bestimmen. Ein besonders fataler Abschnitt in den west-östlichen Beziehungen ist dann vom baltischen Russlandbild bestimmt; hierfür steht bis heute stellvertretend der Name Adolf von Harnack. Ich nenne es deshalb fatal, weil m. E. ein gegenseitiges Unverständnis zutage tritt, das zum Teil bis heute anhält. Benz bemerkt hierzu »Merkwürdigerweise hat dieses harte Verdammungsurteil ›Adolf von Harnacks‹ in der Zeit vor dem ersten Weltkriege von orthodoxer Seite kaum irgendwelchen Widerspruch gefunden. Ja die These Harnacks von der Hellenisierung des Christentums hat gerade bei den griechischen Theologen eine begeisterte Aufnahme erlebt. (...) In diesem Sinn konnte Prof. Alivisatos auch noch in seiner Akademie-Rede anläßlich des 1900-jährigen Jubiläums der Ankunft des Apostels Paulus in Griechenland Harnacks Idee der Hellenisierung des Christentums preisen und die Geschichte der griechischen Kirche an die genannte positive Bewertung dieses Vorgangs anknüpfen.« Und Benz bestätigt: »Praktisch hat sich aber in der Zeit vor dem ersten Weltkrieg gerade das negative Urteil nicht nur in den Kreisen der Wissenschaft, sondern überhaupt in den gebildeten protestantischen Kreisen Deutschlands und der angelsächsischen Länder immer stärker durchgesetzt.«[6]

Im Zeichen der nun neu aufkommenden ökumenischen Bewegung wuchs verständlicherweise die gegenseitige Kenntnis, nicht zuletzt weil durch die Oktoberrevolution und den dadurch bedingten Abbruch der deutsch-russischen Verbindungen sowie die staatliche Kirchenverfolgung in der Sowjetunion ein Paradigmenwechsel in der west-östlichen Ökumene stattfand. Orthodoxe Gesprächspartner der westlichen Professoren (und Kirchenvertreter) waren seitdem zunehmend Vertreter der im Westen lebenden Emigranten bzw. Migranten.

Ernst Benz beendet sein Werk mit den Ausführungen zur Erforschung der Ostkirche nach dem zweiten Weltkrieg. Er unterscheidet hier zwischen einer ostkirchlichen Romantik mit ihren Hauptvertretern Hans von Eckardt und Konrad Onasch und einem von ihm als »sowjetophilen« bezeichneten Geschichtsverständnis – hier nennt er Fritz Lieb und Karl Friz – einerseits, und einer wissenschaftlichen Ökumenik andererseits, als deren Hauptvertreter er Ludolf Müller und verständlicherweise sich selbst betrachtet.

Auch katholischerseits ließe sich ein entsprechender Aufriss erstellen.[7] Allerdings ist hier – wegen der Existenz der mit Rom unierten Ostkirchen und ihrer entsprechenden Kollegien in Rom die Beschäftigung mit ostkirchlicher Theologie anders motiviert und strukturiert.[8] Ohne ins Detail

---

[6] Zit. n. Benz, *Die Ostkirche* ..., S. 247.

[7] Vgl. etwa für die Universität von Freiburg (Schweiz): *100 Jahre Ostkirchenkunde an der Universität Freiburg = 100 ans de recherches et d'enseignement sur les Églises orientales à l'Université de Fribourg*, Inst. d'Etudes Oecuméniques, Freiburg 2000.

[8] Wie kompliziert eine einheitlich orthodox-katholische Bewertung dieser Tatsache

gehen zu wollen, lässt sich aber auch in vielen Beiträgen von Theologen wie Martin Jugie[9] oder Gerhard Podskalsky[10] eine dünkelhafte Kritik am östlichen Christentum und der Erscheinungsform der »getrennten Brüder« erkennen.

Zusammenfassend lässt sich mit Makrides über diese akademische Art der Beschäftigung mit der Orthodoxie sagen: »Die wissenschaftliche Erforschung des Orthodoxen Christentums im Westen, sowohl innerhalb römisch-katholischer und protestantischer Kreise als auch in anderen akademischen Bereichen, ist bei weitem nicht erst ein zeitgenössisches Phänomen. Ganz im Gegenteil: Sie kann auf eine Geschichte von mehreren Jahrhunderten zurückblicken, während derer sie entweder auf systematische Weise oder auch nur gelegentlich betrieben wurde. Dieser Beschäftigung lagen je nach Epoche ganz unterschiedliche Zweckmäßigkeiten zugrunde, die von interkonfessioneller Polemik oder bloßer Neugier verschiedener Ost- und Orientliebhaber für diese exotisch erscheinende Christentumsform bis zur echten Annäherung an das Christentum des Ostens reichten. Nicht zu vergessen ist allerdings, dass diese Beschäftigung besonders während des Kolonialismus und Imperialismus nicht selten durch Arroganz und Überlegenheitsgefühle geleitet war. Der Andere wurde immer wieder durch die westliche Brille betrachtet, so dass oftmals verborgene eigene Dispositionen oder Hegemonialinteressen den Blick leiteten. Dies hatte eine Fülle von Missverständnissen und Vorurteilen des Westens in Bezug auf die Anderen zur Folge. Es war ein Verdienst der postcolonial studies und der gegenwärtigen Kulturwissenschaften im allgemeinen, diesen komplexen Prozess der »Konstruktion« oder der »Erfindung« des Anderen durch die westliche Wahrnehmung ans Licht zu bringen und zu hinterfragen. Jedoch sollte man bei aller dekonstruktivistischer Sorgfalt nicht vergessen, dass der Blick des Außenstehenden (hier insbesondere auf das Orthodoxe Christentum) durchaus Sinn macht. Dabei geht es nicht um das unerreichbare, ja imaginäre Ziel der Objektivität durch Fremdwahrnehmung, sondern um die Tatsache, dass die Außenperspektive, ungeachtet ihrer Unvollkommenheiten oder Verzerrungen, immerhin einen gewissen Wert an sich hat, da sie

---

sein wird, ist etwa an folgendem Artikel erkennbar: Johannes Oeldemann, *Katholisch, aber nicht römisch. Die Rolle der Kirchen östlicher Riten innerhalb der katholischen Kirche und ihre Bedeutung für die Ökumene*, in: Ostkirchliche Studien 57 (2008) S. 70-90.

9 Sein bekanntestes Werk ist: Martin Jugie, *Theologia dogmatica Christianorum Orientalium ab Ecclesia Catholica dissidentium*, Bde. 1-8, Paris 1928-1936.

10 Zu nennen sind hier insbesondere seine Werke: *Christentum und theologische Literatur in der Kiever Rus'*, München 1982; *Griechische Theologie in der Zeit der Türkenherrschaft (1453-1821). Die Orthodoxie im Spannungsfeld der nachreformatorischen Konfessionen des Westens*, München 1988; *Theologische Literatur des Mittelalters in Bulgarien und Serbien (865-1459)*, München 2000.

einiges über die Kulturspezifizität des« Orthodoxen Christentums offenbaren kann, die eine ausschließlich von innen gesetzte Perspektive so nicht in jedem Fall zu Tage bringt.«[11]

2. Der zweite Weg der Theologie – Ökumene als Begegnung der Kirchen

Aus einer akademischen Beschäftigung des einen ökumenischen Partners mit dem anderen ist eine Begegnung der Kirchen geworden, die, um ihre neugewonnene Nähe zu dokumentieren, zunehmend die Bezeichnung »Schwesterkirchen« für ihr jeweiliges Gegenüber verwendeten.

Über diese Form des Dialogs zwischen den Kirchen ist bereits viel geschrieben und geforscht worden; stellvertretend seien hier die Arbeiten von Hans-Joachim Schulz[12] und die »Dokumente wachsender Übereinstimmung«, die seit 1983 die Ergebnisse aller ökumenischen Dialoge auf Weltebene referieren und die erreichten Fortschritte im zwischenkirchlichen Gespräch dokumentieren, zu nennen.

Was die Dialoge der EKD mit den Patriarchaten von Konstantinopel, Moskau, Bukarest und Sofia betrifft, sind deren Ergebnisse üblicherweise in den »Beiheften zur Ökumenischen Rundschau« erschienen.[13] Bereits eine flüchtige Übersicht über diese Titel lässt allerdings gewisse Doppelungen erkennen, welche die seit jeher von mir und anderen orthodoxen Bischöfen in Deutschland geäußerte Skepsis an der Zweckmäßigkeit dieses Nebeneinanders von Dialogen mit unterschiedlichen autokephalen orthodoxen Kirchen, die bekanntlich in ihrer Lehre eins sind, bestätigen. Es ist aus meiner Sicht deshalb mehr als erfreulich, dass in diesem Jahr ein sozusagen lokaler Dialog zwischen der Orthodoxen Bischofskonferenz in Deutschland (OBKD)

---

[11] Vasilios N. Makrides in seinem *Vorwort zu: Karl Christian Felmy, Warum und zu welchem Behufe treiben wir Ostkirchenkunde?* In: Erfurter Vorträge zur Kulturgeschichte des Orthodoxen Christentums 3/2003.

[12] Vgl. etwa: Hans-Joachim Schulz, *Das Zerbrechen der Kircheneinheit zwischen Ost und West und die Versuche der Heilung*, in: Handbuch der Ökumenik, Bd. I, Paderborn 1985, S. 122-179.

[13] Genannt seien hier stellvertretend die Bände, die den Anfang dieser Dialoge dokumentieren: »*Christus das Heil der Welt*« (Beiheft 22, 1972), »*Das Bild vom Menschen in Orthodoxie und Protestantismus*« (Beiheft 26, 1974), aus dem Dialog mit dem Patriarchat Konstantinopel, »*Die Hoffnung auf die Zukunft der Menschheit unter der Verheißung Gottes*« (Beiheft 41, 1981) aus dem Dialog mit dem Patriarchat Moskau, »*Die Heilige Schrift, die Tradition und das Bekenntnis*« (Studienheft 13 des Kirchlichen Außenamtes der EKD 1982), »*Die Sakramente der Kirche in der Confessio Augustana und in den orthodoxen Lehrbekenntnissen des 16./17. Jahrhunderts*« (Beiheft 43, 1982) aus dem Dialog mit dem Patriarchat Bukarest, »*Sagorsk I-III*« (Berlin 1982) aus dem Dialog der Evangelischen Kirchen in der DDR mit dem Patriarchat Moskau.

und der Evangelischen Kirche in Deutschland (EKD) begonnen hat, der den symbolträchtigen und verheißungsvollen Arbeitstitel »Tübingen II« trägt.

Evangelischerseits resümiert Wolfgang Bienert über die bisherigen Dialoge: »Im Rückblick wird (...) deutlich, daß Ökumene immer nur als ein Prozeß verstanden werden kann, der bei den sich begegnenden Partnern Veränderungen hervorruft, ja hervorrufen muß, wenn es sich um eine wirkliche Begegnung handelt, die die Bereitschaft, voneinander zu lernen, einschließt. Nur so kann Ökumene wachsen. Wo eine solche Bereitschaft nicht bestände, müßten die Dialoge zwangsläufig stagnieren. Dabei aber würde die Ökumene selbst zum Stillstand kommen, was für alle beteiligten Kirchen verhängnisvoll wäre. Nicht zuletzt deswegen erscheint es notwendig, diese Gespräche fortzuführen.«[14]

Aus katholischer Sicht bemerkt Johannes Oeldemann zu den Perspektiven dieses innerkirchlichen Gesprächs: »Damit sind (...) die Themen vorgezeichnet, die im Ökumenischen Dialog mit der Orthodoxie als nächstes angegangen werden müssen: die Anthropologie (das Verständnis der menschlichen Natur), die Ekklesiologie (insbesondere das Verständnis von Kirchengemeinschaft und die Bedeutung des päpstlichen Primats) sowie die Soteriologie (das Verhältnis von Gott und Mensch, die Bedeutung anderer Religionen im Heilsgeschehen und auf diesem Hintergrund das Verständnis der christlichen Mission). Dieser Themenkatalog bietet genügend Stoff für theologische Dialoge auf unterschiedlichen Gesprächsebenen. Dabei müsste die kirchliche Praxis jeweils in Beziehung gesetzt werden zu den Prämissen der dogmatischen Theologie, während umgekehrt zugleich die Auswirkungen der dogmatischen Grundlagen auf die kirchliche Praxis diskutiert werden sollten. Insgesamt muss die Verknüpfung verschiedener Gesprächsebenen zum grundlegenden methodischen Prinzip des Dialogs werden, um im ökumenischen Gespräch mit der Orthodoxie neue Perspektiven zu eröffnen.«[15]

Es wird deutlich, dass dieser innerkirchliche Dialog mehr als nur ein Austausch theologischer Standpunkte sein muss. Ambrosius Backhaus formuliert es so: »Besprechungen, Konferenzen, kluger Austausch der Meinungen und Traditionen ist nur eine Seite der Gemeinschaft in Christo, eine oft unbeständige und wieder vergehende Art aufeinander zu hören. Menschen, die miteinander im Gebet vor dem Herrn in Seiner Kirche stehen, erfüllen die Kirche mit Leben, das aus der Liebe zum Nächsten in der Weite des Hauses des Herrn, in der Lebendigkeit des Leibes der Kirche immer neu Gestalt

---

[14] Wolfgang A. Bienert, *Der Dialog zwischen dem Ökumenischen Patriarchat von Konstantinopel und der EKD*, in: Ökumenische Rundschau 36 (1987) S. 33-48, hier S. 34.

[15] Johannes Oeldemann, *Orthodoxe Kirchen im ökumenischen Dialog. Positionen, Probleme, Perspektiven*, Paderborn 2004, S. 188 f.

gewinnt (1 Kor 12,47; 1 Kor 12,12-27).«[16] In gewisser Weise folgt P. Ambrosius damit dem Märtyrerpriester Pawel Florenski, von dem folgender Satz überliefert ist: »Die orthodoxe Sinnes- und Wesensart kann wohl empfunden, aber nicht zergliedert werden; die Orthodoxie wird aufgezeigt, aber nicht bewiesen. Daher gibt es für jeden, der die Orthodoxie erfassen will, nur einen Weg – die direkte orthodoxe Erfahrung.«[17]

3. Der »dritte Weg« der Theologie – Mönchtum und Askese im Dienst der Ökumene

Neben dem apophatischen Charakter des orthodoxen Christentums hat man seinen mystischen Charakter als sein besonderes Merkmal bezeichnet.[18] So war es nur folgerichtig, dass Mönchtum, Askese und das, was man heute im ökumenischen Gespräch gerne als Spiritualität[19] bezeichnet, von Anfang an in der west-östlichen Begegnung eine besondere Rolle spielte. Bereits in den o. a. Berichten der Reformationszeit kann man erstmals das Phänomen einer gewissen befremdeten Faszination über die gar so fremdartigen Bräuche der orthodoxen Mitchristen und ihres Mönchtums feststellen.

So schreibt etwa kurz nach seiner Ankunft in Konstantinopel, am 6. Juni 1574, Stephan Gerlach in seinem Tagebuch: »Die Griechischen Mönche ... sind sie mit ihren Fasten / Erwehlung der Speisen / und andern Ceremonien oder Gebräuchen gar zu Aberglaubig.«[20]

Und in einem anderen Reisebericht aus Konstantinopel heißt es lakonisch: »Der gantze Griechische Gottes-Dienst deß gemeinen Manns bestehet in zweyen Stücken. 1. Im Creutz machen. 2. im Sprechen: κύριε ἐλέησον – Herr erbarme dich unser – oder Amen. Mehrers weiß und versteht er nicht.«[21]

Ist es Dünkel[22] oder Unkenntnis, die aus solchen Sätzen spricht? Auch Melanchthon hatte in seiner Rede »De lingua hebraica discenda« (1560) festgestellt, dass die auf dem Berg Athos lebenden Mönche die Handarbeit be-

---

[16] Ambrosius Backhaus, *Wie nehme ich die Ökumene wahr?*, in: Ökumenische Rundschau 47 (1998) S. 119-123, hier S. 120.

[17] Zit. n. Martin Tamcke, *Im Geist des Ostens leben. Orthodoxe Spiritualität und ihre Aufnahme im Westen*, Frankfurt 2008, S. 14.

[18] Vgl. Georg Galitis, *Der Charakter des orthodoxen Glaubens*; in: *Glauben aus dem Herzen. Eine Einführung in die Orthodoxie*, München 1987, S. 33 f.

[19] Tamcke bemerkt diesbezüglich: »Spiritualität – dieses Wort ist heute bei den Kirchen groß im Schwange, ohne daß das Phänomen richtig verstanden und von der wissenschaftlichen Theologie angemessen reflektiert würde«, Tamcke, *Im Geist ...*, S. 11.

[20] Zit. n. Benga, *David Chytraeus ...*, S. 70.

[21] Zit. n. Benz, *Die Ostkirche ...*, S. 27.

[22] Chytraeus bemerkt einmal: »Priester und Mönche verstehen, wie ich hörte, nicht einmal die alte griechische Sprache«, zit. n. Benga, *David Chytraeus ...*, S. 121.

trieben und sich um ihre Bäuche anstatt um die Wissenschaft kümmerten.[23] Und doch nötigt das orthodoxe Mönchtum den eher anti-monastischen reformatorischen Theologen manchmal auch eine gewisse Bewunderung ab. Primus Truber, der »Reformator einer vergessenen Kirche in Krain« schreibt etwa: Die orthodoxen Mönche »nören (= nähren) sich mit jrer Handtarbeit / müssen geloben ewige Keuschheit / und wa sie ergriffen werden / das sie jre Gelübt übertretten / so werden sie vom Türken verbrennt / allein sie lassen sich beschneiden / und nemen den Türckischen Glauben an.«[24]

Auch auf katholischer Seite gibt es diese »gemischten Gefühle« gegenüber dem orthodoxen Mönchtum, das zwar als lebendig und spirituell betrachtet wird, andererseits aber doch mit dem Makel der Trennung von Rom betrachtet wird. Felix Fabri schreibt schon im 15. Jahrhundert über seinen Besuch im Kloster auf dem Berg Sinai »Ich hab' viel Wunder in den alten Pilgerbüchlein gelesen von den Mönchen, davon ich jetzt nichts mehr halte, von des Artikels wegen, daß sie nicht sind Katholici. Sie sind nicht rechte Christen und hassen die römische Kirchen und scheun unser Meß und Ämter und lassen uns nicht auf ihren Altären Meß lesen. Zum allermindesten sind sie Schismatici, wollt' Gott, daß sie nit wären Häretici. Und sähe ich, daß sie Tote auferwecken und Blinde sehend machen, so will ich doch nichts auf sie halten, dieweil sie auf die allerheiligste römische Kirche und unsere Sakramente nichts halten. Schnöde unselige Hunde sind sie und haben doch ein hartes strenges Leben, also daß ein weltlicher Mensch von ihrem Leben gebessert wird.«[25]

Die Feststellung, dass die asketische Lebensweise, welche das orthodoxe Mönchtum postuliert, als generelles Charakteristikum der Orthodoxie gelten muss, führt die westliche Forschung zur Feststellung »Will man das Glaubenspathos der Russen erfassen, so muß man das russische Mönchtum verstehen.«[26] Dass hier die russische Tradition genannt wird, ist für den deutschen Kontext kein Zufall, denn bei der Begegnung mit dem orthodoxen Mönchtum und seiner Spiritualität »spielt besonders die russische Tradition eine wichtige Rolle, da zumeist über sie eine Vermittlung in den Westen erfolgt ist. Dabei wird häufig übersehen, dass es etwa auch in der Rumänischen Orthodoxen Kirche oder bei den Altorientalen, vor allem den Kopten, ein blühendes Mönchtum gibt und auch von hier wichtige Impulse zur ostkirch-

[23] *Melanchthonis Opera, Corpus Reformatorum,* Edidit Carolus Gottlieb Bretschneider, Halis Saxonum 1834 ff. 12, 385, zit. n. Benga, *David Chytraeus ...,* S. 49.

[24] Zit. n. Oskar Sakrausky, *Primus Truber. Der Reformator einer vergessenen Kirche in Krain,* Wien 1986. S. 208; vgl. Benga, *David Chytraeus ...,* S. 67.

[25] *Die Pilgerfahrt des Bruders Felix Faber ins Heilige Land,* hrsg. v. Helmut Roob, Heidelberg 1964/6, S. 104 f., zit. n. Constantin Miron, Η Ορθοδοξία στις περιγραφές των Δυτικών (14ος – 17ος αιώνας), Θεσσαλονίκη 2009, S. 148, dem ich für diesen Hinweis danke.

[26] Hans von Eckardt, *Russisches Christentum,* München 1947, S. 43.

lichen Spiritualität erfolgt sind.«[27] Es ist im übrigen das Verdienst des Metropoliten Serafim, dass er erstmals eine Monographie über die Spiritualität des
rumänischen Mönchtums in deutscher Sprache publiziert hat.[28]

Wenn man nun der Frage nachgeht, welche Impulse das gegenseitige, also
west-östliche Studium des Mönchtums für die Ökumene liefern kann, fallen
zwei Argumentationslinien auf. Zum einen wird die Bedeutung des Mönchtums für die Einheit der Kirche bereits in der Zeit vor dem Schisma hervorgehoben. Theodor Nikolaou erwähnt den diesbezüglichen Beitrag insbesondere des benediktinischen Mönchtums und fährt fort: »Man könnte
die einigende Funktion des Mönchtums in der ungeteilten Kirche leicht mit
weiteren gewichtigen Beispielen belegen. Man könnte hier konkret den kulturellen Beitrag der Mönche im Osten und im Westen behandeln, die z. B.
durch emsiges Abschreiben der klassischen Literatur diese über die Jahrhunderte hinweg gerettet und die vielerorts und auf mannigfache Weise die
Erziehung des christlichen Volkes betrieben haben. Man könnte auch auf bestimmte hervorragende Theologen und heilige Väter, große Hierarchen und
ökumenische Lehrer, gotttragende Märtyrer und ruhmreiche Wundertäter,
heilige Asketen und selbstlose Missionare eingehen, die zumindest eine Zeit
ihres Lebens im Kloster verbracht haben und die wir, Christen im Osten und
Westen, gemeinsam haben. Man könnte insbesondere das selbstaufopfernde
Engagement von unzähligen Mönchen für den rechten Glauben und ihre
unerbittlichen Kämpfe gegen die Irrlehren (z. E. bei Maximos dem Bekenner) aufgreifen. Ich glaube aber, die bisherigen Ausführungen genügen als
Nachweis dafür, daß das Mönchtum im Leben der ungeteilten Kirche die
vorhandene, erlebte Einheit zwischen Osten und Westen entscheidend geprägt und getragen hat.«[29]

Aus dieser altkirchlichen Einheit des Mönchtums in Ost und West lässt
sich dann die These von der einheitsstiftenden Authentizität der monastischen Identität auch für heute ableiten: »Unmöglich aber kann etwas, was
wahr und echt ist, ein Element der Trennung sein. Echte geistliche Werte vereinigen. (...) Die Verdienste der Mönche auf diesem Gebiet sind größer, als
man auf den ersten Blick erkennt. Sie haben nämlich immer die Einheit des
christlichen Zieles verteidigt: die allgemeine christliche Vollkommenheit, zu
der jedermann ohne Unterschied der Nationalität, des Standes, Geschlech-

---

[27] Thomas Bremer, *Ostkirchenkunde als theologisches Fach und ihr Bezug zur kirchlichen
Friedens- und Konfliktforschung*, in: Magnus Striet (Hrsg.), *Katholische Theologie studieren: Themenfelder und Disziplinen*, Münster 1999, S. 269.

[28] Metropolit Serafim (Romul Joantă), *Hesychasmus: Rumänische Tradition und Kultur*,
Würzburg 2003.

[29] Theodor Nikolaou, *Das Mönchtum als Brücke zwischen der Ost- und der Westkirche*,
in: Th. Nikolaou, *Askese, Mönchtum und Mystik in der Orthodoxen Kirche*, St. Ottili-
en 1995, S. 94-107, hier S. 101.

tes oder Charakters gerufen ist. Sie haben auch keinen Zweifel darüber ge-
lassen, daß die wesentlichen evangelischen Mittel zur Vollkommenheit – die
Armut, die Keuschheit, der Gehorsam – für alle ein Ideal bleiben müssen.«[30]
So kann man ohne weiteres zur Schlussfolgerung gelangen, die Theodor
Nikolaou zieht: »Geht man von der eingangs gemachten Aussage aus, daß
das Mönchtum die edelste Ausprägung christlichen Lebens darstellt, so ist
es beinahe unbegreiflich, wie wenig die zwei großen Schwesterkirchen das
Mönchtum in ihre vielfältigen Bemühungen um die ersehnte Einheit heute
einbeziehen. Eine solche Einbeziehung ist m. E. aber sowohl von der eigentlichen, theologisch-ekklesiologischen Bedeutung des Mönchtums im Leben
der Kirche schlechthin als auch von den kirchengeschichtlichen Implikatio-
nen der Spaltung her erforderlich.«[31]

Natürlich muss man an dieser Stelle anmerken, dass die Hilfestellung,
welche Askese und Spiritualität für die ökumenische Annäherung bieten
können, nicht nur eine katholisch-orthodoxe Angelegenheit ist. So bemerkt
Martin Tamcke etwa aus evangelischer Sicht: »Angesichts des zunehmenden
Verlustes an gelebter Religiosität in den Westkirchen betont die Orthodoxie
gerade die Frömmigkeit als das zentrale Element. Orthodoxie wächst nicht
aus der Theologie, sondern bedarf ihrer nur als eines Elementes, das Erfahrungen reflektiert und systematisiert, um wieder zur Erfahrung zu führen.
Sinnfälliger Ausdruck dieses Ineinanders und Miteinanders von Theologie
und Frömmigkeit ist die Vorstellung von der Vergöttlichung des Menschen
als des Weges, den der Mensch hier auf Erden zurückzulegen hat.«[32]

Und Wolfgang Hohensee, ein evangelischer (!) Pfarrer, merkt über seine
Begegnung mit dem russischen Heiligen (und Namenspatron unseres Ju-
bilars) an: »Es besteht kein Zweifel: Wir Protestanten finden kaum Zugang
zur katholischen Heiligenverehrung, die durch die mittelalterliche Kirche
entfaltet und zu einem unterscheidenden Merkmal katholischen Glaubens
ausgebaut worden ist. Fürbitte, Wundermacht und Reliquien der früher so
verehrten ›Nothelfer‹ und Namenspatrone haben für uns Protestanten keine
große Bedeutung. Wenn aber die Heiligen alles aus Christus und nichts ohne
ihn sind – könnte dieses Denken nicht dazu beitragen, unsere Bedenken, die
ihre verselbständigte oder neben Christus bestehende ›Mittlerschaft‹ und
Fürbitte betreffen, etwas beiseite zu schieben? Gilt nicht auch hier die biblische Weisung: ›Prüft aber alles und das Gute behaltet‹ (1. Thess. 5,21)?«[33]

---

[30] Tomas Spidlik, *Das östliche Mönchtum und das östliche Frömmigkeitsleben*, in: *Handbuch der Ostkirchenkunde*, Bd. III, 1997 (2. Aufl.), S. 24-50, hier: S. 49.
[31] Nikolaou, *Das Mönchtum ...*, S. 102.
[32] Martin Tamcke, *Das Orthodoxe Christentum*, München, 2. Auflage 2007, S. 9.
[33] Wolfgang Hohensee, *Können evangelische Christen von Heiligen lernen? Eine Untersuchung am Beispiel des Heiligen Seraphim von Sarow*, in: Deutsches Pfarrerblatt 112
(2012), Heft 12, S. 683-689.

Einen letzten Einwand gilt es allerdings noch beiseite zu räumen, wenn es um die Einbeziehung des Mönchtums in die dynamische Bewegung der Ökumene geht: Ist das Mönchtum aufgrund seiner Weltflucht nicht von vorneherein anti-ökumenisch eingestellt? Theodor Nikolaou formuliert: »Wir dürfen nicht vergessen, dass manche Unionsverhandlungen im Mittelalter, die aus rein politischen oder kirchenpolitischen Überlegungen zustande kamen, in erster Linie wegen des heftigen Widerstandes der Mönche fruchtlos blieben.«[34] Ist eine Einbeziehung des Mönchtums in die Ökumene also eher ein strategisches denn ein inhaltliches Anliegen?

Doch hatte bereits Irénée Hausherr sich zu dieser Frage geäußert: »Es geht uns nicht darum, das ›Wohlwollen der Mönche zu erlangen›; es geht darum, das Mönchtum zu studieren, ihm Gerechtigkeit widerfahren zu lassen, keinen seiner Standpunkte zu vernachlässigen, den es bezogen hat, und keine seiner Ideen, die es vertreten hat, um auf lange Sicht vielleicht, nachdem wir selbst den einen oder anderen Fehler eingestanden haben, zu schaffen, an dieser oder jener Stelle, insbesondere im Bereich der reinen Wissenschaft und der angewandten Theologie den Erben der nicht zu demütigenden mönchischen Gesinnung (ἀταπείνωτον φρόνημα) zuzugestehen, dass in der Frage der Rechtgläubigkeit und der christlichen Einheit auch jene Maxime gilt, die seit jeher die unumstrittenste war, wenn es um die persönliche Vervollkommnung ging: ἀρχὴ σωτηρίας ἑαυτοῦ κατάγνωσις, der Beginn des Heils ist es, die eigene Fehlbarkeit zu erkennen.«[35]

Anders gesagt: Die Beschäftigung mit der Spiritualität des »Anderen« hat nur dann ökumenische Folgen, wenn sie bei uns selbst etwas bewirkt. »Die Hauptforderung an den Theologen oder die Theologin, der/die sich mit Ostkirchenkunde auseinandersetzen möchte, ist nicht primär die Kenntnis des Syrischen oder der aktuellen Situation in Russland. Viel wichtiger ist die Bereitschaft, sich offen auf diese Kirchen und ihr reiches theologisches Erbe einzulassen, und zugleich die Bereitschaft, dieses Erbe – im Sinn des Konzils – als komplementär zu unserer westlichen Theologie zu akzeptieren. Wenn wir diesen Grundsatz ernst nehmen, dann wird die Beschäftigung mit den östlichen Kirchen – bei allen bestehenden und neu auftauchenden Problemen – wirklich ökumenische Theologie sein, die nicht nur die Annäherungen zwischen den Kirchen fördert, sondern auch die eigene Kirche ›katholischer‹ macht.«[36]

---

[34] Nikolaou, *Das Mönchtum* ..., S. 102.
[35] Irénée Hausherr, *Spiritualité monacale et unité chrétienne*, in: *Monachesimo orientale* (Orientalia Christiana Analecta 153), (1958) S. 15-32, hier S. 27 ff.
[36] Bremer, Ostkirchenkunde ..., S. 270.

Zusammenfassung

»Die echte Spiritualität hat äußerliche Regeln und Gewohnheiten, die im östlichen Mönchtum eine übergroße Rolle zu spielen scheinen, immer als unwesentlich eingeschätzt und ihre Veränderungen mit den Forderungen der Zeit, des Ortes und der konkreten Bedürfnisse erklärt. Das bedeutet aber nicht, daß man sie leichtsinnigerweise übertreten darf. Charakteristisch in dieser Beziehung ist die Antwort des Iosif von Volokolamsk, eines eifrigen Verteidigers dieser Traditionen. Man entgegnete ihm, daß andere Klöster andere Gewohnheiten hätten. Er findet das ohne weiteres richtig. Er dispensiert aber niemanden davon, die eigenen Regeln und eigenen Überlieferungen gewissenhaft zu bewahren. Ein gesunder lokaler oder nationaler Traditionalismus steht dem Universalismus des Christentums nicht entgegen, wenn er nur nicht dazu führt, die anderen zu verurteilen. Solcher Hochmut wäre gerade das Gegenteil zu dem geistlichen Ideal der Mönche, der Demut. Eine echte Spiritualität führt ebensowenig wie eine echte Theologie zu einer Spaltung. Es soll allen eine ernste Mahnung bleiben: ›Du wirst ein Theologe sein, wenn du gut betest, und wenn du beten wirst, bist du ein Theologe‹ (Pseudo-Neilos Evagrios, De oratione 60, PG 79, 1179). Das mönchische Ideal des unaufhörlichen Betens, immer und in allem, ist ohne Zweifel einer der wichtigsten Beiträge für die Einheit der Kirchen und aller Menschen guten Willens.«[37]

Alle drei Arten der Theologie sind also gefragt, wenn es um die Ökumene geht: das Studium der Theologie des Anderen in Forschung und Lehre, die Begegnung der Kirchen in Wertschätzung und Liebe und schließlich die gemeinsame Suche nach der spirituellen Erfahrung von Mystik und Askese. Über diese dritte Art der Theologie, die natürlich nicht von den anderen beiden losgelöst sein darf, lässt sich dann ohne weiteres sagen: »Ökumene und Spiritualität sind bereits auf der gleichen Spur. Sie hängen voneinander ab, unterstützen sich gegenseitig und bewegen sich im gleichen Takt. Sie sind eins: Leib und Seele vereint.«[38]

---

[37] Tomas Spidlik, Das östliche Mönchtum und das östliche Frömmigkeitsleben, in: Handbuch der Ostkirchenkunde, Bd. III, 1997 (2. Aufl.), S. 24-50, hier S. 49 f.

[38] Vgl. Spirituality source of reawakening and hope for Europe, Rom 2007, S. 7.

Das Leben in Christus,
gelebt und bezeugt im Mönchtum der Moldau

Für Metropolit Serafim,
der nach der Hesychia strebt
und das Mönchtum der Moldau liebt.

† S. E. Metropolit Teofan, Iași/Jassy (Rumänien),
Erzbischof von Iași und Metropolit der Moldau und Bukowina

»Qui est ce Christ qui me regarde?« – so fragte sich einst Olivier Clément[1], fasziniert vom Antlitz des Gott-Menschen, wie es auf Fresken der Moldauklöster gemalt und dargestellt ist. Dies ist die Frage, die sich im Geiste jedes Betrachters stellt, der unter dem Vordach des Klosters Voroneț in der Moldau steht und die Ikonographie des Jüngsten Gerichts betrachtet. Eine Provokation? Eine große Frage? Eine Herausforderung? Ob Tourist oder Pilger, Gläubiger oder Atheist – niemand bleibt gleichgültig gegenüber einer Wirklichkeit, von der der polnische Forscher J. Strzygowski bezeugt, »dass kein zweites Land der Welt uns Vergleichbares zu bieten hat«[2]. Die Moldauklöster sind für alle, die nach Sinn und Licht des Lebens suchen und hungrig danach sind, »gewaltige Tabernakel aus Kunst, aufgegangen aus der grünen Wiese, die Schätze verbergen, die entdeckt werden wollen«[3]. Mit »farbigen Kaisermänteln auf den Schultern aus Stein der herrschaftlichen Stifter«[4] waren, sind und bleiben – mit der Hilfe Gottes – die Moldauklöster wahre Altäre unter freiem Himmel, die den Menschen von heute einen Vorgeschmack auf das Himmelreich bieten.

Es gibt nur wenige Regionen in der Welt, in der auf begrenztem Raum eine so große Konzentration an Klöstern, Skiten und Einsiedeleien zu finden ist wie in der Moldau in Rumänien: zum Ende des Jahres 2012 zählten 197 Klöster und Skiten mit über 3400 Mönchen und Nonnen zur Metropolie der Moldau und Bukowina.

---

[1]   Olivier Clément, »Préface«, in: Anca Vasiliu, *Monastères de Moldavie (XIVe-XVIe siècles). Les architectures de l'image*, Humanitas, 1998, S. 7.
[2]   Vgl. *Istoria artelor plastice în România. Redactată de un colectiv sub îngrijirea Acad. Prof. George Oprescu*, Bd. I, Ed. Meridiane, București, 1968, S. 366.
[3]   Sorin Ulea, »*Pictura exterioară*«, in: *Istoria artelor plastice ...*, Bd. I, S. 379.
[4]   Vasile Drăguț, »*Prefață*«, in: *Umanismul picturii murale postbizantine*, Bd. I: Wladyslaw Podlacha, *Pictura murală din Bucovina*, übers. von Grigore Nandriș und Anca Irina Ionescu, Ed. Meridiane, București, 1985, S. 5.

43

In einer von Machtmissbrauch, Habsucht und Hedonismus dominierten Welt finden sich immer noch junge Männer und Frauen, die den Weg in eines der Moldauklöster finden, um in Gehorsam, Armut und Keuschheit zu leben. Es ist der Ruf jenes »Christus«, von dem Olivier Clément bekräftigt, dass er majestätisch und demütig zugleich von den Außen- und Innenfresken der Moldauklöster blickt und die menschliche Seele durchdringt und prüft. Die Geschichte der Moldauklöster ist eine Kette von Ausnahmemomenten, die intensiv in den Einsiedeleien oder Wehrklöstern im Osten Rumäniens erlebt wurden und die aus den Tiefen auch zu denen sprechen, die heute in unseren Tagen das Brot des Lebens und das lebendige Wasser suchen.

Über die Moldauklöster wurde im letzten Jahrhundert und auch in letzter Zeit viel geschrieben[5]. Der rote Faden, der sich durch alle Studien zu den Moldauklöstern zieht, besteht im Blick auf die Außenbemalung der Klöster. Diese Bemalung wird als »eine der originellsten Seiten der Kunstgeschichte«[6] gesehen, die Fresken der Moldauklöster stellen »Kunstwerke dar mit einem ästhetischen Wert, der dem der Meisterwerke der byzantinischen Kunst oder der Kunst der Renaissance«[7] zu vergleichen ist. Von der Perspektive der Außenbemalung her sind die Moldauklöster »eine ästhetische Kategorie von universaler Bedeutung«[8], doch bergen sie in ihrem Inneren noch viel größere Schätze. Das Leben in Christus, das im Heiligen Geist unter der ausgegossenen Liebe des himmlischen Vaters gelebt wird, ist der Brunnquell je-

---

[5] Wir geben hier nur einige Referenzwerke wieder in Ergänzung zu jenen in den Fußnoten genannten: Sorin Dumitrescu, *Chivotele lui Petru Rareş şi modelul lor ceresc: o investigare artistică a bisericilor-chivot din nordul Moldovei*, Ed. Anastasia, Bucureşti, 2001; Răzvan Theodorescu, *Bucovina: la peinture murale moldave aux XVe-XVIe siècle*, Bucureşti, [1994]; Mollie Elizabeth McVey, *Beyond the walls: the Easter processional in the exterior frescos of Moldavian monastery churches*, Brigham Young University, 2009; Ovidiu Boldura, *Pictura murală din nordul Moldovei*, Ed. Accent Print, Suceava, 2008; Elena Simionovici, *Sfânta Mănăstire Voroneţ: vatră de istorie românească şi de spiritualitate ortodoxă*, Ed. Muşatinii, Suceava, 2008; Vasile Drăguţ, *Pictura murală din Moldova: sec. XV-XVI*, Ed. Meridiane, Bucureşti, 1982; I. D. Ştefănescu, *Arta feudală în Ţările Române: pictura murală şi icoanele de la origini până în secolul al XIX-lea*, Ed. Mitropolia Banatului, Timişoara, 1981; Paul Henry, *Monumentele din Moldova de Nord. De la origini până la sfârşitul secolului al XVI-lea*, Bucureşti, 1984; Ioana Catrinel Bolocan-Măriuţei, *Contribuţii la o semiotică a picturii murale*, Universität »Alexandru Ioan Cuza«, 2012 (Diss.); Gabriel Herea, *Pelerinaj în spaţiul sacru bucovinean*, Ed. Heruvim, Pătrăuţi, 2011; Bogdan Bratu, *Icoana împărăţiei: pictura exterioară a bisericilor Moldovei*, Ed. Patmos, Suceava, 2012; Mihai Ţânţar, *Pictura murală exterioară din nordul Moldovei: un posibil început pentru istoria filosofiei româneşti*, Ed. Grinta, Cluj-Napoca, 2010.

[6] Sorin Ulea, »Pictura exterioară«, in: *Istoria artelor plastice ...*, Bd. I, S. 366.

[7] Grigore Nandriş, *Umanismul picturii murale post bizantine din Estul Europei*, Bd. II, Einführung von Alexandru Busuioceanu, Übersetzungen und Anmerkungen von Anca Vasiliu, Ed. Meridiane, Bucureşti, 1985, S. 16.

[8] Sorin Ulea, *A. a. O.*, S. 366.

ner inneren Schätze, die in den Moldauklöstern gegenwärtig sind. Inspiriert vom christlichen Leben des Volkes Gottes wurden die Kirchenarchitektur und die -malerei der Moldau ihrerseits zur Inspiration für Generationen von Christen, die in dieser Region gelebt haben und leben sowie für jene, die als Pilger oder Touristen die Tiefe ihrer Schönheit kosten.

Die Bedeutung der Moldauklöster als Quelle des reinen Lebens für Menschen, die Sinn und spirituelle Tiefe suchen, besteht im Wesentlichen in zwei Aspekten: die theologische Botschaft des Bekenntnisses des Glaubens an Christus, das sich in den Wandfresken äußert, und das patristische Phänomen von Paisij Veličkovskij von Neamţ bilden wichtige Säulen der Selbstbehauptung des christlichen Lebens in der Moldau, mit einer besonderen Ausstrahlung für Rumänien und darüber hinaus.

Das Fresko in der Moldau – ein Bekenntnis zu Christus in einer Zeit der Bedrohung des christlichen Glaubens

1453 ist das Jahr des Falls von Konstantinopel. Für das ostkirchliche Christentum ist eine Welt untergegangen, die ihm die Sicherheit des Fortbestands geboten hatte. Die Moldau spürte bis ins Innerste die immanente Gefahr der Vernichtung, die mit der Islamisierung drohte. Vier Jahre nach dem politischen Fall von Byzanz bestieg der Woiwode Stefan den Thron der Moldau. Es wurde die schönsten Seiten der Geschichte der Moldau aufgeschlagen. Ein Jahrhundert lang musste die Moldau unter der Herrschaft des heiligen Stefan des Großen (1457-1503) und seines Sohnes Petru Rareş (1527-1538 und 1541-1546) heftig um die Aufrechterhaltung ihrer Unabhängigkeit kämpfen, was gleichbedeutend war mit der Bewahrung des christlichen Glaubens. Der Kampf wurde an zwei Fronten geführt: an der Front der Waffen und an der des Glaubens. Der Aufbau des Heeres einerseits und der Bau der mit Innenbemalungen – und später zur Zeit von Petru Rareş auch Außenfresken – geschmückten Kirchen andererseits haben die Strategie der Verteidigung des moldauischen Mutterbodens und des christlichen Glaubens in der Region gebildet.

Dutzende von Klöstern sind auf dem Boden der Moldau zur Zeit des Herrschers und Woiwoden Stefan des Großen und Heiligen entstanden. Sie wurden groß und stark erbaut als Zeichen der Ermutigung für das Volk und zur Verteidigung des Glaubens. Die Klöster waren nicht nur den Mönchen gewidmet, die dort lebten, oder nur den Fürsten- und Adelsfamilien, die dort ihre letzten Ruhestätten bauten, sondern auch allen Schichten des Volkes. Sie begründeten durch ihre Mauern und ihre Bemalung eine wahre »nationale Schule«, in der sich »mit Reinheit die grundlegenden Tendenzen und Antriebe des rumänischen Volkes im 15. Jahrhundert herausgebildet haben«. Diese »kristallisierten sich heraus in den beiden zentralen Leitprinzipien der Herrschaft von Stefan dem Großen: der kontinuierlichen Stärkung des moldauischen Staates und des Kampfes gegen die muslimischen Türken«[9].

Der Bau von Kirchen und ihre Ausschmückung mit Bildern hatten die Stärkung des Volkes zum Ziel, um der immanenten Gefahr der Islamisierung begegnen zu können. Die Menschen sollten die christliche Lehre kennen und das geeignetste Mittel dazu waren die Innen- und Außenfresken der Kirchen.

Christus als Pantokrator in der Hauptkuppel oder die Gottesmutter im Altarraum über dem Heiligen Altar waren Bilder, auf die ihren Blick zu richten die Moldauer gerufen waren. Die Ikonen mit den Aposteln, Evangelisten, Erzengeln, Eremiten und Märtyrern, die alle Christus zur Mitte haben, bildeten einen Ansporn in der Überzeugung darin, dass nur von dort Hilfe kommt gegen die, die ihre Konversion zum Islam aufgrund der Unterdrückung des Landes wollten.

Die Analyse der Ikonographie jener Epoche fördert die Sorge um die Bewahrung des christlich-orthodoxen Glaubens zutage. Das wird besonders in vier ikonographischen Szenen deutlich: der Darstellung der Sieben Ökumenischen Konzile, der »Kavalkade« des heiligen Konstantin des Großen, der Darstellung des Sitzes von Konstantinopel und der Szene des Jüngsten Gerichts.

Die Darstellungen der Ökumenischen Synoden in den Kirchen der Moldau am Ende des 15. und 16. Jahrhunderts zeugen von dem Bemühen der politischen und kirchlichen Führer, ihre Treue zum christlichen Glauben in einer Zeit zu zeigen, als die osmanische islamische Gefahr an den Landesgrenzen spürbar und immer stärker wurde. Solche Darstellungen kannte man vorher in weiter Verbreitung in der Kirchenkunst von Serbien im 14. Jahrhundert im selben Kontext der muslimischen Bedrohungen.[10]

Ein anderes ikonographisches Thema, das von der Hauptbeschäftigung der Moldauer Gesellschaft des 15. und 16. Jahrhunderts inspiriert war, ist die Darstellung einer Militärprozession aus Engeln und Soldatenheiligen wie die des heiligen Demetrios und des heiligen Georg mit dem heiligen Kaiser Konstantin dem Großen in der Mitte. Der Erzengel Michael, der Höchste unter den himmlischen Heerscharen, zeigt Kaiser Konstantin ein Kreuz als Symbol des Sieges, der kommen sollte. Wir entdecken hier die ikonographische Übertragung der wundersamen Erscheinung des Heiligen Kreuzes, von der der heilige Euseb von Cäsarea berichtete, vor einem von Kaiser Konstantin dem Großen geführten Krieg. Die Exegeten dieser Szene haben gezeigt, dass die Intention dieser Maler jene war, das Volk bei der Verteidigung des Kreuzes zu ermutigen, das vom Halbmond bedroht war. »Genau über den Ausgangstüren der Kirche gemalt und sich über die ganze Breite des Pro-

---

[9]   Sorin Ulea, *A. a. O.*, S. 355.
[10]   *A. a. O.*, S. 357.

naos erstreckend, hatte diese Bildkomposition eindeutig das Ziel, sich ins allen einzuprägen, die aus der Kirche hinausgehen, als ein Bild, das sich in die Erinnerung einprägt; ein Beispiel, das dauerhaft die grundlegende Idee des Zeitalters, in dem sie leben, in ihrem Bewusstsein aufrechterhalten sollte: den Kampf gegen den osmanischen Eindringling und das Vertrauen in den endgültigen Sieg«[11] des Kreuzes Christi als Symbol des christlichen Glaubens.

Die Notwendigkeit der Verteidigung des christlichen Glaubens angesichts der zunehmenden Verbreitung des Islam wird auch aus einer anderen Szene mit politischer Zielsetzung deutlich, die im Bildprogramm der Moldauklöster zu finden ist, und zwar der Belagerung Konstantinopels. Wir befinden uns dabei nur wenige Jahrzehnte nach der großen Katastrophe. Die Darstellung der Belagerung im Bild stellte auch eine Warnung dar: Wenn es kein starkes Gebet mehr gibt, wenn es zu Kompromissen in der Lehre kommt und wenn sich Sünden aller Art im Volk verbreiten, dann kann auch die »verherrlichte Burg von Suceava« und das ganze Land der Moldau dasselbe Schicksal erleiden wie Konstantinopel.

Das Bestreben zur Verteidigung des christlichen Glaubens und implizit des Landes wird in der Bemalung der Moldaukirchen des 16. Jahrhunderts unter dem Vorzeichen des Jüngsten Gerichts dargestellt. In dieser Szene erscheinen bei der Kategorie der zum ewigen Feuer Verurteilten alle jene auf die eine oder andere Weise, die als Feinde des christlich-orthodoxen Glaubens galten. Neben der Schar der Erzketzer (Arius, Nestorius, etc.) und der bilderfeindlichen Herrscher (Maximilian, Julianus Apostata) aus den ersten christlichen Jahrhunderten tauchen auch muslimische Türken, Juden sowie Armenier und katholische Lateiner auf. Diese Präsenz der Darstellung des Jüngsten Gerichtes in der Bemalung der Mehrheit der Moldauklöster aus der ersten Hälfte des 16. Jahrhunderts zeugt auch von dem Bestreben um das Zeugnis des christlich-orthodoxen Glaubens, der sowohl vonseiten der muslimischen Türken wie auch seitens einiger Nachbarvölker (katholischer Ungarn und Polen) bedroht war.

Die Innen- und Außenbemalung der Moldauklöster am Ende des 15. und in der ersten Hälfte des 16. Jahrhunderts bildet ein grundlegendes Element bei der Mission der Orthodoxen Kirche, den Glauben an Christus auf dem Gebiet der Moldau zu bekennen. In der zweiten Hälfte des 16. Jahrhunderts und im 17. und 18. Jahrhundert erlebt die politische und kirchliche Situation in der Moldau zahlreiche Transformationen, nicht immer zum Guten. Die ökonomische Krise des Landes, die Bindung der Bauern an die Scholle, die immer höheren Steuerabgaben an die Hohe Pforte in Istanbul und das Phänomen der Phanarioten im 18. Jahrhundert haben Prämissen geschaffen, die für das weitere christliche Leben ungünstig waren und das Glaubens-

---

[11] *A. a. O.*, S. 354.

zeugnis beeinträchtigten. Dies wird auch in der Christlichen Kunst deutlich, die sich »bis Anfang des 17. Jahrhunderts aus der alten Lebenskraft nährt, die aber allmählich selbst auf das Abstellgleis gerät. Die ökonomische Verarmung des Landes führte schrittweise auch zum Niedergang der moldauischen Schulen der Architektur und der Malerei – die weniger als früher zu bedeutenden Kunstwerken herausgefordert wurden –, zu einem allmählichen Abbruch der Verbindungen mit den großen konstruktiven Traditionen der Kunst früherer Jahrhunderte, und infolgedessen zu einer immer größeren Rezeptionsbereitschaft des moldauischen künstlerischen Milieus für Einflüsse von außen. Daher rührt auch der im Allgemeinen eklektische Charakter der Kunst in jener Zeitspanne, die freilich trotzdem bemerkenswerte Monumente erschaffen hat, etwa jene, die in der Zeit der glänzenden Herrschaft von Vasile Lupu erschaffen wurden.«[12]

Als Folge der Veränderungen im politischen und wirtschaftlichen Leben der Moldau kommt es auch zu Veränderungen in der inneren Infrastruktur der Menschen, besonders jener aus den Städten und Marktflecken. Die Malerei byzantinischer Herkunft, die auf der asketischen Spiritualität basiert und auf Christus, den Gott-Menschen, zentriert ist, »begann, die Geschmäcker einer Gesellschaft nicht mehr zu befriedigen (...), die sich allmählich einer Sicht des Lebens zuwendet, die auf Anthropozentrismus basiert und auf der unmittelbaren Beobachtung sichtbarer Wirklichkeiten als direkter Quelle des künstlerischen Schaffens«[13], einschließlich der Kirchenarchitektur und -malerei. »Diese neue Lebensgrundlage sucht einen neuen künstlerischen Ausdruck, den sie in der Übernahme von Elementen der Kunst des Westens findet.«[14] Wir befinden uns hier in einer Atmosphäre, die später »babylonische Gefangenschaft« der Orthodoxie genannt wird; diese Atmosphäre wird unter der Verdunkelung des Hl. Geistes negative Einflüsse auf die Fähigkeit ausüben, das Leben in Christus auf authentische Weise zu erkennen, es zu leben und zu bezeugen wegen der Überschattung des Heiligen Geistes.

Trotz aller Veränderungen, die das Leben der Menschen erfuhr und die auf fremde, phanariotische oder westliche Einflüsse zurückgehen, kannte die Moldau trotzdem Oasen der Normalität im wahren Leben des christlich-orthodoxen Glaubens vom 17. bis zum 19. Jahrhundert. Die Dörfer der Moldau einerseits und die Einsiedeleien der Karpaten andererseits blieben in ihrem Innersten unberührt von neuen Strömungen, die sich in den Herren- und Bojarenhäusern, in den Städten und Marktflecken und allmählich auch in den großen Klöstern verbreiteten.

---

[12] Sorin Ulea, »*Arta în Moldova de la începutul secolului al XVII-lea până în primele decenii ale secolului al XIX-lea*« in: *Istoria Artelor Plastice în România*, Bd. II, Ed. Meridiane, București, 1970, S. 103.

[13] *A. a. O.*, S. 104.

[14] *Ebda.*

Zu jener Zeit taucht in der Moldau das Phänomen auf, das später als »*Pai-sianismus*« bezeichnet werden sollte. Entstanden in einem authentischen monastischen Milieu auf der Basis der genialen Persönlichkeit des heiligen Paisij Veličkovskij von Neamţ und inspiriert von der Theologie der Heiligen Väter in ihrer Philokalia-Dimension, hat der »Paisianismus« einen adäqua-ten Raum geschaffen für das Bekennen des Glaubens an Christus, und zwar in der gleichen geistigen Tiefe und auf der gleichen kulturellen Höhe, auf der man in der Moldau zur Zeit der Herrschaft von Stefan dem Großen und Heiligen und Petru Rareş gewesen war.

Der Paisianismus – die christliche Renaissance im Zeitalter der »Aufklärung«

Das Europa des 18. Jahrhundert wird einen tiefgreifenden Wandel in der Art der Menschen zu denken, sich auf Gott, das ewige Leben und den christli-chen Glauben im Allgemeinen zu beziehen, mit sich bringen. Wir befinden uns im Zeitalter der Dominanz der menschlichen, von ihrer Verbindung zu Gott gelösten Vernunft, was in den folgenden Jahrhunderten zu einer gro-ßen spirituellen Krise in ganz Europa mit desaströsen Konsequenzen, auch in politischer Hinsicht, geführt hat.

Im Zeitalter der Französischen Enzyklopädisten und »Illuminaten«, die das menschliche Denken in die engen Grenzen der irdischen Wirklichkeiten einordnen, strahlte in den Karpaten der Moldau ein ganz anderes »Licht« mit einem klaren Ausdruck zur Bewahrung, Vertiefung und Stärkung der Verbindung des Menschen mit Gott weiter. Während der Westen fasziniert war von der Botschaft Voltaires und Russland durch Peter den Großen und Zarin Katharina I. den Geist des Säkularismus auch in breiten Bereichen des kirchlichen Lebens etablierte, erlebte die monastische Landschaft der Mol-dau das innere Reifen eines Phänomens, das authentisch im gesamten Raum der Orthodoxie für die folgenden Jahrhunderte Früchte getragen hat.

Der »Paisianismus« als Phänomen des Bewusstmachens und der Wieder-entdeckung der verwandelnden Frische der patristischen Tradition im Le-ben der Christen tauchte in der Moldau in der zweiten Hälfte des 18. Jahr-hunderts im Umfeld der Klöster Dragomirna, Neamţ und Secu auf. Die inspirierende Person dieser Bewegung zur Erneuerung und Aktualisierung des christlichen Lebens im Geiste der Kirchenväter war, wie schon erwähnt, der heilige Paisij Veličkovskij (1722-1794).

Von ukrainischer Herkunft und nach langer Erfahrung des Lebens auf dem Athos fand der heilige Paisij in der Moldau[15] den adäquaten Raum zur

---

[15] Bei der Ankunft des heiligen Paisij aus der Ukraine in der Moldau im Jahr 1745 und seiner späteren Ankunft vom Athos kommend im Jahr 1763 war das Mönchtums im Wesentlichen bereit für ein geistliches Werk von besonderer Bedeutung. »Platon

Entfaltung seines spirituellen Wirkens, mit großem Nachhall bis in unsere Zeit.

Nach Vater Dumitru Stăniloae »kam der Mönch Paisij im 18. Jahrhundert aus Poltava und fand (...) in der Moldau ein Mönchtum vor, dessen große Mehrheit in ununterbrochener Kontinuität dieser Tradition das hesychastische Leben (als Einsiedler), das vom Jesusgebet belebt ist«.[16]

Im Wissen um die Bedeutung des Erlangens der inneren Seelenruhe (Hesychia) hat der heilige Paisij erkannt, dass nur die Wiederentdeckung und neue Würdigung der Theologie der heiligen Kirchenväter, besonders in jener Philokalia-Nuance, den Mönchen der Klöster und den Christen in der Welt helfen kann, den wahren Sinn ihres christlichen Lebens wiederzuentdecken. Zu diesem Schluss gelangt, hat der heilige Paisij etwas losgetreten, was vielleicht »das strahlendste Kapitel in der Geschichte der rumänischen

---

(sc. der spätere Paisij) betritt den Boden der Moldau mit dem Gefühl größter Freude und echter Liebe zu ihm. Er wusste, dass hier das Mönchtum blüht, dass hierher viele Asketen aus Russland kamen, die eine friedliche Heimstatt suchten, welche für das Leben in der Einsamkeit günstig und verschwiegen ist, und er wünschte sich sehnlichst, dass diese sich diesen Einsiedeleien anschließen sollten, um gemeinsam mit ihnen in Einsamkeit und Schweigen zu leben und so seinen beharrlichen Traum der Kindheit und Jugend zu leben. Zu jener Zeit präsentierte sich die Moldau als einer der blühendsten Winkel der orthodoxen Welt. Im griechischen Orient konnte sich die von den Türken ausgepresste und unterdrückte Orthodoxie nicht der notwendigen Freiheit erfreuen. In Russland stand das monastische Leben unter Druck der Regierung.« (Pr. prof. dr. Dumitru Stăniloae, »Isihaștii sau sihaștrii și rugăciunea Lui Iisus în tradiția ortodoxiei românești«, in: *Filocalia*, Bd. 8, Editura Institutului Biblic și de Misiune al Bisericii Ortodoxe Române, Bukarest 1979, S. 578-579).

[16] *A. a. O.*, S. 556. Das monastische Leben in vereinzelten Einsiedeleien bewahrte viel besser als die großen Klostergemeinschaften den authentischen Geist des christlichen Lebens. Weit entfernt von der Unruhe der menschlichen Ansiedlungen auf Märkten und in Städten »kamen die Einsiedler den Menschen mit ihrem Rat, mit der Beichte, mit Ermahnung und geistlicher Weisung zur Hilfe. Jene Mönche, Einsiedler und Eremiten, die sich aus der Welt zurückgezogen haben, haben die Menschen am meisten geliebt und unablässig für sie gebetet. Diese Heimatlosen der Berge, diese Freunde der Karpaten, diese Bewohner der Wälder waren gleichzeitig die den Woiwoden am nächsten stehenden Ratgeber.« (Archim. Ioanichie Bălan, »*Chipuri de călugări îmbunătățiți din mănăstirile românești*«, in: *Filocalia*, Bd. 8, S. 565 f.). »Diese Einsiedler haben uns in den Bergen gegenwärtig gehalten bei den Hirten. In ihren Skiten fanden jene Unterkunft, die in schwierigsten Zeiten dorthin flohen, Woiwoden, aber auch Menschen aus dem Volk. Diese Einsiedler rekrutierten sich aus gläubigen Rumänen von beiden Seiten der Karpaten und bildeten eine Form der Bewahrung unserer Einheit als Volk in seinen tiefsten Kerkern.« (S. 566 f.) Zum Hesychasmus in der Moldau und den rumänischen Provinzen vgl. die Arbeit von Metropolit Serafim Joantă, dem dieser Beitrag gewidmet ist (»*Roumanie. Tradition et culture Hesychastes*«, Paris 1987; dt. »*Hesychasmus. Rumänische Tradition und Kultur*«, Würzburg 2003; rum. »*Isihasmul, tradiție și cultură românească*«, Ed. Anastasia, Bukarest 1994).

Orthodoxie« genannt werden kann, »das im gesamten Raum der Orthodoxie Verbreitung fand und Früchte trug«[17].

Diese Bewegung, die während der Zeit den Namen »Paisianismus«[18] erhielt, entfaltete sich, obwohl einheitlich, in mehrere Richtungen: a) Übersetzungen, Textbearbeitungen und Textvervielfältigungen aus dem Griechischen ins Slawische und Rumänische, aus dem Slawischen ins Rumänische
oder aus dem Rumänischen ins Slawische; b) die Einführung des hesychastischen Lebens im koinobitischen Leben der Klöster; c) das Schaffen eines
Klimas panorthodoxer Brüderlichkeit im Dienste der Mission der Kirche;
d) die Verbreitung des Klimas der Philokalia in der gesamten Orthodoxie
zum Wohl der Mönche und auch der Christen im Familienleben.

Zunächst stellte der heilige Paisij fest, dass in der orthodoxen Welt seiner
Zeit die Theologie der heiligen Väter nicht mehr wie vorzeiten gekannt und
gelebt wurde und in den Kirchen slawischer oder rumänischer Sprache zu
wenige Texte aus dem Griechischen übersetzt waren und vorlagen. Im Wissen um diese traurige Wirklichkeit hat der Heilige eine Übersetzungs- und
Redaktionsarbeit begonnen, die an Umfang und Bedeutung alles übertraf,
was vorher und nachher in diesem Bereich in der orthodoxen Welt verwirklicht wurde. Herausragende Hellenisten sowie ausgezeichnete Kenner der
lateinischen, slawischen und rumänischen Sprache waren an diesem gewaltigen Übersetzungs-, Redaktions- und Vervielfältigungsprojekt von Texten der heiligen Kirchenväter beteiligt und eingebunden. So wird im Jahr
1769 die Übersetzung einiger Philokalia-Texte in die rumänische Sprache
in einem Manuskript mit dem Titel »*Philokalia von Dragomirna*« vorgelegt,
13 Jahre bevor in Venedig die Griechische Philokalia in der Bearbeitung des
heiligen Nikodim vom heiligen Berg Athos erscheint (1782).

Eine vergleichbare Übersetzung, die im Kloster Neamț erstellt wurde, dieses Mal in slawischer Sprache, wurde 1794 in Sankt Petersburg gedruckt;
der Text wurde später von Feofan dem Klausner ins Russische zurücküber-
setzt (1867). Auch wurde das Werk des großen russischen Mystikers des
16. Jahrhunderts, Nil Sorskij, ins Rumänische übersetzt. Dank einer außergewöhnlichen Organisation wurden in den Klöstern Dragomirna, Secu und
Neamț in der Moldau Tausende von patristischen Texten ins Slawische und
Rumänische übersetzt, die heute Hunderte Bänden mit Hunderten von Seiten ausmachen würden.

Nur wenige von diesen Texten wurden zu Lebzeiten und nach dem Heimgang des heiligen Paisij gedruckt. Aber sie wurden in sehr vielen Exemplaren
kopiert und fanden Verbreitung in der gesamten orthodoxen Kirche. Diese
Texte bilden Wahrzeichen der wissenschaftlichen Akribie zu jener Zeit und

---

[17] Dan Zamfirescu, »*Biruința unei idei*«, in: *Paisianismul – un moment românesc în istoria spiritualiății europene*, Ed. Roza Vânturilor, Bukarest 1996, S. 9.

[18] Zum Ursprung des Begriffs »Paisianismus« vgl. Dan Zamfirescu, *A. a. O.*, S. 31, Anm. 2.

vor allem des korrekten Verständnisses des Geistes der originalen Schriften für die, die diese Schriften heute übersetzen.

Diese Übersetzungen der Schriften der heiligen Kirchenväter haben das geistliche Leben der Mönche unterschiedlicher Nationalität in der Moldau und der Walachei gestärkt, darunter viele Schüler des heiligen Paisij. Besonders aber gelang durch die Vermittlung dieser Übersetzungen oder die Originalschriften die Einführung des hesychastischen Geistes und des »Jesusgebets« im koinobitischen Leben.[19] Dadurch wurde das koinobitische Leben in seinem Innersten wieder belebt und von hier aus drang der Hesychasmus auch in das Leben derer ein, die in der Welt leben. Der heilige Calinic von Cernica, der sich über dessen Schüler auf der geistlichen Linie des heiligen Paisij befand, unterstrich die Notwendigkeit des Jesusgebetes mit den Worten: »Das Jesusgebet sollen wir unablässig im Mund, im Verstand und im Herzen haben.«[20]

Diese Übersetzungstätigkeit, die Mönche mehrerer Nationalitäten beanspruchten, und der hesychastische Geist, der in der Mitte zahlreicher Mönchsgemeinschaften erfahren und erlebt wurde (im Kloster Neamț lebten über viele Jahrzehnte über 1000 Mönche) schufen ein Klima der panorthodoxen Brüderlichkeit, wie es weder vor dem heiligen Paisij noch – leider – danach mehr gegeben hat. Orthodoxe verschiedener Nationalität (Griechen, Ukrainer, Russen, Rumänen, Bulgaren, Serben, etc.) oder Konvertiten unter Katholiken, Protestanten, Armeniern oder Juden haben zusammen dieses Werk im Umfeld des heiligen Paisij geschaffen, trotz mancher Meinungsunterschiede, die gelegentlich aufgetreten sind, vor allem zwischen Rumänen und Russen. Zusammengeführt von der Liebe zu Christus und der gemeinsamen Suche nach dem Erlangen des Heiligen Geistes überwanden sie ethnische und linguistische Barrieren: »Beim Heiligen (Paisij), sagt sein Schüler und Biograph, der Metropolit Gregorios Dascălul der Walachei, gab es keinen Moldauer oder Russen, keinen Rumänen oder Moskauer, keinen Griechen oder Bulgaren, sondern alle waren eines: Kinder des Heiligen und gehorsame geistliche Söhne.«[21]

Der Tod des heiligen Paisij Veličkovskij am 15. November 1794 bedeutete nicht das Ende des geistlichen und kulturellen Phänomens des »Paisianismus«. Ein Teil seiner Jünger führte das Werk des Heiligen im Kloster Neamțu fort, ein anderer Teil zerstreute sich in den Herkunftsländern. Das

---

[19] Pr. Dumitru Stăniloae, *A. a. O.*, S. 581.

[20] »*Povățuiri scrise de starețul Calinic pentru monahii de la Cernica*«, in: Econ. D. Furtună, *Ucenicii Starețului Paisie la Cernica și Căldărușani*, ed. Nemira, Bukarest 2002, S. 144.

[21] Grigore Dascălu, »*Povestire din parte a vieții Preacuviosului Părintelui nostru Pisie și arătare pentru adunarea soborului celui împreună cu cuvioșia sa care cu pronia Lui Dumnezeu și pre urmă neîmpuținat se părește*«, in: Dan Zamfirescu, *A. a. O.*, S. 127.

Mönchtum in Russland und die Laiengläubigen, die in Verbindung mit den Klöstern standen, kamen in den Genuss des Einflusses, den die Schüler des heiligen Paisij ausübten, die nach seinem Tod die russischen Klösterlavren besetzt haben. Die vom heiligen Paisij in die slawische Sprache und später von Feofan dem Klausner ins Russische übersetzte Philokalia hatte nach den Worten des deutschen Patrologen A. M. Ammann S. J. »einen großen Einfluss auf die russische Spiritualität und Theologie«[22]. Das Kloster Optina hat sich auf besondere Weise dem Geist des heiligen Paisij verpflichtet durch seine 14 Äbte, die 1996 von der Russischen Orthodoxen Kirche kanonisiert wurden. Auf Vermittlung der Äbte von Optina und vieler anderer, die ihnen ähnelten, wurden ganze Scharen von Mönchen, Bauern oder Intellektuellen geistlich in ihrem Hunger nach Gott, nach Sinn und Licht des Lebens genährt.

In der bescheidenen Mönchszelle des ersten Abtes von Optina, des heiligen Ambrosij, machten Persönlichkeiten wie Dostojewski, Soloviev, Leontiev oder Tolstoj Halt, um Rat und Segen zu empfangen. Letzterer erwähnt dies auch in seinem Werk »Vater Sergej«: »Der Igumen des Klosters war ein gelehrter Schriftsteller von adliger Herkunft und ein Asket, er zählte zu asketischen Mönchen, die aus der Walachei gekommen waren, (...) war ein Schüler des berühmten Asketen Ambrosij, der wiederum Schüler von Veličkovskij war.«[23] Dostojewski hält seinerseits zum Phänomen des Starzentums fest: »Wieder aufgekommen sei es jetzt seit dem Ende des vorigen (sc. 18., Anm. d. Verf.) Jahrhunderts durch einen der größten Glaubenseiferer, Païssij Welitschkówskij und seine Schüler«[24]. In der Sicht Dostojewskis ist der Starze ein Mönch, »der eines Menschen Seele und Willen in seine Seele und seinen Willen aufnimmt. Wenn man einen Staretz gewählt hat, sagt man sich vom eigenen Willen los und übergibt ihn dem Staretz zu unbedingtem Gehorsam bei vollständiger Selbstverleugnung. Diese Prüfung, diese furchtbare Lebensüberwindung nimmt der sich dem Staretz Ergebende freiwillig auf sich: in der Hoffnung, nach langer Prüfung sich selbst überwinden zu können, sich seiner selbst dermaßen zu bemächtigen, daß er endlich durch lebenslänglichen Gehorsam die volle Freiheit erlange, das heißt, um sich von sich selbst zu befreien, auf daß er dem Los derer entgehe, die das ganze Leben verleben und doch ewig ihr eigener Knecht bleiben.«[25]

---

[22] Albert M. Ammann S. J., *Die Gottesschau im palamitischen Hesychasmus: Ein Handbuch der spätbyzantinischen Mystik*, Würzburg, Augustinus-Verlag, Würzburg 1938, S. 8-10, zit. bei Pr. prof. dr. Dumitru Stăniloae, »Isihaştii sau sihaştrii şi rugăciunea Lui Iisus ...«, S. 556.

[23] L. N. Tolstoj, *Opere în paisprezece volume. Vol. XII. Nuvele şi povestiri (1889-1904)*, Cartea Rusă, Bukarest 1958, S. 156.

[24] Fjodor M. Dostojewski, *Die Brüder Karamasoff* (Roman), aus dem Russischen übertragen von E. K. Rahsin, München ²⁷1996, S. 45. (Verf. zitiert rum. Ausgabe; *Anm. d. Übers.*)

[25] *A. a. O.*, S. 45 f.

Der heilige Starze Paisij Veličkovskij hat der Moldau und Rumänien im Besonderen und Russland und der Orthodoxie im Allgemeinen ein überwältigendes Erbe hinterlassen, das bis heute nicht aufgehört hat, das Leben der Menschen zu befruchten. Geboren in Poltava (Ukraine), ein Kenner des Mönchtums auf dem Athos, tief verwurzelt im Boden der Moldau, aus dem er sich mit authentischer geistlicher belebender Kraft nährte, wird der heilige Paisij immer eine kraftvolle Stimme bleiben, auf die in jenem schmerzlichen »Tal der Tränen« gehört und der gefolgt wird, in dem der heutige Mensch die Freude der Auferstehung sucht.

Anstelle eines Fazits

Die Moldau durchlebt wie jeder Teil Rumäniens und Europas derzeit die Turbulenzen unablässiger Veränderungen auf sozialer, wirtschaftlicher, vor allem aber seelischer Ebene. Unsicherheiten jeglicher Art, tiefe Unruhe, die Allgegenwart von Stress, die Zunahme von Suiziden, das Drama der Scheidungen oder die Furcht vor dem morgigen Tag sind innere seelische Zustände, die jeder Rumäne, Europäer oder Moldauer heute durchlebt.

Trotz dieser traurigen Wirklichkeit sind im Gebiet der Moldau Dinge wahrzunehmen, die nicht übergangen werden können. Die erwähnten seelische Angst- und Unruhezustände haben in der Moldau, auch wenn sie im Leben der Menschen gegenwärtig sind, scheinbar keinen so zerstörerischen Einfluss auf die Menschen wie anderswo. In der Moldau ist eine starke Verbundenheit zur traditionellen Familie festzustellen – zu Vater, Mutter und den Kindern –, so dass hier auch die demographische Situation nicht so desaströs ist wie anderswo. Eine bestimmte Fähigkeit zum Ertragen von Leid, nachhaltige Geduld im Unglück, eine Einfachheit des Herzens, eine Haltung der Sanftmut und Demut und ein Akzeptieren von Andersartigkeit in ihren verschiedenen Formen, eine ganz eigene Sensibilität gegenüber dem Schönen, wie es sich in verschiedenen Formen äußert – dies sind Haltungen, die das Leben der Bewohner der Moldau mit allen gegenwärtigen Versuchungen und Herausforderungen an Seele und Leib ausmachen.

Woher kommt diese größte Widerstandsfähigkeit des Moldauers gegen den gewaltsamen Angriff des »Geistes dieser Welt«, der gnadenlos über ihn kommt in den Formen der Säkularisierung, der Gleichgültigkeit gegenüber den wahren Werten, ausuferndem Konsumismus, Sexualisierung etc.? Nun ist es zwar nicht Gegenstand dieser Studie, eine Analyse der Besonderheiten im Leben des Moldauers von gestern und heute zu versuchen. Einige zusammenfassende Erwägungen zu dieser Wirklichkeit seien aber hier erwähnt bei diesem Versuch, eine ansatzweise Antwort auf die erwähnte Frage zu geben.

Es gibt im ganzen christlichen Raum, von Russland über die orthodoxen Länder des Balkans und die arabischen orthodoxen Gemeinden bis hin zur westeuropäischen oder amerikanischen Diaspora keinen anderen Ort, wo das Gefühl der Zugehörigkeit zur Orthodoxen Kirche so ausgeprägt ist wie in der Moldau.[26] Ein einfacher Blick darauf, was tagtäglich im Metropolitanzentrum von Jassy (rum. Iaşi) geschieht, zeugt von der religiösen Leidenschaft der Moldauer. Hunderte von Menschen, darunter vor allem junge Menschen, kommen täglich in die Metropolitankathedrale für einen Moment der Besinnung und zur Verehrung der Reliquien der heiligen Paraschiva. Auch die große Zahl an Pfarreien und Klöstern sowie der in Bau oder Renovierung befindlichen Kirchen zeugen von der Liebe zu Gott und zum christlich-orthodoxen Glauben des Moldauers.

Diese Tatsache verdankt sich der Sorge für Gott und dem kontemplativen Wesen des Moldauers und mit Sicherheit auch dem geistlichen Wirken der Klöster der Region. Ich denke, dass in der Existenz der Mönche und Nonnen aus den Moldauklöstern und ihres Einflusses auf die Menschen in der Moldau in der Vergangenheit und in der Gegenwart grundlegend die Leidenschaft des Glaubens in diesem Teil Rumäniens zu entdecken und zu erklären ist. Die Moldauklöster bilden durch ihr liturgisches Leben, ihr Gebet und ihre Askese und besonders charakteristisch durch die bekenntnishafte Botschaft der Innen- und Außenbemalung der Kirchen aus dem 15. und 16. Jahrhundert wie auch das patristische Erbe, das der geniale Paisij Veličkovskij hinterlassen hat, einen »Gärstoff« kontinuierlicher Erneuerung der Lebenskraft des Geistes der Orthodoxie im Herzen der Moldau. Hier ist auch festzuhalten, dass auf besondere Weise die »moralische Kraft«[27] der moldauischen Kunst der Ikonographie und die Fortführung des patristischen Bekennergeistes des heiligen Paisij durch Väter wie etwa Vater Cleopa von Sihăstria und Paisie von Sihla, die davon geistlich bereichert wurden, das Rückgrat des Widerstands des christlichen Lebens in der Zeit des kommunistischen Regimes gebildet haben.[28]

---

[26] Wir beziehen uns hier auf jenen Teil der Moldau, der in Rumänien liegt; 1812 wurde der östliche Teil der Moldau in das Russische Reich eingegliedert. Dieser Teil bildet heute die Republik Moldau.

[27] Sorin Ulea, A. a. O., p. 353.

[28] Hier ist festzuhalten, dass zur Zeit des kommunistischen Regimes die Kunst der Ikonographie auf den Fresken der Moldauklöster den Menschen der Kirche und einigen Intellektuellen jener Zeit eine Möglichkeit als Mittel des indirekten christlichen Glaubensbekenntnisses bot. Die Moldauklöster waren eine besonderes Reiseziel der Rumänen in den Ferien oder auch von Kindern in den Schulferien. Die Klosterführer, besonders die Mönche und Nonnen, fanden besonders geeignete Methoden, um bei der Präsentation der Fresken aus künstlerischer Sicht auch die implizit in den Ikonen enthaltene Glaubenslehre vorzustellen. Bedeutende Intellektuelle jener Zeit schafften es über von ihnen veröffentlichte Fachbeiträge, Aussagen des christlichen Bekenntnisses durchsickern zu lassen. »Was schon aus der Ferne beeindruckt, wo sie in aller Klarheit betrachtet werden können, sind die groß geschnittenen Umrisse der gewaltigen Prozession der Heiligen der Apsis, die in diesem Moment zugleich die grundlegende Idee der Außenbemalung andeuten: das Gebet« (S. Ulea, A. a. O.,

Heute führen die Moldauklöster diskret, aber geistlich tief und wirkungsvoll ihr Wirken des Bekenntnisses für Christus, den Schöpfer und Erlöser der Welt, fort. Das Gebet bei Tag und vor allem bei der Nacht von Tausenden von Mönchen und Nonnen helfen dem Land und seinen Bewohnern im heftigen Kampf um das Überleben gegenüber Feinden aller Art. Das Gebet ist auch der Beitrag der Moldau für die Welt zu ihrer Bewahrung im Gleichgewicht ihrer Existenz, denn ohne das Gebet würde die Welt in das Nichts

Bd. I, S. 379. Bei seiner Beschreibung der Christusikone aus der Kirche von Bălineşti schreibt derselbe Sorin Ulea auf dem Höhepunkt der kommunistischen Ära von »der tiefen Menschlichkeit, die dem unvergleichbaren Antlitz des byzantinischen Gottes innewohnt, die Jenen in eine dem Menschen nahe und vertraute Dimension rückt« (*A. a. O.*, S. 358). Die Bekennerkraft des christlichen Glaubens, die sich in den Ikonen der Moldauer Fresken zeigt, wurde den Lesern zur Zeit des kommunistischen-atheistischen Regimes auch in Bekenntnissen wie jenem Vorwort Alexandru Busuioceanus in *Umanismul picturii murale postbizantine*, Bd. II, das 1985 im Verlag Meridiane erschienen ist, deutlich: »Beim Betreten der Kirchen in der Bukowina fühlst du dich überwältigt von einem Gefühl, das der Architekt und der Maler suggerieren, und das dich zu einer ernsten inneren Sammlung und Meditation ruft. In der Halbkuppel über der Apsis des Altarraums strahlt die Darstellung der Gottesmutter, das Symbol des christlichen Mysteriums. Reihum erscheinen auf den Wänden Szenen der Göttlichen Liturgie und heilige Themen im Zusammenhang mit den großen Festen des Kirchenjahrs. Aus der zentralen Kuppel, die das himmlische Universum darstellt, blickt das Antlitz des Pantokrators ernst und doch mitfühlend auf die irdische Welt. In seiner Umgebung sind in hierarchischer Ordnung die Himmlischen Heerscharen zu sehen; dann die Prozessionen der Propheten und Apostel und auf den weiter unten befindlichen Registern manchmal sehr plastische Szenen. Im Pronaos, das von der einen oder anderen Seite den Eingang zum Naos bildet, sind die Patrone und Stifter dargestellt, wie sie vor dem Erlöser auf dem Thron knien und Ihm ehrfürchtig eine Miniatur des Gotteshauses bieten« (S. 8). Ausländische Touristen, besonders aus den Ländern mit kommunistischen, totalitären Regimes drückten ihre Bewunderung aus über die Ikonendarstellungen in den Moldauklöstern. Der sowjetische Kunsthistoriker Mihail L. Alpatov sagte in den 60er Jahren über die Wandmalereien der Moldau, »dass in keinem anderen Land der Erde, nicht einmal im klassischen Land der Wandmalerei, Italien, etwas Vergleichbares zu finden ist« (vgl. Prof. Corneliu Sârbu, »Însemnări«, in: *Mitropolia Moldovei şi Sucevei*, Jg. XL, Nr. 1-2, Januar-Februar 1964, S. 78). Professorin Anneros Dietrich schreibt in der Tageszeitung *Die Union* (Nr. 92/1964): »Wer einmal vor der Kirche von Suceviţa stand, jener Klosterburg, die so reizend an den Karpatenausläufern liegt, der wird dieses Ereignis nie vergessen«; »Eine Bibel aus Ikonen steht offen vor der Schwelle des Betrachters«; »Stundenlang könnte ich auf diese erstaunliche Menge an Bildern aus dem Alten und dem Neuen Testament mit Blau als Grundfarbe blicken, jene gerade durch ihre Naivität suggestive Präsentation des Himmels und der Erde. Die vielfarbige Kirche; der große mit Rasen bedeckte Hof des Klosters; die strahlende Sonne; der blaue Himmel ohne Wolken; die tiefe Stille, nur gelegentlich unterbrochen vom leisen Klimpern der Kette am Brunnen; diese Atmosphäre des Friedens gereicht zu einer solchen Tiefe, dass es fast wie ein Traum erscheint.« (vgl. »*Vizită la mănăstirile româneşti din Moldova*«, in: *Mitropolia Moldovei şi Sucevei*, Jg. XL, Nr. 7-8, Juli-August 1964, S. 442).

zurückfallen, aus dem heraus sie von Gott ins Dasein gerufen wurde. Die Geistlichen der Moldau haben bis heute eine wegweisende Kraft bewahrt für viele Christen, auch wenn es wenige sind, die in der Nachfolge der großen Väter Cleopa, Paisie oder Ioanichie stehen. Was heute den Moldauklöstern Kraft und Tiefe im Zeugnis von Christus dem Herrn bietet, ist einerseits der Versuch, das Wirken des heiligen Paisij Veličkovskij fortzuführen und andererseits der Fanfarenklang der Theologie der Ikonen, die sich in den Innen- und Außenfresken der Klöster finden.

In einer Zeit heftiger Konfrontation für die Christen, in der der vereinsamte menschliche Geist der modernen Kultur versucht, das ganze Innere des Menschen zu erfassen, haben wir das Erbe der heiligen Kirchenväter, die die Erlösung des Menschen durch den betenden Geist in der Gemeinschaft mit Gott bezeugen. Und der Mensch, der sich als fähig erwiesen hat, eine Bewegung der Aktualisierung und der Erneuerung des christlichen Lebens in der erwähnten Richtung zu initiieren, war der heilige Paisij Veličkovskij. In seinem bekennerhaften Wirken »verbindet sich die Spannung zwischen der intellektuellen Orientierung (...) und die Dimension der Frömmigkeit im monastischen Leben (...) auf eine harmonische und starke Weise«[29]. Ein für das Schlagen des Herzens hin offener Geist und eine von rechtem Urteil, Kohärenz und Öffnung zum anderen hin erleuchtete und nachhaltige Frömmigkeit können eine wichtige Hilfe sein für den modernen Menschen auf seiner Suche nach dem Sinn des Lebens. Die Theologie der heiligen Kirchenväter, wie sie im Geiste des heiligen Paisij gekannt, gelebt und bezeugt wird, bedeutet eine Wiederentdeckung der byzantinischen Spiritualität in ihrem Wesen als lebendiges, verwandelndes und erneuerndes Wirken am heutigen Menschen.

Andererseits hilft das in den Ikonen der moldauischen Fresken gegenwärtige byzantinische Erbe dem Betrachter, sei er Kunstexperte, Tourist oder Pilger, sich auf verschiedenen Ebenen geistiger Tiefe über den Zustand bewusst zu werden, in dem sich seine eigene Seele befindet. Anders als die Sicht der Welt in der westlichen Kunst der Renaissance präsentiert die byzantinische Ikone im künstlerischen Ausdruck der Moldau das menschliche Antlitz mit sanftmütigem und paradoxerweise schwermütigem Ausdruck, mit länglichen Gesichtern und schlanken, durchscheinenden Körpern, so wie der innere und äußere Zustand des Menschen aller Zeiten und Phasen der Geschichte sein sollte. Der Blick des Herrn Christus, der Gottesmutter, der Heiligen und der Stifter wird vom Blick des Betrachters angezogen und weckt bei diesem Neugier und Erstaunen, fordert Klärungen von ihm, bringt ihn durcheinander und hinterfragt ihn selbst und erwartet von ihm eine Antwort. So bildet sich eine vertrauliche persönliche Beziehung heraus,

---

[29] C. D. Hainworth, Staretz Paisy Velichikovsky. *Doctrine of spiritual guidance. Excerpta e Dissertatione ad Laurean*, Roma, 1976, p. III, in: Dan Zamfirescu, *A. a. O.*, S. 69.

die eine Reaktion auslöst, entweder Akzeptanz oder Ablehnung, allerdings kaum Gleichgültigkeit. Vielleicht werden gerade jene Gleichgültigkeit, Neutralität und »political correctness«, die für den modernen Menschen so bestimmend sind, durchgerüttelt und provoziert werden vor dem Anblick des Jüngsten Gerichts über die Geschichte, das in den Fresken und auf den Außenwänden der Moldauklöster gegenwärtig ist.

Die Entwicklung der Fresken ruft den Pilger oder den Touristen, der durch den visuellen und inneren Kontakt mit der Ikonographie der Moldauklöster zum Pilger geworden ist, dazu auf, nun diese Bilder und Eindrücke zu lesen und zu leben und durch diese »hindurchzugehen«, bis in ihm das Antlitz der Gottebenbildlichkeit erwacht.[30]

»Quel éveil des yeux et de l'âme![31]«, ruft Olivier Clément vor den Klöstern Voroneț und Probota aus. Wir geben diesem außergewöhnlichen Menschen, einem Symbol im Westen für die Suche und die Entdeckung der Wahrheit, die Möglichkeit, mit seinen Worten das zu sagen und auszudrücken, was der Verfasser der vorliegenden Zeilen vielleicht nicht geschafft hat. »Ces fresques comme d'immenses icônes coordonnées qui, hardiment exposées à la lumière du jour, tournées vers le monde, entraînent celui-ci dans leur dessein liturgique de célébration.«[32] An anderer Stelle schreibt er: »Ces églises-chemins, que ce soit devant la scène du Jugement dernier, dans l'exonarthex, ou par le nécessaire franchissement de la chambre funéraire pour atteindre le coeur eucharistique du sanctuaire«[33]. Die Moldauklöster sind eine verwandelte Form der Renaissance, sie zeugen von »la puissance créatrice de la tradition, qui n'est pas répétition mais nouveauté de l'Esprit, son dynamisme dans ce corps du Christ que symbolise l'architecture peinte«[34].

Beim Betrachten der ganzen inneren Dynamik der Fresken der Moldauklöster, einer Dynamik, die durch die Vermittlung der Vision der heiligen Kirchenväter über die Welt authentisch verstanden und gelebt wurde, kann der Mensch innerlich antworten auf diese Frage »Qui est ce Christ qui me regarde?«, die am Anfang dieser Studie stand.

Übersetzung: Jürgen Henkel (Selb-Erkersreuth)

---

[30] Olivier Clément, »Préface«, in: Anca Vasiliu, *La traversée de l'image. Art et théologie dans les églises moldaves au XVI-ème siècle*, Theophanie, Desclee de Brouwer, Paris, 1994, S. 8.
[31] *A. a. O.*, S. 7.
[32] *A. a. O.*, S. 8.
[33] *A. a. O.*, S. 7.
[34] Ebda.

Wie die Heilige Schrift
das orthodoxe monastische Leben trägt und prägt

† S. E. Metropolit Serafim, Nürnberg,
Metropolit von Deutschland, Zentral- und Nordeuropa,
Erzbischof von Deutschland, Österreich und Luxemburg

Im Allgemeinen wird angenommen, dass die Heilige Schrift in der Ortho-doxen Kirche weniger gelesen wird als im Westen. Auf den ersten Blick betrachtet, ist das wahr. Auch werden im Rahmen der Göttlichen Liturgie, dem am häufigsten gefeierten orthodoxen Gottesdienst, nur zwei biblische Perikopen gelesen, eine aus den Briefen der Apostel (Epistel) und eine aus den Evangelien (Evangelium). Die Predigt kann ein Kommentar oder eine Auslegung zu einer der beiden gelesenen Perikopen sein oder aber eine Themapredigt. Trotzdem ist die gesamte Göttliche Liturgie in allen ihren drei Teilen: der Proskomidie (Vorbereitung der Gaben zu ihrer Heiligung), der Katechumenenliturgie (Wortgottesdienst) und der Liturgie der Gläubi-gen (die Eucharistie im eigentlichen Sinne) durchgehend biblisch inspiriert. Liturgie-Ausgaben in deutscher Sprache zitieren üblicherweise die Bibelstel-len aus der Heiligen Schrift, auf die sich die Gebete und Gesänge der Liturgie beziehen oder von denen sie inspiriert sind. Bibelstellen und Bezüge dazu tauchen ständig auf. Die orthodoxe Liturgie ist eine Bibel in Hymnen und Gebeten, eine Heilige Schrift in Bildern und Symbolen. Denn in der Form von Gebeten und Gesängen dringt das Wort Gottes leichter ins Herz des Menschen vor als durch das einfache Vorlesen. Doch die Göttliche Liturgie (die Eucharistie) wird nie alleine gefeiert, sondern ist nach dem Wort des Psalmisten immer umrahmt von den sieben Tagzeitengebeten: *»Ich lobe dich des Tages siebenmal um deiner gerechten Ordnungen willen.«* (Psalm 119,164) Diese Tagzeitengebete sind die Vesper, die Komplet, die Mette sowie die Laudes mit den kleinen Horen: Prim, Terz, Sext und Non. Auch diese Gottesdienste sind aus biblischen Zitaten zusammengesetzt, besonders aus den Psalmen, sowie aus den Troparen (Hymnen) und Gebeten, die ebenfalls alle biblisch inspiriert sind. Im Rahmen eines Jahres wird das gesamte Neue Testament und fast das ganze Alte Testament im Rahmen der öffentlichen Gottesdienste der Orthodoxen Kirche rezitiert. Von allen biblischen Texten werden die Psalmen Davids am häufigsten gelesen. Alle 150 Psalmen werden in den sieben Tagzeitengebeten mindestens einmal pro Woche gelesen. Wo-bei diese Tagzeitengebete vollständig nur in den Klöstern gefeiert werden.

Das antike Prinzip »*Ora et labora*« ordnet das Leben jedes christlichen Mönchs. Orthodoxe Mönche sind gehalten, das unablässige Gebet zu praktizieren, auch während sie arbeiten. Freilich richtet sich die Anweisung »*Betet ohne Unterlaß!*« (1. Thessalonicher 5,17) des Apostels an alle Christen. Doch die Mönche sind als erste dazu berufen, unablässig zu beten, und vor allem für die ganze Welt zu beten, also für die ganze Menschheit. Sie tun dies als Christen, die »der Welt entsagen«, nicht aus Hass gegenüber den Menschen, sondern um den Menschen auf eine andere Weise zu helfen, als sie dies tun könnten, wenn sie in der Welt geblieben wären, und zwar durch ihr Gebet. Sie tun dies natürlich durch das liturgische Gebet der Kirche, D. h. durch die tägliche Feier der sieben Tagzeitengebete und der Göttlichen Liturgie, außerdem durch das Gebet in der Klosterzelle und das »ständige Gebet« oder »Jesusgebet«: »*Herr Jesus Christus, Sohn Gottes, erbarme dich über mich Sünder*«, das selbst biblisch inspiriert ist. Jeder bemüht sich, dieses Gebet so oft wie möglich und in jeder Umgebung zu sprechen.

Im orthodoxen Mönchtum gibt es nicht die Tradition jener systematischen »lectio divina« (Lektüre oder Studium der Heiligen Schrift), die im abendländischen Mönchtum verbreitet ist, auch wenn alle Väter zur Lektüre des Wortes Gottes anleiten. Im »Pateric«, einer Sammlung von Väterzitaten, die zu den Lieblingsbüchern des Mönchs gehört, wird sogar gesagt, dass »du bei allem, was du tust, das Zeugnis der Heiligen Schrift für dich hast« (Abba Antonie). Dies bedeutet nicht, die Heilige Schrift nur zu kennen, sondern sie sich auch im eigenen alltäglichen Leben anzueignen oder das eigene Leben nach dem Wort Gottes auszurichten. Deshalb darf sich die Lektüre der Heiligen Schrift nicht auf die bloße intellektuelle Lektüre oder Meditation reduzieren, sondern sie vollzieht sich im Geiste des Gebets, damit das Wort Gottes tief in die Seele eindringt und allmählich das Ähnlich-Werden mit Gott bewirkt, also dass wir den Sinn Christi und die Gemeinschaft mit Christus in uns haben (vgl. 1. Korinther 2,16; Philipper 2,5).

Pater Enzo Bianchi, der Abt der Gemeinschaft von Bose (Italien), sagt in diesem Sinne: »*Eine der wichtigsten Verkündigungen der Väter besteht in der Warnung vor der Profanisierung der Heiligen Schrift, indem wir sie zu einem Objekt der Spekulation oder der Erkenntnis aus reiner Liebe zu intellektueller Erkenntnis machen, weil dies auch ein Atheist tun kann, während der Gläubige weiß, dass er die Heilige Schrift, wenn er sie in die Hand nimmt, nur durch die Gnade Gottes verstehen kann.*«

Und die Gnade wird uns vor allem im Gebet geschenkt. Pater Enzo sagt weiter, dass unter »lectio divina« das Lesen der Heiligen Schrift wie als ein Gebet verstanden werden muss. Genau in diesem Sinne sind auch die Liturgie und die sieben Tagzeitengebete zu verstehen, sowohl bei den Orthodoxen, als auch bei den anderen christlichen Konfessionen. Der öffentliche Kultus ist das Mittel par excellence zum Lobe Gottes durch Sein Wort selbst, wie es sich in der Heiligen Schrift offenbart hat. Für uns Christen ist das Wort Gottes der vor allen Zeiten Eingeborene Sohn Gottes des Vaters, der »*als die Zeit erfüllt war*« (Galater 4,4) Mensch geworden ist »aus dem Heiligen Geist und der Jungfrau Maria«. »*Und das Wort ward Fleisch und wohnte mitten unter uns ...*« (Johannes 1,14) Während Gott (also der Sohn oder das Wort Gottes) im Alten Testament durch ausgewählte Propheten und Menschen spricht, wird das Wort im Neuen Testament Fleisch und richtet sich direkt an die Menschen.

Nach Seiner Himmelfahrt bleibt Jesus in der Welt unter der Form des eucharistischen Brotes, das Sein Leib ist, wie auch durch die Worte und Lehre, die Seine Jünger hinterlassen. Trotzdem hat die Eucharistie, das Sakrament des Leibes und Blutes des Herrn, für uns Orthodoxe – und ich denke auch für die Katholiken und Anglikaner – die Priorität, genauso wie der Mensch als lebendiges Wesen gegenüber dem, was er sagt, Priorität hat. Die Eucharistie oder das Abendmahl des Herrn versammelt die Gläubigen, damit die Gegenwart des Herrn unter ihnen aktualisiert wird und sie sich von Leib und Blut Christi nähren, damit sie das ewige Leben haben (vgl. Johannes 6,51; von daher rührt auch die patristische Aussage »Die Eucharistie ist das Heilmittel der Unsterblichkeit«). Gleichzeitig ist die Eucharistie die vollkommenste Möglichkeit für die Gläubigen, sich die Worte des Herrn zu vergegenwärtigen, die auch ihrerseits die Gegenwart Gottes in der Welt bis zum Ende der Zeiten fortsetzen.

Für uns Orthodoxe ist Christus mit Seinen ungeschaffenen Energien (seiner Gnade) auch in der Ikone gegenwärtig. Auch die Ikone ist ein Zeugnis der Menschwerdung des Wortes und deren Fortsetzung in die Welt. In der Ikone betrachten wir Christus und Sein erlösendes Wirken und treten im Gebet in einen lebendigen Dialog mit Ihm. Die Ablehnung der Ikone bedeutet zwar nicht die Ablehnung des Glaubens an die Menschwerdung Jesu Christi, wohl aber ein ungenügendes Verständnis der Menschwerdung.

In der Kirche haben wir also das geschriebene Wort, das gelesene Wort, das gesungene Wort, das gebetete Wort und das Wort, wie es in der Eucharistie konsumiert und in der Ikone betrachtet wird. Der ganze Leib nimmt Anteil am Leben des Geistes nach dem Wort des Apostels Paulus: »*Preist Gott mit eurem Leibe!*« (1. Korinther 6,20)

Die Tradition der Kirche sah in der Heiligen Schrift immer das »Buch der Bücher« für die Kirche, das diese unter Führung des Heiligen Geistes im liturgischen Rahmen der Feier der Heiligen Sakramente (Mysterien) verkündet und interpretiert. Denn in den Heiligen Sakramenten, und besonders in der Eucharistie, teilt sich uns der Heilige Geist mit, Der uns hilft, in alle Tiefen des Wortes Gottes einzudringen. Die Apostel selbst haben die Worte des Herrn erst beim »Brotbrechen« verstanden, also nachdem sie die Kommunion am Leib und am Blut des Herrn empfangen haben (vgl. Lukas 24,30-32).

Gleichzeitig ist die Heilige Schrift gleichzeitig auch das Buch jedes Gläubigen, allerdings nicht als Individuum, sondern als Person in der lebendigen Gemeinschaft der Kirche. Gelöst von der Kirche und ohne Teilnahme am gemeinsamen Gebet der Kirche kann niemand die Heilige Schrift recht verstehen, sondern höchstens fragmentarisch oder sogar falsch und ohne Nutzen für die Erlösung. Denn niemand wird für sich allein als Individuum erlöst, sondern nur in der Gemeinschaft der Nächsten, also in der Kirche. Der Sinn der ganzen Schrift ist grundsätzlich die Stärkung der Gemeinschaft der Menschen untereinander zu ihrer gemeinsamen Erlösung. Wenn wir das Wort Gottes im Geist des Gebets lesen, in Frömmigkeit und mit Demut, treten wir in einen lebendigen und persönlichen Dialog mit Gott ein. Denn die Bibel ist nicht nur ein einfaches Buch, sondern die Fortsetzung der Person, die sie sie beseelt hat, also des Logos oder des ewigen Wortes Gottes. So wird der Dialog des gläubigen Volkes mit Gott im gemeinsamen Gebet der Kirche zum individuellen, persönlichen Dialog des Gläubigen mit Gott durch die Lektüre der Heiligen Schrift zu Hause. Es existiert also eine selige Interdependenz zwischen dem Gebet der Kirche, in der wir die Gemeinschaft mit unseren Nächsten leben, und der individuellen Lektüre der Heiligen Schrift, die uns den Willen Gottes im Blick auf unsere Erlösung noch näher offenbart. Wenn die Verbindung mit der Kirche sich abschwächt, dann nimmt auch die Verbindung zur Heiligen Schrift ab.

Trotz allem darf kritisch festgehalten werden, dass die Orthodoxen im Allgemeinen nicht vertraut sind mit der Lektüre der Heiligen Schrift. Und ich glaube nicht, dass viele Mönche davon eine Ausnahme bilden. Trotzdem können wir nicht sagen, dass das Mönchsleben in der Orthodoxie nicht vom Geist der Heiligen Schrift geprägt wäre, vor allem vom Geist der Psalmen und der Evangelien, den heiligen Texten, die im täglichen Kultus der Kirche am meisten präsent sind. Zum Gebetskanon der Klosterzelle des orthodoxen Mönchs zählt im Allgemeinen auch die tägliche Gebetslektüre von mindestens einer Kathisma aus dem Psalm (die 150 Psalmen sind in 20 Kathismata aufgeteilt). Die strebsameren Mönche beten täglich mehrere Kathismata, manche sogar den ganzen Psalm. Von den Psalmen sagen die Kirchenväter, dass sie ein Resümee der ganzen Heiligen Schrift sind. Die Psalmen sind ohnehin mehr als jedes andere Buch der Heiligen Schrift in sich selbst eine Sammlung von Lob-, Dank- und Bittgebeten an Gott. Im Judentum wie auch in der katholischen und evangelischen Tradition werden die Psalmen gesungen. In der orthodoxen Tradition werden die Psalmen im Allgemeinen gesprochen, aber es gibt auch Psalmen, die gesungen werden in den Vigilien vor den Hochfesten oder sogar im Rahmen der eucharistischen Liturgie.

Auch wenn der orthodoxe Gottesdienst und Kultus geprägt ist von biblischen Texten bzw. biblischer Inspiration, so kann der Gottesdienst die persönliche Lektüre des Wortes Gottes nie ersetzen, das einen unendlichen

Reichtum in sich birgt wie Gott Selbst. Die regelmäßige Lektüre der Heiligen Schrift leitet unser Leben Schritt für Schritt, es erleuchtet unseren Verstand, es verwandelt unser Denken und entzündet unser Herz für Gott. Deshalb sagt der Psalmist: »*Die Erklärung deiner Wort bringt Erleuchtung, den Unerfahrenen schenkt sie Einsicht.*« Und er betet: »*Festige meine Schritte, wie du es verheißen hast. Lass kein Unrecht über mich herrschen!*« (Psalm 118,130 u. 133)

Abschließend möchte ich unterstreichen, dass die Idee des monastischen Lebens eine profund evangelische Idee ist. Die Mönchsgelübde der Keuschheit, der Armut und des Gehorsams sind die evangelischen Weisungen schlechthin (sog. »Evangelische Räte«). Der orthodoxe Ritus der Mönchsweihe, der von besonderer Schönheit ist, fasst die Evangelischen Räte der Nachfolge Christi zusammen: den der Keuschheit, den der Armut (und der Freundschaft zu den Armen) und den des Gehorsams bis zum Tod. Die Mönche haben also als höchstes Modell Christus Selbst, mit Dessen Leben sie sich zu identifizieren bemühen. Auf ihrem Weg zu Christus blicken sie besonders auf jene, die schon das Ähnlich-Werden mit Christus erreicht haben: auf die Gottesmutter, auf den heiligen Johannes den Täufer, auf die heiligen Apostel und alle Heiligen, deren Leben ein Beispiel für sie ist. Die Mönche halten sich aufgrund ihrer Lebensweise nicht für bessere Christen als die anderen Christen, weil sie wissen, dass die Erlösung und jede Tugend ausschließlich Gnadengaben Gottes sind. Sie versuchen jedoch, das evangelische Maximum zu leben, das Christus von allen fordert. »*Darum seid vollkommen, wie euer Vater im Himmel vollkommen ist*« (Matthäus 5,48) »*Eines fehlt dir. Geh hin, verkaufe alles, was du hast, und gib's den Armen, ..., und komm und folge mir nach!*« (Markus 10,21) Vergessen wir nicht, dass die erste christliche Gemeinschaft eine quasi-monastische Gemeinschaft war und das Mönchtum im vierten Jahrhundert infolge des Niedergangs des christlichen Lebens durch die Massenkonversion von Heiden ohne die notwendige Vorbereitung einen besonderen Aufschwung genommen hat.

Übersetzung: Jürgen Henkel (Selb-Erkersreuth)

Askese als Förderer der Ordnung
und Gesundheit im Leben des Menschen

† S. E. Dr. Gregor Maria Hanke OSB, Eichstätt (Bayern),
Bischof von Eichstätt

Die Askese, wie sie im Leben des Christen zu verstehen ist, dient der Stützung bzw. (Wieder-)Herstellung der geistlichen Ordnung und fördert gleichzeitig auch die Lebensordnung. Sie ist nicht etwa eine gesonderte Größe und auch keine »Spezialdisziplin« im geistlichen Leben, die nur von Profis, von Mönchen und Ordenschristen zu praktizieren ist bzw. praktiziert wird. Wie tragende Elemente bei einem Bau, so gehört sie zu einer geistlichen Ordnung, zur geistlichen Kultur dazu. Jeder von uns braucht sie.

Im alltäglichen Lebensvollzug des Menschen stellen sich immer wieder neue Schieflagen ein. Hier ist zu denken an die Versuchungen von Geiz und Habgier, von Stolz und Machtrausch, Karrieresucht oder Oberflächlichkeit. Solche alltäglichen und nur allzu menschlichen Versuchungen sind jedoch Störungen der Ordnung, und gibt man ihnen nach, entstehen im eigenen Leben, aber auch im Leben der Gesellschaft Assymetrien. Die Askese ist dagegen ein wertvolles, kaum zu unterschätzendes, wirksames geistliches Remedium, ein wahres Heilmittel.

Die ersten christlichen Mönche in der zweiten Hälfte des 3. Jahrhunderts waren sich ihrer existenziellen Gebrochenheit bewusst. Sie spürten eine tiefe Sehnsucht nach Heil und Heilung. Deswegen verließen sie ihren Besitz, die Gesellschaft, nicht wenige unter ihnen gute und vornehme Posten, und gingen in die Wüste Ägyptens. Dort führten sie ein Leben des inständigen Gebetes und der Askese, das heißt des einfachen und geordneten Lebens, das geprägt war vom Bewusstsein um die Gegenwart Gottes, von der Betrachtung bzw. Meditation des Wortes Gottes, von Arbeit und Verzicht auf Materielles.

So orientierten sie sich in ihrer täglichen Lebensgestaltung am Taufauftrag und hatten einen Lebensstandard, der materiell vielfach meist dem der unteren Schichten in der Antike glich. Beruflich gingen sie einfachen (Hand-) Arbeiten nach, fasteten (wie in der Antike in bestimmten Kreisen durchaus geläufig und üblich) und gaben den Armen zum Leben; nach der Lehre früher Kirchenväter, etwa des Cyprian von Karthago, gehören die Güter der Erde ohnehin allen Menschen. Und wer nichts gibt, der »stiehlt« geradezu. Derjenige, der Almosen gibt, führt somit einen Teil des Besitzes, der ihm ja nur geliehen ist, an die Allgemeinheit zurück und dient damit Christus.

64

Aus Schicksal und gesellschaftlicher Gegebenheit macht das frühe Mönchtum im Geist des Evangeliums einen geistlichen und heilenden Weg, eine geistliche Ordnung. Somit ist also Askese alles andere als Lebensverneinung, sondern eine Medizin, Therapie für das Leben. Sie führt zu einer Verwandlung allgemeiner Gegebenheiten im Geiste Christi.

Wer Beziehung mit Christus leben will, braucht eine Ordnung. Wie jede Beziehung, so braucht auch die Gottesbeziehung eine Ordnung, einen Rhythmus. Eine Beziehung kann nicht als kontinuierlicher Rausch gelebt werden. Das Gebet dient der Vertiefung dieser Gottesbeziehung, und die Askese stützt und stärkt die dazu erforderliche Ordnung der Gottesbeziehung.

Konsequentes religiös motiviertes Fasten macht den Menschen sensibel, aufnahmefähiger; es führt dazu, dass sich der Gläubige mit sich selbst auseinandersetzen muss bis hin zum inneren Kampf; es erhöht die Dankbarkeit für die Nahrung, und es kann die Solidarität mit Notleidenden fördern sowie die Bereitschaft zum Teilen. Eine ebenso gute Übung der Askese ist das Schweigen: auch dieses wirft den Menschen auf sich selbst zurück und ermöglicht vertiefte Betrachtung und lehrt ihn die Unterscheidung der Geister in ihm selbst.

Ein beeindruckendes Blutzeugnis gaben im Jahre 1996 die französischen Mönche der Trappistengemeinschaft von Tibhirine (Algerien), die bis auf zwei Mönche allesamt ermordet wurden. Ende 2010 startete der von Xavier Beauvois gedrehte Film »Von Menschen und Göttern« in den Kinos, der diesen Fall dokumentiert. Er stellt auf eindrucksvolle Weise dar, wie aus tiefer Spiritualität und der Nähe zu Gott die Kraft erwächst, die politisch brisante Botschaft der Liebe gerade in einer Situation der Bedrohung durch Gewalt konsequent zu leben. Spannend schildert der Filmautor, wie sich die Mönche angesichts der Bedrohung durch islamistische Terroristen zu ihrer Berufung bekennen und zum Bleiben entschließen. Es geht Beauvois um das »lauschende Ringen« und schließlich das Hören der Gemeinschaft als die Frage auftauchte, ob die Patres das Krisengebiet verlassen oder bei den einfachen Menschen in Not, ausschließlich Muslime, bleiben sollten: und sie entscheiden sich für das Bleiben, wohl wissend, dass es der Weg in den Tod sein würde.

Die Mönche hätten sich kaum so verhalten, wenn sie nicht gewusst hätten, daß ihr asketisches Leben dem Leben in und für Gott dienen würde, befähigt zur Liebe zum Mitmenschen. Es waren Menschen, die ein monastisches Leben gewählt haben, einen Ort, der geprägt ist von der Ordnung des Klosters, vom rechten Maß, von der discretio, vom Gleichgewicht, das zwischen Arbeit und Zeiten des Gebetes und der Gemeinschaft, zwischen Essen, Freizeit und Schlaf herrscht. Aber eine Ordnung braucht immer auch die Askese. Von Vittore Branca (1913-2004) stammt der Ausspruch: »Es gibt keine Kultur ohne Verzicht!«

Viele Menschen unserer Tage finden, vor allem in unseren geographischen Breiten, keinen rechten Weg mehr zu Gott, zur Transzendenz. Papst Benedikt XVI. beschrieb das Problem in seiner Münchner Predigt vom 10. September 2006 wie folgt: »Es gibt nicht nur die physische Gehörlosigkeit, die den Menschen weitgehend vom sozialen Leben abschneidet. Es gibt eine Schwerhörigkeit Gott gegenüber, an der wir gerade in dieser Zeit leiden. Wir können ihn einfach nicht mehr hören – zu viele andere Frequenzen haben wir im Ohr.« (vgl. Verlautbarungen des Apostolischen Stuhls Nr. 174, 38). Das daraus resultierende »geistliche Krankheitssyndrom« bezeichnet Viktor Frankl (1905-1997) als »noogene Neurose« (vgl. Frankl, Leiden am sinnlosen Leben, Freiburg 1980), verbunden oftmals mit einem abgründigen Sinnlosigkeitsgefühl. Die Symptome dieser geistlich-geistigen Erkrankung sind vielfältig und können sich als psychisch-depressive Verstimmtheit und Traurigkeit offenbaren; damit einhergehend Phänomene wie Selbstmitleid, Akedia, Lustlosigkeit, Trägheit etc. Neben dieser psychisch-depressiven Seite kommt aber auch noch die materialisierte hinzu, die sich in Hektik, Aktionismus, Beschleunigung und »Funktionieren« im Alltag äußert sowie in materiellen Ersatzbefriedigungen, im Konsumismus.

Gegenüber früheren Jahrhunderten leben wir seit mehr als zwei Jahrhunderten in einer Welt, die vom Fortschrittsgedanken geprägt ist. Das Neue ist das Erstrebenswerte und das Gute. Schwindet die Anerkennung der Transzendenz, des Gottesglaubens, kann dieser Ansatz vom Wert des Neuen auf dem Bereich der Ökonomie in den Konsumismus führen, kommt es zu jener bereits zitierten geistlichen »Schwerhörigkeit«, die der Heilige Vater Papst Benedikt XVI. konstatierte. Das menschliche Selbst, einerseits vom Sinn der Existenz entleert, wächst dafür umso mehr ins Äußerliche und begehrt, sich mit Konsumprodukten, mit Essen, mit Events und Starkult anzureichern. Die äußeren Güter werden Bestandteil eines erweiterten Selbst, das ständig neu und Neues begehrt. Im Konsumismus verläuft die stetige Neuerfindung des Selbst über materielle Güter. Sie scheinen Selbstverwirklichung zu ermöglichen, Hoffnung und Identität zu geben.

Ein weiteres, daraus resultierendes, »Krankheitsbild« ist der Aufbau einer »künstlichen Persönlichkeit«, indem sich das entleerte Selbst im Konsumismus materiell nach außen verlagert und der Umwelt den »unverwüstlich Starken« vorgaukelt (Stärke- und Fitnesskult, Jugendlichkeitswahn, Körper- und Gesundheitskult, die Wellness-Bewegung, »Stars« und Idole etc.).

So kennt der Autor beispielsweise einen ehemaligen Ordensnovizen, der nach Studium und ersten Berufserfahrungen in ein Kloster eintrat und dort von seiner Zeit und seinem Lebenswandel vor dem Eintritt berichtete: so standen am Wochenende exzessive Eventerlebnisse auf dem Programm, dann ab Sonntagabend »Erholungsphasen«, ab Dienstag bereits die Planungen für die kommenden Events in Kneipen und Konzerten. Exzessive Erlebnisse, »Events« als Konsum! Der Novize hatte massive Schwierigkeiten mit dem geregelten Leben im Kloster. Innerlich geriet er immer wieder in die Habacht-Stellung, auf einen »Kick«, einen »Event« zu warten.

Das fortwährende Stehen in der Öffentlichkeit mit Auftritten, Empfängen, Begegnungen und Terminen kann in der Wirkung ähnlich sein und ist ein häufiges Problem von Managern, Führungspersonen, die kaum mehr schlafen können, deren innere Ordnung völlig aus dem Tritt gekommen ist. Hier kann das Sich-Einfädeln in die Ordnung einer klösterlichen Gemeinschaft auf den Alltagsrhythmus wahre Wunder wirken!

Räume der Ordnung als kleine geistliche »Wüsten« können da wahrlich heilend wirken. Man muss Menschen in solchen oder ähnlichen Krisen nicht zwingend auf direktem Weg zu Gotteserfahrungen führen. Mitunter hilft bereits das Eintauchen in eine geistliche Ordnung, also der Gang in eine »kleine Wüste«, um im Bild der Mönchsväter der Antike zu bleiben, damit Heilung, zumindest Linderung, erfahrbar wird.

Freilich, ein Leben in der Welt, viele unserer Lebensvollzüge wären und sind ohne Zeitbemessung, ohne Zeitordnung kaum vorstellbar: Stichworte sind hier »Terminkalender«, »Fahrpläne«, »Stundenplan«, »Dienstplan« etc. Und dennoch gibt es selbst im Umgang mit dieser funktionalen Ordnung kulturelle Unterschiede auf der Erde, ja auch innerhalb Europas mit seiner kulturellen Nord-Süd-Spanne, die sehr bedenkenswert sind, in unserer hektischen Moderne vielleicht mehr denn je.

Auf das Einengende und Eingrenzende der funktionalen Ordnung will ich im Kontext dieses Beitrages nicht weiter eingehen. Grundsätzlich wird aber, etwa an der Zeitplanung, ersichtlich, dass – geistliche – Ordnung Handlungsräume, ja Lebensraum schaffen will. Für den antiken Menschen, für den semitischen Raum zu biblischer Zeit, ist Ordnung Raum, in dem Leben gedeihen kann.

Die Ordnung muss dem Chaos geradezu abgerungen werden. Das ist die biblische Vorstellung etwa im ersten Schöpfungsbericht (Gen 1,1 ff.). Die Erschaffung der Welt wird dort als Ordnungssystem dargestellt, als Sechstage-Werk Gottes. Aber diese Ordnung entsteht durch das Zurückdrängen des Chaos'. Am Anfang war das »והבריותה« (tohu wa bohu), wie das Chaos, wörtlich »wüst und wirr«, im Hebräischen heißt. Wo das והבריותה weicht, wird Lebensraum.

Auch im Zweiten Schöpfungsbericht, dem älteren mit der Vorstellung vom Garten Eden, geht es um eine Ordnung. Der Garten steht für Ordnung und Leben.

Im Alten Testament sind Ordnungsgedanke und Königstheologie geradezu aufeinander zugeordnet: Gott schuf die Ordnung der Welt als Lebensraum, und als Bewahrer dieses Lebensraumes galt für den alttestamentlichen Menschen der König als der Bewahrer und Garant dieser von Gott geschaffenen

Ordnung; er, der König, ist der Hirte, der Unheil von seiner Herde abhält. Und sein Szepter ist von seiner Urbedeutung her die Abwehrwaffe, um die Mächte des Chaos zu vertreiben, denn das Chaos des Anfangs ist ja nicht beseitigt, sondern nur zurückgedrängt. Es kann sich durchaus jederzeit wieder ausbreiten. Vor diesem Hintergrund ist auch die Königstheologie in den Psalmen zu lesen, etwa in Psalm 72.

Für denjenigen, der an Jesus Christus glaubt, also den »neutestamentlichen Menschen«, ist Jesus der Erfüller, ja der Wiederhersteller der Ordnung Gottes. So spricht der Herr: »Denkt nicht, ich sei gekommen, um das Gesetz und die Propheten aufzuheben. Ich bin nicht gekommen, um aufzuheben, sondern um zu erfüllen.« (Mt 5, 17). Auch der Brief an die Hebräer führt das Thema der Erfüllung der Ordnung Gottes aus.

Eine der großen Gestalten der frühen Kirche, der heilige Ordensvater Benedikt, der etwa von 480 bis 547 lebte, machte sich an die Umsetzung der biblischen Heilsordnung Gottes in eine (klösterliche) Lebensordnung; er wollte mit dieser Regel, der Regula Benedicti, die Heilsordnung Gottes verheutigen. Dabei geht es um weit mehr als um eine funktionale Ordnung zur Regelung des Zusammenlebens an einem Ort. Und der Wert dieser Schrift geht von ihrer Bedeutung her auch weit über eine reine »Mönchsregel« hinaus, denn es geht Benedikt im tiefsten Inneren um eine Ordnung des Lebens an sich. Die geistliche Ordnung des hl. Benedikt will das Wachstum des inneren Lebens fördern.

So geht es bereits im Prolog nicht etwa um »Weltflucht«, sondern um die grundsätzlichsten Fragen unseres Lebens: »Wer ist der Mensch, der das Leben liebt?« (Prolog, 15) oder: »Willst du das wahre und ewige Leben lieben?« (Prolog, 17).

Freilich, auch das soll nicht ungesagt bleiben, setzt eine geistliche Ordnung für den eigenen Lebens- und Alltagsvollzug auch die Liebe zum sowie Freude am Leben voraus. Fehlte dies, so würde aus der Ordnung eine schnöde Rubrikensammlung, Gesetzestexte, eine rein funktionale Ordnung. Wir sind fortwährend gefordert, uns selbst zu befragen, welchen Horizont wir selbst für unser Leben haben: den des Tagesgeschäfts? Bloß noch »durchzukommen«? Die berühmten »Drei W: Wir Wursteln Weiter«? Oder bin ich ein Mensch der Sehnsucht nach tieferem Leben?

Bernhard von Clairvaux (1090-1153), der Erneuerer des benediktinischen Mönchtums und Ordensvater der Zisterzienser, verwendet einmal für die Sehnsucht nach dem Leben von Gott her das Bild vom Seemann am Strand, der sehnsuchtsvoll auf das Meer hinausblickt. Ein interessantes Bild, weil die Sehnsucht des Seemanns am Ufer auf die nicht fassbare Weite des Meeres geht und weil diese Sehnsucht im Gegensatz zu vielen Süchten nicht Flucht vor der momentanen Wirklichkeit ist. Der erfahrene Seemann weiß vielmehr, was seine Sehnsucht beinhaltet.

Dennoch: die Ordnung des heiligen Benedikt, auch wenn seine Regula natürlich ein in sich geschlossenes, vollendetes Werk darstellt, ist eine Ordnung, die aus vielen kleinen Schritten besteht; sie ist nicht etwas Fertiges, das man sich ein für allemal »verpasst«. Benedikt selbst spricht in seiner Einleitung für den Anfänger von einem Weg, auf dem man läuft, eilt. Also sich zu bewegen ist wichtig! In diese Ordnung eingehen, bedeutet also, in einen Prozess der geistlichen Entwicklung eintreten, der sich über viele kleine Schritte vollzieht. Benedikt verwendet an anderen Stellen der Regula das Bild von der Stufenleiter: die »Stufen der Demut«, »Zwölf Stufen« ... Sicher: keine »Hochspringer« will der heilige Ordensvater, die Stufen und Etappen »überfliegen«; sondern Menschen, die ihre Grenzen anerkennen – das ist Demut – und Schritt für Schritt gehen. Es gibt in geistlichen Gemeinschaften, vielleicht auch in der Politik, Menschen, die im Anfangseifer sich so stark zeigen, dass sie es nicht akzeptieren können, nur in kleinen Schritten voranzugehen. Sie wollen lieber springen statt gehen, Hochsprünge ziehen sie vor. Die Messlatte wird allerdings dann irgendwann so hoch gesetzt, dass sie, sobald ihnen Kraft und Lust vergehen, bequem darunter durchschreiten können bzw. gezwungen sind, dies zu tun.

So kann es auch jungen Mitbrüdern im Kloster ergehen; einmal kam ein Jungprofesse mit einer Liste von Änderungswünschen und Fehlern von Mitbrüdern zu mir ins Büro; wir führten eine kontroverse Diskussion über ein konsequentes Leben im Kloster; und knapp ein Jahr später war er ausgetreten. Aber nicht etwa, weil das klösterliche Leben ihm »zu lax« war, sondern für ihn zu beengend.

Der hl. Benedikt misstraut daher solchen geistlichen »Leistungssportlern« zu recht. Er empfiehlt kleine Schritte, um mit der überschaubaren Kraft zu haushalten. Das läuft freilich dem modernen Trend des »Super«, »Mega« und »Giga« zuwider.

Vielmehr ist das Ziel der kleinen Schritte die größere Fruchtbarkeit des Lebens. Im Kapitel über die Zwölf Stufen der Demut steht am Ende des Reifungsprozesses der vertiefte Glaube, die größere Liebe zu Christus, die furchtlos ist und daher alles erträgt, und auch die Freude am Leben!

Die Natur, die Schöpfung selbst, zeigt uns ja den Weg zur Fruchtbarkeit: der Obstbaum, der nicht beschnitten wird, verwildert und stirbt ab; auch der Weinstock wird beschnitten, um die Fruchtbarkeit, Qualität und sogar Quantität der Trauben zu erhöhen; und selbst so manche Kletterpflanze, etwa die Clematis, würde ohne das scheinbar »einengende«, aber zugleich eben auch Halt gebende Geäst des Gastbaums oder das künstliche Rankgestell von Wind und Unwetter zerstört werden.

Im Prolog der Benediktsregel heißt es (RB 45-50): »Wir wollen also eine Schule für den Dienst des Herrn einrichten. Bei dieser Gründung hoffen wir, nichts Hartes und nichts Schweres festzulegen. Sollte es jedoch aus wohlüberlegtem Grund etwas strenger zugehen, um Fehler zu bessern und die Liebe zu bewahren, dann lass dich nicht sofort von Angst verwirren und fliehe nicht vom Weg des Heils; er kann am Anfang nicht anders sein als eng. Wer aber im klösterlichen Leben fortschreitet, dem wird das Herz weit, und er läuft in unsagbarem Glück der Liebe den Weg der Gebote Gottes. Darum wollen wir uns seiner Unterweisung niemals entziehen und in seiner Lehre im Kloster ausharren bis zum Tod. Wenn wir so in Geduld an den Leiden Christi Anteil haben, dann dürfen wir auch mit ihm sein Reich erben. Amen.«

Konkret gestaltet der hl. Benedikt seine Ordnung von der Liturgie und vom Gebet her. Die diesbezüglichen Kapitel nehmen in der Regel eine zentrale Stellung ein. Die Gebetszeiten untertags sind wie Brückenpfeiler, über die die Straße des Alltags verläuft. Aber es ist interessant, dass er seine Regel nicht damit beginnt: voraus geht noch das Abtskapitel, jenes über den Rat der Brüder für den Abt und seine Entscheidungen, dann ein Kapitel über die Instrumente der guten Werke, also wie man im Kloster anständig und christlich lebt, und danach geht es um die geistlichen Tugenden des Gehorsams und der Demut.

Beten allein genügt nicht, damit eine wirkliche geistliche Ordnung ins Leben kommt. Es bedarf der menschlichen Voraussetzungen, damit sich Reifung innerhalb des Ordnungssystems entfalten kann. Es geht Benedikt um ein ganzheitlich-gesundes Leben. Es ist erforderlich, ein »Sakrament des Alltags« zur Erlangung der Ordnung zu etablieren, auch in weltlichen Dingen, und seien es der Computer, die Küche oder die Werkstatt, immer das Geistliche, den geistlichen Auftrag zu erblicken: »*Ut in omnibus glorificetur Deus/Damit Gott in allem verherrlicht werde.*« So schreibt Benedikt am Ende des Kapitels über die Handwerker des Klosters (RB 57). Und das Motto des Jesuitenordens lautet ähnlich »*Omnia ad maiorem Dei gloriam!/Alles zur größeren Ehre Gottes!*« – also in allem und jedem, auch in jeder Arbeit und Aufgabe des Alltags, einen – zumindest potentiellen – Raum der Gegenwart Gottes suchen und vielleicht auch finden. Zur größeren Ehre Gottes.

Das ganze Kloster, nicht nur die Kirche, ist nach dem hl. Benedikt ein Haus Gottes. Die Gegenwart Gottes lässt uns die Dinge und Ereignisse des Lebens in einem anderen Licht schauen. Ohne dieses Bewusstsein würde die Ordnung Drill und Last, vielleicht zwar eine ethische Last, aber dennoch Last. Daher ist es eine beständige Aufgabe, nicht nur der Ordensleute, Gott im »Sakrament des Alltags« zu suchen und zu finden, in Ehrfurcht und in einer Kultur der Achtsamkeit.

Fazit: Askese und geistliche Ordnung sollen heilen und zu Heil und (nicht allein geistlicher) Gesundheit führen. Sie dienen der ganzheitlichen Gesundheit des Menschen. Der Arzt muss sich gerade angesichts der verletzten Ordnung am schwachen Mitbruder und der schwachen Mitschwester als »wirklicher Arzt« erweisen.

Evangelische Kommunitäten und Gemeinschaften – Der Anspruch verbindlichen Lebens als Herausforderung für die evangelische Kirche

† Landesbischof em. Jürgen Johannesdotter, Bückeburg, Deutschland,
Evangelisch-Lutherische Landeskirche Schaumburg-Lippe,
Beauftragter des Rates der EKD
für Kommunitäten und Geistliche Gemeinschaften

Im Mai 2013 fand in der Katholischen Akademie in Hohenheim/Stuttgart ein ökumenisches Bischofstreffen mit Vertretern geistlicher Bewegungen statt. Unter den Bischöfen waren Erzbischof Dr. Robert Zollitsch, Vorsitzender der Deutschen Bischofskonferenz, Dr. h. c. Nikolaus Schneider, Ratsvorsitzender der EKD, Metropolit Dr. Serafim von Deutschland, Zentral- und Nordeuropa, Kardinal Miloslav Vlk aus Prag, Landesbischöfe aus verschiedenen Landeskirchen, der Beauftragte des Rates der EKD für die Kommunitäten und Geistlichen Gemeinschaften, Verantwortliche aus den geistlichen Gemeinschaften und Bewegungen von der Communität Christusbruderschaft Selbitz über die Jesus-Bruderschaft Gnadenthal und den Christlichen Verein Junger Menschen (CVJM) zu Vertretern und Vertreterinnen der Fokolar-Bewegung und Schönstatt-Bewegung Deutschland sowie der Gemeinschaft Sant' Egidio, der Generalsekretär der Evangelischen Allianz Deutschlands und der Präsident der Vereinigten Evangelischen Freikirchen.

Hintergrund des Treffens war das Gedenken des Reformationsjubiläums im Jahre 2017. »Auf dem Weg zu 2017« lautete die Herausforderung des Treffens. Ist eine größere Gemeinschaft möglich? Was wäre hilfreich? Was können die Bewegungen zur Einheit in Verschiedenheit beitragen? Wie können wir Erfahrungen auf einem gemeinsamen Weg machen? Welche Hilfe gewährt uns auf diesem Weg die Erinnerung an die Eröffnung des II. Vatikanischen Konzils vor 50 Jahren? Welche Impulse kann die Reformation selbst dazu geben?

Der Anstoß zu dieser Begegnungstagung war von den geistlichen Bewegungen gekommen. Seit 1999 gehen Verantwortliche christlicher Bewegungen und Gemeinschaften – vom Heiligen Geist gedrängt und vereint im Namen Jesu – einen gemeinsamen Weg. Die Unterzeichnung der »Gemeinsamen Erklärung zur Rechtfertigungslehre« in Augsburg hatte eine Sehnsucht entzündet. Beim ersten Treffen der Verantwortlichen der Bewegungen und Gemeinschaften verschiedener Kirchen in Ottmaring am 31. Oktober

71

1999 hatte Chiara Lubich (Fokolar–Bewegung) darauf hingewiesen: »Die Partitur ist im Himmel geschrieben. Wenn wir uns treffen, wollen wir gemeinsam auf den Heiligen Geist hören. Er wird uns verstehen lassen, wie wir weitergehen sollen.«[1]

Die »Gemeinsame Erklärung« muss Folgen haben, sie kann Folgen haben, und sie wird Folgen haben. Aber dazu genügt nicht die feierliche Unterzeichnung; jetzt muss sie gleichsam ins Leben der Kirchen hineingezogen werden. Dazu können und wollen die christlichen Bewegungen und Gemeinschaften einen Beitrag leisten. In einer gemeinsamen Erklärung vom 27. November 2008 benennen »Leitungsverantwortliche« aus den Bewegungen »Grundlagen für das Miteinander christlicher Bewegungen und Gemeinschaften«. Diese sind entstanden nach den Treffen von Stuttgart 2004 und Stuttgart 2007. Unter der gemeinsamen Botschaft »Miteinander für Europa« sind die Bewegungen ein Bündnis eingegangen, das über den Rand der eigenen Gemeinschaften sowie über die Grenzen des eigenen Landes hinausreicht. In These 10 schreiben sie: »Unser Miteinander setzt sich ein für Europa und für seine Einheit, um die christliche Seele Europas zu stärken. Das bedeutet auch, sich an politischen, kulturellen und sozialen Prozessen und Entscheidungen zu beteiligen.«[2]

An diesem »Miteinander« arbeiten evangelische Kommunitäten und Gemeinschaften mit. Seit mehr als sechs Jahrzehnten gibt es in Deutschland evangelische Kommunitäten und geistliche Gemeinschaften. Im »Vorwort« zum Bericht des Beauftragten des Rates der Evangelischen Kirche in Deutschland für den Kontakt zu den evangelischen Kommunitäten, Bischof i. R. Prof. Dr. Ulrich Wilckens, schreibt Oberkirchenrat Ernst Lippold von der EKD: »Damit wird eine geistliche Lebensform auch im Raum der evangelischen Kirchen wieder lebendig, deren Wurzeln bis in die frühen Zeiten der Christenheit zurückreichen.«[3] Er spricht von »Wiederbelebung und neuer Ausprägung« und fährt fort: »Die Erkenntnisse der Reformation werden keineswegs beiseitegeschoben, auf ihrer Grundlage vollzieht sich vielmehr eine neue Entdeckung von evangelischer Spiritualität, die verbindliches Leben auch gerade als Ausdruck evangelischen Glaubens begreift. Den Gliedkirchen der Evangelischen Kirche in Deutschland sind solche Kommunitäten, Bruder- und Schwesternschaften zugewachsen und die Kirchen haben zu erkennen gelernt, welche Bereicherung sie darstellen.«[4]

---

[1] *Grundlagen für das Miteinander christlicher Bewegungen und Gemeinschaften*, Version 7, 27. Nov. 2008, hrsg. vom Sprecherkreis »Miteinander für Europa«, Esslingen 2008, S. 1.
[2] *Grundlagen*, S. 2.
[3] *Die evangelischen Kommunitäten. Bericht des Beauftragten des Rates der Evangelischen Kirche in Deutschland für den Kontakt zu den evangelischen Kommunitäten*, EKD Texte 62, hrsg. vom Kirchenamt der EKD, Hannover 1997, S. 4.
[4] *Ebda.*

Die EKD hat diesen Kommunitäten ihre »besondere Aufmerksamkeit« gewidmet. Dazu wurde seit 1979 ein »Beauftragter des Rates der Evangelischen Kirche in Deutschland für den Kontakt zu den evangelischen Kommunitäten« bestellt. Von 1979 bis 1989 war es Landesbischof i. R. D. Helmut Claß, von 1990 bis 2000 Bischof i. R. Prof. Dr. Ulrich Wilckens, von 2001 bis 2006 Bischof i. R. Prof. Dr. Christian Zippert, von 2007 bis heute Landesbischof i. R. Jürgen Johannesdotter.

Die gewachsene Wertschätzung der evangelischen Kirche für die Kommunitäten und geistlichen Gemeinschaften drückt sich in einer Schrift aus, die 2007 als EKD-Text 88 erschien: »*Verbindlich Leben. Kommunitäten und geistliche Gemeinschaften in der Evangelischen Kirche in Deutschland. Ein Votum des Rates der EKD zur Stärkung evangelischer Spiritualität.*« (Hannover, Januar 2007) Im Geleitwort schreibt der Vorsitzende des Rates, der Berliner Bischof Prof. Dr. Wolfgang Huber: »Seit Martin Luthers scharfer Kritik am Ordens- und Klosterleben seiner Zeit hatten die Kirchen der Reformation über Jahrhunderte hin eine Scheu gegenüber dieser Lebensform. Kommunitäre Lebensformen, verbindliche Gemeinschaften, zölibatäre Selbstverpflichtungen schienen etwas ›Unevangelisches‹ an sich zu tragen. Das hat sich Gott sei Dank grundlegend gewandelt.«[5] Die Kommunitäten und geistlichen Gemeinschaften in der evangelischen Kirche sind in unterschiedlichen Zeiten entstanden. Manche von ihnen sind selbständige Fortsetzungen jener Gemeinschaften, die im 19. Jahrhundert als Diakonissen-Schwesternschaften und Diakonen-Bruderschaften entstanden sind. Andere gehören zu den geistlichen Aufbrüchen zu Beginn des 20. Jahrhunderts. Manche sind als christliche Antwort auf die Wirrungen und Irrungen in Kirche und Gesellschaft des Dritten Reiches entstanden und nach dem Krieg fortgeführt worden. Erstaunlich viele sind in der sogenannten »68er-Zeit« als geistliche Reaktion entstanden.

Inzwischen kann man feststellen, dass die geistlichen Bewegungen in den am stärksten säkularisierten Ländern Europas über die Grenzen der Groß– Kirchen und der traditionellen Konfessionen die stärkste Entfaltung gehabt haben. Nur so ist zu verstehen, dass die Bewegung »Miteinander für Europa« sich aufmacht, »um die christliche Seele Europas zu stärken«[6]. Ihrem Trägerkreis gehören Verantwortliche christlicher Bewegungen oder Gemeinschaften an. »Sie sind mit der eigenen Kirche verbunden und begegnen den anderen Kirchen und Bewegungen mit Respekt und Wohlwollen.«[7]

Das macht deutlich, dass sie – ob ihre Mitglieder einer Kirche angehören

---

[5] *Verbindlich Leben. Kommunitäten und geistliche Gemeinschaften in der Evangelischen Kirche in Deutschland. Ein Votum des Rates der EKD zur Stärkung evangelischer Spiritualität*, EKD Texte 88, hrsg. vom Kirchenamt der EKD, 1997, S. 5.

[6] *Grundlagen*, S. 2.

[7] *Grundlagen*, S. 3.

oder nicht – auf eine Herausforderung antworten und diese Antwort aus christlichen Wurzeln heraus gestalten. Ihr Verständnis von verbindlichem Leben speist sich aus der Heiligen Schrift und dem Glauben an den dreieinigen Gott. Die Zugehörigkeit ist in der Regel nicht an eine bestimmte Konfession gebunden. Daraus ergibt sich zwangsläufig eine ökumenische Vielfalt in den Kommunitäten und geistlichen Bewegungen. Es fällt aber auf, dass Kommunitäten eher in lutherischen als in reformierten und unierten Kirchen beheimatet sind. Das Verhältnis zu den Kirchen wird bei ihren Treffen zur Sprache gebracht; die Akzeptanz wächst und hat umgekehrt Auswirkungen auf das Verhältnis der Kommunitäten zu den Landeskirchen. Der Austausch nicht nur unter den Kommunitäten und geistlichen Gemeinschaften, sondern auch mit den Landeskirchen fördert das wechselseitige Interesse. So bleiben die Gemeinschaften nicht nur bestaunte »exotische« Teilnehmer an Kirchentagen, sondern wirken in die Kirchen selbst hinein. Dazu hat die gemeinsame Arbeit von EKD und Mitgliedern der Kommunitäten und geistlichen Gemeinschaften an der Schrift »Verbindlich leben« (erschienen im Januar 2007) Erhebliches beigetragen. Die Wertschätzung durch die Evangelische Kirche kommt im Geleitwort des Ratsvorsitzenden, Bischof Wolfgang Huber, zum Ausdruck: »Heute stellt sich die Lebensweise von Kommunitäten und geistlichen Gemeinschaften offenkundig als eine verbindliche Lebensform derer dar, die sich gegen manche diffuse Unverbindlichkeit geistlich konzentrieren und die Freiheit des Glaubens in Gottes Gegenwart aus christlichen Wurzeln heraus gestalten wollen. Sie sind ein Schatz der evangelischen Kirche, den es zu fördern und zu festigen gilt.«[8]

Es ist ein weiter Weg gewesen bis zu dieser Aussage, sind doch die meisten evangelischen Landeskirchen von der Entstehung zahlreicher Kommunitäten im 20. Jahrhundert mehr oder weniger überrascht worden. Erst mit der Denkschrift der EKD »Evangelische Spiritualität« von 1979 vollzog sie gleichsam einen »Paradigmenwechsel«. Die aus der Reformationszeit herrührende Ablehnung monastischer Lebensformen wurde mit dieser Denkschrift auf den Prüfstand gestellt. Sie würdigt die Kommunitäten als »Orte spiritueller Übung und Erfahrung«[9].

Dabei sind nicht alle Bewegungen einfach außerhalb der Kirchen entstanden. So ist die Communität Christusbruderschaft Selbitz durch das Ehepaar Walter und Hanna Hümmer entstanden. Aus einer Gemeindeerweckung 1940 in dem oberfränkischen Städtchen Schwarzenbach/ Saale, in dem Walter Hümmer Pfarrer war, erwuchs eine Bruderschaft, die 1949 nach Selbitz (Oberfranken) übersiedelte und sich *Christusbruderschaft* nannte. Hümmer wurde 1965 von der Evangelisch–Lutherischen Landeskirche Bayerns zum

---

[8] *Verbindlich leben*, S. 5.
[9] Vgl. *Evangelische Spiritualität. Überlegungen und Anstöße zur Neuorientierung.* Hrsg. Kirchenkanzlei im Auftrage des Rates der EKD, Gütersloh 1979.

Kirchenrat ernannt. Und der Gründervater der »Offensive Junger Christen« (OJC) war der Pfarrer Horst-Klaus Hoffmann. Diese Gemeinschaft entstand 1968 als geistliche Antwort auf die Umbruchsituation der 68er Zeit. Nach mehr als 40 Jahren gemeinsamen Lebens in der »Ökumenischen Lebensgemeinschaft ›Offensive Junger Christen‹« hat diese Gemeinschaft in einer Regel die bewährten geistlichen Quellen und grundlegenden Ordnungen ihres Miteinanders zur Sprache gebracht. 2008 ist diese »Grammatik der Gemeinschaft« formuliert worden. Am 13. April 2008 wurde dann eine Kommunität gegründet in der Michaelskapelle auf Schloss Reichenberg/Odenwald. Für drei Jahre wurde diese Grammatik erprobt, besprochen und dann am 14. Februar 2012 in einer endgültigen Form vom Kommunitätsrat verabschiedet und in Kraft gesetzt.[10]

Der Abtprimas des Benediktinerordens, Notker Wolf, schreibt in seinem Nachwort zu dieser »Grammatik«: »Das Evangelium und die Anweisungen des heiligen Paulus werden in den konkreten Alltag der persönlichen Reifung und des Miteinanders umgesetzt. Nie treten formale, gesetzliche Regulierungen in den Vordergrund, immer bleibt die geistliche Dimension erhalten. Darin zeigt sich auch, dass eine solche Gemeinschaft nicht das Werk von Menschen ist. Die Kommunen der 68er Jahre gehören längst der Vergangenheit an. Hier aber bleibt die Aufbruchsstimmung erhalten. Sie wird vom Geist Gottes selber getragen und lässt sich von ihm führen.«[11]

Zwei Beispiele unterschiedlicher evangelischer Kommunitäten. Wer die Liste der vom Kirchenamt der EKD im Jahre 2005 durchgeführten Umfrage bei den Kommunitäten und geistlichen Gemeinschaften durchschaut, wird in ihr fünf unterschiedliche Gruppen entdecken[12]:

1. Ordensähnliche Kommunitäten mit dauerhaftem gemeinsamen Leben

2. Schwesternschaften, Bruderschaften, Gemeinschaften von Frauen und Männern, auch einigen Kommunitäten zugeordnete Tertiärgemeinschaften ohne dauerhaftes gemeinsames Leben

3. Familiengemeinschaften

4. Diakonische Gemeinschaften, also Diakonissen – Mutterhäuser, Diakonische Schwestern- und Brüdergemeinschaften

5. Weitere Gemeinschaften ökumenischer Art, katholische Gemeinschaften mit evangelischen Mitgliedern, offene Vereinigungen mit Elementen gemeinschaftlichen Lebens.

---

[10] *Wie Gefährten leben. Eine Grammatik der Gemeinschaft*, hrsg. von OJC Kommunität mit Dominik Klenk, Nachwort von Notker Wolf, Basel 2013.

[11] *Grammatik*, S. 120.

[12] Vgl. *Verbindlich Leben*, S. 30 f.

Die Kommunitäten und geistlichen Gemeinschaften haben sich in zwei unterschiedlichen Bünden organisiert, in der »Konferenz evangelischer Kommunitäten« (KevK) und im »Treffen geistlicher Gemeinschaften« (TGG). Beide Bünde haben ihr »Selbstverständnis« und die Gestalt der Zusammenarbeit formuliert.

Die »Konferenz evangelischer Kommunitäten« (KevK) macht folgende Angaben:

1. Ziele und Zusammensetzung

- Die KevK gibt den evangelischen Kommunitäten im deutschsprachigen Raum die Möglichkeit zu Kontakten und zur Reflexion über den gemeinsamen kommunitären Weg.
- Der KevK gehören evangelische Kommunitäten im deutschsprachigen Raum an, die seit mindestens drei Jahren und aus mindestens drei Brüdern bzw. Schwestern bestehen, die nach den drei evangelischen Räten und einer kommunitären Ordnung leben.

2. Aufgaben

- Die KevK hat die Aufgabe, den Kommunitäten im deutschsprachigen Raum die Möglichkeit zu gegenseitiger Information, Austausch und Stärkung zu geben.
- Die KevK ermutigt zu Kontakten mit den Kirchenleitungen und nimmt ihrerseits zur Klärung anstehender Fragen Kontakt zu den Kirchenleitungen auf. Darin wird sie von dem Bischof unterstützt, der von der EKD zur Begleitung der Kommunitäten beauftragt ist.
- Nach Bedarf setzt die KevK einzelne Arbeitsgruppen ein, z. B. den Theologischen Arbeitskreis und Noviziatstreffen.

Zur Koordination werden fünf Kommunitäten gewählt, für drei Konferenzperioden, also sechs Jahre. Dem Koordinationsteam gehören die Leiter dieser Kommunitäten an. Die Leitung der Kommunitäten-Treffen wechselt in diesem Kreis nach Absprache und Möglichkeiten. Zur Zeit gehören dem Koordinationsteam Vertreter der Kommunitäten Communität Casteller Ring – Christusträger Bruderschaft Triefenstein – Communität Christusbruderschaft Selbitz – Kommunität Adelshofen – Kommunität Imshausen an.

Das »Treffen Geistlicher Gemeinschaften« (TGG), zu dem Familienkommunitäten, Lebensgemeinschaften, Bruderschaften und Schwesternschaften gehören, beschreibt sein Selbstverständnis folgendermaßen[13]:

---

[13] Vgl. *Verbindlich Leben*, S. 31 ff.

1. Zusammensetzung

- Zum TGG werden evangelische Familienkommunitäten, Lebensgemeinschaften sowie Bruder- und Schwesternschaften eingeladen, die sich auf bestimmte geistliche Verbindlichkeiten gründen. Diese entsenden verantwortliche Glieder zum TGG.
- Es handelt sich dabei sowohl um Gemeinschaften, deren Glieder verstreut wohnen, als auch um solche, deren Glieder in örtlicher Nähe miteinander leben.
- Die Gemeinschaften verstehen sich in ihrer Unterschiedlichkeit als einander ergänzende Glieder am Leib Christi.
- Zum TGG zugehörige Gemeinschaften bestehen seit mindestens fünf Jahren und haben mindestens sieben Mitglieder. Andere können als Gäste eingeladen werden.
- Die Mehrzahl der Mitglieder in unseren evangelischen Gemeinschaften gehört in der Regel einer evangelischen Landeskirche an.

2. Aufgaben und Ziele

- Das TGG gibt den evangelischen Gemeinschaften im Bereich der EKD die Möglichkeit zu Kontakten, zum Austausch, zur Reflexion und zur Stärkung auf ihrem Weg.
- Das TGG sieht sich als Ergänzung zur »Konferenz Evangelischer Kommunitäten« (KevK). Ähnlich wie diese versuchen wir, verbindliches geistliches Leben (z. B. evangelische Räte) in unserem besonderen Lebenskontext zu verwirklichen.
- Das TGG möchte die Gemeinschaften ermutigen, Kontakte zu den örtlichen Kirchengemeinden, Kirchenkreisen und den Landeskirchenleitungen aufzunehmen und nimmt seinerseits zur Klärung anstehender Fragen Kontakt zu den Kirchenleitungen (Landeskirchen und EKD) auf. Dabei wird es vom zuständigen Beauftragten des Rates der EKD unterstützt.

3. Strukturen

- Bis auf weiteres findet das TGG jährlich statt.
- Das TGG wählt sich einen Vorbereitungskreis von 4 bis 8 Vertretern, der das Treffen für jeweils drei Konferenzen vorbereitet und koordiniert: Ev. Michaelsbruderschaft, Marburg – Familiengemeinschaft der Jesus-Bruderschaft, Camberg – Jesus-Gemeinschaft (Christustreff), Marburg – Familienkommunität Siloah, Neufrankenroda – Jesus-Gemeinschaft (Christus-Treff), Marburg – Oblatinnen der

Communität Casteller Ring, Schwanberg – Offensive Junger Christen, Reichelsheim – Communität und Geschwisterschaft Koinonia.
- Die Leitung der Treffen der TGG wechselt nach Absprache.
- Die Treffen finden nach Möglichkeit in Häusern von teilnehmenden Gemeinschaften statt.

Das Verhältnis der Kommunitäten zur Kirche

In seinem Geleitwort zu »Verbindlich Leben« schreibt der Ratsvorsitzende Wolfgang Huber: »Ein gutes und förderndes Zusammenwirken von Kirche und Kommunitäten enthält große geistliche Chancen in sich. Angesichts der verbreiteten Sehnsucht nach geistlicher Verdichtung und spiritueller Suche, angesichts auch der vielen Kirchenräume, die Kirchengemeinden mitunter nicht mehr voll auszufüllen vermögen, ist es die Hoffnung des Rates der EKD, dass Kommunitäten und geistliche Gemeinschaften besondere kirchliche Orte mit ihrem Gebet und Geist erfüllen können.«[14]

Aus der Sicht der Kirchenleitung erfüllen die Kommunitäten damit eine Funktion als »kommunitäre Profilgemeinden« im Sinne des Wortes aus 1. Petrus 4,10: »Und dient einander, ein jeder mit der Gabe, die er empfangen hat, als die guten Haushalter der mancherlei Gnade Gottes.«

Die wechselseitige Bereitschaft zum wechselseitigen Dienst ist zweifellos in den vergangenen Jahren gewachsen. Der Verdacht des »Unevangelischen« gegenüber den Kommunitäten ist einer Einschätzung gewichen, die den Versuch einer geistlich verbindlichen, spirituell verdichteten, gemeinschaftlichen Lebensform als »Schatz der evangelischen Kirche« beschreibt (W. Huber). Diese durchaus neue Sicht seitens der Kirche hat die Kommunitäten ermutigt, ihr eigenes Verhältnis zu den Kirchen neu zu überprüfen. Die Kommunitäten sind ja selbst häufig als Antwort auf spezifische Herausforderungen in Kirche und Gesellschaft entstanden, in Umbruch- und Notzeiten. Nicht selten war mit dem gemeinschaftlichen Aufbruch auch eine Kritik an der Reaktion von Kirche auf neue Herausforderungen verbunden.

Mit der Kirche, ohne die Kirche, notfalls auch gegen die Kirche – im Hören auf das Wort der Schrift, im gemeinsamen Gottesdienst, in der Verantwortung vor den Nöten der Zeit und – konkreter – den Nöten der Menschen vor Ort und weltweit, so haben sich Geistliche und Laien, Laien und Geistliche auf den Weg gemacht, um die innere Berufung gemeinschaftlich zu leben. Wer einen solchen Weg einschlägt, fragt nicht zuerst nach Absicherung, auch nicht nach finanzieller Absicherung, des eingeschlagenen Weges. Bis heute finanzieren sich die Kommunitäten und geistlichen Gemeinschaften durch eigene Arbeit und Dienstleistungen, die sie für andere

---

[14] Vgl. *Verbindlich leben*, S. 6.

erbringen. Dazu gehören Tagungshäuser ebenso wie landwirtschaftliche und handwerkliche Betriebe. Das Einkommen dient aber nicht nur dem Selbsterhalt, sondern vielfältigen Diensten an den nahen und fernen Nächsten. Es ist erstaunlich zu sehen, in welchem Umfang viele der Gemeinschaften »in aller Welt« tätig sind.

Unabhängig von der Kirche in Fragen von Finanzen und geistlicher Ausrichtung hat sich so eine neue Öffnung für die Kirchen in den Gemeinschaften ergeben – und für die Arbeit mit und in den Kirchen an gemeinsamen Herausforderungen. Der spezifische Dienst der Gemeinschaften zeigt sich nicht nur in der allgemeinen Öffnung für neugierige und suchende Gäste, die das »Kloster auf Zeit« wahrnehmen, sondern auch in der Übernahme von Diensten innerhalb der Landeskirchen. So unterhält die Communität Casteller Ring (CCR) seit etlichen Jahren in Kooperation mit der Evangelisch–Lutherischen Landeskirche Bayern ein »Haus Respiratio«, in dem erschöpfte Pfarrer und Pfarrerinnen eine Auszeit nehmen können, bei der sie geistlich begleitet werden. Die Evangelisch–Lutherische Landeskirche Hannovers verfolgt derzeit ein ähnliches Projekt in einem niedersächsischen Kloster. An der geistlichen Ausbildung der Vikarinnen und Vikare sowie an der pastoralen Weiterbildung von Pfarrerinnen und Pfarrern ist in dieser Landeskirche die Communität Christusbruderschaft Kloster Wülfinghausen beteiligt.

In diesen und vergleichbaren Fällen beteiligen sich die zuständigen Landeskirchen durch Bereitstellung von Pfarrstellen und sonstige Leistungen an der Finanzierung der Arbeit. Da ist ein für beide Seiten förderliches Miteinander »auf Augenhöhe« entstanden. Beide Seiten öffnen sich füreinander und lernen miteinander. Der Ort, an dem diese Begegnung stattfindet, hat seine Prägung und seine geistliche Ausrichtung, unabhängig von den jeweiligen Besuchern und Gästen. Gleichzeitig macht der Anspruch verbindlichen Lebens gerade auch kirchliche Mitarbeiter und Mitarbeiterinnen neugierig auf den Blick hinter den Anspruch. Das Stundengebet in solch einem Kloster ist dann keine Service – Leistung für Gäste und Besucher – wie das Kaffeetrinken zwischendurch –, sondern Teil der Tagesstruktur und des verbindlichen Lebens.

Bei solcher Begegnung bleiben Verwunderungen, Überraschungen und Konflikte nicht aus. »Verbindlich leben« wollen viele Besucher ja auch – im Alltag des Lebens, im Alltag der Welt, wo für das »Stundengebet« im Ablauf eines Arbeitstages kein geschützter Raum vorhanden ist wie im Sonderraum eines klösterlichen Lebens. Den Glauben ins Leben zu ziehen, ist die gemeinsame Herausforderung derer, die in der Gemeinschaft des Klosters oder eines anderen Ortes leben, und derer, die als Gäste und Besucher hinzukommen.

Evangelische Kommunitäten und Gemeinschaften – Evangelische Kirche: eine wechselseitige Herausforderung

Die Umbrüche und Krisen haben zu allen Zeiten Kirchen und Christen herausgefordert, mit ihrem Leben und ihrer Existenz darauf zu antworten. Zu allen Zeiten hat es dabei der Menschen bedurft, die mit Martin Luthers Worten über die Deutsche Messe (1526) »mit Ernst Christen wollen sein und das Evangelium mit Hand und Munde bekennen«. Viel Positives ist bei Martin Luther darüber nachzulesen. Er schlussfolgert: Wenn man die Personen dazu hätte, »die Ordnungen und Weisen wären bald gemacht«[15].

In Wittenberg entstanden diese Gemeinschaften nicht. Anders unter Martin Bucer, der in Straßburg solche »christliche Gemeinschaften« einrichtete (1546), die dann allerdings nicht lange überlebten. Stattdessen konzentrierte sich die Reformation auf die Ortsgemeinde und die Gemeinschaften gerieten aus dem Blickfeld. Mit dem Wegfall des Papsttums im Protestantismus erhielt dann die jeweilige Landeskirche als Partikularkirche maßgebliche Bedeutung, während die sichtbare Universalkirche zur unsichtbaren Kirche wurde, zu der allein im Modus des Glaubens existierenden Kirche des dritten Glaubensartikels.

Die EKD–Studie »Evangelische Spiritualität« von 1979 stellt fest, dass Kommunitäten und geistliche Gemeinschaften eine legitime Form evangelischen Christseins sei. Natürlich ist diese Neubewertung auch im Zusammenhang der knapper werdenden finanziellen Ressourcen zu sehen. Entsprechend setzt sich die Neubewertung der Gemeinschaften im 2006 erschienenen Impulspapier der EKD »Kirche der Freiheit. Perspektiven für die Evangelische Kirche im 21. Jahrhundert« fort. Sie sollen nach der Intention des Impulspapieres den Dienst der Ortsgemeinden ergänzen, mehr noch, sind zusätzlich zu Ortsgemeinden und Landeskirchen bzw. EKD eine eigene Sozialgestalt von Kirche. Ja, sie werden auch mit dem Begriff der besonders profilierten Gemeinde innerhalb der Vielfalt von Gemeindeformen belegt. So leisten sie einen eigenständigen Beitrag für das geistliche Leben der evangelischen Kirchen. Ihnen wird im Impulspapier der EKD ein »Erneuerungspotential« für die Kirche zugesprochen. Dieses Potential steht aber unter der Voraussetzung, dass Kommunitäten und Kirchengemeinden bzw. Landeskirchen bzw. EKD wechselseitig aufeinander bezogen bleiben im Sinne gegenseitiger Ergänzung und Korrektur.

Diese wechselseitige Bezogenheit kann auch vor einer »unevangelischen« Idealisierung der Kommunitäten und geistlichen Gemeinschaften bewahren, als sei kommunitäres Leben eine »Hochform evangelischer Spiritualität«,

---

[15] Johannes Halkenhäuser, *Kirche und Kommunität. Ein Beitrag zur Geschichte und zum Auftrag der kommunitären Bewegung in den Kirchen der Reformation*, Paderborn, 2. Auflage 1985, hier besonders Seite 13-81.

die im Sinne eines Zweistufen – Christseins der Existenz in Familie, Beruf und Kirchengemeinde weit überlegen sei. Der Glaube der Gemeinschaft ist kein Ersatz für den eigenen Glauben. Deshalb ist in den Kommunitäten auch den einzelnen Mitgliedern ein möglichst hohes Maß an Selbstbestimmung, Partizipation und Initiative in Fragen des gemeinsamen Lebens einzuräumen. Gerade deshalb ist es nötig, dass eine intensivere wissenschaftliche Beschäftigung mit kommunitärem Christsein in der evangelischen Theologie stattfindet. Dieses wird in der EKD – Schrift »Verbindlich leben« von 2007 angemahnt und wartet noch auf eine breitere Aufnahme. Dieses wäre – ganz im Sinne der Kommunitäten – auch ein Beitrag zum »Dienst der Einheit«, der für die meisten evangelischen Kommunitäten längst ein wesentliches Anliegen geworden ist. Unter dem Stichwort der »geistlichen Ökumene« wird dieser besondere Dienst bereits in Begegnungen unter Gemeinschaften unterschiedlicher Kirchen und Konfessionen sorgfältig bedacht und geübt. (Mit dem Begriff der »geistlichen Ökumene« soll mitnichten eine Front gegen die Lehr–Ökumene mit all den Konsens- und Dissens- Erklärungen aufgerichtet werden. Die »geistliche Ökumene« ist eine m. E. hoch einzuschätzende Einübung in Gemeinsamkeit, Wahrnehmung und Wertschätzung der Unterschiede. Sie ist nötig und hilfreich auf dem »Weg zur sichtbaren Einheit«, wie es in der »Meißen–Erklärung« zwischen der EKD und der Kirche von England heißt).

Die Existenz evangelischer Kommunitäten und Gemeinschaften bleibt eine Herausforderung für die evangelische Kirche, aber die evangelische Kirche auch eine Herausforderung für die Kommunitäten und Gemeinschaften. Ihr erster Dienst für die Kirche ist das Sein und die damit verbundene Lebensgestalt mit dem Anspruch verbindlichen Lebens, die einen besonderen Raum der geistlichen Heimat öffnet für andere Menschen. Exemplarisch stehen die Kommunitäten für die Umsetzung der Erkenntnis, dass das Sein allem Tun vorgeordnet ist. Ja, das Sein in Christus steht vor dem Tun für Christus, der in seiner verborgenen Gegenwart die Mitte ist. Im Hören auf das Evangelium und im Teilen der Sakramente feiern Christen seine Gegenwart innerhalb von Kommunitäten und Gemeinschaften wie in Ortsgemeinden. Den Kommunitäten kommt dabei ein besonderer Zeugnis–Charakter zu, der für das Ganze der Kirche wichtig ist. Ihr Leben im ökumenischen Horizont ist dafür von großer Bedeutung. Das Gebet Jesu um das Eins–Sein seiner Jünger (Johannes – Evangelium, Kapitel 17) wird von ihnen als Auftrag zur gelebten Einheit verstanden und aufgenommen.

Vater Teofil von Sâmbăta (1929 – 2009) und die Beziehung zu dem lebendigen Gott – unserem Vater

† Vikarbischof Sofian (Pătrunjel) von Kronstadt, München (Deutschland),
Rumänische Orthodoxe Metropolie für Deutschland,
Zentral- und Nordeuropa, München

Vater Archimandrit Teofil Părăian (1929-2009) zählt zu den bedeutendsten Mönchsvätern der Rumänischen Orthodoxen Kirche in Geschichte und Gegenwart. Als besonders charismatischer Mönch, Priester, Beichtvater und Prediger besitzt er bis heute größte Autorität unter den orthodoxen Gläubigen in Rumänien. Schon blind geboren, kommt er am 3. März 1929 zur Welt und wird auf den Namen Ioan getauft. Von 1935 bis 1943 besucht er Blindenschulen in Klausenburg/Cluj Napoca und Temeswar/Timişoara, von 1943 bis 1948 das Lyzeum »C. D. Loga« in Temeswar. In dieser Zeit lernt er den berühmten, ebenso charismatischen Mönchsvater Arsenie Boca kennen, von dem er in die geistliche Praxis des Jesusgebetes eingeführt wird. Von 1948 bis 1953 studiert er orthodoxe Theologie in Hermannstadt/Sibiu, bevor er im April 1953 in die Klostergemeinschaft des Klosters Brâncoveanu in Sâmbăta de Sus eintritt, der er bis zu seinem Heimgang zum Herrn am 29. Oktober 2009 angehören wird. Am Gedenktag des Entschlafens der Gottesmutter (15. August) 1953 empfängt er die Mönchsweihe und den Mönchsnamen Teofil. 1960 wird er von Metropolit Nicolae (Colan) von Siebenbürgen zum Diakon geweiht, 1983 von Metropolit Antonie (Plămădeală) von Siebenbürgen zum Priester. 1986 wird er zum Protosingel geweiht, 1988 zum Archimandriten. [*J. H.*][1]

I.

Vor Kurzem schrieb mir ein junger Mann: »Das schwerwiegendste Problem in unserer Kirche ist die Tatsache, dass irgendetwas uns daran hindert, authentisch zu sein. Und eben deswegen überzeugt die Predigt nicht, weil jenseits des Grußes ›Grüß Gott!‹, der gemeinsamen Mahlzeiten der Ge-

---

[1] Vgl.: http://ro.orthodoxwiki.org/Teofil_(Părăian); abgerufen 17.03.2013.

meinden, die die Partys ersetzt haben, der byzantinischen Musik, die den Rock ersetzt hat, der Wände, an denen nicht mehr Posters, sondern Ikonen hängen, etc., jenseits all dieser Tatbestände viele von uns unberührt bleiben; der Gruß ›Christus ist in unserer Mitte‹ dringt nicht in unser Bewusstsein vor. Ich kann nicht genau sagen, was es ist. Eine Blockade? Ein Mangel an Reife? Ein Steckenbleiben in der Phase der ›ersten Schritte‹? Ein Mangel an Sehnsucht nach Gott?«

Dieses Problem ist schon so alt wie das Christentum, wie die Menschheit selbst, und es beruht auf einer Schwachheit des Menschen, sich auf das Wesentliche zu konzentrieren, sowie auf einer orientierungslosen, manchmal pharisäerhaften Aufmerksamkeit für die Details. So schreibt man infolge der Leidenschaften, von denen man bestimmt wird, den Details ein übertriebenes Gewicht zu, und man hält die Methoden fälschlicherweise für das Ziel, die Details für das Ganze, das Sekundäre für das Wesentliche, den Egoismus für wahre Liebe, die Kommunikation für die Verbundenheit, die Formen für den Inhalt, das Behaupten des eigenen Willens für einen Dienst Gottes, die religiöse Ideologie für den Glauben. Erinnern wir uns nur daran, wie im Himmel Adam den Apfel der Fürsorge für die Schöpfung vorzog, wie Esau sein Recht eines Erstgeborenen seinem Bruder Jakob für eine Schale Erbsen verkauft hat, wie die Jünger unseres Erretters, während Er über das unmittelbar bevorstehende Ereignis seiner erlösenden Opfergabe sprach – Ausdruck einer vollkommenen Selbstlosigkeit im liebenden Dienst – daran dachten, wer unter ihnen der Größte sei.

II.

Vater Archimandrit Ioanichie Bălan (1930-2007; Kloster Sihăstria) bat Anfang der 90er Jahre Vater Teofil, ihm Material über die Wiederbelebung des Mönchtums zu geben. Dieser antwortete, etwas enttäuscht von der Lage des zeitgenössischen Mönchtums, dass er über nichts zu schreiben habe. Denn die Wirklichkeit zeige, nicht nur im Kloster Sâmbăta, sondern auch in anderen Klöstern, dass das, was eine monastische Gemeinde sein sollte – also eine Gemeinschaft von Brüdern oder Schwestern in Christus – zu oft bloß nur ein Zusammenleben von Junggesellen bleibe: Die Mönche oder Nonnen versuchten in den Klöstern lediglich, ihre eigenen Ansichten über den Glauben und das Leben zu äußern, eventuell sogar ein möglichst individualistisches und bequemes Leben zu führen, in dem kleinere oder größere Mängel und Leidenschaften sich gut verstecken und pflegen lassen; und all das unter dem Vorwand, Gott zu dienen. Im Hinblick auf den priesterlichen Dienst bedauerte Vater Teofil, dass viele Kleriker keine Gottesmenschen seien, die in einer engen Beziehung zu Gott leben, sondern einfache kirchliche Beamte. Er wollte diesbezüglich an ein Wort erinnern, das Vater Arsenie

Boca an die Theologiestudenten richtete: »Passt auf, damit ihr nicht Priester werdet, bevor ihr Christen seid!«

Was das Leben der Laien anbelangt, stellte Vater Teofil traurig fest, dass diese oft aus eigennützigen Gründen zur Kirche gehen oder beten, dass sie religiöse Praktiken ausführen, ohne sie verstehen zu wollen, nur weil sie von Gott etwas verlangen oder Gott bitten wollen, sie für ihre Sünden nicht zu bestrafen. Sie verhalten sich Gott gegenüber, wie Vater Teofil sagte, »wie gegenüber einem Spender – von dem man etwas zu verlangen hat –, oder einem Terroristen – den man fürchtet«. Vater Teofil bedauerte so ein Verhältnis zu Gott aus einfacher Gewohnheit oder wegen Aberglaubens. Ich erinnere mich, wie er bei einer Beerdigung in der Gegend von Fogarasch/Făgăraş beobachtet hat, dass dem Verstorbenen eine Münze in die Hand gelegt wurde, damit dieser, nach lokalem Brauch, bei den himmlischen Zollämtern zahlen könne. Sehr traurig darüber, dass die Priester diese Gewohnheit nicht korrigierten, hat Vater Teofil den Gemeindepriester darauf aufmerksam gemacht. Die Antwort lautete, dass dies ein alter Brauch sei, den die Menschen nicht gerne aufgeben möchten. Darauf erwiderte Vater Teofil: »Wenn wir (als Priester) nicht einmal die Kraft haben, solche Bräuche zu entwurzeln, dann haben wir überhaupt keine Kraft« und »Unsere Christen halten von ihrem Glauben genau so viel, wie der Tote von der Münze«.

Was ist mit uns los? In unserem Wunsch, oft in gutem Glauben, Gott zu dienen, werden wir zu förmlich. Wir möchten das, was der eine oder andere Heilige getan oder gedacht hat, kopieren, und wir vergessen dabei zuzuhören, was Gott uns im Hinblick auf unsere konkrete Lage zu sagen hat. Wir schaffen es nicht, die vielen Beispiele aus der Tradition der Kirche in unserem Leben neu zu denken und anzuwenden und sie nicht nur äußerlich und formal zu kopieren. Anstatt uns Gott und unseren Mitmenschen durch die Formen, die gut und vonnöten sind, anzunähern, grenzen wir uns somit immer mehr in unserer eigenen Welt ab; statt selbstlos zu werden, pflegen wir unsere Selbstsucht; statt zu versuchen, Gottes Wille zu erfüllen, tun wir das, was wir entscheiden, dass es Gottes Wille sei; statt unsere Verbundenheit durch den Glauben wachsen zu lassen, indem wir uns unseren Mitmenschen öffnen, richten wir Ideologien vor uns auf, die unsere Lebenseinstellung einschränken, uns von Gott entfernen und von den anderen Menschen abspalten. Wenn man nicht in einer lebendigen Beziehung zu Gott und zu den Mitmenschen lebt, beschränkt man sich auf äußerliche, oft heuchlerische Anpassung an bestimmte Normen religiösen Verhaltens. In der gleichen Weise wie die Gelehrten und Pharisäer aus der Zeit Jesu töten wir das Leben ab um der Formen willen, statt die Formen im Dienst des Lebens zu nutzen.

All diese Arten von fehlerhaftem Bezug zu Gott charakterisierte Vater Teofil durch die Formel »gesellschaftlich in der Religion leben, statt religiös in der Gesellschaft«, das heißt, die Beziehung zu Gott und den religiösen Ausdruck auf eine einfache, inhaltlose Praktik zu reduzieren. Mit den Worten des ehrwürdigen Mönchsvaters bedeutet dies: »Gottes Werk mit dem Antlitz auf die Menschen gerichtet zu tun.« Wenn man zum Beispiel betet, um gesehen zu werden, fastet, um gelobt zu werden, bestimmte religiöse Rituale ausführt, nur weil die Sitte das vorsieht, schön predigt, um Lob zu ernten, und vieles mehr. Nun, ausgerechnet dieser Bezug zu Gott im Blick auf sich selbst oder auf den anderen, diese Reduzierung des Religiösen auf das Soziale und des Ziels auf die Mittel ist es, was unser religiöses Verhalten oft nur förmlich macht, rituell, ohne Inhalt, ohne Sinn und daher ohne Leben.

Dieser falschen Weise, das Religiöse zu leben, hat Vater Teofil in seinem eigenen Leben eine lebendige Beziehung zu Gott entgegengestellt, zu Gott, den er verstand, erlebte und sich vorstellte als »Vater«, als »gütig und menschenliebend«, als »Gott der Barmherzigkeit, der Gnade und der Menschenliebe«, der uns liebt, uns hilft, uns zu sich ruft, uns schützt, uns gegenüber gnadenvoll ist, uns sogar anlächelt und uns einlädt, zurückzulächeln. Es wäre zu wünschen, dass die Beziehung zu Gott durch Lächeln als Ausdruck einer delikaten Vertrautheit der Liebesbeziehung zu Ihm, bei den Christen öfter vorhanden wäre. Vater Teofil pflegte ein Wort von Vater Serafim Popescu zu erwähnen: »Das Christentum ist Belebung, nicht Erstarrung!«

Vater Teofil hat diese Vertrautheit in der Beziehung zu Gott gewonnen, weil er, als er Mönch geworden war, sich nicht begnügte mit der äußerlichen Anpassung an einen gewissen Lebensstil – sei er monastisch und vollkommen –, sondern neben der Einordnung in Formen großes Gewicht auf die lebendige Beziehung zu Gott gelegt hat, den er als liebenden und schützenden Vater wahrnahm. Vater Teofil hat immer seine Gedanken und Taten auf Gottes lebendigem Wort aus den Evangelien abgestimmt. Als man ihn fragte, wie er abends agiere, wenn er müde ist und seinen Gebetskanon nicht mehr erfüllen kann, antwortete er ganz unförmlich, dass nachdem er ein kurzes Gebet gesprochen habe, »er schlafen gehe«. Und er ging tatsächlich schlafen. Am nächsten Tag aber stand er sehr früh auf, sodass er zwei, drei Stunden im Gebet, mit Lesen und Meditation verbringen konnte, bevor er zum Kirchengebet ging.

Falls er abends an einer Konferenz teilnahm, die sich bis spät in die Nacht mit den anschließenden Diskussionen und Beichten hinzog, sodass er keine Gelegenheit mehr zu Beten hatte, war er der Ansicht, dass Gott von ihm den geleisteten Dienst annehmen werde, ohne dass Er von ihm das verlange, was ihm unmöglich zu erfüllen gewesen ist. Er war sprachlos vor manchen Beichtgeständnissen von Mönchen, die sagten, dass sie noch ihren Gebetskanon von ein paar Monaten nachzuholen hätten, und konnte nicht glauben, dass Gott so etwas verlangen würde. Er sagte, dass er das Jesusgebet mit Freude spreche, er könne sich nicht vorstellen, dass Gott ihn tadeln würde:

»Siehst du, Teofil, du hättest noch tausendmal das Gebet sagen können, das hast du aber nicht gemacht!« Wenn er sich beim Gebet an ein schönes Gedicht von Mutter Teodosia Zorica Lațcu erinnerte, so rezitierte er vor Gott das Gedicht, und sagte dann »Oh Gott, was für ein schönes Gedicht, nicht wahr?« Auf Vater Ioanichie Bălans Frage, wie er gegen die Müdigkeit kämpfe – und die Worte sind im rumänischen »Paterikon« enthalten – antwortet Vater Teofil direkt: »Ich gehe schlafen.« Auf die Frage: »Welches Gebet ist am stärksten?«, auf die man gewöhnt ist zu hören, dass es das Mitternachtsgebet sei, antwortete Vater Teofil: »Es ist das Gebet, das dich am nächsten zu Gott bringt.«

III.

Wie würde Vater Teofil zu den Sachverhalten stehen, die unser junger Mann in seinem Brief erwähnt? Wir merken in der Tat sehr oft, dass wir, die wir uns gläubig nennen, überhaupt kein Bewusstsein und keine Empfindung unserer Zugehörigkeit zum Leib Christi haben, oder zur Kirche, in die wir gerufen sind, eine Gemeinschaft der Brüder und Schwestern zu bilden, die in Verbundenheit leben. Was die Mönche betrifft, sagte Vater Teofil, dass diese leider nicht sehr viele soziale Tugenden hätten; deren Brüder oder Schwestern seien ihnen oft gleichgültig. Wenn sich zum Beispiel zwei Mönche gestritten hatten, trennten sie sich sehr leicht, gingen jeder in seine Zelle, die Tür hinter sich zuschlagend und ohne jede Nachsicht für den anderen. Somit kann die rein formale Art, sich auf den anderen zu beziehen, nicht überschritten werden.

Obwohl die Deontologie in der monastischen, klerikalen und auch in der Welt der Laien ein bestimmtes Verhalten oder bestimmte Höflichkeitsregeln vorschreibt, wie den Gruß »Grüß Gott«, sind diese oft inhaltslos. Sie werden ausgeführt oder erfüllt, ohne dass diejenigen, die sie benutzen, auch denken und empfinden, was sie sagen. In Bezug auf die »gemeinsamen Mahlzeiten der Gemeinden, die die Partys ersetzt haben«, erinnerte Vater Teofil an die Worte eines Vaters aus dem »Paterikon«, die an einen Menschen gerichtet waren, der als ehemaliger Senator pro forma Mönch geworden war: »Du hast sowohl den Senator verloren, als auch den Mönch nicht gewonnen.« Dies erwähnte Vater Teofil im Hinblick auf die vielen Kandidaten zum Mönchtum, die die Welt verließen, ins Kloster kamen, das mönchische Gewand anzogen, sich aber nicht von dem monastischen Geist und Gefühl durchdringen ließen.

Wie oft passiert es leider in unserer Diaspora, dass die kirchlichen Patronatsfeste zu gemeinen Volksfesten reduziert werden. Das bedeutet, dass die Menschen das Fest der Kirche einfach missbrauchen. Sie nehmen dessen religiösen, christlichen Charakter nicht wahr, oder dieser interessiert sie nicht, sondern sie benutzen das Fest als Gelegenheit, Zeit mit den anderen zu verbringen und, nicht selten, laut Spaß zu machen.

Kommen wir zu dem Beispiel der byzantinischen Musik. Bis Ende der 8oer Jahre wurde im Kloster Sâmbăta de Sus hauptsächlich eine Kirchenmusik gesungen, die charakteristisch für Siebenbürgen ist. Dann kamen manche der Mönche auf die Idee, die byzantinische Musik einzuführen, ein sehr schönes Genre übrigens. Die Weise aber, auf welche die Brüder diese Musik einführen wollten, ohne Rücksicht denen gegenüber, die diese Musik nicht kannten oder singen konnten, stellte sich als flagranter Mangel an Liebe und Verständnis für die Mitbrüder heraus, und auch Vater Teofil hatte darunter zu leiden. Es handelt sich erneut um die Vergötterung eines Mittels – sei es von seltenem künstlerischen Finesse und großem geistlichen Wert –, um eine egoistische Selbstdarstellung, welcher der Blick auf das Ziel fehlt. Das gilt auch für die Ikonen, wenn man in ihnen nur einen bestimmten Stil oder eine Schule der Malerei sieht, ohne dass die Ikone zu einem Fenster zu Gott und zu den Heiligen wird, die sie abbildet.

Vater Teofil war der Ansicht, dass alle Dinge, die wir als Gläubige tun, so getan werden sollen, dass sie uns zu unserem Herrn Jesus Christus bringen. Nicht zu einer Ikone, umso weniger zu einem Götzen, sondern zu Ihm selbst, dem Lebendigen und Liebenden, so wie die Evangelien und die Gottesdiensttexte Ihn darstellen. Ich möchte gerne unterstreichen, dass Vater Teofil den Formen der Mönchsregel größte Bedeutung zuschrieb, entsprechend der kirchlichen Praxis, und dass er sie auch in seinem eigenen Leben mit Genauigkeit angewendet hat. Er verlangte auch von den Menschen, die er betreute, dass sie sich dem von ihm erstellten Programm für ein religiöses Leben unterordnen. Aber er wusste, dass diese Formen nur Hilfsmittel sind, die uns in unserer menschlichen Schwachheit unterstützen, uns zu Hilfe kommen sollen. Durch sie kommen wir an die Erfahrung unserer Vorfahren. Sie sollen nicht ein Ziel in sich selbst sein.

Somit füllte Vater Teofil diese Anordnungen durch seine Art zu leben, durch seinen Glauben und machte sie lebendig nicht nur für sich selbst, sondern auch für alle, die in Kontakt mit ihm kamen. Ich erinnere mich, mit wie viel Freude er bestimmte Psalmen rezitierte, die ihm so vertraut geworden waren, als hätte er sie selbst geschrieben; an die Art, wie er uns während der Liturgie den Friedensgruß vermittelte und, zusammen mit einem allumfassenden Lächeln, zu uns »Der Friede sei mit euch« sagte; an die Freude, mit der er uns das Wort Gottes durch die Predigt verkündete; oder an seine freudestrahlende Entschlossenheit, mit der er die Fastenzeiten einhielt, obwohl er auch zu sagen pflegte: »Ich freue mich zu fasten, aber ich freue mich auch darüber, dass nicht alle Tage Fastentage sind!«

IV.

All dies sind die Gründe, dass Vater Teofil als so lebendig in seinem Glauben wahrgenommen wurde. Persönlich muss ich sagen, dass er der Mensch mit dem größten Glauben an Gott ist, den ich je kennengelernt habe, in dem Sinne, in dem der Hl. Maximos der Bekenner den Glauben und das Gebet definiert hat: »Unaufhörlich zu beten heißt, den Geist ewig mit Frömmigkeit und mit Sehnsucht bei Gott zu haben, an Ihm mit der ganzen Hoffnung festzuhalten und Ihm zu vertrauen, in allem was man tut oder einem begegnet.« Diese Sehnsucht und diese Frömmigkeit waren die Quellen der Freude Vater Teofils, dessen Gebet immer mehr und immer intensiver, nach dem Wort des Heiligen Markus des Asketen »eine Freude, die Dank aufbringt« wurde.

Ich habe die Gewissheit: wenn wir es schaffen, unseren Glauben mit Frömmigkeit und Sehnsucht zu leben, und unser Gebet zu einer Freude wird, die Dank erzeugt, dann werden wir die Kirche so erleben, wie Vater Teofil das Kloster definierte: als »Vorzimmer des Paradieses«, als »Pforte des Himmels«, »Haus Gottes« und »Ort der Erfüllung«. Diese Freude, die aus unserem Glauben hervorgeht, wird auch für unsere Nächsten eine Einladung zum Ort der Erfüllung sein, unter der Obhut unseres himmlischen Vaters und in der geschwisterlichen Gemeinschaft.

II.

Die Wurzeln
vergegenwärtigen

Zur anhaltenden Aktualität
des Kirchenvaters Augustinus

P. Prof. Dr. Dr. h. c. Cornelius Mayer OSA, Würzburg (Bayern),
Zentrum für Augustinusforschung/ZAF in Würzburg

Einleitung

Am 13. November 354 erblickte im heutigen Algerien jener Mann das Licht
der Welt, der die Geistesgeschichte des christlichen Abendlandes wie kaum
ein zweiter geprägt hat: Augustinus. Henry Kardinal Newman nannte ihn
»das große Licht der westlichen Welt, der ohne Anspruch auf Unfehlbarkeit
die Intelligenz Europas prägte«. Und der evangelische Kirchenhistoriker
Adolf von Harnack sagte sogar von ihm: Er »ist der Mann, der überhaupt
in der Antike und in der Kirchengeschichte nicht seinesgleichen gehabt
hat«.

Augustinus' Stellung in der westlichen Kultur ist in der Tat einmalig: Die
Literatur um seine Person und sein Werk wächst Jahr für Jahr immer noch
um rund 300 Titel. Diese exzeptionelle Breitenwirkung beruht sicherlich darauf, dass am Gespräch mit ihm und über ihn nicht nur Theologen, sondern
auch Philosophen und Gelehrte aus unterschiedlichen Disziplinen wie der
Geschichte, der Psychologie, der Linguistik – um nur einige zu nennen –
teilnehmen.

Mit Recht sah man in Augustinus den letzten antiken und den ersten modernen Menschen, denn in seiner Person hat die Antike die ihr innewoh-
nende Gestaltungskraft noch einmal zusammengefasst. Er wuchs aber über
sie hinaus – eben durch seine Bekehrung zum Christentum.

Bahnbrechende Werke von Bedeutung bis in die Gegenwart

Als eine mit reicher Emotionalität, mit Phantasie und mit praktischem Sinn
ausgestattete hochbegabte Person war Augustinus, ehemaliger Lehrer der
Grammatik, Professor der Rhetorik, kenntnisreicher und versierter Dia-
lektiker, bereits zu seinen Lebzeiten ein in gebildeten Kreisen viel gelesener
und begehrter Autor. Seine 15 Bücher »Über den dreieinigen Gott« (*De tri-*
nitate) sind wohl das Tiefsinnigste, was je über den Gott der Christenheit
geschrieben wurde. 20 Jahre arbeitete er daran. Da die elitäre Leserschaft de-

ren Fertigstellung nicht mehr abwarten wollte, entwendete sie ihm die ersten zwölf Bücher, ehe die letzten geschrieben waren.

Sein 22 Bücher umfassendes epochales Werk »Über den Gottesstaat« (*De civitate Dei*) nahm Augustinus nach der Besetzung Roms durch die Westgoten im Jahr 410 deshalb in Angriff, weil eine damals noch heidnisch gebliebene Schicht von Gebildeten die Schuld für diese Niederlage dem Christentum anlastete. Dieses *opus grande*, wie Augustinus es nannte, erschien in den Jahren 413 bis 427 in Abschnitten. Schon die erste Lieferung beeindruckte die Leser. Kein Geringerer als Macedonius, der damalige Statthalter in Afrika, fragte sich, was er an dem Verfasser dieser Bücher mehr bewundern solle: die Fülle seines historischen Wissens, seine philosophische Bildung oder den Reiz seiner Beredsamkeit.

Das Werkverzeichnis des Augustinus umfasst rund 130 Titel. Von seinen Briefen – manche umfangreiche Abhandlungen – sind 246 überliefert; ihre Gesamtzahl wird auf das Achtfache geschätzt, die der noch vorhandenen 569 Predigten sogar auf das Zehnfache. Bei der Flut dieses schriftstellerischen Schaffens ist zu bedenken, dass Augustinus als Bischof zugleich Richter seiner Diözese war. In der Regel saß er von Morgen bis Nachmittag zu Gericht, weil die Kaiser den Bischöfen richterliche Funktionen übertragen hatten. Außerdem war Augustinus häufig auf Reisen. Gut ein Drittel der Zeit seines 35 Jahre währenden Episkopates als Bischof von Hippo verbrachte er außerhalb seiner Diözese. Wohin immer er kam, erwartete man vom ihm, dass er predige.

Wann, wie und wo schrieb der Vielbeschäftigte und Vielgereiste seine Bücher? Als Bischof besaß er eine geordnete, durch Kataloge gut sortierte und verwaltete Bibliothek mit einem *scriptorium*, einer Schreibstube. Dort standen ihm nicht nur seine Mitbrüder in dem von ihm gegründeten Kloster als Stenographen und Kopisten Tag und Nacht zur Verfügung, sondern auch angestellte und bezahlte Kräfte, denen er seine Schriften diktierte. Die Bibliothek war zugleich mit einer Art Druckerei, einer Vervielfältigungsanstalt und einem Verlag verbunden.

Gewiss lagen die wesentlichen Voraussetzungen für den enormen Bekanntheitsgrad Augustinus' zunächst in der Tiefe seiner Gedanken und im Glanz seiner Sprache, sie lagen aber auch in seinem Organisationstalent. Die Verbreitung seines Schrifttums war ihm ein Anliegen. Von Leuten, die ihn um seine Werke baten, verlangte er, sie sollten Kopisten zum Abschreiben schicken. Mit dem Verleih seiner Codices scheint er großzügig umgegangen zu sein. Er ermunterte die Empfänger, davon weitere Abschriften anfertigen zu lassen. So gab er zum Beispiel einem reichen Nordafrikaner und Taufbewerber namens Firmus konkrete Anweisungen für die Abschrift des schon erwähnten Werkes »Über den Gottesstaat«; zugleich ermunterte er ihn freilich, das Werk auch zu lesen.

Theologischer Lehrer, der Epochen beeinflusste

Schon 20 Jahre nach seinem Tod – er starb 430 – begannen Gelehrte, sein Schrifttum in Sentenzen-Sammlungen zu verbreiten. Solche Sammlungen waren im Mittelalter gefragte Hilfsmittel des Schulbetriebs. Nahezu alle namhaften Theologen des Mittelalters betrachteten Augustinus als ihren Lehrer und Meister. Dies war erst recht bei den Reformatoren der Fall. Martin Luther (1483-1546), dessen Vorlesungen als Augustinermönch an der Universität Wittenberg von Augustinus-Zitaten gespickt waren, meinte, Augustinus sei ganz und gar der seine. Bei der Konzeption sowie bei der Verteidigung seiner Gnaden- und Rechtfertigungslehre berief er sich laufend auf Augustinus. Auch Jean Calvin (1509-1564) hielt Augustinus für den authentischen Interpreten der Schriften des Apostels Paulus von der Rechtfertigung des Sünders allein aufgrund des Glaubens an den rettenden Gott. Auf katholischer Seite berief sich das Konzil von Trient ebenfalls vorzüglich auf Augustinus. Der christliche Humanismus propagierte in Ablehnung der mittelalterlichen Scholastik die Rückkehr zu den Quellen – nicht nur zur Heiligen Schrift, sondern auch zu den Kirchenvätern, speziell zu Augustinus. Die Philologen der Renaissance haben mit Hilfe der Buchdruckerkunst entscheidend zur Verbreitung der Augustinus-Schriften beigetragen. Bereits 1506 – also vor über 500 Jahren! – erschien in Basel die erste Gesamtausgabe.

In den folgenden Jahrhunderten war sowohl die Theologie wie auch die Philosophie weithin vom Gedankengut des Augustinus geprägt: In dem berühmten Diktum des Philosophen Descartes: »cogito ergo sum« – »ich denke, folglich bin ich«, erkannte man unschwer den schon von Augustinus gegangenen Weg der Gewissheit über die eigene Existenz. Und in dem im 17. Jahrhundert durch den Bischof Jansen ausgelösten Gnadenstreit, der die Kirche in Frankreich zu spalten drohte, ging es vorzüglich um die Auslegung der Schriften Augustinus'.

Zur Zeit der Aufklärung haben Theologen der Evangelischen Kirche sich bei der Abwehr liberalistischer Tendenzen nicht nur auf Luther, sondern auch auf Augustinus berufen. In der Katholischen Kirche vermochte die dort favorisierte scholastische Theologie ihm nicht den Rang abzulaufen. In den Dokumenten des II. Vatikanischen Konzils zählt der Bischof von Hippo zu den meistzitierten Autoren.

Es bleibe in diesem Zusammenhang nicht unerwähnt, dass die Homepage des Zentrums für Augustinus-Forschung in Würzburg, die über eine Vielzahl von Themen im Zusammenhang mit Augustinus informiert, zur Zeit täglich weltweit von etwa 3000 bis 6000 bis Besuchern frequentiert wird.

Faszination bis heute

Was fasziniert an Augustinus heute noch? Um Kritisches gleich vorwegzunehmen: nicht alles. Da ist zum Beispiel seine gegenwärtig nicht unangefochtene Moral, speziell auf dem Gebiete der Sexualität. Mit ihr pflegte der Kirchenvater seine Lehre von der Erbsünde zu illustrieren. An der physiologisch bedingten Unbotmäßigkeit der Sexualorgane glaubte er nämlich die Spuren der Adamssünde, mit der jeder und jede geboren werde, erblicken zu dürfen. Er dürfte sich indes kaum geirrt haben, wenn er die Erbsünde als ein Hineingeborenwerden jedes Menschen in eine entfremdete Welt deutete und verdeutlichte. Gewiss, so lehrte er, sei der Mensch der Bibel zufolge die Krone der sichtbaren Schöpfung, er sei aber auch ein »Abgrund«, ein »grande profundum« (»Bekenntnisse«/*Conf.* 4,22).

Ich wiederhole: Was fasziniert an Augustinus heute noch? Vieles, wie dies an der erwähnten Flut an Literatur über ihn zu sehen ist! Da ist zunächst seine Hochschätzung der Vernunft. Augustinus hatte seit seiner Bekehrung zum Christentum ein enges Verhältnis zum Neuplatonismus, der Philosophie seiner Zeit. Sie lehrte, der Mensch sei dank seiner Ausstattung mit einer geistbegabten Seele ein Mikrokosmos. In der gestuften Ordnung alles Seienden nehme er die Mitte ein. Mit seinem Leib gehöre er zu den unteren Schichten des Universums, mit seiner Geistseele jedoch zu den oberen. Dank seiner Vernunft sei er in der Lage, die einzelnen Schichten alles Seienden wahrzunehmen und auf ihre Spitze hin ordnen. Diese Spitze nannten die Neuplatoniker schlicht »das Eine« (ἕν) und sie lehrten: Wie in der Arithmetik alle Zahlen von der Zahl Eins ausgehen, auf die sie auch zurückzuführen sind, so verhalte es sich mit allem Seienden. – Es war natürlich für philosophisch gebildete Christen ein Leichtes, dieses »Eine« mit dem Schöpfergott der Bibel zu identifizieren.

In der bald nach seiner Bekehrung abgefassten Schrift »*Soliloquia*« (»Selbstgespräche«) schrieb Augustinus den programmatischen Satz nieder, er wolle nichts anderes erkennen als Gott und die Seele (1,7). Für dieses Ziel gab es seiner Ansicht nach zwei Wege, den der Vernunft und den der Autorität aufgrund des Glaubens an die göttliche Offenbarung. Setzte er die Akzente in Bezug auf dieses Erkenntnisprogramm zum Beginn seiner schriftstellerischen Laufbahn noch auf die Vernunft, so verlagerte er sie später auf die Autorität. Er blieb jedoch zuinnerst davon überzeugt, dass es zwischen den vom Glauben vermittelten Erkenntnissen zur Vernunft keine Widersprüche geben dürfe.

Die Logik der Einsicht des Glaubens

Durch sein Festhalten an der prinzipiellen Intelligibilität des offenbarten Glaubens unterschied sich der Kirchenvater von manch anderem Schriftsteller in der christlichen Antike, die – um nur Tertullian zu nennen – ein Heranziehen der Vernunft zum besseren Verständnis des offenbarten Glaubens ablehnten und polemisch fragten, was denn Jerusalem mit Athen und die Kirche mit der Akademie (der Philosophen) zu tun habe (*praescr.* 7). Weil jedoch für Augustinus Christus als das Mensch gewordene Wort des dreieinigen Gottes der Inbegriff alles Wahren und Vernünftigen war, zog er das Wissen seiner Zeit zum besseren Verständnis der Bibel heran. Augustinus blieb also ein christlicher Intellektueller in dem Sinn, dass er die Glaubensinhalte stets auch mit Hilfe der Vernunft zu reflektieren trachtete und solches in der Kirche zu tun, den dazu Befähigten aufs Wärmste empfahl: »Intellectum vero valde ama« – »Liebe die Vernunft sehr!« (*ep.* 120,13) lautete seine Devise.

Lassen Sie mich das Gesagte nicht zuletzt im Hinblick auf den gegenwärtigen Streit um die Evolutionstheorie und die Schöpfungslehre in aller Kürze illustrieren. Wir kennen den ersten Satz der Bibel aus *Genesis* 1,1: »Im Anfang schuf Gott Himmel und Erde.« Weil aber die Bibel unmittelbar mit der Schilderung des Sechstagewerkes der Schöpfung fortfährt, halten wir uns bei diesem Vers, den wir als eine Art Überschrift betrachten, kaum auf. Nicht so Augustinus. Wiederholt setzte er sich damit auseinander, um dessen Gehalt auch intellektuell zu erschließen. Indem Gott sprach: Es werde ...! – so lautete das Resümee seiner Überlegungen – sei sozusagen im Augenblick schon alles, eben »Himmel und Erde« erschaffen gewesen. Ja, in der Bibel selbst konnte er lesen: »Der in Ewigkeit lebt, schuf alles auf einmal – simul« (*Jesus Sirach* 18,1). Daher das Fachwort: Simultanschöpfung.

Bei seinen Darlegungen zu dieser Simultanschöpfung griff Augustinus auf ein theoretisches Konzept der griechischen Philosophie zurück, wonach der Kosmos sich dank eines ihm vor- bzw. eingegebenen Programms der in ihm wirkenden, und der ihn gestaltenden Ursachen und Kräften, der sogenannten »rationes causales« bzw. »seminales« entwickle. Mit dieser seiner hier nur knapp wiedergegebenen Auslegung wollte Augustinus die Schöpfung als Werk Gottes auch für Intellektuelle plausibel machen. Die Bibel freilich – davon war er überzeugt – wollte in ihrer weisen Pädagogik mit ihrer historisierend erzählenden Darstellung der Schöpfung in sechs Tagen der Fassungskraft auch weniger Begabter Rechnung tragen.

Was also Augustinus' theologisches Denken kennzeichnet und zugleich auszeichnet – dies dürfte unschwer zu sehen sein –, war sein Bestreben, die Wahrheiten des christlichen Glaubens für den Diskurs auch mit Gebildeten – Christen wie Nicht-Christen – offen und aufrecht zu erhalten. Wohl aus diesem Grunde erörterte er so intensiv und extensiv auch das Wesen des Gedächtnisses, als den eigentlichen Ort der auf die Gotteserkenntnis abzielenden Wahrheitssuche und Wahrheitsfindung in seinen Bekenntnissen; aus gleichem Grunde erklärte und erläuterte er nicht weniger intensiv und extensiv das Wesen der Zeit im Kontext der Ewigkeit Gottes und vieles andere, wonach zu fragen wissenshungrige Menschen hier auf Erden nicht müde werden.

Gnade und Rechtfertigung

Augustinus war zwar Theologe von Rang, aber kein Fachvertreter, kein Dogmatiker, kein Exeget, kein Kirchenrechtler etc. Er schrieb, um bei der Dogmatik zu bleiben, keinen Traktat über Gott und über dessen Schöpfung, keine Christologie und Ekklesiologie, keine Sakramenten- und Gnaden-lehre – und dennoch wusste er zu all diesen Fächern Substantielles, ja Weg-weisendes zu sagen. Die anhaltende Aktualität seines Denkens ließe sich an jedem der genannten Fächer aufzeigen. Ich beschränke mich im Hinblick auf die Ökumene der beiden großen Kirchen in Deutschland auf den The-menbereich Gnade und Rechtfertigung.

Werfen wir noch einmal einen Blick auf die Philosophie der Neuplato-niker. Sie lehrten, die Entfremdung des Menschen gründe in der Abwen-dung von dem »Einen« und der Hinwendung zu den niederen Schichten des Kosmos. Wissen also, und zwar philosophisches, tue Not – Aufklärung im sokratischen Sinn. Erfolgreich sei diese dann, wenn es ihr gelingt, dass der Mensch sich von außen nach innen wendet. In einer der Frühschriften des Augustinus stößt man auf den ganz und gar neuplatonisch klingenden Satz: *Gehe nicht nach außen; in dich selbst kehre zurück. Im Inneren des Menschen wohnt die Wahrheit. Und wenn du deine Natur als wandelbar empfindest, so überschreite dich selbst* (vera rel. 72). In der Kehre also von Außen nach In-nen und von Innen nach Oben wies die Philosophie der Neuplatoniker den Weg zum Heil.

Die Schriften des Neuen Testamentes weisen indes einen anderen Heilsweg, den der Gnade. Die Entfremdung gründet der Bibel zufolge nicht im Mangel an Einsicht, sondern in der Sünde, dem Inbegriff der Gottferne. Aufgehoben wird diese Gottferne durch das Erlösungswerk Jesu Christi. Der Kern der frühkirchlichen Predigt lautete nicht, der gekreuzigte Jesus lebt, sondern der »für uns« gekreuzigte Jesus lebt. Als der verherrlichte Erlöser schenkt er al-len, die an ihn glauben, Anteil an seinem neuen Leben. Gnade im Sinne der neutestamentlichen Verkündigung ist darum immer die Gnade Christi.

Nun wird man zugeben, dass nach dem Neuen Testament insgesamt, spe-ziell nach den Evangelien auch sittliche Weisungen Jesu für die Lebensge-staltung der Christen eine wichtige Rolle spielten. Schon in der nachapo-stolischen Zeit schienen diese Weisungen innerhalb der Christenheit eine zunehmend dominierende Bedeutung gewonnen zu haben. Auch Augusti-nus sympathisierte noch vor seiner Bekehrung mit einem Christentum, das den Kern des Evangeliums vorzüglich in der Lehre Jesu und nicht in dessen Erlösungswerk erblickte.

Ich kann hier auf die Entwicklung der Gnaden- und Rechtfertigungslehre Augustinus' im Einzelnen nicht eingehen. Folgendes bleibe jedoch nicht unerwähnt: Etwa zehn Jahre nach seiner Bekehrung erhielt er bereits als Bischof ein Schreiben von Simplician, seinem bischöflichen Kollegen aus Mailand. Dieser legte ihm die heikle Frage vor, welche Rolle denn der Gnade und welche der Willensfreiheit bei der Bekehrung eines Menschen zukomme. Augustinus vertiefte sich daraufhin erneut in die Briefe des Apostels Paulus. Bei der Lösung dieser Frage Simplicians, so notierte er später, habe er zwar eine Menge zugunsten auch des freien Willens vorgebracht, die Gnade Gottes habe jedoch gegenüber dem Wollen des Menschen gesiegt (*retr.* 2,1).

Um die dominierende Bedeutung der Gnade für das Verständnis christlicher Existenz zu illustrieren, schrieb Augustinus seine »Bekenntnisse« (»*Confessiones*«). Sie sollten die Leser daran erinnern, was offenbar allmählich bereits in Vergessenheit geraten zu sein schien, dass das Wort von der Gnade und von der Rechtfertigung des Sünders das Herzstück des Evangeliums sei. Zu den Höhepunkten der »Bekenntnisse«, die neben den Großtaten Gottes in der Schöpfung allem voran Gottes Erbarmen und darin die Macht seiner Gnade rühmen, zählt zweifelsohne die Bekehrung ihres Autors im 8. Buch. Sie ist literarisch betrachtet buchstäblich inszeniert, das will sagen, in Szene gesetzt. Augustinus schildert sie mit großem sprachlichen Können.

Ihre Dramaturgie beginnt bereits mit der Ankunft des jungen Professors der Rhetorik in Mailand und sie hat gleich mehrere, eigentlich schon von der Gnade herbeigeführte Vorgeschichten. Im Einzelnen sind dies: die Begegnung mit dem Bischof Ambrosius, das Kennenlernen der neuplatonischen Philosophie, die Lektüre der Paulusbriefe, die Erzählungen des Simplician über einige an Wunder grenzende Bekehrungsgeschichten bekannter Persönlichkeiten. Dann erst folgt als Höhepunkt die Aufforderung an Augustinus durch die wiederholte Stimme eines Kindes: *Nimm und lies!*

Die Szenerie ist durchsichtig: Nicht der Mensch Augustinus, sondern Gottes Gnade verwandelte dessen alten, fleischlichen Willen zu einem neuen geistigen. Gottes Gnade bewirkt dies aber nicht, indem sie den freien Willen des Menschen vergewaltigt, sondern indem sie die Ketten, die den Willen niederhalten, allmählich, gelegentlich auch plötzlich, lockert. Wie Gott dies herbeiführt und aufrecht erhält, dies ist das erregende Thema dieser epochalen Schrift.

In den Bekenntnissen kommt des Öfteren der Satz vor, der die Augustinische Gnaden- und Rechtfertigungslehre gleichsam auf den Punkt bringt: »Gib, was du befiehlst, und (dann) befehle, was du willst!« (*conf.* 10,40.45.60). Es gehört zur Tragik dieser von Christen nach dem Neuen Testament vielleicht meistgelesenen Schrift, dass gerade sie bzw. der zitierte Satz jenen Streit unter den gebildeten Christen auslöste, der eigentlich bis zur Gegenwart nicht zur Ruhe kam. Als nämlich Pelagius, ein britischer Wandermönch und Zeitgenosse des Augustinus, dessen Bekenntnisse las, nahm er an dem zitierten Satz Anstoß. Er löste daraufhin eine Bewegung innerhalb der Kirche aus, die den Akzent bei der Verkündigung des Evangeliums entschieden auf das sittliche Tun und Lassen legte und die eigentlichen Glaubenswahrheiten, die sich insbesondere in den Feiern der Mysterien der Taufe und der Eucharistie artikulieren, ihrer Heilsbedeutung entleerte. Augustinus erkannte, dass mit dieser die Gnade gegenüber dem sittlichen Handeln hintansetzenden Lehre der Pelagianer, so hießen die Anhänger der Bewegung, die Substanz des Evangeliums auf dem Spiel stand. Sein ganzes theologisches und literarisches Können bot er auf, um diese Art der Verkündigung in die Schranken zu weisen.

Nun ist es im Hinblick auf die Geschichte der Theologie interessant zu wissen, dass ein Hintansetzen der Gnade gegenüber anderen Inhalten des Evangeliums sich in den Kirchen des Öfteren wiederholt hat. Ich erinnere neben dem theologischen Anliegen Martin Luthers im 16. Jahrhundert an das gleiche Anliegen Karl Barths zum Beginn des 20. Jahrhunderts. Und erst im Jahr 1990 erschien eine von dem Philosophen Kurt Flasch kommentierte Übersetzung der bereits erwähnten Schrift des Augustinus »An Simplicianus« unter dem Titel »Logik des Schreckens«. Der frühe Augustinus, so ist darin zu lesen, habe in Fehldeutung der Paulusbriefe sich zum Klassiker der religiösen Intoleranz und zu einem Denker tiefsinniger Schroffheiten verwandelt. Nun wäre zu fragen: Haben Martin Luther und Karl Barth diese Fehldeutungen der Paulusbriefe durch Augustinus nicht gesehen?

Kenner der Geschichte der Kirchen machen darauf aufmerksam, dass, wo immer das Thema der Gnade nicht mehr gebührend zur Sprache komme, die Theologie verkümmere: die Christologie degeneriert zur Jesuologie – Jesus ist dann nicht mehr der »Herr«, nicht mehr der »Retter«, nicht mehr der »Erlöser«, sondern lediglich unser Bruder; die Lehre von Gott dem Dreieinigen mutiert dann zur überflüssigen Spekulation; in der Lehre von der Kirche verschwindet die im Neuen Testament so beliebte und von Augustinus bevorzugte Identifikation der Christen mit dem »Leib Christi«.

Nun lehrt die Geschichte der Kirchen allerdings auch, dass solche Degenerationsphänomene in der Theologie stets überwunden zu werden pflegten durch Besinnung auf die Bedeutung der Gnaden- und Rechtfertigungslehre. Dabei spielte und spielt immer noch jeweils im Sinne eines Paradigmenwechsels eine erneute Vertiefung in die Lektüre der Briefe des Apostels Paulus sowie in die Schriften des Augustinus eine wichtige Rolle.

Benedikt von Nursia:
Botschaft und Aktualität im 21. Jahrhundert –
Vier Aspekte

Sr. Michaela Puzicha OSB, Salzburg,
Leiterin des Instituts für Benediktinische Studien
der Salzburger Äbtekonferenz

Mit seiner Mönchsregel hat Benedikt von Nursia einen spirituellen Impuls gegeben, der bis heute vielfältig fortdauert. In ihr fasst er die Überlieferung des altkirchlichen Mönchtums mit seinen östlichen Ursprüngen zusammen und steht damit in der Kontinuität einer Bewegung, die von Beginn an die Kirche begleitet hat. Was daran kostbar und unaufgebbar ist, schreibt er als Abt des Klosters auf dem Montecassino nieder, formt es jedoch, wenn notwendig, für seine Gemeinschaft und seine Zeit um. So hat die Benediktusregel ihre Botschaft und Aktualität durch mehr als eineinhalb Jahrtausende überzeugend bewiesen, ist bis heute für das Mönchtum Lebensweisung und hat vielen Menschen durch die Jahrhunderte spirituelle Orientierung und geistliche Beheimatung gegeben.

Wer die Benediktusregel liest, hat es mit einem Text zu tun, der einerseits durch seine Rezeptionsgeschichte sowie durch seine reformierende und prägende Kraft als gelebte Mönchsregel bis heute immer präsent gewesen ist. Andererseits ist der Leser durch den Graben der Geschichte von ihr getrennt. Dennoch bietet sie bis heute Mönchen und Nonnen, vielen Menschen, die in ihrer Spiritualität Wegweisung finden, eine Basis für die Ausrichtung ihres Lebens. Das ist möglich, weil nicht Einzelvorschriften und Reglements die Grundlage bilden, sondern die christlichen Grundhaltungen betont werden, die nicht eine Elite ansprechen wollen, sondern geschöpft sind aus den Weisungen der Heiligen Schrift, der Tradition der frühchristlichen Gemeinden und aus einem klugen und geistlichen Wissen um den Menschen. Insbesondere der gemeinsame Ausgangspunkt in der Taufe und in einem Leben entsprechend der Taufverpflichtung ergibt eine breite Aufstellung der Benediktusregel. Gerade in einer Zeit wie der unsrigen mit ihren zahlreichen verschiedenen Spiritualitäten, mit den unzähligen Suchbewegungen der Menschen heute, erweist sich die Gültigkeit der Regel Benedikts für die Gestaltung des eigenen Alltags.

1. Die biblische Spiritualität der Benediktusregel

Zu den wichtigsten Fragen für die Interpretation der Benediktusregel gehört die nach den Grundlagen ihrer Spiritualität. Wenn Benedikt seine spirituelle Basis nennt, spielt die Heilige Schrift die dominierende Rolle. Ihre hochrangige, ja absolute Bedeutung für das Mönchtum insgesamt übernimmt er, wenn er als hermeneutischen Schlüssel am Ende seiner Regel betont: »Ist denn nicht jede Seite oder jedes von Gott beglaubigte Wort des Alten und Neuen Testamentes eine verlässliche Wegweisung für das menschliche Leben?« (RB 73,3). Die Allgegenwärtigkeit des Wortes Gottes wird überall deutlich. Nahezu alle Vollzüge des gemeinsamen Lebens und des klösterlichen Alltags sind davon bestimmt. Die Schrift ist der Beweggrund und die Legitimation eines Lebens, wie Benedikt es vorsieht, und sie ist es bis heute geblieben. Als Wort Gottes ist sie der allumfassende Grund, auf dem Benedikt aufbaut. Neben den ausdrücklichen Schriftzitaten und indirekten Verweisen ist die Regel mit einem Netzwerk von biblischen Themen und Begriffen, von knappen Erinnerungen, biblischen Kurzformeln und Andeutungen so nachhaltig durchzogen, dass es berechtigt ist, von ihr als einem »biblischen Buch« zu sprechen. Dieser Textverbund bildet ein dichtes Gewebe, das Bibelworte und Regeltext in Zitaten, deutlichen Anklängen, Mischzitaten und einzelnen Worten nahtlos ineinander übergehen lässt und eine fast unauflösliche Symbiose bildet. Benedikt hat sich die Heilige Schrift so sehr angeeignet, dass sie zu seiner eigentlichen Sprachform wird. Die Bedeutung der Heiligen Schrift für die Benediktusregel kann schon aufgrund dieses quantitativen Befundes kaum überschätzt werden. Diese Bibelpräsenz darf als eines der ausgeprägtesten Merkmale benediktinischer Spiritualität gelten. Benedikt will nichts anderes, als die Heilige Schrift in der konkrete Situation der Gemeinschaft und des einzelnen Mönchs zur Sprache zu bringen und das monastische Leben als eindeutig biblisch orientiertes zu positionieren.

Die besondere Rolle der Heiligen Schrift in der Benediktusregel wird durch eine Wendung unterstrichen, die als Leitmotiv für die singuläre Bedeutung der Bibel gelten kann. Im Prolog spricht Benedikt von einem Leben »unter der Führung des Evangeliums – *per ducatum evangelii*« (RB Prol. 21). Dabei ist zu klären, was Benedikt unter »Evangelium« versteht. Das Wort wird bei ihm wie in der Einschätzung der ganzen Alten Kirche in einem umfassenden Sinn gebraucht und ist nicht beschränkt auf die vier Evangelien. Der nahtlose, oft unmerkliche Übergang zwischen Psalmvers und Bergpredigt, zwischen dem Pentateuch und den Paulus-Briefen, den Evangelien und dem Exodus, der Geheimen Offenbarung und den Weisheitsbüchern, der sich durch alle Kapitel der Regel zieht, bezeugt, dass es kein qualitatives Gefälle zwischen Altem und Neuem Testament gibt. »Unter der Führung des Evangeliums« muss verstanden werden als »unter der Führung der ganzen Heiligen Schrift«. Alle

Bücher des Alten Testaments, besonders der Psalter, sind »Evangelium«, da sie ebenso Stimme Christi – *vox Christi* sind wie die Bücher des Neuen Testaments. Es gibt nur die eine Offenbarung und nur den einen Gott, den die Heilige Schrift von der Genesis bis zur Offenbarung des Johannes verkündet. Mit dem Bild des Psalteriions und der Zither sind für Origenes die Bücher der Schrift wie die Saiten des Instruments, »bald die des Gesetzes, bald die der Evangelien, bald die der Propheten, die der Apostel, die den gleichen Klang abgeben«[1]. Alle Bücher der Schrift, insbesondere der Psalter, sind Wort Christi und damit »Evangelium«. Dieser Begriff umfasst für die Alte Kirche die ganze Heilsbotschaft Gottes, nicht nur die vier Evangelien, sondern ebenso das Alte Testament: »Der Anfang des Evangeliums« ist also nach der einen Auslegung der ganze Alte Bund. ... Aus dieser Stelle (Apg 8,32 = Jes 52,7) geht aber auch hervor, was wir zu Beginn sagten: dass nämlich die ganze Schrift Evangelium sein kann. Denn wenn der Verkünder des Evangeliums ›Gutes verkündet‹ (Röm 10,15 = Jes 52,7), so haben alle vor seiner leiblichen Ankunft schon Christus verkündet, der ›das Gute« (das Heil) ist, und die Worte von ihnen allen sind irgendwie ein Teil des Evangeliums‹[2].

Wenn Benedikt von Führung durch das Evangelium[3] spricht, meint er das durchaus konkret. Nicht zufällig steht im Hintergrund als Parallele RB 72,11: »Christus, der uns gemeinsam zum ewigen Leben führt – *perducatur*.« Es ist nicht nur der Text gemeint, sondern der, der DAS WORT selber ist. In diesem personalen Verständnis tritt dem Mönch im Wort der Schrift der lebendige Christus selbst entgegen.

2. Die christozentrische Dimension der Benediktusregel

Zur biblischen Prägung der Benediktusregel als Kennzeichen ihrer Spiritualität tritt ein weiteres in der christozentrischen Grundlegung. Sie gibt als »Christusbuch«[4] Zeugnis von und für Christus, in dem sich »unvermutet viele, teilweise verdeckte Christus-Stellen finden, die wie ein Netz vom Prolog bis zum Schlusskapitel die ganze Regel verbinden«[5]. Der Christusglaube der Benediktusregel steht in der Tradition der Kirche, wie sie ihn im Bekenntnis von Nizäa formuliert hat. Sicher gibt es keine systematischen Überlegungen und dogmatischen Einlassungen Benedikts, aber deutliche Akzentuierungen, mit denen er klarstellt, wo er steht. Benedikt nennt als seine Gewährs-

---

[1] Orig., Kommentar zum Matthäus-Evangelium 2,6,2.
[2] Orig., Erklärung zum Johannes-Evangelium I 13.15. Vgl. Vogüé, A. de, Per ducatum Evangelii. La Règle de saint Benoît et l'Evangile, in: CollCist 39 (1973), 186-198.
[3] RB Prol. 21.
[4] Schütz, Chr., »Christus – der Herr« in der Benediktusregel, in: Löhrer, M./Steiner, M. (Hg.), Lebendiges Kloster. FS Georg Holzherr, Fribourg 1997, 145.
[5] Schütz, Chr., Grundsätze, in: Puzicha, Michaela, Kommentar zur Benediktusregel, St. Ottilien 2002, 18.

leute die »heiligen katholischen Väter – *sanctorum catholicorum patrum*«[6], wenn er seine Mönche auf weiterführende theologische Lektüre hinweist. Zur Zeit Benedikts hat ›katholisch‹ keine konfessionelle Bedeutung im Sinn von römisch-katholisch, sondern meint ›rechtgläubig‹ im Rückgriff auf das Konzil von Nizäa in seinem Bekenntnis zu Christus als »eines Wesens mit dem Vater«.

Zu dem Epitheton ›katholisch‹ nennt Benedikt ausdrücklich ›orthodox‹, wenn er in RB 9,8 die Kriterien zur Vigillesung festlegt und die von ihm akzeptierten Autoren als »anerkannte und rechtgläubige katholische Väter – *a nominatis et orthodoxis catholicis patribus*« bezeichnet – wobei der Gebrauch von ›orthodox‹ so singulär im monastischen Bereich ist, dass nicht klar ist, warum oder woher Benedikt diese Formulierung nimmt. Auch ›orthodox‹ ist nicht im Sinn einer Konfession oder Denomination zu lesen, sondern im Anschluss an das Bekenntnis von Nizäa, an welchem die Rechtgläubigkeit in der ganzen christlichen Spätantike gemessen wurde. Benedikt spricht von Vätern, die auf dem Boden dieses christologischen Bekenntnisses stehen[7].

Auffallend ist für die Benediktusregel die Beobachtung, dass der Name Jesus wie auch die Verbindung Jesus Christus oder Christus Jesus nicht vorkommen. Der Christus-Titel als der eigentliche Name fasst die Regel wie ein Rahmen und spannt von RB Prol. 3 bis RB 73,8 einen weiten christozentrischen Bogen. Allerdings gilt, dass diese Zuweisung nicht in einem absoluten Sinn verstanden werden darf. »Wenn Benedikt Christus sagt, ist das ganze Geheimnis Gottes, sein trinitarisches Leben, der Vater wie der Geist mitgedacht.«[8] Eine ausschließliche Zuschreibung wäre auch im Kontext der Väteraussagen zu pointiert.

Die christozentrische Präferenz der Benediktusregel erweist sich vor allem an der Tatsache, dass sie die Titel *Deus* und *Dominus* für Christus reserviert. Das wird deutlich, wenn Benedikt im Eigentext zu Beginn des Prologs die Berufung des Mönchs als Kampf für den Herrn Christus nennt: »*Domino Christo vero regi militaturus.*«[9] Dem entspricht am Schluss der Regel die satzübergreifende Verbindung von Christus und *Deus*: »*adiuvante Christo – Deo protegente.*«[10]

---

[6] (RB 73,4); vgl. Graumann, Th., Die Kirche der Väter. Vätertheologie und Väterbeweis in den Kirchen des Ostens bis zum Konzil von Ephesus (431) (Beiträge zur historischen Theologie 118), Tübingen 2002; Puzicha, M., Die »Väter« in der Benediktusregel. Berufung auf das Ideal und kritische Kontinuität, in: EuA 83 (2007), 17-30. 178-187.

[7] So sagt Cassiodor über Dionysius Exiguus: Er war ganz katholisch, stets auf die Überlieferung der Väter bedacht (Cassiod., Inst. div. 1,23,3).

[8] Schütz, Ch., Zum geistlichen Profil Benedikts, in: M. Puzicha, Kommentar zur Benediktusregel, St. Ottilien 2002, 38.

[9] RB Prol. 3; RB 61,10.

[10] Vgl. RB 73,8-9.

102

Die Übertragung von *Deus* und *Dominus* auf Christus ist ein Erbe der patristischen Zeit. Die Schriftauslegung der Väter hat im Gefolge neutestamentlicher Ansätze schon früh den Weg beschritten, biblische Aussagen durch die Übertragung der alttestamentlichen Gottesnamen, -bezeichnungen und -titulaturen auf Christus zu beziehen. Dies gilt insbesondere für den Kyrios- und den Theos-Titel[11]. Damit steht Benedikt im weiten Horizont einer patristischen Christus-Sicht, die bereits bei Ignatius v. Antiochien, Justin und Irenäus feststeht. Mit *Christus – Dominus – Deus* verwendet die Alte Kirche eine Art Kurzformel des Glaubens. Die starke Betonung dieser Titel als Übernahme der alttestamentlichen Gottestitulatur bereits durch das Neue Testament, vor allem im paulinischen und johanneischen Schrifttum, aber ebenso deutlich bei den Synoptikern und in den nachapostolischen Schriften ist mehr als ein biblischer Reflex. Sie sichern den christlichen Glauben. Kernstelle ist das Bekenntnis des Thomas im Johannesevangelium: »Mein Herr und mein Gott – *Dominus meus et Deus meus!*«[12]

Die christozentrische Orientierung der RB findet ihren programmatischen Ausdruck in zwei Sätzen, die wie kaum andere die Beziehung zu Christus formulieren. Schon zu Beginn seiner Regel bringt Benedikt diese starke Bindung zum Ausdruck: »Der Liebe Christi nichts vorziehen – *nihil amori Christi praeponere.*«[13] An markanter Stelle positioniert Benedikt nahezu eine Wiederholung seines Christuszeugnisses, wenn er als Zusammenfassung seiner Regel deutlich macht: »Christus sollen sie überhaupt nichts vorziehen – *Christo omnino nihil praeponant.*«[14] Dieser Satz erweist sich als Zitat aus einem der wichtigsten Werke Cyprians. Durch die Rückführung dieses Satzes auf seine Vaterunser-Auslegung wird wiederum die frühe Taufspiritualität wie auch das Erbe der Märtyrerzeit deutlich. Diese ist getragen von der Zusicherung in der Fortsetzung des Satzes: »... weil auch er uns nichts vorgezogen hat.«[15]

Damit ist verwiesen auf den weiten Horizont des Christusverständnisses und der Christusbeziehung, die das patristische Zeitalter weitgehend prägt und seinen eigentlichen Impuls gibt. *Christus omnia* darf als Leitmotiv der Christusfrömmigkeit der Väter gesehen werden. Es ist ein Wort, das dogmatische Definitionen hinter sich lässt und entscheidend von Beziehung und Begegnung spricht: »*et omnia Christus est nobis.*«[16] Damit ist eine Grundtendenz nahezu im gesamten abendländischen Mönchtum ausgesprochen, die

---

[11] Vgl. Fiedrowicz, M., Psalmus vox totius Christi. Studien zu Augustins »Enarrationes in Psalmos«, Freiburg 1997, 258.
[12] Joh 20,28.
[13] RB 4,21.
[14] RB 72,11.
[15] Cypr., Dom. orat. 15: *quia nec nobis quicquam ille praeposuit.*
[16] Ambr., De virginit. 16,99.

ein altes Erbe mit sich führt, das über Johannes Cassian und Evagrius Ponticus auf Origenes zurückgeht und bis auf Benedikt reicht[17]. Darin kommt die lebensgeschichtliche Situierung einer Christusbeziehung zum Ausdruck, die die Ausrichtung einer ganzen Lebensform darstellt und eine christusorientierte Lebenswidmung ausgesagt, die sich auch als die eigentliche Intention der Väterzeit erweist.

Die Bindung an Christus wird dem Mönch bereits im Prolog vor Augen gestellt in der Zusage: »Seht ich bin da – *Ecce adsum.*«[18] Damit gibt Benedikt ein Zeugnis für seinen Glauben an die Zuverlässigkeit der Gegenwart Christi, die als Verheißung über dem ganzen Leben steht. Am Ende seiner Regel bestätigt Benedikt diese Erfahrung als Zusammenfassung und Bestätigung. Der gegenwärtige Christus ist für Benedikt in besonderer Weise erfahrbar in seiner Zuwendung und Hilfe als der helfende Christus. Diese Erfahrung zieht sich wie ein roter Faden durch die ganze Regel und findet am Schluss einen Höhepunkt. Das Leben des Mönchs wird in einer kunstvollen sprachlichen Figur unter die helfende Gegenwart Christi gestellt: »mit der Hilfe Christi / unter Gottes Schutz – *adiuvante Christo / deo protegente*« (RB 73,8.9).

Dieser Christusbezug gilt als Kriterium für die Aufnahme in die klösterliche Gemeinschaft. Benedikt hält fest: »... *si revera Deum quaerit* – ob er wahrhaft Gott sucht, ob er wirklich nach Gott fragt.«[19] Damit ist ein offener Horizont angesprochen. Viele Menschen suchen den Sinn ihres Lebens, eine Aufgabe, nach einer Antwort auf das Leid dieser Welt, nach Geborgenheit und Liebe, suchen letzte Erfüllung ihrer Existenz, Wege der Gewaltfreiheit und zum Frieden, eine Lebenswidmung, suchen Sinnhaftigkeit. Es sind zugleich Fragen nach den richtigen Wegen, Fragen nach dem Letzten, was Menschen bewegt, Fragen nach dem, worauf niemand eine Antwort weiß.

Diesen Horizont hält Benedikt offen. Aber er bindet ihn an das Wort Gott: Gott suchen, nach Gott fragen. Für ihn ist dies das Entscheidende schlechthin. Gott ist aber der personale Gott der Bibel, mehr noch der menschgewordene Gott in Jesus Christus. Wenn Benedikt sagt »Gott« suchen, gibt er die Priorität christlichen Lebens vor: Gott allein suchen, Gott zuerst suchen – das trägt immer das Moment der Entscheidung mit sich. In der Gottsuche macht sich der Mensch auf einen ganz bestimmten Weg, der nicht die Beliebigkeit stets offener Optionen und aller wählbaren Alternativen enthält. Damit ist eine Entschiedenheit und Eindeutigkeit, nicht Einseitigkeit, der Lebensperspektive aufgewiesen, die viele Menschen heute dringend brauchen. Die Ausrichtung auf Gott stellt das Leben in einen Horizont, der

---

[17] Vgl. Studer, B., Gott und unsere Erlösung im Glauben der Alten Kirche, Düsseldorf 1985, 167 f spricht von »Christozentrismus« und bestimmt ihn als Erbe des Evagrius, dessen Einfluss über Johannes Cassian und die RM bis auf die RB reicht.

[18] RB Prol. 18.

[19] RB 58,7.

Transzendenz eröffnet und die Grenzen reiner Nutzen-Kosten-Rechnungen und der Verwertbarkeit von Menschen hinter sich lässt.

3. Eine Regel des Friedens

Bei der Bedeutung der Benediktusregel für die Gegenwart kommt der Thematik des Friedens eine Priorität zu. Ihre Programmatik in der Perspektive der Benediktusregel und die Gestaltung als zentrale Aufgabe und Herausforderung des gemeinsamen Lebens für die Mönche kennzeichnet die Verwendung des Wortes *pax*. Die prägnanten und singulären Formulierungen an den entsprechenden Stellen zeigen, dass es um die Ausprägung eines Lebensstils geht, der ganz vom Frieden bestimmt ist. Die Gemeinschaft der Mönche steht unter der Option, die Benedikt mit der dreimaligen Wiederholung »*omnes in unum* – alle in Eintracht miteinander«[20] formuliert. Diese Wendung steht sprachlich und inhaltlich in unmittelbarer Nähe zum biblischen Ideal: »Seht doch, wie gut und schön ist es, wenn Brüder miteinander in Eintracht wohnen – *habitare fratres in unum*«[21] in großer Nähe zu den Anliegen des gemeinsamen Lebens, wobei die Betonung auf dem Aspekt der Einmütigkeit als Sicherung und Wahrung des Friedens liegt. Der entscheidende Impuls geht aus von den beiden Sammelberichten der Apostelgeschichte, die das Leben der Urgemeinde in Jerusalem zum Idealbild der Kirche machen (Apg 2,44-45; 4,32-35)[22]. Dabei steht die Einheit und Einmütigkeit der frühen Christen im Zentrum der Aussage. Für unser Thema hat vor allem der Satz Gültigkeit: »Die Gemeinde der Gläubigen war ein Herz und eine Seele« (Apg 4,32). Mit dem Gedanken der *koinonia* ist ein Ort vorgestellt, an dem Friede herrschen soll und der geprägt ist durch ein christliches ethisches Milieu, das seinen Ausdruck im Ideal der Einmütigkeit (vgl. Apg 4,32) und der Kohärenz der Hausbewohner findet[23].

Dabei übersieht Benedikt nicht, dass die Gemeinschaft der Mönche dieses Ideal noch nicht verwirklicht, sondern immer unter dieser Option steht. Es geht um die Gestaltung eines Raumes, der gekennzeichnet ist von der Realität menschlichen Zusammenlebens, nicht um die Utopie einer heilen Welt. Aufgrund der Komplexität und Vielfalt der verschiedensten Menschen ist die Gemeinschaft immer auch ein Ort der Konflikte, Spannungen, problematischen Situationen. Die Wahrnehmung dieser Realität ist ein wichtiger und notwendiger Schritt auf dem Weg zum Frieden. Dazu gehört, dass sich

---

[20] RB 42,3.7.8.
[21] Ps 133,1, der in der lateinischen Fassung das Stichwort dieser Regelverse bietet.
[22] Joest, Bibelstellenkonkordanz 105.
[23] Vgl. zum Ganzen: Meyer, U., Soziales Handeln im Zeichen des <Hauses>. Zur Ökonomik in der Spätantike und im frühen Mittelalter (Veröffentlichungen des Max-Planck-Instituts für Geschichte 140), Göttingen 1998.

die Benediktusregel vorbehaltlos mit den vielen Formen des Unfriedens in der Gemeinschaft und im Verhalten des Einzelnen auseinandersetzt und kein Wort des lateinischen Konfliktvokabulars auslässt[24]. Es gibt all das, was in Gesellschaft und Politik, in Kirchen und in Staaten ebenfalls Unfrieden und Krieg heraufbeschwört: Konkurrenzansprüche und Profilierungssucht, Spaltungen und Zwietracht, Streit, Neid und Eifersucht; ja von Ärgernissen – *scandala*, spricht Benedikt, ein Wort, das er mehrfach verwendet[25]. An vielen Stellen warnt er zudem vor Willkür, Verunsicherung, vor Machtmissbrauch und Übergriffen, Terror und Tyrannis, Kompetenzüberschreitung, Herablassung und Missachtung, mahnt zur Abwehr solcher Haltungen und fordert Umkehr.

Damit wird deutlich, dass Friede kein Begriff des Zustandes, sondern des Prozesses ist, eines Prozesses der ständigen Herstellung der Harmonie und des Ausgleichs unter Ungleichen. Die Harmonie muss immer erst erreicht werden, da alle Menschen verschieden sind, und erst indem »die Starken finden, wonach sie verlangen, und die Schwachen nicht davonlaufen«[26], entsteht Frieden, der jedem den ihm angemessenen Platz im Gefüge des Ganzen zukommen lässt. Das ist die *pax*, die Augustinus als die »Ruhe des Geordnetseins aller Dinge«[27] bezeichnet. Solcher Frieden bleibt die Vision, nicht aber Utopie, die Benedikt in die Mitte des gemeinsamen Lebens stellt. Er schreibt keine Abhandlung über den Frieden, siedelt ihn vielmehr unspektakulär im Alltag an.

Leben in Gemeinschaft bedeutet daher, grundlegend dem Anforderungsprofil zuzustimmen, zu dem der Prolog der Benediktusregel mit dem Psalmvers aufruft: »Suche den Frieden und jage ihm nach«[28] und persönlich Verantwortung dafür zu übernehmen. Friede ist kein Besitz, er muss immer wieder neu ausbalanciert werden. Dieses Bemühen setzt beim Einzelnen an. Es kann nicht delegiert werden, sondern nimmt jeden in der Gemeinschaft in die Verantwortung. Die Konsequenz ist ein Leben, das sich in dieser Friedenssuche bewährt, wie Benedikt es in der klaren Sprache des Psalms weiter beschreibt: »Bewahre deine Zunge vor Bösem und deine Lippen vor falscher Rede! Wende dich ab vom Bösen und tu das Gute.«[29]

Mit einer singulären Formulierung stellt Benedikt die Sorge um den Frieden in das Zentrum der Gemeinschaft: alle Regelungen sollen unter der Option »zur Wahrung des Friedens und der Liebe – *propter pacis caritatisque custodiam*« getroffen werden (RB 65,11). *Custodia* als Wahrung, Bewahren,

---

24 Vgl. RB 65,18.22.
25 RB 13,12; 31,16; 65,1.2; 69,3.
26 RB 64,19.
27 Aug., De civ. 19,13: *omnium rerum tranquillitas ordinis.*
28 RB Prol. 17; Ps 34,15.
29 RB Prol. 17; Ps 34,14.

als Schutz und Sicherung heißt nichts anderes, als über den Frieden zu wachen, ihn zu gestalten und ihn in das Zentrum des Selbstverständnisses einer benediktinischen Gemeinschaft zu rücken. Aufgerufen wird nicht zu Ruhe und Ordnung, sondern zu einem Lebensstil, der um die Gefährdung des Friedens ebenso weiß wie um die Notwendigkeit seiner Verwirklichung als Teil der Taufverpflichtung und als Frucht des Geistes Jesu Christi[30].

4. Die Ehrfurcht vor dem Menschen

Die Basis des Friedens in der Benediktusregel ist nicht der Wunsch nach reibungslosen Abläufen und effizientem Funktionieren, sondern die Ehrfurcht und Würde, die die Regel mit dem Blick auf den Einzelnen verbinden. Das Wortfeld *honor/honorare* nimmt eine wichtige Stellung ein. Besondere Beachtung verdient RB 4,8: »Alle Menschen ehren.« Diese Aussage, die für sich genommen nicht spektakulär klingt, gewinnt ihre Brisanz aus der Tatsache, dass Benedikt den Vers gegenüber seiner Vorlage ändert, die schreibt: »Vater und Mutter ehren.«[31] Damit verändert er auch die biblische Vorgabe Ex 20,12. Diese Umformulierung zeigt die Wichtigkeit, die er der Ehrfurcht allen Menschen gegenüber zumisst.

Das Wort »alle« ist dabei ganz bewusst verwendet. Es ist kein Füllwort, sondern bedeutet eine Verstärkung seines Anliegens. Sehr oft spricht Benedikt von »allen«. Er meint damit nicht eine Zahl oder die Summe der Mönche, sondern das Gefüge der einzelnen Menschen, die miteinander unter Regel und Abt leben. »Alle Menschen« bedeutet nicht die Menschheit, vielmehr will Benedikt jeden Menschen geehrt wissen, »jeden« in der pointierten Bedeutung »jeden einzelnen«. Solche *honor* gilt für den Umgang der Generationen miteinander und der Brüder untereinander[32]. Diese Grundbedingung betrifft aber nicht nur die Mönche und ist nicht beschränkt auf die Gemeinschaft. Sie wird ebenso den Fremden erwiesen, die zum Kloster kommen: »Allen erweise man die angemessene Ehre.«[33] Pointiert beginnt er sein Kapitel über die Fremdenaufnahme mit dem programmatischen Satz: »Alle Fremden, die ankommen, solle aufgenommen werden ebenso wie Christus.«[34] Mit der betonten Stellung des Wortes »alle« zu Beginn ist ein starkes Signal gesetzt. »Alle« öffnet den Horizont unabhängig von sozialen, politischen und religiösen Bedingungen und Vorurteilen und schließt niemanden grundsätzlich aus. Am Ende seiner Regel fasst Benedikt dies

---

[30] Gal 5,22: »Die Frucht des Geistes aber ist Liebe, Freude, Friede, Langmut, Freundlichkeit, Güte, Treue.«
[31] RM 3,8.
[32] RB 4,70-71; 63,10.13.14.17; 72,4.
[33] RB 53,2.
[34] RB 53,1.

abschließend mit Röm 12,10 zusammen: »Sie sollen einander in gegenseitiger Achtung – *honor* zuvorkommen.«[35] Diese Ehrfurcht ist unabhängig von Ansehen in der Welt, von Rang, sozialer Stellung oder Reichtum, sondern erwächst allein aus der Sicht des Glaubens.

Dabei ist nicht zu übersehen, dass Benedikt zum stärksten Argument greift, wenn er auf die Gerichtsrede des Matthäus-Evangeliums verweist: »Ich war fremd und obdachlos, und ihr habt mich aufgenommen«[36] und mit diesem Schriftwort nicht nur die Fremden allgemein meint, sondern bewusst die Allerärmsten nennt, denen ganz besonders diese Ehrerbietung zukommt: »Denn in ihnen vor allem kommt Christus.«[37] Indirekt zitiert Benedikt die Identitätsaussage von Mt 25,40: »Was ihr einem meiner geringsten Brüder getan habt, das habt ihr mir getan.« Dies ist die letzte Konsequenz und eigentliche Basis menschlicher Würde und Ehrerbietung, die sich herleitet aus Schöpfung und Inkarnation[38].

Damit prägt die Benediktusregel ein Ethos der *aequalitas*, das nicht abhebt auf Gleichheit, sondern auf Gleichberechtigung und insbesondere Gleichwertigkeit. Sie beschreibt einen Paradigmenwechsel, der bewusst die biblische Umkehr menschlicher Bewertungen thematisiert. Niemand soll wegen des Ansehens seiner Person bevorzugt werden[39]. In der Einschätzung der damaligen Zeit heißt das: Der Freigeborene darf nicht grundsätzlich dem Sklaven vorgezogen werden.[40]

Dieser Anspruch auf Würde muss sich bewähren im Zusammenleben der Generationen, deren Miteinander Benedikt in einem ehrfürchtigen und liebevollen Umgang entfaltet. Alte Menschen sind nicht Objekte der Versorgung, sondern Adressaten der Ehrfurcht. Die Wertschätzung des Alters und der Alten in der damaligen Gesellschaft ist offenkundig. Dennoch relativiert er ausdrücklich eine Rangfolge nur aufgrund des Alters – *aetas*, und setzt sich damit von einer Beurteilung ab, die im römischen Denken mit der hohen Bewertung des Alters einen festen Platz hat. Die kirchliche und monastische Einschätzung legt allerdings von Anfang an einen anderen Maßstab vor, der die Überwindung der natürlichen Altersstufen durch den Gedanken der Neuschöpfung in Christus und der Gleichwertigkeit aller betont.

Ebenso beharrt Benedikt im Umgang mit den jungen bzw. jüngeren Menschen darauf, dass sie nicht einfach Objekt der Erziehung sind, sondern Subjekt einer Beziehung. Mit einer singulären und weitreichenden Entscheidung spricht er ihnen das Charisma des Rates zu, das ihnen von Gott

---

[35] RB 72,4.
[36] Mt 25,35.
[37] Vgl. RB 53,15.
[38] Vgl. Röm 2,11; Gal 3,28; Eph 3,11,25; 1 Petr 1,17.
[39] RB 2,16: Der Abt bevorzuge im Kloster keinen wegen seines Ansehens.
[40] RB 2,18-20; Gal 3,28 und Röm 2,11.

unabhängig von Alter und Ansehen verliehen wird: »Das haben wir deshalb gesagt, weil der Herr oft einem Jüngeren offenbart – *revelat*, was das Bessere ist.«[41] Benedikt rechnet damit, dass der Geist Gottes einem Jüngeren unmittelbar eingibt, was für die Gemeinschaft auf ihrem Weg des Evangeliums und der Gottsuche heilsam ist. Die bereits angesprochene biblische Umkehr menschlicher Bewertungen ist hier ebenso auffällig wie im Umgang mit den Sklaven in RB 2,18-20.

Schluss

Die genannten Aspekte erweisen die Bedeutung Benedikts von Nursia auch für unsere Zeit. Das zeigt sich bereits in den vielen Titeln, die ihm zugedacht werden. Er ist der erste Abt des Klosters auf dem Montecassino und eine konturierte Gründergestalt des abendländischen Mönchtums; er wird bezeichnet als Vater des Abendlandes und gilt als ein europäischer Heiliger. 1964 wird er von Papst Paul VI. zum Patron Europas ernannt. Seine Verehrung im Bereich der Ostkirchen hängt eng mit seiner Vita zusammen, die von Papst Gregor d. Gr. stammt und durch Papst Zacharias (741-752) ins Griechische übersetzt wurde. Benedikt lebt in einer Zeit der noch ungeteilten Christenheit und seine Mönchsregel ist damit nicht nur vorkonfessionelles, sondern überkonfessionelles Zeugnis. So bleibt er auch einer der Väter der getrennten Christen.

---

[41] RB 3,3.

Liebe zur Schöpfung:
Wie wir vom heiligen Franziskus von Assisi
die Liebe zu Gott und zur Schöpfung lernen

P. Univ.-Prof. Dr. Iosif Bisoc OFMConv, Kloster Roman (Rumänien),
Provinz »Hl. Josef« Rumänien,
Römisch-katholisches Theologisches Institut der Franziskaner, Roman

»Gelobt seist du, mein Herr, mit all deinen Geschöpfen!«

Ich möchte bewusst mit diesen Worten meine Studie über die Art und Weise eröffnen, wie der heilige Franziskus von Assisi es verstanden hat, Gott für alles, was er geschaffen hat, zu verherrlichen. Es ist gar nicht einfach, 800 Jahre später die konkrete Situation nachzuvollziehen, welche die Seele voller Elan des heiligen Franziskus durchlebt hat, als er Gott auf seinem Lebensweg begegnet ist; aus seinem Wirken und seinen Taten, aus seinen Schriften und seinem Lebenswandel auf der Welt können wir uns darüber klar werden, dass jeder Mensch, der sich dem Schöpfer nähert und seine Pläne versteht, selbst zu einem Teil des Planes Gottes wird und sich zu einem Menschen wandelt, der Gott als den Absoluten und seine Schöpfung liebt. Was unserem Blick und unserer seelischen Sensibilität entgeht, finden wir in überreichem Maße in der Person des heiligen Franziskus, der, als er zum Kind Gottes wird, die Schöpfung als eine harmonische Verknüpfung des Bildes der Gottheit mit der Niedrigkeit der menschlichen Natur wahrnimmt. Für Franziskus als Mann Gottes bedeutete es, wenn er um sich blickte, nicht nur ein Bemühen um Verstehen der Feinheiten der geschaffenen Welt und sich in das zu versenken, was Gott erschaffen hat, um das Unvermögen des Menschen aufzuheben und unverstandene Dinge tiefer zu verstehen, sondern er versuchte, die Wahrheit in ihrer Ganzheit zu erfassen und durch die ganze Schöpfung in der Liebe zu wandeln, die von Gott kommt.

Für den heiligen Franziskus von Assisi ist die Schöpfung ein erhabenes Wirken Gottes und die Ausbreitung der Schönheit und Liebe aus dem Innersten der Heiligsten Dreifaltigkeit.[1] Der Heilige Vater Papst Paul VI. (1963-1978) sagte in einer seiner Ansprachen: »Wir denken immer, dass der wissenschaftliche Fortschritt, ohne die Religion zu ignorieren, die höchsten und tiefgründigsten Erklärungen bietet. Heute richtet sich diese Übereinstimmung in der Welt der Wissenschaft auf eine Finalität und wohnt unter Transzendierung der religiösen Erkenntnis in den denkenden Seelen und

---

[1] Vgl. L. Profili, *Il libro della Creazione letto con San Francesco*, Ed. Porziuncola, Assisi 1997, S. 8.

es ist zu wünschen, dass sich diese wieder zu einem neuen Gesang der Geschöpfe ausrichtet, der verschieden ist von dem Gesang voller Freude und Glanz von Bruder Franziskus.«[2] Begeistert von der Botschaft, die er uns mitteilt, vor allem aber erfüllt von der Aufrichtigkeit jener typisch franziskanischen Formulierungen sollen auch wir uns wie der heilige Franziskus selbst in Gott und seine Geschöpfe verlieben. Genau von hier geht unsere Studie aus: vom Rufen der Geschöpfe, die ihre Existenz von Gott erwarten, und vom Rufen des Menschen, der erlöst werden kann und zu seiner kreatürlichen Würde und Schönheit des Anfangs zurückgebracht werden kann.[3]

Giovanni, der Sohn von Pietro Bernardone und Donna Pica aus der Festungsstadt Assisi in der Region Umbrien, über den die Geschichte sprechen wird, wird seinen Namen ändern (aus Giovanni in Franziskus), seine sozialen Verhältnisse (vom reichen Mann wurde er zum Bettler) und sein Leben (aus einem umtriebigen jungen Mann in einen Pilger Gottes). Es ist für niemand von uns leicht, alle Motivationen zu kennen, um derer willen Gott in jemandes Leben wirkt, aber wir wissen, dass sein Einwirken immer zur wahren Fülle des irdischen Lebens führt. Der Fortschritt an Erkenntnis, der Übergang von den irdischen Dingen zu den Dingen Gottes des Schöpfers bewirkte in dem jungen Franziskus viel Verwirrung und vielfaches Suchen.[4] Gehörte er am Anfang zu denen, die den vergänglichen Ruhm und vergängliche Macht suchten, so richtete sich der junge Franziskus allmählich immer mehr an den wahren Dingen aus und beginnt einen langsamen Prozess der Konversion, der seinen Höhepunkt in der Begegnung mit einem Leprakranken finden wird.[5] In ihm sah Franziskus das ganze menschliche Leid abgebildet, alle Sünde, die dich vor Gott und den Menschen hässlich erscheinen lassen: »Diese Konfrontation mit dem Leid löst in der Seele des jungen Mannes eine geistliche Krise aus, eine tiefe Verwandlung. Er betritt die kleine, alte und verlassene Kirche *San Damiano* bei Assisi und kniet vor dem Gekreuzigten. Während seines innigen Gebets hörte er die Stimme des Erlösers: ›Franziskus, geh und baue meine Kirche wieder auf, die, wie du siehst, ganz und gar in Verfall gerät.‹ (II Cel 10/Thomas von Celano, *Lebensbeschreibung des Heiligen Franziskus, Vita secunda*, 1229; *J. H.*). In diesen Momenten wurde die entscheidende ›Konversion‹ des jungen Mannes bewirkt und das große geistliche Abenteuer beginnt, das die Welt prägen wird.«[6]

---

[2] Papst Paul VI., *An den XXXVI. Italienischen Stomatologie-Kongress* (Ansprache, 24. Oktober 1963; vgl. *http://www.vatican.va/holy_father/paul_vi/speeches/1963/index_ge.htm*).
[3] Vgl. L. Profili, *a. a. O.*, S. 8-9.
[4] Vgl. M. Mateescu, *Sfântul Francisc din Assisi: »Patron al celor care cultivă Ecologia«*, Ed. Europa Nova, Bucureşti 2001, S. 14-36.
[5] Vgl. *Ibidem*, S. 15.
[6] *Idem.*

Sicher gäbe es viel zu sagen zu der geistlichen, mystischen und organisatorischen Biographie des jungen heiligen Franziskus, bis er das Werk Gottes selbst in sich verwirklicht hat. Vom Ablegen seiner Kleider vor dem Bischof von Assisi bis zum Heimgang zum Herrn hat der heilige Franziskus viele Landschaften des Bösen wie der Gnade durchlaufen, er legte die Straßen von Italien bis ins Heilige Land zurück, um allen zu verkündigen, dass Gott jedem nahe ist. Ausgestreckt auf nacktem Boden wie der rechtschaffene Hiob im Alten Testament begrüßte der heilige Franziskus die »Schwester Tod« in einer Strophe des »Sonnengesangs«, einer der schönsten Hymnen, die Gott in der christlichen Kirche je dargebracht wurden: *»Gelobt seist du, mein Herr, durch unsere Schwester, den leiblichen Tod; ihm kann kein Mensch lebend entrinnen. Wehe jenen, die in schwerer Sünde sterben. Selig jene, die sich in deinem heiligsten Willen finden, denn der zweite Tod wird ihnen kein Leid antun.«* (*FF* 263)[7] Der heilige Franziskus ist eine ganz besondere Persönlichkeit der Kirche, komplex und mit vielen geistlichen und menschlichen Begabungen, die auf eine fast mystische Weise miteinander verbunden sind. Die seelische Tiefe des heiligen Franziskus verbirgt die Klarheit des Menschen, der Gott und seine Schöpfung sowie alles Erhabene und Heilige liebt.[8]

Doch wie könnten wir den heiligen Franziskus von Assisi, der Gott und seine Geschöpfe so sehr liebt, besser kennenlernen als unter Rückgriff auf seine Haltung und seine Schriften? Wir können sicher sagen, dass der heilige Franziskus in Jesus Christus lebt, dem Bruder jedes Menschen und jeder Kreatur, und der »Sonnengesang« gibt uns den Schlüssel zu seiner Interpretation in die Hand, dieser Gesang zum »Bruder Sonne« (*Il Cantico di Frate Sole*), dieser »Gesang auf die Schöpfung«:

> »Höchster, allmächtiger, guter Herr,
> dein sind der Lobpreis, die Herrlichkeit und Ehre
> und jeglicher Segen.
> Dir allein, Höchster, gebühren sie,
> und kein Mensch ist würdig, dich zu nennen.
>
> Gelobt seist du, mein Herr,
> mit allen deinen Geschöpfen,
> zumal dem Herrn Bruder Sonne;
> er ist der Tag, und du spendest uns das Licht durch ihn.
> Und schön ist er und strahlend in großem Glanz,
> dein Sinnbild, o Höchster.

---

[7] Dt. Übersetzung nach *Das Erbe eines Armen. Die Schriften des Franziskus von Assisi.* Hrsg. von Leonhard Lehmann OFMCap – Topos Plus, 2003, zit. in: http://www.Franziskusiskaner.de/Sonnengesang.23.o.html; [*J.H.*].

[8] Vgl. D. Karnabatt, *Sfântul Francisc și spiritul franciscan*, Ed. Serafica, Săbăoani 1927, S. 211.

112

Gelobt seist du, mein Herr,
durch Schwester Mond und die Sterne;
am Himmel hast du sie gebildet,
hell leuchtend und kostbar und schön.

Gelobt seist du, mein Herr,
durch Bruder Wind und durch Luft und Wolken
und heiteren Himmel und jegliches Wetter,
durch das du deinen Geschöpfen den Unterhalt gibst.

Gelobt seist du, mein Herr,
durch Schwester Wasser,
gar nützlich ist es und demütig und kostbar und keusch.

Gelobt seist du, mein Herr,
durch Bruder Feuer,
durch das du die Nacht erleuchtest;
und schön ist es und liebenswürdig und kraftvoll und stark.

Gelobt seist du, mein Herr,
durch unsere Schwester, Mutter Erde,
die uns ernährt und lenkt
und vielfältige Früchte hervorbringt
und bunte Blumen und Kräuter.

Gelobt seist du, mein Herr,
durch jene, die verzeihen um deiner Liebe willen
und Krankheit ertragen und Drangsal.
Selig jene, die solches ertragen in Frieden,
denn von dir, Höchster, werden sie gekrönt werden.

Gelobt seist du, mein Herr,
durch unsere Schwester, den leiblichen Tod;
ihm kann kein Mensch lebend entrinnen.
Wehe jenen, die in schwerer Sünde sterben.
Selig jene, die sich in deinem heiligsten Willen finden,
denn der zweite Tod wird ihnen kein Leid antun.

Lobt und preist meinen Herrn
und sagt ihm Dank und dient ihm mit großer Demut.«[9]

In diesem Hymnus finden wir die Quintessenz des heiligen Franziskus von
Assisi! Der Heilige betrachtete die ganze Schöpfung wie eine einzige univer-

---

[9]   Vgl. Anm. 7 [*J. H.*].

sale geschwisterliche Gemeinschaft; natürlich hat dabei jedes Geschöpf seine eigene Bedeutung und seinen Sinn. Dieses Gebet, das der heilige Franziskus an Gott richtet, eine glänzende Metamorphose und Symbiose zwischen den Geschöpfen und dem Menschen, der Gott sucht, ist tatsächlich das Grundlegendste, was er uns meisterhaft für alle Zeiten präsentiert.[10] Im Zentrum von allem steht der Allmächtige Gott, aber ihm zur Seite finden wir den Menschen, der gemäß dem von Gott empfangenen Gebot (vgl. Gen. 1,28; 2,20) sich um den guten Lauf des Schicksals der Erde sorgt. Die christliche Botschaft, die der heilige Franziskus uns mitteilt, ist nicht schwierig zu interpretieren: der Mensch ist derjenige, dem Gott die Schöpfung anvertraut hat, und gemeinsam mit der Schöpfung muss er eine Lobeshymne auf Gott als Schöpfer anstimmen.[11] Tatsächlich erhalten wir hieraus Unterstützung darin, die Existenz eines Schöpfers anzuerkennen, der gut und allmächtig ist und dem wir uns alle mit Ehrerbietung zu unterwerfen haben. Das bedeutet, dass alle Geschöpfe eine Gabe Gottes sind; gleichzeitig fühlen wir uns angezogen von der Faszination der Persönlichkeit des heiligen Franziskus, weil wir in ihm unser Streben nach einem Ort wiederfinden, der mit dem Willen Gottes konform geht.

Die Liebe des heiligen Franziskus zu den beseelten und unbeseelten Geschöpfen geht auch daraus hervor, dass er diese nicht als sich untergeordnet einschätzte, sondern er sich ganz im Gegenteil für den hielt, der jenen zu dienen habe, und er hielt sie für seine Geschwister. »Dieser selige Reisende fand in seinem Wunsch, diese Welt als vergängliches Exil bald zu verlassen, eine unschätzbare Hilfe gerade in den Dingen, die es *in der Welt gibt* (vgl. Joh. 17,11). Er nutzte die Welt als ein Schlachtfeld zum Kampf gegen die Kräfte der Dunkelheit (vgl. Eph. 6,12) und im Blick auf Gott wie einen ungetrübten Spiegel von Gottes Macht (vgl. Weish 7,26). In allem Geschaffenen lobt er den Künstler; alles, was er in der Schöpfung vorfindet, bezieht er auf Gott als Schöpfer (vgl. Weis 8,6). Er zuckt zusammen vor Freude über alle Dinge, die aus der Hand Gottes stammen (vgl. Ps. 92,5) und durch die Vermittlung dieser so freudestiftenden Vision erfasst er intuitiv den Grund und das Motiv, das ihnen das Leben schenkt. In den schönen Dingen anerkennt er die höchste Schönheit Gottes, und aus all dem, was gut ist (vgl. Gen. 1,31), steigt der Ruf zum Himmel empor: ›Der uns erschaffen hat, ist unendlich gut!‹ In allen der Natur eingeprägten Zeichen verfolgt er überall den Hochgeliebten (vgl. Ct 5,17 Vg) und diese werden zur Leiter für alles Geschaffene, um zum Thronsessel Gottes aufzusteigen können (vgl. Jak. 23,3).«[12]

---

[10] Vgl. G. Galeazzi, »Francesco non è un ecologista da corteo«, in: *La maturità evanghelica di Francesco*, Ed. EMP, Padova 2009, S. 71.

[11] Vgl. *ebda.*

[12] Sel. Thomas von Celano, *Viața sfântului Francisc de Assisi*, Ed. Serafica, Roman 2012, S. 346.

114

Aus jenen zeitgenössischen Darstellungen können wir erkennen, dass der heilige Franziskus die Liebe Gottes in sich aufnimmt und diese danach der ganzen Schöpfung weitergibt und diese mit einer väterlichen Liebe gleichsetzt, so dass er sich nachgerade in einer großen universalen Familie wiederfindet. »Er umarmte alle geschaffenen Wesen mit einer bis dahin ungekannten Liebe und Demut, sprach zu ihnen von Gott und ermunterte diese, ihn zu loben. Er hatte einen besonderen Respekt gegenüber Laternen, Lampen und Kerzen und wollte nie deren Licht, das Symbol des *ewigen Lichts*, eigenhändig löschen (vgl. Weish 7,26). Er schritt mit Ehrfurcht über Steine, aus Respekt vor dem, der *Fels* genannt wird (vgl. 1. Kor. 10,4). (...) Er sammelte vom Boden noch die kleinsten Würmer auf, damit diese nicht von Füßen zertreten würden, und er wollte, dass Bienen der beste Honig und Wein gegeben werde, damit diese nicht an Entkräftung im bitteren Winter sterben. Er nennt alle Tiere seine Brüder und Schwestern, wobei er von allen Tieren vor allem für die sanftmütigen Tierarten eine besondere Vorliebe hat.«[13]

Vielleicht sollten wir uns die Frage stellen: wann hat sich der heilige Franziskus entschlossen, Gott nachzufolgen? Wie zeigte sich seine Liebe zu Gott dem Schöpfer? Und wie verstand er das genau, dass die ganze Schöpfung sich im Dienste Gottes befindet? Die Texte seiner Schriften sind für uns aufschlussreich, sowohl seine Zeitgenossen wie auch seine Bibliographen haben aus seinem Leben viele Aspekte herausgearbeitet, die uns alle nahelegen, vom heiligen Franziskus als von jemand zu sprechen, der Gott und seine Schöpfung wirklich liebte.

Der heilige Franziskus lehrt auch uns, die Christen des 21. Jahrhunderts, Gott an sich und gleichzeitig für seine ganze Schöpfung zu lieben. In seinem *Testament* zieht Franziskus eine Synthese seines ganzen Lebens:

»Das Testament:

1. So hat der Herr mir, dem Bruder Franziskus, gegeben, das Leben der Buße zu beginnen: Denn als ich in Sünden war, kam es mir sehr bitter vor, Aussätzige zu sehen.
2. Und der Herr selbst hat mich unter sie geführt, und ich habe ihnen Barmherzigkeit erwiesen.
3. Und da ich fortging von ihnen, wurde mir das, was mir bitter vorkam, in Süßigkeit der Seele und des Leibes verwandelt. Und danach hielt ich eine Weile inne und verließ die Welt.
4. Und der Herr gab mir in den Kirchen einen solchen Glauben, dass ich in Einfalt so betete und sprach:
5. *»Wir beten dich an, Herr Jesus Christus, – auch in allen deinen Kirchen, die in der ganzen Welt sind, – und preisen dich, weil du durch dein heiliges Kreuz die Welt erlöst hast.«*

---

[13] *Ebda*, S. 347.

6. Danach gab und gibt mir der Herr einen so großen Glauben zu den Priestern, die nach der Vorschrift der heiligen Römischen Kirche leben, wegen ihrer Weihe, dass ich, wenn sie mich verfolgen würden, bei ihnen Zuflucht suchen will.

7. Und wenn ich so große Weisheit hätte, wie Salomon sie gehabt hat, und fände armselige Priester dieser Welt – in den Pfarreien, wo sie weilen, will ich nicht gegen ihren Willen predigen.

8. Und diese und alle anderen will ich fürchten, lieben und ehren wie meine Herren.

9. Und ich will in ihnen die Sünde nicht sehen, weil ich den Sohn Gottes in ihnen unterscheide und sie meine Herren sind.

10. Und deswegen tue ich das, weil ich materiell von ihm, dem höchsten Sohn Gottes, in dieser Welt nichts sehe als seinen heiligsten Leib und sein heiligstes Blut, das sie selbst empfangen und sie allein den anderen darreichen.

11. Und diese heiligsten Geheimnisse will ich über alles hoch geachtet, verehrt und an kostbaren Stellen aufbewahrt wissen.

12. Die heiligsten Namen und seine geschriebenen Worte will ich, wo immer ich sie an unpassenden Stellen finden werde, auflesen und bitte, dass sie aufgelesen und an einen ehrbaren Ort hingelegt werden.

13. Und alle Gottesgelehrten und die Gottes heiligste Worte mitteilen, müssen wir hoch achten und ehren als solche, die uns Geist und Leben mitteilen (vgl. Joh 6,64).

14. Und nachdem mir der Herr Brüder gegeben hatte, zeigte mir niemand, was ich tun sollte, sondern der Höchste selbst hat mir geoffenbart, dass ich nach der Form des heiligen Evangeliums leben sollte.

15. Und ich habe es mit wenigen Worten und in Einfalt schreiben lassen, und der Herr Papst hat es mir bestätigt.

16. Und jene, die kamen, Leben zu empfangen, gaben »alles, was sie haben mochten« (vgl. Tob 1,3; J. H.), den Armen. Und sie waren zufrieden mit einem Habit, innen und außen geflickt, samt Gürtelstrick und Hosen.

17. Und mehr wollten wir nicht haben.

18. Das Offizium sprachen wir Kleriker wie andere Kleriker, die Laien sprachen *Vaterunser*. Und sehr gern blieben wir in den Kirchen.

19. Und wir waren ungebildet und allen untertan.

20. Und ich arbeitete mit meinen Händen und will arbeiten; und es ist mein fester Wille, dass alle anderen Brüder eine Handarbeit verrichten, die ehrbar ist.

21. Die es nicht können, sollen es lernen, nicht aus dem Verlangen, Lohn für die Arbeit zu erhalten, sondern um ein Beispiel zu geben wegen und den Müßiggang zu vertreiben.

22. Und wenn uns einmal der Arbeitslohn nicht gegeben würde, so wollten wir zum Tisch des Herrn Zuflucht nehmen und Almosen erbitten von Tür zur Tür.

23. Als Gruß, so hat mir der Herr geoffenbart, sollten wir sagen: »Der Herr gebe dir den Frieden!«

24. Hüten sollen sich die Brüder, dass sie Kirchen, ärmliche Wohnungen und alles, was für sie gebaut wird, keinesfalls annehmen, wenn sie nicht sind, wie es der heiligen Armut entspricht, die wir in der Regel versprochen haben; sie sollen dort immer herbergen *wie Pilger und Fremdlinge* (vgl. 1 Petr 2,11; *J. H.*).

25. Ich befehle streng im Gehorsam allen Brüdern, wo sie auch sind, ja nicht zu wagen, irgendeinen Brief bei der römischen Kurie zu erbitten, weder selbst noch durch eine Mittelsperson, weder für eine Kirche noch sonst für einen Ort, weder unter dem Vorwand der Predigt noch wegen leiblicher Verfolgung;

26. sondern, wo immer man sie nicht aufnimmt, sollen sie in ein anderes Land fliehen, um mit dem Segen Gottes Buße zu tun.

27. Und fest will ich dem Generalminister dieser Brüderschaft gehorchen oder sonst dem Guardian, den er mir nach seinem Ermessen gibt.

28. Und ich will so gefangen sein in seinen Händen, dass ich nicht gehen noch handeln kann gegen den Gehorsam und seinen Willen, weil er mein Herr ist.

29. Und obwohl ich einfältig und krank bin, will ich doch immer einen Kleriker haben, der mit mir das Offizium betet, wie es in der Regel steht.

30. Und alle anderen Brüder sollen gehalten sein, ebenso ihren Guardianen zu gehorchen und das Offizium der Regel gemäß zu halten.

31. Und sollten sich solche finden, dass sie das Offizium nicht der Regel gemäß hielten und durch eine andere Art abändern wollten oder nicht katholisch wären – alle Brüder, wo sie auch sind, sollen im Gehorsam verpflichtet sein, einen solchen, wo sie ihn auch finden, dem nächsten Kustos jenes Ortes, wo sie ihn gefunden haben, vorzuführen.

32. Und der Kustos sei streng im Gehorsam verpflichtet, ihn bei Tag und bei Nacht wie einen Gefangenen scharf zu bewachen, so dass er seinen Händen nicht entrissen werden kann, bis er ihn in eigener Person den Händen seines Ministers übergibt.

33. Und der Minister sei streng im Gehorsam verpflichtet, ihn durch solche Brüder zu schicken, dass sie ihn bei Tag und Nacht wie einen Gefangenen bewachen, bis sie ihn vor den Herrn von Ostia geführt haben, welcher der Herr, Beschützer und Verbesserer der ganzen Brüderschaft ist.

34. Und die Brüder sollen nicht sagen: Dies ist eine andere Regel; denn dies ist eine Erinnerung, Ermahnung, Aufmunterung und mein Tes-

tament, das ich, der ganz kleine Bruder Franziskus, euch, meinen gebenedeiten Brüdern, aus dem Grunde mache, damit wir die Regel, die wir dem Herrn versprochen haben, besser katholisch beobachten.

35. Und der Generalminister und alle anderen Minister und Kustoden seien im Gehorsam gehalten, zu diesen Worten nichts hinzuzufügen oder wegzunehmen.

36. Und immer sollen sie dieses Schriftstück bei sich haben neben der Regel.

37. Und auf allen Kapiteln, die sie halten, sollen sie auch diese Worte lesen, wenn sie die Regel lesen.

38. Und allen meinen Brüdern, Klerikern und Laien, befehle ich streng im Gehorsam, dass sie keine Erklärungen zur Regel und auch nicht zu diesen Worten hinzufügen, indem sie sagen: So wollen sie verstanden werden.

39. Sondern wie mir der Herr gegeben hat, einfältig und lauter die Regel und diese Worte zu sagen und zu schreiben, so sollt ihr sie einfältig und ohne Erklärung verstehen und mit heiligem Wirken bis ans Ende beobachten.

40. Und wer immer dieses beobachtet, werde im Himmel erfüllt mit dem Segen des höchsten Vaters und werde auf Erden erfüllt mit dem Segen seines geliebten Sohnes in Gemeinschaft mit dem Heiligsten Geiste, dem Tröster, und allen Kräften des Himmels und allen Heiligen.

41. Und ich, der ganz kleine Bruder Franziskus, euer Knecht, bestätige euch, soviel ich nur kann, innen und außen diesen heiligsten Segen. (Amen)«.[14]

Nach der Lektüre dieses *Testaments* könnten wir uns noch einmal fragen, woher dieses Paradox rührt: einerseits sehen wir den heiligen Franziskus von Assisi, der nichts anderes wünscht, als den Willen Gottes in Armut, in Bescheidenheit, in Liebe und in Respekt gegenüber der ganzen Schöpfung zu erfüllen; warum nehmen anderseits so viele seiner Zeitgenossen und Menschen von heute, die sein Leben analysieren, ihn sogar als Lebensmodell?

Der Weg der Nachfolge, wie er vom heiligen Franziskus aufgezeigt wurde, war sowohl von seinen eigenen Füßen, als auch dem Gebet und der Liebe festgetreten, die überreich aus seinem Herzen kamen. Der innere Kern und die Erfahrung des Heiligen orientieren sich am von Jesus Christus verkündigten Evangelium, und so wie er entkleidet am Kreuz starb, so bot sich auch der heilige Franziskus am Ende seines Lebens Gott blind, arm und krank

---

[14] *Testamentul sfântului Francisc*. Traducere din *Fonti francescane. Nuova edizione*, Milano – Padova – Santa Maria degli Angeli (PG) – Vicenza 2004, S. 99-104, Nr. 110-131. (Dt.: *Das Erbe eines Armen. Die Schriften des Franziskus von Assisi*. Hrsg. von Leonhard Lehmann OFMCap – Topos Plus, 2003, zit. in: *http://www.Franziskaner. de/Das-Testament.18.0.html*; *J. H.*).

dar.[15] Die Liebe des heiligen Franziskus zu Gott war maßlos; er überantwortete sich gänzlich in die Hände des Schöpfers und bemühte sich in allem, sich der Liebe und Geschwisterlichkeit zu widmen. Kein Hindernis war ihm zu groß, weil der Beginn und das Ende jedes Handelns *in* und *für* Gott begründet waren.

Wir sehen den Heiligen Franziskus in der Kapelle *San Damiano* ins Gebet vertieft, er suchte dort den Willen Gottes für sich herauszufinden; wir begleiten ihn auf den verschlungenen Wegen durch Umbrien auf der Suche nach der Schönheit der Schöpfung; wir sehen ihn mutig in Ägypten bei dem Versuch, Sultan al-Kamil zu bekehren; wir stehen in seinem Schatten bei den Stundengebeten und der Meditation; wir leiden mit ihm in Momenten des Leids, der Mühe und der Krankheit; wir blicken auf ihn im Moment seines Dahinscheidens. In all diesen entscheidenden Phasen und Momenten seines Lebens zieht sich ein leuchtender roter Faden durch seine Persönlichkeit hindurch: seine Liebe zu Gott und zu den Menschen. Wir finden wohl nur in wenigen Menschen dieses Paradox, diese Herausforderung und als Konsequenz daraus diese Antwort: wer sich Gott anvertraut, wird ihn stets und immer sehen.

In dieser Perspektive finden wir den Respekt und die Liebe zur Schöpfung des heiligen Franziskus. In einem seiner *Psalmgebete* sagt er:

> »Laßt uns alle ›aus ganzem Herzen, aus ganzer Seele,
> aus ganzer Gesinnung, aus aller Kraft und Stärke,
> mit ganzem Verstand, mit allen Kräften‹,
> mit ganzer Anstrengung, mit ganzer Zuneigung,
> mit unserem ganzen Inneren,
> mit allen Wünschen und aller Willenskraft
> ›Gott den Herrn‹ lieben,
> der uns allen den ganzen Leib,
> die ganze Seele und das ganze Leben geschenkt hat und schenkt,
> der uns erschaffen hat, erlöst hat
> und uns einzig durch sein Erbarmen retten wird,
> der uns Elenden und Armseligen, Üblen und Abscheulichen,
> Undankbaren und Bösen
> alles Gute erwiesen hat und erweist.
>
> Nichts anderes wollen wir darum ersehnen,
> nichts anderes wollen,
> nichts anderes soll uns gefallen und erfreuen
> als unser Schöpfer und Erlöser und Retter,
> der alleinige wahre Gott,
> der ist die Fülle des Guten, alles Gute,
> das gesamte Gute, das wahre und höchste Gut,

---

[15] Vgl. F. Castelli, *Risvegliò il mondo*, Ed. EMP, Padova 2006, S. 6-7.

der allein gut ist, gnädig, gütig,
milde und freundlich, der allein heilig ist,
gerecht, wahr,
heilig und einfach, der allein gütig,
uneigennützig, rein ist,
von dem und durch den und in dem
alle Vergebung, alle Gnade,
alle Herrlichkeit für alle Bußetuenden und Gerechten,
für alle Glückseligen, die sich im Himmel mitfreuen, herkommt.

Nichts also soll hindern,
nichts trennen,
nichts fälschen.
Überall, an jedem Orte,
zu jeder Stunde und zu jeder Zeit,
täglich und unablässig
wollen wir alle wahrhaft und demütig an ihn glauben
und an ihm im Herzen festhalten und ihn lieben,
ehren, anbeten, ihm dienen,
ihn loben und benedeien,
verherrlichen und hoch erheben, ihn preisen
und ihm Dank erweisen,
dem erhabensten und höchsten ewigen Gott,
der Dreifaltigkeit und Einheit,
dem Vater und dem Sohn und dem Heiligen Geist,
dem Schöpfer von allem und dem Retter aller,
die an ihn glauben und auf ihn hoffen und ihn lieben,
der ohne Anfang und ohne Ende ist,
unveränderlich, unsichtbar,
unbeschreiblich, unaussprechlich,
unbegreiflich, unerforschlich,
gepriesen, lobwürdig, ruhmreich,
hocherhoben, erhaben, groß,
milde, liebenswert,
Freude bereitend
und ganz über alles zu ersehnen
in Ewigkeit. Amen.« (*FF 69-71*)[16]

---

[16] *Lăudat să fii, Domnul meu, cu toate creaturile tale!*, Herausgeber und Übersetzer Petru Marius Bîlha, Ed. Serafica 2006, S. 29-31. (Dt.: Gebet und Danksagung, zitiert nach: http://bokmeier.com/danksagung.html; J. H.)

In diesem Sinne bilden für den heiligen Franziskus die Geschöpfe ein beinahe schon sakramentales Zeichen, in dem nicht nur die Gegenwart des Allmächtigen zu sehen ist, sondern auch die unendliche Güte Gottes.[17] Gott in seinen Geschöpfen wahrzunehmen, ihn in allen seinen Geschöpfen zu sehen – das ist die einzige Art und Weise, wie wir zu einer authentischen Kontemplation gelangen können und zum Beginn eines authentischen christlichen Lebens, das darin besteht, dass die Annäherung an die Schöpfung nicht nur Herz und Verstand verwandelt, sondern die menschliche Person als Ganze. Mit Blick auf die ganze Schöpfung lehrt uns der heilige Franziskus, in unserem Leben und im Geschaffenen den unter einem Schleier verborgenen Gott zu entdecken, und er hat uns in seinem irdischen Leben auch Jesus Christus als den Vollender und Freund der Schöpfung offenbart.[18] Dies ist folglich die universale Brüderlichkeit des heiligen Franziskus, die sich in unserer Berufung materialisiert, fortwährend aufmerksam zu sein für alles, was uns umgibt, und die geschaffene Welt mit allen zu teilen, die sie umgeben.

Wenn wir den Einfluss berücksichtigen, den die Predigt des Evangeliums und die Verkündigung des heiligen Franziskus hatten, können wir die christliche Lehre darüber verstehen, wie die christliche Kirche und die Welt den Dialog zwischen dem Schöpfer und den Geschöpfen sehen. Der heilige Franziskus betont nach dem Beispiel des heiligen Apostels Paulus, des Apostels der Völker, dass der eine und einzige Gott der Schöpfer des gesamten Universums ist (vgl. Apg. 17,24), dass dieser Gott aber gleichzeitig von der geschaffenen Welt unabhängig ist. Die kultische Verehrung, die man ihm darbringt, müssen übereinstimmen mit der Größe seines Planes der Erlösung und Offenbarung in seinem Sohn Jesus Christus. Unterschiedliche Denkweisen sind nun nicht dem Zufall geschuldet, sondern sind Ausdruck des freien Willens, jenes ins Herz des Menschen geschriebenen Gesetzes, das uns auf Gott hin orientiert. Auch wenn sich der heilige Paulus über die Idolatrie bewusst war, in der die Völker lebten, so wünschte er doch nicht, zu diesem Thema eine Polemik zu entfachen, sondern er versuchte, ausgehend davon ein Licht der Hoffnung für die Völker zu entzünden. Der heilige Paulus zeigt seinen Zuhörern, dass alles, was Gnade, Liebe, Wahrheit und Gottesverehrung ist, vollständig in der Person Jesu Christi verwirklicht wird, »des unbekannten Gottes« der Athener. Jene werden vom Apostel der Völker nicht hart kritisiert und verurteilt, sondern es bietet sich ihnen eine neue Perspektive zur Rückkehr zu den Wurzeln der Erkenntnis, den Quellen der wahren Erkenntnis. Der Schatz an Gnade, Recht und Liebe verwandelt

---

[17] Vgl. Y. Spiteris, *Francesco e l'oriente cristiano. Un confronto*, Ed. Instituto storico dei cappucini, Roma 1999, S. 120-121.

[18] Vgl. Ordo fratrum minorum conventualium, Hg. Giulio Cesareo, *Francesco d'Assisi: in Cristo, fratello di ogni uomo e di ogni creatura*, Roma 2011, S. 15.

sich aus einem ungeschriebenen Gesetz und aus der Überwindung der Zeit der Unwissenheit (vgl. Apg. 17,30) in die Verantwortung für den Empfang des Wortes Gottes und das Praktizieren der einen wahren Religion. Die Zeiten der »Unwissenheit« sind vergangen und nur das Licht des Evangeliums kann in jedem Menschen einen neuen Horizont der Erkenntnis und der universellen Brüderlichkeit eröffnen.[19]

Der heilige Franziskus wünscht, *in* und *mit* all seiner Einfachheit die Freude in Harmonie mit der ganzen Schöpfung zu imitieren, und die Zeugnisse seines heiligen Lebens sind gute Argumente. Alles kommt von Gott und alles bringt uns zu ihm: die inneren Geheimnisse aller geschaffenen Dinge, die verbale und nonverbale Sprache der Tiere, die Musik des Universums, all das zusammen spricht zu uns von einer geistlichen Reiseroute; und je mehr sich der Mensch Gott annähert, umso mehr kann er die Universalität der Liebe des Schöpfers erkennen. In unserem Verhältnis, das wir zu Gott, zu den Geschöpfen und zur Schöpfung haben, müssen wir uns dessen bewusst sein, dass unsere größte Berufung darin besteht, unsere eigene Zeit und die Zeit der Menschheit einzig mit dem Wunsch zu durchlaufen, den Willen und die Verbindung zwischen uns und Gott, zwischen uns und der Schöpfung immer besser zu erkennen. So wie der heilige Franziskus die Schönheit Gottes und seine Liebe in der Schöpfung entdeckt hat, so sind auch wir gerufen, eine große Familie der Gegenwart und der Zukunft zu bilden.

Übersetzung: Jürgen Henkel (Selb-Erkersreuth)

---

[19] Vgl. E. Balducci, *Francesco d'Assisi*, Ed. ECP, Firenze 1989, S. 137-161.

Kontemplation und Arbeit für das Reich Gottes – Die Prämonstratenserspiritualität als geistliches Wirken für die Welt

Archimandrit Michael K. Proházka OPraem, Geras (Österreich),
Abt des Stiftes Geras

Vorbemerkung

Es ist für mich absolut keine Seltenheit, dass ich als Abt eines österreichischen Stiftes anlässlich von Begegnungen mit westkirchlichen wie auch ostkirchlichen Würdenträgern nach meiner Ordensherkunft gefragt werde. Die Auskunft, dem Prämonstratenserorden anzugehören, ruft in der Regel Erstaunen und in Folge ein weiteres Nachfragen nach dem Ordensgründer, dem Gründungsdatum und Gründungsort, sowie einem ordensspezifischen Charisma hervor. Eine Kenntnis der Genese der Prämonstratenser kann offenbar nicht wie bei »bekannteren« Ordensgemeinschaften vorausgesetzt werden, wofür viele Gründe sprechen mögen, deren Erforschung hier nicht weiter nachzugehen ist. Von ostkirchlicher Seite kommt noch des Öfteren die Frage, ob der Orden »vor dem Schisma« – gemeint ist vor 1054 – oder nachher gegründet wurde, was sicherlich mit der Vorstellung einer gemeinsamen Wurzel des Mönchtums, wie es z. B. im Abendland die Benediktiner darstellen, verbunden ist.

Die Reformbewegung des Hl. Norbert von Xanten (†1134 in Magdeburg) verdankt sich einerseits den vielfältigen westkirchlichen Einflüssen der so genannten »Gregorianischen Kirchenreform«[1], ist aber andererseits wie alle echten Reformbewegungen der Versuch einer Reform aus dem Ursprung, also jener Quelle, aus der christliches Leben sich durch alle Jahrhunderte

---

[1] Aus der zahlreichen Literatur sei hier nur in Auswahl genannt: Petrus-Adrian Lerchenmüller, *»Allen bin ich alles geworden, um auf jeden Fall einige zu retten.« (1 Kor 9,22). Norbert von Xanten und die Geschichte des Prämonstratenserordens* (Windberger Schriftenreihe Band 7), Windberg 2009; Norbert Backmund, *Geschichte des Prämonstratenserordens*, Grafenau 1986, Wilfried Marcel Grauwen, *Norbert, Erzbischof von Magdeburg (1126-1134)*. Übersetzt und bearbeitet von Ludger Horstkötter, 2. überarb. Aufl., Duisburg, 1986, Michael K. Proházka, Norbert von Xanten und die Prämonstratenser, in: Josef Weismayer (Hrsg.), Mönchsväter und Ordensgründer – Männer und Frauen in der Nachfolge Jesu, Würzburg, Echter Verlag, 1991.

seiner Existenz immer gespeist hat. Es ist mir aber – um es gleich vorweg zu sagen – in den folgenden Überlegungen ein wesentliches und notwendiges Anliegen zu zeigen, dass die Reformorden der mittelalterlichen Westkirche – und hier insbesondere der Orden der Prämonstratenser – apriori keinen Widerspruch zu den Intentionen des ostkirchlichen Mönchtums darstellen müssen, sondern als echte und geisterfüllte Lebenszeugnisse am gemeinsamen Ursprungsgedanken teilhaben und daher – gemäß einer bekannten Formel des 12. Jahrhunderts– »una fide, diverso ritu«[2] sind.

1. »Martha und Maria« – Contemplatio als Gabe und Aufgabe der Prämonstratenser-Spiritualität

In einem noch immer lesenswerten Beitrag »Contemplatio als Geisteshaltung« aus dem Jahr 1984 schreibt der Tongerloer Prämonstratenser Leo van Dijck: »Befasst man sich mit dem Sinn und dem Platz der ›contemplatio‹ im Gesamtbild der Spiritualität unseres Ordens, so könnte man leicht in eine Diskussion hineingezogen werden, wo der persönliche Prozess der verinnerlichten Gottesbegegnung (contemplatio) mit den Observanzen des ›kontemplativen Lebens‹ identifiziert und gleichzeitig in der Problematik des Gegensatzpaares actio-contemplatio mit einbezogen wird. Betrachtet man außerdem die Gegebenheiten der actio-contemplatio-Spannung von der Praxis aus, so könnte man leicht die komplizierte Problematik auf die Frage nach der Priorität der beiden Komponenten verengen ... Auf die vorkonziliäre Vergangenheit zurückblickend ... [kann man eine Entscheidung] für die Priorität des kontemplativen Lebens [feststellen], hinter dem alle äußere Aktivität und alle sozialen und ekklesialen Aspekte der Ordensberufung zurückzutreten hatten ... Das Konzil (gemeint ist das II. Vatikanum – M.K.P) hat den heilsindividualistisch-verengten Horizont, – der anscheinend die Gedanken- und Interessenwelt der kontemplativen brabantischen Prämonstratenser begrenzte – weit ausgedehnt ... Für den Einzelmenschen ist die Rettung seiner Seele allein aufgrund eines kontemplativen Lebens nur insoweit sinnvoll, indem er auch die die christologische, ekklesiologische und soziale Dimension seines Christ-Seins berücksichtigt ... Die Frage nach der

---

[2] Vgl. Georgij Avvakumov, *Die Entstehung des Unionsgedankens. Die lateinische Theologie des Hochmittelalters in der Auseinandersetzung mit dem Ritus der Ostkirche*, Oldenbourg Akademieverlag, Berlin 2002. Dort besonders S. 360-368: Die Multiformität des Ordenslebens und die rituelle Eigenart der Ostkirche – Den scheinbaren Widerspruch zwischen den Reformorden des Hochmittelalters und des ostkirchlichen Mönchtums aufzulösen, bzw. als Scheinwiderspruch zu entlarven, war ein wichtiges Anliegen des 2004 verstorbenen belgisch-amerikanischen Prämonstratensers Archimandrit Boniface (Luykx), besonders in seinem bahnbrechenden Werk: *Eastern monasticism and the future of the Church*, Stamford CT 1993.

124

Priorität des ›kontemplativen Lebens‹ gegenüber der apostolischen Tätigkeit trifft also nicht zu. Einst wie jetzt sind actio und contemplatio untrennbar.«[3] Was ist aber mit Kontemplation, kontemplativem Leben wirklich gemeint? Eine fundierte Antwort gibt mit Sicherheit das Dekret des II. Vatikanischen Konzils über die zeitgemäße Erneuerung des Ordenslebens »Perfectae caritatis«. Vor allem in den Abschnitten V, VI und VII wird Wesentliches und Wertvolles über die kontemplative Lebensweise ausgesagt. Besonders erwähnenswert ist die Feststellung der Konzilsväter: »Darum müssen die Mitglieder aller Institute, da sie zuerst und einzig Gott suchen, die Kontemplation, durch die sie ihm im Geist und im Herzen anhangen, mit apostolischer Liebe verbinden, die sie dem Erlösungswerk zugesellt und zur Ausbreitung des Reiches Gottes drängt. Wer sich auf die evangelischen Räte verpflichtet, muss vor allem Gott, der uns zuvor geliebt hat (vgl. 1 Joh 4,10), suchen und lieben und sich in allen Lebensumständen bemühen, ein mit Christus verborgenes Leben (vgl. Kol 3,3) zu führen ... Im Geist der Kirche sollen sie die heilige Liturgie, zumal das heilige Mysterium der Eucharistie, mit innerer und äußerer Anteilnahme feiern und aus diesem überreichen Quell ihr geistliches Leben nähren. So werden sie, am Tisch des göttlichen Wortes und des heiligen Altares gespeist, Christi Glieder brüderlich lieben, den Hirten in Hochachtung und Liebe begegnen, mehr und mehr mit der Kirche leben und fühlen und sich deren Sendung ganz überantworten.«[4]

Für das prämonstratensische Selbstverständnis kann gesagt werden: »Unsere Lebensweise ist geprägt von ständigem (unaufhörlichen) Gebet und Dienst am Altar.«[5] Burbach bestimmt das Gebet und die Liturgie als Quelle

---

[3] Leo van Dijck O. Praem., *Contemplatio als Geisteshaltung*, in: Thomas Handgrätinger (Hg.), *Gesandt wie Er. Der Orden der Prämonstratenser-Chorherrn heute. Communio – Contemplatio – Actio*, Würzburg 1984, 101 ff. Einen unschätzbaren Beitrag zu dieser Thematik leistete Augustinus Karl Wucherer-Huldenfeld, *Mönchtum und kirchlicher Dienst bei Augustinus nach dem Bilde des Neubekehrten und des Bischofs*, in: ZKTh 82 (1960) 182-211. Die in diesem Aufsatz eher kritisch gesehene Rolle ostkirchlichen Mönchtums als eines heilsindividualistischen und a-kirchlich aufgefassten »Standes« übersieht meiner Meinung nach die für westkirchlich geprägte Ordensleute und Forscher verwirrende Vielfalt und Abstufung anachoretischer, eremitischer und koinobitischer Lebensformen, mehr aber noch die Tatsache dass der für den Westen so »augenscheinliche« Heilsindividualismus durch die Vorstellung der »Teilhabe« immer wieder in einen gesamtkirchlichen Erlösungsweg »aufgebrochen« wird! Es sei in diesem Zusammenhang an den berühmten Väterspruch erinnert: »Rette deine Seele und durch dich werden Tausende gerettet werden!« (Vgl. die aufschlussreiche Beschreibung frühchristlichen Mönchtums und seiner Motivationen in: Jaques Lacarrière, *Die Gottesnarren: aus dem Leben der Wüstenväter*, Innsbruck 2004).

[4] Dekret des II. Vatikanischen Konzils »*Perfectae Caritatis. Über die zeitgemäße Erneuerung des Ordenslebens*« V, VI. Deutsche Übersetzung in: http://www.vatican.va/archive/hist_councils/ii_vatican_council/documents/vat-ii_decree_19651028_perfectae-caritatis_ge.html.

[5] So der Titel des Beitrags von Simon Petrus Burbach in: Abt Hermann Josef Kugler

unseres kanonikalen Selbstverständnisses, indem er zunächst den österlichen Kern unserer Liturgie herausarbeitet, um in weiterer Folge das Gotteslob als »Teilnahme an der himmlischen Liturgie« zu kennzeichnen. Hier wird auch ein tiefer Zusammenhang mit dem Selbstverständnis der Göttlichen Liturgie des byzantinischen Ritus sichtbar, wenn er schreibt: »Die biblischen Engel ... [sind] im Himmel ... die ersten an Gottes Thron ... Wenn wir in unseren Gottesdiensten – noch vor allem Bitten – Gott ganz zweckfrei loben um seiner selbst willen, tun wir also genau das, was die Engel Tag für Tag tun. Ja mehr noch! Im kirchlichen Gebet, in der Liturgie, beten wir immer in der Gemeinschaft mit den himmlischen Chören ...«[6] Kontemplative Lebensweise bedeutet also keinen Rückzug aus der »ach so verdorbenen Welt« unter Verzicht auf aktive Weltgestaltung, sondern schöpft geradezu aus der österlichen Wirklichkeit der »himmlischen Liturgie« die Kraft zu urchristlicher Radikalität, die dahin drängt, die frohe Botschaft vom österlichen Siege Christi über den Tod den Menschen zu verkünden. Eine apostolische Tätigkeit in Form von Predigt, Katechese und Verkündigung des Evangeliums, wie sie der Hl. Norbert und seine ersten Gefährten so erfolgreich praktizierten, war die Verwirklichung des Auftrags der Engel am Grabe[7] und gleichzeitig radikal rückgebunden an ein »beschauliches« Leben in Gemeinschaft und Gebet, fernab der städtischen Zivilisation, wie es in der Einöde von Prémontré praktiziert werden konnte.

Zusammenfassend lässt sich also sagen, dass »uns der liturgische Schwerpunkt unseres Daseins mit der apostolischen Zeit der Kirche [verbindet]. Wirkliches geistliches Leben nach Art der Apostel bedeutet somit, dass Gebet der Kirche mehr ist als eine Tätigkeit unter vielen, nicht Zeitvertreib für die Jungen oder Alten im Haus, die pastoral noch nicht oder nicht mehr eingesetzt werden können. Als priesterlicher Orden können wir die Aufgaben die unsterblichen Seelen der uns Anvertrauten Gott am Altar zu empfehlen, niemals delegieren.«[8]

2. Gesandt, den Menschen zum Wohl der Kirche und der Welt zu dienen – gibt es eine prämonstratensisch geprägte Pastoral?

Das Ausbildungsideal vor dem II. Vatikanischen Konzil in unserem Orden folgte nur allzu gerne jenem dem Hl. Norbert zugeschriebenen Wahlspruch, »ad omne opus bonum paratus« zu sein. Das bedeutete in der Praxis, eine

---

(Hg.), *Gemeinsam auf dem Weg zu Gott. Beiträge zur Spiritualität der Prämonstratenser*, Freiburg i. Br. 2010, 157.

[6] Burbach, *a. a. O.*

[7] Siehe besonders die Perikope von Mk 16, 1-8, die am Beginn der mitternächtlichen Osterliturgie des byzantinischen Ritus verlesen wird.

[8] Burbach, *a. a. O.*, 164.

Aufgabe zu erhalten, die man nicht selbst wünschte, die man aber im Gehorsam akzeptierte und versuchte, so gut wie möglich zu erfüllen. So war das Spektrum sehr weit gesteckt, es reichte von der kategorialen Seelsorge über pädagogische Tätigkeiten in höheren Schulen über Missionsaufgaben bis hin zur Seelsorgtätigkeit in Pfarreien. Obwohl in der brabantischen Zirkarie in dieser Zeit nicht sonderlich geschätzt, ist die Pfarrseelsorge so alt wie der Orden selbst und »die Aufgabe, welche durch die Jahrhunderte hindurch und auch in der heutigen Zeit von Prämonstratensern am häufigsten getan wird.«[9]

Was in der vorkonziliären Zeit eine durchaus problematische Teilung eines Konventes mit sich brachte (»die Mitbrüder in der Abtei, die regelkonform in Gemeinschaft beten, leben und arbeiten« versus »die Mitbrüder, die auf den Pfarreien das Leben eines Quasi-Weltpriesters im Prämonstratenserhabit« führen), hat infolge des Konzils zu ernsthaften und intensiven Diskussionen im Gesamtorden über eine spezifische Prämonstratenserspiritualität mit durchaus interessanten Ergebnissen, aber auch praktischen Konsequenzen geführt. Grundsätzlich gilt es festzustellen, dass die Liturgie die »Seele« des prämonstratensischen Apostolates darstellt: »Der Gottesdienst im weitesten Sinn des Wortes«, so Artikel 64 der Ordenskonstitutionen, ist »die wichtigste Form des Apostolates, ja sie stellt sogar die Seele des ganzen Apostolates dar.«[10] Dabei ist es gerade die Augustinusregel, die hier zur Richtschnur und zum Instrumentarium für das apostolische Wirken der Prämonstratenser herangezogen wird. »Gerade weil der hl. Norbert und seine ersten Gefährten es nicht als Widerspruch, sondern geradezu als notwendige Herausforderung für eine Reform des kirchlichen Lebens ansahen, das von den Evangelischen Räten und der Liturgie gemeinschaftlichen Betens bestimmte Ordensleben mit pastoralen Diensten, also mit Seelsorge, Schule oder anderen Aufgaben in der Kirche zu verbinden, wählte er für seine Gemeinschaft ... die Augustinusregel ... Es zählt zum originären Erbe aus der Periode der Ordensgründung, dass wir speziell als Regularkleriker nach der Augustinusregel durch die apostolische Lebensform ›pädagogische Verantwortung‹ (educational responsibility) für uns und die Welt übernehmen, um durch Wort und Beispiel das Evangelium Jesus Christi zu verkünden ...«[11] Mit anderen Worten: Es ist die Synthese von Gemeinschaftsleben und Dienst in der Welt, die das proprium der prämonstratensischen Pastoral ausmachen sollen. Wie kann aber eine solche spezifische Prämonstratenser-

---

[9] Edmund Manders O. Praem., *Beispiele prämonstratensischer Seelsorge*, in: *Gesandt wie Er, a. a. O.*, 163.

[10] Artikel 64 der Konstitutionen des regulierten Chorherrenordens der Prämonstratenser. Zweisprachige Edition, Linz/Schlägl 1997, 34.

[11] Severin Lederhilger, *Sammlung und Sendung*, in: *Gemeinschaft auf dem Weg zu Gott hin, a. a. O.*, 169.

pastoral konkret aussehen? Auf Wunsch des II. Vatikanischen Konzils haben sich die Ordensleute generell und damit auch die Prämonstratenser verstärkt auf mehr Pfarrseelsorge eingelassen. Führt dies aber nicht zu einer starken Beeinträchtigung des klösterlichen Lebens? Infolge dessen einigte man sich auf die Formel, dass nur jene Form der Seelsorge der kanonikalen Struktur unseres Ordens entspricht, wenn zugleich die Struktur der vita communis und der stabilitas loci berücksichtigt wird.[12] Artikel 291 unserer Konstitutionen führt dies sehr klar aus: »Es ist zu wünschen, dass nur solche Pfarren übernommen werden, in denen mehrere Mitbrüder ein gemeinsames Leben führen können.«

Der 2005 verstorbene Abt von Averbode, Ulrich Geniets, hat dies in sehr treffenden Bemerkungen formuliert: »Auch wenn wir einige Merkmale von ihnen haben, wir sind keine Mönche, keine Eremiten, keine Diözesanpriester und keine aktive apostolische Gemeinschaft ... [Wir müssen] bei unserer Identität bleiben. Neben dem Mönchsideals (nicht dagegen) machen das Priestertum der Gemeinschaft, das Priestertum einiger Mitbrüder in der Gemeinschaft und die Seelsorge im kirchlichen Dienst unsere Identität aus. Neben dem Eremitenideal und dem Diözesanklerus (nicht dagegen) wird unsere Identität durch Leben und Gemeinschaft von Priestern und Laien definiert, nach dem Beispiel eines monasterium clericorum und des Laienklosters von Hippo. Das augustinische Gemeinschaftsideal beinhaltet eine Gemeinschaftsdimension für unser Gebet und unsere pastoralen Aktivitäten. Neben der sehr spezifischen Spiritualität und dem Engagement von aktiven und apostolische Ordensleuten (und nicht dagegen) sind wir von einer allgemeinen, reich variierenden und vielleicht deshalb auch weniger deutlichen Auswahl von evangelischen Prinzipien, von Spiritualität und pastoralen Zielsetzungen gekennzeichnet. Wir entscheiden uns als kanonikale Gemeinschaft nicht für eine spezifische Form von Apostolat, wir werden niemals Experten eines bestimmten Seelsorgegebietes. Denn das bringt die Gefahr mit sich, dass man alles tut – auch auf Kosten der Gemeinschaft.«[13]

Geniets wird in seinem Artikel nicht müde zu betonen, dass das spezifische Proprium des Apostolates eben darin besteht, »dass nicht individuelle Mitbrüder individuelle Tätigkeiten ausüben, sondern dass sie Vertreter einer Gemeinschaft sind. Es ist eigentlich die Gemeinschaft, die pastorale Aufgaben übernimmt, die Pfarreien und Schulen hat und die ihre pastorale Verantwortlichkeit durch einen von ihr Gesandten und mit ihr Verbundenen ausübt. Diese Gesandten müssen *cor unum et anima una* mit der ihnen

---

[12] A. a. O., 182.
[13] Ulrich E. Geniets, *Kanonikale Pastoral aus der Sicht einer Augustinischen Spiritualität*, in: *Der hl. Augustinus als Seelsorger*, hg. Thomas Handgrätinger, St. Ottilien 1993. Hier zitiert nach Lederhilger, *a. a. O.*, 184.

anvertrauten Kirchengemeinschaft sein.«[14] Es kann und muss daher Severin Lederhilger in Hinblick auf das mir gestellte Thema voll und ganz zugestimmt werden, wenn er meint, dass »gerade angesichts einer sich immer stärker abzeichnenden Tendenz, welche die bisherige Gemeindetheologie hinterfragt und pfarrliche Gemeindeentwicklung hin zu Orten gelingender Kirchlichkeit versteht ... eine spirituell verankerte Auferbauung von Pfarrgemeinden durch gemeinschaftsbezogene Pastoralformen bis hin zu Priesterteams ... ein erst noch näher zu erarbeitendes Desiderat ›augustinischer Seelsorge‹ im Sinne einer genuin kooperativen gemeinschaftsbezogenen Pastoral darstellt.«[15]

3. Sammlung und Sendung als Ausdruck kanonikaler Lebensform und ihre Bedeutung für die Welt von heute

In einem 1977 veröffentlichten und mittlerweile zum Klassiker gewordenen Büchlein bezeichnet der Rahner-Schüler Johann Baptist Metz die Orden und die Ordensleute als »Schocktherapeuten« und »Platzhalter für die noch ausstehende Wiederkunft Christi«. Die eschatologische, und damit ebenso verbunden, die pneumatologische Dimension des Ordenslebens ist daher meines Erachtens unverzichtbar, wenn wir die Prämonstratenserspiritualität als fruchtbares geistliches Wirken für die Welt des 21. Jahrhunderts ansehen wollen. Es ist der Heilige Geist als »Anfang ewiger Osterfreude und Unterpfand ewiger Herrlichkeit«, der jenes Anteilnehmen am Leben der Menschen innerhalb und außerhalb der Klostermauern ermöglicht, zu der sich jeder Ordensmann in der Tradition des Hl. Augustinus und des Hl. Norbert verpflichtet weiß. In einer Welt, die einerseits mit ihrer Vielfalt, ihren schier unendlichen technischen Möglichkeiten die Menschen zu einer großen Gemeinschaft zusammenrücken lässt, auf der anderen Seite aber genauso stark verunsichert – also äußerst ambivalent erfahren wird – hält der christliche Glaube einen Hoffnungsreichtum bereit, der sich nicht an den weltlichen Errungenschaften allein orientiert, sondern den Menschen »eine Hoffnung, die sich an den vielfältigen Möglichkeiten Gottes orientiert [bereithält]. Deshalb soll unsere Existenz als Prämonstratenser immer auch eine engagierte und leidenschaftliche Kritik an Verheißungen, die zu kurz greifen, sein!«[16] Es muss gemäß unseres spirituellen Auftrags möglich sein, »Herbergen des Lebens im Kontext der großen Hoffnung des christlichen Glaubens« zu errichten, die »den weiten und freien Geist einer Hoffnung des Glaubens atmen und davon [leben], dass Menschen so handeln wie Jesus Christus es uns

---

[14] Geniets, *a. a. O.*, 185.

[15] *Ebd.*, 185 f.

[16] Michael K. Proházka O. Praem., *Confirma hoc Deus – Zur eschatologischen Dimension unseres Ordenslebens*, in: *Gemeinschaft auf dem Weg zu Gott hin, a. a. O.*, 220.

vorgelebt hat, in der Sorge um die anderen statt in der Konzentration auf die eigenen Person.«[17]

Es ist und bleibt die große Herausforderung für Ordensgemeinschaften und für die Prämonstratenserspiritualität des 21. Jahrhunderts, ihre Klöster als Herbergen der Hoffnung bereitwillig zu öffnen! »Die Hoffnung auf ein Leben, das von Gott umfangen ist und in ihm sein Ziel findet, lässt die Kirche und insbesondere die Klöster zu Herbergen der Hoffnung werden Das Ordensleben ist ein Evangelium starker Hoffnung: des Wirkens Gottes, insbesondere des Heiligen Geistes, dessen Kraft über unsere Kraft hinausreicht, der im Geheimnis des hingebungsvollen Lebens und Sterbens Jesu und seiner österlichen Auferstehung schon verwirklicht hat, was endgültig zwar noch aussteht: Dass ER sich aller Welt SELBST als künftige Heimat schenken wird! In unseren Klöstern soll und muss der entschiedene Wille leben, den Menschen jenen Grund und jene Perspektive wirklicher, wahrer Hoffnung zu künden und zu vermitteln. In einer Zeit, in der das moderne Prinzip Hoffnung kraftlos geworden zu sein scheint und eher Resignation sich breit macht, ist es eine besonders drängende Aufgabe der Kirche, Rechenschaft vom Grund der Hoffnung zu geben, die sie erfüllt!«[18]

Es ist Johann Baptist Metz, der betont, dass »alle unsere Initiativen ... sich letztlich am Maß der ›einen Hoffnung zu der wir berufen sind‹ (Eph 4,4), [messen müssen]. Die Hoffnung kommt nicht aus dem Ungewissen und treibt nicht ins Ungefähre. Sie wurzelt in Christus und sie klagt auch bei uns Christen ... die Erwartung seiner Wiederkunft ein. Sie macht uns immer neu zu Menschen, die inmitten ihrer geschichtlichen Erfahrungen und Kämpfe ihr Haupt erheben und dem messianischen ›Tag des Herrn‹ entgegenblicken.«[19] Es ist der neue Himmel und die neue Erde, das Zelt Gottes unter den Menschen, das Ordensleute und Ordensgemeinschaften in Ost und West so nachhaltig und beharrlich antreibt, immer wieder neu in der Haltung der Vigil zu leben, wie sie im Gleichnis der klugen Jungfrauen, die auf das Kommen des Bräutigams warten, zum Ausdruck kommt: die Erwartung einer letzten Erfüllung der Hoffnung, damit »Gott über allem und in allem« sein wird (vgl. 1 Kor 15, 28).

---

[17] *Ebd.*, 222.
[18] *Ebd.*, 223.
[19] Johann Baptist Metz, *Zeit der Orden? Zur Mystik und Politik der Nachfolge*, Freiburg i. Br. 1977, 88.

Das Mönchtum als Brücke
zwischen Ost und West –
Benediktinische Pilger auf dem Berg Athos

P. Antoine Lambrechts OSB (Belgien),
Benediktinerkloster Chevetogne

Das westliche Mönchtum, das sich auf die *Vita* und die *Regel* des heiligen Benedikt von Nursia beruft, wurzelt zum großen Teil im östlichen Mönchtum der Epoche der Kirchenväter.[1] Im letzten Kapitel seiner *Regel*[2] empfiehlt der heilige Benedikt seinen Schülern die Autorität des heiligen Basilius, des heiligen Cassius und der Lebensbeschreibungen der Kirchenväter. Dank dieses ständigen Bezugs auf »das Charisma der Anfänge« und trotz der Zeiten der Aufweichung und radikaler Reformen haben die Benediktinermönche das Bewusstsein der Verwandtschaft mit ihren Brüdern der östlichen »Wüsten« bewahrt.

Dieses Gefühl der Verwandtschaft wurde andererseits begünstigt durch die Verehrung des heiligen Benedikt im Osten, einer Verehrung, die man in erster Linie der griechischen Übersetzung der *Dialoge* des heiligen Gregor des Großen (die die *Vita* des heiligen Benedikt enthalten) durch Papst Zacharias (741–752) verdankt. Zahlreiche Auszüge der *Vita* des heiligen Benedikt wurden dann im 11. Jahrhundert in der sehr populären *Synagoge* des Paul Evergetinos wieder aufgenommen.[3] Inzwischen hatte ein nach Konstantinopel geflüchteter sizilianischer Mönch, Josephos Hymnographos († 883), die byzantinische Messe zu Ehren des heiligen Benedikt komponiert, eine Messe, die heute immer noch am 14. März gefeiert wird.[4]

Es ist also nicht verwunderlich festzustellen, dass im 10. Jahrhundert Bande der Freundschaft und tiefen Respekts zwischen den ersten Athosklöstern (besonders der Großen Lavra und Iviron) und den Benediktinern bestehen, die aus Amalfi (Süditalien) kamen und dass letztere auf dem Heiligen Berg ein Kloster ihrer eigenen lateinischen Tradition gründen konnten.[5] Die *Vita*

---

[1]   *S. Benedetto e l'Oriente cristiano. Atti del Simposio tenuto all'abbazia della Novalesa (19-23 maggio 1980)*, hg. von Pio Tamburino, Novalesa 1981.

[2]   *Regel des hl. Benedikt (= RB)*, Kap. 73.

[3]   Julien Leroy, »Saint Benoît dans le monde Byzantin«, in: *S. Benedetto et l'Oriente cristiano*, S. 169-182.

[4]   Olivier Raquez, »L'immagine de San Benedetto nei libri liturgici greci«, in: *S. Benedetto et l'Orient cristiano*, S. 185-202.

[5]   Olivier Rousseau, »L'ancien monastère bénédictin du Mont Athos«, in: *Revue liturgique et monastique* 14 (1929), S. 530-547; Agostino Pertusi, »Monasteri et monaci ita-

des heiligen Athanasios Athonites erzählt, wie dieser seinen Cellerar tadelt, weil er sich geweigert hatte, die Amalfitaner zu ehren, die gekommen waren, um ihn zu besuchen. Mehrere Zitate der *Regel* des heiligen Benedikt konnten auch im *Typikon* des heiligen Athanasios identifiziert werden.[6] Das Kloster der Amalfitaner bestand auf dem Berg Athos bis zum Ende des 13. Jahrhunderts, weit über den 4. Kreuzzug hinaus. Noch im 14. Jahrhundert ist die Erinnerung an die benediktinische Tradition auf dem Berg Athos lebendig geblieben, wenn der heilige Gregorius Palamas in seinen *Triaden* zur Verteidigung der Hesychasten des Athos den heiligen Benedikt, den Patriarchen der Mönche des Okzidents, als »einen der vollkommensten Heiligen« betrachtet, »(der) das ganze Universum wie umhüllt von einem einzigen Strahl dieser intelligiblen Sonne gesehen hat«, das heißt als ein Beispiel par excellence der geistlichen Tradition, die er verteidigt.[7]

Jedoch waren schon zu dieser Zeit die Kontakte zwischen Benediktinern und Athos-Mönchen wohl ziemlich selten, um im Lauf de r Jahrhunderte bald ganz zu verschwinden. Erst zu Beginn des 20. Jahrhunderts finden wir wieder benediktinische Pilger auf dem Berg Athos. Wir wollen hier kurz einige Reiseberichte untersuchen, die sie hinterlassen haben, um zu sehen, in welchem Geist und in welchem Zusammenhang sie sich dorthin begaben, wie sie das Mönchtum des Athos sahen und wie sie von ihren Brüdern aufgenommen wurden, die zu einer nunmehr von der ihren getrennten Kirche gehörten.

Als am Beginn dieses Jahrhunderts, im Jahre 1905, zwei Benediktiner von Maredsous (Belgien), P. Placide de Meester[8] und P. Hugues Gaïsser, eine dreiwöchige Reise zum Berg Athos machten, waren sie sich der Ungewöhnlichkeit ihres Unterfangens wohl bewusst.[9] Seit 1897 waren sie verantwortlich für eines der ältesten ostkirchlichen Seminare Roms, das Collegium Graecum (gegründet 1573). Von ihrer Herkunft und ihrer Kultur her lateinisch geprägt, wollten sie also am Berg Athos »sich einführen lassen in die Geisteshaltung und die Belange der griechischen Kirche«[10]. 32 Jahre alt und seit 15 Jahren Mönch, hatte P. Placide de Meester schon durch mehrere

---

liani all'Athos nell'Alto Medioevo«, in: *Le Millénaire du Mont Athos. 963–1963*, Etudes et Mélanges, Bd. 1. Chevetogne, 1963, S. 217-251.

6 Hans-Georg Beck, »Die Benediktinerregel auf dem Athos«, in: *Byzantinische Zeitschrift* 44 (1951), S. 21-24; Julien Leroy, »S. Athanase l'Anthonite et la règle de S. Benoît«, in: *Revue d'Ascétique et de mystique* 29 (1953), S. 108-122.

7 Emmanuel Lanne, »L'interprétation palamite de la vision de saint Benoît«, in: *Le millénaire du Mont Athos*, a. a. O., S. 21-47; wieder abgedrucket in: Emmanuel Lanne, *Tradition et Communion des Eglises*, Louvain, 1997, S. 175-198.

8 Zu S. Placide de Meester, vgl. den Artikel von Daniel Misonne, »De Meester«, in: *Nouvelle Biographie nationale de Belgique* (erscheint in Kürze).

9 D. Placide DE MEESTER, *Voyage de deux Bénédictins aux monastères du Mont-Athos*, Paris 1908.

10 *Ebda*, Vorwort.

Publikationen über den christlichen Orient auf sich aufmerksam gemacht. Später sollte er ein herausragender Spezialist für ostkirchliche Liturgie und byzantinisches Mönchtum werden.[11] P. Gaïsser wiederum war Musikwissenschaftler und Kenner des griechischen Psalters.

Man muss zugeben, dass der Bericht ihrer Reise zum Berg Athos, veröffentlicht im Jahr 1908, noch geprägt ist durch den ,unionistischen' Geist der Zeit, der eine Wiedervereinigung der Kirchen nur als eine ,Rückkehr' der Orthodoxen zum römischen Papst begriff. Aber das Werk ist aus anderen Gründen interessant. Das Interesse der beiden Mönche ist zugleich wissenschaftlich und geistlich und ihre Haltung ist aufrichtig: »Wir sind Pilger«, sagen sie, »wir sind gekommen, um zu studieren, uns zu bilden und weiter zu erbauen«[12]. P. Placidus beobachtet alles mit Feingefühl und Sympathie. Er ist sich dessen bewusst, was die beiden monastischen Traditionen jenseits der Äußerlichkeiten vereint. Er konfrontiert ständig die Praxis des Athos mit der *Regel* des heiligen Benedikt und den benediktinischen Gebräuchen, mit der Absicht, sich seinen westlichen Lesern besser verständlich zu machen. »Wenn man die Athos-Klöster besucht hat«, sagt er, »wundert man sich gar nicht über diese Details der Benediktinerregel; (...) man versteht sie besser, weil man sie in ihrem natürlichen Rahmen begreift.«[13]

Er ist erbaut von der Gastfreundschaft der Mönche, von ihrer Askese und ihrem fleißigen Besuch der Gottesdienste, von ihrer Frömmigkeit und ihrem tiefen Glauben. Aber sein Einordnungsschema bleibt, trotz allem, westlich und benediktinisch. Mit dem heiligen Benedikt missbilligt er die *Sarabaiten* und die *Gyrovagen*[14], »die am Berg Athos nicht fehlen«[15], er wundert sich über das Fehlen eines »Erholungsraumes« in den Klöstern[16]. Er stellt das »Jesusgebet« dem Rosenkranz der »Konversen«[17] gegenüber. Er vergleicht den »Protos« des Athos mit dem »Abtprimas« des Benediktinerordens[18], und er stellt Ähnlichkeiten zwischen den »Skiten« des Athos und den »Prioraten« fest, die von einer Abtei abhängen.[19]

---

[11] Vgl. Gérard Mathijsen, *Dom Placidus de Meester, O.S.B., 1873–1950*. Bibliographie, Rom 1970.

[12] D. Placide DE MEESTER, *a. a. O.*, S. 45-46.

[13] *Ebda*, S. 184.

[14] Vgl. *RB 1*. (Sarabaiden sind Kleingruppen von Mönchen, die ohne feste Regel und Hierarchie zusammenleben. Gyrovagen sind Wandermönche, die von Kloster zu Kloster ziehen und sich dem Zusammenleben in einer festen Gemeinschaft verweigern. Beide monastischen Formen wurden von wichtigen Mönchsregeln und –vätern stets scharf kritisiert; *J. H.*).

[15] D. Placide DE MEESTER, *a. a. O.*, S. 146.

[16] *Ebda*, S. 138-139.

[17] *Ebda*, S. 186.

[18] *Ebda*, S. 158.

[19] *Ebda*, S. 159.

Wie andere westliche Mönche nach ihm, bedauert er die intellektuelle und »wissenschaftliche Gleichgültigkeit«[20] der Bewohner des Athos. »Ich möchte dennoch nicht behaupten, sie sei allgemein«, sagt er, »noch weniger, sie habe es schon immer gegeben«, aber »viele kennen die Schätze nicht, die in ihren Archiven vergraben sind«. »Wir haben trotzdem einige Persönlichkeiten kennengelernt, die eine echte kulturelle Bildung besaßen und die über die Entwicklung der modernen Ideen auf dem Laufenden waren«, schreibt er weiter, ebenso wie Priester mit einer zutreffenden Einschätzung des Protestantismus und der Dogmen der katholischen Kirche. Er bemerkt, dass die Mönche normalerweise »darauf verzichten, kontroverse Fragen zu berühren: Wenigstens bringen sie viel Mäßigung und eine große brüderliche Liebe in die Diskussion ein«[21]. Auf dem Rückweg werden die beiden Mönche von Patriarch Joachim III. von Konstantinopel in Audienz empfangen. Dieser sagt ihnen, dass vor jeder Annäherung mit Rom »auf beiden Seiten daran gearbeitet werden muss, dass die Vorurteile fallen und die Missverständnisse verschwinden«[22].

Vor allem mit dem Ziel, die orthodoxe Kirche besser kennenzulernen und zu lieben, wurde 1925 in Belgien ein Benediktinerkloster gegründet, und zwar in Amay-sur-Meuse (heute in Chevetogne). Der Gründer, P. Lambert Beauduin, wollte, dass seine Mönche »in die Schule des Orients« gingen, aus Liebe zur orthodoxen Kirche und im Hinblick auf eine gemeinsame Suche nach der Einheit des Glaubens. Zwei Jahre später wird einer der ersten Mönche, P. Théodore Belpaire[23], zu einem dreimonatigen Aufenthalt in den russischen Klöstern des Athos gesandt (von September bis Dezember 1927). Aus einer großbürgerlichen Familie von Anvers stammend, Doktor der Philosophie und der Physik, ehemaliger Direktor einer Sekundarschule und Weltpriester, der ein Jahr vorher im Alter von 44 Jahren Mönch geworden war, musste P. Théodore Belpaire erfahren, dass »die Schule des Orients« am Anfang nicht so leicht ist. Er berichtet davon in seinen »Briefen vom Berg Athos«, die an seine Mitbrüder gerichtet sind und 1929 in der Zeitschrift der Mönchsgemeinschaft veröffentlicht werden.[24] Nachdem er eine Rundreise durch die großen Athosklöster gemacht hat, wird er für mehr als einen Monat im russischen Skit zum Hl. Andreas aufgenommen. Der Igumen, Archimandrit Metrophan, umgibt ihn mit seiner Zuvorkommenheit und Fürsorge.

---

[20] *Ebda*, S. 230 ff.
[21] *Ebda*, S. 102.
[22] *Ebda*, S. 297.
[23] Vgl. O. R. (= Olivier Rousseau), »In memoriam Dom Théodore Belpaire (1882-1968)«, in : Irénikon 60 (1968), S. 543-552.
[24] D. Théodore BELPAIRE, »Lettres du Mont-Athos«, in: Irénikon 6 (1929), S. 20-44, 332-365.

Der Benediktinermönch wird dazu eingeladen, an den Gottesdiensten im Mönchschor teilzunehmen, im Garten und in der Bibliothek zu arbeiten; man wacht über seine Gesundheit und schneidert ihn sogar eine neue *Mönchskutte (Rasa)* und eine *Skoufia*.

Jedoch, selbst wenn er manchmal sagt, »die angenehmsten Reise zu machen, die man erträumen könne«, ist er sich auch dessen bewusst »allem gegenüber fremd« zu bleiben.[25] Schlecht vorbereitet für die Aufgabe, verhehlt er nicht seine Schwierigkeit, das Leben dieser »schlichten Seelen« zu begreifen und zu teilen, die sich »mit ihrer Arbeit und ihren Gebeten« begnügen und die, in seinen Augen »weit davon entfernt sind, ein vollkommeneres Leben anzustreben«.[26] Zwischen ihm und der Welt des Athos erhebt sich noch eine unbestreitbare kulturelle und geistige Barriere. Und doch, dieser Aufenthalt am Berg Athos am Beginn seines Weges als Mönch wird P. Theodore Belpaire für den Rest seines Lebens prägen.

Diejenigen, die ihn später als Prior von Amay und von Chevetogne kennengelernt haben, zu einer Zeit, in der die Gemeinschaft sich großen Schwierigkeiten mit Rom gegenüber sah, waren alle erbaut von seiner Demut, seiner Gebetspraxis, seiner persönlichen Armut und seiner Verbundenheit mit der geistigen Tradition der orthodoxen Kirche.

Nach P. Theodore Belpaire reisten noch viele andere Mönche unserer Gemeinschaft zu mehr oder weniger langen Aufenthalten auf den Heiligen Berg, leider ohne Reiseaufzeichnungen zu hinterlassen.[27] P. Irénée Doens (1907–1979)[28] jedoch verdient eine besondere Erwähnung. Seit den 50er Jahren begab er sich fast jedes Jahr zum Berg Athos und besaß dort zahlreiche Freunde. Da er fließend Griechisch, Russisch und Rumänisch sprach, führte er in der Zeitschrift *Irénikon* eine detaillierte Chronik des Lebens auf dem Athos. Wegen dieser regelmäßigen Kontakte organisierte das Kloster Chevetogne in Venedig 1963 einen großen internationalen Kongress anläßlich der Tausendjahrfeier des Athos.[29] Die Dokumente der Tagung wurden in zwei Bänden veröffentlicht, mit einer wichtigen Athos-Bibliographie, erstellt durch P. Irénée Doens.[30]

---

[25] *Ebda*, S. 44 u. 29.

[26] *Ebda*, S. 173.

[27] Vgl. Athanase VAN RUUVEN, »Le ›Rossikon‹ du monastère russe de St-Pantéleimon au Mont Athos«, in: *Irénikon* 30 (1957), S. 44-59. Der Autor beschreibt die Geschichte und das Alltagsleben dieses Athosklosters, das er zu jener Zeit bereiste.

[28] O. R. = Olivier ROUSSEAU und E. L. = Emmanuel LANNE, »In memoriam Dom Irénée Doens«, in: *Irénikon* 52 (1979), S. 241-243.

[29] Olivier ROUSSEAU, »Le Millénaire du Mont Athos célébré à Venise«, in: *Irénikon* 36 (1963), S. 408-412.

[30] *Le Millénaire du Mont Athos 963-1963. Etudes et Mélanges.* Bd. I-II, Chevetogne 1963-1964. Die »*Bibliographie de la Sainte Montagne de l'Athos*« von S. Irénée DOENS findet sich in Bd. II, S. 337-495.

Während der ersten Hälfte dieses Jahrhunderts [sc. des 20. Jahrhunderts; *J. H.*] und bis zur Tausendjahrfeier des Athos 1963 besuchten auch andere Benediktiner den Heiligen Berg. Aber es handelte sich oft um Patristen oder Byzantinisten auf der Suche nach unveröffentlichten Manuskripten. Ich denke vor allem an P. Chrysostomos Baur (Beuron, Deutschland)[31], Spezialist für den heiligen Joannes Chrysostomos, an P. Emmanuel Amand de Mendieta[32] (Maredsous, Belgien), Spezialist für den heiligen Basilios, an P. Julien Leroy (En Caleat, Frankreich)[33], Historiker des Mönchtums auf dem Athos. Mehrere von ihnen haben interessante Überlegungen hinterlassen, die sich aber insgesamt nicht sehr von denen anderer westlicher Pilger unterscheiden.[34]

Seit der Tausendjahrfeier ändert sich etwas Wesentliches in den Beziehungen zwischen den Mönchen des Athos und den Benediktinern. Einerseits werden die monastischen Gemeinschaften des Berges Athos, die manche schon im Aussterben wähnten, wieder mit Leben erfüllt und sie erneuern sich. Junge Intellektuelle treten ein, auf der Suche nach einer lebendigen geistigen Tradition, jener des an den Kirchenvätern und am Palamismus orientierten Hesychasmus. Die Klöster betonen mehr und mehr ihre »Orthodoxie« gegenüber der westlichen Kirche. Gleichzeitig erlebt die katholische Kirche eine »Krise« (eine Infragestellung) ihrer traditionellen Werte. Viele wenden sich fernöstlichen Kulturen zu. Die Benediktiner, die sich jetzt zum Berg Athos begeben, reisen nicht mehr dorthin, um das byzantinische Mönchtum zu studieren, oder die Liturgie, oder die Manuskripte, sondern um dort erfahrenen Mönchen und Männern des Gebets zu begegnen. Sie reisen nicht mehr als Wissenschaftler oder als Beobachter hin, sondern als Schüler und Gesprächspartner. Wie im 10. Jahrhundert suchen sie von Neuem eine *gemeinsame* Tradition und geistliche Erfahrung.

Es ist vielleicht nicht erstaunlich, dass jetzt auch Kontakte geknüpft werden zwischen Athos-Mönchen und Trappisten, den strengsten Brüdern unserer benediktinischen Familie: Mehrere »Expeditionen« zum Berg Athos werden 1969/1970 von P. André Louf vom Mont-des-Cats (Frankreich) organisiert.[35] Ebenfalls im Jahre 1970 begibt sich eine kleine Gruppe Benediktiner und Trappisten gemeinsam zum Berg Athos. Unter ihnen befinden sich vor allem P. Jean Gribomont aus Clervaux (Luxemburg), ein hervorra-

---

[31] Chrysostomos BAUR, »Auf dem heiligen Berge Athos«, in: *Stimmen der Zeit* 125 (1933), S. 81-89.

[32] Emmanuel AMAND DE MENDIETA, *La Presqu'île des Caloyers. Le Mont Athos*, Bruges 1955.

[33] Julien LEROY, »Regards sur le monachisme athonite«, in: *L'œuvre bénédictine* 69 (1961, Nr. 72), S. 35-42.

[34] Vgl. den Bildband von S. Chrysostomos DAHM und S. Ludger BERNHARD, *Athos, Berg der Verklärung*, Offenburg 1959.

[35] André LOUF, »En marge d'un pèlerinage«, in: *Collectanea Cisterciensia*, 32 (1970), S. 46-66.

gender Patrologe und Bibelwissenschaftler und P. Gérard Mathijsen, gegenwärtig Abt von Egmond (Niederlande).[36] Sie führen lange Gespräche mit den großen Persönlichkeiten der Zeit, wie P. Basilios von Stavronikita, mit seinem geistlichen Vater, dem Eremiten Paissios, mit P. Theoklit von Dionysiou, mit P. Ephrem von Katounakia usw. Sie diskutieren die Beziehungen zwischen Glauben und Erfahrung, Autorität und Gehorsam, Gebet und geistlicher Führung.[37] Gegenüber diesen lateinischen Christen zeigen sich die Athos-Mönche anfangs sehr selbstsicher, aber wie es einer unserer Pilger sehr zutreffend sagt: »Es genügt, wenn die gegen die Lateiner gerichteten Beschwerden des Gesprächspartners erschöpft sind, ihm unvermittelt das *wahre Problem* vorzulegen, das, welches für viele der Mönche des Athos das einzige Problem ist: ›Vater, wie betet Ihr?‹« Man muss »sich auf beiden Seiten erfassen lassen von der unwiderstehlichen Stimmung eines solchen Austauschs, der ein Austausch des heiligen Geistes ist. (...) Man trennt sich (dann) als Brüder in aller Wahrheit, mehr und mehr verwundert, vielleicht unangenehm berührt von den theologischen und kirchlichen Barrieren, die natürlich weiter bestehen und uns weiter trennen.«[38]

Diese wiederholten Kontakte haben erstaunliche Früchte getragen. Im Jahre 1976 konnte ein Trappistenmönch aus Spencer (Vereinigte Staaten, Massachusetts), P. Basil Pennington, sich vier Monate in verschiedenen griechischen und russischen Klöstern des Athos aufhalten. Sein Tagebuch dieser geistlichen Einkehr ist eines der schönsten Zeugnisse von dem, was die Demut, das Zuhören und die Suche des »einzig Nötigen« in den Herzen bewirken kann, jenseits der Trennung der Kirchen und der Kulturen.[39] In diesen wahrhaft geistlichen Begegnungen, die manche der hier Anwesenden auf dem Athos oder anderswo erlebt haben, nähern sich die Kirchen selbst einander an und die Hesychasten entpuppen sich auch als Friedensbringer.

Übersetzung aus dem Französischen: Thomas Storch, (Selb)

Deutsche Erstveröffentlichung. Frz. Originalveröffentlichung: *Pèlerins bénédictins au Mont Athos*, in: *Irénikon* 71 (1998), 281-289. Überarbeitete Fassung eines Vortrags am Institut für Russische Literatur in Sankt Petersburg im Rahmen des Kolloquiums »La culture monastique en Orient et en Occident« (2.-5. Juni 1998). [J. H.]

---

[36] Jean GRIBOMONT, »Une mission monastique à la Sainte Montagne de l'Athos (14 septembre–2 octobre 1970)«, in: *Collectanea Cisterciensia* 34 (1972), S. 155-174; Gérard Mathijsen, »Ervaringen op de Athos«, in: *Benediktijns Tijdschrift* 32 (1971, Nr. 1, S. 24-30.

[37] Gérard MATHIJSEN, *a. a. O.*, S. 24-30.

[38] André LOUF, *a. a. O.*, S. 55.

[39] M. Basil PENNINGTON, *Ô sainte Montagne! Journal d'une retraite sur le Mont Athos*, Paris 1981.

137

III.

Theologie und Spiritualität des Mönchtums

Creating Space for Meditation:
Monastic Life and Spirituality
as Models of Dedication

Father Michael Casey OCSO,
Tarrawarra Abbey, Melbourne (Australia)

There is an ambiguity in the Sermon on the Mount that many find puzzling. On the one hand Jesus insists that almsgiving, prayer and fasting be done in secret. He says: »Pay attention that you do not do your deeds of righteousness in the sight of human beings, so that they can see them.« (Mt 6:1) Yet he also says: »You are the light of the world ... Let your light shine forth in the sight of human beings, so that they may see your noble works and give glory to your Father in heaven« (Mt 5:14-16). Are Christians to be concerned to hide their virtuous actions, or are they to allow them to be seen as witnesses to the power of divine grace working in them?

On an individual level this dilemma can be softened by concentrating on the subjective dispositions, intentions and motivations of the doer of good deeds. On an institutional level, however, it is more difficult to reconcile the seemingly contradictory commandments. To be seen or not to be seen: that is the question. If a community desires systematically to put into practice the teachings of the Gospel, then it will stand out from ambient society. It will be noticed. Whatever its professed desire for a hidden life of virtue, in practice this hiddenness will be found difficult to achieve. The more radical its separation from worldly ways, the more likely it is to draw attention to itself.

In the wake of the Second Vatican Council much thought was devoted to exploring the nature of the monastic charism and its function in the Church. An important role was assigned to giving witness to Gospel values. The monastery was perceived by outsiders as »a city upon a hill«, embodying Christian teaching in a way that was visible and attractive to all. This may be a valid perception, but it found little favour among those who were living the monastic life. They did not want their daily spiritual warfare reduced to an exercise in public relations, however well-intentioned. If monastic living is to serve as an example for other Christians, then monks and nuns must necessarily avoid either becoming self-consciously virtuous, or being seduced into pretending to be what they are not.

The first objective of all monastic living is growth in self-knowledge: self-honesty, truthfulness, humility. Without humility the daily regimen of

141

the monastery becomes opaque: it lacks the transparency that allows it to mediate the presence of God. Persons become fixated on themselves: their thoughts, their plans, their problems, their solutions. Instead of a life lived wholly for God such people are moving towards a narcissistic concentration on themselves. The specificity of the authentic monastic institution really derives from the self-effacing humility of those involved in it. A trumpet-blowing monasticism has nothing to offer a world that seeks healing by searching for something completely different from itself.

If monasticism is to serve as a model for those seeking to dedicate their lives to God it must, first of all, be faithful to itself and to the specificity of its own charism. A monastery is a school for growth in prayerfulness. Three principal means facilitate this growth. Firstly, a person who enters a monastery does so in a spirit of renunciation which makes possible a wholesome simplicity in living. Secondly, in the context of a simple, low-impact life, the need for greater purity of heart emerges and, so, monks and nuns commit themselves to spiritual warfare, struggling against their inherent vices. Finally, in faith and hope they need to persevere in this labour until grace fully works its wonders in them. Three lessons from monastic life that any who follow the path of meditation must heed: renunciation, spiritual warfare, perseverance.

1. Renunciation

Much of human endeavour is directed towards the acquisition of material goods. The first instinct of a human infant is to reach out to possess and consume whatever takes its fancy. This acquisitive tendency remains with us throughout life unless we take positive steps to negate its power over us. The problem we face is that we can never have enough and, so, we continue to acquire new goods in the hope that, somehow, they will fill the void within us. But they do not and cannot. As the years pass, we accumulate more things. In time our possessions possess us; instead of enhancing our life they become a source of concern and anxiety. We fear to lose what we have gathered as if, in some way, our life itself depends upon the things we own; as if having were more important than being.

The first practical step in opening our lives to God involves reducing our dependence on the things we possess. We see this dynamic frequently in the Gospel. When Jesus called his first disciples to follow him, the form of the following was to leave behind what was theirs and move into an unknown future (Mk 1:16-20). The call and grace of God always comes first, and the response it generates is renunciation. »The kingdom of heaven is like treasure hidden in a field. One who found it hid it again and then, in joy, went and sold everything and bought that field« (Mt 13:44). First comes the finding,

142

then comes the selling. First attachment to a better good, then detachment from a lesser good.

Space cannot be created except through renunciation. In affluent countries many people are discovering that their houses are too small to accommodate the ever-increasing accumulation of material goods. If we fill our life with material possessions there is no room or interest for what is immaterial. Covetousness for material goods and for temporal advantages clutters the human heart, slowing down its good inspirations, and rendering it insensitive to the promptings of the Holy Spirit. If we wish God to come into our lives then we need to begin, by God's grace, to create an inviting emptiness which the divine presence can occupy.

Monks and nuns do this in a visible and radical way by withdrawal (*anachoresis*). By voluntarily retreating to the margins of society and living a simple and distinctive lifestyle, they are able to practise renunciation in a manner that is radical but not extreme. Since the way of life is corporate rather than individual, there is less scope for self-congratulation; newcomers see themselves merely as associating with a community in which others have long practised the renunciation they themselves have so recently embraced.

To transfer from secular society into a monastery is relatively simple. The more difficult task consists in eradicating the impulses of the world and the flesh from the soil of the heart. Many people enter a monastery sincerely seeking God. They have already tasted something of the sweetness of the Lord and they wish to deepen this experience. They will be surprised. It does not take long for them to be brought to the realisation that the empty space they have created in the hope of finding God has become populated with demons. Far from finding a quiet ambience in which they can rest silently in God, they find themselves precipitated into spiritual warfare.

2. Spiritual warfare

The ancient desert masters and their followers such as Evagrius of Pontus and John Cassian, as well as medieval teachers like Aelred of Rievaulx, were convinced that the first task confronting the person who has made the exodus from bondage to sin and begun the spiritual journey is to do battle with the vices inherent in every person.[1] Discovering malign tendencies within themselves is a shock to many who had hitherto lived blameless lives. Furthermore the dangers they now face are considerable; there is no guarantee that they will easily or always resist the temptations that beset them. Even if they consistently reject the sinful suggestions that assail them, there is a

---

[1] Aelred of Rievaulx clearly depends on ancient monastic tradition. See, for example *Sermo* 54 (Corpus Christianorum Continuation Mediaevalis 2b, pp. 66-80) and *Sermo* 177 (Corpus Christianorum Continuatio Mediaevalis 2d, pp. 588-600).

second level of temptation that consists in a tendency to become war-weary and inclined to flee from the battle. This discouragement occurs especially when temptations have prevailed over the weakened will, not once but often.

The ongoing battle with contrary tendencies in ourselves is a crucial means by which we are brought to a more profound self-knowledge. What we progressively learn about ourselves is that we are not divine but weak and inconstant human beings, that we have often turned our back on God through our desire for autonomy, that we have blighted our lives with many unwise choices, and that we have cut ourselves off from solidarity with others through ingrained selfishness. Whatever illusions we may have cherished in beginning our spiritual journey, we are soon brought to our senses by the ongoing dynamic of temptation and fall.

It is in our truthful recognition of our fallen state that we encounter God and learn to repose all our hope in Christ. The purpose of our being flung into spiritual warfare is for us to discover our limitations. For as long as we remain in a state of denial regarding our need for mercy and forgiveness, we find ourselves cut off from God by a barrier that is, from our side at least, impermeable. Our self-righteousness makes us unreceptive to grace. God's first saving action is to break down this wall of complacency by allowing us to experience serious temptations and to be overcome by them. If our faith is firm enough then, having reached the limit of our personal resources, we will then turn to God for help. Saint Bernard of Clairvaux describes the process thus:

> God makes himself known for our salvation through such an experience and it follows this order. First of all, one perceives oneself to be in dire straits, then one cries to the Lord and is heard. And then [God] will say »I will free you and you shall honour me«. So, in this way, self-knowledge is shown to be a step in the direction of knowledge of God.[2]

The moment in which we glimpse our need to be saved is the first stage of our conversion away from self and towards God. Truth has broken our resistance and made a forced entry into our soul. »It is from this first meeting of the Word and [human] reason that humility is born.«[3] It remains for the will to give its consent. We become aware of an imperative to reframe our lives in a way that acknowledges our blindness of intellect and weakness of will. This involves recognising both our need for discipline and the fact that any hope for spiritual gain must henceforth derive from the action of an indulgent God and not from ourselves. We are drawn to consent to reform our

---

[2] Bernard of Clairvaux, *Sermones super Cantica Canticorum* 36.6; *Sancti Bernardi Opera II* (Rome: Editiones Cistercienses, 1958), p. 8.

[3] Bernard of Clairvaux, *De Gradibus humilitatis et superbiae* 21; *Sancti Bernardi Opera III* (Rome: Editiones Cistercienses, 1963), p. 32.

lives. It is at this time also that our relationship with Jesus Christ becomes more intensely personal.

We are pulled in many directions by our innate tendencies: gluttony, lust, avarice, anger, sadness and the rest. Our hearts are divided and our powers of spiritual perception are clouded. In calling us to spiritual warfare, God is calling us to overcome this inner division and to make progress towards simplicity and purity of heart. The middle period of our life is spent responding to God's call to holiness, often struggling to turn aside from evil and to do good. We soon discover that we can accomplish nothing permanent on our own; we learn to rely entirely on God's grace.

We learn something else from the difficulties that we experience. We begin to be less hard-hearted in our judgement of others, seeing in their failures something we have in common. The gift of compassion follows genuine self-knowledge. The forgiving love of God extended to us is not for us alone. It is to be further passed on to those among whom we live. When we experience ourselves in solidarity with others, our lives become less self-centred and more altruistic. We develop the capacity to listen to others, to care for them, and to help heal some of the wounds that life has inflicted on them. We do not judge; we do not condemn. And meanwhile we become conscious that we ourselves are also receiving in exchange something precious from them. We are slowly being changed for the better.

For many people it comes as a surprise that the portal through which a person passes to a more profoundly contemplative life is care for the neighbour. The first stage of the *ek-stasis* of contemplation is the *ek-stasis* of self-forgetful love and service. It is through this emergence of a compassionate love for other persons that we are prepared for God's gift of a more intense experience of prayer. It may seem counter-intuitive, but monastic tradition repeatedly asserts that without our own struggles and the consequent softening of our attitudes to others, there is no solid progress in a closer relationship with God.

We create space for prayer and contemplation by removing ourselves physically from distracting occupations and giving time for ourselves to be with God. This is exterior space and it is important. More important, however, is the interior space whereby we make room for God in our hearts, ridding them of whatever might be offensive to God or constitute an impediment to the divine action. And this is the work of a lifetime.

3. Perseverance

Because we live in a world that insists on instant gratification, the continuance of the spiritual journey is jeopardised by its long duration and its lack of visible successes. This is especially so when people approach spirituality with an implicit expectation that certain objectives will be quickly achieved. When this does not happen they become discouraged or disenchanted and make other arrangements for the living of their lives. Perhaps they forget that the primary dynamic in the spiritual life is self-transcendence, going beyond ourselves and our plans and projections. Spirituality is working to the extent that it liberates us from our limited goals and expectations and opens us to the unknown horizons prepared for us by Providence. What this means in practice is that much of our life is live in a state of unknowing, even of dread, with our only support the faith that gives substance to the unseen realities of the spiritual world.

As prayer simplifies and becomes more possessed by silent there is less to entertain us. At the level of faith contemplation flourishes in the desert but, as far as concerns the senses and emotions, the desert remains and arid and sometimes fearsome place. To remain in this emptiness sustained only by faith, hope and charity requires fortitude and patience. What we experience there will transform us, but it will require many years of dogged yet loving practice. We need the gift of perseverance. This is what Saint Benedict required above all of prospective monks: that they commit themselves to stability.

In most spiritual traditions those are especially revered who have persevered long in the spiritual combat. It may well be that the experiences of youth are more dramatic and life-changing, but it is only with the passing of many years that the process of spiritual transformation begins to pick up speed. Saint Benedict speaks in his Rule about how the inner landscape changes with time. »As progress is made in monastic life and in faith, the road of God's commandments will be run with heart enlarged and in the indescribable sweetness of love.« (RB Prol 49). Life is no longer a struggle but a delight. What was previously hard becomes easy. Discipline has become a work of love.

> Now, therefore, after ascending all these steps of humility, the monk will quickly arrive at that perfect love of God which casts out fear. Through this love, all that he used to observe somewhat fearfully, he will now begin to fulfil without effort, as though naturally, from habit. [He will act] no longer out of fear of hell, but out of love for Christ, from good habit itself and delight in virtue. All this the Lord will by the Holy Spirit graciously manifest in his workman now cleansed of vices and sins. (RB 7:67-70)

Good living becomes natural in the person to whom God's grace has had full access. This is not only an interior change at the level of subjective dispositions, it is also externally visible. Others are conscious of a certain radiance of goodness that warms the heart of all whom it touches. A person fully given to God becomes beautiful, with a secret power of attraction that can act as a potent means of evangelisation.

4. Witness

There can be no doubt that monasticism has a significant role in the life of the Church through its hidden prayer of intercession and its daily fidelity. But let us return to the role of monasticism as a witness to Gospel values and as an encouragement to those seeking to lead a more contemplative life. The primordial monastic values of renunciation, spiritual warfare and perseverance are necessary for all who would follow a spiritual path. These are austere imperatives that could easily lead many to lose hope. An important role to be filled by those formed by monastic living is to give a human face to these practices – to demonstrate that the narrow way of the Gospel ultimately leads to humility of heart, gentleness of manner, transparent integrity and a beautiful humanity such that grace alone can achieve.

Although monasteries usually exist on the margins or society, they are now more accessible to spiritual pilgrims than ever before. Increasing numbers base their spirituality on what they receive from their contact with monastic communities and from their reading of monastic books. Unfortunately, monasteries are rarities in many parts of the world and, even where there is a rich monastic heritage, many communities are finding recruitment difficult and the future uncertain, especially when they are surrounded by a heavily secularised society. Perhaps, in the future, monasticism will be given a voice by the social media, bringing not only the message of monastic spirituality but, by some means, making possible some form of personal contact with who have dedicated their lives to serious living of the Gospel so that, in a globalised world, an alternative voice can be heard to the clamorous cry of consumerism and to the superficial appeal of mindless entertainment.

There is a saying in circulation that affirms, »Don't tell me. Show me!« Monks and nuns are not called to be professionally engaged in acts of showing, but it is to be hoped that in an unselfconscious way they manifest the truth of Christian spirituality and that they are living testimony that the narrow way of the Gospel leads to life. Simply by being what they are called to be, they are witnesses to the truth. In this way, spiritual seekers may find in them a shining light that, if followed, will lead to a more abundant life.

Monastische Theologie und Kontemplation – Gotteserkenntnis und Glaube als Antwort auf die Sinnkrise im 21. Jahrhundert

Abt Dr. Maximilian Heim OCist,
Zisterzienserabtei Stift Heiligenkreuz (Österreich)

I. Einführung

Das berühmte »Fides quaerens intellectum« des hl. Anselm von Canterbury – der Glaube, der nach Verstehbarkeit, nach Einsicht sucht – hat die mittelalterliche Theologie stark geprägt. Nun standen die Zisterziensermönche dieser scholastischen Theologie im Sinne des intellektuellen Verstehens des Glaubens durch die Vernunft eher skeptisch gegenüber. Ihr Zugang zum Glauben, ihre Einsicht in den Glauben verbanden sie mit der Gnadengabe des Heiligen Geistes, der ihre Herzen erleuchtet, indem sie sich täglich der Lectio Divina für mehrere Stunden widmeten. Für sie bedeutet glauben, sich selbst einer sicheren Gewissheit anvertrauen, die auf das Fundament von Heiliger Schrift und Kirchenväter gründet wie auch auf das Vorbild der Heiligen. Deshalb verurteilten die Zisterzienser den stark intellektualisierten Zugang der scholastischen Theologie, in dem sie eine Verkürzung der Wahrheit des Glaubens mutmaßten, wodurch diese selbst relativiert und infrage gestellt werde. Diese Gefahr des Intellektualismus erkannte Bernhard von Clairvaux in seiner Auseinandersetzung mit Petrus Abælard. Im 188. Brief schreibt er: »Das menschliche Verstandesdenken nimmt alles in Besitz und lässt nichts mehr für den Glauben übrig. Es setzt sich mit dem auseinander, was über ihm steht, erforscht, was höher ist als es selbst, es bricht in die Welt Gottes ein, verfälscht die Geheimnisse des Glaubens mehr als sie zu erhellen; was verschlossen und versiegelt ist, öffnet es nicht, sondern entwurzelt es, und was es für sich als nicht beschreitbar befindet, sieht es als nichtig an und lehnt es ab, daran zu glauben.«[1] Für Bernhard heißt Gott erkennen, ihn vor allem zu lieben und sich von seiner Liebe erfassen zu lassen.

Im Laufe der Entwicklung des Zisterzienserordens nahm die anfängliche Skepsis gegenüber der scholastischen Theologie immer mehr ab. Bald öff-

---

[1] Papst Benedikt XVI., Generalaudienz (Petersplatz), Mittwoch, 4. November 2009, auf: http://www.vatican.va/holy_father/benedict_xvi/audiences/2009/documents/hf_ben-xvi_aud_20091104_ge.html, (Epistula CLXXXVIII,1: PL 182, I, 353) (27.06.2013).

nete man sich mit dem Entstehen der Universitäten einer Denkweise, die »fides et ratio« im philosophisch-theologischen Studium miteinander zu verbinden versuchte. Charakteristisch blieb für die Zisterzienserklöster als »Schulen der Liebe«, dass sie dem bernhardinischen Erbe der monastischen Erfahrung treu blieben, ihre Weisheit und Erkenntnis aus der Lectio Divina zu schöpfen. Entsprechend dazu kann der Zugang vom hl. Bernhard zur Natur genannt werden, den er in einem Brief an Henricus Murdac formuliert hat: »Glaube dem, der es erfahren hat.«[2]

Der Benediktiner Dom Jean Leclercq († 1993) hat in seinem Standardwerk »Wissenschaft und Gottverlangen« miteinander verbunden. Dies entspricht auch der Intention von Papst Benedikt XVI. in seiner großen Ansprache im Collège des Bernardins in Paris im September 2008. Im Jahr zuvor besuchte Papst Benedikt unsere Abtei Heiligenkreuz mit unserer Phil.-Theol. Hochschule, die seit 2007 seinen Namen trägt. Auch hier forderte er die Mönche auf, sich einer monastischen Theologie verpflichtet zu wissen, die eine wichtige Ergänzung der universitären Theologie darstellt. Beide zusammen haben nach der Auffassung von Papst Benedikt »das Ganze der abendländischen Theologie gestaltet«[3]. Sein Anliegen ist die Verbindung von »wissenschaftlicher Theologie« und »gelebter Spiritualität«: »Gott ist ja nie bloß Objekt der Theologie, er ist immer zugleich ihr lebendiges Subjekt. Christliche Theologie ist auch nie eine bloß menschenförmige Rede über Gott, sondern sie ist immer zugleich der Logos und die Logik, in der Gott sich zeigt. Darum sind wissenschaftliche Intellektualität und gelebte Frömmigkeit zwei Elemente des Studiums, die in unaufgebbarer Komplementarität aufeinander angewiesen sind.«[4]

In einem Dreischritt will ich mich dem Thema »Monastische Theologie und Kontemplation – Gotteserkenntnis und Glaube als Antwort auf die Sinnkrise im 21. Jahrhundert« widmen. Erstens: Monastische Theologie als Begegnung mit dem lebendigen Wort Gottes und dem Zeugnis der Väter. Zweitens: Kontemplation als Anbetung des Dreieinigen Gottes durch die Liturgie der Kirche. Drittens: Glauben als Antwort auf die Sinnkrise.

---

[2] Ep. 106,2 (7,266,2 ff.): Experto crede: aliquid amplius invenies in silvis quam in libris. Ligna et lapides docebunt te, quod a magistris audire non possis. Annon putas posse te sugere mel de petra oleumque de saxo durissimo ? Annon montes stillant dulcedinem et colles fluunt lac et mel et valles abundant frumento? Vgl. Ulrich Köpf, Religiöse Erfahrung in der Theologie Bernhards von Clairvaux, Tübingen 1980, 46.

[3] Vgl.   http://www.vatican.va/holy_father/benedict_xvi/speeches/2011/june/documents/hf_ben-xvi_spe_20110630_premio-ratzinger_ge.html (27.06.2013).

[4] Papst Benedikt XVI., Verleihung des »Benedikt XVI.-Preises«, Donnerstag, 30. Juni 2011, http://www.vatican.va/holy_father/benedict_xvi/speeches/2007/september/documents/hf_ben-xvi_spe_20070909_heiligenkreuz_ge.html (27.06.2013).

II. Monastische Theologie als Begegnung mit dem lebendigen Wort Gottes und dem Zeugnis der Väter

Wie in der Einleitung bereits hingewiesen, widmeten sich die Mönche der Lectio Divina als einer erprobten und bewährten »Methode« der Gotteserfahrung. Der hl. Benedikt von Nursia hat der täglichen Lectio Divina zu bestimmten Zeiten im Tagesablauf ihren festen Platz gegeben. Für ihn war es entscheidend, dass die Mönche unter der Führung des Evangeliums die Wege Gottes gehen, damit sie würdig werden, den zu schauen, der sie in sein Reich berufen hat.[5] Er wusste, dass »Müßiggang der Feind der Seele ist«[6] und bestimmte deshalb in Kapitel 48 der Regel, welche Zeiten für die Handarbeit und welche für die Lesung einzuhalten seien. Außergewöhnlich streng bestimmte er sogar die Tageszeiten, in denen die Mönche »frei für die Lesung sind« (vacare lectioni).

Es ist bezeichnend für den hl. Benedikt, dass er im 48. Kapitel das Verbum »vacare« fünfmal verwendet. Für ihn bedeutete die Lectio Divina eine Begegnung mit Christus, der uns selbst in die Freiheit führt. Er wusste: Eine Vernachlässigung der Regel würde den Mönch wieder in die alte Sklaverei der Sünde zurückwerfen. Deshalb war für ihn die Lesung eine Pflicht, der sich niemand entziehen durfte. Der Zeitraum von zwei Stunden wurde in der Fastenzeit noch einmal aufgestockt auf drei Stunden. Dies entsprach der asketisch-monastischen Tradition, in der für die Lectio die ersten drei Stunden des Tages vorgesehen waren.

Die früheste Erwähnung der Lectio Divina finden wir bei Origenes in seinem Brief an Gregorius: »Widme dich der *lectio* der göttlichen Schriften; bemühe dich mit Beharrlichkeit darum. Beschäftige dich mit der *lectio* in der Absicht, zu glauben und Gott zu gefallen. Wenn du während der *lectio* vor einer verschlossenen Tür stehst, klopfe an, und es wird sie dir jener Wächter öffnen, von dem Jesus gesagt hat: »Der Türhüter wird sie ihm öffnen.« Wenn du dich auf diese Weise der *lectio divina* widmest, suche redlich und mit unerschütterlichem Gottvertrauen den Sinn der göttlichen Schriften, der sich in ihnen in reicher Fülle verbirgt. Du darfst dich jedoch nicht damit zufriedengeben, anzuklopfen und zu suchen: Um die Dinge Gottes zu verstehen, bedarfst du unbedingt der *oratio*. Gerade um uns dazu zu ermahnen, hat der Heiland zu uns nicht nur gesagt: »Sucht, und ihr werdet finden« und »Klopft an, und euch wird geöffnet werden«, sondern er hat hinzugefügt: »Bittet, und ihr werdet empfangen.«[7] Der Sinn der Heiligen Schrift öffnet

---

[5] Vgl. Regula Benedicti, Prolog Vers 21.
[6] Regula Benedicti, Kapitel 48,1.
[7] Vgl. Papst Benedikt XVI., Verbum Domini. Nachsynodales apostolisches Schreiben *Verbum Domini* seiner Heiligkeit Papst Benedikt XVI. an die Bischöfe, den Klerus, die Personen Gottgeweihten Lebens und an die christgläubigen Laien über das Wort

sich dem Leser im Lesen, indem er die Lectio nach Origenes mit dem Gebet verbindet. Auch Cyprian von Karthago hat in seinem Brief an Donatus die Lesung verbunden mit dem Gebet, das er als Kommunikation mit Gott versteht: »Deine ständige Beschäftigung sei das Gebet oder das Lesen (der Heiligen Schrift)! Rede du bald selbst mit Gott, bald lass Gott zu dir reden!«[8] In ähnlicher Weise sagt der hl. Kirchenvater Ambrosius, dass das »Gebet die Lesung der Heiligen Schrift begleiten muss, damit es zu einem Gespräch werde zwischen Gott und Mensch; denn ihn reden wir an, wenn wir beten; ihn hören wir, wenn wir die göttlichen Sprüche lesen«[9].

Dass das Wort Gottes nicht einfach nur Objekt unserer Betrachtung ist, sondern sich der Vater selbst in seinem Wort, das heißt in Jesus Christus den Menschen offenbart, als lebendiges Wort Gottes, das zu uns spricht, und dem wir antworten dürfen, formuliert die Offenbarungskonstitution des Zweiten Vatikanischen Konzils folgendermaßen: »In den Heiligen Büchern kommt ja der Vater, der im Himmel ist, seinen Kindern in Liebe entgegen und nimmt mit ihnen das Gespräch auf. Und solche Gewalt und Kraft west im Worte Gottes, dass es für die Kirche Halt und Leben, für die Kinder der Kirche Glaubensstärke, Seelenspeise und reiner, unversieglicher Quell des geistlichen Lebens ist. Darum gelten von der Heiligen Schrift in besonderer Weise die Worte: ›Lebendig ist Gottes Rede und wirksam‹ (Hebr 4,12), ›mächtig aufzubauen und das Erbe auszuteilen unter allen Geheiligten‹ (Apg 20,32; vgl. 1 Thess 2,13).«[10]

Die Lectio ist nicht dazu da, Wissen zu vermitteln, das heißt nur informativ zu sein. Sie ist als Lectio Divina Begegnung mit dem lebendigen Gott, von dessen Wort eine performative[11] Kraft ausgeht, entsprechend der Stelle aus Jesaja: »Denn wie der Regen und der Schnee vom Himmel fällt und nicht dorthin zurückkehrt, sondern die Erde tränkt und sie zum Keimen und Sprossen bringt, wie er dem Sämann Samen gibt und Brot zum Essen, so ist es auch mit dem Wort, das meinen Mund verlässt: Es kehrt nicht leer zu mir zurück, sondern bewirkt, was ich will, und erreicht all das, wozu ich es ausgesandt habe« (Jes 55,10-11).

Gottes im Leben und in der Sendung der Kirche, 30. September 2010, Nr. 86, auf: http://www.vatican.va/holy_father/benedict_xvi/apost_exhortations/documents/hf_ben-xvi_exh_20100930_verbum-domini_ge.html (27.06.2013).

[8] Brief »An Donatus«, Kapitel 15, auf: http://www.unifr.ch/bkv/kapitel2042-1.htm (27.06.2013).

[9] Dei Verbum 25.

[10] Dei Verbum 21.

[11] Vgl. Maximilian H. Heim, Offenbarung als lebendiges Wort Gottes – Wort des lebendigen Gottes. Die Verflechtung von Wort und Zeuge und Glaubensregel, in: Michaela C. Hastetter, Ioan Moga, Christoph Ohly (Hg.), Symphonie des Wortes. Beiträge zur Offenbarungskonstitution »Dei Verbum« im katholisch-orthodoxen Dialog, St. Ottilien 2012, 15.

Spätestens seit dem Mittelalter kennt die monastische Tradition eine vier-stufige Form der Lectio Divina. Guigo der Kartäuser hat in seiner Schrift *Scala claustralium* folgende vier Elemente dieser Form der Kommunikation mit Gott beschrieben: *lectio* (Lesung), *meditatio* (Meditation), *oratio* (Ge-bet), *contemplatio* (Kontemplation) – »Sucht in der Lesung und ihr werdet in der Meditation finden, klopft an im Gebet und euch wird geöffnet«[12].

Es sei an dieser Stelle nur streiflichtartig auf Besonderheiten dieser Ele-mente hingewiesen. Die Lectio wurde nicht selten halblaut gehalten als ein leises Rezitieren bzw. Murmeln; dadurch sollte nicht nur der Geist, das heißt der Intellekt, sondern der ganze Mensch mit seinen Sinnen vom Wort Got-tes erfasst werden, um das Wort selber zu verinnerlichen.

Unter *meditatio* verstand man eine Form der Wiederholung im Sinne der *ruminatio*, des Wiederkäuens. Wie Brot im Munde süß wird, wenn es lang genug gekaut wird, so sollte auch das Wort Gottes im Herzen des Lesenden durch die Wiederholung alle »Süßigkeit« in sich entfalten.

Die *oratio*, das Gebet, macht den Lesenden zu einem demütigen Bettler, der aus Erfahrung weiß, dass – wie Guigo der Kartäuser sagt – die Seele aus sich selbst heraus die ersehnte Süßigkeit nicht erreichen kann und »das Gott umso ferner scheint, je mehr sie das Herz erhebt. Daher erniedrigt sie sich und nimmt Zuflucht zum Gebet«[13].

In der Kontemplation überlässt sich die Seele schließlich dem Wirken des Heiligen Geistes, der mit einem unaussprechlichen Seufzen für sie eintritt. In dieser Haltung wird sie selbst zur Wohnung des Allerhöchsten und erfährt die reinigende und trennende Kraft des Wortes Gottes: »Selig, die ein reines Herz haben, denn sie werden Gott schauen« (Mt 5,8). Damit sind wir ange-langt im Zentrum der monastischen Existenz. Der Gott suchende Mönch findet Gott, indem er ihn anbetet in seinem Wort und in seinem Sakrament.

III. Kontemplation als Anbetung des Dreieinigen Gottes durch die Liturgie der Kirche

Im Psalm 119 heißt es »Siebenmal am Tag singe ich dein Lob ...«. Dieses Wort des Psalmisten ist für die monastischen Klöster bis heute eine verbindliche Weisung. Auch wenn in manchen Klöstern einzelne Horen zusammengelegt werden, oder privat verrichtet werden, so bleibt doch die Verpflichtung, den Dreifaltigen Gott zu bestimmten Stunden des Tages und der Nacht zu loben und zu preisen.

---

[12] Guigo der Kartäuser, *Scala claustralium*. Die Leiter der Mönche zu Gott. Aus dem Lateinischen übersetzt und eingeleitet von Daniel Tibi OSB, Traugott Bautz, Nord-hausen 2010, II (32 f.). Im Folgenden zitiert als *Scala claustralium*.

[13] *Scala claustralium*, 37.

152

Bei seinem Besuch in unserer Zisterzienserabtei Stift Heiligenkreuz hat Papst Benedikt XVI. darauf hingewiesen, dass die Mönche von Berufs wegen Betende sind. Seit der Väterzeit verglich man das Mönchsleben mit dem der Engel – »bios angelikos«. Papst Benedikt sagte damals: »Sie beten zuallererst nicht um dies oder jenes, sondern sie beten einfach deshalb, weil Gott es wert ist, angebetet zu werden. ›Confitemini Domino, quoniam bonus! Danket dem Herrn, denn er ist gütig! Denn seine Huld währt ewig‹, rufen viele Psalmen (z.B. Ps 106,1). Ein solches zweckfreies Gebet, das reiner Gottesdienst sein will, wird daher mit Recht ›Officium‹ genannt. Es ist der ›Dienst‹, der ›heilige Dienst‹ der Mönche. Er gilt dem dreifaltigen Gott, der über alles würdig ist, ›Herrlichkeit zu empfangen und Ehre und Macht‹ (Offb 4,11), da er die Welt wunderbar erschaffen und noch wunderbarer erneuert hat.«[14]

Jesus Christus, das Wort, das in der Fülle der Zeit im Fleisch erschienen ist, hat uns das Geheimnis des Dreifaltigen Gottes offenbart. Er ist das Ziel und die Erfüllung auch unserer menschlichen Existenz. Gerade im täglichen Offizium bezeugt eine monastische Gemeinschaft die Gottsuche als ihren Lebensinhalt. Papst Benedikt XVI. sieht darin einen Beweis dafür, dass »diese urmenschliche Sehnsucht nicht ins Leere geht. Gott, der Schöpfer, hat uns Menschen nicht in eine beängstigende Finsternis gesetzt, wo wir verzweifelt den letzten Sinngrund suchen und ertasten müssten (vgl. Apg 17,27); Gott hat uns nicht in einer sinnleeren Wüste des Nichts ausgesetzt, wo letztens nur der Tod auf uns wartet. Nein! Gott hat unsere Dunkelheit durch sein Licht hell gemacht, durch seinen Sohn Jesus Christus. In ihm ist Gott mit seiner ganzen ›Fülle‹ in unsere Welt eingebrochen (Kol 1,19), in ihm hat alle Wahrheit, nach der wir uns sehnen, ihren Ursprung und ihren Gipfelpunkt.«[15]

Ursprung, Quelle und Höhepunkt der Liturgie ist die Feier der Heiligen Eucharistie. Sie ist zugleich Ausdruck des bräutlichen Verhältnisses von Christus und Kirche. In der Eucharistie feiern wir die Communio mit dem auferstandenen Herrn, indem er uns in sein Opfer aufnimmt, durch das er den Vater verherrlicht im Heiligen Geist und dadurch die höchste Form der Anbetung dargebracht hat.

Im katholischen Glauben ist deshalb die Feier der Heiligen Messe die Vergegenwärtigung des Paschamysteriums Jesu Christi. Wie er beim Abendmahl durch die Wandlungsworte: »Das ist mein Leib, der für euch hingegeben wird«, »Das ist mein Blut, das für euch und für viele vergossen wird zur Vergebung der Sünden« bereits die Deutung des Karfreitags vorwegnimmt und vergegenwärtigt, so ist auch jede Eucharistie der Vollzug seines Auftrages: »Tut dies zu meinem Gedächtnis!« Es ist die Feier von Tod und

---

[14] Benedikt XVI., In visitatione Abbatiae »Heiligenkreuz«, in: AAS 99 (2007: 10), 853-854.
[15] Ebd., 854.

Auferstehung Jesu Christi wie wir nach der heiligen Wandlung beten: »Deinen Tod, o Herr, verkünden wir, und deine Auferstehung preisen wir, bis du kommst in Herrlichkeit.« In diesem Gebet, das alle Gläubigen nach der Wandlung sprechen oder singen, kommt auch der eschatologische Charakter der Eucharistiefeier zum Tragen: Sie ist der Ruf der Kirche »Maranatha – Komm, Herr Jesus« in der Erwartung des himmlischen Hochzeitsmahles, das er selbst für uns durch seine Erlösung bereitet hat. Deshalb ist Liturgie, wie es Joseph Ratzinger ausdrückt, »antizipierte Parusie«. Sie ist »das Hereintreten des ›schon‹ in unser ›noch nicht‹, wie es Johannes in der Erzählung von der Hochzeit zu Kana dargestellt hat: Die Stunde des Herrn ist noch nicht da, noch nicht ist alles erfüllt, was geschehen muss, aber auf die Bitte Marias – der Kirche – hin gibt er doch schon jetzt den neuen Wein, schenkt jetzt im Voraus schon die Gabe seiner Stunde«.[16]

In der Liturgie feiert die Kirche das, was sie selber ist. Sie tritt ein in die Wahrheit und Liebe, für die Christus sein Leben eingesetzt hat im Gehorsam gegenüber seinem Vater im Himmel. Deshalb tritt ihr Glaube heraus aus der »Autonomie des eigenmächtigen Denkens und Handelns« in das »*Extra nos* des Sakramentes, in das Ganz-Andere, d. h. in die *oratio* Christi«[17].

Um die monastische Existenz zu begreifen, ist es notwendig, sich von Christus umgestalten zu lassen, d. h. es geht um einen wahren Exodus aus dem Gebundensein an sich selbst, um Gabe Gottes zu werden entsprechend dem Wort des Apostel Paulus: »Nicht mehr ich lebe, sondern Christus lebt in mir« (Gal 2,2) und der Unterweisung Jesu: »Wer sich selbst verliert, wird das Leben finden« (vgl. Mt 16,24 ff.). Wer sich von dieser Dynamik der Bibel erfassen lässt, kann das Geheimnis des Glaubens begreifen lernen und sein eigenes Leben von Christus umwandeln lassen, sodass er selbst Leib Christi wird, den er empfängt. In dieser Gleichförmigkeit werden wir gleichsam blutsverwandt mit Christus[18].

Die Mönche, die seit alters her die Kontemplation in das Zentrum ihrer eigenen Existenz stellen, erfahren in der Anbetung die tiefste Vereinigung mit dem Herrn. Diese innige Beziehung wird im Lateinischen mit dem Wort »adoratio« wiedergegeben. Es besagt, dass ich in dieser Einung die Freundschaft Jesu annehme und sie durch die Kraft des Heiligen Geistes in Liebe

---

[16] Joseph Cardinal Ratzinger, In der Spannung zwischen Regensburger Tradition und nachkonziliarer Reform, auf: http://sinfonia-sacra.weebly.com/uploads/1/2/8/3/12837883/ratzinger_regensburger_tradition_und_nachkonziliare_reform.pdf (27.06.2013), 1 f.

[17] Maximilian Heinrich Heim, Joseph Ratzinger – Kirchliche Existenz und existentielle Theologie. Ekklesiologische Grundlinien unter dem Anspruch von Lumen gentium, Frankfurt am Main ²2005, 480.

[18] Vgl. Maximilian Heinrich Heim, Die Eucharistie in der Theologie Joseph Ratzingers. Das Schicksal der Kirche hängt von der Liturgie ab, von der rechten Weise, Gott zu verherrlichen, in: Die Tagespost (29.12.2012), Nr. 156 / Nr. 52 ASZ, 25.

beantworte. Denn wie unser Ordensvater der heilige Bernhard von Clairvaux sagt, muss die Liebe heimfließen zu ihrem Quell und aus ihm schöpfen, um immerfort strömen zu können.[19]

Diese Liebe hat die Gestalt des Kreuzes, d. h. sie ist vertikal – Zeichen der Gottesliebe – und horizontal – Zusammenfassung jenes Aktes der Nächstenliebe. Ihren Quellgrund hat sie dort, wo sich Horizontale und Vertikale schneiden im durchbohrten Herzen des Erlösers.

IV. Glauben als Antwort auf die Sinnkrise

Christus zu verkünden, und zwar als den Gekreuzigten, ist das bleibende Vermächtnis, das der Völkerapostel Paulus der Kirche aufgetragen hat. Im 1. Korintherbrief steht das bezeichnende Wort: »Ut non evacuetur crux Christi. Dass nicht das Kreuz Christi evakuiert werde.« (1 Kor 1,17). Je mehr die Menschen das Kreuz ablehnen, umso größer wird die Leere, in die sie zurückfallen. Die Orientierungslosigkeit in unserer Zeit steht also in einem signifikanten Zusammenhang mit der Ablehnung des Kreuzes Jesu Christi als Zeichen der Erlösung und Zeichen der Wiedergutmachung und Sühne. Es gibt keine Religion, in der sich Gott so sehr erniedrigt, dass er nicht nur unsere menschliche Natur angenommen hat in seinem Sohn, sondern zugleich auch bereit war, sein Leben am Schandpfahl des Kreuzes für uns hinzugeben. Das Kreuz wird so zum feurigen Wagen der Liebe entsprechend dem Wort des Origenes: »Wer mir nahe ist, ist dem Feuer nahe«[20]. In der Liturgie symbolisiert das erhöhte Kreuz den Sieg Jesu Christi über den Tod, die Sünde und den Teufel und leuchtet uns als Zeichen der Hoffnung voran. Es steht aber, wie es Joseph Ratzinger einmal ausgedrückt hat, »auch außerhalb der Stadt und des Tempels (Hebr 13,12) und umfasst gerade auch die Welt des Alltags, die Welt außerhalb des Heiligtums. Weil in der vom Kreuz geschenkten Relecture der Opfertraditionen der Menschheit Opfer und Liebe identisch werden, ist es zugleich höchste Liturgie, das heißt Angleichung des Menschen an den Gott, der die Liebe ist und konkreteste Wirklichkeit des Alltags. Dem Erlöser begegnet man in den Geringsten: im Gefängnis, am Krankenbett, in den Quartieren der Hungernden und Darbenden«. (vgl. Mt 25,31-46)[21]

---

19 Vgl. Bernhard von Clairvaux, Sämtliche Werke lateinisch/deutsch, Bd. VI, hrsg. von Gerhard B. Winkler, Innsbruck 1995, 610-619: 83. Predigt zum Hohenlied, hier 615: »Etwas Großes ist die Liebe, aber nur, wenn sie zu ihrem Urgrund zurückkehrt, wenn sie sich ihrem Ursprung wieder schenkt, wenn sie zu ihrer Quelle zurückfließt und von ihr immer empfängt, wovon sie ständig strömen kann.«

20 Joseph Ratzinger, Diener eurer Freude. Meditationen über die priesterliche Spiritualität, Freiburg i. Br. 1988, 34.

21 Ders., Theologie der Liturgie. Die sakramentale Begründung christlicher Existenz (Joseph Ratzinger, Gesammelte Schriften, Bd. 11), Freiburg i. Br. 2008, 700.

Die Worte Jesu: »Wer mein Jünger sein will, der verleugne sich selbst, nehme sein Kreuz auf sich und folge mir nach« (Mt 16,24) wie auch das Wort des Apostel Paulus: »Einer trage des anderen Last, so erfüllt ihr Christi Gesetz« (Gal 6,2) können also den Menschen aus seiner Ich-Verfangenheit befreien durch die Offenheit gegenüber der Einladung Jesu Christi, seinen Spuren zu folgen. Diese Form der Proexistenz hat in der monastischen Tradition ihre Wurzel im Beispiel der frühen Christen, die bereit waren, füreinander einzutreten, indem sie Hab und Gut miteinander teilten und sich gegenseitig so stützten, dass ihre Weggemeinschaft als Zeichen der Liebe missionarisch ihre Umgebung beeinflusste. »Seht, wie sie einander lieben«[22]. Dieses füreinander Eintreten ging bis zum Martyrium um des Glaubens willen.

Als im 4. Jahrhundert nach der konstantinischen Wende die systematische Christenverfolgung im Imperium Romanum ihr Ende fand, wollte das Mönchtum eine Form des Zeugnisses für Christus darstellen, in dem dieser Geist der Urkirche fortlebt durch die Hingabe des eigenen Lebens in der Befolgung der Evangelischen Räte. Sie suchten den Weg – wie es der heilige Benedikt von Nursia (* um 480, † 21.03.547) sagt – »der zum Leben führt« und bekamen dafür das geistige Rüstzeug. In Kapitel 4 der Regel des heiligen Benedikt beschreibt der Ordensvater diese Werkzeuge der geistlichen Kunst. Dazu gehören zuerst das Doppelgebot der Liebe, die Zehn Gebote, die Werke der Barmherzigkeit wie auch die Goldene Regel: »[...] keinem anderen antun, was man selbst nicht erleiden möchte«[23]. Ihren Höhepunkt haben diese Instrumente im prägnant formulierten Satz »Der Liebe zu Christus nichts vorziehen«[24] wie auch in der Weisung »[...] an Gottes Barmherzigkeit nie verzweifeln«[25]. Dass zu einem solchen Leben die Überwindung der eigenen Begehrlichkeit auch die entsprechende Askese gehört, drückt Benedikt dadurch aus, dass er der Askese einen breiten Raum einräumt, der die verschiedensten Lebensbereiche bestimmt: das Essen und Trinken, die Sexualität, den Schlaf, das Denken und Reden, das Schweigen und Sprechen. Der Mönch wird aber seiner Eigenverantwortung nicht einfach beraubt, sondern er selbst ist Fechter für sein Tun und Lassen und soll davon überzeugt sein, dass Gott an jedem Ort auf ihn schaut.[26]

Für den heiligen Benedikt ist eine solche Lebensweise Ausdruck des Glaubens und der konkreten Nachfolge Jesu, der arm, keusch und gehorsam gegenüber dem Vater in dieser Welt lebte und die Menschen zur Umkehr zu

---

[22] Vgl. Tertullian, Apologetikum oder Verteidigung der christlichen Religion und ihrer Anhänger, Kapitel 39,7, auf: http://www.tertullian.org/articles/kempten_bkv/bkv24_08_apologeticum.htm (27.06.2013).

[23] Regula Benedicti, Kapitel 4,9.

[24] Ebd., 4,21.

[25] Ebd., 4,74.

[26] Vgl. ebd., 4,48-49.

Gott führen wollte. Betrachtet man diese Form des Mönchtums, so ist Glaube in dieser frühen Zeit nicht zuerst die Frage nach der *fides quae*, d. h. nach dem Inhalt des Glaubens, der durch das Credo der Kirche als selbstverständlich angenommen wurde. Glaube ist vielmehr die Antwort des Mönches auf Gott. Er, der das Ohr des Mönches wachruft, auf sein Wort zu hören: »Verleih deinem Knecht ein hörendes Herz« (1 Kön 3,9). Diese Bitte des jungen Salomo ist auch heute »das Eingangstor der Nachfolge«[27]. Es geht im Mönchtum um einen Glauben, der sich dem offenbarenden Gott anvertraut. In unserer Gegenwart ist Glaube deshalb zuerst persönliche Bindung an Gott und an das größere *Wir* der Kirche, von der das *Ich* des Einzelnen den Glauben empfängt. Für den Mönch bedeutet also Glaube zunächst Freundschaft mit Gott. Er ist berufen, aus der täglichen Begegnung mit ihm im Wort und Sakrament seine Gegenwart in dieser Welt zu bezeugen und »in seiner Liebe zu bleiben« (vgl. Joh 15,9). Damit wird er, wie auch ein Kloster als Ganzes, zum prophetischen Zeichen in einer Welt, die der transzendenten Wirklichkeit in unserer säkularisierten Gesellschaft von heute oft gleichgültig gegenübersteht. Er wird zu einem sehenden Wächter, der auf die Frage, die bereits der Prophet Jesaja stellt: »Wächter, wie lange noch dauert die Nacht?«, die hoffnungsvolle Antwort gibt: »Es kommt der Morgen, es kommt auch die Nacht. Wenn ihr fragen wollt, kommt wieder und fragt!« (Jes 21,11-12). Auf diese Weise ist die monastische Berufung immer auch eschatologisch zu verstehen. Sie vertraut darauf, dass der Herr wiederkommt und dass der Mönch durch die wache Nüchternheit dem kommenden Herrn entgegengeht. Seine Seele ist ausgespannt auf das österliche Licht Christi. In diesem Sinn ist die *conversio*, die Umkehr zum Herrn, der Glaubensakt schlechthin, der sein ganzes Leben prägt und verwandelt.

Wie Kardinal Kurt Koch sagt, bedeutet das hörende Herz im Kern: »›Aug in Aug‹ mit Gott leben und im Dienst seiner Botschaft stehen«[28]. In dieser Haltung ist die monastische Existenz nicht nur christusförmig, sondern auch zutiefst marianisch. Maria ist »jene glaubensstarke Frau, die für das Wort Gottes ein so sehr hörendes Herz hatte, da sie selbst der Menschheit das Wort Gottes geboren hat«[29].

Eine solche Wachheit haben wir in der Gegenwart nötiger denn je. Es geht hier um die Würde des Menschen, der zur Gemeinschaft mit Gott berufen

---

[27] Achim Buckenmaier, Einführung, in: Michaela Christine Hastetter, Helmut Hoping (Hg.), Ein hörendes Herz. Hinführung zur Theologie und Spiritualität von Joseph Ratzinger/Papst Benedikt XVI., Ratzinger-Studien Bd. 5, Regensburg 2012, 14.

[28] Kardinal Kurt Koch, Ein hörendes Herz haben. Zum prophetischen Auftrag in der Kirche, in: Michaela Christine Hastetter, Helmut Hoping (Hg.), Ein hörendes Herz. Hinführung zur Theologie und Spiritualität von Joseph Ratzinger/Papst Benedikt XVI., Ratzinger-Studien Bd. 5, Regensburg 2012, 175.

[29] Ebd., 176.

ist: »[...] er existiert nämlich nur, weil er, von Gott aus Liebe geschaffen, immer aus Liebe erhalten wird; und er lebt nicht voll gemäß der Wahrheit, wenn er diese Liebe nicht frei anerkennt und sich seinem Schöpfer anheimgibt«[30].

Wie der Katechismus der Katholischen Kirche schreibt, kann diese Verbindung mit Gott »vom Menschen vergessen, verkannt, ja ausdrücklich zurückgewiesen werden. Solche Haltungen können verschiedenste Ursachen haben: Auflehnung gegen das Übel in der Welt, religiöse Unwissenheit oder Gleichgültigkeit, irdische Sorgen und Reichtum, schlechtes Beispiel der Gläubigen, religionsfeindliche Denkströmungen und schließlich die Neigung des sündigen Menschen, sich aus Angst vor Gott zu verbergen und vor dem Ruf des Herrn zu fliehen«[31].

Glaube als Antwort auf die Sinnkrise bedarf also des »marianischen Feuers«[32], wie es Papst Benedikt XVI. formulierte: »Wo Maria ist, da ist das Urbild der Ganzhingabe in der Christusnachfolge. Wo Maria ist, da ist das pfingstliche Wehen des Heiligen Geistes, da ist Aufbruch und authentische Erneuerung«[33]. Damit wird der Glaube zu einer Gewissheit, dass ohne Gott das ganze Sein des Menschen ins Nichts fällt.[34] Deshalb ist heute monastisches Leben auch immer verbunden mit dem missionarischen Impuls, den Menschen, die noch nicht glauben, hoffen, lieben und Gott nicht anbeten, durch das eigene Leben das Licht des lebendigen Gottes aufleuchten zu lassen.

V. Schluss

»Monastische Theologie und Kontemplation – Gotteserkenntnis und Glaube als Antwort auf die Sinnkrise im 21. Jahrhundert«: Dieses Thema konnte hier nur streiflichtartig beleuchtet werden. Je mehr die Menschen sich in der Postmoderne verabsolutieren, umso mehr vereinsamen sie. Sie lösen sich aus dem Lebensstrom der Gemeinschaft mit Gott und ihrer natürlichen Beziehungen. Der jüdische Religionsphilosoph Martin Buber sprach schon 1953 in seinem Buch »Gottesfinsternis« davon, »dass etwas zwischen unsere Existenz und die seine treten kann wie zwischen Erde und Sonne«[35]. Wir erleben heute, wie es Papst Benedikt am 28. Juni 2010 in St. Paul vor den Mauern formulierte, eine fortschreitende Säkularisierung der Gesellschaft und eine Art »Finsternis des Sinnes für Gott«[36]. Deshalb ist der Blick auf Gott, der uns

---

[30] Gaudium et spes 19,1.

[31] Katechismus der Katholischen Kirche Nr. 29.

[32] Benedikt XVI., In visitatione Abbatiae »Heiligenkreuz«, in: AAS 99 (2007: 10), 857.

[33] Ebd., 858.

[34] Vgl. Gaudium et spes 36.

[35] Martin Buber, Gottesfinsternis. Betrachtungen zur Beziehung zwischen Religion und Philosophie, Zürich 1953, 150.

[36] Papst Benedikt XVI., auf: http://www.vatican.va/holy_father/benedict_xvi/homilies/2010/documents/hf_ben-xvi_hom_20100628_vespri-pietro-paolo_ge.html

bisweilen noch dunkel erscheinen mag, entscheidend in einer Zeit, in der sich »Atheismus, Relativismus und Pluralismus wie eine lichtabsorbierende Mondkugel vor das Licht des einzigen Retters Jesus Christus geschoben und den Glaubenssinn in Europa verdunkelt haben«[37]. In einer Vorahnung dieser Situation erinnerte das Zweite Vatikanische Konzil in seinem Dekret über die zeitgemäße Erneuerung des Ordenslebens die Gottgeweihten daran, sich bewusst zu bleiben, dass sie »vor allem einem göttlichen Ruf geantwortet haben« und dadurch »auch der Welt entsagt haben, um allein Gott zu leben; denn sie haben ihr ganzes Leben seinem Dienst überantwortet«[38]. Bei seinem letzten Besuch in Deutschland mahnte Papst Benedikt, sich nicht der Welt anzugleichen: »Um ihrem eigentlichen Auftrag zu genügen, muss die Kirche immer wieder die Anstrengung unternehmen, sich von dieser ihrer Verweltlichung zu lösen und wieder offen auf Gott hin zu werden. Sie folgt damit den Worten Jesu: ›Sie sind nicht von der Welt, wie auch ich nicht von der Welt bin (Joh 17,16)‹«[39].

Bei der oben erwähnten Ansprache am 28. Juni 2010 kündigte Papst Benedikt die Gründung eines neuen Rates zur Förderung der Neuevangelisierung an. Michaela Christine Hastetter weist darauf hin, dass diese Ankündigung im Beisein von Vertretern der Ökumene geschah, insbesondere des Ökumenischen Patriarchen Bartholomaios: »Auf diese Weise wurde die Ostkirche gleich zu Beginn in diese neue Intervention einbezogen«[40]. So wird die ökumenische Komponente in der Frage der Neuevangelisierung eine beträchtliche Rolle spielen. Es geht darum, die Bitte Jesu an den Vater ernst zu nehmen: »Alle sollen eins sein: Wie du, Vater, in mir bist und ich in dir bin, sollen auch sie in uns sein, damit die Welt glaubt, dass du mich gesandt hast« (Joh 17,21). In der Wüste unserer gegenwärtigen Zeit können so gerade auch die Klöster im Osten wie im Westen Pflanzstätten des Glaubens

---

(27.06.2013).

[37] Michaela C. Hastetter, Intervention in Zeiten der Gottesfinsternis. Zum Programm der Neuevangelisierung Europas bei Benedikt XVI., in: Michaela Christine Hastetter, Helmut Hoping (Hrsg.), Ein hörendes Herz. Hinführung zur Theologie und Spiritualität von Joseph Ratzinger/Papst Benedikt XVI., Ratzinger-Studien Bd. 5, Regensburg 2012, 122. Vgl. Benedikt XVI., Ansprache an die Teilnehmer der Vollversammlung des Päpstlichen Rates zur Förderung der Neuevangelisierung (30. Mai 2011), in: OR(D) Nr. 23 vom 10. Juni 2011, 12.

[38] Perfectae caritatis, 5.

[39] Papst Benedikt XVI., Ansprache Seiner Heiligkeit Papst Benedikt XVI. an engagierte Katholiken aus Kirche und Gesellschaft, in: Verlautbarungen des Apostolischen Stuhls (Nr. 189), hrsg. vom Sekretariat der Deutschen Bischofskonferenz, Bonn 2011, 148.

[40] Michaela C. Hastetter, Intervention in Zeiten der Gottesfinsternis. Zum Programm der Neuevangelisierung Europas bei Benedikt XVI., in: Michaela Christine Hastetter, Helmut Hoping (Hg.), Ein hörendes Herz. Hinführung zur Theologie und Spiritualität von Joseph Ratzinger/Papst Benedikt XVI., Ratzinger-Studien Bd. 5, Regensburg 2012, 139.

werden, geistige Biotope, in denen sich der pfingstliche Beistand des Vaters manifestiert mitten in der Gebrochenheit menschlicher Existenz.[41] Durch dieses Licht wird der Verstand erleuchtet, um die Wahrheit des Glaubens, die sich in Jesus Christus offenbart hat, zu suchen und zu finden. Somit versöhnt sich der Ansatz des hl. Anselm von Canterbury: »Neque enim quaero intelligere ut credam, sed credo ut intelligam«[42] »Denn ich suche nicht zu erkennen, damit ich glaube, sondern ich glaube, damit ich erkennen kann« mit der monastischen Suche nach Gott, die gemäß Deuteronomium 6,5 »mit ganzem Herzen, mit ganzer Seele und mit ganzer Kraft« die ganze Existenz des Menschen in Anspruch nimmt.

---

[41] Ebd., 146.
[42] Anselmus Cantuariensis Proslogion, auf:
http://www.thelatinlibrary.com/anselmproslogion.html (27.06.2013).

Die Anbetung des wahren Gottes: das Herzensgebet als Glaubensbekenntnis im säkularen Umfeld

Abt Protosingel Dr. Nectarie Petre,
Kloster Crasna, Erzbistum Bukarest (Rumänien)

Das vom frühen Mönchtum schon ausgeprägte Herzensgebet oder Jesusgebet ist eines der bedeutendsten und wichtigsten Gebete der christlichen und insbesondere der ostkirchlichen Spiritualität. Die bekannteste Form lautet *»Herr Jesus Christus, Sohn Gottes, erbarme dich über mich Sünder!«* In dem Buch *»Aufrichtige Erzählungen eines russischen Pilgers«* wird die Praxis dieses Gebets ausführlich geschildert. Deutschsprachige Literaturhinweise am Ende des Beitrags. [J. H.]

Einführung

Über das Gebet kann aus ganz verschiedenen Blickwinkeln geschrieben werden. Ohne Anspruch auf Vollständigkeit seien hier die pastorale Perspektive, die Perspektive der Dogmen, die einen Zugang zum Thema aus Sicht der christlichen Lehre bedeuten würde, sowie die mystische Perspektive genannt, was nicht nur die Wiederaufnahme der asketischen Lehren über die Praxis des Gebets beinhaltet, sondern auch das Filtern des Gebets durch die eigene Erfahrung. Im Sinne der kulturellen Fragestellungen, denen wir sowohl in der akademischen Welt wie auch im ständigen Dialog der Kirche mit der Gesellschaft begegnen, kann hier mit der kulturellen eine weitere Perspektive genannt werden; dies wird auch unser Ausgangspunkt sein. Daraus ergeben sich grundsätzlich und im Wesentlichen zwei Fragen. Die erste Frage stellt sich dahingehend, was das Herzensgebet in der heutigen Welt ausrichten kann, die zweite Fragestellung gilt der Frage nach der Möglichkeit, im alltäglichen Leben von heute überhaupt das Herzensgebet praktizieren zu können, also danach, ob und wie der Mensch in der Lage ist, unter dem Druck und unter den Bedingungen der Wirklichkeit dieser Welt, die auf ihm lasten, den Zustand unablässigen Gebets überhaupt zu erreichen und aufrechtzuerhalten.

Die Anbetung Gottes und die Hierarchie des Kosmos

Die Anbetung Gottes ist die höchste Form der Verehrung, zu der die Menschen gerufen sind. Dies im Unterschied zur heidnischen Antike, als die Anbetung der Götter eine rein ritualisierte Form ohne geistlichen Inhalt in dem Maße war, wie ihn die Anbetung Gottes hat, die Christen heute Gott entgegenbringen. Die Anbetung Gottes als höchste Form der Verehrung erniedrigt den Menschen Gott gegenüber nicht und inkorporiert ihn nicht in die göttliche Natur, um seine Individualität aufzulösen, sondern ruft ihn zu einer Mitwirkung und Teilhabe am göttlichen Leben, am Leben der Heiligen Trinität jenseits der Zeit. Die Beziehung zwischen Mensch und Gott, zwischen dem Geschöpf und seinem ungeschaffenen Schöpfer, kann in ihrer ganzen Dimension nur durch das Prisma der Anbetung verstanden werden, die der Mensch Gott schuldet, also der Rückkehr des Erstgeschaffenen zum Ursprung, zum Urgrund der Schöpfung, zu Dem, der *Schöpfer* von allem und *Allwissend* ist. Aufgebaut auf den Dimensionen des Wahren, des Wirklichen und der Wahrheit, erfüllt der Mensch in der Anbetung Gottes einen ersten Akt des Tuns der Wahrheit – und zwar die Allmacht, Allwissenheit, Allbarmherzigkeit Gottes anzuerkennen; er setzt so für sich eine Ordnung im Wesen aller Dinge fest und eine Hierarchie der Werte im sichtbaren Universum, die er gleichzeitig der Hierarchie der Werte in der unsichtbaren Welt unterordnet.

Die Verehrung Gottes ist somit die Achse der Welt, um die sich theoretisch jedes menschliche Handeln zu drehen hat, außerdem der Anhaltspunkt und das Kriterium, nach dem jedes Urteil zu Werten dieser Welt sich auszurichten hätte.

Die letzte große geistliche Synthese der byzantinischen Theologie, der Hesychasmus[1], ist eine Frömmigkeitsbewegung, in der die Gebetspraxis die subtilsten Formen bekommen hat; durch die synthetisierende Bemühung des heiligen Gregorios Palamas († 1359) erhielt das Verrichten dieses Gebets auch eine solide lehrmäßige Grundlage als Frucht aus der jahrhundertelangen Erfahrung der Anachoreten im byzantinischen Raum.

Das Gebet – eine einzigartige persönliche Erfahrung

Über das Gebet zu sprechen ist nicht leicht, vor allem wenn der, der darüber spricht, will, dass seine Rede authentisch ist. Dies wird in erster Linie ein Mitteilen der eigenen Erfahrung, was nicht leicht zu verwirklichen ist. Über sich selbst in einem so vertraulichen Bereich zu sprechen, kann Gefahren

---

[1] Vgl. deutsche Literaturhinweise am Ende des Artikels [*J. H.*].

in geistlicher Hinsicht in sich bergen. In der mystischen Literatur[2] wird nur sehr verhüllt und in sehr indirekten Begriffen gesprochen, in symbolischen Begriffen, die nicht selten in eine gewisse Mehrdeutigkeit gehüllt sind.

Die wahre Anbetung Gottes beginnt im Moment des Gebets, und die »Kunst der Anbetung Gottes« ist die »Kunst des Gebets«, sagt der heilige Theophan der Klausner (1815-1894).

Die Praxis des Gebets ist also eine ganz persönliche, gleichzeitig aber eine Erfahrung, die Gemeinsamkeiten aufweisen kann mit dem, was in der mystischen Literatur (in den mystischen Schriften) steht, wobei jeder aus seinem vertraulich Erlebten der universalen Erfahrung des Gebets neue Elemente hinzufügt, die durch die Individualität und Einzigartigkeit der je eigenen Gottesbeziehung gegeben sind.

Wenn wir über die Verehrung Gottes sprechen, dann sprechen wir implizit von der Zeit, die wir Gott in unserem persönlichen Gebet zugestehen. Sehr häufig verstecken wir Menschen uns hinter *der modernen Ausrede schlechthin* unseres Jahrhunderts, in dem wir leben, und zwar keine Zeit zu haben. Das Gebet ist der Zustand, in dem der Mensch seinen Verstand von der Erde zum Himmel hin umorientiert; nur das Gebet kann den Menschen bis zum Thron Gottes emporheben, nur das Gebet erreicht und übersteigt den Himmel und stellt die Verbindung und die Einheit zwischen Geist und Materie her. Eine Grundüberzeugung zum heiligen Gebet ist, dass das Gebet durch keine andere Handlung und nichts anderes überhaupt ersetzt werden kann. Die Tugend der Wachsamkeit und das Gebet sind zwei geistliche Waffen, die der Seele Flügel verleihen.

»Zu beten« bedeutet zunächst nichts anderes, als uns zu bestimmten Zeiten des Tages Gott zuzuwenden. Doch unser Herr Christus ermahnt uns im Heiligen Evangelium, »immerzu zu beten«[3], und auch der Apostel Paulus ermutigt die Thessalonicher, »unablässig zu beten«[4]. Wenn wir also diese Ermahnung der evangelischen Weisung ernst nehmen, *immerzu* und *unablässig* zu beten, dann erkennen wir, dass der Mensch, der nur dann betet, wenn er sich zum Gebet niederlässt, in Wirklichkeit überhaupt nicht betet.

Das Gebet ist die ständige Kommunikation mit Gott. Damit ein Mensch überhaupt beten kann, muss er Gott selbst wirksam wahrnehmen. Der Sinn des Herzensgebetes ist es, Christus allmählich immer vollständiger und auf vollkommenere Weise näherzukommen. Wenn der Mensch sich mit Gott dem Herrn vereint, wird sein innerer seelischer Zustand immer ehrlicher, also immer natürlicher.

---

[2] Sfântul Teofan Zăvorâtul (Hl. Theophan der Klausner), *Ştiinţa rugăciunii*, aus dem Russischen übers. von Adrian Tănăsescu-Vlas, Colecţia Povăţuitori duhovniceşti, Editura Sofia, 2012, S. 152.

[3] Lk. 18,1.

[4] 1. Thess. 5,17.

Genau diese Idee des inneren Wandels bringt den dazu, der wachsam ist und kämpft, sich von jedem »unnützen Geschwätz«[5] fernzuhalten.

Die Aufmerksamkeit für diese Begegnung hängt also von der Dankbarkeit dessen ab, der betet, was bedeutet, eins zu werden mit den anderen, die beten. Wenn wir uns immerzu auf die Begegnung mit Gott vorbereiten, dann wird unser Gebet rein und zu einem Modell der Nachfolge für den, der auf das Gleichwerden mit Dem hinzielt, zu Dem er betet. Bei denen, die sich dieses ständigen Dialogs bewusst sind, der sich aufbaut zwischen dem, der betet, und Dem, an Den sein Gebet sich richtet, stellt sich eine heilige Vertrautheit her; und wer dieses Gebet praktiziert, wünscht, das Geschenk und die Gabe dieses Dialogs nie mehr zu verlieren – alles verwandelt sich dadurch in eine ständige Aufmerksamkeit für Gott. Bei den Kirchenvätern finden wir indes sehr häufig die Verbindung zwischen der inneren Seelenruhe (*Hesychia*) und dem Dialog mit der Umwelt. Der heilige Isaak der Syrer (7. Jahrhundert) betont diese Verbindung und sagt: »Wer mit seinem Herzen im Reinen ist, mit dem sind auch Himmel und Erde im Reinen.«[6] So werden wir der Bedeutung des inneren Seelenfriedens gewahr für den, der betet.

Das Gebet – ständiges Danken und Bekenntnis in der heutigen Welt

Der Mensch hat als von Gott aus Liebe erschaffenes Geschöpf die große Verpflichtung gegenüber seinem Schöpfer, Ihm in jedem Moment zu danken für das Geschenk der Schöpfung und seiner eigenen Existenz. Im Unterschied zu den anderen Geschöpfen, die nur durch das Wort »es werde« des Schöpfers erschaffen wurden (vgl. Gen. 1), erscheint der Mensch als Mitte der sichtbaren und unsichtbaren Schöpfung, als Krone all dessen, was Gott aus Liebe erschaffen hat (Gen. 2,7). Weil dem Menschen das Privileg zuteilwurde, auf dem Höhepunkt der Schöpfung auf trinitarischen Ratschluss hin geformt worden zu sein, hat der Mensch auch die heilige Pflicht gegenüber dem Schöpfer, der ihn erschaffen hat, dem immerzu zu danken, der ihn geformt hat. Nach dem gesamten patristischen Denken der Kirchenväter äußert der Mensch diese ständig geschuldete Grunddankbarkeit gegenüber Gott durch sein unablässiges Gebet.

Die Grundhaltung des Gebets zu Gott ist die Dankbarkeit als anhaltender und permanenter Dauerzustand. So wie die Verehrung in der Kirche Christi nicht als eine blinde Unterwerfung als Folge einer instinktgeleiteten Furcht vor der Gottheit verstanden werden kann, die ihre Autorität gewaltsam äußert, kann auch dieses Danken im Gebet nicht als ein Handeln verstanden

---

[5] J. G. Guy, »*Un entretien monastique sur la contemplation*« (N° 18-22)«, in: *Recherches de sciences religieuses* 50, 1962, S. 230 ff.

[6] *Œuvres spirituelles*, »*30ème discours*«, Les Editions Desclée de Brouwer,1981, S. 189.

werden, das nur zur Befriedigung des Dünkels dieser Gottheit dienen soll, sondern ist als Zustand ständiger Gemeinschaft (Koinonia, Communio) und der Anerkennung der privilegierten Herkunft der menschlichen Natur zu verstehen. Der Mensch muss gegenüber Gott dankbar sein und in seinem Gebet ehrlich und nicht pharisäisch, förmlich und oberflächlich, sondern authentisch sein. Und das Gebet muss beim Menschen vom bloßen Aussprechen zur Lebenshaltung werden und übergehen.

In der heutigen Welt ist es ein Bekenntnisakt, dankbar zu beten, vor allem aber betend zu danken, denn dieses Danken hat mehr oder weniger direkt ein Subjekt und ein Ziel: Gott den Herrn, den Allerschaffer und Allerhalter. In der heutigen Welt ist die Authentizität der Verbindung mit Gott häufig entweder von einem schrecklichen Atheismus zerstört oder verflüchtigt sich durch die Aussagen und den Einfluss von Philosophen und rationalistischen Kommentaren, deren Zahl genauso erschreckend ist. Der bloß äußerlich-öffentliche Dank im Gebet kann nicht wirklich authentisch sein, sondern der Dank geschieht im vertraulichen Gebetsakt des Einzelnen, zu dem wir als Gläubige alle gerufen sind. Und dieser Dank ist eine Säule, die der Welt Halt gibt und die in erster Linie von denen getragen wird, die auf besondere Weise zum Beten berufen sind, und zwar dem Mönchsstand. Wobei der Dank im Gebet ein ständiger Antrieb in der ganzen Kirche ist, eine Haltung, zu der wir alle gerufen sind, ein kontinuierlicher Appell.

Ein Beginn vor dem Herzensgebet

Meistens orientieren wir uns in unserem geistlichen Leben und bei unserem geistlichen Aufstieg an dem Modell des Gebetes in festen Formen und lassen uns davon leiten. Solche sind etwa das Vaterunser wie auch andere Gebete, die wir in unseren Gebetbüchern finden und die die Christen in ihrem täglichen geistlichen Kampf verwenden. Generationen von Christen fanden zum Heil beim Beten dieser Gebete. Und besonders ist dabei, dass deren Inhalt und Texte auch für die Christen von heute gleich geblieben sind.

Dieses Gebet »in fester Form« ist ein Anfang. Es markiert die Bemühung der Kirche um Bewahrung ihrer heilsnotwendigen Lehre in festen Formen, was auch eine katechetische Anstrengung zur Initiation der »Anfänger« im Gebet auf ihrem Weg zur Vertiefung und Vervollkommnung des Gebets bedeutet. Dieses Bemühen ist eine gewaltige Aufgabe und markiert vom Aspekt der Kontinuität und Nachhaltigkeit. Es ist ein Anfang, doch beweist dieses Gebet schon die Zugehörigkeit zum Glauben und zur Lehre der Kirche, die durch diese Gebetstexte durchscheint. In den Anfangsphasen noch gewissermaßen undurchlässig, überwindet der Text des Gebetes die Barrieren des Verstehens allmählich und wird zu einem Filter und Element eines dynamischen und lebendigen Glaubens, der die Grenzen der weltlichen Erkenntnis überschreitet, um in die Sphäre der authentischen Gotteserfahrung vorzudringen. Die Lauterkeit des Glaubens überschreitet die Ebene des Rationalen, denn durch die Askese aus dem Inhalt des Gebets gibt diese dem Gebetsleben Authentizität. Es ist sehr schwer, den subtilen Mechanismus zu erfassen, durch den der Gebetstext als Teil der pneumatischen Erfahrung der Kirche in dogmatischer Hinsicht zunächst konstruktiv und verwandelnd wirkt, bevor er seinen ureigentlichen Sinn erreicht, zum expressiven Motor des Dialogs mit Gott zu werden.

Der Akt des Gebets wird so zu einem Bekenntnisakt, der sich zwar im Vertraulichen äußert, aber mit weitreichender Bedeutung für die unsichtbaren Beziehungen des Menschen als Welt und Mikrokosmos zum Ganzen des Kosmos (als Makrouniversum). Auf der Grundlage dieser verwandelnden Katechese in der ureigenen Praxis der Kirche, dem Gebet, gründet auch die zeugnishafte Kraft der bekennenden Märtyrer und Frommen. Ihre Märtyrerakten sind nicht nur von der Kirche auf theoretischer Ebene zitierte Beispiele, sondern sie konstituieren *de facto* die Grundlage der Kirche und sind unerschöpfliche geistliche Reserven, deren Bedeutung nicht hoch genug einzuschätzen ist.

Das Herzensgebet und seine Praxis in unseren Tagen

Das Herzensgebet *Herr Jesus* ist eines der wichtigsten Elemente der orthodoxen Spiritualität. Dieses Gebet wird als ein *wertvoller Schatz* der ostkirchlichen Tradition betrachtet. Alle patristischen Schriften zum Herzensgebet unterstreichen, dass das Gebet keine isolierte Praxis sein darf, sondern von ehrlicher Askese, Reue und einem echten Wandel des Wesens begleitet sein muss, was die Kirchenväter *metanoia – Umkehr zu Gott* nennen. Das Herzensgebet kommt aus einer großen Tradition und trägt in sich den ganzen Reichtum der Orthodoxen Kirche.

Das geistliche Wesen dieses Gebets besteht, wie es von der patristischen Tradition ausgedrückt wird, im »Herabsteigen des Verstandes in das *Herz*«: was ich zunächst nur mit dem Verstand begreife, das verstehe, akzeptiere und erfasse ich später auch mit meinem ganzen Wesen, mit meinem *Herzen*, welches das existenzielle physische Symbol meiner ganzen Wahrnehmung ist. So wird aus dem nur gesprochenen Gebet das Gebet des Herzens.

Aus der Geschichte unserer Orthodoxen Kirche wissen wir, dass jene, die die Botschaft des Evangeliums verstanden haben, jenes Gebet gepflegt haben, das später Herzensgebet oder *Unablässiges Gebet* genannt wurde – *Herr Jesus Christus, Sohn Gottes, erbarme Dich über mich Sünder!* Wir können festhalten, dass dieses Gebet seine Blütezeit in der Epoche der Wüstenväter vom vierten bis zum sechsten Jahrhundert hatte, der Blütezeit des ostkirchlichen Mönchtums. Wenn wir auf die Blütezeit des Mönchtums der Alten

Kirche zu sprechen kommen, dann müssen wir auch an die Epoche vor dem Mailänder Edikt, das von Kaiser Konstantin erlassen wurde, erinnern. Diese Epoche war eine Phase der Versuchungen und des Kampfes. Die Athleten Christi, die Ihm gefallen, hatten und wussten den Herrn immer bei sich, und nur mit Seinem heiligen Namen haben sie in jenem geistlichen Kampf gesiegt, der ihnen und implizit der Kirche als Seinem mystischen Leib aufgetragen war.

Führten diese Epochen des Aussiebens des Glaubens in den Jahrhunderten der Verfolgung der Kirche zum Tod vieler Christen, dann müssen wir in diesem Beitrag doch auch an die Blütezeit der Kirche im 14. Jahrhundert erinnern, dem hesychastischen Jahrhundert *par excellence*, welches besonders vom heiligen Gregorios Palamas und dem heiligen Gregorios Sinaites geprägt war, die das Herzensgebet nicht nur selbst praktizierten, sondern auch Methoden zur Praxis dieses Gebets entwickelt haben. Wir sehen, dass in der Periode des Neohesychasmus viele dieses Gebet zu praktizieren wünschten und es über Jahrhunderte geistliche Lehrer gab, die es gelehrt haben, so dass es von Mentor zu Schüler weitergegeben wurde.

Wenn wir oben das 14. Jahrhundert als Jahrhundert des Hesychasmus *par excellence* bezeichnet haben, dann müssen wir auch das 17. Jahrhundert erwähnen, in dem vor allem im griechischen Raum der heilige Nikodemos vom Heiligen Berg Athos ein wesentlicher Förderer war und im rumänisch-slawischen Raum der heilige Vasile von Poiana Mărului und Paisij Veličkovskij von Neamț. Wir können der These einer Unterbrechung des Hesychasmus zwischen dem 14. Jahrhundert und dem 18. Jahrhundert nicht zustimmen, sondern können im Gegenteil eine Kontinuität des hesychastischen Gebets in den Rumänischen Fürstentümern beobachten.

Das Jesusgebet ist eine lebendige Tradition, die zu den Höhen des geistlichen Lebens führen kann; man muss sich nur für einen Moment mit dem Leben und den Schriften einiger russischer Heiliger aus dem 19. und 20. Jahrhundert beschäftigen, wie zum Beispiel des heiligen Serafim von Sarov, des heiligen Theophan des Klausners, Ignatie Briancianinov und Siluan vom Athos, um von der Bedeutung des Jesusgebetes in ihrem geistlichen Leben überzeugt zu werden.

Aus dem bisher Gesagten können wir festhalten, dass das Ziel des Praktizierens des Herzensgebetes auch heute erreicht werden kann, auch wenn das Jahrhundert der Säkularisierung, in dem wir leben, geistlich auf jeden von uns immer erstickend wirken kann. Im Blick auf das Praktizieren dieses Gebetes brauchen wir auf jeden Fall einen Seelsorger als geistlichen Vater und Berater. Und dieser wird, weil er selbst dieses Gebet praktiziert, nie belehrend auftreten. Dem, der wirklich und wahrhaftig danach trachtet, im Praktizieren dieses Gebetes angeleitet zu werden, wird Gott einen Berater zur Seite geben, um sich nicht zu täuschen in dem, was er wünscht und was er sucht. Wenn wir unserem geistlichen Vater und unserem Berater, den wir wählen, unser Herz und unsere Seele öffnen, dann tun wir nichts anderes, als Gott selbst einzuladen, in unser Leben einzutreten.

Gerade in unseren Tagen hat das Praktizieren des Herzensgebets wieder eine ganz neue Verbreitung gefunden, wie wir dies nicht nur in der orthodoxen Welt beobachten können, sondern auch bei Christen anderer Konfessionen im Christlichen Abendland.

Die Versuchungen des Gebets und der geistliche Kampf mit den Gedanken

Es ist wünschenswert, dass jeder, der dieses Gebet praktiziert, ein wenig dabei angeleitet und darin initiiert wird, um bestimmte Schlüsselelemente im Blick auf die Geschichte und die Praxis dieses Gebets zu berücksichtigen sowie bestimmten Hindernissen und Gefahren begegnen zu können, auf die man beim Praktizieren dieses Gebets treffen kann.

Wenn der Gläubige sich dessen bewusst ist, dass der Feind bestrebt ist, ihm seinen ganzen geistlichen Kampf in der Begegnung mit Gott madig zu machen, so muss er eine minutiöse Aufmerksamkeit auf den Kampf mit seinen inneren Gedanken verwenden, die ihn überreich bedrängen und sogar in die Hoffnungslosigkeit stürzen können. Man muss wissen, dass der Mensch auf jeden Fall in einen solchen Zustand der Hoffnungslosigkeit verfällt, wenn er nur mit seinen eigenen Kräften kämpft und nicht mit der Unterstützung Gottes. Wer seine Hoffnung auf Gott setzt, der wird mit Seiner Kraft siegen, und wenn er überwunden wird, dann wird er aufstehen und bis zum Ende von Neuem kämpfen.

Die Väter der *Philokalia* sprechen häufig von der Freude, die sich in der Seele dessen einpflanzt, der sich mit seinem ganzen Wesen darum bemüht und darauf ausrichtet, zu Gott zu gehören. Dieselben geistlichen Väter sprechen aber auch oft von dem Kummer und der Unruhe, die der Teufel in die Seele dessen pflanzen will, wenn auch nur temporär, der dieses Gebet *Herr Jesus Christus* betet.

Um dem Kollaps des fehlenden Gebets entgehen zu können, muss die Schau Gottes im Gläubigen gegenwärtig sein, wie Archimandrit Sofronie von Essex sagte, also reinen Herzens zu sein und Gott zu schauen (vgl. Mt. 5,8). Und wenn dies auch nicht sofort die mystische Schau Gottes ist, zu der wir nicht gleich gelangen, dann zumindest zuerst die intellektuelle Schau, also mit eigenen Augen aus intellektueller Sicht auf Gott zu schauen. Und für den heiligen Theophan den Klausner bedeutet dieses Bleiben in Gott, »den Verstand mit dem Herzen zu vereinen und darin zu verbleiben bis zum

Ende des Lebens«[7]. Wer betet, ob als Mönch oder als einfacher Christ, der will, dass dieser Zustand des Verweilens in der Gemeinschaft mit Gott nie unterbrochen wird, denn dieser Zustand stellt eine der größten Freuden dar, wenn wir beten.

Die heiligen Kirchenväter sagen uns auch, dass wir uns umso mehr als Sünder fühlen, je mehr wir uns Gott annähern. Dieses Bewusstwerden der eigenen Sündhaftigkeit schenkt dem Menschen die Tränen, die beim Gebet vergossen werden. Das Weinen wird ein geistliches Weinen, welches das Herz in Freude versetzt, und diese Freude ist ein Zeichen der Gegenwart des Kommens des Heiligen Geistes im Menschen[8].

Das Gebet erwärmt das Herz, das Herz erwärmt die Seele, die Seele behütet den Verstand, und der behütete Verstand kann, wie Vater Dumitru Stăniloae (1903-1993) sagte, auf die Höhe der Guten Werke steigen, wenn er der Wolke des Heiligen Geistes begegnet, den er angerufen hat im Gebet; und er wird dann verwandelt und denkt nicht mehr menschlich. Immer wenn ich Gott anrufe und Ihn zu mir rufe, habe ich ein Gebet verrichtet.

Das Herzensgebet als Antwort auf die Probleme der heutigen Welt

Das Herzensgebet ist also eine lebendige, wesentliche Synthese der Erfahrung der betenden Kirche, die auf der individuellen Ebene des einzelnen Gläubigen jeweils von jedem, der betet, wiederholt wird. Das Herzensgebet ist geradezu die unsichtbare Antwort der Kirche auf die Probleme der heutigen Welt, eine Energiequelle, die unvorhersehbare Lösungen vorgeben kann für scheinbar unvermeidbare Schwierigkeiten. Aufgrund seines vertraulichen, individuellen Charakters kann diese Antwort nicht öffentlich, affirmativ oder deklarativ sein, sondern ist eine Antwort, die auf einer gerade noch wahrnehmbaren Ebene jenseits jeder kulturellen oder individuellen Konfrontation operiert. Das Herzensgebet ist eine Antwort, die zum Wesentlichen findet und führt, die zu den Wurzeln zurückkehrt, die alle Denkmodelle der Welt, der Entwicklung der Zivilisation und in letzter Konsequenz auch die Probleme der »Gotteswahrnehmung« (oder grotesk formuliert »die Integration der Idee der Gottheit«) übersteigt.

Das Herzensgebet ist eine entschlossene und zeugnishafte Antwort auf die Desakralisierung der Welt als Konsequenz aus der Entfremdung des »zivilisierten« Menschen von Gott und Fortführung der adamitischen Wiedergeburt, die, auch wenn sie von der Menschwerdung des Erlösers getilgt wurde, doch die Geschichte der Menschheit bis zum *Eschaton* markiert hat.

---

[7] In Higoumène Chariton de Valmo, *L'Art de la Prière*, Abbaye de Bellefontaine (Spiritualité orientale N° 18), 1876, S. 81.

[8] Vgl. Diadoh al Foticei (Diadoch von Photike), *Capita de perfectione spirituali* LXXIII [FR 1, S. 367].

Das Herzensgebet steht für das Ideal der Vergöttlichung des Menschen und durch den Menschen auch die Vergöttlichung des Kosmos, der immer noch leidet unter dem fortwährenden Fall des menschlichen Wesens in die Sünde.

Das Herzensgebet macht das Unmögliche möglich und ist das Zeichen unserer Hoffnung, es konstituiert durch die Wirklichkeit seiner Authentizität unsere Berufung zu den höchsten Gipfeln der Teilhabe am trinitarischen Leben, zum Höhepunkt also, für den der Mensch geschaffen wurde. Das Streben nach der vollendeten Praxis dieses Gebets ist ein Akt des Bekenntnisses, ein Akt des Widerstands gegenüber einigen ideologischen Konstruktionen, die von ihrer eigenen Vorläufigkeit verwundet werden als Folge ihrer Erschaffung aus der Entfremdung des menschlichen Verstandes von Gott.

Fazit

Die Bekenntnisaspekte des Herzensgebets hervorzuheben ist nicht leicht, denn es geht dabei auch um indirekte Aspekte, die nicht vernachlässigt werden dürfen. Aus der sozusagen anfänglich »elementaren« Praxis dieses Gebets halten wir zunächst den verwandelnden Aspekt des Gebetes fest, das uns auf das Bekenntnis des Glaubens vorbereitet, und zwar nicht nur durch das Erlangen des rechten Glaubens, sondern ebenso durch die innere Verwandlung, die auch zu einer neuen Glaubens- und Lebenshaltung wird.

Wie der Schema-Priestermönch Ieronim von Solovăț sagt, ist das Herzensgebet eine Gabe Gottes und niemals ein Produkt des menschlichen Verstandes. Wer das Gebet auf den Lippen hat, steht in direkter Verbindung mit der Gnade Gottes. Diese Verbindung mit Gott gibt dem, der betet, ein inneres Gleichgewicht, denn es braucht nicht nur das eigene Bemühen, sondern stets auch die Gnade Gottes.

Das *Herzensgebet* oder *Jesusgebet* ist als Schärfung unseres eigenen Bewusstseins tatsächlich ein Gebet für unser Jahrhundert und unsere Zeit, das überall zugänglich ist, zu allen Zeiten und für alle. Die orthodoxe Tradition empfiehlt, dass das *Jesusgebet* in einem Umfeld praktiziert wird, das den, der es spricht und betet, auf entsprechende Weise unterstützt, einschließlich der Teilnahme am sakramentalen Leben der Kirche und des Zugangs zum Rat einer Person mit Erfahrung beim Praktizieren dieses Gebets.

Jeder, der Gott durch das Praktizieren des Jesusgebetes zu dienen wünscht, hat aufgrund dieses Gebetes die Möglichkeit, dies auch zu tun, auch ohne dabei zu ermüden, was dann auch auf den Verstand und die Sinne übergehen würde. Das Wesentliche an diesem Gebet besteht darin, die leidenschaftlichen Gedanken zu tilgen, die aus dem Herzen kommen, und gleichzeitig zu verhindern, dass in die Gedanken des Herzens noch leidenschaftliche Gedanken und Wünsche von außen eindringen; so soll der Verstand frei und motiviert werden, unablässig an Gott zu denken, der überall ist, ständig das Herzensgebet zu sprechen und sich nur darauf zu konzentrieren und es auch anstelle anderer Gedanken zu bevorzugen, die bisher wesentlich waren. Dies wird den Menschen allmählich zu dem führen, »was kein Auge gesehen hat und kein Ohr gehört hat und in keines Menschen Herz gekommen ist« (1. Kor. 2,9). Dadurch wird das Herz des Menschen zum Tempel der Heiligen Trinität (vgl. 1. Kor. 3,16).

Das Verrichten des Jesusgebets, das von den heiligen Vätern auch *Wachsamkeit* genannt wird, muss die Mitte des Lebens des Mönchs und des Christen bilden, denn wenn wir nicht stets an Christus denken, dann ist uns Erlösung unmöglich.

Ohne eine passive Haltung zu sein, so kann doch das Herzensgebet als die direkte Verbindung verstanden werden, die auf die Vergöttlichung der Welt hinzielt und auch die Um- und Rückkehr der menschlichen Existenz auf die ursprünglichen Gleise, so wie sie von Anbeginn an nach dem Ratschluss der Heiligen Trinität des Herrn geformt war.

Übersetzung: Jürgen Henkel (Selb-Erkersreuth)

Deutschsprachige Literaturempfehlungen [J. H.]:

Aufrichtige Erzählungen eines russischen Pilgers. Die vollständige Ausgabe, hg. und eingel. von Emmanuel Jungclaussen, Herder-Verlag, Freiburg/Basel/Wien 1993

Henkel, Jürgen/Wonner, Egon, *Die »Rumänische Philokalie« von Dumitru Stăniloae (1903-1993). Ansatz, Genese und Struktur eines epochalen Werkes der rumänischen orthodoxen Spiritualität*, in: Orthodoxes Forum/OFo 14. Jg./2000, S. 181-200

v. Lilienfeld, Fairy, Art. *»Hesychasmus«*, in: TRE 15 (1986), S. 282-289

Pichler, Amos, Art. *Jesusgebet*, in: LThK 5 (1996/2006), Sp. 846 f.

Theologie einer monastischen Spiritualität für das 21. Jahrhundert

P. Prof. Dr. theol. Dr. phil. Michael Plattig OCarm, Münster (Deutschland),
Philosophisch-Theologische Hochschule Münster

In der Zeitschrift »Psychologie heute«, einer allgemeinverständlich gehaltenen Zeitschrift für Psychologie und Psychotherapie, tauchen in den letzten 10 Jahren zunehmend Leitartikel zu Themen auf, die auch in der monastischen Tradition christlicher Spiritualität eine wichtige Rolle spielen.[1] Auf diesen christlich-abendländischen Hintergrund wird natürlich praktisch nicht verwiesen, wenn überhaupt, so werden Anleihen bei östlichen Religionen gemacht.[2] Dieser Beitrag will einen umgekehrten Weg versuchen, nämlich Themen monastischer Spiritualität in ihrer Relevanz für die Gegenwart darzustellen.

1. Sanftmut

Sanftmut gehört gegenwärtig nicht zu den erstrebenswerten Tugenden unserer Gesellschaft, sie passt scheinbar nicht zum gefragten Typ Mann oder Frau, der etwas voranbringt, etwas durchsetzt, aktiv und agil, sportlich und jugendlich ist.

Sanftmut wird leicht mit Schwäche assoziiert. Als Beispiel mag ein Gedicht von Heinz Ehrhardt dienen: »Voller Sanftmut sind die Mienen / und voll Güte ist die Seele, / sie sind stets bereit zu dienen, / deshalb nennt man sie Kamele.«[3]

In diesen Versen wird ein ganzes Bündel von Begriffen negativ konnotiert, neben Sanftmut auch Seelengüte und die Bereitschaft zum Dienst. Nun ist die Verwendung dieser Begriffe in einem frommen oder besser frömmlerischen Kontext wohl der Hintergrund des Spotts, und es ist zu konstatieren, dass auch der verzerrende Gebrauch dieser Begriffe im Rahmen von Kirche, Orden und Frömmigkeit wesentlich zu ihrer Entleerung beigetragen hat.

---

[1] Als Beispiele seien in Auswahl genannt: »Dankbarkeit« (2003), »Rituale« (2004), »Gelassenheit« (2004), »Charisma« (2005), »Mehr Respekt bitte« (2006), »Warum Reue ein nützliches Gefühl ist« (2007), »Loslassen« (2008), »Gelassen bleiben. Nutzen Sie die Macht Ihrer Gedanken« (2009), »Meditation« (2010), »Zu viele Sorgen? Wie sie quälende Gedanken in den Griff bekommen« (2011), »Mut zur Trauer« (2012), »Aberglaube« (2013).

[2] Z.B. »Achtsamkeit. Entdecken Sie die buddhistische Anti-Stress-Methode« (2008).

[3] http://www.spruechetante.de/sprueche-sammlung/index.php/voller-sanftmut-sind-die-mienen-von-heinz-erhardt/ [Stand: 28.4.2013]

Dabei eröffnet der Vergleich mit den Kamelen, der gemeinhin synonym für Beschränktheit und Dummheit gebraucht wird, durchaus einen Zugang zu Elementen des ursprünglichen Verständnisses von Sanftmut. Kamele sind genügsame und vor allem ausdauernde Tiere. Bei denen, die sie kennen oder auf ihre Hilfe angewiesen sind, bei den Nomaden der Wüste, sind es hochgeschätzte Tiere, denen so mancher Wüstenbewohner sein Leben verdankt.

Geduld, Ausdauer und erfahrene Hilfe sind die Stichworte, die auch in der Tradition mit der Tugend der Sanftmut verknüpft sind.

1.1 Sanftmut als Ziel des geistlichen Weges

Im alten Mönchtum, bei den Anachoreten der ägyptischen Wüste, gehörte die Sanftmut neben der Apatheia zu den wesentlichen Haltungen dessen, der als Abbas, als geistlicher Vater, von seinen Schülern um Rat und Weisung gefragt wurde.[4] Nach 1 Tim 6,11 gehört die Sanftmut zu den Tugenden, nach denen ein »Mann Gottes«, einer, der durch die Handauflegung den Geist empfangen hat und ihn daher auch weitergeben kann, streben sollte.

Johannes Cassian schreibt: »Von den Männern christlicher Wahrheitsliebe trafen wir unter anderen Abbas Daniel. Ohne Frage in jeder Tugend denen gleich, die in der Wüste Sketis lebten, war er doch besonders mit der Gnade der Demut geziert. Obwohl er jünger war als viele andere [Mönche], wurde er wegen seiner besonderen Reinheit und Sanftmut vom seligen Paphnutios, dem Priester der Mönchssiedlung in der Wüste, bevorzugt zum Dienst des Diakons erwählt.«[5] Amma Synkletika fordert: »›Ahme den Zöllner nach, damit du nicht zugleich mit dem Pharisäer verurteilt wirst (Lk 18, 10). Und des Moses Sanftmut erwähle dir, damit du dein Felsenherz zu Wasserquellen umwandelst.‹ (Ps 113,8)« (Synkletika 11) (Apo 902)[6].

Der zweite Begriff, Apatheia, beschreibt im Gegensatz zum modernen Verständnis von »Apathie« den Zustand dessen, der den Kampf mit den Lastern erfolgreich geführt hat und den Leidenschaften gegenüber frei ist. Apatheia meint gerade nicht Gefühllosigkeit oder Leidenschaftslosigkeit, sie meint den freien Umgang mit Gefühlen und Leidenschaften, die den Altvater zu einer Liebe befähigen, die sanftmütig und barmherzig sich selbst und den Bruder anschaut und so erst hilfreich sein kann. Mit Apatheia ist »we-

---

[4] Zur Geistlichen Begleitung im alten Mönchtum: Bäumer R. / Plattig M. Aufmerksamkeit ist das natürliche Gebet der Seele. Geistliche Begleitung in der Zeit der Wüstenväter und der personzentrierte Ansatz nach Carl R. Rogers – eine Seelenverwandtschaft?!, Würzburg 1998, bes. 17-128.

[5] Johannes Cassian, Coll. IV, 1; zit. n.: Johannes Cassian, Unterredungen mit den Vätern. Collationes Patrum, Teil 1, übers. u. erl. v. G. Ziegler, Quellen der Spiritualität 5, Münsterschwarzach 2011, 139.

[6] Alle Apophthegmata zitiert nach Miller B., Weisung der Väter, Trier ³1986; die erste Klammer bezieht sich auf die Zählung in PG 65,71-440, die zweite Klammer auf die Zählung von Miller.

der Unempfindlichkeit und Leidensunfähigkeit noch eine Ausrottung der Leidenschaften durch Willensakte oder Vernunfterwägungen gemeint, und auch nicht die stoische Apathie der unerschütterlichen Gelassenheit und Standhaftigkeit in den Stürmen des Lebens, sondern horchend-schauende und gelassene Offenheit für den zu vernehmenden Logos«[7].

Abbas Poimen stellt fest: »Den Nächsten zu belehren ist Sache eines gesunden und leidenschaftslosen [απαθούς] Menschen. Denn welch einen Sinn hätte es, das Haus des anderen zu bauen und das eigene niederzureißen?« (Poimen 127) (Apo 701). Apatheia wird mit leidenschaftslos übersetzt, was den Sinn nicht trifft, denn es geht nicht um Leidenschaftslosigkeit, sondern darum, mit den Leidenschaften umgehen zu können, von daher würde der griechische Begriff auch in der Übersetzung besser stehen bleiben.

Deutlich wird jedenfalls, dass Sanftmut wie Apatheia am Ende eines oft lange dauernden Prozesses der Selbst- und Gotteserkenntnis stehen und die Frucht ehrlichen Ringens mit sich selbst und mit Gott, die Frucht des Kampfes mit den Dämonen ist.

1.2 Sanftmut beschreibt eine Glaubenshaltung

Der Altvater ist sanftmütig geworden, weil er seinem Schatten und seiner Ohnmacht begegnet ist und darin Gottes Barmherzigkeit und Sanftmut erfahren hat.

Nach Evagrios Pontikos, so G. Bunge, ist Sanftmut »jene Form der Liebe, die den, der sie besitzt, dazu drängt, dem anderen Raum zu eigenem Sein zu geben – bis hin zur Selbstaufgabe. Im Umgang mit anderen äußert sich diese Sanftmut namentlich auch als Diskretion, als liebevolles Eingehen auf die Bedürfnisse und das Fassungsvermögen des anderen, der etwa um Rat fragt. Die sanftmütige Liebe ist das Tor der Erkenntnis der geschaffenen Natur und ihr eigenes Ziel ist die Erkenntnis Gottes selbst«.[8]

Die Haltung der Sanftmut entspricht also nicht einfach einem tugendhaften Leben, einem Bemühen um das rechte Tun, das rechte Maß, sondern ist Frucht eines geistlichen Weges, einer Anstrengung im Sinne der Bemühung um Selbst- und Gotteserkenntnis. Darüber hinaus ist sie als Frucht dieses Weges unverfügbares Geschenk Gottes. Andererseits ist sie aber auch Ausdruck einer Glaubenserfahrung, dass Gott den Menschen annimmt, dass Gott ihn immer wieder aufrichtet, wenn er in Sünde gefallen ist und dass es keine aussichtslose Situation für den Menschen, auch den gefallenen Menschen gibt, wenn er sich auf den Weg der Gottsuche einlässt.

---

[7] Wucherer-Huldenfeld A. K., Maskierte Depression und »Trägheit« in der klassischen Achtlasterlehre. Zur Aktualität der Frühgeschichte christlicher Spiritualität und Psychotherapie, in: Evangelische Theologie 57(1997), 338-363, hier 344.

[8] Vgl. Bunge G., Geistliche Vaterschaft. Christliche Gnosis bei Evagrios Pontikos, Regensburg 1988, 31.

1.3 Sanftmut und die Würde des Sünders

Im Brief an die Galater führt Paulus zu Beginn des 6. Kapitels aus: »Wenn einer sich zu einer Verfehlung hinreißen läßt, meine Brüder, so sollt ihr, die ihr vom Geist erfüllt seid, ihn im Geist der Sanftmut wieder auf den rechten Weg bringen. Doch gib acht, daß du nicht selbst in Versuchung gerätst. Einer trage des anderen Last; so werdet ihr das Gesetz Christi erfüllen.«(Gal 6,1f.)

Dieser Spur folgend beschäftigt sich Johannes Chrysostomus mit dem Zusammenhang von Sünde und Sanftmut. In seinem Kommentar zum Matthäusevangelium schreibt er: »Viele geben sich den Anschein, die Ehre Gottes zu wahren und gehorchen dabei nur ihren eigenen Leidenschaften, denen allen sie jedoch entsagen sollten. Gott, der Herr des Alls, könnte ja sonst seinen Blitzstrahl schleudern wider sie, die ihn also lästern. Statt dessen läßt er die Sonne aufgehen und sendet Regen und gibt uns reichlich alles andere, dessen wir bedürfen. Das müssen auch wir nachahmen, müssen bitten, ermahnen, mit Sanftmut zurechtweisen, nicht im Zorn und in wilder Leidenschaft. Die Lästerungen bringen ja Gott keinen Schaden; seinetwegen brauchst du dich nicht aufzuregen; der Lästerer verwundet nur sich selbst. Deshalb seufze und weine! Der Tränen wert ist solche Leidenschaft. Auch gibt es für den Verwundeten keine bessere Arznei als Sanftmut. Die Sanftmut ist mächtiger als alle Gewalt. ... Man muß also die Krankheiten mit Sanftmut zu heilen versuchen.«[9]

Interessant an dieser Stelle ist neben der Betonung der Sanftmut auch die Erkenntnis, dass es der Mensch nicht vermag, Gott Schaden zuzufügen, sondern dass er nur sich selber schadet, weil er sich selbst verfehlt. Deshalb ist Sanftmut das Heilmittel und nicht Entrüstung, deshalb gilt es, sich auf eine Stufe mit dem Sünder zu stellen im Erbarmen und sich nicht auf die Ebene Gottes und seines vermeintlichen bzw. behaupteten Zornes zu begeben und sich damit über den Sünder zu stellen. Abbas Makarios entlarvt solche scheinbar »fromme«, im letzten aber narzistische Entrüstung treffend: »Wenn du einen zu tadeln hast und dabei in Zorn gerätst, dann befriedigst du deine eigene Leidenschaft. Statt dass du andere rettest, verdirbst du dich selbst.« (Makarios 17) (Apo 470) Amma Synkletika mahnt zur wichtigen Unterscheidung: »Hasse die Krankheit, aber nicht den Kranken!« (Synkletika 13) (Apo 904)

Fromme Entrüstung über den Sünder, vielleicht noch im Namen Gottes, ist nichts anderes als geistlicher Hochmut und verdirbt das Herz des Menschen.

Dem gegenüber steht die Sanftmut, die aufgrund der Erfahrung eigener Bedürftigkeit an den Menschen und seine unantastbare Würde glaubt, bis dahin, dass sogar offensichtliche Schuld um des Menschen und seines Wachstums willen vertuscht wird: »Der Altvater Ammonas kam einmal

---

[9] Johannes Chrysostomus, Matthäus-Kommentar 29,3; zitiert nach: BKV², Johannes Chrysostomus II, 176 f.

irgendwohin, um zu essen. Dort befand sich einer, der einen schlechten Ruf hatte. Es begab sich, daß ein Weib daherkam und in das Kellion des Bruders mit dem üblen Rufe ging.

Als die Bewohner des Ortes das erfuhren, gerieten sie in Aufregung und taten sich zusammen, um ihn aus seinem Kellion zu vertreiben. Als sie erfuhren, daß der Bischof Ammonas am Orte sei, gingen sie zu ihm und forderten ihn auf, mit ihnen zu kommen. Als der Bruder das merkte, nahm er das Weib und verbarg es in einem großen Faß. Wie nun die Menge eintraf, wußte der Altvater Ammonas bereits, was vorgefallen war, doch um Gottes willen verdeckte er die Sache. Er trat ein, setzte sich auf das Faß und ordnete eine Durchsuchung des Kellions an. Aber, obwohl sie sorglich suchten, fanden sie das Weib nicht. Da sagte der Altvater Ammonas: ›Was ist das? Gott soll euch vergeben!‹ (daß ihr den Bruder verleumdet habt!) Er ließ ein Gebet verrichten und hieß alle hinausgehen. Dann nahm er den Bruder bei der Hand und ermahnte ihn: ›Gib auf dich acht, Bruder!‹ Nach diesen Worten ging er weg.« (Ammonas 10) (Apo 122)

Daraus lässt sich zweierlei folgern. Zum einen das absolute Vertrauen in die Umkehrfähigkeit und -möglichkeit des Menschen und in die Barmherzigkeit Gottes. Es gibt schlechterdings keine aussichtslose Situation. Zum anderen wird der Bruder in seiner Wertigkeit nicht auf seine Tat reduziert, das Einzelgebot der Wahrhaftigkeit wird im Kontext der Situation gesehen und wird nicht zum ehernen Gesetzesbuchstaben, sondern zur in der Situation zu verantwortenden auslegungsbedürftigen Norm im Blick auf die ganze Wirklichkeit des Menschen. Das Handeln des Abbas Ammonas hält die Situation für den Bruder offen. Der Bischof hält keine Moralpredigt und er gibt keinen Rat, in welche Richtung eine Entscheiduung des Bruders gehen sollte, er soll auf sich achtgeben, nicht mehr aber auch nicht weniger.

1.4 »Sanftmut – Die Tugend der Starken«[10]

Evagrios betont: »Der Sanfte steht nicht von der Liebe ab, auch wenn er die schlimmsten Dinge zu erleiden hätte. Denn um dieser [Liebe] willen ist er langmütig und duldsam, milde und geduldig! Denn wenn der Liebe die Langmut eigen ist, so folglich nicht das zornige Streiten. Denn Zorn weckt Kummer und Haß, Liebe aber verringert alle drei.«[11]

Sanftmut als Eigenschaft des Starken wäre angesichts gegenwärtiger Konflikte und Konfliktlösungsstrategien eine interessante Variante. Sie steht

---

[10] So charakterisiert G. Bunge diese Tugend nach Evagrios Pontikos; vgl. Bunge G., Drachenwein und Engelsbrot. Die Lehre des Evagrios Pontikos von Zorn und Sanftmut, Würzburg 1999, hier 68.

[11] Evagrios Pontikos, Tractatus ad Eulogium monachum 10; zitiert nach: Bunge G., Drachenwein und Engelsbrot. Die Lehre des Evagrios Pontikos von Zorn und Sanftmut, Würzburg 1999, 69.

natürlich quer zum allgemeinen Bild von Stärke, aber ist vielleicht gerade deshalb bedenkenswert, denn die aktuelle Definition von Stärke als Durchsetzungsfähigkeit, als Erfolgsorientiertheit, als Coolness macht gesellschaftlich zunehmend Probleme. Stärke dagegen als die Fähigkeit etwas zu tragen bzw. zu ertragen wäre ungewohnt. Stärke als das Bewusstsein, dass ich es mir leisten kann, zurückzustecken, mich nicht immer zu behaupten, nicht immer alles bestimmen zu müssen, auch wenn ich recht habe, sondern mich zurücknehmen zu können, damit der andere in seiner Schwäche nicht beschämt wird, würde eine neue Form von Coolness beschreiben. Stärke, so Cassian, zeigt sich in der Fähigkeit zu Langmut und Geduld, darin, dass sie des anderen Last tragen kann.[12] Hier wird deutlich, dass diese Fähigkeit nur dem zur Verfügung steht, der sich selbst so gut kennt, dass er zugunsten des anderen von sich und seinen Interessen absehen kann. Sie steht dem zur Verfügung, der seine Leidenschaften kennt und mit ihnen umgehen kann, der sein Selbstwertgefühl nicht über Erfolg oder Misserfolg definiert, sondern in Gott verwurzelt ist. Dieser sanftmütige Starke hat es nicht mehr nötig, seine Kräfte zur Durchsetzung seiner Ziele einzusetzen, sondern er kann zugunsten des Schwächeren darauf verzichten.

Es geht, um es in moderne Terminologie zu übersetzen, um die Solidarität der Starken mit den Schwachen, die nur dann wirkliche Solidarität ist, wenn sie nicht nur Brosamen des Überflusses verteilt, sondern bereit ist zu wirklichem Verzicht und echten Einschränkungen.

1.5 Sanftmut als pastorale Haltung

Sanftmut beschreibt primär eine Haltung, nicht ein Tun. Diese Haltung steht am Ende eines geistlichen Prozesses, der mit zunehmender Selbsterkenntnis die eigene Angewiesenheit auf die Barmherzigkeit Gottes erfährt und an deren Gewährung glaubt. Dieser zunächst auf die eigene Entwicklung bezogene Prozess führt zu einer Änderung in der Haltung dem Nächsten, vor allem dem Sünder gegenüber. Der Blick in den eigenen Abgrund und die eigene Bedürftigkeit zusammen mit dem Glauben an Gottes unbedingte Barmherzigkeit führen zur Sanftmut.

Damit erweist sich Sanftmut auch im Sinne der Unterscheidung der Geister als Frage nach der Motivation christlichen oder pastoralen Engagements. Nächstenliebe aus einer Position der Überlegenheit heraus, Zuwendung im Sinne des sich Hinabbeugens begründet in einem Überlegenheitsgefühl, Diakonie als institutionalisierte Barmherzigkeit entsprechen nicht der Haltung der Sanftmut. Letztere fordert Solidarität und Erinnerung an die eigene Geschichte und Entwicklung bzw. die eigene Angewiesenheit auf Barmherzigkeit und Hilfe und das ehrliche Bemühen auf dem Weg der Gottsuche.

[12] Vgl. Johannes Cassian, Coll. XVI, 21-23; in: Johannes Cassian, Ruhe der Seele. Einweisung in das christliche Leben III, hrsg. v. G. u. T. Sartory, Freiburg 1984, 62 f.

Vor allem der Umgang mit dem Sünder ist nach der Tradition entscheidend für die Frage nach der Sanftmut. Der Ordo Paenitentiae unterstreicht, dass der Priester in der Beichte handeln soll wie ein Vater, denn »er offenbart den Menschen das Herz Gottes, des Vaters, und ist so ein Abbild Christi, des Guten Hirten«[13].

Dies schlägt sich auch in konkreten Anweisungen nieder, so heißt es etwa: »Der Priester soll den Gläubigen, der beichten will, mit brüderlicher Liebe aufnehmen und ihn mit freundlichen Worten begrüßen, wie es der Situation entspricht.«[14] Der therapeutische Charakter der Buße wird hervorgehoben und das Verständnis von Beichte als Gericht soll zurücktreten. Die Versöhnung steht im Vordergrund.[15]

Die Empfehlungen an den Beichtvater, sich durch Studium und Gebet vorzubereiten und zur Unterscheidung der Geister zu gelangen, die Gabe des Geistes und Frucht der Liebe ist[16], unterstreichen die oben beschriebene Tendenz. Das bedeutet im Sinne einer Qualifikation von Beichtvätern, dass der eigene geistliche Weg, der Weg der Selbst- und Gotteserkenntnis zur Heranbildung der rechten Haltung, der Sanftmut nämlich, unabdingbar ist.

Sanftmut läßt sich nicht einfach erlernen, sie ist keine einübbare Tugend, sondern wächst im Bemühen um Selbsterkenntnis auf dem Weg ehrlicher Gottsuche.

Die »einstudierte«, die »andressierte« Sanftmut kommt nicht aus reinem Herzen, sie bleibt pastorale Fassade hinter der Narzissmus, Stolz und Jähzorn verborgen werden. Es ist die triefende pastorale Freundlichkeit, die scheinbar einladend, am Ende den Menschen doch verobjektiviert und verurteilt, defizitär von ihm denkt, um sich »liebevoll« an ihm abzuarbeiten zur Befriedigung der eigenen Bedürfnisse nach Bestätigung und Erfolg.

Die Frage nach der Sanftmut und ihrer Echtheit kann damit zum Kriterium der Unterscheidung werden in der alten Frage nach echten oder falschen Propheten[17], nach wahren Hirten oder Wölfen im Schafspelz, nach

---

[13] Ordo Paenitentiae Nr. 10 c; zitiert nach: Die Feier der Buße. Studienausgabe, hrsg. v. d. Liturgischen Instituten Salzburg-Trier-Zürich, Einsiedeln/Freiburg/Wien 1974, 17.

[14] Ordo Paenitentiae Nr. 16; zitiert nach: Die Feier der Buße. Studienausgabe, hrsg. v. d. Liturgischen Instituten Salzburg-Trier-Zürich, Einsiedeln/Freiburg/Wien 1974, 18.

[15] Vgl. Schneider M., Umkehr zum neuen Leben. Wege der Versöhnung und Buße heute, Freiburg 1991, 63 f.

[16] Vgl. Ordo Paenitentiae Nr. 10 a; zitiert nach: Die Feier der Buße. Studienausgabe, hrsg. v. d. Liturgischen Instituten Salzburg-Trier-Zürich, Einsiedeln/Freiburg/Wien 1974, 16.

[17] Vgl. Mt 24,11; 2 Petr 2,1; 1 Joh 4,1; in der Didache wird das Problem ausführlich behandelt: Did 11,1-12; vgl. dazu Plattig M., Vom Wächteramt der Gemeinde oder die Kompetenz des Volkes Gottes, in: Dienberg T./Plattig M. (Hrsg.), »Leben in Fülle« Skizzen zur christlichen Spiritualität. FS für Prof. Dr. Weismayer zu seinem 65. Geburtstag, Münster 2001, 139-168, bes. 143-161.

wirklichen Begleitern/Begleiterinnen oder blinden Blindenführern/-innen.[18]

Sie ist deshalb ein wichtiges Kriterium der Unterscheidung der Geister im Rahmen moderner Pastoral, weil sie jegliche Managermentalität infrage stellt und alle kurzatmigen Pastoralkonzepte entlarvt. Die Sanftmut fragt radikal nach der Motivation pastoralen Handelns, nach seiner tiefsten Quelle und lässt sich nicht mit »Scheinheiligkeiten« und pastoralen Floskeln abspeisen. Sie ist deshalb eine heilsame Infragestellung und Herausforderung aller, die einen geistlichen Weg gehen, aller, die nach Gott suchen und nicht mit Fast-Food-Spiritualität und religiösem Feeling zufrieden sind, aller, die sich um das Hineinwachsen in eine geistliche Haltung bemühen und nicht einfach Religion verwalten.

Sanftmut ist wirklich und damit komme ich zu Heinz Ehrhardts Spottgedicht zurück, die Tugend der Kamele, derer, die sich auf lange Wege einstellen können, die wenig Wasser zur Befriedigung des eigenen Durstes brauchen, die stark, ausdauernd und geduldig sind, die auch durch Wüste und Nacht gehen können und so Menschen begleiten und mittragen auf dem Weg zu Gott und seinem Reich.

2. Das geistliche Leben als Kampf

Das geistliche Leben im Alten Mönchtum wurde als Kampf beschrieben, als Auseinandersetzung vor allem mit den logismoi, den Gedanken, den Leidenschaften und den Dämonen. Dahinter steht das Erleben, dass der geistliche Weg, das sich Einlassen auf eine Gottesbeziehung nicht ohne Konflikte abgeht und mit Kampf verbunden ist. Ein Apophthegma des Antonius sagt es sehr genau: »Wer in der Wüste sitzt und die Herzensruhe pflegt, wird drei Kämpfen entrissen: Dem Hören, dem Reden, dem Sehen. Er hat nur noch einen Kampf zu führen: den gegen das eigene Herz.« (Antonios 11) (Apo 11)

Die Versuchungen sind nicht zu meiden, sondern es gilt sich mit ihnen auseinanderzusetzen, denn sie sind auch der Motor von Wachstum und Veränderung: »[Abbas Antonios] sagte: ›Keiner kann unversucht ins Himmelreich eingehen. Nimm die Versuchungen weg, und es ist keiner, der Rettung findet.‹« (Antonios 5) (Apo 5) »Rechne mit Anfechtung bis zum letzten Atemzug.« (Antonios 4) (Apo 4).

---

[18] Diesen Ausdruck gebraucht u. a. Johannes vom Kreuz zur Charakterisierung schlechter geistlicher Begleiter vgl. Johannes vom Kreuz, Lebendige Liebesflamme III, 29; mehr dazu: Plattig M., Der Glaube an das Wirken des Geistes. Aspekte Geistlicher Begleitung nach Johannes vom Kreuz, in: Studies in Spirituality 8(1998), 249-261.

»Der geistliche Kampf endet nie. Die Erfahrung von Schwachheit und Niederlage gehört bleibend zum Weg, aber auch die Begegnung mit Gott inmitten dieses Getümmels.«[19]

Das Ringen um Selbsterkenntnis und Gotteserkenntnis schließt auch das Ringen mit Gott ein. Vorbild ist Jesu Ringen mit Gott und seinem Willen im Garten Getsemani (vgl. Mk 14,32-42)[20]. Dieser Aspekt des geistlichen Lebens und des Betens droht oft gegenüber Lob, Dank und Bitte sowohl liturgisch als auch persönlich unterzugehen. Geistlich leben, spirituell sein heißt auch, sich mit Gott auseinandersetzen, das eigene Unverständnis zur Sprache zu bringen, das Leiden an seiner Geheimnishaftigkeit zum Gegenstand des Gebets zu machen. Deshalb ist es so fatal für eine christliche Gebetslehre, wenn das Konfliktgespräch mit Gott, wenn die Klage vergessen oder bewusst ausgeschlossen wird. Mit Gott um eine Antwort zu ringen ist wesentlicher Teil christlichen Betens.

Bereits im Handbuch der Pastoraltheologie von 1968 forderte Karl Rahner für die Predigt das Ernstnehmen der ständigen Angefochtenheit des personalen Glaubens: »... wäre nicht vielen in der Erfahrung ihrer individuellen Glaubensgeschichte geholfen ..., wenn die existenzielle Seite des Glaubens und deren Geschichte den Hörern der Glaubenspredigt von vornherein vorausgesagt würde: Glaube als Aushalten des Schweigens Gottes; die ›Nacht‹ des Glaubens; das scheinbare ›Schrumpfen‹ des Glaubens als eine Verdichtung; der Glaube ... als Schweigen über Gott; ... die dauernde Auferstehung des Glaubens aus dem Grab des Unglaubens usw. Wo das alles (und vieles mehr) nicht in der Verkündigung vorhergesagt wird, erlebt der, der glauben will, in seiner Glaubensgeschichte vieles als Anstoß, Versuchung, ja als die scheinbare Pflicht, nicht zu glauben, was doch nur legitime Momente und Phasen dieser Geschichte sind.«[21]

Heute haben eher Spiritualitäten und Gruppen Hochkonjunktur, die gerade die Anfechtung zu vermeiden suchen.

Die Wellnesskultur hat die Spiritualität für sich entdeckt. Sie dient zur Steigerung des Wohlgefühls. Jede Form von Unstimmigkeiten ist zu vermeiden, die Botschaft muss eingängig und wohlgefällig sein, das Evangelium wird auf Spruchweisheiten reduziert, Sperrigkeit ausgesperrt.

Gotteserfahrung wird zu einer selbstverständlichen, alltäglichen Praxis, gerade so als könne sie einfach hergestellt werden. Christian Henne-

---

[19] Ruppert F., Geistlich kämpfen lernen. Benediktinische Lebenskunst für den Alltag, Münsterschwarzach 2012, 176.

[20] Vgl. dazu: Plattig M., Gott in dunkler Nacht. Krise des Glaubens und der Erfahrung, in: H. Schmitt (Hrsg.), Der dunkle Gott. Gottes dunkle Seiten. Stuttgart 2006, 161-197, bes. 167 f.

[21] Rahner K., Glaubensvollzug und Glaubenshilfe heute, in: Handbuch der Pastoraltheologie III. Freiburg 1968, 518-528, hier 522.

cke schreibt in einem Beitrag zur »Missionarischen Gemeindepastoral«: »›Der Christ der Zukunft wird ein Mystiker sein, einer, der etwas erfahren hat – oder er wird nicht mehr sein‹, so konnte schon Karl Rahner bald nach dem Konzil schreiben. In den neuen geistlichen Gemeinschaften und Aufbrüchen – in und außerhalb der traditionellen Pfarreien – gehört diese Erkenntnis zur alltäglich erfahrbaren Praxis.«[22]

Die Erfahrung Gottes wird hier als Teil einer alltäglichen Praxis begriffen. Dabei stellt sich die Frage, wie diese Erfahrung gewährleistet werden soll. Wird Gott hier nicht manipuliert?

Autorinnen und Autoren der geistlichen Tradition betonen dagegen: Die alltägliche Gestalt des Glaubens und des geistlichen Lebens ist die Askese, die Übung und nicht die Erfahrung. Letztere kann nicht produziert werden, sondern sie wird geschenkt, wofür sich der Mensch durch Askese/Übung vorbereiten kann.[23]

Askese ist kein geistlicher Leistungssport, auch wenn es dahingehend sicher Übertreibungen in der Geschichte gab, sondern das Ziel der Askese ist das Wachstum des Menschen zu mehr Selbsterkenntnis und in eine größere Freiheit hinein, die ihn öffnet für die Erfahrung Gottes. Das ist aber ohne Konflikt, ohne Kampf, ohne Zweifel nicht möglich.

Wird dies vermieden oder verdächtigt, wird tendenziell menschliche Entwicklung, Reifung zu Mündigkeit und Selbststand behindert, das Gottesbild und die Gottesbeziehung bleiben eher naiv und infantil.

3. Kritischer Umgang mit religiösem Erleben

Das alte Mönchtum, wie es in den Apophthegmata Patrum erscheint, war skeptisch gegenüber religiösen Erfahrungen, weil es sich leicht um Täuschungen handeln konnte. Es wurde als besonders geschickte List des Teufels angesehen, sich in Gestalt eines Engels oder Christi selbst zu zeigen und fromme Dinge, wie das Aufstehen zum Beten oder das soziale Tun, zu fordern. Dahinter, so die Erfahrung der Väter und Mütter der Wüste, verbirgt sich eine Strategie, den Menschen müde zu machen, ihn ständig zu überfordern, damit er die Freude am Leben verliert und der Akedia, dem Überdruss anheimfällt. Grundsätzlich formuliert es der angesehene Abbas Poimen: »Alles Übermaß ist von den Dämonen.« (Poimen 129) (Apo 703) Daher geht der Rat der Väter und Mütter der Wüste immer dahin, derartige religiöse Er-

---

[22] Hennecke C., Missionarische Gemeindepastoral, in: C. Hegge (Hrsg.), Kirche bricht auf. Die Dynamik der Neuen Geistlichen Gemeinschaften. Münster 2005, 146-164, hier 155.

[23] Vgl. Plattig M., Das Geheimnis Gottes im Alltag feiern, in: Ders. / R. Stolina (Hrsg.), Das Geheimnis Gottes und die Würde des Menschen. Spiritualität zu Beginn des dritten Jahrtausends. Ostfildern 2007, 108-124.

lebnisse nicht zu beachten und nicht ernst zu nehmen, dann verschwinden sie von selbst oder entlarven sich als vom Bösen initiiert.[24] Sogar die Gestalt Jesu Christi kann der Teufel annehmen: Als der vermeintliche Christus erscheint, antwortet der Altvater: »›Ich will hier Christus nicht schauen, sondern in jenem Leben erst.‹ Als der Teufel dies hörte, verschwand er.«[25]

Johannes vom Kreuz teilt die grundsätzlich kritische Haltung des Mönchtums gegenüber religiösen Erfahrungen und geht noch einen Schritt weiter, denn für ihn ist letztlich die Überwindung der Bezogenheit des Menschen auf religiöse Erfahrungen das Ziel. Die Abhängigkeit von religiöser Erfahrung macht den Menschen mit der Zeit unfrei und behindert vor allem das Erwachsenwerden im Glauben. Johannes spricht von geistlicher Habgier:

»Auch haben viele dieser Anfänger manchmal eine große geistliche Habgier, denn man kann fast nie feststellen, daß sie mit dem Geist, den Gott ihnen gibt, zufrieden sind. Sie sind ganz untröstlich und gereizt, weil sie in den geistlichen Dingen nicht den Trost finden, den sie darin finden möchten.«[26]

Die Fixierung des Menschen auf den eigenen Genuss oder den fühlbaren Trost führt dazu, dass er im Wachstum stecken bleibt. Den Weg zur Befreiung und zum Wachstum beschreibt Johannes daher als Entwöhnungsprozess und als Krisenerfahrung.

Zum Erwachsenwerden in der Gottesbeziehung gehört die Überwindung der kindlichen Fixierung auf die »Trosterfahrungen«. Mystik führt zum Glauben, am Ende zum nackten Glauben, der das Vehikel der Erfahrung nicht mehr braucht.

Entscheidend sind nicht geistliche Erfahrungen, sondern die Vertrautheit mit Gott, die beständiger Pflege und Übung bedarf wie Bernhard von Clairvaux betont: »Wenn er [der Mensch] einmal begonnen hat, Gott wegen des eigenen Bedürfnisses zu ehren und immer wieder zu suchen, über ihn nachzudenken und zu lesen, ihn zu bitten und ihm zu gehorchen, so wird er auf diese Weise nach und nach vertraut mit ihm, lernt ihn kennen und erfährt infolgedessen seine Süßigkeit. Hat er einmal gekostet, wie süß Gott ist, so schreitet er weiter zur dritten Stufe und liebt Gott nicht mehr um seinetwillen, sondern um Gottes willen.«[27]

Daraus ergeben sich für die Pastoral wichtige Konsequenzen. Geht es um Gott in der Pastoral, so ist Unterscheidungsarbeit gefragt und die Bildung eines differenzierten und kritischen Bewusstseins gegenüber religiöser Erfahrung.

---

[24] Vgl. Apo 1074-1076, in: Weisung der Väter. A. a. O., 361.

[25] V, 15, 70 / Apo 1076, zit. n. Weisung der Väter. A. a. O., 361.

[26] Johannes vom Kreuz, Dunkle Nacht I, 3, 1; zit. n. Johannes vom Kreuz, Die Dunkle Nacht. Übers. u. hrsg. von U. Dobhan, E. Hense u. E. Peeters. Freiburg 1995, 39.

[27] Bernhard von Clairvaux, De diligendo Deo [Über die Gottesliebe] XV, 39; zit. n.: Bernhard von Clairvaux, Sämtliche werke I, Innsbruck 1990, 141-143.

Die geforderte Unterscheidungsarbeit bezieht sich zunächst auf eine theologisch saubere Differenzierung zwischen der Gestaltung einer guten Atmosphäre, religiösem Gefühl (Feeling) bzw. religiösem Erleben und einer geistlichen Erfahrung oder Gotteserfahrung.

Religiöses Gefühl und Erleben kann erzeugt werden. Die Gestaltung einer guten Atmosphäre in seelsorglichen Gesprächen und eine ansprechende Feier der Liturgie sind ebenfalls zu bewerkstelligen. Was sich dadurch ereignet, liegt jedoch nur bedingt an der Gestaltung.

Werner Hahne trifft etwa bezüglich der Feier der Liturgie eine hilfreiche Unterscheidung. Er differenziert zwischen dem Handwerk und der Kunst, einen Gottesdienst zu leiten. Handwerk ist die Vertrautheit mit dem Ritus, Kenntnis des Raumes, angemessene Sprache usw., die Gestaltung also der positiven Atmosphäre, das ist erlernbar und einübbar.

Die Kunst besteht darin, Raum zu gewähren und Platz zu lassen, dass sich auch das Unerwartete und nicht Geplante ereignen kann. Das handwerkliche Können ist dafür die Voraussetzung.[28] Eine persönliche Gotteserfahrung ist und bleibt Geschenk. Gottesbegegnung entzieht sich bei aller Wichtigkeit der Einübung und der Vorbereitung prinzipiell der Machbarkeit und damit der Manipulierbarkeit. Es gibt im Christentum viele geistliche Wege und Übungen, doch es gibt keine Methode, die eine Begegnung mit Gott im Sinne der persönlichen Erfahrung garantieren oder erzeugen könnte.

4. »Höre, mein Sohn!«[29] – Hören und Leben

Die Hörbereitschaft ist für Benedikt von Nursia so wichtig, dass seine Regel mit diesen Worten beginnt: »Höre mein Sohn, auf die Weisung des Meisters, neige das Ohr deines Herzens, nimm den Zuspruch des gütigen Vaters willig an und erfülle ihn durch die Tat!«[30] Der Meister ist Christus, seine Weisung die Hl. Schrift, auch der Vater ist Christus, der gütig ist, d. h. sich helfend und verzeihend dem Menschen zuwendet. Das Hören muss in das Handeln, ein Leben nach der Weisung des Evangeliums übergehen.[31]

Hier wird in einem Satz und grundlegend zusammengefasst, welches Gegenüber und welches Ziel jeder Gehorsam im klösterlichen, kirchlichen, christlichen Kontext hat, nämlich auf Christus zu hören und nach dem Gehörten in seiner Nachfolge zu leben.

---

[28] Vgl. Hahne W., Vom Handwerk und von der Kunst einen Gottesdienst zu leiten, in: H. Gärtner (Hrsg.), Leiten als Beruf. Mainz 1992, 64-98.

[29] Prolog der Benediktusregel 1; zitiert nach: Puzicha M., Kommentar zur Benediktusregel, St. Ottilien 2002, 47.

[30] Ebd.

[31] Vgl. Puzicha M., Kommentar zur Benediktusregel, A. a. O., 47 f.

Der Zusammenhang von Hören und Leben wird im Buch Deuteronomium mit dem Gesetz Gottes in Verbindung gebracht: »Und nun, Israel, höre die Gesetze und Rechtsvorschriften, die ich euch zu halten lehre. Hört, und ihr werdet leben, ...« (Dtn 4,1) und auch der Prophet Jesaja verweist auf diesen Zusammenhang: »Neigt euer Ohr mir zu, und kommt zu mir, hört, dann werdet ihr leben. Ich will einen ewigen Bund mit euch schließen ...« (Jes 55,3).

Das Hören ist verknüpft mit dem Bundesangebot Gottes, wer hört, tritt ein in den Bund mit Gott, in die lebenschaffende Beziehung zu ihm. Auch Gott ist ein Hörender und Sehender und diese Aufmerksamkeit für sein Volk führt ihn zum befreienden Handeln: »Der Herr sprach: Ich habe das Elend meines Volkes in Ägypten gesehen, und ihre laute Klage über ihre Antreiber habe ich gehört. Ich kenne ihr Leid.« (Ex 3,7) Dies unterscheidet ihn fundamental von den Götzen, denn die »haben einen Mund und reden nicht, Augen und sehen nicht; sie haben Ohren und hören nicht, eine Nase und riechen nicht; ...« (Ps 115,5 f.).

Auf diesen Zusammenhang verweist ein Apophthegma: »Abbas Mios, der Sohn des Beleos, sprach: Gehorsam steht für Gehorsam. Wenn einer Gott gehorcht, gehorcht Gott auch ihm.« (Mios 1) (Apo 539) Wenn der Mensch auf Gott hört, ihm gehorcht, dann tritt er ein in die Beziehung, die ihn leben lässt, dann werden an ihm sich Gottes Verheißungen erfüllen und er wird sein Heil finden. Gott ist gehorsam, er hält sich in Treue an seinen Bund und seine Verheißung des Lebens.

Der Gehorsam verweist auf die Wurzeln und die Fundamente des jüdisch-christlichen, des biblischen Glaubens, denn der Glaube und das Leben kommen vom Hören.

Deshalb ist der Gehorsam ein zentraler Wert nicht nur für das Ordensleben, sondern für das christliche Leben überhaupt.

Die Hörbereitschaft ist eine nicht einfach gegebene Haltung, auch wenn die Fähigkeit zum Hören angeboren ist, sie muss, so die Überzeugung des Mönchtums, immer wieder geübt und errungen werden. Dies bedeutet die Einkehr bei sich selbst, die Wahrnehmung der und die Auseinandersetzung mit den Gedanken im eigenen Herzen. Hören und Unterscheiden sind die wichtigen Aufgaben des Mönches in seinem Kellion, seiner Zelle.

»Moyses: Es ist zwar unmöglich, dass der Geist nicht von Gedanken gestört wird. Es ist jedoch jedem, der sich darum bemüht, möglich, sie anzunehmen oder sie zurückzuweisen. Wenn also ihr Entstehen nicht in jedem Fall von uns abhängt, so stehen doch Billigung und Wahl in unserer Macht. ... Aber – ich betone – es liegt zu einem großen Teil an uns, ob die Beschaffenheit unserer Gedanken verbessert wird und in unserem Herzen entweder die heiligen und geistlichen [Gedanken] oder die irdischen und fleischlichen wachsen. Deshalb nämlich werden die häufige Lesung und das beständige Nachsinnen über die heilige Schrift angewandt, damit uns von da ausgehend die Möglichkeit gegeben wird zu einem geistlichen Erinnerungsschatz; deshalb das häufige Psalmgebet, damit uns dadurch eine beständige Erschütterung begleitet; deshalb wird die Beflissenheit bei Nachtwachen, bei Fasten und Gebet aufgebracht, damit der mit Narben bedeckte Geist nicht Geschmack an Irdischem findet, sondern Himmlisches anschaut.«[32]

Das Wahrnehmen der eigenen Gedanken im Herzen geschieht im Raum des Lesens und Meditierens der Schrift, des (Psalmen-)Gebets, des Fastens und Wachens. Es ist also nicht einfach Selbstwahrnehmung oder Selbsterkenntnis gemeint, sondern eine solche Bemühung um das eigene Herz ist eingebettet in den Raum der Gegenwart Gottes, des Stehens vor Gott. Hören nach innen geschieht in der Bewegung des Hörens auf Gott, das Übung, Regelmäßigkeit, Wachsamkeit und Nüchternheit braucht. Dabei ist die genaue und differenzierte Wahrnehmung wichtig, denn sie ermöglicht erst die Unterscheidung: »Diesen dreifachen Ursprung der Gedanken [von Gott, vom Diabolus oder aus uns] müssen wir also sorgfältig beobachten und alle Gedanken, die in unserem Herzen aufsteigen, mit scharfer Unterscheidung auseinanderhalten, indem wir ihren Ursprung, ihre Ursachen und Urheber von Anfang an aufspüren, um beurteilen zu können, wie wir uns ihnen gegenüber verhalten müssen, je nach der Bedeutung ihrer Einflüsterungen, damit wir so entsprechend dem Gebot des Herrn verlässliche Münzmeister werden. Denn höchste Erfahrung und Fertigkeit erfordert es, will man prüfen, was reinstes Gold ist ... oder welches zu wenig durch die Reinigung im Feuer geläutert ist.«[33]

Benedikt spricht von der »Mühe des Gehorsams« oder dem Bemühen um den Gehorsam gegen die »Trägheit des Ungehorsams«.[34]

Das gilt gerade auch für das Hören im Gottesdienst. Von Abbas Poimen wird folgendes erzählt: »Wenn er in die (gottesdienstliche) Versammlung gehen wollte, dann setzte er sich zuerst für sich allein und untersuchte seine Gedanken, etwa eine Stunde. Und so ging er dann weg.« (Poimen 32) (Apo 606) Die Vorbereitung auf den Gottesdienst ist das Hineinhören in sich selbst und die Vergewisserung darüber, mit welchen Gedanken im Herzen das Hören geschieht und wie das Hören unter Umständen dadurch behindert oder befördert wird.

Gleiches gilt auch für ein Gespräch, wiederum Poimen: »Wenn ein Bruder zu dir kommt und du merkst, dass sein Besuch dir keinen Nutzen bringt, dann befrage deine Gedanken und überlege, welcher Art dein Denken

---

[32] Johannes Cassian Collatio 1,17; zitiert nach: Johannes Cassian, Unterredungen mit den Vätern, A. a. O., 76 f.

[33] Johannes Cassian Collatio 1,20; zitiert nach: Johannes Cassian, Unterredungen mit den Vätern, A. a. O., 79.

[34] Vgl. Prolog der Benediktusregel 2; zitiert nach: Puzicha M., Kommentar zur Benediktusregel, A. a. O., 47.

vor seinem Eintreten war, und dann wirst du die Ursache für das Fehlen des Nutzens erkennen. Wenn du das in Demut und Aufmerksamkeit tust, dann wirst du mit deinem Nächsten untadelig sein, indem du deine eigenen Schwächen trägst. Wenn nämlich der Mensch mit Vorsicht seinen Sitz bereitet, dann wird er nimmermehr fehlen. Denn Gott ist vor seinen Augen. Soweit ich sehen kann, gewinnt der Mensch aus diesem Sitzen die Furcht Gottes.« (Poimen 175) (Apo 749)

Die Haltung, mit der jemand in ein Gespräch geht, so Poimen, hat entscheidenden Einfluss auf Verlauf und Ausgang des Gesprächs. Demut und Aufmerksamkeit sind die entscheidenden Voraussetzungen für ein wirkliches Gespräch.

Zur Hörbereitschaft muss, wie schon eingangs erwähnt, die Bereitschaft zum Tun kommen. Abbas Philikas (Felix): »Jetzt gibt es kein Wort mehr. Als die Brüder früher die Alten fragten und taten, was diese ihnen sagten, da leitete sie der Herr an, wie zu sprechen wäre. Jetzt aber, nachdem sie nur noch fragen, aber das Gehörte nicht tun, hat Gott die Gabe des Wortes von den Altvätern genommen, und sie finden nicht, was sie sagen sollen, da keiner ist, der es ausführt!« (Philikas) (Apo 928)

Die Trägheit des Ungehorsams oder ein bloßes oberflächliches Interesse ohne grundsätzliche Bereitschaft zur Veränderung blockieren den Zusammenhang von Hören, Tun und Leben.

So ist für Benedikt die Gegenbewegung zum Gehorsam das Murren. »Murren ist nicht einfach offene Widerrede oder berechtigte Kritik. Gemeint ist die meist lautlose Verweigerung des Herzens. ... Der Herr, dem die Verweigerung letztlich gilt, schaut auf das Herz, d. h. auf die Mitte der Person und auf die verborgenen Motivationen. Wichtig ist die immer neue Umkehr aus dieser negativen Grundstimmung. Gehorsam ist ein Prozess, der in stets größere Bereitwilligkeit führt. Es geht Benedikt nicht zuerst um Handlungsanweisungen, sondern um die Hinführung zur Glaubenswirklichkeit.«[35]

Das Murren ist mit dem Nörgeln verwandt. Es ist ein Kennzeichen des Nörglers, dass die Schuldigen immer außerhalb gesucht werden und oft auch anonym und ohne Gesicht bleiben, es ist die säkulare und gottlose Gesellschaft, es ist der Wertverlust, die Gefährdung des Abendlandes usw. Der Ansatzrahmen ist dabei so gewählt, dass ein Einzelner und auch eine Gemeinschaft nichts ändern kann. Pauschalisierungen sind in der Nörgelkultur an der Tagesordnung, die Gegenwart wird ab-, die Vergangenheit tendenziell aufgewertet bis zur Verklärung derselben. Die Nörgelkultur manövriert sich Schritt für Schritt in eine ausweglose Situation. Die Probleme sind zu groß, die Schuldigen nicht auszumachen, eine grundlegende Verbesserung der Lage nicht in Sicht. Es breiten sich Resignation und depressive Stim-

---

[35] Puzicha M., Kommentar zur Benediktusregel, A. a. O., 135.

186

mung aus, alles erscheint aussichtslos, der Rahmen ist viel zu weit gesteckt, als das ein Licht am Horizont erscheinen könnte, die Ansprüche an sich selber und die anderen (»die da oben«) sind zu hoch, als dass sie eine Chance hätten. Die Wüstenväter und -mütter sahen darin eine perfide Strategie der Dämonen, nämlich den Menschen permanent zu überfordern und dadurch permanent zu frustrieren. Manche ergehen sich in Bedauern und Selbstmitleid. Ein typischer Nörgler führt einen ständigen Monolog mit sich selbst, er braucht dazu immer weniger einen wirklichen Gesprächspartner. Mancher flieht in eine Krankheit. Das Erleben der eigenen Machtlosigkeit wird somatisiert und führt zu einem wirklichen körperlichen Leiden, das einerseits die eigene Aufmerksamkeit auf sich selbst lenkt, eine Entschuldigung bietet, nichts zu tun, weil man nichts tun kann und auch noch Zuwendung über Mitleid zur Folge hat. Es geht hier natürlich nicht um eine Pauschalisierung von Krankheitsphänomenen, sondern nur um eine Sensibilisierung für mögliche Zusammenhänge, deren Zutreffen natürlich jeweils zu überprüfen ist.

Eine solche Nörgelschiene ist allerdings unterschwellig höchst aggressiv aufgeladen, denn die erfahrene Ohnmacht führt natürlich auch zu Aggressionen. Da diese in Kirche und Kloster wenig legale Möglichkeiten zum Ausagieren haben, tümpeln sie unterschwellig vor sich hin und türmen sich auf, was dann manchmal zu dem höchst seltsamen Phänomen führt, dass offensichtliche Nebensächlichkeiten plötzlich zu großen Konfliktpunkten werden, an denen sich Gemeinschaften spalten. Damit werden Frustration und Aggression an Stellen ausagiert, die weder etwas mit der Ursache zu tun haben, noch wirklich wichtig sind.

Augustinus beschreibt das in seinen Enarrationes in Psalmos treffend: »Alle, die murren, werden in der Hl. Schrift ganz treffend gekennzeichnet mit dem Wort: Das Herz des Toren gleicht dem Rad am Wagen (Sir 33, 5). Was soll das heißen? Das Rad hat nur Stroh und Heu zu tragen, doch es ächzt. Denn das Wagenrad kann das Ächzen nicht lassen. Es gibt viele Brüder solcher Art. Nur dem Leibe nach wohnen sie in der Gemeinschaft zusammen.«[36]

Murren und Nörgeln sind wie Krebsgeschwüre, die sich zunächst oft unbemerkt ausbreiten und nach und nach die Stimmung des Einzelnen und dann nach und nach auch der Familie, der Gruppe, der Gemeinde, der Gemeinschaft eintrüben und verdunkeln. Wesentliches Merkmal ist, dass die Fähigkeit des Hörens immer mehr abnimmt.

In einen größeren Zusammenhang gestellt, geht es um die Auseinandersetzung mit den Gegebenheiten des Lebens, zu denen nicht nur Entscheidungen gehören, die schwierig sind, es können auch Konstellationen in

---

[36] Vgl. Aug., EnPs. 132,12; zitiert nach: Puzicha M., Kommentar zur Benediktusregel, A. a. O., 265.

Familien, am Arbeitsplatz, in Gemeinden und Gemeinschaften sein oder einfach Menschen, die nerven. Es kann aber auch die Auseinandersetzung mit der eigenen Situation sein, die vielleicht durch Krankheit, zunehmendes Alter und damit zunehmender Einschränkungen geprägt ist. Die Auseinandersetzung also mit den täglichen Anforderungen des Lebens.

Der Gehorsam gegenüber dem Augenblick und der Situation, in die sich die Person gestellt sieht, ist doch wohl zuallererst als Wille Gottes anzusehen, auf den es zu hören gilt. Der Wille Gottes ist nicht etwas, was vom Himmel fällt, sondern er erschließt sich in und aus den täglichen Begegnungen mit ihm in den Auseinandersetzungen und Herausforderungen des Alltags, in und mit der Gesellschaft, in Welt und Kirche. Gehorsam heißt, das tägliche Leben in der Verantwortung und in der Zuwendung zu Gott und den Menschen anzunehmen, ihm nicht auszuweichen, sondern es zu leben. Damit ist natürlich nicht gemeint, dass alles im Gehorsam ertragen werden muss und sich nichts ändern darf. Es wird im Anschluss sofort deutlich, dass natürlich Not zu lindern und wenn möglich zu beseitigen ist, wo und soweit es geht, das gehört wesentlich zum Gehorsam. Nur gibt es Situationen, Konstellationen, Befindlichkeiten, die nicht zu ändern sind. Dem allem zugrunde liegt der Tod, die Tatsache, dass der Mensch sterben muss. Das ist nicht zu ändern. Die Versuchung des geistlichen Lebens besteht darin, sich dem nicht zu stellen, sondern zu flüchten. Für das alte Mönchtum war dies ein Charakteristikum der Akedia, des sog. Mittagsdämons.[37] Es sind dann Gedanken wie: »Wenn ich damals eine andere Entscheidung getroffen hätte, dann ging es mir heute sicher besser.« Oder: »Wenn ich eine andere Frau / einen anderen Mann / andere Mitbrüder oder Mitschwstern hätte, wenn ich jetzt woanders wäre, oder wenn ich 30 Jahre jünger wäre, oder wenn ich jetzt das und das hätte oder täte, dann ...« Das sind Versuchungen, die dahin führen, vom gegenwärtigen Zustand abzulenken und zu meinen, es ginge besser, wenn irgendein Umstand anders wäre. Das ist meist Illusion, denn die Situation ändert sich oft nicht durch die Änderung der Umstände, sondern durch eine Veränderung in der Einstellung zur Situation oder durch die Verwandlung der beteiligten Person(en). Deshalb ist die Grundherausforderung, sich mit dem auseinanderzusetzen, was ist, und nicht bei dem zu hängen, was anders sein könnte, was erträumt, konstruiert oder gewünscht wird. Gehorsam heißt, sich mit dem zu beschäftigen, was ist und einen Zugang dazu zu finden, der wirkliche und nicht virtuelle Veränderung ermöglicht.

---

[37] Vgl. z. B. Evagrios Pontikos, Über die acht Gedanken, eingel. u. übers. v. G. Bunge, Weisungen der Väter 3, Beuron 2007, 59-62; Bunge G., Akedia. Die geistliche Lehre des Evagrios Pontikos vom Überdruß, 4. überarbeitete u. erw. Aufl., Würzburg 1995.

5. Monastische Theologie

In seinem Buch »Wissenschaft und Gottverlangen« schreibt Jean Leclercq über die monastische Theologie: »Im Kloster wird Theologie getrieben im inneren Zusammenhang mit der Erfahrung des monastischen Lebens, eines Glaubenslebens also, das im Kloster geführt wird, wo religiöses Denken und geistliches Leben, Suche nach der Wahrheit und Suche nach Vollkommenheit zusammengehen und einander durchdringen müssen.«[38]

Religiöses Denken und geistliches Leben, Suche nach Wahrheit und Streben nach Vollkommenheit durchdringen einander und bilden eine Einheit. Als die letzten Vertreter der monastische Theologie können Bernhard v. Clairvaux († 1153) und William v. St. Thierry († 1148/49) angesehen werden.

Eine neue monastische Theologie begründen zu wollen, scheint für das breite theologische Angebot aussichtslos, jedoch keineswegs der Versuch, Glaubensleben und theologisches Denken wieder anzunähern, zu verknüpfen und so den unter anderem von Hans Urs von Balthasar diagnostizierten »Ehebruch« zwischen Theologie und Spiritualität zu überwinden, denn so von Balthasar: »Die ›wissenschaftliche‹ Theologie wird gebetsfremder und damit unerfahrener im Ton, mit dem man über das Heilige reden soll, während die ›erbauliche‹ Theologie durch zunehmende Inhaltslosigkeit nicht selten falscher Salbung verfällt.«[39]

Wissenschaft und Gottverlangen bilden keine Gegensätze, sondern Theologie und speziell Theologie der Spiritualität versteht sich als die theologische Wissenschaft vom Gottverlangen, als eine praktische Theologie der Sehnsucht.

Dieses Grundanliegen sollte im Theologiebetrieb des 21. Jahrhundert wieder ernster genommen werden, nämlich geistliches Tun, geistliches Erleben und die theologische Reflexion darüber wieder als selbstverständliche Elemente eines christlich verstandenen geistlichen Lebens und einer reflektierten christlichen Pastoral zu betrachten.

Theologie bedeutet Reflexion des eigenen geistlichen Tuns und des pastoralen Handelns. Was tue ich wie und warum tue ich es so? Nicht einfach Übernahme »schöner Texte« oder eingängiger Gottesdienstvorlagen, sondern theologische Rechenschaft über Verwendung oder nicht Verwendung mit Begründung. Das braucht Fähigkeit und Zeit zum theologischen Diskurs auch auf der Ebene eines Pastoralteams.

Paulus schreibt an die Philipper: »Und ich bete darum, dass eure Liebe immer noch reicher an Einsicht und Verständnis wird, damit ihr beurteilen könnt, worauf es ankommt.« (Phil 1,9 f.)

---

[38] Leclercq J., Wissenschaft und Gottverlangen. Zur Mönchstheologie des Mittelalters, Düsseldorf 1963, 224.

[39] Balthasar H. U. v., Theologie und Heiligkeit, in: Ders., Verbum caro. Skizzen zur Theologie I, Einsiedeln 1960, 195-225, hier 224.

Es gilt also in der Pastoral nicht auf das achten »was ankommt«, sondern »worauf es ankommt«[40] und dies bedarf theologischer Unterscheidungsarbeit, es braucht des kritischen Geists der Unterscheidung der Geister: »Prüft alles und behaltet das Gute!« (1 Thess 5,21).

Ansonsten droht die Pastoral der Gegenwart in Belanglosigkeiten und frommem Kitsch zu ersticken, das Drama verkommt zur Operette.[41]

Es braucht daher im Sinne einer neu verstandenen monastischen Theologie nicht weniger, sondern mehr theologische Reflexion in der konkreten Pastoral und nicht nur in Ordinariaten oder an Fakultäten.

---

[40] Matiasek H., Liturgie und Theaterspiel, in: A. Schilson / J. Hake (Hg.), Drama »Gottesdienst«. Zwischen Inszenierung und Kult, Stuttgart-Berlin-Köln 1998, 103-113, hier 110 f.

[41] Vgl. Bieritz K. H., Spielraum Gottesdienst. Von der »Inszenierung des Evangeliums« auf der liturgischen Bühne, in: A. Schilson / J. Hake (Hrsg.), Drama »Gottesdienst«, A. a. O., 69-101, hier 88 f.

Die »Schau Gottes« – Herzstück der orthodoxen monastischen mystischen Tradition und Mitte des geistlichen Lebens

Universitätsdozent P. Archimandrit Dr. Teofil Cristian Tia,
Cluj Napoca/Klausenburg (Rumänien),
Fakultät für Orthodoxe Theologie der Universität Babeș-Bolyai,
Cluj Napoca/Klausenburg

Einleitung

Kann Gott »geschaut« werden? Was verstehen die ostkirchlichen Väter unter der »Schau Gottes«? Welche innere Gotteserfahrung entspricht diesem Konzept? Widerspricht dieses Konzept nicht der Heiligen Schrift? Worin besteht diese Schau genau? Kann sie anderen mitgeteilt werden? Gibt es eine Art »Technik«, um diese Schau erlangen? Wie verbreitet ist diese unter den zeitgenössischen Menschen? Ist sie wiederholbar? Wie tief erfasst sie die Seele? Verbindet einen diese Schau mit einer anderen höheren Wirklichkeit oder kann sie nicht vielmehr, wie andere meinen, als eine Form der Geisteskrankheit eingestuft werden? Wie verhalten sich die Neurologie, die Psychiatrie und andere nicht-theologische Wissenschaften zu dieser Erfahrung? Wie viele zeitgenössische Väter und orthodoxe Gläubige werden heute noch dieser Erfahrung teilhaftig? Welche Auswirkungen hat diese geistliche Erfahrung im alltäglichen Leben? Erlaubt sie die Bewältigung der Vergangenheit, die Erleuchtung der Gegenwart und die Optimierung der Zukunft? In der folgenden Studie versuchen wir eine Antwort auf einige dieser Fragen zu geben. Wir verstehen unseren Beitrag als eine interkonfessionelle »Reise« ins Innerste des Seins.

1. Die »Schau Gottes« – ein mehrdeutiges Konzept?

In der Orthodoxie diskutieren sowohl die heiligen Kirchenväter als auch große zeitgenössische Geistliche verschiedene Modelle geistlichen Lebens, die von einem Zustand der höchsten Vertrautheit mit Gott handeln, die der Mensch erlangen kann: die »Begegnung mit Gott«, »das Wahrnehmen Gottes«, »die Erfahrung der Gnade«, »die Schau Gottes« und »die Erfahrung des Heiligen Geistes«. Allein diese geistliche Erfahrung macht den Menschen fähig, auf die Vergnügungen, Freuden und alle Erfüllungen dieser Welt zu verzichten (die sie zu Recht als »irdische Eitelkeiten« bezeichnen). Diese Schau ist so intensiv, ekstatisch und verwandelnd, dass sie die Optik, die Denkweise und die Beziehung zu allem Bestehenden auf eine grundlegende Weise bei jedem verändert, der in ihren Genuss kommt. Auch verwandelt diese Schau die gesamte Hierarchie der Werte: im eigenen Gewissen erlangen die inneren, transzendenten, immateriellen Werte einen absoluten Primat, indem sie die vergänglichen, irdischen und materiellen Werte überwinden bzw. sich ihnen entgegenstellen.

Der heilige Symeon der Neue Theologe[1] spricht im Siebten Gebet des Kanons der Heiligen Kommunion über diese besondere Vertrautheit mit Gott, die der Mensch erlangen kann, wenn er zum »Freund Gottes« wird: das Sprechen mit Gott. So wird uns in diesem Gebet gesagt: »*Aber ich weiß auch dies (...), dass Du diejenigen, die innig Buße tun, mit Erbarmen in Geduld reinigst (...) und sie zu Teilhabern an Deiner Gottheit machst, und dass Du – dem Denken der Engel und Menschen fremd – mit ihnen immer wieder sprichst wie mit wahren Freunden.*« Dieser Text ist »inhaltsreich« im Blick auf die mystische Lehre und Wahrnehmung: erstens spricht dieses Gebet von der »Teilhabe an der Gottheit«, jener der Orthodoxie eigenen Lehre von großer geistlicher Tiefe, die unter anderem auf dem Bibeltext 2. Petr. 1,3-4 basiert (»ihr bekommt Anteil an der göttlichen Natur«); zweitens ist die Rede von einem Sprechen mit Gott, das »oft« geschehen kann; drittens schließlich wird dies an eine vorausgehende Bedingung geknüpft: die »innige« Buße.

Die mündliche oder schriftliche Beschreibung einer Erfahrung der »Begegnung mit Gott«, die als konkreter Kontakt mit Gott und völlige Verwandlung der Person, der dies zuteil wird, präsentiert wird, fasziniert. Es ist eine Antwort auf ein inneres Verlangen unseres Wesens, ein Verlangen, das freilich nur bei wenigen erfüllt wird. Dem Franzosen André Frossard ist eine solche intensive Erfahrung zuteil geworden und er hat diese in einem Band dargestellt[2], der zu einem fulminanten editorischen Erfolg wurde: über Wo-

---

[1] [Symeon der Neue Theologe (*949 – †1022) war ein bedeutender Theologe, Kirchenlehrer, Mystiker und Dichter der Orthodoxie. Er gilt in der Katholischen Kirche und in der Orthodoxen Kirche als Heiliger. Er ist neben dem Evangelisten Johannes und Gregor von Nazianz (*330 – †390) bis jetzt erst der Dritte, der den Beinamen »der Theologe« als Ehrenauszeichnung erhielt. Auf Deutsch sind seine mystischen Hymnen vollständig übersetzt erschienen (*Lichtvisionen. Hymnen über die mystische Schau des göttlichen Lichtes*, aus dem Griechischen übertragen von Lothar Heiser, LIT-Verlag, Münster 2006) J. H.]

[2] André Frossard (1915-1995), Mitglied der Französischen Akademie und Autor einiger vielbeachteter Bücher historischen, memorialistischen und essayistischen Charakters ist in der »Welt des Glaubens« durch sein Werk »*Dieu existe. Je l'ai rencontré*« (Fayard-Verlag, Paris 1969; dt.: *Gott existiert. Ich bin ihm begegnet*; Herder-Verlag, Freiburg i. Br. 1970; [antiquarisch noch erhältlich; J. H.]) berühmt geworden, das ei-

chen führte dieses Buch die Bestsellerlisten in Frankreich an. Dies demonstriert, wie stark das unbewusste Verlangen von Millionen Lesern danach ist, selbst eine solche überwältigende Erfahrung zu machen.

Gewiss kann ein Buch mit diesem Titel seine Leser enorm enttäuschen, wenn es nach der Lektüre dem Leser nicht etwas über den emotionalen und mystischen Zustand dessen mitteilt, dem diese Erfahrung offenbart worden ist und wenn es dem Leser nicht eine eigene intensive innere Erfahrung bietet.[3]

2. Widerspricht diese »Schau Gottes« nicht der Bibel? »Du sollst Gott schauen und weiterleben ...« Widerspricht sich Gott Selbst?

Die Heilige Schrift präsentiert uns viele Situationen, in denen das Bestehen eines sehr engen Kontakts zwischen Gott und bestimmten biblischen Personen behauptet wird. Wir erwähnen nur folgende: Mose (er ist Gott zweimal »begegnet«), der heilige Prophet Elias, der heilige Apostel Paulus (ebenfalls zweimal). Später werden viele Heilige und geistliche Väter recht unbekümmert von einer unmittelbaren Verbindung zwischen sich selbst und Gott sprechen: so etwa der heilige Siluan vom Athos, der heilige Franz von Assisi, Archimandrit Sofronie Saharov, Ieromonach Rafail Noica und andere mehr.

Mose, jenen biblischen Titan mit ganz eigener Persönlichkeit, reduziert die Volksfrömmigkeit oft auf denjenigen, der auf den Berg Sinai gestiegen

---

nen beachtlichen Publikumserfolg mit über 30 Auflagen erzielte. Der Autor, der aus einer bekannten Familie der politischen Linken stammt, bekennt, dass er im Alter von 20 Jahren ein Bekehrungs- und Erweckungserlebnis in einer kleinen Kapelle im Pariser Studentenviertel Quartier Latin hatte, infolgedessen er zum Katholizismus konvertierte. Das Buch beschreibt die Entwicklung dieser Bekehrung. Er schreibt: *»Um 17 Uhr 10 Minuten war ich auf der Suche nach einem Freund in eine kleine Kirche des Quartier Latin eingetreten und verließ sie um 17 Uhr 15 Minuten im Besitz einer Freundschaft, die nicht von dieser Erde war. Als Skeptiker und Atheist der äußersten Linken war ich eingetreten,(...) – ich ging wenige Minuten später hinaus als ein ›katholischer, apostolischer, römischer‹ Christ.«*

[3] Die unbeschreibliche Beliebtheit dieses Bandes leitet sich vor allem von der Ehrlichkeit der darin geschilderten Bekenntnisse des Autors her. Der Erfolg des Buches rechtfertigt zusätzlich einen Kommentar zu ihren langfristigen Wirkungen. Im Original heißt das Buch »*Dieu existe, je l'ai rencontré*«. Auf Rumänisch erschien es 1993 in der Übersetzung von Alex Ştefănescu (mit einem Vorwort von Frossard aus der 27. Auflage der französischen Ausgabe; Editura Universal Dalsi). Nach der Lektüre des Buches hat jemand ironisch einen anderen Titel vorgeschlagen: »*Dumnezeu există. Eu nu l-am întâlnit!*« (dt. »*Gott existiert. Ich bin ihm noch nie begegnet!*«) unter Bezug darauf, dass jede Beschreibung unzureichend ist, um das Wirken Gottes auf das Herz des Menschen wiederzugeben oder zu beschreiben.

ist und »Gott den Herrn gesehen hat«. Das Buch Exodus indes berichtet uns das genaue Gegenteil. Als Mose von Gott fordert: »Lass mich deine Herrlichkeit sehen!« (Ex. 33,18), bekam er als Antwort zu hören: »Mein Angesicht kannst du nicht sehen; denn kein Mensch wird leben, der mich sieht.« Und die Stimme ergänzt: »Siehe, es ist ein Raum bei Mir, da sollst du auf dem Fels stehen. Wenn dann Meine Herrlichkeit vorübergeht, will Ich dich in die Felskluft stellen und Meine Hand über dir halten, bis Ich vorübergegangen bin. Dann will Ich Meine Hand von dir tun, und du darfst hinter mir her sehen; aber mein Angesicht kann man nicht sehen.« (Ex. 33,21-23) Mose hat Gott also nicht gesehen, ist Ihm aber doch begegnet.

Die genauso beeindruckende Persönlichkeit des Propheten Elia wird uns in den Büchern der Könige (1. Kön. 17-19 u. 21; und 2. Kön. 1-2) vor Augen gestellt. Elias begegnete Gott am Berg Horeb in einem »sanften Windhauch« (1. Kön. 19,12).[4] In den Stichira der Vesper zum Gedächtnis des Heiligen in den Büchern des orthodoxen Gottesdienstes wird festgehalten: »Nicht in einem Erdbeben, sondern in einem sanften Windhauch hast Du das Kommen des Herrn gesehen, Der dich seit langem erleuchtet hat, Elia, du Gottseliger«[5]. Das Bestreben, das Höchste Wesen zu sehen und in direkten Kontakt mit Ihm zu treten, Ihn unvermittelt zu schauen, stellt einen profunden Wunsch des Menschen dar. Erfüllte sich dies, würde das den Menschen existenziell in höchstem Maße Erfüllung schenken. Es ist paradox: wir streben danach, aber wenn wir die Mose gegebene Warnung ernst nehmen, müssen wir uns vor einer solchen Erfahrung hüten. Im Falle des Mose geschieht die Begegnung mit Gott in Worten, durch Botschaften, durch eine »dialogische Allianz«, durch einige Gebote, die erfüllt werden müssen und die eine bestimmte Lebensführung und -haltung voraussetzen.

3. Können diejenigen, die Gott »geschaut« haben, diese geistliche Erfahrung anderen mitteilen?

Im Alltag sprechen wir immer wieder einmal von »jemand Anderem« in dessen Abwesenheit. Aber ist dies möglich, wenn wir von Gott sprechen? Ist

---

[4] »Die Gegenwart Gottes durch den Heiligen Geist geschieht in der Stille und ist beruhigend. Es ist ein ›sanfter Windhauch‹, der der Seele Frieden bringt. Und wenn es in unserer Zeit so viel Unruhe und Unrast gibt, dann weil der Heilige Geist fehlt. Alle materiellen Vorteile, die dir die Konsumgesellschaft bietet, die große Menge an pazifistischen Vereinigungen, die von der Zivilgesellschaft auf den Weg gebracht werden, der synkretistische Pluralismus im Sinne von New Age, der alle Religionen für untereinander gleich hält und alle Formen von Spiritualität als adäquat für die verschiedenen Kulturen sieht, scheitern jämmerlich. Nur dass die Menschen nicht die Augen offen genug halten, um dies zu sehen.« So warnt Metropolit Andrei Andreicuţ in *Credinţa Străbună*, Nr. 8/2008, S. 1.

[5] *Mineul pe Iulie* (*Minaion für Juli*), Bukarest 2002, S. 241.

er nicht allgegenwärtig? Es ist also unmöglich, über Den »ganz Anderen« in Seiner Abwesenheit zu sprechen ...[6]

Mit besonderer Fähigkeit zur Kommunikation und einem besonderen poetischen Sinn begabte Menschen wie Paul Claudel (1868-1955) oder Frossard haben ihre je eigene Erfahrung der »Begegnung mit Gott« beschrieben. Wenn aber der Leser, so fasziniert er von diesem Bericht auch wäre, seinerseits Gott nicht begegnet, bleibt er enttäuscht zurück. Und dies, weil er nur »etwas *über* Gott« hört und auf eine Erfahrung verwiesen wird, die ihm fehlt. Der Leser kommt in Berührung mit einem Bericht *über* Gott als Ausdruck der Erfahrung eines anderen Menschen. Er erlebt oder wiederholt diese Erfahrung nicht.

Wenn jemand seine eigene Begegnung mit Gott beschreibt, dann kann er von seinen subjektiven geistlichen Erfahrungen so »in Beschlag genommen sein« oder so von jenen privilegierten Momenten, die er entdecken will, hypnotisiert sein, dass es ihm nicht gelingt, von der Persönlichkeit Dessen etwas wiederzugeben, von Dem er Zeugnis ablegen will.[7] Das kann auch der Fall sein bei der Lektüre eines Buches, das die Konversion eines anderen vorstellt. Der dies berichtet, kann so absorbiert werden von der Erzählung seines Lebens und der Darstellung dessen, wie er diesen Moment der Erfahrung wahrgenommen und erlebt hat, dass er nicht mehr über Ihn sprechen kann.[8]

---

[6] Über Gott in Seiner Abwesenheit zu sprechen, ist aus dogmatischer Sicht unmöglich. Aus praktischer Sicht hingegen ist es eine tägliche Gewohnheit. Er wird nicht gespürt von denen, die von Ihm reden und denen, die davon hören. Dazu braucht es die mystische Erfahrung, das geistliche Leben, eine besonders reife Spiritualität, sowohl bei denen, die hören, als auch bei denen, die davon sprechen. Wie viele von all denen, die über Gott *sprechen*, *nehmen* Gott auch wirklich *wahr*? So spricht der ungeistliche Mensch von Gott, ohne Ihn wahrzunehmen und ohne sich Seiner Gegenwart bewusst zu werden. Ein solcher Mensch bleibt notwendigerweise auch ohne die Energien Gottes, und sein Wort wird ohne geistliche Wirkung bleiben.

[7] Ein junger Mann, der noch nie selbst verliebt war, ist gewiss beeindruckt von den Berichten und interessanten Einzelheiten, die ihm ein verliebter Freund erzählt, er wird den Berichten seines Freundes von der Liebe mit einem gewissen Interesse lauschen, auch wenn er Aspekte schildert, die weder wesentlich (noch typisch) für Liebesbeziehungen sind. Vielleicht wird er sehr bewegt sein von einer treuen Beschreibung der Umstände und der Gefühle, die der Freund in dem Moment erlebt hat, als er seiner geliebten Freundin einen Heiratsantrag gemacht hat. Aber was kann er über die vom anderen geliebte Person wissen? Ein Verliebter kann seinen Freund bewegen, mit ihm auf den Höhepunkten seiner emotionalen Beziehung vor Freude zu springen. Aber wie viel wird der Freund wissen von den individuellen, einzigartigen und unwiederholbaren »Pfaden« der Liebe im Leben des anderen?

[8] Es ist zu beobachten, dass bei solchen Büchern die Zahl der autobiographischen Seiten, die »den Rahmen der Konversion konturieren« und beschreiben und sich überhaupt nicht auf die Konversion an sich beziehen, die Zahl der Seiten bei weitem übertrifft, bei denen es um die Konversion selbst geht. Ein sehr wichtiger und in vielen Seiten beschriebenes Ziel der Darstellung ist dabei stets dem Leser vorzuführen,

Jede Biographie setzt eine Auswahl voraus und ist eine von einer bestimmten Intention veranlasste und ausgehende »konstruierte« Beschreibung. Es geht also immer um eine »rekonstruierte« Vergangenheit. Die unbewusste Tendenz besteht dabei immer darin, den Bruch zwischen dem »Vorher« und dem »Nachher«. Das ist eine allgemeine Tendenz in der Literatur dieser Art, dies besonders zu betonen.

4. Was nimmt ein Mensch wahr, wenn er »Gott schaut«? Wie ändert sich sein Leben? Was sagt ihm Gott, und was verlangt Gott von ihm?

Die Berichte von Bekehrten sprechen auch von einer radikalen Wende im Leben, von bedeutenden Veränderungen, die aus der Erfahrung der Begegnung mit Gott resultieren. Frossard definiert diese Momente als »Freude, Wonne, Licht«, wobei diese seine »innere Gärung« etwa einen Monat lang andauerte. Bei ihm kam es zu einer Veränderung in der Intensität erlangter Gewissheiten: »*Gott existiert und alles ist wahr ... Es existiert also eine Ordnung in der Welt, in diesem Universum, jenseits jenes Nebelschleiers, der diese Evidenz verbarg ...*« Dieser neue geistig-seelische Zustand wird bestimmt durch eine spezielle Disposition, die religiöse Lehre anzunehmen und zu glauben: »*Was die Kirche lehrt, ist bis zum letzten Komma wahr!*«

Es gibt aber auch sehr viele Situationen, in denen der, der von seiner Begegnung mit Gott spricht, in seinem Bericht selbst so wenig vorkommt, dass er fast nicht mehr von sich, sondern nur noch von den Wünschen des Anderen spricht. Er wird dann zur Stimme des Anderen. So ergeht es Mose, als er mit den Tafeln der Gebote vom Berg Sinai herabkommt und diese in dem Moment zerschmettert, in dem er sich über die Kompromisse erregt, die das Volk unter der Führung des Aaron eingegangen ist. Mose wird hinter den Gesetzen und Rechtstexten zurücktreten, die die jüdische Religion mehr und mehr begründen und konturieren. Mit anderen Worten: Derjenige, dem die Erfahrung einer Begegnung mit Gott geschenkt wird, nimmt immer mehr ab, wird immer zurückhaltender und lässt nur Gott sichtbar werden, Der zu ihm gesprochen hat. Hieraus wurde der prophetische Stil geboren: wenn Propheten über Gott sprechen, dann spricht Gott Selbst durch die Propheten. Ihre persönliche Biographie und ihr Stand »im Geiste« zäh-

---

wie sehr Gott im Leben dieser Menschen, die eine solche Gotteserfahrung gemacht haben, vor jener Offenbarung gänzlich ignoriert wurde. Eine analytische Studie zu Gruppen katholischer Charismatiker aus den Vereinigten Staaten von Amerika hat überraschende Simplifizierungen in der Darstellung der Krisen aufgezeigt, die der Annäherung solcher Menschen an die Charismatikergruppen vorausgingen, besonders durch die Geringschätzung der Intensität des bis zum Moment der Bekehrung geführten christlichen Lebens.

len wenig, trotz mancher Klage und Erschöpfung als Folge der Aufgabe, die sie im Auftrag Gottes übernommen haben.

Der plötzlich in einem Augenblick konvertierte Apostel Paulus hat den christlichen Gemeinden ihre erste Theologie geschenkt, bei der das Bekehrungserlebnis auf dem Weg nach Damaskus aber nur eine sehr untergeordnete Rolle spielt. Die Heiligen sprechen nur in dem Sinne über sich selbst, um andere auf den richtigen eigenen Weg zu führen, der sie Gott näherbringt, dem Unaussprechlichen, Demjenigen jenseits aller bildlichen Vorstellung, Der *jenseits* und *über* jeglichem Begriff steht. Im Griechischen ist der Mystiker ein Schweigender.[9] Die großen orthodoxen Mystiker enthüllen nur sehr schwer die Momente ihrer in der größten Vertrautheit der Gottesbegegnung erlebte Erfahrung. *»Auf das Ende meiner Tage hin habe ich mich entschlossen, meinen Brüdern von dem zu berichten, was ich vorher nicht gewagt hätte, weil ich es für unangebracht gehalten hätte. Auch wenn ich in jeder Hinsicht unbedeutend bin, bleibt es eine Tatsache: Gott-Vater hatte Erbarmen mit mir, wie Er stets Erbarmen hat mit allen, die ein zerknirschtes Herz haben. Das Licht, das mich durchleuchtet hat, war das Licht aus dem Reich, das nicht von dieser Welt ist«* – bezeugt Archimandrit Sofronie.[10]

Es gibt einen deutlichen Unterschied zwischen Schriften, die von Bekehrungen berichten (zum Beispiel P. Claudel und A. Frossard), und heiligen Texten, die Religionen begründen (Mose, Hl. Paulus) oder ganzen geistlichen Traditionen und Bewegungen. Die erste Art von Schriften bezieht sich auf eine Annäherung an Den verwandelnden und unerklärlich Unaussprechlichen; die zweite Kategorie lädt uns ein auf die anspruchsvollen und strengen Wege der Askese, indem wir die geistlichen Hymnen singen und uns in das philanthropische Wirken der Kirche einbringen und unsere eigene Verwandlung erlangen.

5. Die Ontologie der mystischen Erfahrung aus psychologischer Perspektive

Mit den Augen des Laien betrachtet, definiert sich die Erfahrung der »Begegnung mit Gott« in einer großen Intensität der innerlich erlebten Erfahrung. Jeder von uns kann sich fragen: Welches ist die intensivste Erfahrung der »Wahrnehmung Gottes« in meinem Leben? Ist das ein konkreter Zeitpunkt

---

[9] Bei näherer Betrachtung erkennen wir, dass der heilige Siluan selbst erst nach dem Tode in seiner mystischen »Größe« wirklich erkannt wurde, und zwar nach der Lektüre in seiner Mönchszelle entdeckter Manuskripte. Seine »Bekehrung« nimmt keinen bestimmten Moment seines Lebens ein, sondern ist ein Prozess, der nur schwer in einen festgelegten zeitlichen Rahmen eingeordnet werden kann.

[10] *Mistica vederii lui Dumnezeu* [dt. *Die Mystik der Gottesschau*; J.H.], Verlag »Adonai. Izvoarele spiritualității ortodoxe«, Bukarest 1995, S. 123.

und besonderer Moment, von dem an mein Leben eine neue Bedeutung bekommen hat? Gibt es etwas Göttliches, wenigstens potenziell, in unserem
damals Erlebten, den Emotionen und den Wahrnehmungen? Die intensiven
Erfahrungen der »Begegnung mit Gott« begründen Momente der existenziellen Fülle, die besonders emotional gefüllt sind, wodurch unser Innerstes
auf etwas »Jenseitiges« hin geöffnet wird, auf ein transzendentes Universum
hin.

Mitte des vergangenen Jahrhunderts löste der amerikanische Psychologe
Abraham Maslow[11] fast eine Revolution in der amerikanischen Psychologie
aus: er hat die *glücklichen Menschen* entdeckt und größte Anstrengungen
darauf verwendet, um das unterscheidende Profil dieser Menschen (und
das chronologische Diagramm von deren Persönlichkeit) aus psychologi-
scher Sicht festzuhalten; er hat darin eine gänzlich spezifische Dynamik
entdeckt.

Tatsächlich hat die traditionelle wissenschaftliche Psychologie sich stets
nur mit der Untersuchung und dem Verstehen des Verhaltens von Menschen in der Krise beschäftigt, ausgehend von deren Bedürfnissen, ihren
Defiziten, dem, was ihnen fehlt und was sie nicht erreichen können. Das geschah mit dem Ziel, ihnen zu helfen, zur inneren Reife zu gelangen. Dabei
wurden die Reife und die existenzielle Erfüllung an sich nicht ausreichend
fokussiert (falls jemand dahin gelangt ist), um wissenschaftlich darüber zu
reflektieren.

Maslow[12] hat sich mit Personen beschäftigt, die mit Erfolg ihre eigene
Persönlichkeit entwickelt haben, ihr Leben als gelungen einschätzten und
bestimmte Höhepunkte an Lebenserfüllung erlebt haben (*peak experiences*),
also Momente, die ihr Leben inspiriert und bedeutend geprägt haben. Er
entdeckte, dass ihre Lebensmotivationen, ihre Art der Sicht auf das Univer-

---

[11] Abraham Maslow (1908-1970), Begründer der Humanistischen Psychologie, heute
bekannt vor allem durch die Theorie der menschlichen Bedürfnispyramide. Er war
Präsident der »Amerikanischen Gesellschaft für Psychologie«. Er hat offiziell darauf hingewiesen, dass die sogenannten »psychologischen Gesetze« gänzlich revidiert
werden müssten, nachdem sie ausschließlich bei der Untersuchung von Menschen
im Wachstum (Kinder, Jugendliche) oder Menschen in besonderen Situationen (psy-
chische Schwäche, Neurotiker) erhoben wurden. Diese Untersuchung hatte immer
ein konkretes Ergebnis zum Ziel, das erreicht werden sollte, ausgelöst immer von
einer bestimmten Unzufriedenheit oder von bestimmtem Unvermögen erzeugten
Angstgefühlen. Es wurde also mit anderen Worten bisher stets eine bestimmte psy-
chische Insuffizienz reflektiert.

[12] Ein anderer amerikanischer Psychologe, William James (1842-1910), erforschte das-
selbe Gebiet, ging allerdings von der Prämisse aus, dass es ein unverwechselbares
Spezifikum der religiösen Erfahrung gebe im Gegensatz zu inneren nicht-religiösen
Erfahrungen von Lebenserfüllung.

198

sum, die Dinge und das Leben bestimmten Charakteristika[13] folgen, die bis dahin in der allgemeinen Psychologie unbekannt waren.

Darüber hinaus hat die mystische Erfahrung ihren Sinn in sich selbst und besitzt eine eigene Legitimation, sie steht in keiner Weise in irgendeinem Zusammenhang mit einem wie auch immer gearteten »Nutzen«: sie geschieht zum *Selbstzweck* (zumindest in zeitlicher Hinsicht) und ist nicht ein bloßes Mittel im Sinne von Medium oder Instrument. Dieser entsprechende gefühlsmäßige Zustand ist in der Lage, die ganze menschliche Existenz neu zu ordnen und zu einer Achse des ganzen Lebens zu werden.[14] Diesem Zustand wird eine vitale und wesentliche Bedeutung zugemessen. Wenn wir von einer solchen totalen mystischen Erfahrung und dem Bezug darauf im Leben ausgehen, dann erscheint das alltägliche Leben später als viel schöner; es lohnt, gelebt zu werden, auch wenn manchmal vielleicht der Gedanke an den Tod ins Spiel kommt, allerdings nie im suizidalen Sinne, sondern mehr als Wunsch, die Zeit möge stehenbleiben, um eine gegenwärtige Ewigkeit experimentell zu erfahren.[15]

Zum dritten wird die ekstatische Erfahrung von allen, die sie erlebt haben, als aktiv empfangene »Gabe« empfunden, nicht als ein »Verdienst«. Auf dem Höhepunkt der mystischen Erfahrung erlebt das menschliche Bewusstsein einen Zustand höchster Freude, unaussprechlicher Ehrfurcht und der innersten Betroffenheit mit einem großen und demütigen Respekt und in

---

[13] Einige dieser Charakteristika scheinen eine religiöse Tiefe zu besitzen, auch wenn sie in »nicht-religiösen Kontexten« des Lebens aufscheinen: Sporterfolge, intellektuelle oder therapeutische Intuitionen, künstlerische Kreativität, literarische Inspiration, sexuelle Aktivität, »ozeanisch tiefe« Gefühle etc.

[14] Eine suggestive Metapher wäre das Wiedersehen mit einer geliebten Person nach Jahren der Trennung als Vorgang, der die Beziehungen zu früheren Freunden rekonfiguriert.

[15] Die Erfahrungen des klinischen Todes, die von Dr. Raymond Moody in dem Band *Life after life* (1975; [*dt. Leben nach dem Tod: Die Erforschung einer unerklärlichen Erfahrung;* 34. Auflage, Reinbek bei Hamburg 2002; J. H.]) erfasst und analysiert wurden, sind Erfahrungen von großer Intensität und mit Folgen für das ganze Leben; sie entsprechen teilweise einer intensiven mystischen Erfahrung. Raymond Moody, Doktor der Philosophie an der Universität Virginia, Doktor der Psychologie am West Georgia College und Doktor der Medizin am Medical College Georgia, hat in dem erwähnten Band über 100 Fälle von »klinischem Tod«/Nahtod dargestellt, bzw. die Situation von Personen, die für tot erklärt waren und wieder ins Leben zurückgekehrt sind. Erstmals 1975 publiziert, erfasst diese Darstellung dessen, was nach dem Tod passiert, emotionale Zustände von großer Intensität bei jenen, die die Schwelle des Todes einmal überschritten haben. Die hier vorgestellten Fälle bieten Beweise für die Existenz des Lebens nach dem leiblichen Tod. Die Berichte der Betroffenen, die diese Schwelle überschritten haben, bieten uns ein beeindruckendes Bild von den Gefühlen des Friedens, der Heiterkeit und der bedingungslosen Liebe, die jene umgreift, die »dorthin« gelangt sind.

der tiefsten Überzeugung, dass diese mystische Erfahrung ohne irgendeinen persönlichen Verdienst geschieht.[16] *»Manche sagen, dass (...) wir uns ändern und böse werden und so die Gnade verlieren; wer aber darum bittet, dem wird Gott alles geben, aber nicht weil wir das verdienten, sondern weil Gott gnädig ist und uns liebt«*[17]. Als Folge einer solchen Erfahrung werden manche Menschen manchmal auch richtig einfältig und naiv und äußern sich mit viel Unschuld: *»Wer nicht fähig ist, sich wie ein Kind in die Arme eines anderen fallen zu lassen, wird nicht in der Lage sein, die tiefsten Freuden der Liebe kennenzulernen ...«*[18] Bei dieser Art der inneren Erfahrung, unabhängig davon, ob diese in der Kunst, in der Liebe oder in der Religion gemacht wird, haben die entsprechenden Bekundungen keinen pathologischen Befund, auch sind sie nicht das Ergebnis theatralischer Anstrengungen, sondern sie sind voller Gefühlsausdruck und Ausdruck eines überwältigenden Glückszustands. *»Ich kenne mich: ich bin der gewöhnlichste Mensch, manchmal heiter wie Kinder. Aber was mir von Gott geschenkt wurde auf Seine Initiative hin, ist etwas, was mich den Aposteln und Vätern der Kirche gleich stellt.«*[19]

Viertens hat diese ekstatische Erfahrung ein großes therapeutisches Potenzial: ihre Effekte sind die Befreiung von Angstgefühlen, eine offenkundige Reduzierung von Hemmungen und exzessiver Selbstkontrolle. Wer eine solche Erfahrung macht, erlebt einen kontinuierlichen Zustand der Empathie, der zu einer grundsätzlichen großzügigen Bereitschaft zur Vergebung gegenüber den Nächsten und zur Toleranz gegenüber anderen bereit macht: *»Ich bin zwei Personen begegnet, die – nach einer solchen mystischen Erfahrung – geheilt wurden: eine von Neurosen und Angstzuständen, die andere von wiederkehrenden obsessiven Selbstmordgedanken.«*[20]

6. Der Stand der Gnade und die Zukunft der institutionalisierten Religionen

Maslow zählt folgende Komponenten irdischer Euphorie auf: der Sportler nimmt seinen Rekord wie eine »zugestandene« Gabe an, unabhängig wie

---

[16] Ein in bestimmtem Maße vergleichbarer, aber weniger intensiver Zustand, ist derjenige des Sportlers, der einen großen Erfolg oder einen Rekord erringt, der unter großem persönlichen Aufwand und Training errungen wird, oder der eines Forschers, der eine wissenschaftliche Entdeckung macht. Auf literarischer Ebene könnte man von der »Inspiration« oder einer gegenwärtigen »Muse« sprechen. Das Wissen, einer solchen Erfahrung ohne persönlichen Verdienst teilhaftig zu werden, ist immer wieder gegenwärtig.

[17] Sf. Siluan Athonitul (Hl. Siluan vom Athos), *Între iadul deznădejdii și iadul smereniei*, Deisis-Verlag, Alba Iulia 1994.

[18] A. Godin, *A. a. O.*, S. 89.

[19] Archimandrit Sofronie, *A. a. O.*, S. 126.

[20] A. Godin, *A. a. O.*, S. 88.

umfangreich seine Bemühungen im Training waren; dem Dichter wird eine unverdiente Inspiration zuteil; der Verliebte wird erfüllt von Energie aus der Liebe zu einer anderen Person; der Mystiker fühlt sich unwürdig der Erleuchtungen, die ihm zuteilwerden; all diese Momente werden von manchen in dem Sinne interpretiert, dass sie religiöse Tiefendimensionen haben; dies trifft sicher tatsächlich zu, wenn die, denen solcher Erfahrungen zuteilwerden, religiös veranlagte Personen sind. Maslow liest diese Ereignisse aber in gnostischer Perspektive; in seinem Werk gibt es weder Propheten noch das »Wort Gottes«. Archimandrit Sofronie betont indes: *»Ich weiß, dass außerhalb des Glaubens die von mir erlebten Erfahrungen ausgeschlossen wären.«*[21]

Während seines ganzen Erdenlebens macht der Mensch noch viele andere überwältigende innere Erfahrungen von großer emotionaler Auswirkung; dazu zählen das akute Wissen um die Unvermeidbarkeit des Todes, die Einsamkeit in den Momenten wichtiger und höchst verantwortungsvoller Entscheidungen, die Angst gegenüber der kalten Unpersönlichkeit der Umgebung, die Entfremdung jedes Menschen von seinem eigenen Unterbewusstsein oder den inneren Aufstand gegen die unabwendbare Ungerechtigkeit der Welt.

Maslow ist fest überzeugt, dass die institutionalisierten Religionen, die ihre innere Bestimmung, auf individueller Ebene eine solche tiefe mystische Erfahrung zu berühren mit dem Ziel, diese später auch anderen mitzuteilen, nicht mehr erfüllen, sich selbst zerstören werden, weil sie die Erfüllung ihrer elementaren Bestimmung versäumen. Mit anderen Worten werden sich die Religionen in dem Maße durchsetzen, in dem sie sensibel und aufgeschlossen sind für dieses Bedürfnis der Gläubigen und deren spontane Religiosität befriedigen, die in ihrem Streben nach dieser Art besonderer innerer Erfahrung unersättlich ist.[22]

Wir müssen indes die Kriterien unterstreichen, nach denen eine intensive Erfahrung existenzieller Erfülltheit im Leben als »Erfahrung des Göttlichen« verstanden werden kann: in erster Linie muss sie als religiöse Erfahrung im Rahmen des kulturell-bildungsmäßigen Horizont interpretiert werden, der dem zu eigen ist, dem diese Erfahrung zuteil wird. Eine solche von jemand erlebte Erfahrung wird immer mehrdeutig sein, bis dieser Mensch einen »hermeneutischen Eingriff« zur Interpretation und »Übersetzung«

---

[21] Archim. Sofronie, *A. a. O.*, S. 124.

[22] Es besteht ein gewisses Risiko, wenn eine Religion sich ausschließlich darauf konzentriert, ihren Anhängern spezielle mystische Erfahrungen zu garantieren; eine solche Betonung der Bedeutung des Rückzugs aus der Welt geschieht unweigerlich unter Abschwächung des Anspruchs, sich sozial zu implizieren, um die Welt zum Guten hin zu verwandeln; das Auftauchen eines Kults, der sich auf die ekstatische Erfahrung als Selbstzweck konzentriert, ist gefährlich; solche Riten gab es in Mexiko und Südamerika; das ging so weit, dass bestimmte Pflanzen für heilig geglaubt wurden (*peyotl* bei den Iranern und bei den Indern *soma/haoma*).

des entsprechenden Zustands in seine Sprache vornimmt; zweitens muss ein innerer mystischer Status immer zu einer Haltung und Bereitschaft führen, sich sozial in der christlichen Gemeinde zu implizieren, um Spuren in der Gesellschaft zu hinterlassen.[23]

7. Physiologisch ausgelöste »transzendente« Emotionen

Für Maslow ist das am deutlichsten religiöse Element aller intensiven innerlichen Erfahrungen die lebendige Wahrnehmung dieser Erfahrung im Bewusstsein dessen, dass das ganze Universum eine vereinte und im Innersten verbundene Ganzheit darstellt. Bestimmte ekstatische Zustände können allerdings auch experimentell hervorgerufen werden, zum Beispiel durch Stickstoffmonoxyd[24], das »ein lebendiges Gefühl der Versöhnung, der Harmonie der Gegensätze und der Lösung von Konflikten in einer kosmischen Einheit« bietet. Auch das Benützen von LSD[25] hat diese Erfahrungen geboten. In niedrigsten Dosen verabreicht, hat diese Säure auch eine interessante

---

[23] In diesem Zusammenhang müssen die Haltungen der Mönche von der Petscherska Lavra aus dem 16. und 17. Jahrhundert analysiert werden, die irgendwann beschlossen, sich in eine »Zelle« bzw. Höhle tief in der Erde zurückzuziehen, wo sie durch ein nicht verschlossenes Erdloch jeden Tag etwas eucharistisches Brot und ein Glas Wasser gereicht bekamen. Nach ihrem Tod wurde dieses Erdloch zugeschüttet und so wurde diese Zelle gleichzeitig zum Grab der Mystiker. Sie waren nach ihrem Rückzug in diese Zelle »im Sozialen« nur gegenwärtig durch die Fürbitte für jene im Gebet, die sie bis dato kennengelernt hatten.

[24] Stickstoffmonoxyd ist ein gasförmiges Anästhetikum, dessen Eigenschaften fast vollständig den Bedingungen eines idealen Anästhetikums entsprechen: es bleibt ohne Wirkung im Blick auf alle Substanzen außerhalb der Gehirnflüssigkeit; es verteilt sich rasch im Organismus und wird nach kurzer Zeit über die Lungen wieder ausgeschieden, ohne dass es die Atemwege irritiert; es hat einen angenehmen Geruch (leicht süßlich); es ist nicht explosiv *per se,* wenn es innerhalb von 24 Stunden in einer Mischung mit einer ausreichenden Menge an Oxigen genutzt wird; unter atmosphärischem Druck ist es praktisch ungiftig. Der größte praktische Nachteil von Stickstoffmonoxyd ist seine niedrige anästhetische Wirkung (etwa 15 Prozent von Äther) in der Form, in der es üblicherweise in der Chirurgie verwendet wird: 80 Prozent Stickstoffmonoxyd und 20 Prozent Sauerstoff bei normalem Druck. Das Inhalieren dieser Mischung bewirkt ohne medikamentöse Begleitung nach kurzer Zeit (1-2 Minuten) motorischer Erregtheit und einer Euphorie wie nach dem Genuss von Alkohol einen narkotischen oberflächlichen Schlaf, eine allgemeine Schmerzlosigkeit ohne Muskelentspannung und mit Aufrechterhaltung der Reflexe.

[25] Lysergsäure-Diethylamid – kurz LSD oder LSD-25 – ist eine halbsynthetische Psychodroge, die zur Familie der Tryptamine gehört. Vielleicht die bekannteste und am meisten verbreitete bewusstseinserweiternde Droge, wurde LSD vor allem als Droge zur Erholung verwendet, als Instrument zur Unterstützung verschiedener Praktiken wie der Meditation, der Bewusstseinserweiterung, künstlerischer Projekte und der Psychotherapie.

Charakteristik: der Konsument bekommt den Eindruck, sich »in der Mitte seiner eigenen Existenz« zu bewegen, wie er es sein ganzes Leben lang nie vorher erlebt hat.

Studien haben allerdings demonstriert, dass die Wirkungen der Säure sehr unterschiedlich sein können: von einem Zustand der Kontemplation bis zu psychischen Zerfallserscheinungen, von einem Gefühl unendlicher Liebe bis zu aggressiven und entgegengesetzten Reaktionen, vom Zustand der Freude bis zum Zustand der Panik. Die religiöse Bewertung der hiervon ausgelösten Zustände hängt zum Großteil von der früheren Persönlichkeit des Subjekts ab und nicht von den Erwartungen zu Beginn dieser Erfahrung. Tatsächlich hat etwa die Hälfte der diesem Experiment unterzogenen Menschen bestimmte für die Mystik spezifische Gefühle wahrgenommen: den Zustand des »vereinten und gesammelten Bewusstseins« und eine globale, beglückende Gefühlswahrnehmung; den Verlust des Zeitgefühls; eine reichere, ganzheitlichere und buntere Wahrnehmung der eigenen Existenz; höchstes Lustempfinden, Ekstase und paradiesische Freude; das Gefühl, die Mitte des gesamten Universums zu sein; ein Zehntel der Betroffenen bezeugt, dass dieses Experiment nachhaltige Auswirkungen auf ihr ganzes späteres Leben hatte.

Blicken wir auf das, was der amerikanische Psychologe Walter Houston Clark, der sich einer solchen »Erfahrung« mit LSD unter medizinischer Kontrolle ausgesetzt hat, erklärt. Er sagt: »*Auch wenn meine Erfahrung nichts inhaltlich Theologisches hatte und mir nicht das Gefühl gab, Gott zu begegnen, so erschien sie mir aus vier Gründen als profund religiös: 1. Ich bin mit einer existenziell neuen, jenseitigen Wirklichkeit in Kontakt gekommen, deren Horizont die Ewigkeit ist; 2. Ich habe eine Art von Bekehrung erlebt, die mich innerlich verwandelt hat; 3. Ich habe einen Zustand der Zugehörigkeit zu einer Gemeinschaft von kirchlicher Art erlebt; 4. Ich habe meine Fähigkeit sehr stark weiterentwickelt, die religiöse Sprache zu verstehen und das Spezifikum der religiösen ›Mentalität‹ zu verstehen.*«

Es ist klar, dass wir es bei dieser Erfahrung mit künstlich erzeugten Gefühlen zu tun haben, wie bei den von Schamanen erzeugten Gefühlen zum Erlangen der »Trance«. Die tibetische Liturgie verwendet halluzinogene Pflanzen, um die Priester fähig zu machen, mit dem Orakel zu kommunizieren. Das Christentum jedoch gebraucht die Musik, den Weihrauch, die Architektur, das Fasten, die Meditation, um Zustände der Innerlichkeit zu bewirken. Das Christentum hat gewiss nicht vorausgesetzt, dass es automatisch zu einer »Begegnung mit Gott« kommt als Zustand, der später anderen Christen erzählt oder mitgeteilt werden kann.

Solche Zustände sind im Christentum »Gnadengaben« des Heiligen Geistes wie zum Beispiel die »Gabe der Tränen«. Auch wenn dies viel Unterscheidungskunst verlangt, müssen wir die nötigen Unterschiede wahrnehmen zwischen intensivem Gefühl, mystischer Ekstase, einem Zustand der Trance und Besessenheit.

8. Die Begegnung mit Gott in den »neuprotestantischen« Gemeinschaften. Die »Taufe mit dem Heiligen Geist«

Die Formulierung »Taufe mit dem Heiligen Geist« findet sich in der Apostelgeschichte und beschreibt das gemeinsame Gebet der Gläubigen, die das Herabkommen des Heiligen Geistes anrufen. Die Anhänger der charismatischen Bewegung sprechen von einem neuen Zustand der Innerlichkeit und einer tiefen Wahrnehmung der Liebe Gottes zu den Menschen. Sie sprechen von einer direkten Offenbarung Gottes gegenüber heutigen Menschen durch das Medium des »auferstandenen« Erlösers Christus. Sie schaffen es, in ihren Gemeinschaften eine bestimmte Vertrautheit »mit Jesus« herzustellen, die in der Form sicher nicht bei den strengen Gemeinschaften vorzufinden ist, die traditionelle Gottesdienste feiern.

In ihren Gemeinschaften fühlen sie sich wohl und sprechen über Christus den Erlöser wie über einen »Freund«, der ihnen eine bestimmte Vertrautheit hergestellt hat (eine beneidenswerte Verbindung für die Menschen außerhalb dieser Gemeinschaft). Ihre Gebete werden schnell zu Lobeshymnen und der Durst nach Gebet wächst rasch. In den Gemeinschaften dieser »Wiedergeborenen« übt die Bibel eine neue Anziehungskraft aus. Auch wenn sie vorher schon die Heilige Schrift studiert haben, so lesen sie doch jetzt nach der Taufe mit »dem Heiligen Geist« den heiligen Text mit neuer Freude und sind zunehmend beeindruckt von all den Wundern, die Gott der Herr im Laufe der der Heilsgeschichte getan hat. Nach der Erfahrung dieser »Taufe« fühlen sie sich überwältigt von einem grenzenlosen Frieden, während sie vorher völlig gefangen waren in ihren persönlichen Problemen oder zerrieben von den schwierigen zwischenmenschlichen Beziehungen, von Krisen am Arbeitsplatz etc. Nun haben sie große Kraft, dem Leben mit einer Entspanntheit zu begegnen, die von jenseits kommt, aus der göttlichen Liebe.

Die »Wiedergeborenen« entsagen der Sünde mit großer Entschlossenheit, sie kontrollieren ihre intellektuellen Zweifel, die sie hatten, und erlangen eine große Vertrautheit mit dem Erlöser Christus. Nach einer mystischen Erfahrung von großer Intensität werden diese Menschen zu Menschen, die sich Christus mehr und mehr weihen oder überantworten und ein immer größeres Vertrauen fassen zu der Gegenwart und der ganzen Kraft der Liebe des Erlösers, die sie befähigt, in einem Umfeld, wo dies ohne Komplexe und Schüchternheit möglich ist, über Gott zu sprechen.

Diese innere Verwandlung wird begleitet von einer Ausbreitung einiger Charismen in der Gemeinschaft, die im Überfluss in der Frühen Kirche vorhanden waren und damals zum »Bau der Gemeinschaft« geschenkt wurden.

Diese Charismen werden im 12. Kapitel des Ersten Briefes an die Korinther dargestellt. Das sind Charismen, von denen die »offizielle« Theologie lehrt, dass sie spezifisch für die ersten Gemeinschaften der Frühen Kirche sind, die jene aber als in ihren christlichen Gemeinschaften im hypertechnologisierten 21. Jahrhundert wirksam wieder entdeckt haben. Erwähnt seien nur die Gaben, von der Weisheit oder der Erkenntnis zu reden, oder auch die Fähigkeit der Einsicht und des Verstehens; die Gabe, zwischen guten und bösen Geistern zu unterscheiden; die Gabe, physisch und geistig Kranke zu heilen, oder auch die Prophetie (vgl. 1. Kor. 12, 4-9).

Viele charismatische Gläubige, die unterschiedlichen Konfessionen angehören, halten die Taufe mit dem heiligen Geist nicht für ein Substitut oder ein anderes »Sakrament« der Kirche (oder ein Surrogat aller Sakramente), sondern sehen darin mehr ein »magnetisch« anziehendes Ereignis, das im Inneren das tiefe Interesse für das sakramentale Leben der Kirche weckt. Sie löst eine größere persönliche Öffnung gegenüber der Gnade Gottes aus, eine Übung zur eigenen Disponibilität für das göttliche Wirken im eigenen Leben.[26]

David Mangan, Lizenziat in Mathematik und Theologie an der »Saint Thomas High School« von Braddock, Pennsylvania, beschreibt seine Erfahrung folgendermaßen: »*In diesen Momenten erlebte ich Gefühle größter Freude und Liebe und ich wollte mein Unvermögen herausschreien, dies nicht in Worten*

---

[26] Man vergleiche das Bekenntnis von Karim Sefcik, Lizenziatin in Kunst und Master-Absolventin an der Universität von Michigan: »*Während meines persönlichen Gebets fühlte ich mich plötzlich und unerwartet ›erobert‹ von einem gewaltigen Gefühl des Friedens, und ich habe mich erinnert, dass der Heilige Geist sich auf diese anmutige und unspektakuläre Weise äußert ... Meine üblicherweise wegen Durchblutungsstörungen kalten Hände wurden warm und feucht. Ich habe das wunderbare Gefühl, dass Gott Selbst begonnen hat, für mich zu sorgen, dass er auf eine ganz besondere Weise für mich Sorge trägt ... Seither gibt es eine besondere Beziehung zwischen uns. Er ist in meinem Leben nicht mehr absent. Ich spüre, dass Gott mir in meinem Leben Geduld und Energie schenkt für das, was ich in der Ausbildung tun muss. Außerdem habe ich ein wunderbares Gefühl der Ausdehnung von Zeit: ich schaffe viele Dinge in sehr kurzer Zeit, für die ich vorher ein großes Ausmaß an Zeit und Energie brauchte mit trotzdem enttäuschenden Ergebnissen. Ich spüre, dass ich jetzt in mir ein unermessliches Ausmaß an Energie habe, das mich leicht auf drei Ebenen meine Aufgaben erfüllen lässt: im schulisch-universitären Bereich, im beruflichen Bereich und persönlich. Aber der größte Wandel war mein gesteigertes Verlangen, am gemeinsamen Gebet teilzunehmen. Ich spüre, dass tief in meinem Inneren ein neues Leben begonnen hat. Noch schränken mich bisherige Grenzen meines Wesens ein: ich bin manchmal nachlässig, ein andermal eifersüchtig, dann wieder unaufmerksam, aber ich fühle mich wie magnetisch angezogen von einem viel reicheren Leben, das ich schon gekostet habe, und von dem ich weiß, dass es durch Willen und Übung erlangt werden kann. Ich habe jetzt viel mehr Vertrauen zu Gott, Der mich hat spüren lassen, dass dieses ganz andere Leben so voller Süße ist, und Der mich für würdig befunden hat, dieses Leben in einer Erfahrung zu erleben ... Ich spüre, dass Glück wahrhaftig existiert und dass dies nur aus der Liebe kommt ...*«

ausdrücken und den anderen mitteilen zu können. Ich weiß, dass ich in jener Nacht nicht viel geschlafen habe, aber frühmorgens war ich so ausgeruht und frisch, dass es mir schien, ich hätte bis mittags geschlafen ... Ich war so glückselig, dass Gott mich wahrgenommen hat, mich erforscht hat und mir konkrete Zeichen Seiner Gegenwart und Seines Wirkens in der Welt und in meinem Leben geschenkt hat. Ich spürte, dass Gott alle meine Bedürfnisse kennt. Und dass Er ihnen nicht gleichgültig gegenüber steht. Von da an war mein ganzes Leben wie verwandelt. Seither führt mich Gott an der Hand und lehrt mich, wie ich alle Schwierigkeiten überwinden kann. Aber das Wichtigste ist, dass Er mich zu Sich führt. Von allein könnte ich nicht zu Ihm kommen.«

Ein Epilog der »Erfahrung«: Die »Schau Gottes« beim heiligen Symeon, dem Neuen Theologen in den »*Hymnen der göttlichen Liebe*«

Der heilige Symeon der Neue Theologe drückt sich folgendermaßen aus: »*So wie Der von uns keine Herrlichkeit empfängt, Der die Herrlichkeit Selbst ist, so empfängt auch die von uns im Licht gesehene Sonne nicht das Licht von uns oder hat am Licht teil: sie leuchtet und wird nicht erleuchtet, sie zeigt sich im Leuchten und empfängt kein Licht.*«[27] – Wir als geschaffene Wesen sehen Gott in Seiner Eigenschaft als Schöpfer auf der Stufe, auf die Er bei unserer Erschaffung herabgestiegen ist. Wir erkennen, dass Er viel mehr ist als wir. Wir sehen, dass Er in Sich alle Macht für all das trägt, was Er erschaffen hat. Aber wir sehen das nicht, welche Macht Gott noch über dies hinaus besitzt.

»*Aber wie kann das, was jenes betrifft, das unsichtbar und gänzlich formlos ist und weder Anfang noch Ende kennt, sagen, was es sieht? Ich denke, es sieht alles in einer Art Einheit, aber gewiss nicht vom eigenen Sein aus, sondern durch Anteilheilhabe; dies ist wie beim Feuer, das gänzlich ungeteilt bleibt, auch wenn du Feuer davon nimmst – es bleibt unvermindert das, was es war.*« Hier wird die ganz verschiedene Identität zwischen uns als Geschöpfen und der göttlichen Kraft zum Ausdruck gebracht: wenn ich mich auf etwas stütze, dann bin ich nicht Teil dessen, aber ich stehe auf meinen eigenen Beinen, während ich mich darauf stütze.[28]

Gott »*geht in mir aus der Mitte der Unwürdigkeit meines Herzens auf wie die Sonne, oder wie die Scheibe der Sonne, die sich als Sphäre auf lichtvolle Weise wie eine Flamme zeigt; ich weiß nicht, wie gesagt wurde, was ich darüber sagen soll, ich würde lieber schweigen, wenn ich könnte; aber mein aufgeschreckter Verstand bewegt mein Herz und öffnet meinen unreinen Mund*

---

[27] Dumitru Stăniloae, *Studii de Teologie Dogmatică Ortodoxă*, Verlag/Editura Mitropoliei Olteniei, Craiova 1990, S. 330.
[28] A. a. O., S. 331.

206

und lässt mich sprechen und schreiben. Denn du, Der Du in meinem verdun-
kelten Herz aufgehst, Der du mir wunderbare Dinge gezeigt hast, die Augen
noch nie gesehen haben (...), Du, Sonne vor allen Zeiten, der Du in der Hölle
gestrahlt hast und danach auch meine verdunkelte Seele erleuchtet hast und
mir den Tag ohne Abend geschenkt hast, Du Selbst hast Mir das Wort eingege-
ben.« – Das sichtbare Licht wird verbreitet von der Person Christi und von
der menschlichen Person gesehen, begleitet vom Sprechen Christi zu der
Person des Gläubigen.

»Diejenigen, denen es scheint, dass sie Dich haben, das Licht der Welt, die
aber sagen, dass sie Dich nicht sehen, weil sie nicht im Licht leben und nicht
erleuchtet sind, da sie Dich nicht dauerhaft sehen, Erlöser, sollen erfahren, dass
Du sie nicht im Denken erleuchtet hast und noch nicht in ihrem unreinen Her-
zen Wohnung genommen hast, und dass sie sich umsonst und mit vergeblicher
Hoffnung freuen und glauben, dass sie Dein Licht nach dem Tode sehen.« –
Mit anderen Worten: Diejenigen, die das Licht Christi nicht in diesem Leben
gesehen haben, werden es auch im künftigen nicht sehen. Hier geht es um
eine bestimmte Klarheit, zu der jemand durch die Erkenntnis der Wahrheit
Christi gelangt. Der heilige Symeon macht einen Unterschied zwischen ob-
jektiver Gegenwart des göttlichen Lichts überall und dem subjektiven Nicht-
Sehen dieses Lichtes durch die, die sich seelisch von Gott entfernt haben.[29]

»Ich danke Dir, dass Du mir geschenkt hast, zu leben und auch Dich zu er-
kennen und Dich anzubeten. Denn nur dies ist das Leben: Dich zu erkennen,
Gott, Erschaffer und Schöpfer von allem, Hochgelobte Dreieinigkeit.« Descartes sagte, dass das Leben im Denken bestehe (***Cogito, ergo sum***), Patriarch
Kallistos sagte, dass das Leben in der Liebe besteht (***Amo, ergo sum***). *»Schen-*
ke mir Demut, schenke mir eine Hand zu helfen und reinige die Unreinheit
meiner Seele, schenke mir die Tränen der Reue, die Tränen der Sehnsucht nach
Dir, die Tränen der Erlösung, die Tränen, die die Dunkelheit meines Verstan-
des reinigen und mich von oben strahlen lassen, mich, der ich Dich sehen will,
das Licht der Welt, das Licht meiner Augen ...« – Sinn und Ziel der gesamten
Reue und Läuterung ist die Schau Gottes im Lichte, des Gottes, Der Güte
und Liebe von Sich aus ausstrahlt. Diese Schau wird zum Licht für die Augen, die schauen. Denn dieses Licht kommt in die Augen dessen, der durch
dieses Licht schließlich schaut, wie es auch bei der Sonne und unseren Augen der Fall ist.[30]

»Das tägliche Weinen überwindet alles, es ist süßer als jedes Essen und Trin-
ken, es schenkt Erkenntnis denen, bei denen die Tränen fließen (...). Bemühe
dich um das Schweigen, das (...) alle unnützen Wurzeln abschneidet.« – Wer

---

[29] Die Hölle ist die Gewohnheit, nicht mit Liebe auf die Liebe Gottes zu antworten, es
      ist das Gewöhntsein an den Zustand der Blindheit gegenüber dem göttlichen Licht.
      A. a. O., S. 337.
[30] *A. a. O.*, S. 346.

über seine Sünden weint, trennt sich von der Welt, die ihn zur Sünde verführt und von Gott entfremdet. Wer also weint, der erkennt, dass die Vergnügungen, die die Welt schenkt, vergänglich sind, während die Freuden, die aus der Annäherung an Gott herrühren, ewig sind. Der heilige Symeon betont den Gegensatz zwischen der Bindung an die Welt und der Bindung an Gott. Wenn wir die ganze Welt nicht mehr als ultima ratio und letzte Wirklichkeit sehen würden, sondern Gott durch sie sehen würden, wäre die Welt nicht mehr länger eine Trennwand zwischen uns und Gott, sondern ein auf Ihn hin transparentes Medium.[31]

»Je mehr ich mich reinige, umso mehr werde ich erleuchtet, ich Unwürdiger. Aber je mehr sich mir der Geist zeigt, der mich kennt, so scheint es mir doch stets so, dass ich erst am Anfang der Reinigung und der Schau Gottes bin.« – Weil die Schau des Lichts immer an die Reinigung gebunden ist, geschieht sie immer im Maße der Läuterung. Wer rein ist, ist erleuchtet. Der Weg der Läuterung, der Schau und des Erlangens des Lichts, der Vereinigung mit Gott und der Vergöttlichung ist derart endlos, dass es mir immer scheint, am Anfang zu stehen. Auf unserem geistlichen Weg machen wir immer wieder diese Erfahrung: das Erreichte ist nichts. Wir stehen immer nur am Anfang des Unendlichen! Dies ist die Verbindung des menschlichen Geschöpfs mit dem Unendlichen: immer durstig nach dem Unendlichen, weil wir immer nur an seinem Anfang stehen.[32]

»Aber wenn Der für mich Unsichtbare, der mit keinen Begriffen ausgedrückt werden kann und Dem niemand wirklich nahen kann, sich über mich armen Menschen und meine Seele erbarmen will, dann macht Er Sich sichtbar und leuchtet vor meinem Angesicht, Er strahlt in meinem ganzen Inneren und erfüllt mich Demütigen ganz mit geistlicher Freude und Süße, aber auch dem ganzen Verlangen nach Ihm. Gleichzeitig wird in mir eine Verwandlung, ein besonderer Wandel bewirkt ... was in mir geschieht, ist unaussprechlich!« – Wenn wir uns die Frage stellen: Worin können wir hier auf Erden am innigsten unsere Verbindung zu Gott, dem Transzendenten, spüren? Oder worin können wir Seine Gegenwart hier spüren?, dann kann die Antwort nur lauten: In der Güte. Gott kann nicht anders als gütig sein! Grenzenlose Güte ist ohne Zweifel der höchste Wert überhaupt.[33]

»Ach Gott, o Herr, Allerhalter! Wer wird Deiner ungesehenen Schönheit je satt? Wer wird von Deiner Unfassbarkeit erfüllt? Wer wird das große, wunderbare, unfassbare Licht Deines Antlitzes sehen? ... Wer hat die Mauer seines Leibes überwunden? O wie groß ist die Kleinheit der Erkenntnis und der Worte?« Es scheint einen Widerspruch zu geben zwischen der Schönheit und ihrer Unsichtbarkeit, aber es gibt auch eine geistlich erlebte Schönheit. Das

---

[31] A. a. O., S. 348.
[32] A. a. O., S. 454.
[33] Ebda.

göttliche Licht wird mit dem Leib gesehen und enthebt doch den, der schaut, der körperlichen Welt und überwindet dessen Leib. Auch wenn der Mensch seinem Wesen nach noch zur Welt gehört, so hat ihn die Gnade doch über die Welt erhoben.

So erklärt sich die Überwältigung der Gesetze der Materie durch die Leiber der Auferstehung. Sie werden nichts mehr zu sich nehmen müssen und nichts mehr vom zu sich Genommenen wieder ausscheiden müssen. Das Materielle wird vom Licht überstrahlt oder im Licht gesehen in seinen vergeistigten, vergöttlichten Funktionen. Der heilige Paulus selbst hat von einer Ekstase gesprochen, bei der er nicht wusste, ob er noch im Leib oder außerhalb des Leibes war (2. Kor. 2-3).

Zusammenfassung

Die Erfahrung der »Begegnung mit Gott« bzw. der »Schau Gottes« kann sehr vielfältig sein, sie unterscheidet sich sehr stark in ihrer Intensität von Person zu Person. Diese Erfahrung findet durchaus auch in konfessioneller Prägung ihren Ausdruck, was auch in unterschiedlicher Terminologie und verschiedenen Konzepten darüber deutlich wird: »Taufe mit dem Heiligen Geist«, »Schau Gottes«, »Etappe der Erkenntnis Gottes«, »mystisches Erleben«, »Erfahrung des Heiligen Geistes, »individuelle Offenbarung Gottes« etc.

Die praktizierenden Christen betrachten das Leben im Glauben als faszinierendste Art und Weise zu leben, und das höchste Niveau der Erfahrung des Lebens im Glauben scheint das zu sein, was der heilige Symeon der Neue Theologe, der große Mystiker der Orthodoxie so poetisch zum Ausdruck gebracht hat. Es ist an dieser Stelle zu unterstreichen, dass Gott der Herr sich jedem Menschen proportional zu seinem Hunger danach, Gott zu erkennen, offenbart; deshalb gibt es sowohl sehr fragile Erfahrungen der Wahrnehmung des Göttlichen, als auch Erfahrungen größter Tiefe. Grundlegend bleibt festzuhalten, dass in der Orthodoxie die »Schau Gottes« die mystische Erfahrung, »das Herzstück des geistlichen Lebens« und der »Grundpfeiler« des monastischen Lebens ist. Diese Erfahrung bietet und vermittelt größte Motivation und ist alleine imstande, das strenge und enthaltsame sowie auf Innerlichkeit konzentrierte Leben als Mönch oder Nonne zu erklären, zu legitimieren und zu motivieren, das zwar irdischer Freuden entbehrt, aber ontologisch so unendlich erfüllend ist.

Auswahlbibliographie:

Arhimandritul Sofronie, *Mistica vederii lui Dumnezeu*, Verlag/Edit. Adonai, Bukarest 1995

Giuseppe dal Ferro, *Movimenti religiosi alternative. Analisi antropologica e teologica*, Verlag/Edit. FTIS, Padua 2000

André Frossard, *Dieu existe, je l'ai rencontré* (Verlag Fayard, Paris 1969; dt.: *Gott existiert. Ich bin ihm begegnet*; Herder Verlag, Freiburg i. Br. 1970)

André Godin, *Psicologia delle esperienze religiose. Il desiderio e la realta'*, Verlag/Edit. Queriniana, Brescia 1983 (engl. *The Psychological Dynamics of Religious Experience. It doesn't fall down from heaven*; Birmingham, Alabama, Religious Education Press, 1985)

Kevin und Dorothy Ranaghan, *Il ritorno dallo Spirito*, Verlag/Edit. Jaca Book, Mailand 1978

Andrew Newberg/Mark Robert Waldman, *Cum ne schimbă Dumnezeu creierul. Descoperirile inovatoare ale unui prestigios neurolog*, Verlag/Edit. Curtea Veche, Bukarest 2009

Dumitru Stăniloae, *Studii de Teologie Dogmatică Ortodoxă*, Verlag/Edit. Mitropoliei Olteniei, Craiova 1990

Übersetzung: Jürgen Henkel;
Anmerkungen des Übersetzers und Herausgebers [J. H.]
sind mit Klammern gekennzeichnet [...]

Der Mönch –
eine Gabe Gottes für die Welt

Abt Archimandrit Melchisedek Velnic,
Klosterexarch des Erzbistums Suceava,
Kloster Putna, Erzbistum Suceava (Rumänien)

Einleitung

»Wenn du glauben kannst – alle Dinge sind möglich dem, der da glaubt«
(Mk. 9,23) und »ohne Ihn ist nichts gemacht, was gemacht ist« (Joh. 1,3) – so
sagt unser Erlöser Jesus Christus. Der Glaube an das Leben im Jenseits und
an die schöpferische Kraft des ewigen Gottes, zu glauben, dass Gott der Lebendige Herr ist und bis auf den heutigen Tag wirkt, oder auch zu glauben,
dass Er die Welt gelenkt hat und lenkt, sind Glaubensfragen, die beim zeitgenössischen Menschen vor allem Zweifel hervorrufen.

Es fällt heute sehr schwer, noch Bemerkenswertes über Mönche und das
Mönchtum auszusprechen, denn auf viele Zeitgenossen wirken die Mönche
wie Menschen am Rande der Gesellschaft, sie erscheinen als rückwärtsge-
wandt und unzivilisiert. Es scheint, sie hätten im richtigen Leben keinen
rechten Platz gefunden oder eine große Enttäuschung erlitten. Aber für jeden, der glaubt und noch eine Spur vom Strahlenglanz des Antlitzes Gottes
in sich trägt, für jene, die ihre Gottebenbildlichkeit noch nicht besudelt haben, wollen wir mit Nachdruck – und verbunden im Geiste mit allen, die
von den Strahlen des Allheiligen Geistes erfüllt sind –, festhalten, dass ohne
die Mönche und das Mönchtum die Welt und »das Christentum der Laien
schon zusammengebrochen wäre[n]«[1].

Kaiser wie Theodosios, Justinian und Alexios I. Komnenos haben Gesetze erlassen zum Schutz des Mönchtums. »Das monastische Leben und die
Kontemplation sind etwas Heiliges« und nützen allen Bürgern, »aufgrund
ihrer Reinheit und ihrer Mittlerschaft«, aufgrund der Gebete der Mönche
für das Gemeinwohl, bekräftige Justinian in seiner Novelle 133. Und Alexios I. Komnenos (1081-1118) schrieb: »Ich glaube nicht, dass ich jemals den
Willen Gottes erfüllt habe, und daher bin ich überzeugt, dass ich alles, was
mir Gott in diesem Leben geschenkt hat, aufgrund der frommen Gebete
meiner heiligen Mönche bekommen habe und meines Vertrauens, das ich
in sie habe.«[2]

---

[1]   Hl. Ignatie Briancianinov, bei Archim. Sofronie Saharov, *Despre temeiurile nevoinței*
     ortodoxe, übers. von Ieromonach Rafail, Alba Iulia 1994, S. 33.
[2]   Tomáš Špidlík, *Spiritulitatea răsăritului creștin*, Bd. III, »Monahismul«, übers. von

Dieselbe hohe Wertschätzung für das monastische Leben finden wir auch beim Heiligen Fürsten Stefan dem Großen, der die Mönche »meine Beter« und das Kloster Putna sein »geliebtes Kloster« nannte.[3] Das Mönchtum, das gut gegründet ist auf der Lehre des Erlösers Christus und der Heiligen Väter und auf den Erfahrungen aus 2000 Jahren seiner Existenz, hat bewiesen, dass diese Art von Leben »die höchste Kunst aller Künste« und »die höchste Wissenschaft aller Wissenschaften« ist, wie es auch eine »geistliche Kunst« ist, ein christliches Leben zu führen.[4]

Das Ziel des Mönchtums ist die Vollkommenheit (»Ihr sollt vollkommen sein«; Mt. 5,48)

Was war und ist der Sinn und das Ziel des monastischen Lebens? Mit einem Wort könnte man es »die Vollkommenheit« nennen. Dies ist schwer zu verstehen und noch schwerer zu verfolgen und zu erreichen.

Die Worte des Erlösers Christus sind klar. »Willst du vollkommen sein?« So fragte Jesus eines Tages den Jüngling, der erlöst werden wollte. Danach sagte Er zu diesem: »So verkaufe, was du hast (...) und komm und folge mir nach!« (Mt. 19,21) Auch sagte Jesus: »Darum sollt ihr vollkommen sein, wie euer Vater im Himmel vollkommen ist.« (Mt. 5,48) An anderer Stelle der Schrift heißt es: »Ihr seid Götter und allzumal Söhne des Höchsten!« (Ps. 82,6)

Vollkommenheit! Ein tiefgründiges und hohes Ansinnen! Und doch gibt es sehr viele, die diesen hohen Gipfel erreicht haben. Die Gipfelhöhen gehören den Adlern: nur sie können die Schönheit der Berge bewundern, über denen sie fliegen. Bei Johannes Chrysostomos finden wir wunderbare Beschreibungen dessen, was die Mönche sind, wie sie leben und was das Ziel des Mönchtums ist. Sie sind »die Heerschar Christi, seine königliche Garde, die die Lebensweise der himmlischen Mächte nachahmt«[5], sie sind »engelgleich«[6] und »die erleuchtete Personifikation der himmlischen Güter«[7]. »All dies erwächst aus der guten Ordnung, die sich in ihren Seelen findet. Sie sind wahrhaftig Heilige und unter den Menschen Engel.«[8]

Für den heiligen Johannes Chrysostomos ist der Mönch »der Gott gewidmete Mensch, der Mensch, der sich ein Leben in Einsamkeit erwählt hat,

---

Diakon Ioan Ică jr., Sibiu 2000, S. 7.

[3] Ştefan cel Mare şi Sfânt. Portret în cronică, Hl. Kloster Putna 2003, p. 235.

[4] A. a. O., S. 9.

[5] Sfântul Ioan Gură de Aur (Hl. Johannes Chrysostomos), Omilii la Matei (In Matthaeum homiliae), in: »Părinţi şi Scriitori Bisericeşti«, Bd. 23, Bukarest 1994, S. 106.

[6] A. a. O., p. 799.

[7] Bogăţiile oratorice ale Sfântului Ioan Gură de Aur, Orig. frz., ins Rum. übersetzt von Diakon Gheorghe Băbuţ, Bd. I, Oradea 2002, S. 236.

[8] Hl. Johannes Chrysostomos, Tâlcuiri la Epistola I Timotei a Sfântului Apostol Pavel (Homilien über den I. Brief an Timotheus), Bukarest 2005, Homilie 14, S. 155-156.

der den Zorn, den Neid, die Liebe zum Geld, die Begierde und alle anderen Sünden beherrscht. Er überlegt und bemüht sich unablässig, seine Seele nicht von unreinen Leidenschaften beherrschen und seinen Geist nicht von der bitteren Tyrannei der Begierden versklaven zu lassen. Er ist bemüht, dass sein Verstand sich immer mit Höherem als dem Vergänglichen beschäftigt; er setzt den Leidenschaften die Gottesfurcht entgegen.«[9] Mönche sind »Menschen, die niemand etwas Böses tun können und selbst seelisch vorbereitet sind, nur zu leiden«[10]; sie »suchen nur das Gottgefällige und sind erfüllt von der Liebe zu Gott«[11].

Die Mönche hatten die Liebe und den Mut, sich die Worte unseres Erlösers Christus zu Herzen zu nehmen und in ihrem Leben zum Wohle des Nächsten anzuwenden. Sie hatten den Mut, die Erde in den Himmel zu verwandeln, die Hand voll Asche, die unser Leib ist, in einen Teil des Himmelreiches, denn sie haben verstanden, dass du Gott mehr lieben musst als deine Sünden und den Menschen neben dir mehr als seine Sünde. Sie haben verstanden, dass allein die Liebe Gottes all dies möglich gemacht hat und möglich macht; und sie haben sich selbst zur Verfügung gestellt, damit diese Liebe durch sie selbst in der Welt wirksam werde.

Das Leben nach den Geboten Gottes als Liturgie des Lebens

Indem sie die Gebote Gottes besonders entschlossen befolgen und Sein Wirken in der Welt fortführen, verstehen die Mönche es, Gott ihren Dienst zu erweisen. Sie führen ein Leben als Liturgie, die sie in ihr alltägliches Leben hinein verlängern. Wo sie sich auch befinden und was sie auch tun, so tun sie alles im Dienste Gottes und des Nächsten, so dass die Worte, die der Göttlichen Liturgie vorausgehen, auch allen anderen Beschäftigungen des Mönchs vorangestellt werden können: »Es ist Zeit, dass Gott wirkt!« Gott ist es, Der in uns und durch uns wirkt, allerdings nur dann, wenn wir aus ganzem Herzen sagen: »Herr, Dein Wille geschehe!« und »Ich bin Dein, erlöse mich!« (Ps. 119,94).

Der Mönch zieht sich aus der Welt zurück und entsagt der Welt, er verzichtet auf alle weltlichen Freuden und alle Güter dieser Welt zu einem bestimmten Zweck. Er verzichtet sogar auf seinen eigenen Willen, und dies nicht aus einer Geringschätzung gegenüber den Dingen dieser Welt, sondern aus dem

---

9   Hl. Johannes Chrysostomos, *Despre mărginita putere a diavolului. Despre căință. Despre necazuri și biruirea tristeții*, übers. von Pr. Prof. Dumitru Fecioru, Bukarest 2002, S. 245.

10 Hl. Johannes Chrysostomos, *Despre feciorie. Apologia vieții monahale. Despre creșterea copiilor*, aus dem Griech. übers. und mit Anmerkungen versehen von Pr. Prof. Dumitru Fecioru, Bukarest 2001, S. 189.

11 Hl. Johannes Chrysostomos, *Tâlcuiri la Epistola I Timotei*, Homilie 14, S. 156.

ständigen Wunsch, über diesen Dingen zu stehen. Oder, wie Johannes Klimakos sagte: »der Mönch verzichtet auf seinen Willen aus einem Übermaß an Willen«[12]. Indem er über diesen Dingen steht, gelingt es ihm, deren wahren Wert zu entdecken. Und er macht dadurch aus allem, was ihn umgibt, eine Gelegenheit, sich selbst und die anderen Gott näher zu bringen.

Er hat auf all das verzichtet, was ihm diese Welt an Schönem bieten könnte, damit die anderen sich zur Fülle über diese Dinge freuen können. Seine Frucht ist der Nutzen für den Nächsten, und seine ganze Furcht ist es, kein Hindernis auf dem Weg seines Nächsten zu Gott zu werden. Er trägt die Worte des Psalmisten tief in seinem Herzen eingeprägt: »Gott, du kennst meine Torheit, und meine Schuld ist dir nicht verborgen. Lass an mir nicht zuschanden werden, die deiner harren, Herr, Herr Zebaoth! Lass an mir nicht schamrot werden, die Dich suchen, Gott Israels!« (Ps. 69,6-7)

Der Mönch wird sich verzehren und brennen für die Welt, die er verlassen hat; er gehört nicht mehr zur Welt und wird so zur Gabe Gottes für die Welt! Er ist gleichzeitig eine Gabe, die die Welt Gott macht, aber auch die Gabe, die Gott der Welt zurückgibt. Er stellt sich zwischen die Welt und Gott; er ist gleichzeitig ein Zeuge der Liebe Gottes für die Welt und ein stummer Mittler für die Welt vor Gott. All dies findet sich im Leben des Mönchs wieder, sei es, dass er mitten in der Kirche steht und Gott Lob darbringt, sei es bei seinen täglichen Verrichtungen.

Daher geben weder seine Worte, noch seine Lehren und seine Lebensführung, weder seine Lebenserfahrung noch seine moralischen Prinzipien Zeugnis von seiner Berufung, von Gott und dem Leben in Christus, sondern seine Existenz selbst. Seine pure Existenz ist die wahre Verkündigung des Mönches. Ein wahrer Mönch ist der, der den, der vor ihm steht, zu dem Ausruf veranlasst: Es reicht mir, dich nur zu sehen![13]

Indem er so existiert und lebt, wird der Mönch zur Gabe Gottes, zum aus freien Stücken und von niemand gezwungenenermaßen Gott geweihten Menschen, und dies einzig und allein aus der Liebe zu Gott und zu den Nächsten. Der heilige Theodor Studites (759-826; Abt des Klosters Studion in Konstantinopel) bezeichnete das Mönchstum als »dritte Gnade«. »Die erste Gnade ist das Gesetz des Mose.

Die zweite Gnade ist die Gnade ›über der Gnade‹, die wir alle aus der Fülle Christi empfangen haben« (nach dem Wort des heiligen Johannes des Evangelisten, vgl. Joh. 1,16). Und schließlich »die dritte Gnade – das Antlitz des Mönches, das dem Menschen geschenkt wurde als himmlisches Leben, als Herabkommen des engelgleichen Lichtes auf die Erde, als Berührung und

---

[12] Sfântul Ioan Scărarul (Hl. Johannes Klimakos), *Scara sfintelor nevoințe* (*Scala Paradisi*), in: *Filocalia* (*Rumänische Philokalia*), Bd. 9, übers., eingel. und mit Anmerkungen versehen von Pr. Dumitru Stăniloae, Bukarest 1980, S. 79.

[13] *Izvoare duhovnicești: Patericul* (*Paterikon*), Alba Iulia 1993, Pentru avva Antonie, S. 9.

Verwirklichung in der Geschichte von dem, was sich seinem Wesen nach jenseits von deren Grenzen befindet«[14].

Beim heiligen Evangelisten Johannes lesen wir im ersten Brief: »denn Der in euch ist, ist größer als der, der in der Welt ist« (1. Joh. 4,4), also die Erfüllung der Worte des Erlösers Jesus Christus: »Das Reich Gottes ist mitten unter euch.« (Luk 17,21) Die Mönche sind als lebendige Ikone dieser Worte des Erlösers, die Nachfolger Dessen, der als Gott Mensch geworden ist, um die Menschen zu vergöttlichen. Denn Christus ist vom Himmel herabgekommen, um die Menschen dorthin zu bringen! So ist der, der Christus in seinem Inneren, in seinem Herzen trägt – und dort sollen die Mönche Gott suchen, und nicht nur die Mönche –, größer als alles, was der Welt als groß und triumphal erscheint. Und dann erweisen sich die oben zitierten Worte von Johannes Chrysostomos als voll begründet.

Das Mönchtum als geistlicher Kampf

Aber wie kommt man dorthin, zu diesem Maß geistlicher Reife? Ist es ausreichend, nur eine Klosterpforte zu durchschreiten und eine Uniform anzuziehen, wie der Soldat in der Armee? Gewiss nicht! Das ist ein Kampf im geistlichen Bereich, doch »wir haben hier nicht mit Fleisch und Blut zu kämpfen, sondern mit Mächtigen und Gewaltigen, nämlich mit den Herren der Welt, die in dieser Finsternis herrschen, mit den bösen Geistern unter dem Himmel« (Eph. 6,12). Es ist ein Kampf mit der Welt der bösen Geister, mit dem Reich der Dunkelheit und des Satans. Doch Christus ist gekommen und hat den Kopf der Schlange zerschlagen: »Er, der in göttlicher Gestalt war, hielt es nicht für einen Raub, Gott gleich zu sein, sondern entäußerte Sich Selbst und nahm Knechtsgestalt an, ward den Menschen gleich und der Erscheinung nach als Mensch erkannt. Er erniedrigte Sich Selbst und ward gehorsam bis zum Tode, ja zum Tode am Kreuz«. (Phil. 2,6-8) Die Selbstentäußerung und Selbsterniedrigung Christi hat gesiegt.

Wenn er auf genau die gleiche Weise Christus nachfolgt, der sagt: »Wer Mir nachfolgen will, der verleugne sich selbst und nehme sein Kreuz auf sich und folge Mir nach« (Mk. 8,34), und sich mit demselben Kleid der Selbsterniedrigung und des Aufopferung bekleidet, dann besiegt der Mönch alle Versuchungen der Geister, die gegen ihn stehen. Das Eintreten in das Geheimnis des Gehorsams, eines der drei Mönchsgelübde, bedeutet das Eintreten in das Geheimnis Jesu Christi. Die anderen beiden Mönchsgelübde, die Jungfräulichkeit oder die volle Weisheit und Armut, also der Verzicht auf die materiellen Dinge, sind in dem großen Geheimnis des Gehorsams eingeschlossen. Ohne Gehorsam »erlösen weder das Priesteramt, noch die Heilige Eucharistie,

---

[14] Archim. Sofronie Saharov, A. a. O., S. 31 f.

noch das Gebet des Verstandes, noch das Fasten, noch die Wachsamkeit«[15]. So wird der Gehorsam für den Mönch zum *Eckstein*. Auch seine täglichen Verrichtungen werden »Gehorsam« (auf rumänisch: »ascultare«) genannt.

Durch seine Hingabe, durch seinen Gehorsam folgt der Mönch Christus nach in Seinem Gehorsam gegenüber dem Vater und wird auch zum Sohn Gottes; er tut dies, um auch alle anderen Menschen zu seinen Brüdern zu machen und zu »Söhnen des Höchsten«. (Ps. 82,6) Der Mönch übt Gehorsam nicht nur gegenüber dem Abt, sondern auch gegenüber den Mitbrüdern in der Klostergemeinschaft; ja mehr noch: er vervollkommnt auf diese Weise seine Verfügbarkeit für die ganze Welt. Er gibt jedem das, was sich gebührt, er fühlt sich allen gegenüber verpflichtet nach dem Wort des heiligen Apostels Paulus: »Seid niemand etwas schuldig, außer, dass ihr euch untereinander liebt; denn wer den andern liebt, der hat das Gesetz erfüllt.« (Röm. 13,8)

Der Mönch erhebt das Opfer in den Rang des einzigen Prinzips, an dem er sein ganzes Leben ausrichtet. Er opfert sich unablässig; er lebt nicht mehr für sich selbst, sondern für Gott und das Werk Seiner Hände: die ganze Menschheit. Daher hält er auch das, was er tut, nicht mehr für seine eigene Leistung, sondern die seines Nächsten. Im Gegenzug werden ihm Enttäuschungen, seine Niederlagen oder alles Unvermögen, sei es das eigene oder das der Nächsten in seinem Umfeld, zu schwer heilbaren Wunden, denn jede Unzulänglichkeit seinerseits spiegelt sich im Leben des Nächsten. Ein Misserfolg, eine Nichterfüllung oder ein Unvermögen jeglicher Art wird er sofort auf akute Weise als Hindernis auf seinem Weg des Gebets für seine Brüder in der Welt wahrnehmen. So wird sein Leben zu einem Leben der Buße im Dienst des Nächsten. Seine Tränen werden für ihn zu einem Opfer der Reinigung für die Welt und für die Menschen, aus der Liebe zu denen er sich aus der Welt zurückgezogen hat. Daher sagt der heilige Gregor der Theologe nicht umsonst, dass die Tränen der Mönche das reinigende Bad für die ganze Welt sind.[16]

Im Leben des Mönchs findet sich das wieder, was in der Heiligen Schrift über den Erlöser Jesus Christus steht, als Er zwölf Jahre alt war und Seine Eltern Ihn im Tempel suchten. Die Gottesmutter tadelte Ihn, Er aber antwortete: »Warum habt ihr Mich gesucht? Wisst ihr nicht, dass ich sein muss in dem, was meines Vaters ist?« (Lk. 2,49) Dadurch hat Er gezeigt, dass alles auf Gott hin orientiert und Seinem Willen unterstellt werden muss. Danach »ging Er mit ihnen hinab und kam nach Nazareth und war ihnen untertan« (Lk. 2,51). Christus war Gott dem Vater, der Gottesmutter und dem rechtgläubigen Josef untertan – und zwar in dieser Reihenfolge! Er erweist den

---

[15] Gheron Iosif Isihastul, zit. bei Ierom. Efrem Katunachiotul, *Despre ascultare*, S. 18.
[16] Irenné Hausherr S. J., *Teologia lacrimilor. Plânsul și străpungerea inimii la părinții răsăriteni – cu o antologie de texte patristice*, Sibiu 2000, S. 113.

anderen Menschen gegenüber Seine Liebe und Seine Verfügbarkeit »und ging ringsum in alle Städte und Dörfer, lehrte in ihren Synagogen und predigte das Evangelium von dem Reich und heilte alle Krankheiten und alle Gebrechen«. (Mt. 9,35)

Diese Episode zeigt sehr gut, wie sich der Mönch in seinem Gehorsam anderen gegenüber positioniert. Er legt vor allem sein Leben dem Erlöser Christus zu Füßen, Der ihm den Ruf zum Leben als Mönch ins Herz gegeben hat. Als Antwort auf diesen Ruf übt er Gehorsam, zuerst gegenüber dem Willen Gottes, Dem er alles unterstellt. Er übt Gehorsam gegenüber dem Abt wie gegenüber der Gottesmutter und unterwirft sich ihm als dem, der das Geheimnis seines Herzens und die hohe Bedeutung seiner Berufung kennt. Er unterwirft sich seinen Brüdern wie dem rechtgläubigen Josef als einer Gemeinschaft von Menschen, die gemeinsam die gleiche Berufung leben. Und er stellt sich in den Dienst aller Menschen »zum Guten und zur Erbauung«. (Röm. 15,2)

Auch die anderen Tugenden reifen in der Seele des Mönches nicht ohne Gehorsam und ohne Demut. Du kannst nicht von Geduld, von Liebe und von Sanftmut sprechen ohne als Grundlage des geistlichen Lebens *das Geheimnis Christi* verinnerlicht zu haben – den Gehorsam. Der heilige Johannes Chrysostomos interpretiert die Worte des Erlösers Jesu Christi zur Nachfolge folgendermaßen:

»Willst du dich schmücken, schmücke dich mit Meinem Schmuck! Willst du dich bewaffnen, bewaffne Dich mit Meinen Waffen! Willst du dich kleiden, kleide dich mit Meinen Kleidern! Willst du speisen, speise an Meinem! Willst du reisen, reise auf Meinem Weg! Willst du erben, erbe Mein Erbe! Willst du in deine Vaterstadt zurückkehren, betrete die Festung, deren Baumeister und Schöpfer ich bin! (vgl. Hebr. 11,10) Willst du ein Haus bauen, baue dein Haus in Meinen Zelten! Ich verlange keinen Lohn für alles, was ich dir gebe, sondern ich schulde dir noch etwas, wenn du all das Meine nutzen willst! Welcher Großmut ist dem vergleichbar? Ich bin dein Vater, sagt Christus. Ich bin dein Bruder, Ich bin dein Bräutigam, Ich bin deine Familie, Ich bin deine Nahrung, Ich bin dein Gewand, Ich bin deine Wurzel, Ich bin Dein Fundament, Ich bin alles, was du wünschst! Damit es dir an nichts fehlt, werde ich dir auch dienen! Denn ich bin gekommen um zu dienen, nicht dass mir gedient werde (Mt. 20,28). Ich bin für dich Freund und Glied und Kopf und Bruder und Schwester und Mutter! Ich bin alles! Nur eines verlange ich von dir: du sollst mir nahe sein! Deinetwegen bin ich arm, ein Bettler deinetwegen, deinetwegen bin ich gekreuzigt, deinetwegen begraben worden. Oben bin Ich dein Mittler; auf Erden bin Ich der Gesandte des Vaters an dich. Du bist alles für Mich: auch Bruder und Miterbe und Freund und Glied. Was willst du noch mehr?«[17]

---

[17] Hl. Johannes Chrysostomos, *Omilii la Matei*, S. 868 f.

Diese Selbsthingabe, dieses Sich-Christus-in-die-Arme-Werfen, ist keine Preisgabe oder Zerstörung der eigenen Persönlichkeit, sondern im Gegenteil eine Bekräftigung der Freiheit in Gott, eine Bewegungsfreiheit in Gott und Seiner Erkenntnis. Nur wer sich hingibt, kann diese Freiheit erleben, kann sie schmecken und erleben! Dieses Opfer ist kein Selbstzweck, so wie auch Christus Sich nicht zum Selbstzweck geopfert hat. Der geistliche Mensch erkennt, sieht und spürt die Nöte dieser Welt; sie ist für ihn transparent, denn in ihm »betet der Geist mit unaussprechlichem Seufzen« (Röm. 8,26) und »Christus hat in ihm Gestalt gewonnen« (Gal. 4,19). So wird jeder Moment durch das unablässige Gebet bedeutend und wird in Fülle gelebt; dies bedeutet die Gegenwart Gottes im Verstand und im Herzen. Der heilige Siluan vom Athos fragte einmal seinen geistlichen Vater: *Wie schaffe ich es, für diese Welt zu weinen?* Und der Geistliche antwortete ihm: *Du erkennst im Gebet den Zustand dieser Welt und ihre Nöte, dadurch kannst du weinen.*[18]

Das unablässige Gebet für die Welt

Unablässig zu beten ist auch ein Gebot des Gehorsams, das unser Erlöser Jesus Christus uns gegeben hat (Lk. 18,1) und ein Gebot, das die heiligen Apostel weitergeben. Der heilige Apostel Paulus schreibt den Thessalonichern: »Betet unablässig!« und »seid dankbar in allen Dingen« (1. Thess. 5,17); er bekräftigt anschließend mit Nachdruck: »Den Geist dämpft nicht!« (1. Thess. 5,19) *Den Geist nicht zu dämpfen* bedeutet, die Gnade nicht zu verlieren, also die Gegenwart Gottes im Verstand und im Herzen. Ein zeitgenössischer geistlicher Vater sagte oft: »Der Geist ist sehr zart!«: die Gnade des Heiligen Geistes verlässt uns leicht, sie zieht sich zurück, wenn wir das Kleid der Gottheit und der Demut ausziehen, wenn wir das Gewand des Gehorsams und der Demut im Denken ablegen. Wenn wir dieses Kleid ablegen, dann zieht der Mönch wie jeder Christ mit seinem Herzen das an, was dem Geist entgegengesetzt ist: das Verurteilen anderer, den Zorn, die Boshaftigkeit, den Jähzorn und viele andere Leidenschaften, die Geister des Bösen sind, welche der heilige Paulus im Brief an die Galater erwähnt (vgl. Gal. 5,19-21) und die in der Atmosphäre herumschwirren. Dies verhält sich so, weil man, wenn man etwas wegnimmt, sofort etwas anderes an die Stelle dessen setzt, sonst »wird es mit diesem Menschen hernach ärger, als es vorher war«. (Mt. 12,45)

All unser Bemühen und unser geistlicher Kampf zielen darauf, die Gnade des Heiligen Geistes zu erlangen, sonst bleiben wir leibliche Menschen.

---

[18] Der heilige Siluan vom Athos (1866-1938; bürgerlicher Name Simeon Iwanowitsch Antonow) war einer der bekanntesten russischen Mönche und Mystiker der Orthodoxen Kirche des 20. Jahrhunderts. 1892 Eintritt in das russische Panteleimonkloster auf dem Athos, 1896 Einkleidung als Mönch, ab 1911 Träger des Schima. [J. H.]

»Mein Geist soll nicht immerdar im Menschen walten, denn auch der Mensch ist Fleisch«, sagt der Geist Gottes des Herrn in der Heiligen Schrift (Gen. 6,3). Um dies zu erlangen, ist die wichtigste Sorge und Verrichtung des Mönchs die »Wachsamkeit über den Verstand gegenüber dem Nächsten«, D. h. dass er ein reines Gewissen gegenüber dem Nächsten hat und niemals jemand mit irgendetwas bestraft. »Durch Schweigen und Nicht-Bestrafen wird der Seelenfriede bewahrt«, sagen die Kirchenväter. Vater Antim Găină vom Kloster Secu empfing nach dem ersten, zweiten und dritten Tadel wegen großer und unnützer Geschwätzigkeit Beichtwillige nicht mehr zur Beichte – die höchste Strafe für einen geistlichen Sohn[19]. Das ist wie das Abreißen des Triebs aus dem Stamm oder das Vertreiben des Ismail aus den väterlichen Armen des Abraham (vgl. Gen. 21,9-12) und ist eine Konsequenz aus dem Ungehorsam.

Gehorsam als geschenkte Freiheit

Im Kloster muss es zwischen dem geistlichen Vater, dem Abt, wie es heute ist, und dem geistlichen Sohn eine umfassende Kommunion und Kommunikation geben. Jeder noch so kleine Ungehorsam vertreibt den Geist Gottes und versetzt uns in den Zustand, nicht mehr richtig urteilen zu können. Daher wird auf den Gehorsam und das Ablegen des eigenen Willens mit besonderer Heiligkeit geachtet. Durch das Ablegen des eigenen Willens, dass also niemand jemals eigenmächtig handelt, herrschen Frieden und eine gute Ordnung im Kloster. Vater Archimandrit Sofronij Sacharov, ein Schüler des heiligen Siluan vom Athos, sagt über den Gehorsam: »Der Gehorsam ist ein Geheimnis, das sich nur im Heiligen Geist offenbart, und zugleich ist er das Geheimnis und das Leben der Kirche; (...) der Gehorsam hat sich als eine unaussprechlich große Gabe von oben offenbart. (...) Indem er seinen Willen und jedes Urteil über sich selbst voller Vertrauen, mit gutem Willen, mit Liebe und Freude seinem Abt und geistlichen Vater überlässt, entledigt sich der Gehorsame der Last der irdischen Sorge und kommt zu der Erkenntnis dessen, was unschätzbar ist: der Reinheit des Geistes in Gott.«[20]

»Das Leben des Mönchs bedeutet vor allem anderen die Reinheit des Geistes in Gott«, bekräftigt Archimandrit Sofronie weiter. »Ohne Gehorsam kann man nicht dahin gelangen, und deshalb kann es kein Mönchtum ohne Gehorsam geben; (...) diese Reinheit des Geistes ist die besondere Gabe des Mönchtums, die auf andere Weise nicht erlangt werden kann. (...) Die Verbindung zwischen dem Abt und dem Schüler ist eine Verbindung der Heiligung.« – »Für den Schüler besteht dieses Geheimnis darin zu lernen, den Willen Gottes zu erfüllen, um in die Sphäre des Willens Gottes einzutauchen und so am

---

[19] Protosingel Ioanichie Bălan, *Patericul Românesc*, Galați 1990, S. 113.
[20] Archim. Sofronie Saharov, *A. a. O.*, S. 60-62.

göttlichen Leben teilzuhaben; für den Abt besteht dieses Geheimnis darin, durch sein Gebet und sein ganze Leben den Schüler zur Erkenntnis dieses Weges zu führen und in ihm diese wahrhafte Freiheit zu kultivieren, ohne welche die Erlösung unmöglich ist. Wahre Freiheit herrscht dort, wo der Geist Gottes, ist und daher ist auch das Ziel des Gehorsams wie auch des christlichen Lebens im Allgemeinen das Erlangen des Heiligen Geistes. (2. Kor. 3,17)«

Der wahre Abt versucht nie, »den Willen seines Jüngers seinem ›menschlichen‹ Willen zu unterwerfen, gleichzeitig können sich aber im Zusammenleben Gelegenheiten ergeben, dass der Abt sich veranlasst sieht, auf der Erfüllung seiner Anordnungen zu bestehen; doch der wahre Schüler wird es bei seinem Abt nie so weit kommen lassen«[21]. »Das Bemühen des Abtes ist dabei schwieriger als das des Schülers angesichts seiner großen Verantwortung gegenüber Gott. Doch die Verantwortung ruht nur insoweit auf den Schultern des Abtes, als der Schüler ihm gehorsam war; war er es aber nicht, so trägt der Schüler selbst die ganze Last der Verantwortung; er verliert dadurch das, was der sich Bemühende im Gehorsam erlangt.«[22]

Bei der Erfüllung dieses Ideals im gemeinschaftlichen (koinobitischen) Leben gilt es einige Hürden und Hindernisse zu überwinden. Die größte und am schwersten zu überwindende Hürde ist der Stolz und seine »Kinder«, unter denen der Egoismus den Platz der »Tugend« einnimmt. Aber wenn der Mensch will, »ist alles möglich dem, der glaubt« (Mk. 9,23). Im »Paterikon« und im »Menaion«[23] finden wir unzählige Beispiele; denken wir nur an den seligen Dositheos, den Schüler von Abbas Dorotheos. Dieser hat nach nur wenigen Jahren im Kloster, in denen er sich bemüht hat, seinen Eigenwillen abzulegen, heller gestrahlt als alle in der Gemeinschaft seines Konvents »nur wegen seines Gehorsams, den er zeigte«. Er hat sich als würdig erwiesen, vor der Hochheiligen und Göttlichen Trinität zu stehen und für die zu beten, die er hinter sich gelassen hat[24].

Dies ist der Lohn, dies ist die Krönung für die, die aus freien Stücken und ungezwungen das »sanfte Joch« und die »leichte Last« Christi auf sich genommen haben und Ihm nachgefolgt sind. Und so ist dieses Bemühen absolut gerechtfertigt, denn außer der Seele, die »aus Gott« kommt und »zu Gott zurückkehrt« (vgl. Pred. 12,7), ist nichts ewig auf Erden.

All dies: das Erfüllen der Guten Werke, das Bemühen, der Gehorsam, das Ablegen des Eigenwillens, die Reinheit, die Armut, die Geduld, die Standhaftigkeit, die geistige Reife, der Mut und all die anderen Tugenden herr-

---

[21] A. a. O., S. 62-63.

[22] A. a. O., S. 63-64.

[23] Orthodoxe Darstellungen von geistlichen Begegnungen der Väter (»*Paterikon*«) und der Heiligenviten (nach Monaten: »*Minologien*«; J. H.).

[24] Avva Dorotei, *Învăţături şi scrisori de suflet folositoare*, gedruckt mit dem Segen S. E. Iustinian, des Bischofs von Maramuresch und Sathmar, Bacău 1997, S. 14 f.

schen im monastischen Leben und machen aus diesem Leben ein wahrhaftiges und vor Gott wohlgefälliges Opfer. Wenn er so lebt, heiligt der Mönch sich selbst und die Menschen um sich herum; er wird zum Licht und Leben aller aus seinem »Haus«. Der heilige Johannes Klimakos sagt, dass das Gebet diese Welt erhält[25]. »Erhalten« meint in diesem Sinne eine Unterstützung zu sein, jemand zu helfen und in den Armen zu halten; in diesem Sinne hat die Welt viele Beter nötig.

So können wir sagen, dass der Mönch den Mut hat, die Worte des Erlösers Christus lebendig werden zu lassen, anzuwenden und umzusetzen; dadurch gibt er der Welt Hoffnung. Die Worte Christi sind Geist und Leben, und der Mönch zeigt, dass sie auch in einen unvermögenden Leib hineinpassen und wirksam werden können. Er zeigt der ganzen Welt, dieser von Hoffnungslosigkeit und dem Mangel an Orientierung an der Erlösung geprägten Welt, dass noch nicht alles verloren ist. Er gibt mit seinem ganzen Leben Zeugnis von der Wahrheit dessen, was Christus sagt: »Siehe, ich bin bei euch alle Tage bis an der Welt Ende.« (Mt. 28,20) Er unterstreicht mit seinem persönlichen Beispiel, das oft von anderen missverstanden wird, die Worte, mit denen der Gute Hirte Seine Herde stärkt: »Fürchte dich nicht, du kleine Herde! Denn es hat eurem Vater wohlgefallen, euch das Reich zu geben!« (Lk. 12,32) So brauchen wir ein gut in den geistlichen Regeln und Ordnungen verankertes Mönchtum, um lebendig und frei im Geiste Dessen zu sein, Der das Leben schenkt. Diejenigen, die keine Mönche sind, mögen die unterstützen, die es sind, weil die Welt mehr denn je diese Unterstützung braucht.

Und wir – die Mönche von heute – mögen uns an unsere geistlichen Väter – die heiligen Kirchenväter – erinnern, die sich immer gewünscht haben, in solchen Zeiten zu leben, um sich umso mehr um das Wohl der Welt zu bemühen. Und wir, die wir den Ruf zu diesem vertieften geistlichen geweihten Leben und heiligen Wirken empfangen haben, werden dieses Leben auch leben, denn wir werden von Christus den gerechten Lohn empfangen. Er wird uns geben und nichts zurücknehmen, Er wird uns geben und es wird Ihn nicht reuen. Also mit Freude ans geistliche Werk! Lasst es uns wollen und tun! Und dabei mögen wir nie vergessen, dass Christus die einzige Freude des Mönchs ist:

> Grundgütiger Jesus, Freude der Mönche!
> Jesus, Trost meiner Seele!
> Jesus, Erleuchter meines Geistes!
> Jesus, Freude meines Herzens!
> Jesus, Sohn Gottes, erbarme dich über mich!

Übersetzung: Jürgen Henkel (Selb-Erkersreuth)

---

[25] Hl. Johannes Klimakos, *A. a. O.*, S. 403.

IV.

Die Kultur der Klöster

Das geweihte Leben in der Katholischen Kirche und in der Ortskirche von Iași/Jassy (Moldau) in Geschichte und Gegenwart

P. Univ.-Dozent Dr. Ștefan Acatrinei OFMConv, Kloster Roman,
(Bistum Iași, Rumänien),
Römisch-Katholisches Theologisches Institut der Franziskaner, Roman

Das geweihte Leben entstand aus dem Wunsch einiger Menschen, ihr ganzes Leben Gott zu weihen. Wie der selige Papst Johannes Paul II. in dem Nach-synodalen Apostolischen Schreiben *Vita Consecrata* (1996) betont hat, ist das geweihte Leben »tiefverwurzelt im Beispiel und in der Lehre Christi, des Herrn« und ist »ein Geschenk Gottes des Vaters durch den Geist an seine Kirche« (*Vita Consecrata* Nr. 1). Von den ersten Jahrhunderten an wurde das geweihte Leben eine eigene Form des christlichen Lebens. Von den Anfän-gen bis heute hat das geweihte Leben in all der so großen Vielfalt seiner For-men (wie es sich unter anderem im monastischen und anachoretischen Le-ben oder auch in Instituten des apostolischen Lebens äußert) nie aufgehört, die Kirche auf ihrem Weg durch die Jahrhunderte zu begleiten. Durch diese Lebensform ahmt der Mensch durchgehend »die Lebensform, die der Sohn Gottes annahm, als er in die Welt eintrat, um den Willen des Vaters zu tun, und die er den Jüngern, die ihm nachfolgten vorgelegt hat«, nach (*Lumen Gentium* 44).

Wir wollen in dieser Studie zunächst eine zusammenfassende Darstellung zur Präsenz des geweihten Lebens in der Katholischen Kirche bieten; dazu wollen wir zunächst auf dessen Ursprünge blicken, um danach einige sei-ner vielfältigen Ausdrucksformen besonders darzustellen. Anschließend werden wir die Existenz des katholischen geweihten Lebens auf dem Gebiet Rumäniens behandeln, besonders in der Gegend der Moldau, also auf dem Gebiet der Diözese von Iași (dt. Jassy). Um die Bedeutung der Entwicklung des geweihten Lebens auf dem Gebiet Rumäniens zu verdeutlichen, werden wir uns auch auf die Geschichte der Ortskirche zu beziehen haben.

1. Kurze historische Retrospektive

Die Evangelien bieten uns keine Beschreibung des geweihten Lebens, wie wir es heute in den Dokumenten der Kirche finden, doch bieten sie uns die Keimzellen dessen, was sich in den Jahrhunderten später entwickelt hat, und dies ist besonders in der Person Jesu Christi zu finden.

Der Evangelist Lukas erwähnt in seinem Bericht über die Rückkehr Jesu nach Galiläa und seine erste Aktion in der Synagoge von Nazareth die Worte des Propheten Jesaja. Jesus wird »Christus« genannt, was im Griechischen »geweiht« und »gesalbt« bedeutet. Jesus selbst weist darauf hin: »Der Geist des Herrn ist auf mir, weil er mich gesalbt hat, zu verkündigen das Evangelium den Armen« (Lk. 4,18).

Aus dieser Aussage Jesu ist seine Identität zu erkennen: er ist »der Geweihte« und »der Gesalbte«, der aus dem Heiligen Geist geborene Sohn Gottes. So ist die Weihe das Fundament seiner Mission; das Geweihtsein bedeutet, zu Gott zu gehören und seine Gegenwart unter den Menschen zu erleichtern, denn die geweihte Person erhält die Mission, zu einem Zeichen der Gegenwart Gottes unter den Menschen zu werden, um das Evangelium den Armen zu verkünden. Jesus lebte sein Geweihtsein durch eine totale Zugehörigkeit zum Vater und er widmete sich seiner Mission, die Liebe Gottes unter den Menschen sichtbar werden zu lassen: »Wie mich mein Vater liebt, so liebe ich euch auch« (Joh. 15,9); die empfangene Liebe verwandelt sich in eine Mission, wird also zur »Liebe, die sich den Menschen schenkt«.

Jesus schenkt sich den Menschen nicht nur durch den Gehorsam gegenüber dem Vater, sondern auch weil sein Opfer ein »Zeichen« der Liebe des Vaters zu ihm ist. Die Menschen zu lieben bedeutet, Gott zu erlauben, ihnen sein liebendes Antlitz zuzuwenden. Diese von Jesus verwirklichte Selbsthingabe hat einige besondere Charakteristika:

- Es ist eine **totale** Selbsthingabe: Jesus bietet nicht nur seinen Dienst dar, sondern er bietet sich selbst dar, seine Person, seine ganze Existenz.
- Es ist eine **universale** Selbsthingabe, weil sie auch denen gilt, die ihn **ablehnen**, und dadurch zur Vergebung wird. Jesus manifestiert diese Charakteristik am Kreuz.
- Das Maß seiner Selbsthingabe ist nicht menschlicher, sondern **göttlicher Art**: »wie mich mein Vater liebt, so liebe ich euch auch.«

Das Mönchtum entsteht gerade aus jenem dem Menschen innewohnenden Wunsch, schon auf Erden am göttlichen Leben teilzuhaben.[1] Die monastischen Regeln haben stets die Bedeutung der Vervollkommnung der Liebe betont. Der heilige Basilius der Große unterstreicht dies in all seinen Werken mit Nachdruck[2], wie auch der heilige Augustinus[3] und der heilige Benedikt[4].

---

[1] Vgl. I. G. GOMEZ, *Monachesimo*, in: *Dizionario Teologico della vita consacrata*, Ancora, Mailand 1994, Sp. 1063.

[2] »Liebe ist ein dem Christentum eigener Wesenszug.« BASILIO, *La fede*: *Opere ascetiche*, 95. »Der durch Liebe geäußerte Glaube ist dem Christen wesenseigen.«, *Morali*, LXXX, 22: *Opere ascetiche*, S. 207.

[3] Vgl. AUGUSTINUS, *Regula*, 1, 2: *Opere* VII/2, S. 31.

[4] BENEDIKT, *Regula*, 72, 3.9.11: *Regole monastiche*, S. 117.

Die christliche monastische Bewegung ist leise entstanden und ohne Lärm zu verursachen, so dass es den Historikern durchaus schwer fällt, die Entstehung historisch mit Exaktheit zu belegen.[5] Für Betrachter, die von außen darauf blicken, mag das Entstehen des geweihten Lebens in den ersten Jahrhunderten sogar unverständlich erscheinen. Es war auch mehr auf eine implizite als eine explizite Weise vorhanden. Asketische Praktiken finden wir jedoch schon bei den ersten christlichen Generationen. Nach dem hl. Paulus (vgl. 1. Kor. 7,25-34) hat die Urkirche die Askese als Versuch verstanden, sich mit der Einfachheit des wahren Glaubens der Duplizität der Seele entgegenzustellen, die die Alternative zu vermeiden sucht zwischen einem der beiden Wege: dem Weg des Lichts und dem Weg der Finsternis.[6] Das Beispiel der Apostel war von Anfang an für eifrige Christen das richtige Modell der Nachfolge Christi und der Allreinen Jungfrau Maria. Die Christen haben versucht, von Anfang an die Lehre der Apostel zu praktizieren (vgl. Apg. 2,42-47; 4,32-35).

Das asketische Leben, das zeitgleich in den ersten drei Jahrhunderten in Palästina, Syrien und Ägypten entstand, wird rasch sowohl im Orient wie auch im Okzident Verbreitung finden. Der heilige Abbas Antonius ist der bekannteste Vertreter der Wüstenväter, die versucht haben, das Ideal der vollkommenen Liebe nachzufolgen, indem er Christus nachhaltig nachfolgt. Für den hl. Gregor von Nazianz (den Theologen) ist die *Vita Antonii (Das Leben des Antonius)* »eine Mönchsregel in narrativer Form«[7]. Der heilige Basilius der Große in Kappadokien wird Mönch in Annesi an den Ufern des Flusses Iris; er gilt zu Recht als Vater des ostkirchlichen koinobitischen Mönchtums. Er hatte einen unschätzbaren Einfluss in der Ostkirche. Nach ihm und ähnlich wie er haben der heilige Augustinus und der heilige Benedikt ihre Mönchsregeln verfasst, die wiederum die Welt des Abendlandes stark geprägt haben. Während das monastische Leben im Morgenland eine einheitliche, koinobitische und von den Regeln des hl. Basilius des Großen inspirierte Gestalt annahm, hat sich im Abendland eine große Vielfalt an Orden und Kongregationen wie auch an Gesellschaften des Apostolischen Lebens und Säkularinstitute herausgebildet und entwickelt, die das Kirchenrecht im *Codex des kanonischen Rechtes/Codex Iuris Canonici (C.I.C.)* von 1983 mit dem Begriff des »geweihten Lebens« definiert hat.

Wenn wir die wichtigsten Begründer des geweihten Lebens berücksichtigen, können wir eine Art organischer Entwicklung feststellen; trotzdem darf dieser Begriff der »Entwicklung« nicht als ein qualitativer Fortschritt, als

---

[5] Vgl. M. AUGÉ, »Dalle origini a S. Benedetto«, in: *Storia della vita religiosa*, hg. M. Augé, E. Sastre Santos & L. Borriello, Brescia 1988, S. 13.

[6] L. BOUYER, *La spiritualité du Nouveau Testament et des Pères*, Paris 1960, 236 = *La spiritualità dei Padri*, Bd. 3/A, ed. L. Bouyer & L. Dattrino, Bologna 1984, S. 35.

[7] GREGOR von NAZIANZ, *Orationes*, 21, 5, în *PL* 35, 1088.

Verbesserung oder Vollendung eines Erstentwurfs verstanden werden, sondern das bedeutet, dass in der Bewegung der Ausbreitung des geweihten Lebens der evangelische Keim aktiv geblieben ist. Praktisch blieb durch manchen Wechsel in der Form eine grundsätzliche Kontinuität zu den Anfängen bestehen. Neuere Formen des geweihten Lebens werten nicht die früheren Formen ab, sondern antworten schlicht und ergreifend auf neue Herausforderungen der jeweiligen Zeit. Die Vielfalt der Formen des geweihten Lebens, die in der 2000-jährigen Geschichte der Kirche aufgetreten sind, sind in diesem Sinne Ausdrucksformen des Schöpfergeistes, der sowohl Männer wie auch Frauen inspiriert hat, das Kreuz Christi auf sich zu nehmen.[8]

Der Heilige Geist äußert seine fruchtbringende schöpferische Kraft auf überraschende Weise. Mittels ihrer eigenen persönlichen Charismen helfen die heiligen Begründer den Gläubigen zu jener Zeit – und nicht nur! –, das Evangelium zu lesen und die tiefe Absicht Christi im Blick auf das geweihte Leben zu verstehen. Sie bieten ihren Söhnen und Töchtern ein methodisches Prinzip, um das Wort Gottes recht zu interpretieren und den unendlichen Reichtum dieser von Jesus Christus begründeten Lebensart zu schätzen.[9] Durch ihr außerordentliches Wirken wurden jene Begründer, deren *Regeln* kanonisch von der Kirche anerkannt wurden, zu Quellen, die tausende und abertausende von Heiligen hervorgebracht haben.[10]

In der Zeit vom 7. bis 9. Jahrhundert breitete sich das »nomadische Mönchtum« aus. Ein besonders schönes Beispiel bildet hier der heilige Columbanus, der von Irland aus nach Schottland, Frankreich, in die Schweiz und nach Italien gegangen ist und dort viele Klöster gegründet hat.

---

[8] Nachdem das Nachsynodale Apostolische *Vita Consecrata* des seligen Papstes Johannes Paul II. (1996) »voll Dankbarkeit die Fülle der historischen Formen des geweihten Lebens« herausstreicht (Nr. 5), erinnert es an das Vorhandensein schon seit den ersten Jahrhunderten sowohl der »staurophórioi« (Träger des Kreuzes) wie auch »pneumatophóroi« (Zeugen des Geistes) in der Kirche des Westens wie der Kirche des Ostens. So gab es von Anfang an Personen, »die sich berufen fühlten, den Dienst des fleischgewordenen Wortes nachzuahmen, und sich in seine Nachfolge begeben haben«, und die dadurch »geistliche Männer und Frauen, die in der Lage sind, durch Lobpreis und ständige Fürbitte, durch die asketischen Ratschläge und durch die Werke der Liebe die Geschichte im Verborgenen zu befruchten« (Nr. 6).

[9] Papst Benedikt XVI./Joseph Ratzinger schreibt: »Die Heiligen sind die wahren Ausleger der Heiligen Schrift. Was ein Wort bedeutet, wird am meisten in jenen Menschen verständlich, die ganz davon ergriffen wurden und es gelebt haben. Auslegung der Schrift kann keine rein akademische Angelegenheit sein und kann nicht ins rein Historische verbannt werden. Die Schrift trägt überall ein Zukunftspotenzial in sich, das sich erst im Durchleben und Durchleiden ihrer Worte öffnet.« In: *Jesus von Nazareth. Erster Teil: Von der Taufe im Jordan bis zur Verklärung*, Freiburg im Breisgau 2007, S. 108.

[10] Vgl. H. U. VON BALTHASAR, Der Laie und der Ordensstand, Herder Verlag, Freiburg im Breisgau 1949.

Die Zeit vom 10. bis 13. Jahrhundert bildet die Reformepoche des Mönchtums. Die Erneuerung nahm ihren Ausgang in Cluny und Citeaux in Frankreich. Diese Reformen zielten auf eine strengere Beachtung der benediktinischen *Regel*; geleitet wurde diese Reformbewegung vom hl. Bernhard von Clairveaux (1091-1153), einem großen Heiligen, der Europa schon zu seiner Zeit nicht nur in geistlicher, sondern auch in politischer Hinsicht einte.

Eine neue Form des geweihten Lebens (die freilich schon um 750 auftauchte) wird sich vom 11. bis 12. Jahrhundert entwickeln, und zwar in Form der Regularkanoniker. Diese Reformen verfolgten eine Verbesserung des Weltklerus, der in Kirchen oder an Kathedralen angesiedelt war und sich dem liturgischen Leben und dem Apostolat widmet. So entstanden die Kanoniker im Lateran, die Prämonstratenser, die Viktoriner wie auch die Ritter- und Hospitalorden.

Die Bettelorden markieren die Weltkarte vom 13. bis 15. Jahrhundert. Die Kirche des 12. Jahrhundert litt unter mehreren Plagen wie etwa der Feudalprivilegien, der Simonie, des Nikolaitismus etc. Die großen Klöster waren nicht nur Zentren des geistlichen Lebens, sondern auch politischer und wirtschaftlicher Macht. In dieser Zeit ist das Auftreten geistlicher Laienbewegungen wie der Humiliaten, der Katharer und der Waldenser zu beobachten, die eine Reform der Kirche durch eine Rückkehr zur Form des einfachen, armen und evangelischen Lebens der Anfänge erreichen wollten. In dieser Zeit tauchten die Bettelorden auf. Sie inspirierten sich am Leben Christi, betonten den apostolischen Aspekt (also die Wanderschaft und eine besondere Nähe zu den Menschen, was sich in den Klöstern so nicht möglich war) sowie einen anderen Lebensstil, der sich vollständig Gott weiht durch Armut, Keuschheit und Gehorsam. Dazu zählen der Orden der Minderen Brüder (Franziskaner; 1209), der Predigerorden (Dominikaner; 1215), die Karmeliter (1247) und die Serviten (Diener Mariens; 1256). Die Katharer und Waldenser anerkannten nur diejenigen als Prediger, die die Forderungen des Evangeliums nach Markus 6,7-13 in die Praxis umsetzten, unter anderem barfuß zu gehen und stets zu zweit, ohne etwas mitzunehmen für die Reise. Der heilige Dominikus von Guzman (1170-1221) und seine Schüler haben diese Forderungen für sich übernommen. Er hat der Kirche den Prediger-Orden hinterlassen, um Häresien zu bekämpfen.[11]

Der brennendste Wunsch des hl. Franziskus von Assisi (1182-1226) wiederum war es, auf den Spuren Christi zu wandeln; er folgte Christus so treu nach, dass seine Biographen von einem »*alter Christus*« sprechen. Die von ihm begründete religiöse Bewegung, die zum Orden der Franziskanerminoriten führte, antwortete mit Sicherheit auf mindestens eine Herausforderung jener Zeit: die Notwendigkeit einer evangelischen Reform. Franziskus liebte

---

[11] Vgl. P. P. LIPPINI, *La spiritualità domenicana*, Studio Domenicano, Bologna 1987, S. 48.

die Armut wie die Anachoreten und Mönche der Frühzeit, doch führte ihn der Wunsch, Christus nachzufolgen, nicht in die Wüste wie den hl. Abbas Antonius, sondern mitten in die Welt hinein wie die Apostel. Er bleibt fasziniert vom Kern der Wahrheit, wie er von den Armutsbewegungen propagiert wurde, nicht aber von ihren Irrtümern und Lastern.[12]

Das besondere Neue, das von Franziskus gebracht wurde, bestand darin, dass er eine Gemeinschaft von Brüdern ins Leben rief, die nicht präzise Strukturen und Regeln zur Grundlage hatten wie die benediktinischen Klöstern, sondern auf brüderlichen zwischenpersönlichen Beziehungen mit der ganzen Welt beruhen. Als Pilger auf dieser Erde (ohne das Votum der *stabilitas loci* wie die Mönche) sind die Brüder frei von den rigorosen monastischen Strukturen. Sie sind stets mitten in der Welt und stiften Frieden und schaffen es, auch Laien in ihr Ideal einzubinden durch das, was der Dritte Franziskanische Orden genannt werden wird, den Franziskanischen Säkularorden (OFS).

Die heilige Klara von Assisi übernimmt gemeinsam mit ihren Schwestern durch ihr Leben in Klausur[13] das franziskanische Charisma in weiblicher Lebensform und lässt dadurch den zweiten Franziskaneroden entstehen, der das Apostolat der Brüder unterstützt. So werden beide Elemente des franziskanischen Charismas integriert: das innerliche Leben (der totalen Gemeinschaft mit Christus) und das aktive Leben (gelebt durch das Apostolat der Brüder).

Durch die Bettelorden erhält das religiöse Leben eine neue Form nicht nur in der Kirche, sondern auch in der Gesellschaft.

Im 14. und 15. Jahrhundert ist eine gewisse Verflachung des religiösen Lebens festzustellen, die zum abendländischen Schisma geführt hat (mit Gegenpäpsten in Rom und Avignon 1378-1417) und zum protestantischen Schisma. Das 16. Jahrhundert wiederum wurde zu einer Reformepoche der Kirche »*in capite et in membris*«. In diesem Jahrhundert kommt es zur Reform in mehreren religiösen Orden: etwa bei den Karmeliten (durch die hl. Theresa von Avila und den hl. Johannes vom Kreuz) und bei den Franziskanern (durch das Entstehen der Reformorden der Observanten und der Kapuziner). In dieser Zeit entstehen auch neue Formen des religiösen Lebens, die vom Tridentinischen Konzil (1545) bestätigt wurden.

1.1 Regularkleriker

Theatiner. Dieser Orden wurde 1254 in Rom vom hl. Gaetano di Thiene und Gian Pietro Carafa, zu jener Zeit Bischof von Chieti – *episcopus theatinus* – gegründet, woher der Orden auch seinen Namen hat.

---

[12] A. GEMELLI, *Il Francescanesimo*, Edizioni O. R., Milano 1979[8].

[13] Der Begriff der »Klausur« umschreibt jenen Lebensstil, der sich nur innerhalb der Klostermauern abspielt; den Nonnen war es unter keinen Umständen erlaubt, das Klosteranwesen zu verlassen.

Societas Iesu oder *Jesuiten*. Der Orden wurde von Ignatius von Loyola gegründet und von Papst Paul III. am 27. September 1540 approbiert. Der kämpferische Geist, der Wunsch, unter dem Banner Christi zu kämpfen und die Welt für Christus zu gewinnen, sind Elemente der Spiritualität des hl. Ignatius neben der kontinuierlichen Suche nach dem Willen Gottes zu seiner großen Ehre.

Kamilianer. Die Anfänge des Ordens finden sich in der Gesellschaft der Krankenpfleger, die 1582 vom hl. Camillo de Lellis gegründet wurde zur Pflege von Kranken im Spital »St. Jakob« in Rom. Papst Sixtus V. approbiert den Orden am 18. März 1586 als Kongregation, Papst Gregor XIV. wandelt ihn durch eine Bulle vom 21. September 1591 in einen religiösen Orden.

All dies entsteht aus dem Wunsch, die Kirche von innen heraus zu reformieren. Die Mitglieder dieser Orden sind Priester, die ein gemeinsames Leben führen wollen und daher »Regularkleriker« genannt werden. Sie tragen Soutane und nicht die Mönchskutte. Die hl. Messe wird gewöhnlich individuell gelesen, sehr selten geschieht es, dass sie die Messe gemeinsam lesen. Sie wohnen im Pfarrhaus, nicht im Kloster oder im Konvent; sie nehmen Abstand von monastischen oder konventualen Lebensmodellen und nutzen viel einfachere Strukturen.

1.2 Das weibliche geweihte Leben

Auch Frauen fehlen nicht beim geweihten Leben. Die sozialen und kulturellen Bedingungen haben es den Frauen leider nicht immer erlaubt, sich frei und unabhängig auszudrücken. Trotzdem gab es immer bedeutende Frauenpersönlichkeiten beim geweihten Leben, wie etwa Makrina (die Schwester des hl. Basilius des Großen), Paula und Melania, Scolastica (die Schwester des hl. Benedikt), Klara von Assisi und Katharina von Siena.

Das 16. Jahrhundert erlebt beispielhafte Frauen, die eine ganz neue Form des geweihten Lebens begründet haben. Dazu zählt Angela Merici (1470-1540) mit den Begleiterinnen der hl. Ursula. Sie hat ein modernes pädagogisch-erzieherisches System für die Mädchen jener Zeit entwickelt. Sie wollte, dass diese in der Welt und in ihren Familien bleiben, dass sie keine Gelübde ablegen und keine Ordenstracht tragen und sich um Arme und Kranke kümmern. Dies war eine für jene Zeit bis dato unbekannte Erfahrung; später haben sich diese den gemeinsamen Normen des weiblichen geweihten Lebens angepasst.

Mary Ward (1585-1645) und die *Englischen Fräulein*, die der Spiritualität der Gesellschaft Jesu – der Jesuiten – folgen, begannen mit ihrem Wirken 1509 in England. Der Lebensstil dieser modernen und avantgardistischen Frauen musste in der vorherrschenden konservativen und puritanischen Gesellschaft Widerspruch auslösen doch sie implizierten sich ohne jede Furcht und in größter Freiheit im sozialen Gefüge und im Leben der Armen.

Luise von Marillac (1591-1669) und die *Töchter der christlichen Liebe* (*Vinzentinerinnen*). Auch hier geht es um Frauen ohne Ordenstracht und Leben in Klausur. Um den Kranken und Armen dienen zu können, mussten sie auf jene Vorgabe für Nonnen verzichten, denn nach dem damals gültigen *Codex des kanonischen Rechts* jener Zeit war es Nonnen nicht erlaubt, das Klosteranwesen zu verlassen. Der hl. Vinzenz von Paoli sagte über diese Schwestern: »Die Häuser der Kranken sind euer Kloster, ein gemieteter Raum soll euch als Zelle dienen und die Gemeindekirche soll eure Kapelle sein; die Straßen der Stadt sind euer Innenhof, der Dienst eure Klausur und das Gitter, das euch von der Welt trennt, ist die Gottesfurcht, während die Bescheidenheit euer Schleier ist.«

1.3 Die Kongregationen und Gesellschaften des Apostolischen Lebens in der Zeit vom 17. bis 19. Jahrhundert

Nach dem Tridentinischen Konzil sind die »Kongregationen« entstanden; diese hatten das Ziel, sich in der Erziehung des Volkes einzubringen. Der hl. Filippo Romolo Neri (1515-1595) gründete die »Kongregation des Oratoriums«, die aus Priestern und Laien gebildet wird, die ein gemeinsames Leben führen, allerdings ohne die Mönchsgelübde: sie implizierten sich in verschiedenen Formen des Apostolats und in der Erziehung der Jugend in den Oratorien.[14] Die Statuten dieser Kongregation wurden 1612 von Papst Paul VI. approbiert.[15]

In Frankreich finden wir den hl. Vinzenz von Paoli (1581-1660), der 1625 die Kongregation der Lazaristen (auch Vinzentiner, lat. *Congregatio Missionis/CM*) als Männerorden gründete; die Mission der Kongregation war eine doppelte: die Evangelisation der Armen und die Bildung des Klerus.[16] Der hl. Jean-Baptiste de La Salle (1651-1719) gründete 1681 die Kongregation der *Brüder der christlichen Schulen* (Schulbrüder), um Kindern in Schulen kostenlos Bildung zu ermöglichen. Dieses Bildungswerk wurde 1725 päpstlich approbiert.[17] Ebenfalls in Frankreich finden wir den hl. Alois Grignon de Monfort (1673-1716), der 1705 in Poitiers die *Societas Mariae Montfortana* gründet, die sich der Evangelisation widmet.[18] Der hl. Alfons de Liguori (1696-1787) gründete 1732 die Kongregation der *Redemptoristen* und widmete sich der Volksmission, besonders der armen sozialen Schichten[19] wie auch der hl. Paul vom Kreuz (1695-1775) mit den von ihm 1720 gegründeten

---

[14] »Oratorien« waren Orte, wo sich die Jugendlichen versammelten.

[15] Vgl. G. SCHWAIGER, *La vita religiosa dalle origini ai nostri giorni*, ed. G. Loparco e. L. Mezzadri, San Paolo, Milano 1997, S. 334-335.

[16] Vgl. G. SCHWAIGER, *a. a. O.*, S. 179-181.

[17] Vgl. G. SCHWAIGER, *a. a. O.*, S. 244.

[18] Vgl. G. SCHWAIGER, *a. a. O.*, S. 305-306.

[19] Vgl. G. SCHWAIGER, *a. a. O.*, S. 384-385

Passionisten (*lat. Congregatio Passionis Jesu Christi/CP*); die zuletzt Genannten führten ein Leben in Einsamkeit und Buße.[20]

Die Französische Revolution hatte Auswirkungen sowohl auf die politische Welt, als auch auf das religiöse Leben. Durch die Enteignung der kirchlichen Güter, das Verbot der religiösen Verbände, die Verfolgung der Menschen des geweihten Lebens und der Christen im Allgemeinen wurde das religiöse Leben schwer getroffen. Trotzdem kommt es auch nach der Revolution dank der göttlichen Vorsehung zu einem neuen Aufblühen des religiösen Lebens durch das Auftreten mehrerer Kongregationen und eine Grunddisposition des Volkes zu einem frommen Leben.[21]

Wo die Kirche verfolgt wird, verjüngt sie sich und geht gestärkt daraus hervor. So präsentiert sich die Situation in ganz Europa während des 19. Jahrhunderts, das im Zeichen des Rationalismus, der Wissenschaft, der Ideologie und des Antiklerikalismus steht. Die religiösen Orden beginnen, im 19. Jahrhundert in Europa neu aufzublühen. Dabei sind folgende Wesenszüge zu erkennen:

- die Fähigkeit, auf soziale Herausforderungen zu antworten (Schulen, Krankenhäuser, Altenheime, etc.);
- missionarisches Engagement;
- die große Zunahme sowohl an Kongregationen wie auch an Mitgliedern derselben.[22]

Die Kongregation der *Sionsschwestern* (*Kongregation der Schwestern Notre Dame de Sion/NDS*) wurde in Frankreich von den Brüdern Alphonse Ratisbonne (1814-1884) und Théodore Marie Ratisbonne (1802-1884) gegründet. 1843 öffnete eine Schule, die von den ersten beiden Schwestern des Instituts geleitet wurde. Die besondere Berufung dieser Kongregation ist die Erziehung junger Mädchen in Schulen und Internaten. Der Heilige Stuhl bestätige den Orden endgültig am 14. Dezember 1874.[23]

Das 19. Jahrhundert steht für eine der schönsten Seiten des Kirchengeschichte im Blick auf den liturgischen Dienst. Leider war dieses Jahrhundert gleichzeitig eine Epoche, die von Engstirnigkeit im Blick auf das religiöse Leben geprägt war: ein sehr verschlossenes asketisches Leben und Einförmigkeit im Blick auf Mentalität, Rasse etc.; eine übertriebene Aufmerksamkeit in der minutiösen Beachtung von Zeiten und Regeln sowie formeller persönlicher Beziehungen, die spontane Äußerungen nicht erlaubten.[24]

---

[20] Vgl. Vgl. G. SCHWAIGER, *a. a. O.*, S. 305-306. G. SCHWAIGER, *a. a. O.*, S. 354-355.
[21] Vgl. M. J SEDANO SIERRA, »Congregazione«, în *Dizionario Teologico della Vita Consacrata*, Ancora, Milano 1994, S. 406.
[22] Vgl. M. J. SEDANO SIERRA, *a. a. O.*, S. 399-407.
[23] Vgl. M. D. GROS, DIP, Bd. VI (1980), Sp. 430-432.
[24] Vgl. R. HOSTIE, *Vida y muerte de las órdenes religiosas*, DDB, Bilbao 1973.

So seien hier abschließend noch einige Namen von Persönlichkeiten erwähnt, die dem religiösen Leben zu jener Zeit Glanz verliehen haben. Dazu zählen: der selige Anton Rosmini Serbati, der hl. Iosif Cottolengo, der hl. Pierre-Julien Eymard, der hl. Anton Maria Claret, der hl. Giovanni »Don« Bosco und der hl. Daniel Comboni. Unter den weiblichen Persönlichkeiten seien nur die folgenden erwähnt: die hl. Johanna Antida Thouret, die hl. Bartholomäa Maria Capitanio und Vinzentia Gerosa, die hl. Francisca Cabrini und die hl. Paula Frassinetti.

1.4 Die Lage im 20. Jahrhundert

Diese Epoche ist komplex. In den Jahren von 1925 bis 1940 wurde der Heilige Geist neu ausgegossen, vor allem über Laien, die sich in Gruppen und sog. »Lichtzentren« organisierten, die vom Dienst an den Nächsten und der Nächstenliebe beseelt waren.[25] Papst Pius XII. sah in ihnen »einen neuen Frühling in der Kirche«, Papst Johannes XXIII. sprach anlässlich des II. Vatikanums von einem »neuen Pfingsten«.

In der Tat können wir im letzten Jahrhundert ein Wiederaufblühen des religiösen Lebens beobachten und eine Zunahme sowohl der traditionellen Bewegungen wie auch der Laienbewegungen feststellen[26], das Wehen des Heiligen Geistes war stark zu spüren. Blicken wir auf einige Wesenszüge dieses Jahrhunderts im Blick auf das geweihte Leben:

- Es ist gesteigerte Sensibilität für die säkularen Wirklichkeiten zu beobachten; das christliche Leben dringt in das soziale und politische Umfeld vor. Theologie und Soziallehre versuchen, das religiöse Leben in die laizistische Welt einzubringen. Im laizistischen Umfeld entstehen die bedeutendsten Bewegungen, die versuchen, den offensichtlichen Widerspruch zwischen dem geweihten Leben und der laizistischen Welt zu überwinden.

- Die »Säkularinstitute« verweisen auf einen neuen Aspekt: viele Personen versuchen, ihr geweihtes Leben inmitten der Gesellschaft zu leben. Sie sind der festen Überzeugung, dass in einer Gesellschaft, die ihre christlichen Charakteristika verloren hat, in einer Gesellschaft ohne Gott der christliche »Sauerteig« gerade mitten in der Gesellschaft zu verbleiben habe. Die Präsenz von Personen des geweihten Lebens inmitten der Gesellschaft ist die Antwort, die auf die Herausforderungen der entsprechenden Gesellschaft gegeben wird; dies ist auch die Antwort, die der Christ Gott bietet, der ihn dazu

---

[25] Vgl. F. LENOIR, *Les communautés nouvelles. Interviews des fondateurs*, Fayard, Paris 1988, S. 75.

[26] Vgl. J. BEYER, »I movimenti eclesiali«, in: *VitaCons* 23 (1987), S. 143-156.

beruft, inmitten der Gesellschaft zu leben, die ihm geschenkt wurde, um genau diese von innen heraus zu verwandeln.

– Es entstehen kontemplative Institute, die gänzlich in die Gesellschaft eingegliedert sind. Diese antworten auf die Zerstreuung, den Lärm und das unstete Leben des Menschen von heute. Hier seien Charles de Foucauld († 1916), Jacques Maritain († 1973) und Carlo Carretto († 1988) erwähnt. Hier muss auch das Auftreten neuer Gemeinschaften erwähnt werden, die kontemplativ und aktiv zugleich wirkten, wie etwa das Beispiel der Mutter Theresa von Kalkutta († 1997).

– Ein anderer Wesenszug ist der Versuch, die kirchliche Gemeinschaft zu erneuern. In dieser Richtung haben sich die Fokolar-Bewegung (Chiara Lubich, † 2008), die Bewegung »Comuniune e liberazione« (Luigi Giovanni Gussani, † 2005), »Rinovamento dello Spirito« usw. engagiert. Und ganz gewiss sind in diesem Zusammenhang auch die Bewegungen interessant, die nicht zur Katholischen Kirche gehören wie etwa die Taizé-Bewegung.

Die kirchenrechtliche Eingliederung all dieser Bewegungen scheint sehr mühevoll zu sein[27], doch hat trotzdem jede dieser Bewegungen ihren Platz gefunden. Dies sowohl in der Kirche als auch in der Gesellschaft, wo sie zum »Sauerteig« zu werden bemüht sind, um diese von innen her zu verwandeln. Nach Hans Urs von Balthasar »musste man vielleicht genau bis in unsere Zeit warten, um ein solches Aufblühen und eine Zunahme an Laienbewegungen in der Kirche zu erleben; einige folgten dabei traditionellen Charismen, während die Mehrzahl unter einem Anstoß des Heiligen Geistes entstanden ist«[28].

Die Tatsache, dass das geweihte Leben nicht vom Verschwinden bedroht ist, zeigen uns auch die Statistiken. Zwischen 1911 und 1965 wurden 65 neue religiöse Gemeinschaften in der Kirche registriert, zwischen 1966 und 2009 sogar 680, also insgesamt 750; berücksichtigt man noch die 55 aus verschiedenen Gründen offiziell nicht anerkannten Gruppen, kommt man auf 830. Von diesen sind 80 schon wieder aufgelöst.

Überraschend ist, dass ausgerechnet in den am meisten säkularisierten Ländern, wo die Krise an geistlichen Berufungen am spürbarsten ist, deren Zahl am meisten zugenommen hat: 205 in den USA, 200 in Italien, 161 in Frankreich, 47 in Kanada, 44 in Brasilien und 20 in Spanien. Von all diesen haben 117 zwischen 1960 und 1970, 75 zwischen 1971 und 1980, 102 zwischen

[27] Vgl. M. T. CUESTA POLO, »Istituti Secolari«, in: *Dizionario Teologico della Vita Consacrata*, Ancora, Milano 1994, Sp. 867.

[28] Zit. bei P. J. CORDES, *Dentro il nostro mondo. Le forze di rinnovamento spirituale*, Piemme, Casale Monferrato, 1989, S. 14.

1981 und 1990, 139 zwischen 1991 und 2000 und 36 zwischen 2001 und 2009 die bischöfliche Approbation erhalten.[29]

In dieser Zeit erfolgt freilich auch die Auflösung einiger Institute. Ein Grund dafür war die Fusion von Instituten mit gesunkener Mitgliederzahl. So sind durch Fusionen zwischen 1960 und 2009 245 Institute aufgelöst worden. Pater Gianfranco Rocca hält dazu fest: »Die Mehrzahl der verschwundenen Institute gehören zu Frauenkongregationen, die im 19. und 20. Jahrhundert entstanden waren.«[30]

Seit einigen Jahren können wir eine zahlenmäßige Neuaufstellung des geweihten Lebens wahrnehmen, die seit einigen Jahrzehnten anhält. Dies bedeutet nun kein bloßes »Verschwinden«, auch wenn manche konkrete Gruppen existieren, die wie wir gesehen haben durch Vereinigung, Fusion oder schlicht Auflösung verschwunden sind. »Von diesen 800 neuen Stiftungen haben etwa 20 eine traditionalistische Ausrichtung und haben seitens der Päpstlichen Kommission *Ecclesia Dei* die Approbation erhalten.«[31] Es handelt sich hier also nicht um eine absolute Neuheit, außer man zählt die Rückkehr mancher Gemeinschaften zu traditionellen vorkonziliaren Formen als Neuigkeit.

2. Das geweihte Leben auf dem Boden des heutigen Rumänien in Geschichte und Gegenwart

Die erste urkundliche Bezeugung von geweihtem katholischem Leben auf dem Gebiet des heutigen Rumänien geht auf den Predigerorden zurück, also die Dominikaner. Die Geschichte berichtet von einer ersten Konversion der Kumanen in den Jahren 1227 bis 1228 dank des Wirkens der Dominikaner. Hier ist festzuhalten, dass das Christentum »in der Form des lateinischen Ritus und unter der Jurisdiktion des Papstes von Rom auf rumänischem Boden ohne Unterbrechung von der Entstehung der Dacia Traiana bis zur Ausbreitung der bulgarischen Herrschaft im 9. Jahrhundert bestanden hatte. Unter der bulgarischen Herrschaft wurde das rumänische Volk von Rom getrennt und vom lateinischen Ritus entfremdet, der ihm wesenseigen war«[32].

Der erste Versuch der Dominikaner von 1222, die Kumanen zu missionieren, schloss mit einer Enttäuschung. Doch sie ließen sich nicht entmutigen, kehrten nach nur einem Jahr wieder zu den Kumanen zurück und begannen eine Evangelisation, die tatsächlich zu einer Konversion einer bedeutenden Zahl von Kumanen geführt hat. Dies ergab die Notwendigkeit, einen Bischof

---

[29] Vgl. G. ROCCA, »Andamento della Vita Consacrata negli ultimi 50 anni«, in: *Osservatore Romano* , 28. August 2010, S. 7.

[30] Vgl. G. ROCCA, *Tra scomparsa e nuove fondazioni. Andamento della vita consacrata negli ultimi 50 anni*, in: *Testimoni* 16 (2010), S. 16.

[31] G. ROCCA, *a. a. O.*, in: »*Testimoni*« 16 (2010), S. 17.

[32] A. D. XENOPOL, *Istoria românilor din Dacia traianā*, Bd. II: *Dacia în vremea nāvālirilor barbare 270-1290*, Verlag Elf, Bukarest 2006, S. 116.

zu ernennen (was 1927 geschah in der Person des Dominikaners Theodoric) und der Gründung des Bistums von Milcov.[33] Doch wurden dabei nicht alle Kumanen erfasst und konvertierten, so dass das Bistum nach nur 14 Jahren seiner Existenz 1241 bei einem Angriff von Tataren zerstört wurde, die aus Asien gekommen waren. Dabei erlitten 90 Dominikanermönche den Märtyrertod, und jene, die entkommen konnten, flohen mit Gläubigen nach Ungarn.[34]

Nach den Dominikanern kamen die Franziskaner. Deren Mission im Osten der Karpaten schon seit 1239 steht in enger Verbindung mit der Mission der Römisch-katholischen Kirche auf dem Gebiet Rumäniens bis heute, was auch die Kontinuität des geweihten Lebens in diesen Regionen sichert.

Die Franziskanerbrüder beginnen ihr Wirken in der Moldau, dem damaligen »Kumanien«, auf Beschluss des Generalkapitels von 1239. In jenem Jahr wandelten sich die Franziskanerkonvente (Klöster) Ungarns zu einer autonomen Provinz unter der Jurisdiktion eines eigenen Provinzialministers.[35] Genauso wurden die Konvente von Polen im Norden der Karpaten mit den Konventen aus Böhmen unter der Jurisdiktion eines einzigen Provinzialministers mit Sitz in Prag vereint.[36] Die Franziskanerbrüder dieser ungarischen und polnischen Konvente, die von einem besonderen missionarischen Geist beseelt waren, gehen in den 30er Jahren des 13. Jahrhundert auf einen Aufruf des Heiligen Stuhls hin in die Regionen im Ost Europas.[37] Diese Hypothese ist offensichtlich wie sehr wahrscheinlich, weil es keine Dokumente gibt, die ein Wirken der Franziskanerbrüder im Osten der Karpaten zwischen 1221 und 1241 belegen.[38] Diese Wahrscheinlichkeit wird auch bestärkt durch die Invasionen der Tataren, die in Europa angekommen Streifzüge durch Polen und Ungarn machten. Zu jener Zeit war nicht nur die Mission im Osten Europas unmöglich, sondern das Christentum in ganz Europa war in Gefahr. Im Unterschied zu dem Unheil, das die Mongolen gebracht hatten, bot diese neue Wirklichkeit des Kontakts mit diesen Völkern des Ostens dem Christentum die Möglichkeit zur Evangelisation; so kam eine Vielzahl an christlichen Missionaren, besonders Franziskaner und Dominikaner, in den östlichen Teil unseres Kontinents.

Die Tradition besagt, dass die ersten Franziskaner noch zur Zeit des hl. Franziskus in die Moldau gekommen sind, denn wir finden solche bereits in einer »transmontanischen« Provinz, jener von Ungarn, die sich an den

[33] Vgl. E. HURMUZAKI, *Documente privitoare la istoria românilor*, Bd. I (1199-1345), Bukarest 1887, S. 108.

[34] E. DUMEA, Istoria *Bisericii Catolice din Moldova*, Verlag Sapientia, Iasi 2006, S. 34-47.

[35] Vgl. M. ZUGAI, I *Conventi dei Minori Conventuali tra i Croati dalle origini fino al 1500*, Rom 1989, S. 11f.

[36] Vgl. H. BOHMER, *Cronica fr. Jordani*, Paris 1908, S. 72f.

[37] Bulle »*Cum hora undecima*« (11. Juni 1239) von Papst Gregor IX. an die Franziskaner-Missionare. *BF* I, 100-101, Nr. 97.

[38] Vgl. E. DUMEA, *a. a. O.*, S. 43.

Grenzen zur Walachei und zur Moldau befand.[39] Doch als das entscheidende Dokument, das in offizieller Form die Orientierung des Ordens als spezielle Mission seitens der Katholischen Kirche zu den Regionen der Walachei bezeichnete, darf die Bulle von Papst Gregor IX. »*Cum hora undecima*« vom 11. Juni 1239 gelten[40], in der die Franziskaner aufgefordert wurden, als Missionare zu den Bulgaren und Kumanen zu gehen.

Die Dokumente, die vom Wirken der Franziskaner berichten, erwähnen deren Präsenz in Kumanien, also in der Moldau und dem Norden der Walachei, schon vor dem Einfall der Tataren, so wie es auch aus dem Brief von König Bela IV. an König Konrad von Deutschland aus dem Jahre 1241 hervorgeht. Darin schildert dieser jenem das gesamte von den Tataren hervorgerufene Unheil: »Diese Völker, die sich Tataren nannten und aus dem Osten wie Heuschrecken aus der Wüste in Ungarn, Bulgarien, Kumanien, Russland und Polen eingefallen sind, besetzten das ganze Reich bis zur Donau (...) und metzelten ehrwürdige Erzbistümer, Bistümer, Mönche, Franziskanerminoriten und Predigerbrüder nieder.«[41] Wenn also Franziskanerbrüder dabei ums Leben kamen, dann bedeutet dies, dass sie der Einladung von Papst Gregor IX. von 1239 in der Bulle »*Cum hora undecima*« gefolgt sind und vor 1241 in den Gegenden der Moldau angelangt sind.

Der ungarische König Bela IV. führte die Franziskaner und Dominikaner nach dem Rückzug der Tataren, die 1241 ganz Osteuropa angegriffen hatten, in die Steppen nördlich des Schwarzen Meeres von neuem in Siebenbürgen ein.[42] Papst Innozenz IV. sandte eine bedeutende Zahl an Missionaren der Franziskaner zu den Bulgaren, Walachen, Kumanen und Tataren.[43] Dies wiederholte er 1258. So kam es zur Konversion vieler Kumanen und Tataren.[44] Später gründeten die Franziskaner in Siebenbürgen die Konvente von Târgu-Mureş (dt. Neumarkt) und dem siebenbürgischen Bistriţa (dt. Bistritz), die genau an die Grenzen der heutigen Moldau angrenzten.[45] Hier muss erwähnt werden, dass auch in Siebenbürgen die Mehrheit der Bevölkerung aus Rumänen bestand; so fiel es den Missionaren nicht schwer, auch in die Moldau zu gehen.

Der Woiwode Dragoş ging als Konsequenz aus der Politik des ungarischen Königs in Siebenbürgen 1352 in die Moldau und gründete das Fürstentum

---

[39] Vgl. L. DI FONZO, *Francescani în I frati Minoro Conventuali. Storia e vita 1209-1976*, Roma 1978, S. 38.

[40] *Bullarium franciscanum*, Bd. I, Romae 1759, 269.

[41] Vgl. E. HURMUZAKI, *Documente privitoare la istoria românilor*, Bd. I (1199-1345), Bukarest 1887, S. 151.

[42] Vgl. D. BOROS, *Az Erdelyi Ferencrendiek*, Kolozsvár 1927, 28, in I. P. M. PAL, *a. a. O.*, S. 24.

[43] Vgl. *Bullarium franciscanum*, Bd. I, S. 352, 357, 360 u. 362.

[44] Vgl. I. P. M. PAL, *Originea catolicilor din Moldova şi franciscanii păstorii lor de veacuri*, Săbăoani, Serafica, 1942, S. 27.

[45] Vgl. I. P. M. PAL, *a. a. O.*, S. 132.

Moldau. Die Zahl der Rumänen in der Moldau, also jener, die schon vor seiner Ankunft Lateiner waren, nahm zu, weil auch die, die Fürst Dragoş begleiteten, Lateiner waren, wie später der Fürst der Moldau Dimitrie Cantemir (1689) schreiben wird: »Es ist denen, die die Kirchengeschichte kennen, bekannt, dass Siebenbürgen und Ungarn vor der Gründung der Moldau sich niemals Konstantinopel unterworfen hatten; so waren vor dem Eindringen der Sekten Luthers und Calvins waren alle Bewohner treue Söhne der Westkirche (...). Die Nachfahren des Dragoş bewahrten dieselbe Religion, die sie vor ihrer Ankunft in der Moldau hatten.«[46]

Ein anderes Dokument von großer Bedeutung, das die Präsenz der Franziskaner in der Moldau von Beginn des 14. Jahrhundert an belegt, ist der Bericht, den Bischof Girolamo Catalano nach der Rückkehr von seiner Mission in Kumanien an Papst Johannes XXII. vom 6. März 1322 erstattet, und in dem er schreibt, dass sich seine Diözese »von der Stadt Varna in Bulgarien bis Saray in der Breite und vom Schwarzen Meer bis zum Boden der Ruthenen der Länge nach erstreckte«. Derselbe Bischof berichtet, dass die Franziskaner das Evangelium unter jenen Völkern predigten: also Bulgaren, Walachen, Kumanen und Tataren, dass sie dies 80 Jahre lang taten und dabei 40 Kirchen bauten.[47]

Doch das Wirken dieser mutigen Missionare verlief nicht ohne Leidenserfahrungen; so wurden zwischen 1314 und 1329 einige Franziskaner von Bulgaren bei Cetatea Albă ermordet: unter diesen wird auch Angelo von Spoleto erwähnt. In den Kodizes *Anonymi Minoritae*, die sich in London befinden, wird bekräftigt, dass »im Norden des Landes der Tartaren die Franziskanerminoriten 18 feste Klöster haben; sie finden sich in folgenden Städten und Dörfern: in Vicina nahe der Donau, in Cetatea Albă, (...). Jene sind Franziskanerminoriten, die im Land der Tartaren den Märtyrertod erlangt haben (1314-1329) (...). In Cetatea Albă hat Bruder Angelo von Spoleto, damals Kustos, durch Bulgaren den Märtyrertod erlitten.«[48]

An dieser Stelle muss festgehalten werden: auch wenn bei der Ankunft von Dragoş Vodă in der Moldau 1352 von der Präsenz des Christentums des lateinischen Ritus in der Moldau gesprochen werden kann, bestand das byzantinische Element in orthodoxen Priestern fort, die zum orthodoxen Patriarchat von Ohrid in Bulgarien gehörten.[49] Während der Zeit von Fürst Bogdan in der Moldau (1359-1365) erklärte dieser die Kirche der Moldau für dem Bischof von Harici unterstellt, um Unabhängigkeit von Ungarn zu er-

---

[46] D. Cantemir, *Descriptio Moldaviae*, Bukarest 1978, S. 141-142.
[47] G. Golubovic, *Biblioteca bio-bibliografica della Terra Santa e dell'Oriente Francescano*, Bd. III (1300-1332), Quaracchi 1906, S. 48.
[48] *Anonimy Minoriate*, Ex. cod. nero A, IX Mus. Brit., f. 100.
[49] Vgl. A. D. Xenopol, *Istoria românilor*, Bd. I, *Dacia anteromană, Dacia romană şi năvălirile barbare înainte de Hr. – 1290*, Bukarest 1985⁴, S. 299-302.

langen, er selbst trat zum griechischen Ritus über. Doch seine Frau Maria blieb katholisch.[50] Als ihr Sohn Lațcu Fürst der Moldau wurde (1366-1375) erneuerte er die Union der Kirche der Moldau mit Rom, wobei er von zwei Franziskanern unterstützt wurde: Br. Nikolaus von Mehlsack und Br. Paul von Schweindnitz. Derselbe Fürst forderte von Papst Gregor IX., den Franziskaner Andreas von Krakau zum Bischof zu ernennen, der für mehrere Jahre Missionar in der Moldau war, was der Papst auch tat und durch seine Repräsentanten, die Erzbischöfe von Prag, Breslau und Krakau, vollziehen ließ. So wurde Br. Andreas von Krakau am 9. März 1371 zum Bischof geweiht für die neue Diözese und wählte sich die Stadt Siret zum Sitz.[51] Doch das Wirken von Lațcu war nicht nachhaltig und nur wenige Rumänen traten zum lateinischen Ritus über.

Papst Gregor IX. forderte Br. Nikolaus von Crosno, den Ordensoberen der Franziskaner in Russland, zu dessen Jurisdiktion auch die Provinz der Moldau gehörte, auf, 30 Brüder auszuwählen, um die »Schismatiker« zur Union mit Rom zurückzuführen.[52] Im Jahr 1399 erhielt derselbe Franziskaner vom Papst einen Brief, in dem der Pontifex ihm für das fruchtbare Apostolat der Franziskaner in der Moldau dankte (*Terrae Minoris Valachiae*).[53]

Aus all dem wird durchaus ersichtlich, welche bedeutende Rolle die Franziskaner in den Ländern Rumäniens schon zu diesen frühen Zeiten spielten.

3. Die Situation der Römisch-Katholischen Kirche und des geweihten Lebens in der Moldau von den Anfängen des 19. Jahrhunderts[54] bis heute

Das geweihte Leben in den Gegenden der Moldau am Beginn des 19. Jahrhunderts steht in engem Zusammenhang mit der Präsenz der katholischen Gemeinden und ihrer Entwicklung. Nur das Studium historischer Dokumente erlaubt hier einen Zugang. Einen beredten Eindruck von diesen katholischen Kirchengemeinden bezüglich ihrer Zahl und geographischen Lage geben die Berichte der Franziskaner-Missionare an Rom. Um einen Eindruck zu gewinnen, werden wir die wichtigsten dieser Berichte in chronologischer Reihenfolge zusammengefasst darstellen.

---

[50] Vgl. G. GANE, *Trecute vieți de Doamne și Domnițe*, Bd. I, Bukarest 1936, S. 20.
[51] Vgl. C. GRIGORESCU, *Istoria românilor*, Bd. I, Bukarest 1913, S. 384-389.
[52] Vgl. C. EUBEL, *Bullarium Franciscanum*, Romae 1902, Bd. VI, S. 463.
[53] Vgl. *Bullarium franciscanum*, VI, S. 90-91.
[54] Die Ausführungen zur Situation der Römisch-katholischen Kirche in der Zeit des 19. Jahrhundert stützen sich vor allem auf M. DĂMOC, »*Înființarea Vicariatului Apostolic din Moldova (1818). Aspecte din activitatea episcopului Ioan-Filip Paroni (1818-1825)*«, in: *Studi Franciscane* 13 (2013), S. 5-30.

Bischof Bernardin Qurinini[55], Titularbischof von Argeş, doch mit Sitz in Bacău, erwähnt in seinem Bericht an Rom im Jahre 1599 infolge seines kanonischen Besuches dort, dass es zu jener Zeit in der Moldau 10774 Katholiken in 15 Städten und 16 Dörfern gab. 50 Jahre später erwähnt Erzbischof Marco Bandini in seinem Bericht[56], der zwischen dem 19. Oktober 1646 und dem 20. Januar 1647 erstellt wurde, 33 Städte und Dörfer, in denen 1122 katholische Familien und 5397 Seelen lebten.[57]

In den darauffolgenden Jahrzehnten sank die Zahl der katholischen Bevölkerung dramatisch aufgrund von Kriegen, Epidemien und Frondiensten, die große Migrationsbewegungen nach Siebenbürgen auslösten.[58] Während der Belagerung Wiens (1683) schätzte der polnische Bischof Iacob Dluski (1681-1693), dass die katholische Bevölkerung auf 300 Seelen gesunken sei.[59] Aus einer anderen Statistik aus dem Jahr 1696 resultiert, dass diese Zahl 2799 betrug.[60]

In der zweiten Hälfte des 18. Jahrhundert nahm die katholische Bevölkerung wieder zu dank Kolonisten, die ermutigt durch Steuererlässe aus Siebenbürgen gekommen waren, so dass in dem der Kongregation *De Propaganda Fide* 1761 übermittelten Bericht von Präfekt Johannes Dejoannis von ca. 6000 Katholiken in rund 30 Kommunen gesprochen wird.[61] 1789 informiert Präfekt Fidel Rocchi die Kongregation *De Propaganda Fide* in einem Bericht zur Mission in der Moldau, dass es zehn Pfarreien mit jeweils mehreren Filialen und 16000 Seelen gebe.[62]

---

[55] Vgl. E. HURMUZAKI, *Documente privitoare la istoria românilor*, Bd. III, Bukarest, 1880, S. 545-551.

[56] Vgl. MARCO BANDINI, *Codex. Vizitarea generală a tuturor Bisericilor catolice de rit roman din Provincia Moldova (1646-1648)*, zweisprachig, îngrijită de Traian Diaconescu, Iaşi, Presa Bună, 2006.

[57] Vgl. S. VĂCARU, *Din istoria Diecezei Romano-Catolice de Iaşi. I. Catolicii din Moldova la sfârşitul secolului al XVIII-lea şi în prima jumătate a secolului al XIX-lea*, in: »Buletin istoric«, Nr. 10 (2009), Iaşi, Verlag Presa Bună, S. 12.

[58] Vgl. E. DUMEA, *a. a. O.*, Verlag Sapientia, 2006, S. 135.

[59] Aus den Berichten der Missionare Antonio Angelini (1682), Giovanni Volponi (1685) und Vito Piluzzio (1687) resultiert, dass ganze Dörfer nach Siebenbürgen und Polen geflohen sind aus Furcht vor Türken und Tataren (Vgl. Maria Holban, Maria Matilda Alexandrescu-Dersca Bulgaru, Paul Cernovodeanu (Hg.), *Călători străini despre Ţările Române* (în continuare: *CSDTR*), Bukarest, Verlag Ştiinţifică şi Enciclopedică, Bd. VII, 1980, 339.

[60] Vgl. V. TÁNCOSZ, *Hungarians in Moldavia*, Budapest, Institute for Central European Studies, 1998, S. 8.

[61] Vgl. G. CĂLINESCU, *Alcuni missionari cattolici italiani nella Moldavia nei sec. XVII e XVIII*, in: Diplomatarium italicum«, Bd. I, Roma, Libreria di Scienze e Lettere, 1925, S. 204-214.

[62] Vgl. Arhiva Congregaţiei *De Propaganda Fide* (în continuare: APF), fond *Vienna*, dosar 31, f. 243.

Die Ernennung des Bischofs von Bacău erfolgte durch den polnischen König, der der Kurie in Rom einen Kandidaten benannte, doch das polnische Protektorat über die Moldau wurde nach dem Frieden von Karlowitz (1699) auch von der Hohen Pforte anerkannt.[63] In Wirklichkeit »zählte der Schutz des Protektorats Polen fast nichts«[64], denn Polens Macht war nach den Kriegen mit Russen und Türken zu sehr geschwächt. Der Sitz des Bistums von Bacău wurde später durch ein Dekret von Papst Benedikt IV. vom 2. August 1772 nach Sniatyn in Polen verlegt.[65] Nach dem Frieden von Küciük-Kainargi (1774) erhält Russland den Status als Schutzmacht für die Christen auf dem Balkan, auch über die Katholiken in der Moldau, weil es sich als Erbe Polens im Blick auf die Ausübung der Schutzmacht verstand, doch kam es nie zu einem offiziellen Abkommen mit dem Heiligen Stuhl (das Protektorat Russlands galt nie »de jure«). Dass dieses russische Protektorat über die Christen auf dem Balkan zunehmend akzeptiert wurde, verdankt sich auch der Tatsache, dass Katharina II. (1762-1796) einen apostolischen Nuntius an ihrem Hof akzeptierte und der Heilige Stuhl sich zunehmend an dieser »russischen Variante« orientierte.[66] Österreich schätzte diese Beziehung zwischen dem Heiligen Stuhl und Russland nicht und hielt sich für weitaus mehr berechtigt, als große katholische apostolische Macht den Katholiken in der Moldau Schutz zu gewähren.[67] In Wirklichkeit interessierten sich alle Mächte für die rechtliche Lage der katholischen Gemeinden in der Moldau, allerdings mehr aus politischen Gründen, weniger aus religiösen.[68] Die Konsuln und diplomatischen Agenten aus der Moldau und der Walachei sandten regelmäßig Briefe an die Kongregation *De Propaganda Fide*, in der sie das Akzeptieren eines eigenen souveränen Fürsten vorschlugen in der Hoffnung, dass sich dies in den Gesprächen über eine mögliche Trennung vom Osmanischen Reich als dienlich erweisen könnte.[69]

---

[63] Vgl. A. MORARU, *Protectoratul polonez asupra catolicilor din Moldova*, in: »Buletin istoric«, Nr. 10 (2009), Iaşi, Presa Bună, 38; Vgl. W. SCHMIDT, *Romano-catholici per Moldaviam episcopatus et rei romano-catholicae res gestae*, Budapestini, Typis Societatis Typographicae »Athenaeum«, 1887, S. 102-103.

[64] E. DUMEA, *a. a. O.*, S. 182.

[65] Arhiva Congregaţiei *De Propaganda Fide* (în continuare: APF), fond *Moldavia*, dosar 6, ff. 640-642.

[66] P. P. TOCANEL, *Storia della Chiesa Cattolica in Romania*, Bd. III: *Il Vicariato apostolico e le missioni dei frati minori conventuali in Moldavia*, partea I-II, Padova, Edizioni Messaggero, 1960-1965, S. 5.

[67] Vgl. N. IORGA, *Studii şi documente cu privire la istoria romînilor*, I. *Socotelile Bistriţei (Ardeal)*, II. *Acte relative la istoria cultului catolic în Principate*, Bukarest, Editura Ministerului de Instrucţie, 1901, S. 333.

[68] Vgl. N. I. ARNĂUTU, *Douze invasions russes en Roumanie*, Buenos Aires, Editura Cuget Românesc, 1956, S. 29

[69] Vgl. A. DIMITRIE XENOPOL, *Istoria românilor din Dacia traiană. Epoca lui Constantin Brâncoveanu (1689-1714)*, Bd. IX, Bukarest, Editura ELF, 2007, S. 204.

Aus der Korrespondenz der Missionare resultiert, dass der wirksamste Schutz von Russland zu bieten gewesen sei[70] und der Heilige Stuhl auch mehrfach versucht habe, auf diplomatischem Wege dies zu erreichen[71], dass es aber zu keinem offiziellen Abkommen gekommen sei. Allmählich wurde dieses Protektorat *de facto* immer mehr von Österreich ausgeübt[72], auch wenn sich ebenfalls französische, russische, preußische, italienische und sogar englische Konsuln dafür interessierten.

Die kirchliche Organisationsform der Katholischen Kirche der Moldau vom Tod des Bischof Berardi (1818) bis zur Ernennung des ersten Bischofs von Iaşi/dt. Jassy in der Person des Franziskanerkonventualen Nicolae Iosif Camilli (1884) war die eines *apostolischen Vikariats*. Es gab Situationen, wo dieses apostolische Vikariat von Präfekten der franziskanischen Mission der Moldau und von apostolischen Visitatoren geleitet wurde, doch üblicherweise wurden diese hierarchischen Funktionen vom Bischof *in partibus* kumuliert. Die katholischen Gemeinden in der Moldau waren 1820 in 13 Pfarreien mit jeweils mehreren Filialen organisiert und zählten rund 40 000 Gläubige. In der Region Bacău gab es sieben Pfarreien: Grozeşti, Cleja, Trotuş, Făraoani, Călugăra, Valea Seacă und Prăjeşti; in der Region Roman gab es vier Pfarreien: Hălăuceşti, Răchiteni, Săbăoani und Tămăşeni. Die Pfarreien von Iaşi und Huşi gehörten zu keiner dieser Gegenden. Aufgrund der großen Zahl der Pfarrfilialen wurde die Katechese der Gläubigen Lehrern anvertraut, die an den Sonn- und Feiertagen liturgische Funktionen wahrnahmen.[73] Bischof Paroni ernannte für eine bessere Organisation der katholischen Pfarreien noch zwei Vikare, einen für das Dekanat von Bistriţa/dt. Bistritz mit Sitz in Făraoani, und einen zweiten für das Dekanat Siret mit Sitz in Săbăoani. Jeder Vikar sollte noch zwei Kapläne zur Vertretung erkrankter oder abwesender Gemeindepriester haben, doch aufgrund des Mangels blieb dies nur ein Desiderat.[74]

Im Unterschied zu anderen europäischen Ländern, wo das katholische geweihte Leben schon eine lange Tradition hatte und im 19. Jahrhundert bereits wieder eine Erneuerung erfuhr, befand sich die Ortskirche in der Moldau zu jener Zeit organisatorisch erst im Aufbau, denn das Römisch-Katholische Bistum von Iaşi wurde erst 1884 gegründet, woran auch die Franziskanerkonventualen ihren Anteil hatten; und der erste Bischof war

---

[70] Vgl. P. P. TOCANEL, *a. a. O.*, S. 8.

[71] Vgl. Arhiva Curiei Generale a Ordinului Fraţilor Minori Conventuali din Roma (în continuare ACG), fond *S/XX.A – Moldavia* (în continuare: *Moldavia*), dosar 6, ff. 9-10.

[72] Vgl. S. MĂRIEŞ, *Supuşii străini din Moldova în perioada 1781-1862*, Iaşi, Verlag Universität »Al. I. Cuza«, 1985, S. 102

[73] Vgl. P. P. TOCANEL, *a. a. O.*, S. 183

[74] Vgl. N. IORGA, *Studii şi documente ...*, S. 205.

eben jener Franziskanerkonventuale Nicolae Iosif Camilli.[75] Ebenfalls zu jener Zeit, genauer am 16. April 1894, ernannte die Kongregation *De Propaganda Fide* Daniele Pietrobono, der Gemeindepriester in Galați/dt. Galatz war, zum Provinzialminister der Franziskanerkonventualen im Königreich Rumänien[76], am 26. Juli 1895 folgte die Promulgation des Dekrets zur Gründung der regulären Provinz »St. Josef«[77]. Zu jener Zeit zählte die Provinz 27 Mitglieder, von denen nur drei Rumänen waren.[78]

Aus der Diözesanstatistik von 1901 wird deutlich, dass zu jener Zeit in der Diözese zwei Gemeinschaften von Schwestern der Kongregation *Notre Dame de Sion* bestanden und es gleichzeitig 50 Priester gab, die 75 356 Gläubige betreuten, welche in 255 Ortschaften auf dem Gebiet von 28 Pfarreien verstreut waren. Von diesen Pfarreien wurden sechs von Diözesanpriestern, 18 von Franziskanerpatres und vier von Jesuiten betreut. Die Franziskanerprovinz etwa verfügte 1906 über 28 Priester, acht Brüder im Studium und 14 Kandidaten (Seminaristen).[79]

So kann festgehalten werden, dass der Prozentsatz an Personen des geweihten Lebens in der Diözese von Iași zu jener Zeit verhältnismäßig hoch war im Vergleich zum Weltklerus, auch wenn die Zahl der Ordensfamilien und ihrer Mitglieder recht bescheiden war. Doch es wird deutlich, dass das geweihte Leben in der Diözese von Anfang an bereits tiefe Wurzeln geschlagen hat, wie uns die Statistiken zeigen. Dies waren vielversprechende Zahlen.

Missionare der Jesuiten kamen in den Nordwesten des heutigen Rumänien im Jahre 1561. Aufgrund der politischen Lage konnten sie nicht lange bleiben, doch auf Wunsch von Fürst Stefan Bathory, ein Jesuitenkolleg in Cluj/dt. Klausenburg zu eröffnen, kehrten sie am 20. Oktober 1579 nach Siebenbürgen zurück; nur zwei Jahre später, 1581, sollte der Plan des Fürsten verwirklicht werden.[80]

Wie es scheint, sind die Jesuiten auch bald in die Moldau gekommen. Aus dem Bericht des Jesuitenpaters Giulio Mancinelli geht hervor, dass er zwischen den Jahren 1583 und 1586 »die Kleine und die Große Walachei, die Moldau und Iași, die Residenz des Fürsten beider Länder« besucht hat.[81] Die Anwesenheit der ersten Jesuiten in der Moldau verdankt sich der Expansion

---

[75] Vgl. I. P. M. Pal, *a. a. O.*, S. 152-156.

[76] Vgl. *Decretum S. C. de Propaganda Fide, die XVI Aprilis MDCCCXCIV*, în AGOFM-CONV., FOND: ROMANIA, S/XX.B-1 (1894-1895), f. 4.

[77] Vgl. AGOFMCONV., FOND: ROMANIA, S/XX.B-1 (1894-1895), ff. 42-45.

[78] Vgl. Pr. I. SIMON, *Franciscanii Minori Conventuali. Provincia Sf. Iosif din Moldova*, Verlag Serafica, Bacău 1998, S. 95.

[79] Vgl. Pr. I. SIMON, *a. a. O.*, S. 85.

[80] Vgl. A. MORARU, *Iezuiții în Moldova 1588-2010)#*, Editura Presa bună, Iași 2011, S. 19.

[81] Vgl. »Relația lui Giulio Mancinelli«, in: *Călători străini despre țările Române*, Bd. II, Bukarest, 1968, 523-524, citat de A. MORARU, *a. a. O.*, S. 23.

der Kalvinisten in Siebenbürgen und datiert auf 1585.[82] Doch die »eigentliche Stabilisierung der Jesuiten auf dem Gebiet der Moldau datiert auf das Jahr 1588, als der Landesherr Peter der Lahme aus Siebenbürgen vertriebenen Missionaren erlaubt, im Gebiet östlich der Karpaten zu bleiben«[83]. Jesuitenmissionare kommen am 3. September 1588 in Cotnari an[84] und werden sich 1592 nach der Ermordung des Hofmarschalls Bartolomeo Brutti zurückziehen; sie werden am Anfang des 17. Jahrhundert zurückkehren, um die Lateinschule von Cotnari zu leiten.[85] Sie waren es gewohnt, das Land in großer Bedrängnis zu verlassen, doch kehrten sie sofort nach Ende der Gefahr zurück.[86] Sie werden 1886 die Leitung des kurz vorher gegründeten Diözesanseminars »St. Josef« übernehmen und dieses bis 1939 leiten[87] (mit einer Pause zwischen 1906 und 1930). »Am 17. September 1939 entschieden sich die Jesuitenpatres, sich aus der Hauptstadt der Moldau zurückzuziehen.«[88]

Die erste Anwesenheit von Frauen des geweihten Lebens auf dem Gebiet der Diözese von Iaşi verdankt sich den Schwestern der Kongregation *Notre Dame de Sion*. Die ersten vier Schwestern kamen aus Konstantinopel nach Iaşi im Jahre 1866, wo sie die Schule und das Waisenhaus »Hl. Apostel Andreas« eröffneten.[89] Nach nur einem Jahr, also 1867, eröffnen die Schwestern eine andere Schule in Galatz, im Jahr 1870 finden wir hier 12 Schwestern. Diese Schule erfreute sich eines so großen Erfolgs, dass wir schon 1891 hier 66 Schwestern zählen.[90] In Jassy gab es 1870 38 Schwestern.[91]

Die spektakuläre Entwicklung, die die Kongregation *Notre Dame de Sion* am Ende des 19. Jahrhundert erreicht hat, wird von der Machtergreifung des kommunistischen Regimes unterbrochen. Im Jahr 1948, als die religiöse Lage immer schwieriger wurde, hatte die Kongregation 125 Schwestern in

---

[82] Vgl. GEORGE IUHAZ, *Moldovai csango-mogyar okmaytrir (1467-1706)*, Bd. I, Budapesta, 1989, 101 în A. MORARU, *a. a. O.*, S. 20.

[83] Vgl. A. MORARU, *a. a. O.*, S. 24.

[84] Vgl. S. WARSZEWICZ, *Despre Bartolomeo Brutti*, în *CSDTR*, Bd. III, Bukarest, 1971, 275, zit. bei A. MORARU, *a. a. O.*, S. 43.

[85] Vgl. N. IORGA, *Studii şi documente*, Bd. I-II, Bukarest, 1901, S. 415-419.

[86] Vgl. I. GABOR, *Parohia Catolică Iaşi*, Luizi-Călugăra, 1986, S. 87.

[87] Vgl. D. DOBOŞ, »Ordinele şi congregaţiile catolice în anii regimului comunist (1948-1989)«, in: *România 1945-1989. Enciclopedia regimului comunist. Represiunea*, Bd. II, F-O, (Koordinator Octavian Roske), hg. Academia Română. Institutul Naţional pentru Studiul Totalitarismului, Bukarest, 2012, Sp. 665.

[88] A. MORARU, *a. a. O.*, S. 87.

[89] Vgl. P. TOCĂNEL, *Storia della Chiesa Cattolica in Romania. Il vicariato apostolico e le missioni dei frati minori conventuali in Moldova*, III/II. Padova 1965, 555.

[90] Vgl. D. DOBOŞ, *Biserica şi şcoala. Din istoria operelor sociale catolice în România*. Vol I, Iaşi, 2002, S. 120.

[91] Vgl. ACEP, fondo SC Moldavia, Bd. 12, f 410, in: F. DOBOŞ, *La diocesi di Jassy (Romania) durante l'episcopato del vescovo Domenico Jaquet OFMConv (1895-1903)*, Sapienţia, Iasi, 2008, S. 271.

der Moldau.[92] Die aus dem Ausland stammenden Schwestern verließen mit einigen rumänischen Schwestern 1948 das Land und ließen sich im Westen nieder, während 101 Schwestern in ihre ursprünglichen Familien zurückkehrten und versuchten, sich wieder in die Gesellschaft zu integrieren.[93] Bei einem Besuch von zwei Mitgliedern des Generalrats, Schwester Magda und Schwester Marie-Dominique, zählte die Kongregation noch 69 Schwestern.[94] Momentan gibt es keine genauen Daten zur Zahl der Schwestern dieser Kongregation in der Diözese von Jassy. Laut der landesweit Verantwortlichen Schwester Iuliana Neculai gibt es derzeit 19 Schwestern in vier Häusern: Jassy, Roman, Săbăoani und Galatz (Stand 3. Juni 2013).

Die zweite Frauenkongregation in der Diözese von Jassy ist die der Franziskanerschwestern »Del Giglio«. Deren Ankunft liegt begründet in der Notwendigkeit der Übernahme des Mädchenwaisenhauses in Hălăucești und des Waisenhauses für Jungen in Huși; dies erfolgte nach Unterzeichnung einer Konvention zwischen dem Provinzialminister Ulderic Cipolloni/ OFMKonv und dem Kustos des Konvents von Assisi, Pater Alessandro M. Antonelli am 29. Mai 1919. Am 11. August 1919 genehmigte der Sekretär der Kongregation *De Propaganda Fide*, C. Laurenti, den Antrag von Cipolloni zur Übergabe jener beiden Waisenhäuser unter die Obhut der Schwestern von »Del Giglio« und weist darauf hin, dass drei Schwestern entsandt würden zum Ziel der Leitung jener beiden Waisenhäuser. So waren die Schwestern von »Del Giglio« am 4. Dezember 1919 an beiden Orten präsent.[95] Diese hatten eine so große Wirkung auf die Gläubigen, dass 20 junge Frauen nach einem Jahr Noviziat 1921 die Zeitliche Profess ablegten.[96] Trotz der schwierigen Situationen, die folgten, entwickelte sich die Kongregation rasant weiter, so dass »im Jahr 1948 die Zahl der Franziskanerschwestern *De Giglio* auf 78 anwuchs, die Mehrheit davon rumänischer Herkunft«[97].

Selbst nach 1948 schafften es die Schwestern dieser Kongregation, obwohl sie in der Illegalität lebten und zu ihren Familien zurückgekehrt waren, heimlich neue Schwestern heranzuziehen und zu formen, so dass es im Frühjahr des Jahres 1990 schon wieder junge Schwestern gab, was die Wiedergründung des Instituts ermöglicht hat. Heute hat die Provinz »Hl. Franziskus von

---

[92] Vgl. D. Doboş, *Ordinele și congregațiile catolice în anii regimului comunist (1948-1989)*, S. 665.

[93] Vgl. Sr. M. D. GROS, N.D.S, *Notre Dame de Sion. La Vie des Soeures roumaines en Roumanie. Sous le communisme 1948-1989*, Lyon 2002, S. 48.

[94] Vgl. Sr. M. D. GROS, N.D.S, *a. a. O.*, S. 168.

[95] Vgl. AEBC Iași, dos. 53/ 1916-1931, f 17, zit bei D. DOBOŞ-V. GHIURCĂ, »Orfelinatul Catolic V. Alecsandri«, in: S. Văcaru, D. Doboş (Hg.), *Hălăucești. Sat de veche tradiție cultural-religioasă*, Sapientia, Iași 2004, S. 273.

[96] Vgl. AGO, *Scrisoarea Superioarei Generale, Imelde Paregger, către Ministrul General al Ordinului* vom 22. April 1927.

[97] D. DOBOŞ, »*Ordinele și congregațiile catolice ...*«, in: *a. a. O.*, S. 669.

Assisi« in Rumänien 103 Schwestern, davon 96 mit abgelegter Ewiger Profess und sieben mit Zeitlicher Profess. Von diesen entfalten 19 Schwestern ihr Wirken außerhalb des Landes.[98]

Von 1906 bis zum Beginn der kommunistischen Diktatur 1948 hat die »Provinz hl. Josef« der Franziskanerminoriten (Konventualen) in der Moldau 114 rumänische Priester hervorgebracht.[99] Am 28. August 1947 zum letzten Provinzkapitel vor der Machtergreifung des kommunistischen Regimes hatte die Provinz 96 Brüder mit Ewiger Profess, von denen 55 Priester waren, 6 Diakone, 16 Laienbrüder und 19 Kleriker; dazu kamen noch zwei Novizen.[100] Während der Diktatur hat die Franziskanerprovinz, obwohl sie offiziell in der Illegalität lebte, 28 Brüder vorbereitet, von denen 27 zu Priestern geweiht wurden.[101]

Trotz aller Bemühungen der Brüder, im Untergrund neue Brüder zu gewinnen und zu formen, beginnt die Zahl der Brüder aufgrund der Überalterung spürbar zu sinken. Zwischen 1947 und 1993 sind 59 Brüder heimgegangen, davon waren 52 Priester.[102] Mit dem Jahr 1990 nach dem Wiedererlangen der Religionsfreiheit nimmt die Franziskanerprovinz ihr Wirken von neuem auf und beginnt wieder aufzublühen, auch dank der beeindruckenden Zahl von Berufungen. Im Herbst jenes Jahres wurde das Noviziat wieder eröffnet. So wurden 1991 33 Brüder zur Zeitlichen Profess zugelassen, 37 Brüder 1992, 20 Brüder 1993, 27 Brüder 1994, 37 Brüder 1995, 64 Brüder 1996 und 1997 eine Zahl von 81 Brüdern; insgesamt also 299 Brüder.[103] Gewiss werden nicht alle von diesen Brüdern die Ewige Profess ablegen, denn einige werden zurückziehen. So haben beispielsweise von den 70 Brüdern, die 1992 und 1993 die Zeitliche Profess abgelegt haben, nur 47 Brüder 1995 die Ewige Profess abgelegt.[104]

Doch beginnt die Zahl der Brüder der Franziskanerprovinz damals spürbar wieder zuzunehmen, so dass es 1998 bereits wieder 92 Brüder mit Feierlicher Profess gab, von denen 78 bereits Priester waren[105] im Unterschied zu 1991, als es nur noch 40 im Alter weit vorgerückte Priester, neun Brüder mit Ewiger Profess und zehn Brüder mit Zeitlicher Profess.[106]

---

[98] Diese Informationen habe ich von Schwester Angela Bulai aus dem Archiv der Provinz am 3. Juni 2013 erhalten.

[99] Vgl. Pr. I. SIMON, *a. a. O.*, 100-142.

[100] Vgl. AGOFMCONV., FOND: ROMANIA, *Acta Provincialia Provinciae Romaniae*, II (1925-1950), ff. 220-223, zit. bei A. ILIEȘ, în *Sfântul Francisc de Assisi și Franciscanii din România. Provincia Franciscană Conventuală »Sf. Iosif«*, Serafica, Roman 2012, S. 268-271.

[101] Vgl. Pr. I. SIMON, *a. a. O.*, S. 143-155.

[102] Vgl. A. ILIEȘ, *a. a. O.*, S. 473-475.

[103] Vgl. Pr. I. SIMON, *a. a. O.*, S. 159-160.

[104] Vgl. Pr. I. SIMON, *a. a. O.*, S. 161.

[105] Vgl. Pr. I. SIMON, *a. a. O.*, S. 328-330.

[106] Vgl. CL. SERINI, *Asterichi di Viaggio*, Falconara (AN) 1995, S. 423.

2004 steigt die Zahl der Brüder mit Ewiger Profess auf 184; davon sind 129 Priester, 20 Diakone, 13 Kleriker und 22 religiöse Brüder. Sie sind verteilt auf 15 Gemeinschaften auf dem Gebiet der Diözese von Iaşi und in weiteren vier Gemeinschaften auf dem Gebiet anderer Diözesen des Landes. Außerhalb der Landesgrenzen leben 30 Brüder in Italien, vier in Österreich, ein Bruder in Ungarn, vier Brüder in der Türkei, zwei in Frankreich, fünf in Deutschland und zwei in Dänemark. Die Provinz hatte seinerzeit noch 91 Brüder mit Zeitlicher Profess und 16 Novizen.[107]

Wie aus dieser Entwicklung der Franziskanerprovinz nach 1990 zu erkennen ist, ist die Sinuskurve des geweihten Lebens auf dem Gebiet der Diözese von Iaşi und in ganz Rumänien im Steigen. So gab es 2010 242 Brüder der Franziskaner-Konventualen mit Ewiger Profess; davon waren 192 Priester, neun Diakone, die anderen 41 waren Kleriker und religiöse Brüder. Im Unterschied zu 2004 ist nun ein leichter Rückgang festzustellen im Blick auf die Brüder mit zeitlicher Profess, denn diese sind nur noch 56, zu denen noch 12 Novizen dazukommen.[108]

Unter Berücksichtigung der jüngsten Statistiken ist zu erkennen, dass die Zahl der Brüder der Provinz der Franziskaner-Konventualen mit Zeitlicher Profess kontinuierlich sinkt. Im Dezember 2012 lag die Zahl der Brüder mit Zeitlicher Profess 23 Brüdern und sechs Novizen. Die Zahl der Brüder mit Ewiger Profess lag bei 267; davon waren 224 Priester, 19 religiöse Brüder, 12 Diakone und 12 Kleriker.[109] Dieses Phänomens eines Rückgangs an Berufungen zum Geweihten Leben ist in den letzten Jahren zunehmend in allen Kongregationen des Landes zu spüren, wobei die Entwicklung aber noch nicht besorgniserregend ist.

Nach 1990 gab es in Rumänien und besonders in der Diözese von Iaşi eine hohe Anzahl von Kongregationen und Instituten des Geweihten Lebens sowohl von Männern, als auch von Frauen. Waren vor 1948 nur zwei Männer- und zwei Fraueneinrichtungen des Geweihten Lebens in der Diözese Iaşi vorhanden, so waren es 2004 14 Einrichtungen für Männer, und zwar zwei Orden und 12 Männerkongregationen sowie 23 Frauenkongregationen[110]; 2013 beträgt die Zahl der Männerkongregationen 13, während sich die Zahl der Frauenkongregationen mit 44 fast verdoppelt hat.[111] Um das Aufblühen des geweihten Lebens in Rumänien nach 1990 zu illustrieren, seien unter den zahlreichen Frauenkongregationen, die in die Diözese Iaşi gekommen sind, als Beispiel nur die Schwestern »*Maestre Pie Venerini*« erwähnt. Sie

---

[107] Vgl. *Almanahul Presa Bună 2004*, Presa Bună, Iaşi 2004, S. 289.

[108] Vgl. *Almanahul Presa Bună 2010*, Presa Bună, Iaşi 2010, S. 320.

[109] Vgl. *Buletin Provincial Ordinul Fraţilor Minori Conventuali, Provincia »Sf. Iosif« din România*, Anul XII, 40 (2012), S. 38-45.

[110] Vgl. *Almanahul Presa Bună 2004*, Presa Bună, Iaşi 2004, S. 286-305.

[111] Vgl. *Almanahul Presa Bună 2013*, Presa Bună, Iaşi 2013, S. 298-322.

haben ihre erste Gemeinschaft in Bacău 1993 eröffnet. Die Kongregation hat heute 32 rumänische Schwestern, von denen zehn in den drei Gemeinschaften im Land sind und 22 im Ausland.[112]

Nach den jüngsten Statistiken beträgt die Zahl der geweihten Personen, die auf dem Gebiet der Diözese von Iaşi wirken, neben den 269 Diözesanpriestern 117 Ordenspriester, 51 Laienpriester und 427 Schwestern. So zählen 595 Personen zum aktiven Geweihten Leben[113]; diese Zahl berücksichtigt nicht die an Alter weit fortgerückten Brüder und Schwestern, ebenso wenig diejenigen, die außerhalb der Landesgrenzen wirken. Zur Provinz »Hl. Josef« der Franziskaner-Konventualen beispielsweise zählen 121 Brüder, die außerhalb der Landesgrenzen wirken.[114]

Diese Zahlen sind relativ niedrig, doch muss hier erwähnt werden, dass die Diözese sich auf ein Territorium von acht Kreisen erstreckt mit einer Bevölkerung von 4 680 955 Bewohnern, verteilt auf einem Gebiet von 46 378 Quadratkilometern. Nur 5,2 Prozent der Bevölkerung sind katholisch.[115] Zur Diözese zählen 143 Pfarreien mit 73,97 Familien und 210 572 Gläubigen.[116]

So können wir unter Berücksichtigung der recht niedrigen Zahl an Katholiken mit dem Hinweis schließen, dass diese Zahlen trotzdem sehr aussagekräftig und bedeutend sind, weil sie offensichtliches Indiz sind und beredt Zeugnis ablegen vom Aufblühen des geweihten Lebens in diesen von Gott gesegneten Gegenden in den letzten Jahrzehnten, vor allem seit 1990.

Übersetzung: Jürgen Henkel (Selb-Erkersreuth)

---

[112] Vgl. die Listen des XIII. Generalkapitels der Kongregation »Maestre Pie Venerini«, 15. Juli – 3. August 2013, Rom.

[113] Vgl. *Almanahul Presa Bună 2013*, Presa Bună, Iaşi 2013, S. 244.

[114] Vgl. *Buletin Provincial Ordinul Fraţilor Minori Conventuali, Provincia »Sf. Iosif« din România*, mai-decembrie, 40 (2012) S. 40-44.

[115] Vgl. E. DUMEA, *a. a. O.*, S. 312-313.

[116] Vgl. *Almanahul Presa Bună 2013*, Presa Bună, Iaşi, 2013, S. 244.

Die Klöster im Alt-Tal (Valea Oltului) – ein Schatz der rumänischen orthodoxen Spiritualität

Abt Archimandrit Dr. Vartolomeu Androni,
Klosterexarch des Erzbistums Râmnic,
Abt Kloster Cozia, Erzbistum Râmnic (Rumänien)

Das rumänische Alt-Tal (rum. Valea Oltului) ist benannt nach dem Fluss Alt (Olt). Diese landschaftlich wunderschöne Region mit ihren reizenden Gebirgszügen erstreckt sich über rund 80 Kilometer entlang des Olt südlich von Hermannstadt/Sibiu bis zur Bischofsstadt Râmnicu Vâlcea. Es ist eine der blühendsten Regionen klösterlichen Lebens der Rumänischen Orthodoxen Kirche. Bedeutende Klöster aus dem Mittelalter wie Cozia (14. Jahrhundert), besondere Klöster wie Frăsinei, das nach den Regeln und Fastengeboten des Athos lebt, oder Skiten wie Cornet sind bis heute äußerst beliebte Pilgerziele.

Das historische Bistum von Râmnic, das nachweislich seit 1503 existiert, ist nach der Metropolie der Moldau und Bukowina das Bistum mit der zweitgrößten Zahl an Klöstern in Rumänien. Von den 26 Klöstern und Skiten des Bistums sind mit wenigen Ausnahmen (Skit Lacul Frumos–Vlădești und Kloster Boia-Câineni) alle Kulturdenkmäler. [*J. H.*]

Die Anfänge: Asketen und Hesychasten

Die Herausbildung des rumänischen Mönchtums ist eng verbunden mit der Entwicklung und den Besonderheiten des rumänischen orthodoxen Christentums und des rumänischen Volkes im Allgemeinen. Das rumänische Volk bildete sich aus einer Fusion des indoeuropäischen Volkes der Geto-Daker, die mit den Thrakern verwandt waren, und der Römer in den ersten Jahrhunderten der christlichen Ära in Dakien heraus, nachdem diese Region von Kaiser Traian im Jahre 106 n. Chr. erobert worden war.

Das »Rückgrat« des rumänischen Raumes stellt das Gebirge der Karpaten dar, die auch das religiöse Zentrum der Geto-Daker bildeten. Von den Rumänen kann gesagt werden, dass sie zu den wenigen Völkern gehören, die sogar vor Christus schon eremitisches Mönchtum gekannt haben. Hier ist die Rede von religiösen Gruppen mit einem asketischen Leben, das in Isolation, zölibatär und mit vegetarischer Kost geführt wurde; diese Gruppen stellten die spirituelle Elite der Religion der Geto-Daker von Zalmoxis dar, einer Religion pythagoräischen Typs, die sich auf Lehren und Praktiken zur Erlangung der asketisch-kontemplativen Unsterblichkeit konzentrierte.[1]

Doch über das dako-rumänische Christentum und sein blühendes Mönchtum wird später eine lange Phase von Trübsal in der Geschichte kommen. Mit dem Fall der Donaugrenze des römisch-byzantinischen Reiches 602 unter dem Druck der Slawen wird das rumänische Volk den direkten Kontakt mit den beiden »Roms«, dem alten Rom und dem neuen Rom, verlieren, und die Rumänen werden sich in ein geschichtsloses Dasein als Hirten um die Karpaten herum zurückziehen, das für Eindringlinge unzugänglich ist. In diesen langen Jahrhunderten wird eine spezifische Konzeption des Christentums geschaffen werden: ein *kosmisches* Christentum (bemerkenswert analysiert von Mircea Eliade[2]), das tief in die Volkskultur eingedrungen ist und ein rigoroses asketisches und kontemplatives *hesychastisches* Mönchtum herausgebildet hat, das ein Jahrtausend lang auch die höchst wirksame besondere Form des ethnischen und eschatologischen Überlebens kennzeichnet und charakterisiert. Die Übernahme der slawischen liturgischen Sprache wird nichts am spezifischen Wesen des rumänischen Christentums ändern.

Das entscheidende Element, dem sowohl die Bewahrung der orthodoxen Identität des rumänischen Volkes wie auch sein Überleben als christliches und lateinisch geprägtes Volk gleichermaßen zu verdanken ist, war das Mönchtum. Hier ist freilich nicht die Rede von einem isolierten Mönchtum, das vom Rest der Welt und von der Kirche getrennt wäre, sondern von einem Mönchtum, das stets in vertrauter Verbindung zum Leben des Volkes stand und eine ganze Kultur zu inspirieren vermochte. Der besondere Wesenszug dieses Mönchtums ist seine *hesychastische* Ausprägung. In Rumänien hat der Begriff des *Hesychasmus* eine einzigartige Entwicklung für die ganze orthodoxe Welt genommen. Dies wird auch durch zahllose Namen von Bergen, Hügeln, Tälern, Flüssen und Orten belegt, die an den Namen dieses oder jenes hesychastischen Mönchs oder an die frühere Gegenwart einer Mönchsgemeinschaft an diesen Orten erinnern.

Die Inspiration durch den Hesychasmus führte zur Bildung hesychastischer Gemeinschaften, die *Sihastrien* – Einsiedeleien – genannt wurden. Das Auftreten und die Herausbildung einer so beeindruckend großen Zahl von Einsiedeleien ist in dieser Form ein einzigartiges Phänomen in der ganzen christlichen Welt.

Diese hesychastischen Gemeinschaften waren nicht nur wichtige Ausgangspunkte bei der Entwicklung des Mönchtums, sondern auch für die

---

[1]   »Monahismul românesc şi spiritualitatea lui«, in: *Mărturii de sfinţenie românească. Monahi îmbunătăţiţi din secole trecute*, Editura Deisis, Sibiu 2002.

[2]   Mircea Eliade, *De Zalmoxis a Gengis-Khan*, Bukarest 1970 (dt. *Von Zalmoxis zu Dschingis-Khan. Religion und Volkskultur in Südosteuropa*, Hohenheim-Verlag, Köln 1982).

rumänische Bevölkerung in den entsprechenden Gegenden überhaupt. In seinem Wunsch nach *Hesychia* (Ruhe) verlässt der fromme und strebsame Gläubige sein Dorf und zieht sich in den Wald zurück, wo er sich neben einem lebensreifen Asketen niederlässt, in dessen Nähe er eine Holzhütte als Mönchszelle errichtet. Bald bauen diese gemeinsam eine kleine Kirche aus Holz und werden von den Bauern aus der Gegend aufgesucht zum gemeinsamen Gebet und zur geistlichen Erbauung und Wegweisung. Wenn die Zahl der nach dieser Hesychia strebenden Menschen größer wird, entsteht ein kleiner Skit, dann ein Garten.[3]

In zwei Generationen bildet sich in diesem Umfeld so ein Dorf heraus, dann überlassen die Hesychasten ihre Kirche den Bauern und ziehen sich auf ihrer Suche nach Ruhe weiter ins Gebirge oder in den Wald zurück. In schätzungsweise 3000 Fällen lassen sich die Namen von Dörfern auf solche Einsiedeleien zurückführen. Die Mehrzahl der Klöster wurde auf dem Boden früherer Einsiedeleien errichtet, für die meisten von ihnen lässt sich ein solcher Ursprung feststellen.[4]

Klöster im Bistum Râmnic

Den hier beschriebenen Entstehungsprozess haben auch die Klöster und Skiten im Bistum Râmnic durchlaufen. Viele Klöster und Skiten aus unserem Bistum (Kreis Vâlcea) stellen ein lebendiges Zeugnis des Glaubens und der Frömmigkeit unserer Ahnen dar und bilden lebendige Dokumente, die am Anfang unserer nationalen Geschichte stehen. Jedes Kloster oder Skit stellt einen Akt der nationalen Identität dar, der demonstriert, dass die rumänische Nation sich gleichzeitig mit ihrem Christentum herausgebildet hat. Das rumänische Volk hat das große Glück, dass seine zeitgenössischen kirchlichen Monumente mit seinem politischen Beginn durchaus bewahrt wurden. So etwa die »Traianssäule« (*Columna lui Traian*), zu der alle großen archäologischen Entdeckungen sich hinzugesellen, und die ein unbestreitbares historisches Zeugnis darstellt, das unsere Genese, unser Alter und unsere Präsenz als Ethnie an den Orten belegt, an denen das rumänische Volk geboren wurde, sich entwickelt hat und lebte. In dieser Hinsicht ergänzen auch die Spuren der Kirchen und vieler unserer Klöster die uralten Zeugnisse jener, die diese Epochen der Eroberungen und Brände überlebt haben.

Wie am Anfang gesagt, waren diese Zeugnisse zuerst aus Holz, dann aus gebranntem Lehm und Stein, wodurch sie Dauerhaftigkeit erlangten. Es ist unbestreitbar, dass beginnend mit dem zweiten Jahrtausend mit einigen religiösen Niederlassungen, besonders den klösterlichen, bedeutende Heimstätten und geistliche Zentren entstanden sind. In den Klöstern treten erst-

---

[3] Ioanichie Bălan, *Vetre de sihăstrie românească*, Bukarest 1980.
[4] Ebda.

mals Kalligraphen auf, die ersten Manuskripte und graphischen Schmuck-
schriften in Gold oder sorgfältig gravierte Holzschnitte werden hergestellt
und überliefert. Innerhalb von Klostermauern werden bei Sonnenlicht oder
im Licht des Feuers von Kienspan die ersten Bücher übersetzt und gedruckt.
Unzählige Kirchen- und Ikonenmaler treten auf, aber auch eine Menge von
einheimischen Baumeistern und Architekten, die zwar unerfahren, aber
kundig waren und deren Werke zum größten Teil bis in unsere Tage Bestand
haben.[5]

Viele der Klöster und Skiten in der Region Vâlcea bis zum 16. Jahrhundert
verdanken sich Woiwoden, Fürsten und einigen wenigen wohlhabenden Stiftern. Das geographische Verbreitungsgebiet, in dem ein Kloster oder der Skit
errichtet worden ist, ist immer verbunden mit dem Fürstensitz, manchmal
auch jenseits des Gebirges, vor allem zu dem Zweck, die rumänische Einheit
zu bewahren, die immer im Bewusstsein unserer Fürsten verankert war.

Die Region Vâlcea bedeutete schon von Beginn unserer Staatlichkeit an ein
besonderes Stück Heimat für unser Land. Die großen Fürsten der Walachei
fanden hier einen gesegneten Ort, an dem sie ihren Glauben an Gott und die
Liebe zu ihrem Land gezeigt haben, aber sie fühlten auch das Bedürfnis, hier
ihre ewigen Ruhestätten zu errichten.[6] Vâlcea war ein Brennpunkt geistlichen
Lebens und ein Zentrum kultureller Schaffenskraft. In einigen der Klöster des
Alt-Tals wurden auch Lehrer vorbereitet zur Verbreitung der Orthodoxie in
Siebenbürgen, der Moldau, Muntenien und auf dem Balkan im Allgemeinen.
Beim Raum des Alt-Tals können wir von einer besonderen Einheit aus Fürs-
ten, Stiftern und Heiligen mit den Gläubigen vor Ort sprechen.

Zu der These, dass der heilige Nicodim[7] das Mönchtum im Raum von Vâlcea begründet habe, können wir sagen, dass schon lange vor dem heiligen
Nicodim und Mircea dem Älteren[8] in der Umgebung von Cozia bereits zahlreiche eremitische Mönche lebten, von den einige für ihr heiliges Leben so
berühmt waren, dass die Volksfrömmigkeit und die Erinnerungskultur des
Volkes daraus heilige Topoi gebildet haben wie »Der Berg von Teofil«, »Der
Bach von Antim«, »Der Bergrücken von Thomas«, »Der Mönch« etc.[9]

Wenn der Raum Vâlcea heute so reich ist an monastischen Ansiedlungen,
dann sollten wir wissen, dass wir diese sich in erster Linie der Frömmigkeit
der Menschen und dem Beitrag der rumänischen Woiwoden verdanken.

5   Arhim. Gamaliil Vaida, *Mănăstirea Cozia Vestita Ctitorie a lui Mircea Voievod cel
    Mare – 600 ani de existenţă*, Editura Episcopia Râmnicului şi Argeşului, Rm. Vâlcea
    1986, S. 5.
6   Palatul Parlamentului, Camera Deputaţilor, Ed. Palatului Parlamentului, Sala »Con-
    stantin Brâncuşi«, Bukarest 2002.
7   Geb. ca. 1310/1320, † 1406, Archimandrit, Gründer des Klosters Tismana (Oltenien),
    1995 Heiligsprechung durch die Hl. Synode der Rumänischen Orthodoxen Kirche.
8   Geb. 1355, † 1418; einer der bedeutendsten Woiwoden der Walachei.
9   Valeriu Anania, »*Cerurile Oltului*«, Editura Pro, 2. Aufl. 1988, S. 16.

Die lange in unserer kirchlichen und profanen Geschichtsforschung vertretene bisherige These, wonach das monastische Leben in unserem Raum erst in der zweiten Hälfte des 16. Jahrhunderts durch Vermittlung der Slawen aus dem südlichen Donauraum entstanden sei und der wahre Begründer des Mönchtums auf rumänischem Boden der heilige Nicodim von Tismana gewesen sei, wird von der neueren Forschung bestritten, die bewiesen hat, dass es hier lange vor der Gründung des Klosters Vodița durch den heiligen Nicodim schon geistliches Leben gegeben hat.

Es ist wahr, dass es in den slawischen Ländern des südlichen Donauraumes eine uralte Tradition monastischen Lebens gab. In Bulgarien lebte im 10. Jahrhundert der berühmte Eremit Johannes (Ivan) von Rila, der nach seinem Tode als Heiliger und Schutzpatron von Bulgarien verehrt wurde. In Serbien begann das klösterliche Leben gleichzeitig mit der Konsolidierung des Staates in der zweiten Hälfte des 12. Jahrhundert unter dem Herrscher Zar Stefan Nemanja (1185-1196), der das Kloster Studenica begründet hat. In Russland war die bedeutendste monastische Ansiedlung das Kiewer Höhlenkloster (Pecherskaya Lavra), die im 11. Jahrhundert von Antonij, dem Vater des russischen Mönchtums, gegründet wurde. Das monastische Leben in den slawischen Ländern der südlichen Donauregion wie auch in Russland wurde stark vom Heiligen Berg Athos beeinflusst, dem bedeutendsten Zentrum des ostkirchlichen Mönchtums (seit der Gründung der Großen Lavra im Jahre 963).[10]

Das rumänische Mönchtum ist viel älter als das unserer slawischen Nachbarn. In der Dobrudscha und den Gebieten innerhalb des Karpatenbogens wurden Klöster errichtet, wo sich orthodoxe Mönche ansiedelten oder schon lebten.[11]

Rumänische Eremiten oder Einsiedler haben an zurückgezogenen Orten gelebt – in Höhlen, auf verborgenen Wiesen und Lichtungen in Wäldern – und respektierten die Regel des mönchischen Lebens. Im Gebiet von Vâlcea können die Cheile Bistriței als ein solcher Ort gelten, wo wir diese berühmte Höhle mit den zwei im Inneren eingerichteten Kirchen haben, aber auch die Höhlen am Cozia-Gebirge oder die Căpățânii-Berge (Buila-Vânturarița) können hier genannt werden. Auch im Raum Vâlcea ist zuerst das Einsiedlerleben in zurückgezogenen Höhlen und an entsprechenden Orten entstanden (z. B. die Höhlen von Turnu, Stănișoară, Bistrița, etc.), bevor danach Klöster im eigentlichen Sinne entstanden, die nach den in der ostkirchlichen Orthodoxie bekannten und bewahrten Regeln organisiert wurden. Unsere

---

[10] Pr. prof. Dr. Mircea Păcurariu, »*Începuturile monahismului în Biserica Ortodoxă Română. Nicodim de la Tismana*«, IBOR (Hg.), Bd. I, Editura Inst. Biblic și de Misiune al BOR, Bukarest 1992, S. 302.

[11] Pr. Ioan de Ciucă, Prof. Ion M. Ciucă, prof. dr. Bianca Predescu, »*Un Athos Românesc pe Valea Oltului*«, Parohia Câmpu Mare-Olt (Hg.), 2003, S. 42.

Priester und Gläubigen haben so aus sich selbst heraus schon vor dem Kommen des heiligen Nicodim in die Walachei das athonitische, nach den Prinzipien des Hesychasmus organisierte Mönchtum direkt und ohne dessen Vermittlung kennengelernt.

Der heilige Nicodim ist nur ein Reorganisator des Mönchtums in der Walachei und so auch im Landstrich von Vâlcea. Als Beichtvater des Woiwoden Mircea des Älteren hat er die Möglichkeit, das rumänische Mönchtum vorteilhaft zu koordinieren und zu beeinflussen. Das Kloster *Cozia* ist eines der ältesten im Alt-Tal und verkörpert auf harmonische Weise den Übergang vom byzantinischen Stil zu einem autochthonen Stil. Dem Kloster Cozia waren zur geistlichen Unterweisung viele Klöster, Skiten und Kirchen zugeordnet.

Von seiner Gründung an war das Kloster Cozia eine wahre Schule der Orthodoxie und Wegweiser für die Rumänen in Siebenbürgen zur Bewahrung ihrer Sprache und Religion. Unter der Anleitung und Aufsicht von Lehrern, die Mönche waren, studierten jene, die hierher kamen, um ihr Leben Gott zu weihen, und lernten auch fremde Sprachen: Griechisch, Slawisch, Latein. Gleichzeitig hat das Kloster Cozia einen ständigen Dialog mit den großen Patriarchen der orthodoxen Welt geführt: dem Ökumenischen Patriarchat von Konstantinopel, dem Patriarchat von Jerusalem, dem Patriarchat von Alexandrien usw.

Ein weiteres Zeugnis des frühen Mönchtums in der Region Vâlcea finden wir auch beim Kloster *Stănești*, das am Anfang Cornet hieß und als Stifter den Ban Mogoș hatte, einen Diener von Mircea dem Älteren, der 1389 in Lungești (bei Drăgășani) eine Holzkirche erbaut, die später durch eine Kirche aus Stein ersetzt werden wird.[12] Im Jahr 1437 wird ebenfalls in Lungești das Kloster *Mamu* erbaut, das zunächst eine Holzkirche haben wird; später wird eine andere Kirche erbaut werden, die aus Ziegelsteinen und anderen Steinen errichtet wird. Ebenfalls im Jahr 1437 wird erstmals die Existenz des Klosters Sărăcinești erwähnt.

Im Jahr 1485 entsteht in einer landschaftlich wunderschönen und für das Klosterleben sehr vorteilhaften Landschaft das Kloster *Govora*, das in einer Urkunde vom 26. September erstmals erwähnt wird und in dem ein Hegumen Iosif Govoreanul genannt wird, der ein Baugrundstück in Râmnic kauft. Bis zur Zeit von Radu dem Großen[13] führte das Kloster eine bescheidene Existenz aufgrund fehlenden Besitzes und entsprechenden Personals; daher war es auch manchmal ein Männerkloster, manchmal ein Frauenkloster. Die ersten Gebäude des Klosters waren bescheiden und aus Holz

---

[12] A. a. O., S. 48.
[13] Radu (IV.) der Große (rum. Radu cel Mare), geb. 1467, gest. 1508, 1495-1508 Fürst der Walachei.

erbaut. Später werden alle diese Gebäude aus Stein erbaut.[14] Hier muss auch erwähnt werden, dass erstmals hier in Govora Rechtsbücher gedruckt wurden, und zwar Kirchenrechtsbücher wie auch weltliche Rechtsbücher: die »*Pravila cea Mică*« (dt. »Die Kleine Regel«) oder die »*Pravila de la Govora*« (dt. »Die Regel von Govora«).

Beeindruckende Klosterlandschaft

In den Jahren 1491 bis 1492 belegt die Tradition die Existenz eines dem heiligen Prokop geweihten Skits. An dessen Stelle wird der große Bojar Barbu Craiovescu ein monumentales Kloster errichten mit Namen *Bistriţa*, das von viel Landbesitz in mehreren Kreisen profitieren wird. Im Jahr 1497 wird das Kloster von den Stiftern mit Reliquien des heiligen Gregor Dekapolites († nach 842) ausgestattet und wird auch zum zweiten Zentrum in der Walachei nach der Metropolie von Curtea de Argeş, wo es Reliquien der heiligen Filofteia gab, die vom Woiwoden Nicolae Basarab (1352-1364) herbeigebracht wurden.[15] In Bistriţa erstellten kluge Mönche die Korrekturen zu dem literarischen Hauptwerk von Neagoe Basarab, und zwar »*Învăţăturile lui Neagoe Basarab către fiul său, Teodosie*« (dt. »*Belehrungen von Neagoe Basarab an seinen Sohn Theodosie*«). Im Jahre 1573 verfasste Hegumen Eftimie den ersten in rumänischer Sprache redigierten klösterlichen Akt, später wird das Kloster Bistriţa zu einem bedeutenden Druckzentrum.

Das Mönchtum im Raum Vâlcea hat sich entlang der Zeit kontinuierlich weiterentwickelt, und es kamen neue Skiten und Klöster hinzu: *Arnota* (erbaut von Matei Basarab zwischen 1633 und 1636 an der Stelle einer älteren monastischen Siedlung[16]); *Bradu* (urkundlich erstmals erwähnt 1768); *Cornet* (Stiftung des großen Gouverneurs Mareş Băjescu 1666); *Dintr-un-Lemn* (erbaut im 16. Jahrhundert, Paulus von Aleppo bezeugt den Bau des Klosters aus einem einzigen Eichenstamm[17]); *Dobruşa* (auch wenn die urkundliche Ersterwähnung auf den 2. September 1520 datiert, so wird in einem anderen Akt vom 20. April 1604 festgehalten, dass das Kloster ein Erbgrundbuch von 1497 bis 1498 hatte); *Frăsinei* (erbaut etwa 1710 von den Mönchen Stefan und Hilarion wird später zwischen 1860 und 1863 der heilige Bischof Calinic die Kirche mit dem Patronat »Entschlafen der Gottesmutter« errichten wie auch die Mauer und den Glockenturm.

Dieses Kloster wird zur Heimstatt eines ganz besonderen monastischen Lebens, das auch heute von sehr vielen Pilgern aufgesucht wird, die ihr geist-

---

[14] A. a. O., S. 61.

[15] *Cetăţile Credinţei. Cities of Faith*, Editura Proema, Baia Mare 2010.

[16] Nicolae Stoicescu, *Bibliografia localităţilor şi monumentelor feudale din România*, Bd. I – Ţara Românească, Mitropolia Olteniei, Craiova 1970, S. 36-38.

[17] *Călători Străini despre Ţările Române*, Paul de Alep, Bd. 6, Ed. Bucureşti 1976, S. 182.

liches Leben stärken wollen); *Hurezi* (durch den Bau dieses Klosters zwischen 1688 und 1714 erschafft dessen Erbauer Constantin Brâncoveanu einen ganz besonderen und eigenen architektonischen Stil des Kirchenbaus, der auch in Herrschaftshäusern und anderen kirchlichen bauten des Landes zu finden ist, zu sehen unter anderem in den Klöstern Cozia und Sâmbăta); *Jgheaburi* (laut Inschrift auf der Kirche ist der Skit 1310 erbaut worden); *Ostrov* (zwischen 1520 und 1521 von Neagoe Basarab und seiner Frau Despina Doamna erbaut auf dem Grund einer älteren Kirche); *Pahomie* (gestiftet von Pahomie dem Mönch nach einer Inschrift, die auf das Jahr 1684 datiert); *Pătrunsa* (erbaut 1740 von Bischof Clement von Râmnic); *Stănişoara* (die erste Grundsteinlegung erfolgte durch die Einsiedler Neofit und Meletie im 17. Jahrhundert); *Surupatele* (erbaut im 16. Jahrhundert von Tudor Logofăt Drăgoicescu und seinem Bruder Stanciu); *Troianu* (1840 neu gestiftet von Hrisant Penetis, dem Hegumen des Klosters Bistriţa); *Turnu* (das Kloster hat sich als Einsiedelei aus dem Kloster Cozia entwickelt beginnend mit dem 16. Jahrhundert).[18]

Zu jener Zeit haben sich in den heiligen Klöstern und Skiten des Bistums Râmnic die Buchdruckkunst, die Kirchenmalerei wie auch die religiös-kirchliche Musik herausgebildet und harmonisch weiterentwickelt. Auch deshalb finden wir in vielen der Klöster Sammlungen alter Ikonen und alter Schriften von großer historischer, künstlerischer und geistlicher Bedeutung. Ebenfalls hier in den Klöstern und Skiten haben sich auch die Kunst der Holz- und Steinskulpturen, das Weben von Teppichen und Stickereien, die Keramikkunst etc. herausgebildet.

Unterdrückung und neue Blüte im 20. Jahrhundert

Das Mönchtum des 20. Jahrhundert wird durch große Prüfungen gehen dank von Ereignissen, durch die ganze Menschheit gegangen ist: den Ersten und Zweiten Weltkrieg wie auch den Kommunismus und seinen Fall in unserem Land. Zur Zeit der beiden Weltkriege war das Mönchtum sehr geschwächt und hörte in vielen Klöstern auf zu existieren, in anderen erhielt es sich nur sehr mühevoll aufrecht. Einen Todesstoß stellte für das gesamte rumänische Mönchtum und besonders das Mönchtum im Alt-Tal das Jahr 1959 dar, als durch das Regierungsdekret Nr. 410 das Mönchtum abgeschafft wurde und die Mönche und Nonnen gezwungen wurden, ihre Klöster zu verlassen und sich in die zivile Welt einzugliedern.

Das rumänische Mönchtum brauchte eine lange Zeit, um sich von diesen beispiellos repressiven Maßnahmen zu erholen, die das kommunistische Regime ergriffen hatte. Trotz aller ideologisch begründeten Zwänge

---

[18] Gherasim Cristea, Episcopul Râmnicului, *Istoria Eparhiei Râmnicului*, Edit. Conphys, Râmnicu Vâlcea 2009.

und aller Repressionen, die das System im jener Zeit auferlegte, haben das rumänische Mönchtum wie auch das Mönchtum im Alt-Tal innerhalb unserer orthodoxen Klöster mit stoischer Haltung widerstanden. Nach 1989 ist das monastische Leben zu neuem Leben erweckt worden und wieder aufgeblüht dank der Religionsfreiheit, die die Kirche wiedererlangt hat. So kommt es auch zu neuen Klostergründungen, nachdem viele junge Menschen dem Ruf zu einem Leben als Mönch oder Nonne folgen und damit gleichzeitig das rumänische Mönchtum wieder stärken.

An dieser Stelle muss auch erwähnt werden, dass viele der Männerklöster zu Frauenklöstern umgewandelt werden aufgrund des großen Zustroms von Frauen, die dem Ruf zum geweihten Leben folgen, ganz im Gegensatz zur Zahl interessierter Männer, die dramatisch abgenommen hat, so dass viele dieser Klöster (Hurezi, Govora, Arnota) ohne Mönche geblieben sind.

Der Beginn des 21. Jahrhundert ist gekennzeichnet von der Wiedergründung einiger früher existierender Klöster (Mamu, Sărăcineşti) und vor allem durch das Auftreten einiger neuer Klöster im Alt-Tal, zweier Frauenklöster und dreier Männerklöster, wodurch die Kette der Klösterlandschaft des Alt-Tals noch bereichert wird. So entstanden in der Region Țara Loviştei dank der Bemühungen und der Liebe einiger gut situierter Gläubigen zunächst ein Mönchskloster in dem Ort *Gruiu Lupului* bei Racovița, in dem heute zwanzig Mönche leben, sowie das Frauenkloster in *Blănoiu* ebenfalls bei Racovița, wo zwölf Nonnen leben. Im Herbst des Jahres 2012 wurden nun ein weiteres Frauenkloster in der Ortschaft *Mălaia* geweiht sowie ein Männerkloster in *Obârşia Lotrului*. Auch in dem Dorf *Grebleşti* bei Câinenii Mici wird ein Frauenkloster gegründet.

Ausblick

Wir freuen uns, dass derzeit – im Jahr 2013 – in unserer Eparchie 16 große Klöster (sechs Männer- und zehn Frauenklöster) und zehn Skiten (fünf Männer- und fünf Frauenskiten) wirken. In diesen Klöstern und Skiten leben 225 Mönche und 305 Nonnen das geweihte Leben. Ein Teil der jungen Mönche und Nonnen hat die Möglichkeit, Lehrveranstaltungen und eine Ausbildung an einem Theologischen Seminar oder einer Theologischen Fakultät zu absolvieren. In unserem Kloster bestehen neben dem liturgischen Pflichtprogramm der Sieben Tagzeitengebete und der Göttlichen Liturgie verschiedene Beschäftigungen (Rukodelia), welche das Tagesprogramm jedes einzelnen Mönchs vervollständigen.

Einen ganz besonderen Beitrag zur Bewahrung und Weiterentwicklung unserer Klöster, die neben ihrer geistlichen Ausstrahlung und Bedeutung auch wahre historische Kulturdenkmäler darstellen, sowie des Mönchtums auf diesen oben dargestellten »Gipfeln des Glaubens«, haben auch die beiden

Hierarchen des heiligen Erzbistums Râmnic geleistet: S. E. Erzbischof Gherasim (Cristea, *1914)[19] und S. E. Weihbischof Emilian (Lovișteanul, *1972)[20].

Die Kirchen, Klöster und religiösen Stätten der Eparchie von Râmnic, historische, religiöse, kulturelle und künstlerische Denkmäler reich an Spiritualität, haben tatsächlich einen besonderen Charakter der sakralen Zurückgezogenheit, zu denen man nicht wie zu profanen touristischen Objekten kommt. Das Motto »Bete und arbeite!« ist die Grundlage unseres Mönchtums. Durch die Anstrengungen und den Eifer der heutigen Mönche wird die Linie des Mönchtums der Anfänge zu Dem hin weitergetragen, der wartet und die Belohnung dafür geben wird und für alle Bemühungen und allen Eifer die Krone des ewigen Lebens schenken wird.

Übersetzung: Jürgen Henkel (Selb-Erkersreuth)

---

[19] 1970 Weihbischof von Tomis und der Unteren Donau, 1975 Weihbischof des Bistums Râmnic und Argeș, 1984 Bischof von Râmnic und Argeș, 1990 nach Neugliederung der Bistumsgrenzen Bischof des Bistums Râmnic (umfasst Kreis Vâlcea), seit 2009 Erzbischof nach der Erhebung des Bistums zum Erzbistum.
[20] 2009 Wahl und Weihe zum Weihbischof des Erzbistums Râmnic.

Heilige Mönche und bedeutende geistliche Mönchsväter aus Rumänien

P. Archimandrit Mihail Daniliuc, Neamţ (Rumänien),
Igumen des Klosterkits Vovidenia,
Kloster Neamţ, Erzbistum Suceava

1. Heilige Mönche der Rumänischen Orthodoxen Kirche

Das rumänische Mönchtum hat im Laufe der Geschichte, aber auch in der Gegenwart, Heilige und Fromme hervorgebracht, die von Gott mit besonderen Gaben beschenkt wurden; ihr Vorhandensein im Raum der rumänischen Spiritualität ist ein besonders lebendiges Zeugnis vom Wirken des Heiligen Geistes in unserer Kirche, das in den Seelen rumänischer Mönche das Abbild Christi lebendig werden lässt. Die geistliche Literatur ist an Lebensbildern und Biographien frommer Mönche überreich. Aber beim Kennenlernen des Lebens und der Lehre einiger Mönche aus früheren Zeiten wird deutlich, dass deren Leben und deren Lehre auch für die Gegenwart beispielhaft sind. Gerade im Blick auf Mönche des 20. Jahrhunderts ist es besonders wichtig, deren Biographie und Lehre zu kennen, denn als zeitgenössische Mönche haben sie die besonderen Herausforderungen kennengelernt und erlebt, unter denen wir alle leben: sie haben mit dem Geist des Säkularismus genauso gekämpft wie sie mit der Unterdrückung durch das atheistische Regime konfrontiert waren, sie trotzten Gesetzen der Unterdrückung und Verboten, ertrugen mit starkem Glauben und in christlicher Hoffnung Verfolgungen aller Art und zeigten mit ihrem Leben und in ihrer Lehre, dass nichts und niemand sie jemals von der Liebe Christi trennen kann.

Im Folgenden werden wir einige bedeutende Vertreter des rumänischen Mönchtums vorstellen. Zu Beginn sei festgehalten: nicht nur die hier vorgestellten Mönchsväter bieten vorbildliche Modelle der Nachfolge Christi. Auch viele andere Mönche haben ihr Leben in Demut und ganzer Hingabe an Gott geführt, doch Gott hat es gefallen, dass sie ihr Wirken im Verborgenen verrichten, um am Ende der Zeiten im Licht der Herrlichkeit der Heiligen Dreifaltigkeit zu strahlen. Die ersten Beispiele sind Mönche, die durch ihr Leben und ihre asketischen Bemühungen von Gott mit der Heiligkeit beschenkt wurden.

a) Hl. Nicodim von Tismana (ca. 1320-1406)

Über die Herkunft, die Kindheit, die Jugend und das ganze Leben des heiligen Nicodim bis zu seiner Ankunft in der Walachei ist nur wenig bekannt. Er war ein sehr fleißiger Mönch, der auf dem Heiligen Berg Athos seine Ausbildung genoss und Abt von Hilandar war, bevor er in die Walachei gekommen ist, wo er mehrere Klöster wie Tismana, Vodiţa, Cozia und andere mehr gestiftet hat. Er erwies sich als ausgezeichneter Haushalter und guter Seelsorger der Mönche, an deren Seite er Tag und Nacht unermüdlich wirkte im Fasten und im Gebet, im Kopieren von Handschriften und anderen Beschäftigungen der Mönchsgemeinschaft. Er war ein kundiger Lehrer des Jesusgebets, ein profunder Theologe und geistlicher Vater. Daher verlangten viele Mönche und Laien seinen Rat und seine geistliche Weisung. Nach seinem Tod geschahen an seinem Grab Wunder, vor allem Heilungen von Krankheiten, als Zeichen, dass Gott ihm die Gabe der Heiligkeit geschenkt hat. Die frommen Mönche von Tismana bargen seine sterblichen Überreste, gaben diese in einen Sarg und stellten diesen zur Verehrung in der Klosterkirche auf.

Der heilige Nicodim war ein pragmatischer Mensch. Er verband das Gebet mit der Arbeit und den Gehorsam des Klosters mit Liebe zu den Nächsten. Er lehrte die Gläubigen, die von Gott empfangenen Gaben unbefleckt zu bewahren und half Bedürftigen wie Verfolgten. Vor allem lehrte er diejenigen, die Priester werden wollten, ein heiliges Leben voller Liebe zu den Nächsten zu führen. Für sein Leben, seine Wunder und seine Bemühungen im Dienste Gottes und der Gläubigen ist der heilige Nicodim für uns rumänische Gläubige ein wahres Beispiel geistlichen Lebens, ein großer Verteidiger der Orthodoxie und Erneuerer des monastischen Lebens auf rumänischem Boden.

b) Hl. Calinic von Cernica (1787-1868)

Der heilige Mönch und Bischof Calinic von Cernica war einer der großen geistlichen Väter des 19. Jahrhunderts. Schon in jungen Jahren Mönch geworden, bewies Vater Calinic Gehorsam, Demut und Eifer für alles Heilige, Tugenden, die ihn als würdig erwiesen, um die Gnade der Priesterweihe zu empfangen und später das mühevolle Amt als Abt auszuüben. Seine 32 Jahre als Abt von Cernica bedeuteten eine Epoche unablässigen Bemühens um das Aufblühen des monastischen Lebens, eine gute Anleitung der im Kloster Lebenden, die Ausstattung des Klosters mit neuen Altären und Klosterzellen und um eine gute Bildung der Jugend. Sein fruchtbares Wirken auf dem Thron des Abts der Lavra Cernica empfahl ihn als fleißigen Diener im Bischofsamt, das er 18 Jahre als Bischof von Râmnic in der Walachei versah, bis Gott ihn zu den himmlischen Wohnstätten rief. Für sein wunderbares

Wirken als Mönch hat die Heilige Synode der Rumänischen Orthodoxen Kirche seine Heiligsprechung beschlossen. Diese Entscheidung war nichts anderes als eine Anerkennung seiner Heiligkeit, denn das gläubige und fromme rumänische Volk hat ihn schon zu Lebzeiten »kanonisiert« und für heilig erklärt.

Das Leben und Wirken des heiligen Calinic ist beispielhaft bis in unsere Zeit. Er hat keine Bücher mit geistlichen Weisungen hinterlassen, hat aber nicht gezögert, durch Taten zu lehren. Er hat vor allem den Druck von Büchern zur Bildung und Erbauung des Volkes gefördert. Er nahm nicht nur die Mönche ernst, sondern alle Gläubigen, die mit dem Wunsch nach seelsorgerlichem Rat und Erbauung das Kloster aufsuchten. Er war sowohl für seine heilenden Gebete wie auch seine Werke der Barmherzigkeit bekannt. Er hat in dem Dorf Cernica eine Schule für die Kinder des Ortes gegründet und auf ihrer Schulausbildung bestanden. Darüber hinaus war er ein bedeutender Gründer von Kirchen, und zwar nicht nur Klosterkirchen; er baute zahlreiche Kirchen in bedürftigen Dörfern um Cernica herum, weil er sich der ganz besonderen Bedeutung einer eigenen Kirche vor Ort in jedem Dorf bewusst war. Als Liebhaber von Büchern und der Landeskultur war der zum Mönch geweihte Bischof auch ein beseelter Patriot. In seiner Eigenschaft als Bischof nahm er auch teil an den Sitzungen der Nationalversammlung und wurde anschließend zum Abgeordneten im Diwan Ad-hoc gewählt, der die Vereinigung der beiden Fürstentümer der Walachei und der Moldau 1859 vorbereitete. Über allem aber stehen seine große Sorge um die Armen und sein Erbarmen mit den bedürftigen Nächsten. Seine damaligen Zeitgenossen, aber genauso wir heute, sind tief beeindruckt von der Liebe, die er für die Bedürftigen empfand. Der Bischof hatte Listen armer Menschen, die er fortwährend finanziell unterstützte. Er war so freigiebig, dass er seine eigenen Kleider hergab, wenn er kein Geld mehr zu verteilen hatte, und sich Geld borgen musste, um sich der Geschwister in Christus erbarmen zu können. Als er die Pforten zur Ewigkeit überschritt, wurde auch kein Geld für seine Beerdigung im Nachlass gefunden, weil er alles für Bedürftige verschenkt hatte. Der Historiker Nicolae Iorga schrieb zum beispielhaften Leben des Mönchs Calinic: »Mit seinem Leben in der Heiligkeit von Arbeit und Enthaltsamkeit wurde er von den Gläubigen für einen Heiligen gehalten.« Seine sterblichen Überreste wurden zur Verehrung in der Kirche Zum heiligen Georg (Sf. Gheorghe) aufgebahrt, einer seiner Stiftungen im Kloster Cernica. So wurde der demütige Abt und Hierarch Calinic zu einem der bedeutendsten Heiligen des rumänischen orthodoxen Heiligenkalenders, dem als würdiges Beispiel nachzufolgen jedes Kind der Kirche aufgerufen ist.

c) Hl. Paisij Veličkovskij (1722-1794)[1]

Der heilige Paisij Veličkovskij stellt eine der bedeutendsten Persönlichkeiten des orthodoxen Mönchtums auf dem Boden Rumäniens dar. Er war ein unübertroffener Erneuerer des geistlichen Lebens der Klöster in der Moldau und in der Walachei durch seine Schüler. Der heilige Paisij war sowohl ein kundiger Übersetzer der Schriften der heiligen Väter aus dem Griechischen in das Slawische und Rumänische, als auch ein großer Anhänger der hesychastischen Gebetsmethode des »Jesusgebets«. Als Abt der Klöster Dragomirna, Secu und Neamţ in der Moldau war er eine fruchtbare Wurzel im Weinberg des Herrn, die viel Frucht des Heiligen Geistes in sich trug, gesät auf russischem Boden, verpflanzt in die Gegend von Muntenien (Walachei), aufgegangen im Garten der Gottesmutter, also auf dem heiligen Berg Athos, 31 Jahre bewahrt von der gnädigen Hand Gottes auf dem Boden der Moldau, um danach seine Früchte überall auf dem rumänischen Boden und sogar im ganzen panorthodoxen Raum abzuwerfen.

Paisij war darum bemüht, den Mönchen, aber auch den Gläubigen eine breite patristische Kultur zu eröffnen und zu vermitteln, allerdings auch die ihrem Wesen nach sehr spezielle Kultur der Philokalia – als umfassendes geistliches Arsenal für alle Bemühungen um Reinigung und Vollendung. Doch die innere Vollendung kann nur durch »das Wirken des Verstandes« oder das »Herzensgebet« erreicht werden. Daher ermahnt er fortwährend zum Gebet, wobei diese Ermahnung nicht nur dem Mönchsstand galt, sondern allen Gläubigen, die am Himmelreich Anteil erhalten wollen. Aus diesem Grund hat er auch ein Buch mit dem Titel »Vom Herzensgebet« geschrieben, in dem er die biblischen und patristischen Grundlagen des Herzensgebets, die nötige Vorbereitung seitens derer, die es praktizieren wollen, sowie die Wirkungen, die es erzeugt, detailliert erläutert hat.

Aus seiner eigenen Erfahrung beschreibt er, dass die Übungen des Herzensgebets ermüdend und manchmal langweilig, schmerzhaft und abschreckend sein können und sie sich nur, wenn man die Regeln streng bis zum Ende durchhält, in Licht, Vergnügen und unaussprechliche Freude verwandeln. Der Starez mit dem heiligen Leben aus der Lavra in Neamţ lehrt uns, dass das Gebet uns Seelenruhe schenkt, dass es andererseits aber auch erleichtert wird von einem Frieden, den wir wiederum durch andere Bemühungen erlangen. Wer »ruhig wird in Gott«, bekommt besondere Erleuchtungen im Verständnis der Hl. Schrift und kommt auch über weltliche Dinge zu Einsichten im Glauben, die das bisher Gelernte übersteigen. Der heilige Paisij lehrt uns auch, dass wir die Stufen des Gebets berücksichti-

---

[1] Anm. d. Übers.: Wir verwenden hier die in der Ostkirchenkunde übliche Transkription des Namens, wie sie auch schon in dem Beitrag von S. E. Metropolit Teofan zum Mönchtum in der Moldau verwendet wurde. [*J. H.*]

gen sollen: für die Anfänger entspricht das Gebet dem aktiven Leben und wird begleitet vom strengen Halten der Gebote Gottes (Fasten, Gebet und geistliche Wachsamkeit); für die Fortgeschrittenen entspricht das Gebet des Verstandes dann schon dem kontemplativen Leben. Wenn die Seele sich von den Leidenschaften reinigt, kann sie die göttliche Gnade empfangen, die sie zu geistlichen Visionen führt und göttliche Geheimnisse offenbart, zu denen der Intellekt überhaupt nicht vorstoßen kann. Das ist der Stand des visionären oder des reinen Gebets – nach dem heiligen Isaak dem Syrer –, aus dem die Vision kommt. Das reine Gebet ist ausschließlich eine Gabe Gottes. Nicht nur der Erlösung seiner Brüder im Mönchtum galt seine Sorge, sondern der heilige Paisij zeigte dieselbe hingebungsvolle Sorge auch um die Vergöttlichung der Laienchristen; er leitete auch sie an, den Hesychasmus durch die *oratio mentis* zu praktizieren, selbstverständlich nicht auf demselben Niveau der Askese wie die Mönche. In der Lehre dieses Mönchs, Abtes und Geistlichen Vaters wurde jedes rationalistische oder pietistische Extrem vermieden. So waren jede Form der Rationalisierung des Glaubens und seine Verwandlung in einen Kodex von Gesetzen, die von außen auferlegt werden und den Gläubigen nicht vertraut sind, besonders aber ein übertriebener Pietismus, der Frömmigkeit in Aberglauben oder in einen sentimentalen Individualismus versenkt, dem Geist des Paisij völlig fremd. Der tüchtige Abt hat auch mit Taten gelehrt. Während seiner Amtszeit wurde die Krankenstation des Klosters wesentlich ausgebaut. Den Kranken wurde besondere Aufmerksamkeit geschenkt, er hat damit gelehrt, was christliche Philanthropie[2] bedeutet. Der heilige Paisij von Neamţ, ein hoch intellektueller Mönch, hat uns gelehrt, dass die Wissenschaft, die wir uns wirklich anzueignen haben, die von der Erlösung der Seele ist.

d) Hl. Ioan Iacob von Neamţ (Hozevitul, 1913-1960)

Dieser Heilige gehört zu den »neuen« Heiligen unserer Orthodoxen Kirche. 1913 in Crăiniceni in der Gegend von Botoşani geboren, im Kloster Neamţ zum Mönch geweiht, ging er in das Heilige Land in dem Wunsch, an den Stätten zu sein, wo unser Erlöser Christus geboren wurde und gewirkt hat. Nach einem entbehrungsreichen Leben in der Einsamkeit der Gegend des Jordan ging er 1960 in die himmlische Ewigkeit ein. Sein von Verwesung unangetasteter Leib wurde 1980 entdeckt und in der Kirche zum Hl. Georg Hozevitul in der Wüste Jordan aufgebahrt, wo er sich auch heute befindet und Tausenden von Rumänen Segen und geistliche Freude schenkt, die das Jahr über das Heilige Land und die Klosteranlage besuchen, die seine Reliquien aufbewahren.

---

[2] Anm. d. Übers.: Im orthodoxen Sprachgebrauch wird »Philanthropie« für den westlichen Ausdruck von »Diakonie« oder »Caritas« verwendet. [*J. H.*]

Das Leben und Wirken des hl. Ioan Iacob ist besonders wichtig für uns, weil er mit den Herausforderungen des Alltagslebens besonders konfrontiert war. Er hat die Schulausbildung durchlaufen, er hat das Abitur abgelegt, er leistete Militärdienst, hatte einen Reisepass, reiste mit dem Zug und trug eine Armbanduhr. Doch die Sehnsucht nach dem Himmelreich war in ihm größer als diese Lebensformen des Alltags. Daher hat er sein ganzes Leben der Begegnung mit Gott und Seinen Heiligen geweiht. Zurückhaltend und scheu, hat er der Nachwelt nicht theologische Traktate hinterlassen, sondern poetische Verse ausgewählter theologischer Tiefe und von einer überwältigenden künstlerisch-literarischen Schönheit, womit er sich in die Reihe der großen rumänischen Poeten mit religiösen Themen eingetragen hat an der Seite von Mihai Eminescu, Vasile Voiculescu, Radu Gyr, Traian Dorz, Ioan Alexandru und anderen. Zwischen ihnen und dem dichtenden Heiligen gibt es freilich eine bemerkenswerte Differenz: neben seiner Inspiration und, wenn wir so wollen, seiner künstlerischen Begabung, ist die Poesie des heiligen Ioan durchweht von der Gegenwart der göttlichen Gnade, denn ein Heiliger kann nur unter göttlicher Inspiration schreiben. Es ist schwer, eine Synthese der Lehren des Heiligen aus seinen Gedichten zu gewinnen, denn jedes Gedicht ist eine kleines dogmatisches und moralisches Traktat und jeder Vierzeiler enthält Weisungen, die der fleißige Geistliche sowohl fein als subtil seinen geistlichen Schülern mitteilte durch seine Reime und Verse.

Fassen wir die Ideen des heiligen Mönchs mit einigen Beispielen zusammen. In erster Linie hat der heilige Ioan gelehrt, dass Gott die Mitte unseres Lebens sein muss und wir uns ohne lebendige Beziehung zu Gott in ausschließlich biologische Wesen mit beschränktem Leben verwandeln:

> »Was bin ich ohne Gott?
> Ein Staub aus kalten Knochen.
> Nahrung der Würmer im Grabe
> Und der ewigen Höllenqualen.«

Auch die grenzenlose Liebe, die Gott in der Menschwerdung Seines Sohnes zu unserer Erlösung aus den Fängen des Todes und als Wegweiser auf dem Weg zur Ewigkeit erwiesen hat, wird von dem Heiligen in Versen gepriesen:

> »Für Dich hab' Ich von ewig her
> das Heil gewirkt, bin Mensch geworden,
> kam aus des Himmels Höhen herab.
> Demütig und arm lebt' ich auf Erden,
> doch bracht' ich dir, dem tief Gefallenen
> den Glanz der höchsten Herrlichkeit.«

In dem Gedicht »*Anklage meines Geistes gegen Gott*« erinnert uns der Heilige daran, dass wir mit unseren Sünden den Herrn Christus immer wieder von neuem kreuzigen:

> »*Deine allzu schweren Sünden*
> *Bereiten mir das größte Leid,*
> *viel mehr als jene vier Nägel,*
> *die man am Kreuze in mich treibt.*«

Der heilige Mönch ermahnte die Gläubigen auch dazu, ihren Glauben öffentlich zu bekennen und das Kreuzzeichen beim Vorbeigehen an einer Kirche auf traditionelle Weise zu schlagen:

> »*Ja wir sollen wie es ziemt*
> *Uns mit Christi Kreuz bezeichnen,*
> *denn dann fliehen alle Teufel*
> *wie einst vom hohen Holz des Kreuzes.*
> *Mit weit von sich gestreckten Armen*
> *hing Christus Selbst für uns am Kreuz –*
> *müh dich, Christ, in Deinen Zeiten,*
> *und schlag das Christuszeichen heut'.*«

Vater Ioan sah auch die gottfernen Zeiten der Gegenwart voraus, wenn er schon zu seiner Zeit dichtete:

> »*Die Bosheit blüht in aller Welt,*
> *es lädt zu Tisch der Antichrist,*
> *er lehrt schon heute viele Leute*
> *mit seinem Alphabet als Atheist.*«

Auch die Fürbitte füreinander war für den heiligen Mönch Ioan Jacob Hozevitul ein großes Anliegen. Er dichtete:

> »*Wenn wir stets füreinander beten,*
> *immerzu mit festem Glauben,*
> *dann tun wir das mit Geist und Liebe*
> *was Christus Selbst geboten hat.*«

Wir hoffen, dass diese kleine Auswahl zeigt, mit welcher Liebe und Überzeugung der heilige Ioan Jacob die Botschaft des Christentums auch in Versen zum Ausdruck gebracht hat.

2. Charismatische Mönchsväter in der Rumänischen Orthodoxen Kirche

Wir haben bisher einige Mönche vorgestellt, die von unserer Orthodoxen Kirche kanonisiert wurden, doch sei an dieser Stelle festgehalten, dass diese schon vor der offiziellen kirchlichen Heiligsprechung vom rechtgläubigen Volk als Heilige verehrt wurden. Die Kirche bestätigt in ihren Heiligsprechungen nur die Anerkennung der Heiligkeit, die dem Heiliggesprochenen aus dem Wirken des Allheiligen Geistes zukommt. Die Urkunden der Heiligsprechung haben die Heiligkeit dieser Mönche dort bekräftigt, wo der Himmlische Vater es offenbaren wollte. Anders gesagt: diese Heiligen wurden zuerst von der »unfehlbaren Synode« des rechtgläubigen Volkes »kanonisiert«, das in Frömmigkeit und dankbarer Anerkennung auch weiter Mönche entdecken wird, die durch ihr Leben und Wirken in der Kirche als Weinberg des Herrn auf ganz besondere Weise unsere heilige orthodoxe Tradition gelebt und bezeugt haben.

Im folgenden Abschnitt werden wir einige bedeutende Mönche, Geistliche, Bekenner und Prediger des Volkes Gottes in Rumänien sowohl in der Zeit des kommunistischen Regimes wie auch nach den Ereignissen von 1989 vorstellen, die von einer großen Zahl an rumänischen Gläubigen als Gott wohlgefällige Mönche verehrt wurden. Es ist im einzelnen nur eine Frage der Zeit, bis der Heilige Synod der Rumänischen Orthodoxen Kirche ihre Heiligkeit bestätigt.

a) Vater Paisie Olaru von Sihla und Sihăstria (1897-1990)

Geboren am Ende des 19. Jahrhunderts in der Gegend von Botoşani begann Vater Paisie sein Mönchsleben mit 24 Jahren; er lebte zunächst im Skit Cozancea, danach in Sihăstria und Slatina, dann als Einsiedler in den Wäldern der Gegend um das Skit Sihla und zuletzt in Sihăstria, wo er in Alter von 93 Jahren im Oktober 1990 in die Ewigkeit einging. Er hinterließ uns allen ein unschätzbares Erbe; sein Leben als Mönch schien wie aus dem *Paterikon*[3] entnommen. Der tüchtige Geistliche hinterließ Tausenden von geistlichen Kindern im Beichtstuhl Weisungen und Ratschläge. Unter seiner Stola[4], die vom Honig der göttlichen Gnade getränkt war, fanden zahlreiche Bischöfe, Äbte, Mönche, Priester, Politiker, Kulturschaffende und viele andere Menschen, die zu ihm kamen, Trost wie Vergebung der Sünden, sie empfingen seinen Segen und die Fürbitte des Vaters. Mit grenzenloser

---

[3] Anm. d. Übers.: Rum. »Paterikon« entspricht dem griechischen »Gerontikon« – das sind Sammlungen von Zitaten und *Apophthegmata Patrum* der Wüstenväter. [*J. H.*]

[4] Anm. d. Übers.: In der Orthodoxen Kirche knien Beichtende vor dem Beichtvater, der vor ihnen steht oder sitzt. Der Beichtvater trägt als sakramental handelnder Priester die Stola, die er während der Beichte über den Kopf des Beichtenden legt. [*J. H.*]

Liebe wünschte er allen »einen kleinen Winkel des Himmelreichs«. Seine geistlichen Ansprachen hielt er nicht vom Ambo aus, denn er war kein begnadeter Redner. Doch im Beichtstuhl predigte er mit großer unvergleichbarer Kraft. Die Gabe zuzuhören, bei Leid zu trösten und die Seelen zum am meisten gewünschten Ziel der Erlösung zu führen, war sein in der Seelsorge verrichtetes Stück Lehre. Es gibt mehrere Bücher, die sich dem großen Heiligen widmen: »Părintele Paisie Duhovnicul« (dt. »Vater Paisie – der Geistliche«) von Archimandrit Ioanichie Bălan, »Părintele Paisie Olaru, povățuitor spre poarta Raiului« (dt. »Vater Paisie Olaru, Wegbegleiter auf dem Weg zur Himmelspforte«), herausgegeben von Archimandrit Timotei Aioanei und P. Constantin Prodan, »Să ne întâlnim la poarta Raiului« (dt. »Treffen wir uns an der Himmelspforte«), herausgegeben vom Kloster Sihastria.

Darin wie in Zeugnissen vieler anderer Schüler können wir eine große Menge an geistlichen Weisungen und Ratschlägen finden, die von großem Wert sind auf unserem Weg zum Himmelreich. Wir werden hier einige vorstellen und legen Ihnen gleichzeitig nahe, selbst Bücher von und über Vater Paisij zu lesen – sie werden große Entdeckungen machen: ein demütiger alter Mann wird über die Güte und Liebe Gottes sprechen wie sonst niemand. Der große Geistliche aus Neamț sprach übrigens kaum von der Hölle. Es scheint, dass der alte Abbas von der Freunde und dem Geheimnis des Wohnens im Himmelreich einen Vorgeschmack gekostet hatte, so dass er zu allen Menschen in erster Linie mit fester Überzeugung davon sprechen wollte, damit sich auch seine Zuhörer zumindest einen »Winkel des Himmelreiches« wünschten.

Eine seiner wichtigsten Lehren, die Vater Paisie häufig wiederholte, war die Notwendigkeit der Bewahrung einer engen Verbindung zu Gott, die friedensstiftend ist. In Wort und Tat zeigte der Pater Paisie, dass er den inneren Seelenfrieden schon erlangt hat, er teilte diesen mit einer überwältigenden Großzügigkeit allen mit, die die Schwelle seiner bescheidenen Mönchszelle überschritten. Eine weitere wichtige Lehre, die uns Pater Paisie immer wieder ans Herz legte, war seine nachhaltige Weisung, gute Menschen zu sein und denen zu vergeben, die uns Böses getan haben. Sein eigenes Verhalten zeigt, dass die Heiligkeit und die Befreiung von den Sünden die Seele des Christen in einen riesigen Ozean von Frieden und Güte verwandelt, der Gott zur Quelle hat und sich in dem ergießt, der von der Gabe des Heiligen Geistes geleitet und erleuchtet wird.

Die geistliche Therapie des seligen Paisie basierte auf Liebe sowie Vergebung und Beharrlichkeit im Bemühen um Überwindung der Sünde. Zum Beispiel wurde er von jemand gefragt, wie er die Sünde überwinden kann, wenn er schon mehrfach gebeichtet hat und die Sünde trotzdem aus Schwäche wieder begangen hat. Mit höchster Begabung zu Verständnis und Vergebung antwortete er: »Sooft du fällst, erhebe dich wieder, bekenne deine Sünden und bereue sie, tue Buße und trage dein Kreuz weiter mit dem Blick auf Christus gerichtet bis du nach oben, nach Golgatha, kommst. Wir können nicht sagen, dass wir uns ohne Gottes Gnade, ohne geistlichen Beistand und ohne die Gebete der Kirche mit unseren Werken selbst erlösen können. Doch die Stunde unseres Todes soll uns beim geistlichen Kampfe antreffen. Nur das Erbarmen Gottes und der Gottesmutter helfen uns, dass auch wir zur Himmelspforte gelangen und dort laut rufen: »Öffne uns, Herr, die Pforte deines Erbarmens!« Zur unnützen Verschwendung von Zeit sagte der gutmütige Mönch: »O, verschwendet eure Zeit nicht nutzlos, denn ihr begegnet ihr nicht wieder. Was ihr heute tun könnt, das tut heute und verschiebt es nicht auf morgen, denn wir wissen nicht, ob wir den morgigen Tag erleben. Denn wenn du es tun kannst und tust es nicht, dann hast du vor den Augen Gottes eine Sünde begangen, und vor Gottes Augen kannst du nichts verbergen. Frage bei allem, was du tust, nach dessen Sinn.«

b) Vater Arsenie Boca (1910-1989)

Geboren am Anfang des 20. Jahrhunderts in der Gegend von Hunedoara, stellt Vater Arsenie Boca ein nie verlöschendes Licht unseres orthodoxen Glaubens dar, das für tausende von Rumänen, die die Schwelle seiner Mönchszelle überschritten, um zu beichten und seinen Segen zu empfangen, und für uns alle eine Fackel des Glaubens auf unserem Weg zur Auferstehung bleibt. Als Absolvent der Theologie und der Fakultät für Schöne Künste der Universität Bukarest hörte Vater Arsenie auch Vorlesungen in Medizin, was seine intellektuelle Ausbildung ergänzte. Nach seiner Mönchs- und Priesterweihe wurde er zum Abt des Klosters Sâmbăta de Sus ernannt. Nach der kommunistischen Machtergreifung erlitt er Verfolgungen schwer vorstellbarer Art. Er wurde vier Mal verhaftet, gefoltert und von der Securitate ständig verfolgt. Die Worte der Heiligen Schrift, dass das Licht nicht unter dem Scheffel gestellt werden solle, erwiesen ihre Wahrheit auch in dem bescheidenen Mönch. Je mehr er verfolgt und seine Schriften verboten wurden, umso mehr Gläubige suchten ihn auf, weil sie die Absolution für ihre Sünden von ihm persönlich empfangen und geistliche Nahrung erhalten wollten durch seine von Weisheit inspirierten Worte, mit denen er die Leiden und den Zorn des vom kommunistischen totalitären atheistischen Regime gequälten rumänischen Volkes linderte. Einen Monat vor den Ereignissen der Revolution vom Dezember 1989 rief Gott ihn im Alter von 79 Jahren heim in Sein himmlisches Reich. Er wurde auf eigenen Wunsch im Kloster Prislop begraben. Sein Grab ist stets aus Liebe und Dankbarkeit mit Blumen geschmückt.

Die Lehren von Vater Arsenie sind wichtiger denn je in einer Zeit der zunehmenden Säkularisierung und Vereinsamung der Menschen. In seinen Ansprachen äußerte er sich zu zentralen Fragen des alltäglichen Lebens. Seine Botschaft ist in mehreren Büchern veröffentlicht: »Cărarea împărăţiei«

(dt. »Der Weg zum Himmelreich«), »Lupta duhovnicească, trepte spre viețuirea în monahism« (dt. »Der geistliche Kampf. Die Stufen auf dem Weg zum Leben als Mönch«), »Cuvinte vii« (dt. »Lebende Worte«), »Mărgăritare duhovnicești« (dt. »Geistliche Perlen«), »Omul – zidire de mare preț« (dt. Der Mensch – Geschöpf von großem Wert«) etc.

In erster Linie predigte Vater Arsenie, dass die Orthodoxie keine schöne Ideologie ist, sondern ein realistisches Programm, mit dem der Mensch, wenn er es verfolgt, die Weisungen Gottes erfüllt. Er schreibt: »Gott verlangt von uns keine Wunder. Diese tut Er selbst. Aber was will Gott von uns? Damit wir das ewige Leben mit Gott erleben, müssen wir dieses Leben schon jetzt mit Gott in diesem vergänglichen Leben erleben. Wir müssen also von Gott durchdrungen sein und er muss in uns wohnen, damit er uns innerlich das göttliche Leben zeigt. Und so wie es keine Fehde bei Gott gibt, so soll es auch keine Fehde bei denen geben, die Ihn zur Grundlage ihres Lebens haben. Der Zustand des Friedens mit allen Geschöpfen ist ein so großes Wunder, dass es die Welt erstaunt und dazu bringt, darin Gottes Werk zu erkennen.« Über die, die Gott leugnen, sagt Vater Arsenie: »Der Atheismus ist eine Unsicherheit, eine Monstrosität und ein grundlegender Irrtum der menschlichen Natur«, worin er an die Worte eines großen christlichen Schriftstellers erinnerte, und zwar des seligen Augustinus, der gesagt hat: »Du hast uns zu Dir hin geschaffen und unruhig ist unser Herz, bis es ruht in Dir!« Mit anderen Worten ist die Gegenwart Gottes in uns eine eschatologische. Und die Gott leugnen mit dem Hinweis auf die Inexistenz Gottes, leben vor allem in einem großen Fehler, der Lüge. Im Blick auf die Religion sagt Vater Arsenie: »Die Religion bildet keine Wissenschaft (rum. stiința), sondern bildet Gewissen (rum. conștiința).«[5] Das heißt, die Religion informiert nicht nur über Dogmengeschichte und die christliche Lehre, sondern bildet und formt ihre Anhänger dahingehend, dass sie ihr Leben nach bestimmten Modellen führen.

Im Blick auf das praktische Glaubensleben sagte Vater Arsenie: »Die Orthodoxie ist nicht nur am Sonntag von Bedeutung, sondern bedeutet ein Bemühen an allen Tagen.« Das ist auch heute ein besonderes Problem. Vater Arsenie spricht hier eine wichtige Warnung aus, dass wir nicht nur am Sonntag und in der Kirche Christen sein sollen, sondern dass wir jeden Moment unser Leben nach dem Willen unseres Erlösers Christus führen sollen und Gott nicht nur in den Ikonen der Kirche vor uns sehen sollen, sondern im Antlitz jedes Nächsten, der leidet oder Prüfungen erlebt.« Von der Notwendigkeit einer ständigen Beziehung zu Gott lehrt uns Vater Arsenie: »Sei immer bei Gott, wenn du willst, dass Er immer bei dir ist.« Das ständige Gebet bringt Gott in unser Leben, denn: »Gott ist überall, er muss nur an-

---

[5] Anm. d. Übers.: Das rumänische Wortspiel stiința – conștiința entspricht in etwa dem Deutschen: Wissen (im Sinne von Wissenschaft) – Gewissen. [J. H.]

gerufen werden. Manchmal hilft sogar ein kurzes Gebet, das von Herzen und von ganzer Seele kommt, wenn du es mit Überzeugung sprichst.« Ein genauso wichtiger Rat ist für uns sein Ratschlag zur Erlösung im Blick auf jede Form des Formalismus, wenn er sagt: »Nichts ist gefährlicher, als mit Engstirnigkeit und Formalismus zu kämpfen.« Wir alle hören immer wieder in den Predigten der Priester und im Religionsunterricht in der Schule sehr viele Lehren. Eines ist es aber, diese zu hören, etwas ganz anderes aber, diese im Leben auch anzuwenden. Vater Arsenie umschreibt die Diskrepanz zwischen dem Hören und dem Tun mit den Worten: »Der längste Weg überhaupt ist der Weg, der von den Ohren zum Herzen führt, denn manchmal kann dieser Weg Jahre dauern.«

Vater Arsenie, der von den Gläubigen geliebte »Heiligen von Siebenbürgen«, wie ihn das Volk genannt hat, hat uns viele geistliche Weisungen hinterlassen; die Menschen danken es ihm, indem sie bis heute sein Grab im Kloster Prislop mit einem Meer von Blumen schmücken als Zeichen der Dankbarkeit und Wertschätzung, diese Blumen symbolisieren die Schönheit des frommen Christen, der unablässig Gott gesucht hat. Seine Bücher sind für uns Kerzen der Auferstehung hin zu einem authentischen orthodoxen Leben.

c) Vater Archimandrit Cleopa Ilie von Sihăstria (1992-1998)

Vater Cleopa ist einer der bekanntesten rumänischen geistlichen Väter des 20. Jahrhunderts. Am 10. April 1912 wurde er in dem Dorf Sulița in der Gegend von Botoșani als Constantin Ilie geboren als fünftes von zehn Kindern der Familie Ilie. Mit 17 Jahren trat er in die Klostergemeinschaft des Klosters Sihăstria ein, zusammen mit Vasile, einem seiner Brüder. Sechs Jahre lang leistete er dort dem Hirten Gehorsam, dann wurde er ins Militär einberufen. Mit einer außergewöhnlichen Erinnerung ausgestattet, las der bescheidene Mönch viele Seiten der Hl. Schriften und von Philokalia-Texten und lernte diese auswendig; dieses Wissen wird er später unermüdlich der Schar seiner geistlichen Kinder weitergeben. Nach Ende seines Militärdienstes kehrte er in die Gemeinschaft von Sihăstria zurück und empfing dort 1937 die Mönchsweihe und den Mönchsnamen Cleopa. In aller Demut leistete er wieder Gehorsam bis 1942, als die Klostergemeinschaft ihn zum Igumen wählte. 1945 wurde er zum Priestermönch geweiht. Er übte gleichzeitig das Amt des Klosterabtes aus. Nur zwei Jahre später wurde ihm aufgrund seines außergewöhnlichen Fleißes, seiner Hingabe und seinem aufopferungsvollem Wirken für das Wohlergehen des Klosters und den rechten Glauben von dem damaligen Patriarchen Rumäniens Nicodim (Munteanu) die höchste Mönchswürde des Archimandriten verliehen.

Nach der kommunistischen Machtergreifung 1948 folgten schwere Zeiten für Vater Cleopa. Die Securitate wollte seinen Tod, nachdem er unerschrocken auch in dieser Zeit das Wort Gottes verkündigte. Daher wählte der verfolgte Abt die Einsamkeit und versteckte sich in den Bergen von Neamț, wo er längere Zeit lebte. So versteckte er sich als polizeilich Verfolgter sechs Monate in den Wäldern um das Kloster Sihăstria. Nachdem sich der Furor der kommunistischen Autoritäten gelegt hatte, ernannte Patriarch Justinian (Marina) Archimandrit Cleopa zum Abt des Klosters Slatina, das er bis 1959 leitete. Es folgten fünf weitere Jahre der Wanderschaft in den Bergen von Neamț bis 1964, als er in die Klostergemeinschaft zurückkehren konnte, wo er nicht nur zum Seelsorger und geistlichen Vater der ganzen Klostergemeinschaft von Sihăstria wurde, sondern auch von tausenden von Rumänen, die vor ihm knieten und geistliche Weisungen, die Absolution und Licht vom Lichte Christi, unseres Erlösers empfingen.

Am 2. Dezember des Jahres 1998 ist Vater Cleopa heimgegangen zum Herrn in die himmlische Ewigkeit, er hinterließ uns aber einen wahren unschätzbaren Schatz an Lehren, Ratschlägen und segensreichen Weisungen. Bücher über das Leben und die Lehre von Vater Cleopa haben eine ganz außerordentliche Verbreitung gefunden, und das nicht nur unter Rumänen, sondern auch unter anderen orthodoxen Völkern und sogar bei Angehörigen anderer christlicher Konfessionen. Die Pragmatik seiner Lehren, die Breite von alltäglichen Themen, die er behandelte, die Schönheit seiner Darstellung des Glaubens und des Bekenntnisses haben dazu geführt, dass seine Bücher nicht nur auf Rumänisch, sondern auch in englischer, französischer, griechischer, italienischer, russischer, serbischer, polnischer, finnischer und sogar arabischer und chinesischer Sprache erschienen sind. Bis heute hat das Kloster Sihăstria rund 50 Bücher zum Leben und den Lehren von Vater Cleopa veröffentlicht, die insgesamt eine Auflage von über zwei Millionen Exemplaren erreicht haben.

In diesen Büchern finden sich handschriftliche Manuskripte von Vater Cleopa selbst, aber auch Text- und Predigtsammlungen, Radiointerviews und Texte von Vorträgen bei hochkarätigen Konferenzen, an denen der bescheidene Mönch nach 1990 teilgenommen hat. Hierzu zählen außerdem auch zahlreiche Bücher, die über das Leben und Werk von Vater Cleopa geschrieben wurden. Hier seien nur die folgenden erwähnt: »Urcuș spre Înviere« (dt. »Der Aufstieg zur Auferstehung«), »Călăuză în Credința Ortodoxă« (dt. »Wegweiser im Orthodoxen Glauben«), »Predici la praznice Împărătești și sfinți de peste an« (dt. »Predigten zu den Hochfesten und Heiligenfesten des Jahres«), »Îndreptar de spovedanie pentru monahi« (dt. »Beichtspiegel für Mönche«), »Îndreptar de spovedanie pentru mireni« (dt. »Beichtspiegel für Laienchristen«), »Ne vorbește părintele Cleopa« (18 Bände; dt. »Vater Cleopa spricht zu uns«), »Convorbiri duhovnicești« (dt. »Geistliche Gespräche«), »Despre vise și vedenii« (dt. »Über Visionen und Geistererscheinungen«), »Manca-v-ar raiul« (dt. »Der Himmel soll euch verschlingen«), »Viața părintelui Cleopa« (dt. »Das Leben von Vater Cleopa«). Neben diesem umfangreichen gedruckten Werk wurden auch viele Hörkassetten, CDs und DVDs hergestellt mit Predigten und Ratschlägen des tüchtigen Geistlichen aus Neamţ sowie aufgezeichneten Dialogen unter anderem mit Metropolit Serafim von Deutschland, Zentral- und Nordeuropa, dem dieses Buch gewidmet ist. Solche Dialoge führte er auch mit Archimandrit Ioanichie Bălan, Ioan Alexandru und Sorin Dumitrescu, wichtigen Geistlichen und Kulturschaffenden Rumäniens.

Es ist sehr schwer, das beachtliche Werk von Vater Cleopa hier in einigen wenigen Zügen nachzuzeichnen. In seinen fast siebzig Jahren, die er im Geiste der Philokalia lebte und in denen er mit viel Liebe die heiligen Kanones und monastischen Regeln befolgte, wurde der weise Mönch aus Neamţ ein wahrer Freund der Heiligen, ein unermüdlicher Gesandter und Missionar, den Gott zur Erleuchtung des Volkes gesandt hatte in einer Zeit, in der viele Rumänen vom Glauben und der Kirche entfremdet waren. Eine Begegnung mit Vater Cleopa konnte das Leben verändern. Die von ihm zugesprochene Gnade und der Segen, den er erteilte, erfüllten die Seele des Pilgers mit unermesslicher geistlicher Freude und machten spürbar, wie das Licht des Heiligen Geistes den Weg zur Wahrheit öffnen. Der charismatische Geistliche hatte die Gabe, tiefe Einsichten in einfachen Worten auszusprechen und so allgemeinverständlich den christlichen Glauben zu vermitteln. Für jedes Leid, jedes Problem und jede Prüfung derer, die die Schwelle seiner Mönchszelle überschritten, hatte Archimandrit Cleopa einen passenden Rat, einen Trost und eine Ermutigung. Und das waren nicht bloß einfache sentimentale Worte, sondern praktische Ratschläge auf der Basis der Heiligen Schrift und der Philokalia-Texte der Väter. Vater Cleopa verkündigte dabei nie seine eigenen Weisheiten oder sprach über sich selbst, sondern alles, was er sagte und lehrte, war von der Hl. Schrift und patristisch begründet, wodurch jeder die Gewissheit erlangen konnte, dass hier die Stimme der Kirche zu hören ist. So ist es unmöglich, in einigen wenigen Worten die Lehre des seligen Vaters aus Neamţ zusammenzufassen. Wir wollen versuchen, ein paar wesentliche Ideen des Vaters Cleopa hier wiederzugeben, auf die auch tausende von Gläubigen aus nah und fern hörten, darunter Bischöfe, Staatsmänner, Mönche, Priester, Laienchristen.

So sagte Vater Cleopa zum Fasten: »Das Fasten ist eine Tugend zur Zügelung der körperlichen Begierden und zur Stärkung des Willens, eine Form der Buße, also ein Mittel zur Erlösung. Doch gleichzeitig ist es ein kultischer Akt der Verehrung Gottes, weil es ein Opfer ist – ein freiwilliger Verzicht auf etwas, was uns erlaubt ist – geboren aus der Liebe und dem Respekt, den wir Gott gegenüber empfinden.« Archimandrit Cleopa trat mit großer Überzeugung auch für die authentische christliche Familie ein, in der die Geburt von Kindern eine wirkliche Freude ist: »Verheiratete tragen ihr Kreuz und haben so viele Kinder zu empfangen, wie Gott ihnen schenkt; in Gottesfurcht haben sie alle Mühen zu tragen, die mit dem Heranwachsen der Kinder verbunden sind. Der weise und gläubige Mensch kennt die Mühen bei der Geburt eines Kindes, weiß, welche Probleme mit dem Heranwachsen verbunden sind, kennt den Schmerz echter Eltern, wenn das Kind sich als ungehorsam erweist, und leidet, bis das Kind zum Erwachsenen heranreift.« Menschen, die von Leid und Krankheit geprüft sind, legt der Prediger aus Sihāstria nahe: »Dem Kranken, wie ihr wisst, erscheint eine Nacht wie ein Jahr, er erträgt weder Speisen noch spürt er die Freuden des Lebens. Er trägt ein schweres, schlimmes Kreuz, und gesegnet ist der, der Krankheit ertragen kann wie Hiob, denn es wird ihm vergolten. Dieses Kreuz der Krankheit wird ihn an Leib und Seele demütig machen, und vom Kranken fordern wir weder zu fasten, noch den Kniefall, sondern wir fordern nur zwei Dinge von ihm – wie es der heilige Isaak der Syrer sagt:›Von den Kranken verlangt Gott zwei Dinge: Gebet und Dankbarkeit.‹ Der Kranke soll seinen Geist bemühen und unablässig zu Gott beten bis zum letzten Atemzug. Und er soll Gott bis zum Ende danken für die Krankheit oder das Kreuz, das er ihm aufgegeben hat, so wird er die Kröne der Jüngerschaft erlangen. So haben die heiligen Märtyrer ihr Kreuz getragen, die heiligen Einsiedler und die guten Christen aller Zeiten, und auch die Kranken, die einen starken Glauben an Christus hatten.«

Der weise Mönch wusste geistlichen Rat für ganz verschiedene konkrete Lebenslagen, die mit dem Glauben und seiner Umsetzung zu tun haben. Manchmal sagte er zu denen, die sich nicht richtig oder nachlässig bekreuzigen: »Geliebte Gläubige, ihr müsst vom Heiligen Kreuz noch Folgendes erfahren: wenn ihr euch bekreuzigt, dann bekreuzigt euch richtig über eurem gesamten Antlitz, damit die Teufel nicht über die Verächtlichmachung (des Kreuzes; J. H.) lachen. Lege die drei Finger – das Symbol der Heiligen Dreifaltigkeit – aneinander und bekreuzige dich, zunächst an der Stirn im Namen des Vaters, dann am Nabel im Namen des Sohnes, der zu unserer Erlösung vom Himmel herabgekommen ist, und dann zwischen der rechten und der linken Schulter, wodurch sich die Liebe Gottes an den Menschen und seine Erlösung bindet, denn durch den Heiligen Geist stehen wir in bleibender Vermittlung mit Gott-Vater, Sohn und Heiligem Geist.« Zur regelmäßigen Teilnahme der Gläubigen an der Göttlichen Liturgie sagte der weise Heilige: »Das Gebet der Priester vollbringt im Glauben vereint mit dem Gebet der Gläubigen das größte Wunder auf Erden seit Jesus Christus bis heute. Dieses unaussprechliche Wunder ist die Verwandlung von Brot und Wein in Leib und Blut des Herrn Christus bei der Göttlichen Liturgie. Ohne die Göttliche Liturgie können wir keine Heilige Kommunion haben und ohne diese können wir uns nicht mit Christus vereinen, können keine Sündenvergebung empfangen und nicht erlöst werden, denn so spricht der

Herr: »Wenn ihr nicht das Fleisch des Menschensohns esst und sein Blut trinkt, so habt ihr kein Leben in euch.« (Joh. 6,54) Die Göttliche Liturgie gehört zu uns und bildet den Grund unserer Erlösung, weil sie uns in steter Beziehung zu Christus, zu den Heiligen im Himmel und den Menschen auf Erden hält.«

Mutig sprach Vater Cleopa auch sehr aktuelle und schmerzhafte Themen an, denen man auf Schritt und Tritt begegnet. Oft riet er Eltern von Kindern, die vom rechten Weg des Glaubens abgekommen und in viele Sünden und tödliche Laster verstrickt waren: »Wir sollen unseren Kindern zuerst helfen, dass sie nicht in schwere Sünden fallen, als da sind: Unglauben, Ungehorsam und Zügellosigkeit. Wenn sie aber gestrauchelt sind, dann sollen wir ihnen wie im Evangelium dem verlorenen Sohn helfen, dem Abgrund an Unglauben und schändlicher Lust wieder zu entkommen. Wie geht das? Zuerst müssen wir sie zu einem guten geistlichen Vater bringen, bei dem sie ihre Sünden beichten. Dann sollen wir sie von neuem zur Kirche hin lenken, zu einem normalen sozialen Leben und sie motivieren, zu beten und heilige Bücher zu lesen. Und wir müssen darauf achten, dass nicht ausgerechnet die Eltern es sind, Vater und Mutter, die ihre Kinder verwirren und zur Sünde anregen durch das schlechte Beispiel, das sie selbst zu Hause abgeben.«

Auch leitete Vater Cleopa die Menschen an, ihr Herz nicht an Reichtum zu hängen, um nicht aus der Jagd nach Wohlstand und Reichtum einen Selbstzweck zu machen. Reichtum kann dich erlösen, wenn du ihn mit anderen teilst, vor allem mit den Armen, aber er kann dir auch zum Verderben gereichen, wenn du ihn nur für dich selbst hortest und nutzt: »Von dem Wenigen, das wir haben, sollen wir das Meiste für den Unterhalt unserer Familie, der Kinder und der Sorge um das tägliche Brot verwenden. Einen weiteren kleinen Teil sollen wir für Kirchen spenden, die gebaut oder renoviert werden, denn so ehren wir das Haus Gottes, in dem wir täglich die Göttliche Liturgie feiern und das hilft uns zur Erlösung. Einen dritten Teil, und sei er noch so klein, sollen wir den Armen, den Kranken und für das Gedächtnis der Toten geben, denn ihnen kann sonst keiner mehr helfen, und es wird uns reichlich vergolten. Habt Acht, dass ihr nicht von dem wenigen Geld, das ihr habt, Geld ausgebt für teure Kleider, Luxus, ausgewählte Speisen, liederliche Vergnügungen und Trinkgelage, denn so richten wir uns selbst.«

Wir könnten noch mehrere solche Beispiele geben, doch wir hoffen, dass schon diese wenigen ausgewählten eine Ermutigung sind, auf die Botschaft von Vater Cleopa zu hören und ihn zu lesen.

d) Vater Archimandrit Arsenie Papacioc (1914-2011)

Neben den oben dargestellten bedeutenden Geistlichen ist auch Vater Arsenie Papacioc ein Symbol unseres orthodoxen Glaubens und der Rumänischen Orthodoxen Kirche, die, auch wenn sie unterdrückt und manchmal sogar zerdrückt wurde, in Ketten gelegt und ausspioniert wurde, doch überlebt hat, weil ihr unsichtbares Haupt, Christus unser Gott, nie aufgehört hat, auf die Kirche zu wachen durch ausgewählte Menschen, unter denen auch der große Geistliche Arsenie Papacioc war. Am 15. August 1914 wurde er in der Gegend von Ialomiţa geboren. Nach einer schönen Kindheit und Jugend wurde Anghel, wie er mit Geburtsnamen hieß, im Jahre 1941 als Mitglied der Bewegung der Eisernen Garde verhaftet und verurteilt. Nach fünf Jahren aus der Haft entlassen, ging er ins Kloster Antim (in Bukarest) und erhielt dort den Mönchsnamen Arsenie, wurde zum Priester geweiht und bekam wichtige Aufgaben im kirchlichen Leben übertragen. Er war besonders eifrig in seinem Bemühen um authentisches christliches Leben, lernte die Gebetsbewegung »Rugul aprins« (»Brennender Dornbusch«) kennen, bei der er auch aktiv mitwirkte. Dafür wurde er 1958 wieder verhaftet und zu zwanzig Jahren Zwangsarbeit verurteilt. 1964 kam er frei und übernahm mehrere kirchliche Dienste als Priester, Seelsorger und Abt. 1976 kam Vater Arsenie als geistlicher Vater (Seelsorger) in das Skit zur Heiligen Maria von Techirghiol bei Konstanza (Erzbistum Tomis), wo er bis zu seinem Tod am 19. Juli 2011 wirkte. Wie die anderen genannten Väter war auch er unermüdlicher Schutz und Schirm, der geistliche Weisungen gab, der mit der Liebe eines Priesters und Mönchbruders tadelte, der die Beichte abnahm und seine Brüder gleichen Glaubens und gleichen Volkes erleuchtete, die in seiner Mönchszelle, die längst zu einem Fenster zum Himmel aus dem wunderschönen Skit an der Meeresküste geworden war, zur Ruhe fanden.

Seine Lehren wurden in mehreren Büchern zusammengefasst und veröffentlicht. Erwähnen seien hier nur »Convorbiri duhovniceşti« (»Geistliche Gespräche, 2 Bände«), »Ne vorbeşte părintele Arsenie« (»Vater Arsenie spricht zu uns«) und »Veşnicia ascunsă într-o clipă« (»Die Ewigkeit – in einem Moment verborgen«).

Als weiser Geistlicher und in der Tradition der ostkirchlichen Orthodoxie fest verwurzelter Mönch war Vater Arsenie ein kräftiger Verteidiger der orthodoxen Werte in schweren Zeiten für die rumänische Kirche und das rumänische Volk und hinterließ uns einen wahren Glaubensschatz: das Beispiel seines aufopferungsvollen Lebens, aber auch lehrreiche inspirierende und seelischen Frieden stiftende Erzählungen, Ruhe und Segen für tausende von Pilgern, die den langen Weg nach Techirghiol auf sich nahmen, um geistlich bei dem geliebten Seelsorger aufzutanken, der seine Weisungen voller Liebe und unendlicher Freude gab. Einem Priester, der gekommen war, um seinen Segen zu erhalten, sagte der irenisch gesonnene Mönch: »Was kann es Schöneres und Höheres geben, was kann das Wesen der Orthodoxie und der Religion der Liebe grundsätzlich besser bestimmen als die Liebe, die Güte, die Vergebung und der Frieden? Wenn du den lieben kannst, der dir bis zur Verfolgung Unrecht getan hat, wenn du siebzig Mal siebenmal vergeben kannst, was in der geistlichen Sprache noch viel mehr bedeutet als die 490 in der Mathematik, dass du also unendlich vergibst, und dass du die Kraft hast, mehr zu ertragen als alle, die dir Böses wollen, Kraft haben, dir Böses zu tun! Dass du dich erhebst, wenn du erniedrigt und in die Knie gezwungen wurdest, ohne deinerseits die anderen noch mehr zu verletzen, sondern indem du heiter in die Augen dessen schaust, der dich erniedrigt hat, dass du dich erhebst, so schwer es dir auch fällt, aber weitergehst, als ob dir nichts geschehen sei – dies bedeutet, alle mit Liebe, Frieden und Güte zu überwältigen.« Häufig ermunterte Vater Arsenie die Menschen, Gott nicht in der Ferne zu suchen, denn Er wohnt nicht irgendwo in weiter Ferne, sondern in den Herzen der Menschen. »Das Reich Gottes ist nicht wer weiß wie weit weg, sondern in uns als Reich der Liebe Gottes und der Liebe zu den Menschen, in denen sich das Antlitz und Ebenbild Gottes wiederspiegelt. *Verwirklicht* also im Herzen dieses Wissen um das Reich Gottes, das reine Gewissen.«

Mit weithin bekannter großer Güte lehrte Vater Arsenie die jungen Menschen, eine authentische christliche Familie zu gründen, die auf wahrer Liebe basiert. Er sagte: »Meine Liebe, eine Ehe gründet sich auf wahrer Liebe und einer ausschließlich christlichen Bestimmung. Es ist ein großer Irrtum, wenn du dich in einen jungen Mann oder eine junge Frau verguckst und nur wegen diesem Gefühl der ersten Verliebtheit die Ehe eingehen willst. Nein, nein. Es muss genau geschaut werden, ob beide auch vom Schauer der heiligen Verantwortung durchdrungen sind, die die Ehe voraussetzt.« Der alte Mönch lenkte unsere Aufmerksamkeit auch auf die Gefahr, die uns auf Schritt und Tritt begegnet, und zwar die Versuchungen und Fallstricke des Teufels, von denen wir uns fernhalten müssen, um nicht seiner Bosheit zum Opfer zu fallen. Denn, wie Vater Arsenie sagt: »Der Teufel zielt auf dieses große Ziel hin: uns von Gott zu trennen. Das kann er nicht so leicht auf direkte Weise tun, denn es gibt viele getaufte Christen, die in sich die Kraft des Glaubens spüren und wissen, dass der Mensch von Gott geschaffen ist und sie sich nicht von Gott entfremden und trennen können. Der Satan versucht daher, auf indirekte Weise den Menschen von Gott als Seinem Schöpfer zu entfremden.«

Zahl- und segensreich sind die Botschaften des frommen Arsenie von Techirghiol. Neben anderen geistlichen Büchern aus dem Schatz unserer rechtgläubigen Kirche haben auch die Werke von Vater Arsenie die Kraft, die Zeiten zu überdauern, denn sie sind erfüllt und erleuchtet von der Kraft des Glaubens und der Liebe dieses Mönchs, der den Frieden zwischen den Menschen und mit Gott so liebte.

3. Ausblick

Durch ihr gottgefälliges Leben und ihre gesegneten Bemühungen, die würdig sind für das »*Paterikon*«, durch den Reichtum ihrer geschriebenen oder gesprochenen Lehre stehen die hier vorgestellten rumänischen Geistlichen, aber auch viele, die hier nicht vorgestellt wurden, deren Leben und geistliches Wirken im Dienst der Kirche Gott aber kennt, für die geistlichen Gaben, die Gott über unser rumänisches Volk ausgegossen hat. Wir können von ihnen lernen, die Sünden zu überwinden und schon in diesem Äon Träger der unvergänglichen Freude der Erlösung zu sein und schon diese Zeit als Aufstieg zum ewigen Leben zu nutzen.

Übersetzung: Jürgen Henkel (Selb-Erkersreuth)

Beitrag und Bedeutung
der Klöster und Orden für das christliche Europa
in Geschichte und Gegenwart

Altabt Dr. Burkhard Ellegast OSB,
Stift Melk (Österreich)

Das Leben und Wirken Jesu hat immer schon Menschen angesprochen. Sie spürten den Ruf, ihm radikal nachzufolgen. Bereits in der Urgemeinde zu Jerusalem und dann auch in den neu entstehenden christlichen Gemeinden gab es mehrere, die sich ganz in den Dienst der Gemeinde stellten, ehelos und arm lebten, dem Vorbild Christi nachfolgten: Asketen und Witwen, die teilweise auch gemeinsam lebten.

Im Laufe der Geschichte bildeten sich immer wieder zu bestimmten Zeiten und als Antwort auf die Probleme der jeweiligen Zeit klösterliche Lebensformen heraus, die dann zur Bildung andauernder Lebensgemeinschaften führten. Diese Klöster wirkten durchaus auch als Geistträger in die Kirche hinein und waren für das kirchliche Leben und Wachsen wichtig. Klöster und Ordensgemeinschaften erlangten so bisweilen eine große Bedeutung für die Kirche in unseren Landen, für ein christliches Europa und von da ausgehend, für alle Welt. Wenn es in diesem Artikel um den Beitrag der Klöster und ihre Bedeutung für das christliche Europa in Geschichte und Gegenwart gehen soll, muss klar sein, dass ein Benediktiner diese Arbeit geschrieben hat, der sicher offen ist für alle Formen klösterlichen Lebens und sie auch in ihrer Verschiedenheit schätzt, der aber selbst stark von der Regel Benedikts geprägt ist.

I. Die Entwicklung der Kirche in Europa

Jesus Christus hatte den Aposteln den Auftrag gegeben: »Geht zu allen Völkern und macht alle Menschen zu meinen Jüngern, tauft sie auf den Namen des Vaters und des Sohnes und des heiligen Geistes und lehrt sie, alles zu befolgen, was ich euch geboten habe. Seid gewiss: Ich bin bei euch, alle Tage bis zum Ende der Welt.« (Mt 28,19 f.)

1. Die Apostel predigten in Jerusalem und verkündeten die Frohe Botschaft. Von dort nach der Steinigung des Stephanus vertrieben, zogen die Prediger in die anliegenden Gebiete: Judäa, Samaria und Galiläa, wo Jesus auch schon gewirkt hatte. Bald aber kamen sie nach Syrien, Klein-

Asien, Griechenland, immer mehr auch in heidnische Gebiete. Der Geist Gottes war spürbar und zeigte sich in einer gewaltigen Dynamik der Ausbreitung. Nach drei Jahrhunderten war das römische Weltreich christlich geworden.

2. Es bildeten sich zunächst einzelne christliche Gemeinden heraus, die durch Älteste geleitet wurden, immer mehr aber entstand eine eigene christliche Kirche, die anfangs sehr lebendig und beweglich war. Nach dem Freiwerden (Mailänder Toleranzedikt 313) übernahm diese Kirche immer mehr staatliche Strukturen, es bildete sich eine feste Institution heraus.

3. In den geschichtlichen Abläufen wurde allmählich das ganze heutige Europa christlich. Nach der Entdeckung der Neuen Welt kam das Christentum, und damit auch die Kirche, nach Süd- und Nordamerika. Besonders im 19. Jahrhundert wurde der Glaube in einer großen Missionsbegeisterung in alle Welt getragen: Asien, Afrika.

4. Immer schon gab es Probleme mit der kirchlichen Institution. So kam es zur Abtrennung der orthodoxen Kirchen, die Rom nicht mehr anerkannten (1054), später führten diese Probleme zur abendländischen Kirchenspaltung nach Martin Luther (1555, Augsburger Religionsfriede).

5. Im Gefolge des Rationalismus kam es zu neuen Problemen für die Kirche. Der rein verstandesmäßige Glaube trat in Gegensatz zu tiefer gefühlsbetonter Gläubigkeit. Teilweise wurde auch der Glaube in Frage gestellt: reiner Materialismus im Westen, Kommunismus im Osten standen in Opposition zur Kirche.

6. Nach dem Zweiten Weltkrieg führten die Erfahrungen mit Diktaturen, die fürchterliche Kriege geführt hatten, dazu, dass staatliche Institutionen fragwürdig wurden und dass auch die Institution der Kirche immer mehr hinterfragt wurde.

7. Allmählich kam es nach dem Krieg durch das sogenannte Wirtschaftswunder zu großem Wohlstand in den westlichen Teilen Europas, dieser ließ die Menschen zufrieden sein mit dem, was sie hatten, und ließ Lust auf mehr irdische Güter aufkommen. Daneben gibt es viele Länder, in denen Hunger und Armut herrschen. Europa steht heute in einem Wandel von einem christlichen zu einem säkularen Europa, das kirchliche Autorität nicht mehr brauchen kann. Auf der anderen Seite gibt es islamistische Länder, in denen radikale Kräfte an der Macht sind, die durch Terroranschläge Angst verbreiten. In diesen Staaten wird fallweise ein vom Glauben bestimmtes Leben diktiert.

II. Klöster und Orden
   in der historischen Entwicklung der Kirche

Im Laufe der Kirchengeschichte entstanden zu bestimmten Zeiten Klöster
und Orden in verschiedenen Formen. Es zeigt sich nun, dass diese Gründungen immer mit den augenblicklichen Zeitverhältnissen in Zusammenhang stehen. Die klösterlichen Formen waren eine Antwort und zugleich
Wegweisung in der jeweiligen Situation. Zunächst nicht institutionell gebunden, konnten sie wesentlich stärker auf die Probleme der Zeit eingehen
und Stellung nehmen. Man gewinnt den Eindruck, dass durch diese klösterlichen Lebensformen Gottes Geist konkret wurde, sie waren so immer
wichtig und bedeutend für das Leben in der Kirche.
  Diese Klöster und Orden entstanden spontan, weil die Bedürfnisse der
Zeit einfach wahrgenommen wurden. Sie haben in ständiger Auseinandersetzung mit der Institution Kirche neue Wege gewiesen.

1. Eremiten und Einsiedler: Als die Kirche die Freiheit erlangte und es nicht
   mehr schwierig war, Christ zu sein, zogen sich einige gläubige Christen
   in Ehelosigkeit und Armut zurück und versuchten ihren Glauben radikal
   zu leben. Sie wollten zeigen, dass das Christsein kein Honiglecken ist.
   Zeichenhaft war ihr Leben ein Protest gegen ein Nebenbei-Christ-Sein.

2. Augustinus im Westen und Basilius im Osten spürten sehr stark, dass die
   Kirche ganz wesentlich eine Gemeinschaft aus dem Glauben bildet. Sie
   gründeten klösterliche Gemeinschaften, die auch in die Kirche hinein zu
   wirken begannen. Basilius wollte das Kloster als eine Kirche im Kleinen
   sehen, die auf die große Kirche mit ihrem Charisma wirken könne.

3. Der heilige Benedikt lebte zur Zeit der Völkerwanderung. Alles ging
   drunter und drüber, kein fester Halt war gegeben, weder staatlich noch
   kirchlich (Arianismus). Da sieht Benedikt, wie wichtig ein fester Ort ist.
   Er wollte mit seiner Beständigkeit am Ort und in der Gemeinschaft einen festen Halt geben. Durch seine Klöster kamen Ruhe und Ordnung
   in eine völlig unruhige Zeit. Zu den evangelischen Räten des ehelosen
   Lebens um des Himmelreiches Willen und der Armut, war das Gelübde
   des Gehorsams gekommen.
   Im 50-jährigen Investiturstreit, der durch das Wormser Konkordat (1122)
   sein Ende fand, hatte der Orden Benedikts, der über geraume Zeit der
   einzige Orden war, große Bedeutung. Im Investiturstreit konnte die klare
   Haltung dieser Klöster unter Gregor VII., einem Clunyazenser Mönch,
   der Kirche zum Recht verhelfen. Beständigkeit und Ordnung strahlten
   auf die ganze Kirche.

Die angelsächsische Mission im heutigen Deutschland (7./8. Jahrhundert) und später die clunyazensischen Klöster hatten großen Anteil, dass die germanischen Stämme, die zunächst aus reiner Gefolgstreue christlich geworden waren, den christlichen Glauben auch innerlich angenommen haben.

4. Orden bestehen aus Menschen.

So wichtig die clunyazensischen Klöster waren, haben sie durch die Überbetonung des Gebetes, das sie als ihre einzige und wichtigste Arbeit sahen, eigentlich den Geist der Regel verlassen, die Gebet *und* Arbeit für die Mönche wollte.

Als Reaktion auch darauf bildete sich eine neue klösterliche Gemeinschaft, die – auf dem Boden der Regel Benedikts – den Finger wieder auf die Arbeit legte: die Zisterzienser, die sehr bald die clunyazensischen Klöster übertrafen. Sie wollten wie Benedikt, dass die Mönche von ihrer Hände Arbeit in Armut leben.

5. Was bei den Zisterziensern schon anklang, wurde im 12., 13. Jahrhundert noch deutlicher. Franziskaner und Dominikaner wollten gegenüber der Reichtumssüchtigkeit der Kirche in ihrer Zeit ein klares und bewusstes Zeugnis der gelebten Armut geben. Wieder ein klares Zeichen für die Kirche der Zeit.

6. Im Gefolge der Reformation war es zu großen Glaubenskämpfen gekommen. Da gründete Ignatius von Loyola den Jesuitenorden, der seine klare Treue zu Rom signalisieren wollte und dem es um gründliches Glaubenswissen ging (Gründung von Universitäten und Gymnasien). Piaristen und Schulbrüder waren in der Gegenreformation ebenfalls in der Schulung des Glaubens tätig.

In dieser Zeit entstanden mehrere Kongregationen, denen es vor allem um die Seelsorge, um die Vertiefung des Glaubens ging, z. B. das Oratorium des Philippus Neri, die Lazaristen des Vinzenz von Paul. Später gründete der hl. Johannes Bosco im Gefolge von Franz von Sales die Salesianer.

7. Im Gefolge des Rationalismus kam es wieder zu Ordensgründungen, bzw. Reformgründungen alter Orden, denen es darum ging, neben der Vernunft auch Spiritualität bewusst zu machen. Im Gefolge der kirchliche Restauration und der Romantik war kirchliche Frömmigkeit ein großes Anliegen.

Zwei Richtungen mögen hier besonders erwähnt werden.

Zunächst die Beuroner Benediktiner. Waren die alten Orden nach der Reformation in ihrer Bedeutung zurückgegangen, so haben die Mönche von Beuron einen starken Akzent gesetzt: Sie wollten das Ideal Benedikts wieder herstellen, das feste Kloster, in dem alle Mönche leben, beten und arbeiten. Der Gottesdienst war ihnen wichtig, die liturgische Bewegung nahm von diesen Klöstern ihren Ausgang (Beuron, Maria Laach). Diese Bewegung war wesentlich mitbestimmend für die Konstitution des II. Vatikanums über die Liturgie.

Den Bischöfen des 19. Jahrhunderts waren ebenfalls die Vertiefung religiösen Lebens ein Anliegen. Das sollte sich in praktischer Nächstenliebe zeigen. Daher gründeten sie Frauenkongregationen, die sich hauptsächlich der Kranken- und Alterspflege widmen sollten. Hier waren es nicht die Orden, die den Anstoß gaben, sondern die Amtskirche selbst spürte die Notwendigkeit und setzten auf das Charisma von Ordensgemeinschaften.

8. Die große Missionstätigkeit im 19. Jahrhundert rief neue Gründungen ins Leben, denen es um Mission in der Dritten Welt ging. St. Ottilien, die Gründung des Beuroners P. Andreas Amrhein, kam aus dem benediktinischen Umkreis von Beuron zustande (1884). Wie in früheren Jahrhunderten die Benediktinermissionare aus England gekommen waren und Mitteleuropa missioniert hatten, indem sie einfach ein Kloster als geistliches Zentrum hinstellten, das in den ganzen Umkreis strahlen sollte, so wollten die Mönche des 19. Jahrhunderts ihre Zellen in den Missionsgebieten aufstellen und in die Gegend wirken. Mehrere Klöster gehören heute zur Kongregation, die von St. Ottilien ausging und Klöster in Afrika und Asien hat. Weitgehend leben in diesen Klöstern nun mehr Eingeborene als Mönche.

Ebenfalls Ende des 19. Jahrhunderts hat A. Jansen in Steyel bei Tegelen eine Priesterkongregation für Missionstätigkeit gegründet, die als Steyler Missionare in aller Welt wirken.

Neben den Männerorden gab es für die Mission auch weibliche Ordensgemeinschaften, z. B. die Missionarinnen Christi, 1956 von dem Herz-Jesu-Missionar Pater Christian Moser in Freilassing gegründet, und die Missionsschwestern vom Kostbaren Blut, gegründet durch den Trappistenabt Franz Pfanner.

9. Die angeführten Beispiele sind nur einige Blitzlichter darauf, wie Ordensgemeinschaften Antwort geben auf die Bedürfnisse der Zeit und der Kirche und wie sie Bedeutung für die Kirche erlangten. Zwei Beispiele von heute mögen diese Übersicht abschließen:

Die evangelische Gemeinschaft von Taizé, die der evangelische Christ Roger Schutz gegründet hat: »Communauté de Taizé.« In dieser Gemeinschaft leben Christen verschiedener Konfessionen zusammen. Dort gibt es eigentlich keine Glaubensspaltung mehr. Der augenblickliche Prior, Frère Alois Löser, ist zum Beispiel Katholik. Gerade diese Gemeinschaft scheint mir der Kirche die große Aufgabe der Ökumene vor Augen zu stellen.

Ein weiteres Beispiel aus dem 20. Jahrhundert, wieder ein Wink von oben, welcher der Kirche ihre eigentlichen Aufgaben bewusst macht: Mutter Theresa mit ihrer Schwesterngründung in Kalkutta. Ihr war es ein Anliegen, gerade zu den Ärmsten der Armen zu gehen und mit ihnen das Leben zu teilen.

III. Das Charisma der Klöster

8. Die Kirche wurde allmählich eine feste Institution.
Wir haben alle unsere festen Gewohnheiten und Gebräuche, das heißt Institutionen, ohne die wir nicht leben könnten. Sie erleichtern, ja ermöglichen oft erst ein geordnetes Leben.
Institutionen aber laufen immer Gefahr, dass sie erstarren, unbeweglich werden, sodass sie eigentliches Leben behindern, ja verhindern können. Vor diesem Problem stand schon Jesus Christus mit seiner jüdischen Kirche.

9. Gott ist ein lebendiger Gott, der den Menschen begegnet.
   a) Mose steht vor einem Dornbusch, der brennt, aber nicht verbrennt. Er kann nicht ganz hin und spürt doch Gottes Nähe sehr stark, und er erhält einen Auftrag: Er soll das Volk aus Ägypten herausführen. Mose weiß um sein Unvermögen, doch Gott gibt ihm Sicherheit, dass er mit ihm ist. Mose soll dem Volk sagen, dass sein Gott ein Jahwe ist, ein: Ich bin da (vgl. Ex 3, 1-14).
   Mose folgt dem Auftrag seines Gottes.
   b) Manes Sperber, ein galizischer Jude, schreibt seine Parabel vom Dornbusch: ein Dornbusch, der brennt, aber verbrennt.
   Sperber war ein tiefgläubiger Jude, verlor als ganz junger Mensch seinen Glauben: Der Dornbusch brennt, aber verbrennt. Er wird später, weil er als Idealist den Menschen helfen will, Kommunist, arbeitet mit all seinen Kräften für diese Idee, bis er begreifen muss, dass er auf das falsche Pferd gesetzt hat: Der Dornbusch brennt, aber verbrennt (vgl. M. Sperber, Wie eine Träne im Ozean. Einleitung zum ersten Buch):
   Sperber kommt nach diesen Erfahrungen zur Ansicht, dass jede revolutionäre Idee sich selbst verrät, wenn sie Institution wird.
   c) Institutionen sind wie gesagt nötig, wenn sie aber zu bloßen Institutionen werden, wenn nicht mehr der Geist Gottes dahinter steht, werden sie fragwürdig.
   Mose, der als Glaubender vor dem Dornbusch steht, erfährt seinen Gott als einen, der da ist. Da brennt der Dornbusch, aber er verbrennt nicht.

10. Klöster waren bei ihrem Entstehen nie Institutionen, sondern eine Bewegung, die Antwort geben wollten, auf die Nöte der Zeit.

Auch Klöster brauchen Institutionen, auch sie laufen Gefahr, dass diese Institutionen den Geist des Ursprungs immer wieder verdecken.

Sie bedürfen deshalb auch der ständigen Erneuerung, zu der sie das Konzil auffordert (Perfectae Caritatis 2), sie bedürfen auch der Anpassung an die jeweiligen Zeitverhältnisse. Es ist einfach wichtig, dass sie immer unterwegs, in Bewegung bleiben.

Wenn Klöster und Ordensgemeinschaften aber lebendig sind, dann sind sie täglich neu auf der Suche nach einem sinnvollen Leben, nach einem Gott, der sich nicht durch Institutionen festlegen lässt, der ganz anders ist, als wir ihn uns denken und vorstellen: So kann der Dornbusch brennen ohne zu verbrennen.

11. Es kam und kommt immer darauf an, dass wir Menschen hellhörig sind auf das, was Gottes Geist uns zeigen möchte.

   a) Urkirche
   Die Ausbreitung der Kirche ließ so deutlich Gottes Geist erkennen. Die Erklärung des Apostelkonzils »Der Heilige Geist und wir haben beschlossen ...« (Apg. 15, 28) war am Anfang vielleicht die revolutionärste Entwicklung in der Kirchengeschichte.

   b) Dieser Geist kann immer wieder in unserem Leben bewusst werden: durch die Worte der Schrift, durch aktuelle Ereignisse und durch Gespräche.

   c) Der heilige Benedikt will, dass der Abt, der die oberste Entscheidungsgewalt hat, bei allen wichtigen Entscheidungen die ganze Klostergemeinde zusammenrufen soll. Er soll den Rat aller Brüder anhören und dann mit sich selbst zu Rate gehen. Dass alle zu rufen sind, sagt er deshalb, weil der Herr oft einem Jüngeren offenbare, was das Bessere ist (RB 1, 1-3).

   d) Dieser Geist wurde in der Geschichte der Kirche immer wieder auch durch Ordensgemeinschaften offenbar, die in der Institution Kirche standen und stehen und die doch lebendige Gemeinschaften waren, offen für Gottes Geist.
   Gläubige Menschen haben das immer gespürt und haben in den Klöstern und Ordensgemeinschaften irgendwo Orientierung, Rat und Heimat gefunden. Besonders wenn es Probleme gab. Z. B. entstanden massive Probleme in der Diözese St. Pölten unter Bischof Krenn. Die Gläubigen kamen in dieser Zeit in unsere Klöster, weil es ihnen um den Glauben ging.

12. Die Klöster in der Situation unserer Kirche heute.
   Auf der einen Seite gibt es konservative Kräfte, die an sich wichtig sind, weil auch aus der Tradition Gottes Wille deutlich werden kann. Wenn sich aber Konservatismus zum Fundamentalismus wandelt, wird Gottes

Geist gelöscht. Auf der anderen Seite gibt es progressive Kreise in der Kirche, die unterwegs sind, auf der Suche nach dem, was Christus eigentlich will. Auch diese Kräfte sind wichtig, wenn sie nicht über das Ziel hinaus schießen.

Es gibt eine Legende über den Bau des Klosters Monte Cassino: In der Mitte lag ein Stein. Trotz des Einsatzes aller Kräfte und trotz Hilfe war er nicht wegzubringen. Man rief Benedikt; der betete, gab den Segen und spielend leicht ließ sich der Stein wegschaffen. Man grub an der Stelle tiefer und fand dort ein Götzenbild. Jetzt wussten die Brüder, warum sie den Stein nicht hatten wegbringen können. Sie hatten einen Schuldigen. Voll Verachtung warfen sie das Götzenbild weg. Es fiel in einen sehr sensiblen Bereich, die Küche. Da glaubten alle, es brenne dort. Benedikt hörte den Lärm, eilte hin und sah, dass das Feuer nur in den Augen der Mönche brannte, nicht aber in Wirklichkeit. Da öffnete er ihnen die Augen.

Es gibt Situationen, da geht etwas nicht, und man weiß nicht warum. Man sucht die Schuld bei den anderen oder bildet sich alles Mögliche und Unmögliche ein. Da kann es nicht gehen, der Blick für das Ganze kann nicht kommen.

Dieser Blick für das Ganze kann gefunden werden, wenn man ernst nimmt, was Gottes Geist bewegt.

Ob die Orden heute nicht gerade da eine wesentliche Aufgabe haben: in der Institution stehend und doch beweglich, unterwegs und hellhörig auf die Bedürfnisse und Anliegen der Zeit! Gottes Geist sitzt nicht am Ohr des Papstes allein, sondern kann auf verschiedenste Weise Wege zeigen, die gut sind. Gerade in der augenblicklichen Situation der Kirche können die Orden zeichenhaft leben und so Wege weisen, indem sie einen festen Halt haben und doch offen sind für das, was Gottes Geist will. Sie können helfen, dass der Blick für das Ganze frei bleibt.

Die Bedeutung der Klöster
und des Mönchtums für die orthodoxe Kultur

Prof. em. Dr. Karl Christian Felmy (Diakon Vasilij), Effeltrich (Bayern),
Russische Orthodoxe Kirche

Unter allen kulturellen Aspekten, die die orthodoxen Klöster der Vergangenheit bieten, tritt der kunstgeschichtliche am deutlichsten hervor. Wenn man in Würzburg die große barocke bischöfliche Residenz oder unweit von Bamberg das von Erzbischof Lothar Graf v. Schönborn errichtete Schloß Weißenstein in Pommersfelden beschaut, dann trifft man auf rein profane Bauten, obwohl sie für Männer geistlichen Standes errichtet wurden. Beide Schlösser verfügen zwar über nicht einmal allzu kleine, reich ausgestattete Kirchen. Aber der Gesamteindruck der Architektur ist doch zunächst einmal ein gewollt profaner. Die Kirchen sind unauffällig in Seitenflügeln untergebracht, ohne den Gesamteindruck irgendwie mitzuprägen.

Nun handelt sich zwar hierbei nicht um Klöster. Nicht nur im Osten, sondern auch im Westen gibt es kaum ein Kloster, in dem die Kirche nicht im Mittelpunkt des Ensembles steht. Aber für den Osten ist doch typisch, daß sich bemerkenswerte Architektur und Malerei aus der Vergangenheit weit überwiegend im sakralen Bereich von Klöstern erhalten hat. In Rußland endet diese Zeit der Vorherrschaft, klösterlich geprägter kirchlicher Kunst erst mit Kaiser Peter d. Gr. (1672-1721)[1] an der Wende vom 17. zum 18. Jahrhundert, in den anderen orthodox geprägten Ländern kaum früher. Mehr noch als bei Bischofs-Kathedralen trifft man in den orthodox geprägten Ländern bei den Klöstern auf die Blüte der byzantinischen und nachbyzantinischen Kunst.

Die kunstgeschichtliche Bedeutung der Klöster beginnt mit der Zeit Kaiser Justinians I. (482-565). Ein erstes klösterliches Meisterwerk der Kunst, sowohl in seiner architektonischen Anlage als auch in seiner Ausstattung ist das Katharinen-Kloster auf dem Hl. Berg Sinai.[2] Hier sind Ikonen aus der ältesten Zeit der Ikonenmalerei so zahlreich wie an keiner anderen Stätte der Welt erhalten geblieben, darunter eine der berühmtesten Christus-Ikonen aus dem 6. Jahrhundert[3] Und die Altarapsis schmückt ein Mosaik

---

[1] Nach Möglichkeit werden in diesem Beitrag Lebensdaten, nicht Regierungsdaten angegeben.

[2] Konstantinos A. Manafis (ed.), Sinai. Treasures of the Monastery of St. Catherine, Athens 1990.

[3] Karl Christian Felmy, Das Buch der Christus-Ikonen, Freiburg–Basel–Wien 2004, 17-19, Abb. 10.

der Verklärung Christi aus dem 6. Jahrhundert, das in seiner Pracht kaum seinesgleichen gefunden hat. Es ist überdies das erste Bild, das die Verklärung ikonographisch so zeigt, wie es sich danach in der Orthodoxen Kirche durchsetzte.[4]

Im griechisch-byzantinischen Raum sind unzählige hervorragende Kunstwerke zerstört worden. Doch auch hier finden sich die bedeutendsten Kunstwerke in noch bestehenden oder ehemaligen Klöstern. Zu den Höhepunkten der byzantinischen Kunst gehören die beiden Klöster Hosios Loukas[5] in der Nähe von Delphi mit Mosaiken aus der Mitte des 11. Jahrhunderts und Daphni bei Athen mit Mosaiken aus der 2. Hälfte des 11. Jahrhunderts. Die Mosaiken von Hosios Loukas beeindrucken vor allem durch ihre Reduktion auf das Wesentliche und ihre dadurch erreichte Monumentalität und Expressivität. Die Mosaiken von Daphni sind bereits ein wenig erzählfreudiger. Sie bildeten ein »seiner Schönheit nach seltenes Ensemble, voll von kristallener Klarheit«. Bei aller für die byzantinische Kunst typischen Neigung zu Stilisierung und Abstraktion, stimmen hier die Proportionen. Die zarten Farbübergänge verleihen den Gestalten ein gewisses Maß von Plastizität; die Bewegungen der Gestalten sind ungekünstelt und natürlich.[6] Und dennoch zeigt sich hier nicht weniger deutlich als in Hosios Loukas der Transzendenzbezug der byzantinischen Kunst, besonders an dem tief beeindruckenden, auf manche Betrachter bedrohlich wirkenden Christus-Mosaik in der Mitte der Kuppel. Ein Jahrhundert vor dem Untergang Konstantinopels ist am Rande der Stadt das schon früher entstandene Chora Kloster mit Wandbildern versehen worden: In den Mosaiken des Exonarthex und des Narthex zeigt sich die erzählfreudige Tendenz der spätbyzantinischen Kunst mit Zyklen aus dem Leben Christi und der Gottesgebärerin (weitgehend fußend auf dem Protevangelium des Jakobus).[7] Bei den Fresken im südlichen Parekklesion beeindruckt besonders die Anastasis, die m. E. überzeugendste Lösung dieses theologisch wichtigen Themas in der byzantinischen Kunst.

Im Vergleich zu diesen Höhepunkten der byzantinischen Mosaikenkunst wirken die Malereien der strohgedeckten Klosterkirchen im Troodos-Gebirge der Insel Zypern ein wenig provinzieller.[8] Dennoch werden vor allem die Fresken der Klosterkirche Panagia Arakiotissa bei Lagoudera höchsten ästhetischen Ansprüchen gerecht.[9]

---

4   K. Ch. Felmy, Das Buch der Christus-Ikonen, 95-98.
5   Νάνω Χατζηδάκη, Ὅσιος Λουκας, Ἀθήνα 1996.
6   В. Н. Лазарев, История Византийской живописи, Москва 1986, 93.
7   Peter Weiß, Die Mosaiken des Chora-Klosters in Istanbul. Theologie in Bildern aus spätbyzantinischer Zeit, Stuttgart-Zürich 1997.
8   Andreas Stylianou and Judith A. Stylianou, The Painted Churches of Cyprus. Treasures of Byzantine Art, Nicosia ²1997.
9   Sophocles Sophocleous, Panagia Arakiotissa Lagoudera Cyprus, Lefkosia (Nicosia) 1998.

Einen von den byzantinischen Normen etwas stärker abweichenden Eindruck vermitteln die Klosterkirchen Georgiens mit ihren der byzantinischen Kunst fremden linearen Chorabschlüssen. Die größte dieser Kirchen ist die ehemalige Klosterkirche von Alaverdi (12. Jahrhundert). Diese Klosterkirche wird »in der Höhentendenz – der Scheitelpunkt der Kuppel liegt in Alaverdi 51 m über dem Boden – ... von keinem anderen georgischen Sakralbau mehr übertroffen«.[10] Von den Fresken, die einst alle Wände der Klosterkirche bedeckt hatten, sind nur noch spärliche Reste erhalten. Die größte Klosteranlage in West-Georgien ist die von Gelati, deren Hauptkirche 1125 vollendet wurde. Die Kirche ist im Laufe der Zeit völlig ausgemalt worden. Besonders beeindruckend sind die Mosaiken der Gottesmutter und der eucharistischen Motive in der Ostwand aus der Gründungszeit der Kirche.[11]

In Gelati zeigt sich besonders deutlich, daß Klöster im Osten nicht nur kunstvoll ausgestattet, sondern auch Stätten der Bildung waren. König David der Erbauer (1073–1125), der Gründer von Gelati, berief Gelehrte nach Gelati, wodurch das Kloster zum »geistigen Zentrum Georgiens« aufstieg. »Gelehrt wurden in Gelati Geometrie, Arithmetik, Astronomie, Musik sowie Grammatik, Rhetorik und Dialektik. Die Akademisten traten als Übersetzer, Kommentatoren und Autoren theologischer, philosophischer, historischer, literarischer sowie naturkundlicher Traktate in Erscheinung. Ein Schwerpunkt ihrer Bemühungen lag auf dem Gebiet der Antikenrezeption, der Aneignung des wissenschaftlichen Erbes der Antike. Mit der Handschriftproduktion ging in Gelati die Pflege der Miniaturmalerei einher«.[12] Akademien fanden zwar nur in wenigen Klöstern ihren Platz. Wir werden darauf noch später zu sprechen kommen. Doch Skriptorien fanden sich in fast allen Klöstern. Insofern spielten die östlichen Klöster eine wichtige Rolle bei der Verbreitung von wissenschaftlicher, besonders von theologischer Literatur.

Bedeutende Fresken der ersten Hälfte des 13. Jahrhunderts finden sich u. a. auch in der Klosterkirche von Kinzwisi.

Zeigen die Fresken der georgischen Klöster in der Regel eine im Vergleich zur übrigen byzantinischen Kunst flächigere, stärker abstrahierende Malweise, so ist die Ausmalung der Klosterkirche von Ubisi ganz im Stile der byzantinischen Malerei der Paläologenzeit gehalten.[13]

Zu den Höhepunkten der späteren byzantinischen Malkunst gehören die Klosterkirchen in Serbien. Insbesondere die Klöster des infolge der Fehler der kommunistischen Politik nach Tito und der historischen, speziell kul-

---

[10] Ulrich Bock, Georgien und Armenien. Zwei christliche Kulturlandschaften im Süden der Sowjetunion, Köln [Du Mont] 1988, 197.
[11] Ulrich Bock 160.
[12] Ulrich Bock 158.
[13] Фрески Убиси, Тбилиси 1987.

turgeschichtlichen Unkenntnis der westlichen Regierungen von Serbien abgetrennten Kosovo gehören zu den Meisterwerken der späten byzantinischen Kunst. Für Serbien ist ebenso wie für die bisher besprochenen Gebiete kennzeichnend, daß auch hier Klosterkirchen in der Geschichte der serbisch-byzantinischen Kunst eine größere Rolle spielen als Kathedralen und weltliche Repräsentationsbauten. Für die serbische Geschichte von besonderer Bedeutung ist das Kloster in Peć, in dem das serbische Patriarchat von 1346 an seinen Sitz hatte. Nach einer kurzen Epoche der Unterstellung unter die Jurisdiktion von Ohrid wurde das Patriarchat von Peć 1557 erneuert und bestand hier bis 1766. Noch heute trägt der serbische Patriarch den Namen des Klosters Peć in seinem Titel.

Abgesehen von der Kathedrale von Belgrad, der Kirche Bogorodica Ljeviška in Prizren, der Sophien-Kathedrale von Ohrid und der Kirche des hl. Pantelejmon in Nerezi (Makedonien) sind die bedeutendsten Kirchen in Serbien, Makedonien und im Kosovo Klosterkirchen, wobei die im Kosovo und an dessen Rand am beeindruckendsten sind: Sopoćani, Mileševo, Studenica, Peć, Gračanica, Dečani (die drei letzteren im Kosovo selbst).[14]

In der Architektur dieser Klöster wurden verschiedene Stile angewandt. Bei der Klosterkirche von Dečani im Kosovo und der Hauptkirche des Studenica-Klosters dominieren romanische Einflüsse. Besonders stark byzantinisch geprägt dagegen ist die Architektur der Klosterkirche von Gračanica. Die Fresken dieser Klöster[15] gehören insgesamt zu den herausragenden Meisterwerken der byzantinischen Malerei, nachdem sich in Griechenland und in der heutigen Türkei wesentlich weniger byzantinische Bauwerke erhalten haben als auf dem Balkan. Westliche Einflüsse finden sich in den Malereien – abgesehen von einigen romanischen Einflüssen bei den Fresken in der Klosterkirche von Mileševo[16] – kaum, wohl aber eine eindeutige Entwicklung zu größerer Erzählfreude in der Spätzeit der byzantinisch geprägten Kunst. Nicht in einer Kathedralkirche, sondern in der Klosterkirche von Sopoćani befinden sich Fresken, die die Kunsthistoriker besonders in Atem halten. Tania Velmans meint: »Die Malereien von Sopoćani müssen als Höhepunkt der sog. Paläologenmalerei angesehen werden, wenn man den Begriff Renaissance ernst nimmt.«[17] Und der russische Kunsthistoriker Viktor Nikitič Lazarev nennt die Ausmalung der Klosterkirche von Sopoćani »bis zum heutigen Tage das hervorragendste Denkmal der Monumentalmalerei des 13. Jahrhunderts«.[18] Aus der Zeit nach dem Zusammenbruch des großser-

---

[14] Gojko Subotić, Spätbyzantinische Kunst. Geheiligtes Land von Kosovo, Zürich–Düsseldorf 1998.

[15] Војислав Ј. Ђурић, Византијске Фрески у Југославији, Београд 1975.

[16] So sieht es jedenfalls В. Н. Лазарев 136 f.

[17] Tania Velmans, Fresken und Mosaike, Zürich–Düsseldorf 1999, 192.

[18] В. Н. Лазарев 135.

bischen Reiches wären die Klöster Manasija, Ravanica und Kalenić etwas weiter im Norden mit ihren beeindruckenden Fresken zu nennen.[19] Alles in allem sind sie konventioneller als die Fresken der Klosterkirchen der Zeit des Königs Stefan Milutin (1253-1321): Staro Nagoričino, Gračanica u. a.[20] mit ihrer stärker erzählerischen Tendenz.

Nach dem Fall von Konstantinopel entstanden die überwiegend aus dem 16. Jahrhundert stammenden Fresken in den Kirchen der Meteora-Klöster im Norden Griechenlands, die von dem noch immer hohen Niveau der Kunst von »Byzanz nach Byzanz«[21] zeugen.

Die Klöster des Hl. Berg Athos stammen zwar überwiegend aus byzantinischer Zeit, doch weist ihre jetzige Gestalt und die Ausmalung ihrer überwiegend in nachbyzantinischer Zeit entstandenen Fresken und Ikonen auf »Byzanz nach Byzanz«, wobei die Maler der Insel Kreta oft die höchsten Leistungen vollbrachten und in mehreren Athosklöstern, u. a. im Kloster Dochiariou, stilprägend waren. Einige Fresken im Protaton und im serbischen Kloster Chilandar werden dem berühmten byzantinischen Manuel Panselinos zugeschrieben, ohne daß sich dies wissenschaftlich erhärten ließe.[22]

Nicolae Iorga hat mit dem Begriff »Byzance après Byzance« vor allem die Fortdauer byzantinischer Einrichtungen und Traditionen in Rumänien charakterisieren wollen. Tatsächlich gibt es Fresken aus der Paläologenzeit, d. h. der letzten großen byzantinischen Kunstepoche, nur in der dem hl. Nikolaus geweihten Kirche in Curtea d'Argeş.[23] Leider sind diese Fresken durch den Unverstand eines übereifrigen Restaurators in den 90er Jahren des 20. Jahrhunderts stark in Mitleidenschaft gezogen worden. Für unseren Zusammenhang wichtiger ist, daß es sich bei dem genannten Gotteshaus nicht um eine Klosterkirche handelt. Insgesamt aber sind es auch in Rumänien wieder die Klöster, die im künstlerischen wie insgesamt im kulturellen Bereich in der Epoche »Byzance après Byzance« führend waren. Weltbekannt sind die nicht nur innen, sondern auch an den Außenwänden freskierten Klosterkirchen in der rumänischen Moldau[24], unter denen die im 16. Jahrhundert ausgemalten Kirchen von Humor, Moldoviţa, Suceava, Suceviţa und Voroneţ die bedeutendsten sind. Die meisten von ihnen wurden unter Stefan d. Gr. (um 1430-1504) erbaut und unter Petru Rareş (1483-1546) ausgemalt.

---

[19] B. H. Лазарев 135 bezeichnet diese Fresken als besonders »bemerkenswerte Werke der Monumentalkunst«.

[20] Horst Hallensleben, Die Malerschule des Königs Milutin. Untersuchungen zum Werk einer byzantinischen Werkstatt, Gießen 1963.

[21] Nicolae Iorga, Byzance après Byzance, Bucureşti 1935.

[22] Marcell Restle, Art.: Panselinos, Manuel, in: LMA, Bd. VI, 1657.

[23] Evi Melas, Rumänien, Köln [Du Mont] 1977, 82 f.

[24] Anja Vasilis, Moldauklöster. 14.-16. Jahrhundert. Aufnahmen von Sandro und Ding Mendrea, München 1999.

Auf »Byzance après Byzance« trifft man in Rumänien nicht nur in den Moldauklöstern, sondern auch noch in den relativ spät ausgemalten Klöstern in den Südkarpaten: insbesondere in Cozia (Bolnița), Horezu, Polovragi und Tismana. Die Fresken der Klosterkirche von Tismana zeigen nach ihrer Restaurierung[25], über welche Meisterschaft die in Tismana an der Wende vom 15. zum 16. Jahrhundert tätigen Künstler auch nach dem Untergang von Konstantinopel noch verfügten.

Bevor von der Russischen Orthodoxen Kirche mit ihren Besonderheiten die Rede sein wird, soll noch von der kulturellen Besonderheit der Klöster außerhalb ihrer Architekturen und Wandmalereien bzw. Mosaiken die Rede sein.

Besonders wichtig ist der Beitrag der Klöster für die heutige Gestalt des orthodoxen Gottesdienstes, der seit einigen Jahrhunderten nach der Klosterordnung, d.h. nach dem Typikon des Klosters des hl. Sabbas bei Jerusalem, gefeiert wird. Eine viel größere Rolle als im Westen spielt im Osten die hymnische Dichtung, die ursprünglich auf höchstem sprachlichen Niveau stand, später z. T. etwas formalistisch nachgeahmt wurde. Die Kontakiendichtung Romanos des Meloden (um 485 bis zwischen 555 und 562) entstand zwar im Umfeld des Kathedral-Gottesdienstes; dafür wurden die Kanon-Dichtungen, deren erste im 7. Jahrhundert entstanden und die sich später als wichtigste ostkirchliche Form liturgischer Dichtung durchsetzten, vorwiegend oder ausschließlich im klösterlichen Bereich. Ihre wichtigsten Vertreter Andreas von Kreta (660-740), Johannes von Damaskus (um 650 bis vor 754), Kosmas von Maiuma (2. Hälfte des 8. Jahrhunderts bis ca. 760), Theodoros Studites (779–826), Theodoros Graptos (um 775 bis vor 842) und Theophanes Graptos (um 775–843) entstammten allesamt dem klösterlichen Milieu und haben damit auch der in den Kathedralkirchen gesungenen liturgischen Dichtung einen klösterlichen Charakter verliehen. Die Bedeutung des Kirchenslawischen für die Entwicklung der slawischen, insbesondere der russischen Sprache, wäre ohne diesen klösterlichen Beitrag undenkbar.

Kirchliche Dichtung ist im Osten ohne kirchliche Vokalmusik undenkbar.[26] Wichtigste Tradenten der östlichen Vokalmusik sind die Klöster, die zwar im allgemeinen den byzantinischen Vorgaben bzw. den Vorgaben ihrer jeweiligen Ländern folgten, jedoch auch eigene, mit ihrem Namen verbundene Gesangstraditionen aufnahmen und weiterführten. Als Beispiel vieler lokaler klösterlicher Musiktraditionen sei auf den eigenen Stil des Valaam-Klosters verwiesen, der als Valaamskij rospev in der russischen kirchlichen Musiktraditiom eine wichtige Rolle spielt.

---

[25] Der Autor dieses Beitrags konnte im Sommer 2010 während der Restaurierungsarbeiten die Fresken im Kuppelbereich der Kirche besehen.

[26] Hierzu und zum Folgenden vgl. Irenäus Totzke, Dir singen wir. Beiträge zur Musik der Ostkirche mit einem Geleitwort von Prof. Dr. Fairy v. Lilienfeld. Gesammelte Schriften, Bd. 1, St. Ottilien 1992.

Wegen ihrer künstlerischen Bedeutung wurde oben die Bolniṭa (Kranken-haus, Spital) des Klosters Cozia erwähnt. Das weist darauf hin, daß dieses Kloster wie viele andere in Ost und West sich um die Krankenpflege und von daher auch um die medizinische Wissenschaft verdient gemacht haben. Hospitäler und Krankenhäuser wurden im Mittelalter in aller Regel von der Kirche verwaltet und oft, wenngleich auch nicht immer, klösterlichen Ein-richtungen anvertraut.[27] In Beschreibungen von Klöstern findet man Hin-weise auf Spitäler nur dann, wenn sie wie z. B. in Cozia von kunsthistori-scher Bedeutung sind. Insgesamt wird ihre Zahl ungleich größer gewesen sein, als die Überlieferung vermeldet. »Mit Schwerpunkt in Ägypten und Kleinasien entstanden zunächst in den östlichen Reichsteilen Häuser, die sich der Obsorge um den Bruder in Not (vgl. Mt 25, 35 f. 40) widmeten.« Sie waren oft mit Klöstern verbunden.[28]

Wenn vom Sinai-Kloster die Rede ist, wird zumindest jeder Theologe an eine der bedeutendsten Handschriften denken, die hier Jahrhunderte lang aufbewahrt wurde: den Codex Sinaiticus – eine auf Pergament in Majus-keln geschriebene, wenngleich nicht ganz vollständig erhaltene griechische Handschrift des Alten und Neuen Testaments aus dem 4. Jahrhundert. Es ist nicht nachweisbar, daß der Codex im Sinai-Kloster selbst geschrieben worden ist. Doch zeugt die Tatsache, daß sich ein so kostbares Buch auf dem Sinai befand, von der Bedeutung des Klosters für die Theologie und für die Überlieferung der Hl. Schrift und indirekt auch von der Existenz eines eige-nen Skriptoriums auf dem Sinai, weil Skriptorien in aller Regel mit Bibliothe-ken verbunden waren, deren Bestände sie ergänzten.[29] Es ist auch deswegen davon auszugehen, daß sich auch im Katharinen-Kloster ein Skriptorium befand, weil es solche ›Schreibschulen‹ in allen größeren Klöstern, so z. B. auch im Gelati-Kloster (s. o.), gab. Für Konstantinopel war das Skriptorium des Studios-Klosters von besonderer Bedeutung. Skriptorien gab es auch außerhalb der Klöster, aber prozentual in geringerer Menge. Für die Kultur in Ost und West waren Skriptorien von unschätzbarer Bedeutung, sorgten sie doch nicht allen für den Erhalt und die Weitergabe religiöser, sondern auch profaner Literatur. Wichtigere Handschriften wurden in Ost und West mit in aller Regel sorgfältig gemalten Miniaturen illuminiert. Auch das ge-schah in aller Regel in den Klöstern.

Wie erwähnt, entstand im georgischen Kloster Gelati eine theologische Akademie. Eine weitere gab es im georgischen Kloster Ikalto.[30] Eine be-sonders wichtige Bedeutung für die Theologie hatte das Studios-Kloster in Konstantinopel. Auch auf dem Balkan und auf dem Hl. Berg Athos spielte

---

[27] U. Lindgren, Art. Hospital, in: LMA, Bd. V 133-137.
[28] U. Lindgren 133.
[29] O. Mazal, Art.: Skriptorium (LMA, Bd. VII, 1992-1997) 1992.
[30] Ulrich Bock 200.

das Mönchtum eine bedeutende Rolle für die Wissenschaft. Einen wesentlichen Beitrag zur Stärkung des bulgarischen nationalen Selbstbewußtseins leistete der Athosmönch Paisij (1722-1773) aus dem serbischen Kloster Chilandar mit seinem Buch »Istorija Slavenobolgarskaja« (Slavisch-bulgarische Geschichte).[31] Historisch-kritischen Maßstäben hält dieses Buch zwar nicht stand. Doch ist seine Wirkung auf die nationale Wiedergeburt des bulgarischen Volkes kaum zu überschätzen.

Neben solchen bei allen methodischen Schwächen doch im Kern wissenschaftlichen Tendenzen gab es im orthodoxen Mönchtum auch immer eine grundsätzlich wissenschaftsfeindliche Tendenz, die freilich nur selten die Oberhand gewann. 1743 war bei dem Kloster Vatopedi auf dem Athos eine Akademie gegründet worden. Unter Eugenios Voulgaris (1716-1806), dem späteren Erzbischof von Cherson, errang sie auch im Ausland Ansehen. Auf dem Athos selbst geriet sie mit ihren aufklärerischen Tendenzen in den Verdacht des Liberalismus und des Unglaubens, wurde geschlossen und kurz darauf zerstört.[32]

Besonders eng mit dem Klosterwesen verbunden wurde die geistliche Bildung in Rußland und in der Ukraine, insbesondere unter dem Einfluß des aus der Moldau stammenden Petru Movilă (1596-1647).[33] Geboren als Sohn des Fürsten Simion Movilă, wurde er 1625 Mönch und 1627 Archimandrit des Kiever Höhlenklosters (gegr. 1051). In diesem Kloster gründete er 1631 eine Lehranstalt, aus der die Kiever Geistliche Akademie erwuchs, die auch heute wieder durch das Kloster, in dem sie sich befindet, geistlich geprägt wird. 1633 wurde Petro Mohyla, wie sein ukrainischer Name lautet, orthodoxer Metropolit von Kiev.[34] Mag seine einseitige Ausrichtung an der lateinischen scholastischen Theologie auch umstritten sein, so sind seine Leistungen für Stadt und Kirche von Kiev, für das Kiever Höhlenkloster und für den Ausbau einer wissenschaftlich fundierten Theologie in der Ukraine und später in Rußland unbestritten.

Anders als die Kiever ist die Moskauer Geistliche Akademie ursprünglich nicht mit einem Kloster verbunden gewesen. 1685 wurde in Moskau eine allgemeinbildende Akademie gegründet, die von den griechischen Brüdern Ioannikios (um 1633/1635–1717) und Sophronios (um 16652/1657–1730) Lichudes geleitet wurde. Nach dem Brand Moskaus während der Besetzung der

---

[31] Vgl. Edgar Hösch, Geschichte der Balkanländer. Von der Frühzeit bis zur Gegenwart, München 1988, 152. 160.

[32] Michael Wittig, Art.: Athosakademie, in: LThK³ 1, 1160.

[33] Peter Plank, Art.: Mogila, Petr, in: LThK³ 7, 372.

[34] Gerhard Podskalsky, Griechische Theologie in der Zeit der Türkenherrschaft (1453–1821). Die Orthodoxie im Spannungsfeld der nachreformatorischen Konfessionen des Westens, München 1988, 229-233; Peter Hauptmann, Petrus Mogilas (1596-1646), in: H. Fries und G. Kretschmar (Hgg.), Klassiker der Theologie, Bd. I, München 1981, 378-391.

Stadt durch Napoleon wurde die inzwischen in eine geistliche Ausbildungs-stätte umgewandelte Akademie in die Dreieinigkeits-Sergij-Lavra in Sergiev Posad verlegt. Im Jahre 1919 wurde die Akademie durch die sowjetischen Machthaber geschlossen. Wiederbegründet wurde sie zunächst in Moskau im Jahre 1944, doch 1948 erneut in die Dreieinigkeits-Sergij-Lavra verlegt.[35] Die Spiritualität des wichtigsten Klosters der Russischen Orthodoxen Kir-che wirkte sich vor allem im 20. Jahrhundert auf theologisches Denken und theologische Lehre aus, so daß die Moskauer Geistliche Akademie in aller Regel als frömmer und kirchlicher galt als die in Leningrad (früher und heu-te wieder: St. Petersburg) und eng mit dem geistlichen Leben des Klosters verbunden ist.

In der alten Kiever Rus' und im späteren Rußland spielten Klöster eine sehr wichtige Rolle für das geistliche Leben des Landes, für seine Kunst und seine Kultur. So nahezu ausschließlich monastisch geprägt wie z. B. in Serbien war das Kunstschaffen in Rußland jedoch nicht. Alle Stadt- und Klosterkirchen in Kiev überstrahlt die Sophienkirche, die Kathedrale des Metropoliten und zugleich des Großfürsten von Kiev.

Dafür werden die aus dem Mönchtum stammenden russischen Ikonen-maler Alipij (aus der Kiever Zeit: 12. Jahrhundert) sowie Andrej Rublëv (um 1360–vor 1427) und Andrej Černyj (um 1350–1428) als die bedeutends-ten russischen Ikonenmaler verehrt. Ob eine der noch erhaltenen Ikonen der ersten Kiever Zeit von Alipij stammt, ist schwer nachzuweisen. Hin-gegen haben stilkritische Untersuchungen das künstlerische Werk Andrej Rublëvs, eines der bedeutendsten Ikonenmaler überhaupt und des größten russischen Ikonenmalers insgesamt zu einem gewissen Teil wiederentde-cken lassen.[36]

Den Abschluß der Blüte der klassischen russischen Ikonenmalerei ver-körpert Dionisij (um 1440–1503). Er war selbst zwar kein Mönch. Aber abgesehen von einigen hervorragenden Ikonen, gelten die Fresken der Kloster-Kirche der Geburt der Gottesmutter in Ferapontovo als sein Hauptwerk.[37]

Bei der Wiederbelebung der klassischen Ikonenmalerei im 20. Jahr-hundert spielen wiederum Mönche bzw. Nonnen eine besondere Rolle, so in sowjetischer Zeit insbesondere die heimlich zur Nonne geweihte Marija Nikolaevna Sokolova (1899-1981), die als Nonne den Namen Julianija führte

---

[35] Vladimir Ivanov, Art.: Moskau II. Die Geistliche Akademie Moskau, in: RGG⁴ 5, 1548 f.

[36] Г. В. Попов и Б. Н. Дудочкина (Изд..). Андрей Рублев. Подвиг иконописания. К 650 летию великого художника, Москва 2010.

[37] Ирина Е. Данилова, Фрески Ферапонтова монастыря/The Frescoes of St. Phera-pont Monastery, Москва 1970.

und in der Dreieinigkeits-Sergij Lavra lehrte und arbeitete,[38] und in der Gegenwart besonders Archimandrit Zinon (Teodor; geb. 1953), der lange Zeit im Pskover Höhlenkloster lebte.[39]

Eine Besonderheit der kulturellen Leistungen des russischen Mönchtums ist sein Beitrag zur Besiedelung und Kultivierung des russischen Nordens.[40] Der im Jahre 1337 Mönch gewordene hl. Sergij von Radonež (1313/1314–1321/1322) führte in dem von ihm gegründeten Kloster im späteren Sergiev Posad, der später so genannten Dreieinigkeits-Sergij-Lavra, die koinobitische Ordnung ein. Seine Schüler wichen in den russischen Norden aus, um hier zunächst als Einsiedler, später als Äbte koinobitischer Klöster zu wirken und Mönche aus dem russischen »Süden« und, ihnen nachfolgend, Bauern nachzuziehen.

So entstanden u. a. das Kirillo-Beloozerskij-Kloster, das Ferapont-Klöster und weitere Klöster im russischen Norden. Auch das berühmte Soloveckij Kloster im Weißen Meer trug zur Erschließung des russischen Nordens bei. Nach seiner Schließung in den 20er Jahren des 20. Jahrhunderts diente es in den 30er Jahren als Lager, in dem Tausende den Tod fanden. Seit Ende 1990 gibt es in diesem einstmals besonders wichtigen Kloster wieder ein monastisches Leben.

Klöster waren, wie schon erwähnt, maßgeblich beteiligt am russischen Bildungswesen, aber auch im Bereich sozialer Aktivitäten. Das aber war nur möglich, sofern sie bereit waren, Land und leibeigene Bauern zu erwerben. Nicht alle Klöster bejahten den damit verbundenen Reichtum der Klöster. So kam es zu einem Streit, an dem der hl. Iosif (Sanin; 1439/1440–1515) von Volokolamsk[41] und der hl. Nil (Majkov; 1433-1508) Sorskij[42] selbst nicht teilnahmen, der aber ihre Schüler entzweite.

Der hl. Nil gründete nach einem längeren Aufenthalt auf dem Hl. Berg Athos am Fluß Sora einen Skit, der sich dadurch von den bisherigen Klostergründungen unterschied, dass Nil den Erwerb von Grundbesitz mit abhängigen Bauern ablehnte. Die Klosterordnung selbst war die der Idiorrhythmie, d. h. die Ordnung eines weitgehend selbständig in Kontemplation lebenden Mönchtums mit besonderer Betonung einer verinnerlichten geistlichen Vervollkommnung und geistlicher Führung, die mehr auf innerer als auf äußerer Autorität beruhte.[43]

---

[38] Н. Е. Алдошина, Благословенный труд, Москва 2001.

[39] С. В. Тимченко и В. С. Комаров, Современная Православная Икона, Москва 1993, 10-113.

[40] Hierzu und zum Folgenden vgl. Igor Smolitsch, Russisches Mönchtum. Entstehung, Entwicklung und Wesen. 988-1917, Würzburg 1953.

[41] Vgl. Thomas Allan Smith, The Volokolamskiy Paterik. A Study, Translation and Commentary, Toronto 1989.

[42] Vgl. Fairy v. Lilienfeld, Nil Sorskij und seine Schriften. Die Krise der Tradition im Rußland Ivans III., Berlin 1963.

[43] Zum Ganzen vgl. Антон В. Карташев, Очерки по истории Русской Церкви, Т. I,

Das Ideal klösterlichen Lebens des hl. Iosif von Volokolamsk bestand zwar auch in individueller Askese der Mönche, die reichliche Nahrung und starke Getränke mieden und über keinen persönlichen Besitz verfügten. Doch das Kloster als ganzes durfte und sollte »zur Ersten Hilfe« für die Welt wohlhabend sein mit ihm unterstellten Dörfern und leibeigenen Bauern.[44]

Der hl. Nil Sorskij dagegen sah die Aufgabe des Mönchtums nicht darin, äußere, leibliche Hilfe zu leisten, sondern nur darin, sich um die Rettung der Seelen zu mühen.[45]

Während Iosif von Volokolamsk und Nil Sorskij auf jede Polemik gegeneinander verzichteten, haben beider Nachfolger hartnäckig auf den verpflichtenden Charakter ihrer jeweiligen Positionen verwiesen und öffentlich danach gestrebt, die Position des je anderen zu diskreditieren. Die Möglichkeit unterschiedlicher Verwirklichungen des monastischen Ideals kam den Vertretern beider Positionen nicht in den Sinn.

Russische Wissenschaftler, vor allem Nicht-Theologen, haben insbesondere im 19. Jahrhundert eindeutig Position für Nil Sorskij bezogen, dessen mehr auf freiwilliger Askese beruhende Position auf Menschen der Neuzeit sympathischer wirkt. Dagegen muß freilich gehalten werden, daß die ganze kulturelle und soziale Tätigkeit der Klöster in den Skits, die dem Ideal des hl. Nil Sorskij entsprachen, nicht zu verwirklichen gewesen wäre. Es ist deshalb nicht allzu erstaunlich, daß die Position des hl. Iosif sich zunächst eher durchsetzen konnte als die des hl. Nil.

Schon im frühchristlichen Mönchtum gab es im geistlichen Leben erfahrene Mönche, die als der »Alte« bzw. als Altvater (γέρων) bezeichnet wurden, wobei Alter im Sinne von Weish 4, 7-9 nicht die Zahl der Jahre, sondern die geistliche Erfahrung bedeutete. Auch in frühchristlicher Zeit geschah es, daß Christen, die in der »Welt« lebten, bei solchen Altvätern um geistliche Beratung und Weisung nachsuchten. Auch zu einigen russischen Asketen früherer Jahrhunderte gab es solche geistlichen Beziehungen, wie es z. B. von dem hl. Nil Sorskij bekannt ist. Im 18. Jahrhundert aber kam es zu einer neuen Blüte eines Mönchtums, das stark in die Welt hineinwirkende geistliche Väter hervorbrachte: das als russisches »Starzentum«[46] bekannt ist.[47]

Der erste Vertreter dieses Starzentums war der aus der Ukraine stammende, am Ende seines Lebens in dem rumänischen Kloster Neamţ lebende

---

Париж 1959, 396-415.

[44] А. В. Карташев 407.

[45] А. В. Карташев 411.

[46] Starec (старец) ist die wörtliche Übersetzung des griechischen Wortes γέρων, das in patristischer Zeit schon mehr bedeutet als nur einfach der »Alte«.

[47] Hierzu und zum Folgenden: Igor Smolitsch, Leben und Lehre der Starzen, 2. Aufl., Köln–Olten o. J.

Mönch Paisij Veličkovskij (1722-1794),[48] der auf dem Berg Athos die Werke des hl. Nil Sorskij kennengelernt hatte und als Abt der Klöster Dragomirna und Neamț zum Erneuerer des Hesychasmus geworden war. Seitdem gab es sowohl in den rumänischen Ländern als auch in Rußland in vielen Klöstern Starzen, zu denen das Volk strömte, um geistlichen Rat, zuweilen auch Heilung von Krankheiten zu erbitten. Am bekanntesten wurde das Kloster Optina Pustyn' im Gebiet Kaluga, das »von Schülern des Paisij Veličkovskij im Geist der asketischen Erneuerung reformiert und durch die in der Nähe des Klosters errichtete Einsiedlerkolonie (Skit) zu einem Zentrum des Starzentums« wurde.[49] »Hier wirkten zwischen 1822 und 1923 in pneumatischer Filiation insgesamt 13 Starzen, darunter als die berühmtesten Leonid (Nagolkin),[50] Makarij (Ivanov)[51] und Amvrosij[52] (Grenkov)«.[53] Was die Starzen des Optina Klosters von früheren »Altvätern« unterschied, war die Verbindung von Askese, weltzugewandter Seelsorge und anspruchsvoller Bildungsarbeit. Starec Makarij besorgte zusammen mit dem Laientheologen und Slavophilen Ivan Kireevskij (1806-1856) eine Übersetzung und Edition patristischer Schriften aus dem Nachlaß des hl. Paisij Veličkovskij.[54] Die Bedeutung der Klöster für das geistliche Leben in Rußland brachte Ivan Kireevskij auf die Formel: »Wesentlicher als alle Bücher und jegliches Denken ist es, einen heiligen orthodoxen Starez zu finden, der dein Führer sein kann, dem du jeden deiner Gedanken mitteilen darfst und von dem du nicht seine eigene mehr oder weniger vernünftige Meinung hören mußt, sondern das Urteil der heiligen Väter. Solche Starzen – Gott sei Dank – gibt es noch in Rußland.«[55]

Die Starzen des Optina Klosters zogen zahlreiche Intellektuelle und Künstler in das Optina Kloster, das in dieser Hinsicht einzigartig im Bereich orthodox geprägter Kultur ist. Zu den prominentesten Besuchern gehörten die Schriftsteller Nikolaj Gogol' (1809-1852), Lev Tolstoj (1828-1910), Fëdor Michajlovič Dostoevskij (1821-1881), die Religionsphilosophen Vladimir Solovëv (1853-1900), Konstantin Leont'ev (1831-1891) sowie Priester Pavel Florenskij (1882-1937) und der schon erwähnte Slavophile Ivan Kireevskij. In der Beschreibung des Skits und seines berühmten Starec Zosima hat

---

[48] Hierzu und zum Folgenden: Igor Smolitsch, Leben und Lehre der Starzen, 2. Aufl., Köln–Olten o. J.
[49] Michael Hagemeister, Art.: Optina Pustyn' (in: RGG⁴, Bd. 6, 598 f.) 598.
[50] 1769-1841.
[51] 1788-1860.
[52] 1812-1891.
[53] Peter Hauptmann, Art. Starec (in: RGG⁴, Bd. 7, 1688 f.) 1689.
[54] Peter Hauptmann, Art. Starec (in: RGG⁴, Bd. 7, 1688 f.) 1689.
[55] Zitiert nach: Igor Smolitsch, Leben und Lehre der Starzen. Der Weg zum vollkommenen Leben. Mit einem Nachwort neu herausgegeben von Emmanuel Jungclaussen, Freiburg-Basel-Wien 1988, 19.

F. M. Dostoevskij in dem Roman Братья Карамазовы (Die Brüder Kara-
mazov) eigene Erinnerungen an seinen Besuch in der Optina (gemeinsam
mit Vladimir Solovёv) eingearbeitet. So ist das Optina Kloster zu einem der
bedeutendsten Orte russischer Kultur geworden. 1923 geschlossen, wurde
seine Wiedereröffnung im Jahre 1988 zu einem Zeichen der Hoffnung auf
eine Wiederbelebung der für das Kloster im 19. Jahrhundert typischen Synthese von geistlichem Leben und russischer Kultur. In dieser Hinsicht hat es
die auf es gerichteten Hoffnungen bisher noch nicht erfüllen können. Dafür ist die Öffnung der Klöster für Ratsuchende nicht nur auf Rußland beschränkt geblieben, sondern hat auf dem Athos und insbesondere in Rumänien beispielhafte Vertreter gefunden, unter denen der Starec Cleopa (Ilie;
1912-1998) wohl der bedeutendste ist.

Die Entstehung von Kommunitäten in den Kirchen der Reformation

P. Prior Dr. Franziskus (Christoph) Joest,
Jesus-Bruderschaft Gnadenthal (Deutschland)

Was immer im Raum der evangelischen Kirchen an geistlichen Neuaufbrüchen sich ereignet, es muss sich vor zwei Foren verantworten: vor dem Evangelium und vor der Reformation. Als gegen Ende des Zweiten Weltkriegs und in den Jahren unmittelbar danach Gemeinschaften von evangelischen Christen entstanden, die bewusst zölibatär und in vita communis lebten, erhob sich sofort der Vorwurf: »Was ihr macht, ist katholisch!« Das war damals das Schlimmste, dessen ein evangelischer Christ angeklagt werden konnte[1]. Die ersten Veröffentlichungen aus dem Lager der evangelischen Kommunitäten dienten denn auch dem Nachweis, dass eine ordensähnliche Gestalt von Christsein weder unbiblisch ist[2] noch gegen die Prinzipien der Reformation verstößt.[3]

Als erster hat der evangelisch-reformierte Kirchenrechtler Hans Dombois (1907–1997) darauf hingewiesen, dass sich der neutestamentliche Ekklesia-Begriff schon in der Heiligen Schrift selbst nach vier Seiten hin entfaltet[4]. Man könnte diese vier Erscheinungen von Kirche wie in einem Fadenkreuz

---

[1] Vgl. hier und zum Folgenden: Ch. Joest, Spiritualität evangelischer Kommunitäten. Altkirchlich-monastische Tradition in evangelischen Kommunitäten von heute, Göttingen 1995, 17-29; ders., Der Protestantismus und die evangelischen Kommunitäten, KuD 42 (1996) 272-284, hier: 272-274; ders., Art. »Bewegungen, kirchliche, I« in: LKStKR 1 (2000) 248-251; ders., Art. »Kommunitäten, II« in: LKStKR 2 (2002) 604-607; ders., Art. »Kommunitäten, Orden, Bruder- und Schwesternschaften, in: Evangelisches Soziallexikon, Neuausgabe Stuttgart 2001, 874-877. Zum Vorwurf des Katholisierens schon H. Dombois, Über den geschichtlichen Sinn evangelischer Orden, EvJ 15 (1950/51) 133-146, hier: 140.

[2] Dazu besonders G. Wenzelmann, Nachfolge und Gemeinschaft. Eine theologische Grundlegung des kommunitären Lebens, Stuttgart 1994. Weitere Literatur bei Joest, Spiritualität (Anm. 1) 19 Anm. 6.

[3] Dazu vor allem J. Halkenhäuser, Kirche und Kommunität. Ein Beitrag zur Geschichte und zum Auftrag der kommunitären Bewegung in den Kirchen der Reformation, Paderborn 21985. Weiter Literatur bei Joest, Spiritualität (Anm. 1) 24f Anm. 26 u. 27. Vgl. ferner neuestens: A. Lindner, Luthers Klosterkritik und die Berufung zum klösterlichen Leben heute, in: Schwanberg Brief 2/2005, 14–17.

[4] H. Dombois, Das Recht der Gnade. Ökumenisches Kirchenrecht II, Bielefeld 1974, 39-40; vgl. ders., Das Recht der Gnade III, Bielefeld 1983, 219. Dombois gehörte der Evangelischen Michaelsbruderschaft an.

zusammenfassen: Auf der einen Linie – sagen wir: der waagerechten – stehen sich Universalkirche und Ortsgemeinde gegenüber. Die Senkrechte ist bestimmt von der johanneischen Dialektik des »in der Welt, aber nicht von der Welt« (vgl. Joh 17,14–18) und zeigt die Kirche, die sich um ihres Verkündigungsauftrages willen in die sie umgebende Kultur hinein entäußert (Dombois nennt sie »Regionalgemeinde«), und die Kirche, die sich um ihres Herausgerufenseins willen absondert und damit ein notwendiges Gegengewicht herstellt. Diese Besonderung enthält in sich selbst eine Dynamik in Richtung Gemeinschaftsbildung. Ein erster Ansatz davon ist vielleicht bereits in der lukanischen Schilderung der Jerusalemer Urgemeinde zu finden. Allgemein wird angenommen, dass es sich dabei um ein Idealbild handelt, wobei die Idealisierung wahrscheinlich weniger in einer geschönten Überzeichnung liegt, als vielmehr in der Darstellung nur einer Form von Gemeinde, neben der auch andere existierten. Das spätere Mönchtum hat sich jedenfalls wiederholt auf die Urkirche als Basis seiner Lebensform berufen, und das nicht nur zu Unrecht.[5]

Geschichtliche Vorläufer

Vielleicht ist der überzeugendste historische Beweis für diese Sicht der Dinge darin zu sehen, dass der Prostestantismus seit dem Verschwinden des Mönchtums, und d. h. fast von Anfang an bis heute, von Bewegungen begleitet wurde, die zu wahren suchten, was durch die Einseitigkeit der Reformation verloren zu gehen drohte. Die Tragik dieser Strömungen bestand darin, dass sie fast immer in die Separation abglitten oder auch abgedrängt wurden, weil sie im Kampf gegen gewisse Engführungen oft zu entgegengesetzten Engführungen neigten, aber auch, weil die protestantischen Kirchen gegenüber ihren Anfragen taub waren.

Hier wäre z. B. der radikale Flügel des Pietismus zu nennen, der eine regelrechte Einsiedlerbewegung im Wittgensteiner Land hervorbrachte[6], oder das einmalige Experiment Gerhard Tersteegens (1697–1769) mit der »Pilgerhütte« auf Gut Otterbek, einer 1727 bei Velbert gegründeten kontemplativ ausgerichteten »Bruder–Gesellschaft«, für die Tersteegen eine eigene Regel schrieb[7]. Bekannter ist die etwa gleichzeitig entstandene »Erneuerte Brüder-Unität« der ehemaligen Böhmisch-mährischen Brüder auf dem Grund und Boden des Reichsgrafen Nikolaus Ludwig von Zinzendorf (1700–1760).[8]

---

5   Ch. Joest, Vom Ursprung des Mönchtums, in: Edith-Stein-Jahrbuch 8 (2002) 21-33.
6   E. Benz, Die protestantische Thebais. Zur Nachwirkung Makarios des Ägypters im Protestantismus des 17. und 18. Jahrhunderts in Europa und Amerika, Wiesbaden 1963, hier besonders 62-92.
7   Text bei W. Nigg (Hg.), Gerhard Tersteegen. Eine Auswahl aus seinen Schriften, Wuppertal 1967, 98-103.
8   E. Beyreuther, Geschichte des Pietismus, Stuttgart 1978, 61-122; G. Krüger, Lebens-

Auch wenn er nicht immer ganz radikale Konsequenzen zog, bemühte sich der kirchliche Pietismus um Philipp Jakob Spener (1635–1705) doch, in Anlehnung an Luthers dritte Weise, Gemeinde zu bauen, innerhalb der evangelischen Kirchen Gemeinschaften von solchen zu sammeln, »so mit Ernst Christen sein wollen«.[9] Dass solche Gemeinschaftsbildung noch im 19. Jahrhundert in Baden als »krankhafte Erscheinung« eingestuft und damit abgewiesen werden konnte,[10] zeigt die Härte der Auseinandersetzung. Hier kam es allerdings nicht zur Formierung eines gemeinsamen Lebens und also auch nicht zur Bildung von Kommunitäten.

J. H. Wichern, der Ordensgedanke und die Diakonissenhäuser

Einen sehr deutlichen Schritt in diese Richtung stellten aber die Diakonissenhäuser dar, die ab dem zweiten Viertel des 19. Jahrhunderts überall in Deutschland entstanden. Hier waren es vor allem Johann Hinrich Wichern (1808–1891) und Wilhelm Löhe (1802–1872), die explizit den bruderschaftlich-monastischen Gedanken aufgriffen. Gemessen an dem für sie zu ihrer Zeit erreichbaren Ergebnis ging es dabei um »ein schlichtes Christentum der Tat«, dem es aber keineswegs »an einer tieferen theologischen Idee« gefehlt hatte.[11] Wichern wollte anfangs ausdrücklich den Wert der Orden, »die nicht ein Institut der römischen Kirche, sondern der wahren katholischen Kirche« sind, wiedergewinnen. Nach einem Besuch der Herrnhuter Kolonie in Neuwied gewann er seinen eigenen Worten zufolge einen Eindruck davon, wie »unsere protestantischen Klöster« aussehen müssten.[12] Sein Vorschlag für die preußische Gefängnisreform beruhte auf der Vorstellung einer ordensmäßig verfassten »Brüderschaft« von zölibatären Män-

formen christlicher Gemeinschaften. Eine pädagogische Analyse, Heidelberg 1969, 29-43.66; M. Schmidt, Pietismus (Urban-TB 145), Stuttgart u. a. 1972, 93-108; allgemein s. H.-J. Wollstadt, Geordnetes Dienen in der christlichen Gemeinde, dargestellt an den Lebensformen der Herrnhuter Brüdergemeine und ihren Anfängen, Göttingen 1966; S. Hirzel, Der Graf und die Brüder. Die Geschichte einer Gemeinschaft, Neuausgabe Stuttgart 1980; P. Zimmerling, Nachfolge lernen. Zinzendorf und das Leben der Brüdergemeine, Moers 1990; E. Geiger, Nikolaus Ludwig von Zinzendorf. Seine Lebensgeschichte, Holzgerlingen 1999.

9   Luthers Werke in Auswahl, hg. v. O. Clemen, Bd. 3, Berlin ⁶1966, 296-297.

10   Zitiert bei G. A. Benrath, Die Verbreitung und Entfaltung der Erweckungsbewegung in Baden 1840-1860. In: U. Wennemuth (Hg.), Mission und Diakonie, Kultur und Politik. Vereinswesen und Gemeinschaften in der evangelischen Kirche in Baden im 19. Jahrhundert, Karlsruhe 2004, 1-71, hier: 7 Anm. 21, vgl. auch ebd. 30.

11   So irrtümlich F. Wulf, Die Stellung des Protestantismus zu Aszese und Mönchtum in Geschichte und Gegenwart, GuL 27 (1954) 21-34, hier: 26, der im Übrigen die Entwicklungen innerhalb des Protestantismus sehr positiv referiert.

12   Zitate bei M. Gerhardt, Johann Hinrich Wichern. Ein Lebensbild, 3 Bde., Hamburg 1927–1931, hier: Bd. 2, 285 u. 286.

nern, die ganz frei für ihre seelsorgerlichen und karitativen Aufgaben an den Gefangenen wären. Darüber hatte das preußische Abgeordnetenhaus abzustimmen.[13] Es kam zu einer vernichtenden Niederlage Wicherns, weil die Vorstellung: »Die Brüderschaft des Rauhen Hauses, ein protestantischer Orden im Staatsdienst«[14] wie ein Schreckgespenst vor den Abgeordneten stand. So musste Wichern schließlich erkennen, dass »bei einer Synthese von Ordenserneuerung und karitativer Arbeit die Vorordnung der Caritas vor dem ›Ordo‹ das Mögliche und Gebotene war.«[15] Für die männliche Diakonie blieb damals nur die Form einer »Bruderschaft« mit gewissen Verbindlichkeiten, aber ohne Zölibat und vita communis.

In den Diakonissenhäusern waren es zuerst die Frauen, die einem solchen Ideal näher kamen. Neben den Neuendettelsauer Diakonissen, die auf Wilhelm Löhe zurückgehen, sind hier vor allem die Werke Theodor Fliedners (1800–1864) in Kaiserswerth und Friedrich v. Bodelschwinghs (1831–1910) in Bethel bei Bielfeld zu nennen. Dass die Diakonissenhäuser leichter zu akzeptieren waren als entsprechende kommunitäre Lebensformen für Männer, mag daran liegen, dass sie das Problem der unverheirateten und unausgebildeten Frauen zu lösen versprachen. Die Werke als solche wurden in Kirche und Gesellschaft wegen ihrer »Werke« geschätzt, sie rechtfertigten sich durch ihren Dienst; die Lebensform erschien als hilfreich für die ledigen Frauen, kam aber als ein christlicher Lebensstil mit eigenem Wert nicht in den Blick. Darin liegt die anfängliche Polemik der später entstandenen evangelischen Kommunitäten gegen die Diakonissenäuser begründet, die aber häufig die ursprüngliche Intention der Gründer verkannte. Heute bemühen sich manche Diakonissenhäuser wieder vermehrt um die Stärkung kommunitären geistlichen Lebens unter ihren Schwestern und gehen damit zurück zu ihren Wurzeln.[16]

Neuaufbrüche im 20 Jahrhundert

Das 20 Jahrhundert hat in bisher ungekanntem Ausmaß und in großer Vielfalt neues, transparochial strukturiertes verbindliches geistliches Leben entstehen sehen, und zwar in drei Wellen. Parallel dazu und sich teilweise damit

---

[13] Gerhardt, Johann Hinrich Wichern (Anm. 12) Bd. 3, 224-264.
[14] So der Titel einer polemischen Schrift gegen Wichern, vgl. Gerhardt a. a. O. 234.
[15] Halkenhäuser, Kirche und Kommunität (Anm. 3) 155.
[16] Das zeigt sich z. B. in der Mitarbeit der Riehener Diakonissen (Riehen bei Basel) in der Konferenz Evangelischer Kommunitäten (KEvK) und dem Internationalen und Interkonfessionellen Kongress für Ordensleute (CIIR), oder in der Vertretung des Kaiserswerther Verbandes durch Dr. Lanz in der Arbeitsgruppe der EKD über Kommunitäten und Geistliche Gemeinschaften (2004-2006); auch die Tatsache, dass die jetzige Oberin der Rüpurrer Diakonissen (Karlsruhe), Sr. Inge Rinkel, auf Wunsch ihrer damaligen Oberin 1977/1978 ein Jahr bei der Jesus-Bruderschaft in Gnadenthal verbracht hatte, spricht hier für sich.

überschneidend verlief die Wirksamkeit des Schweizerischens Diakonievereins und des daraus indirekt erwachsenen Oekumenischen Christusdienstes.

Das Wirken des Schweizerischen Diakonievereins

Seit 1899 wirkten im Auftrag des Baseler Diakonenhauses Jakob Schelker und Gottlieb Haug (1975–1951) in Zürich und erkannten bald, dass nicht nur der Leib kranker Menschen der Diakonie bedurften, sondern noch viel mehr der »kranke« Leib Christi. Von einer in sich zertrennten und aufgespaltenen Christenheit und von sich gegenseitig bekämpfenden und verurteilenden Kirchentümern kann nicht die heilende Kraft ausgehen, die eine in ihrem sozialen und religiösen Gefüge krank gewordene Menschheit braucht.[17]

Dass dem zölibatären Menschen hier ein eigener Auftrag erwächst, wurde den beiden Diakonen sehr bald bewusst, und so bildete sich um Bruder Haug ein Kreis lediger Brüder, der sich 1905 zur »Bruderschaft vom gemeinsamen« Leben (v. g. L.) zusammenschloss. Mit diesem Namen wurde bewusst an die Tradition der vorreformatorischen Bewegung um Geert Groote (1340–1384) angeknüpft, deren bekanntester Vertreter Thomas von Kempen war, Autor der »Nachfolge Christi«.[18] Das hieß u. a. auch, dass sie wie die Brüder des Mittelalters[19] in freiwilliger Verpflichtung nach den »Evangelischen Räten« lebten, ohne ein formelles Gelübde abzulegen. Schon im Jahr zuvor war eine Schwesternschaft entstanden, und ebenfalls 1905 formierte sich die »Geschwisterschaft v. g. L.«, d. h. eine Gemeinschaft Verheirateter, der dann auch Br. Schelker mit seiner Frau angehörte. 1906 schlossen sich die drei Zweige zur »Körperschaft v. g. L.« zusammen und gründeten als rechtliche Basis für ihren »umfassenden Dienst nach allen Lebensrichtungen hin«[20] 1908 den Schweizerischen Diakonieverein.

Bruder Haug war der Überzeugung, dass die Herausbildung echten brüderlichen Dienstes der Christen untereinander und der Kirchen aneinander um der einen Kirche willen im Zeichen der Fußwaschung Christi der jetzt anstehende Schritt in der Heilsökonomie Gottes sei. Es ging ihm dabei nicht um kommunitäres Leben als solches, und die Worte »Bruder« und »Schwes-

---

[17] Hier und zum Folgenden: K. Heß, Die Bruderschaft vom gemeinsamen Leben, in: L. Präger (Hg.), Frei für Gott und die Menschen. Evangelische Bruder- und Schwesternschaften der Gegenwart in Selbstdarstellungen, Stuttgart 1959 (²1965), 55-68; Der Schweizerische Diakonieverein. Sein Werden und Wachsen und sein apostolischer Auftrag, hg. v. Schweizerischen Diakonieverein zum 50. Jahrestag seines Bestehens, 1906-1956, o. O. u. J.

[18] In: Vereinigung vom gemeinsamen Leben im Oekumenischen Christusdienst, Generalkapitel 1978 auf dem Hesselberg, o. O. u. J. (als Manuskript gedruckt) werden diese Zusammenhänge ausführlich beleuchtet.

[19] deren Fortbestand z. B. in Herford Luther ausdrücklich bejaht hatte, vgl. Halkenhäuser, Kirche und Kommunität (Anm. 3) 64-67.

[20] Heß, Bruderschaft vom gemeinsamen Leben (Anm. 17) 60.

ter« bezeichneten für ihn nicht Angehörige einer bestimmten Gemeinschaft, sondern vielmehr eine innere Haltung allen Christen und Kirchen gegenüber. Er hat sich diese »Bruder-Existenz« allerdings nicht harmonisierend und alle Spannungen auflösend gedacht, sondern im Gegenteil als demütig und tragfähig genug, Spannungen und Konflikte auszuhalten und durchzutragen. Seine Vision beinhaltete – mehr als ein halbes Jahrhundert vor dem Zweiten Vatikanischen Konzil – eine umfassende, alle Lebensbereiche der Kirche berührende, ganz eigene Art von Communio-Ekklesiologie.[21]

Seit 1923 wurden durch Bruder Eugen Belz (1900–1987) diese Gedanken nach Deutschland getragen. Ein weiterer Bruder schloss sich ihm an, bald auch einige Schwestern und Familien. Dem Druck des Nationalsozialismus ausweichend gelangten die Brüder 1937 nach Holland, um von dort erst Mitte der 40er Jahre zurückzukehren.

Noch während des Krieges sammelte sich heimlich ein kleiner Kreis von Menschen, um angesichts der drohenden Katastrophe über die Situation der Kirche und des deutschen Volkes nachzudenken und zu beten. Den Anstoß dazu gaben zwei Männer aus der Geschwisterschaft v. g. L., Pfarrer Klaus Heß (1907–1987) und Pfarrer Otto Siegfried von Bibra (1914–1993), dazu der Superintendent der Methodistenkirche, Paul Riedinger (1882–1949), der nachmalige geistliche Vater der Evangelischen Marienschwesternschaft. Gleich nach dem Krieg stieß dann noch Br. Eugen, aus Holland zurückgekehrt, zu diesem Kreis hinzu, der sich »Oekumenischer Christusdienst« nannte und damit das ursprüngliche Anliegen von Bruder Haug zum Ausdruck brachte. Ferner gehörte auch das Pfarrehepaar Hümmer zu diesem Kreis, das wenige Jahre später zu den Gründern der Christusbruderschaft in Schwarzenbach/Saale, später in Selbitz, werden sollte. Kurzzeitig waren ebenfalls die beiden Mütter der 1947 entstehenden Evangelischen (damals noch: Oekumenischen) Marienschwesternschaft aus Darmstadt dabei.[22]

An dieser Stelle überschneiden sich die zwei Linien, von denen oben die Rede war, die vom Schweizerischen Diakonieverein herkommende und die andere, in drei Wellen verlaufende, die sich in Deutschland seit dem Ersten Weltkrieg bemerkbar machte. Wir springen daher noch einmal zurück, um auch diese Bewegung in unsere Betrachtung herein zu holen.

---

[21] Eine kurze Zusammenfassung in: Joest, Spiritualität (Anm. 1) 48 f; ausführlicher: M. Heinz, Christus im Miteinander. Einführung in den Aufbau der ökumenischen Kapelle des Schweizerischen Diakonievereins, Rüschlikon-Nidelbad 1971; Heß, Bruderschaft vom gemeinsamen Leben (Anm. 17) 62 f; ders., Die vier Lebensbereiche des Werkes und die Dreieinigkeit Gottes, sammlung-dienst-sendung 53/1 (1977) 15-22; J. Junger, Auf dem Weg zum Reiche Gottes, sammlung-dienst-sendung 69/3 (1993) 1-24.

[22] Vgl. F. Francke, 30 Jahre Oekumenischer Christusdienst. Rückblick und Ausblick. Vortrag bei der Feriengemeinschaft in Badenweiler vom 7. bis 21. September 1978, abgedruckt in: Joest, Spiritualität (Anm. 1) 407-416; E. Belz/O. S. v. Bibra/K. Heß/P. Riedinger (Hg.), Oekumenischer Christusdienst, Wüstenroth/Württ. 1948.

Die drei »Wellen« des transparochialen verbindlichen geistlichen Lebens

Neues, transparochial strukturiertes verbindliches geistliches Leben in den Kirchen der Reformation musste sich erst einen Platz erkämpfen, bevor es Anerkennung finden konnte. Es zeigte sich anfänglich in einer »bruderschaftlichen Welle« (zwischen den Weltkriegen), d.h. im Entstehen von lockeren Zusammenschlüssen ohne Zölibat und vita communis. Die zweite »Welle« könnte man die »ordensmäßig-kommunitäre« nennen, als zwischen 1945 und 1965 zahlreiche Gemeinschaften zölibatär lebender Männer und/oder Frauen mit vita communis entstanden. Ab 1968 lässt sich die dritte »Welle« beobachten, nämlich die der gemischten Wohngemeinschaften und Familienkommunitäten. Die zeitliche Einordnung dieser Wahrnehmungen ist natürlich kein Zufall. Vielmehr entspricht das aufbrechende neue geistliche Leben in Zustimmung und Auseinandersetzung den jeweiligen soziopolitischen Strömungen seiner Zeit.

Die »Welle« der Bruder- und Schwesternschaften

1918 entstanden durch Friedrich Heiler (1892–1967) die »Hochkirchliche Vereinigung«, später die »Evangelischen Franziskaner-Tertiaren« (1927) und die »Evangelisch-Katholische Eucharistische Gemeinschaft« (1929).[23] Andere Gründungen waren die Bahnauer Bruderschaft (1906), die Pfarrer-Gebets-Bruderschaft (1913), die Sydower Bruderschaft (1922/23), der Evangelischen Humiliaten-Orden (1921/25) und die Heliand-Bruderschaft (1923/38). Die Glieder dieser Zusammenschlüsse blieben an ihrem Ort in Familie und Gesellschaft, stellten sich aber häufig unter eine gemeinsame geistliche Lebensregel und gewisse Verbindlichkeiten wie z.B. tägliche Fürbitte füreinander, Beteiligung am Leben der Ortsgemeinde, Inanspruchnahme geistlicher Begleitung, Teilnahme an jährlichen Konventen.

Hintergrund dieser Gründungen dürften die vielfältigen Aufbrüche der jungen Generation sein. Zu Anfang des 20. Jahrhunderts, noch vor dem Ersten Weltkrieg, war die sog. Wandervogelbewegung entstanden. Junge Leute brachen in Scharen aus den gesellschaftlichen Konventionen aus und suchten in der freien Natur nach echter und unverstellter Erfahrung des Lebens. Die Suche nach Ursprünglichkeit und Echtheit war letztlich eine Suche nach sich selbst. Es war die Sehnsucht nach wahrhaftiger Lebensgestaltung, nach authentischer Gemeinschaft, es war die Erkenntnis, dass die Körperlichkeit des Menschen seiner geistigen Existenz untrennbar zugehört. Es wurde ge-

---

[23] H. Hartog, Evangelische Katholizität. Weg und Vision Friedrich Heilers. Mit einem Nachwort von Theodor Schneider, Mainz 1995.

wandert, Sport getrieben, unter freiem Himmel genächtigt, am Lagerfeuer gesungen. Das alles war zugleich Ausdruck der jungen Generation, die für sich das Recht beanspruchte, eigene, authentische Lebensformen zu finden, jenseits von Fremdbestimmung und Konvention. Diese Jugendbewegung war ein Sammelbecken für freisinnige und schöngeistige Elemente, für religiös Suchende, die z. T. damals schon ins Esoterische abgleiten konnten, aber auch für bewusste Christen, die ihrerseits nach authentischer Glaubenserfahrung und echter Glaubensgemeinschaft außerhalb der – so meinten sie – verstaubten und verknöcherten kirchlichen Konventionen suchten.[24]

Unter den jugendbewegten jungen Menschen waren damals auch Christel Schmid (1892–1970), die Gründerin der Communität Casteller Ring und Leiterin in der Christlichen Pfadinderschaft[25], Olav Hanssen (1915–2005), der spätere Gründer und Leiter der Gethsemane-Bruderschaft, der damals Jugendarbeit in Hannover betrieb[26], Otto Riecker (1896–1989), nachmals Gründer der Kommunität Adelshofen, damals noch religiös heimatlos und suchend,[27] Dr. Klara Schlink (1904–2001) und Erika Madauss (1904–1999),[28] später als Mutter Basilea und Mutter Martyria Leiterinnen der Evangelischen Marienschwesternschaft in Darmstadt-Eberstadt. Insofern ist die erste »Welle« buchstäblich von grundlegender Bedeutung für die zweite der evangelischen Orden und Kommunitäten.

Anfang der zwanziger Jahre trafen sich auf dem Rittergut Berneuchen Freunde zusammen, um darüber zu beraten und zu beten, wie Christus dem Geist der Jugendbewegung Sinn geben könnte, denn schon damals war deutlich zu erkennen, dass die Jugend anderen Herren zum Opfer fallen würde, wenn sie nicht in Christus gegründet war.[29] Mit dem »Berneuchener Buch« ist dieser Kreis 1926 an die Öffentlichkeit getreten, um den »Anspruch des Evangeliums auf die Kirchen der Reformation« (so der Untertitel) geltend zu

---

[24] Zum Ganzen vgl. die einschlägigen Artikel zur ganzen Problematik von U. Herrmann /U. Schwab/W. Tzscheetzsch in RGG[4] 4, 658-664 und A. Klönne in TRE XVII, 423-426.

[25] K. K. Schridde, Skizzen zum Leben von Christel Felizitas Schmid, Münsterschwarzach 2003, 10-15.

[26] H.-G. Kelterborn, Evangelische Jugendarbeit im Wandel. Eine historische Felduntgersuchung zum Erziehungsverständnis der verbandlichen, landeskirchlichen und freien Jugendarbeit in Niedersachsen 1945–1980, Göttingen 1981, 158-161; S. Schubert (Hg.), Einer nach dem anderen. Eine Dokumentation über die männliche evangelische Jugendarbeit und das Wirken Olav Hanssens usw., o. O. u. J. (1986), 4-5.

[27] O. Riecker, Mit 60 fing mein Leben an, Neuhausen-Stuttgart 1977, 48-52.

[28] M. B. Schlink, Wie ich Gott erlebte. Sein Weg mit mir durch sieben Jahrzehnte, Darmstadt ³1980, 81-222.

[29] O. Planck, Die Evangelische Michaelsbruderschaft, in: Präger, Frei für Gott und die Menschen (Anm. 17) 283-310, hier: 284-295.

machen[30]. Durch das Wirken von Prof. Wilhlem Stählin, Pfr. Karl Bernhard Ritter u. a. entstand 1931 in Marburg die Evangelische Michaelsbruderschaft, die nach dem Krieg großen Einfluss auf die Agendenreform der evangelischen Kirche, die Neuordnung des Kirchenjahres (Wochensprüche, Themen der Sonntage) und die Gestaltung des neuen Gesangbuches hatte. Im Kontakt mit ihr entstanden der Ordo Pacis (1953/56), die Ansverusbruderschaft in und um Hamburg (1955/ 61) und in Berlin die St.-Gabriels-Gilde (1958).

Die zuletzt genannten Gründungen zeigen, dass der Phänotyp der Bruder- bzw. Schwesternschaft mit dem Ende des Krieges nicht verschwunden ist. Im Gegenteil kamen dem Ordo Pacis und dem Irenenring (1946/47 durch L. Präger gegr.) spezifische Aufgaben an den alleinstehenden Frauen zu, deren Männer im Krieg geblieben waren und die sich nun mit ihrer Familie auf sich gestellt fanden. Dass der Ordo Pacis aber mit der »Cella St. Hildegard« eine kontemplative klösterliche Frauengemeinschaft als Kristallisationspunkt in seiner Mitte errichtete, die bis 2004 bestand[31], weist bereits hinüber auf die »zweite Welle«, die ordensmäßig-kommunitäre.

Die »Welle« der evangelischen Orden und Kommunitäten

An dieser Stelle verknoten sich die beiden parallel laufenden Linien. Wie schon erwähnt, waren die Hümmers auch an den Treffen des Oekumenischen Christusdienstes beteiligt, ebenso kurzfristig die Mütter der Marienschwesternschaft. Christel Schmid hatte flüchtigen Kontakt mit Pfr. Klaus Heß, doch ist daraus keine tiefere geistliche Befruchtung geworden.

Die geistige Barbarei des Nationalsozialismus und die Schrecken des Zweiten Weltkriegs haben im Hinblick auf die Entstehung evangelischen Ordenslebens katalysatorische Wirkung gehabt. Olav Hanssen ist Recht zu geben, wenn er schreibt: »Sechs Jahre Soldat. Höhepunkt die Schlacht um Stalingrad und später die Gefangenschaft in Russland. Es war ein Krieg, der sich ideologisch als Auseinandersetzung zwischen zwei säkularisierten Heilsbewegungen verstand, dem Faschismus und dem Kommunismus. Ich habe diesen Krieg als einen tiefen Einblick in die menschlichen Abgründe erlebt. Die zerstörerischen Kräfte, die sich dort entfesselten, waren etwas mehr als gedankliche Fehlleistungen menschlichen, autonomen Denkens ... Mir scheint, dass die gegenwärtige evangelische kommunitäre Bruderschaftsbewegung ohne eine solche Kriegserfahrung als ›tödliche‹ Krise des Säkularismus geistesgeschichtlich überhaupt nicht verstehbar ist. Es ist kei-

---

[30] Unveränderter Nachdruck bei der Wissenschaftlichen Buchgesellschaft, Darmstadt 1978.

[31] Das Haus in Fleestedt (bei Hamburg-Haarburg) wird als Retraite-Haus weitergeführt, aber es gibt kein gemeinsames Leben in der kommunitären Form mehr (Mitteilungsblatt des Ordo Pacis von Oktober 2005).

ne nostalgische Rückbesinnung auf eine mittelalterliche Mönchsidylle, die es natürlich nie gegeben hat, auch keine Flucht aus der Welt, sondern in ihr kündet sich eine postsäkulare Geistigkeit und Zukunft an, die sich der Herausforderung des Säkularismus stellt.«[32]

Schon das Experiment gemeinsamen Lebens von Dietrich Bonhoeffer mit Vikaren der Bekennenden Kirche in Finkenwalde 1935–37 gehört hierher. Dieselben Erfahrungen, die O. Hanssen beschreibt, trieben, wie bereits gezeigt, den Kreis des Oekumenischen Christusdienstes in Egloffstein zusammen.

Aus dieser losen Gesinnungsgemeinschaft gingen Ende der 50er Jahre die Sammlung der Kreuzbruderschaft durch Pfr. Ernst Gleede und die Lehrerbruderschaft von Dieter Fürst hervor, die dann beide miteinander verschmolzen; phänotypisch gehören sie zu den vorher beschriebenen Bruderschaften. In direktem Zusammenhang mit der Bruderschaft v. g. L. steht aber die Gründung der Christusträger Brüder und Schwestern, zwei ordensmäßig strukturierten Gemeinschaften mit starken missionarischen Impulsen im In- und Ausland. – 1961 hatten die ersten Brüder der Jesus-Bruderschaft Kontakt mit Walter Hümmer in Selbitz und Br. Eugen Belz in Stuttgart-Weilimdorf; die Eheleute Bangel, deren Haus zur ersten Heimat des Schwesternzweiges der Jesus-Bruderschaft werden sollte, standen Anfang der 60er Jahre in Austausch mit Pfr. Klaus Heß und später mit den Müttern der Marienschwestern in Darmstadt – ein Beispiel, wie die Impulse des Oekumenischen Christusdienstes direkt oder indirekt auch später noch weiter wirkten.

Um uns die Kraft dieses Aufbruchs zu verdeutlichen, genügt es, die damals entstandenen ordensähnlichen evangelischen Kommunitäten aufzulisten: die Evangelische Marienschwesternschaft (1947), die Communauté de Taizé (1949), die Christusbruderschaft (1949), die Communität Casteller Ring (1950), die Kommunität Imshausen (1955), der St.-Johannis-Konvent v. g. L. (1955), die Cella St. Hildegard des Ordo Pacis (1956), die Christusträger (1960), die Jesus-Bruderschaft (1961/64), die Kommunität Adelshofen (1962), der Gethsemanekreis (1962/75/79), seit 1992 als Evangelisches Gethsemanekloster in Riechenberg bei Goslar. Später kamen noch hinzu: die Kommunität »Jesu Weg« (1973), die Evangelische Lukas-Communität (1974), der Evangelische Schwesternkonvent »Lumen Christi« (1976), die Schwesternschaft »Trinitatisring« (1972/77) und das Priorat St. Wigberti (1966/87). Aufgrund seiner Struktur weist der 1959 entstandene Laurentius-Konvent schon voraus auf die »dritte Welle« der kommunitären Familiengemeinschaften.

---

[32] O. Hanssen, Gethsemane – eine grundsätzliche Besinnung, in: Evangelisches Gethsemanekloster. Brief für Freunde, Frühjahr 2005, 15–24, hier: 18 f (Hervorhebung von mir).

Die »Welle« der gemischten Gemeinschaften und Familienkommunitäten

Mitte und Ende der 60er Jahre war eine unruhige Zeit. Es gärte in Deutschland und in aller Welt, besonders unter jüngeren Menschen. Viele wollten mit dem bisherigen Lebensstil brechen, wollten nicht nur eine bürgerliche Existenz aufbauen, sondern zu neuen Ufern aufbrechen. Man spürte das Ungenügen der alten Leitbilder, das gefährliche Spiel mit dem »kalten Krieg«, die atomare Bedrohung.

1968 war nicht nur für Politik und Öffentlichkeit, sondern auch für die Kommunitäten ein »Schwellenjahr«.[33] Es herrschte Aufbruchstimmung unter jungen Menschen. Die Jesus-People machten von sich reden, ein neuer Musikstil kam auf und damit eine neue Art zu beten und Gottesdienst zu feiern (»Lobpreis«, »Anbetung«). Es wurde mit gemeinsamem Leben in Form der Kommunen experimentiert. Junge Paare brachen aus den vorgeschrieben traditionellen Bahnen aus und verweigerten den Aufbau einer »normalen« Existenz. Auch junge Christen wurde davon erfasst, die auf der Suche nach radikaler Nachfolge Christi waren. Das Wort »bürgerlich« war, ob zurecht oder unrecht, Inbegriff des »Etablierten«, des Gesetzten, des Halbherzigen, dessen, was man unter keinen Umständen wollte. Dass Familien bei der Jesus-Bruderschaft gerade jetzt den Schritt in das Experiment radikalen gemeinsamen Lebens machten, wurde durch diese geistige Atmosphäre begünstigt.

Der Mannheimer CVJM-Sekretär Horst-Klaus Hofmann nahm die Parolen der Studenten auf und proklamierte die »Revolution«, die durch den Glauben an Jesus Christus im Herzen der Menschen geschieht und dann zum Aufbau einer gerechteren Welt führt, jedenfalls zeichenhaft. Er machte auch sofort Ernst damit und gründete mit Gesinnungsgenossen die Großfamilie der Offensive Junger Christen (OJC) in Bensheim/Bergstraße, später Reichelsheim im Odenwald.[34]

In demselben Jahr entstand das Ökumenische Lebenszentrum Ottmaring, das von verheirateten und zölibatären Geschwistern der evangelischen Kreuzbruderschaft, der Körperschaft g. v. L. (Pfr. Klaus Heß!) und der katholischen Bewegung der Fokolare gemeinsam belebt und gestaltet wird.[35] – Ebenfalls in demselben Jahr wurde das Lebenszentrum für die Einheit der Christen auf Schloss Craheim gegründet, das von Pfr. Arnold Bittlinger

---

[33] Der Ausdruck stammt von Br. Walter Pollmer, Kreuzbruderschaft, aus dem Ökumenischen Lebenszentrum Ottmaring; er gebrauchte ihn in einem persönlichen Interview des Verfassers, der ihn als Zeitzeugen der hier zu schildernden Vorgänge am 27.06.1991 befragte.

[34] I. Hofmann, Kein Tag wie jeder andere. Tagebuch aus zehn Jahren einer Bensheimer Großfamilie, Wuppertal 1978, 8-21.

[35] P. Meinhold, Außenseiter in den Kirchen. Was wollen die modernen Erneuerungsbewegungen? Ein Bericht über Organisation und Zielsetzung, Freiburg u. a. 1977, 66-71.

(ev.), P. Eugen Mederlet OFM (kath.) und W. Becker (freikirchl.) getragen wurde. Bezeichnend für den hier enstehenden neuen Phänotyp ist die Tatsache, dass die Hausmannschaft von Craheim aus Familien, Ordensleuten und einer kleinen Schwesterngemeinschaft bestand, der oben erwähnten Kommunität »Jesu Weg«.

In rascher Folge entstanden nun ähnliche größere oder kleinere Wohngruppen und geistliche Gemeinschaften: die Communität Simonshofen (1970), die Communio Christi (1972), die Christliche Wohngemeinschaft Küppershof (1972–1984), die Basisgemeinde Wulfshagener Hütten (1973), die Communität der Koinonia (1962/76), die Communität Lindenhof (1979), die Familiengemeinschaft der Kommunität Adelshofen (1978/80), der Christus-Treff mit Jesus-Gemeinschaft in Marburg (1981/83),[36] die Communitas ex Christo (1988), die Familienkommunität »Siloah« in Neufrankenroda (1990), die Emmaus-Lebensgemeinschaft Hersbruck (1992), der Nehemiahof in Ludwigsfelde (1999) und viele andere mehr.

Exkurs: Die Jesus-Bruderschaft als eine alle drei »Wellen« überbrückende Gemeinschaft

Aufgrund ihrer besonderen Geschichte umfasste die Jesus-Bruderschaft – jedenfalls phasenweise – alle Phänotypen jener drei »Wellen« zu gleicher Zeit. Das Folgende kann natürlich keine vollständige Darstellung der Geschichte, des Auftrags und der inneren wie räumlichen Entwicklung dieser Gemeinschaft sein.[37] Das Interesse liegt vielmehr auf dem Mit- und Nebeneinander von Bruderschaft, Orden und Familienkommunität.

Die Vorgeschichte der Jesus-Bruderschaft reicht bis in die 50er Jahre des letzten Jahrhunderts zurück.[38] Ein Kreis junger Menschen aus Ost- und Westdeutschland traf sich immer wieder und gab Zeugnis von Jesus Christus. Man unternahm Wanderungen im Harz, man veranstaltete Jugendfreizeiten oder Gemeindewochen »unter dem Wort« (zwischen 1956 und 1959 mindestens einmal jährlich), man sang zur Gitarre, bald auch eigene Lie-

---

[36] R. Werner (Hg.), Die Christus-Treff Story, Neukirchen-Vluyn 2002.

[37] Am bekanntesten ist die Kommunität der Jesus-Bruderschaft im Kloster Volkenroda (bei Mühlhausen, Thüringen), weil dorthin der Christuspavillon der der EXPO 2000 in Hannover versetzt wurde; ferner gibt es Geschwister in Hennersdorf (nahe Chemnitz, Sachsen), in Frankfurt a. M., in Latrun/Israel, in Makak/Kamerun und vereinzelt an mehreren Orten in Deutschland. Wenn irgendwo zölibatäre und verheiratete Geschwister zusammen leben, nennt die Jesus-Bruderschaft dies einen »Ort der Hoffnung« – ein Zeichen, dass sie das Miteinander der Stände, das sich uns als Nebeneinander von Phänotypen darstellte, heute als ihre Berufung ansieht, vgl. die Veröffentlichung: Jesus-Bruderschaft (Hg.), Orte der Hoffnung. Leben in Gnadenthal, Hennersdorf und Volkenroda, Hünfelden-Gnadenthal 1995.

[38] Die folgenden Angaben beruhen auf der Auswertung eines privaten Archivs.

der – es mutet an wie ein Nachklang der Jugendbewegung. Bald kam die Frage nach mehr Verbindlichkeit und Zusammenhalt auf, zumal die Zonengrenze immer wieder die einschneidende Trennung der Gruppenmitglieder erzwang. Es entstand der Gedanke eines »Gebetsringes«, einer inneren Verbindung der einzelnen durch das Gebet für einander, aber auch durch den gemeinsam empfundenen Gebetsauftrag für die Verkündiger des Evangeliums im In- und Ausland. Zum äußeren Zeichen dieser Verbundenheit gaben sich die Mitglieder einen goldenen Fingerring, auf dessen Außenseite eine Dornenkrone eingraviert war und dessen Innenseite die Bibelstellenangabe »Kol 3,23+24« trug.[39] Damit war eine lose Bruder- und Schwesternschaft entstanden, ohne gemeinsames Leben, aber mit einer alle verpflichtenden Verbindlichkeit, wie es oben für die »erste Welle« beschrieben wurde.

Dieser Gebetsring verstand sich als Kraftquelle und Heimat-Etappe für Evangelisten und Missionare, einerseits durch das Gebet und den Austausch von Gebetsanliegen, andererseits suchte man auch nach Möglichkeiten, erholungsbedürftigen Verkündigern Gelegenheiten zur Einkehr und zum »Auftanken« zu bieten. Dazu wurde früher oder später ein eigenes Haus mit einer bleibenden Präsenz wenigstens einiger der Gruppenmitglieder nötig.

Die Entwicklung schien, nicht ohne Konflikte, in eine neue Phase zu treten, als am 13. August 1961 durch den Bau der Mauer in Berlin alle Pläne wie eine Seifenblase zerplatzten. Das warf nicht nur die Frage auf, wie es jetzt weiter gehen sollte, sondern ließ auch fragen, wie Gott eine solche Entwicklung zulassen konnte, wenn er selbst eine Gruppe von Menschen zur inneren Einheit geführt hatte, die jetzt durch äußere politische Ereignisse zerrissen war.

Zunächst schienen alle Pläne gescheitert. Dann traf einer der Brüder eines Tages bei einem anderen ein und erklärte, er habe seinen Beruf aufgegeben. »Hier bin ich, laß uns anfangen!« Das Haus, das sie in Aussicht hatten, stand in Hamswehrum in Ostfriesland, nicht weit von der Nordsee. Am 21. Oktober 1961 zogen sie ein und begannen das gemeinsame Leben als zölibatäre Brüder: der zweite Typ des geistlichen Lebens, der ordensmäßige, begann sich zu bilden, obwohl in der Jesus-Bruderschaft noch lange eine Aversion gegen »das Klösterliche« zu spüren war. Der Phänotyp wurde zwar geschaffen und ausgebaut, aber das Bewusstsein hielt damit nicht Schritt. Die Verbindung zu den alten Freunden wurde dabei allerdings auch immer aufrecht erhalten.

---

[39] Die Verse: »Alles, was ihr tut, das tut von Herzen als dem Herrn und nicht den Menschen, weil ihr wisst, dass ihr vom Herrn zum Lohn das Erbe empfangen werdet; dem Herrn Christus dienet!« spielen in der Jesus-Bruderschaft bis heute beim Abschluss des Morgengottesdienstes als Sendungswort eine Rolle, vgl. Tageszeitgebete der Jesus-Bruderschaft, Hünfelden-Gnadenthal 1985, 23.28.38. – Den Fingerring tragen die zölibatären Brüder und Schwestern der Jesus-Bruderschaft bis heute.

Für ihr Leben stand ihnen das Vorbild der Jerusalemer Urgemeinde vor Augen. Bonhoeffers Buch »Gemeinsames Leben«[40] spielte eine wichtige Rolle. In der Folge experimentierten sie mit eigenen Stundengebeten, wobei sie vieles von anderen Kommunitäten übernahmen, übten das Psalmengebet und entwickelten eine eigene, in etwa den Jesuiten abgeschaute gemeinsame Tracht und ein weißes Chorgewand für die Feier des heiligen Abendmahls.

In dieser frühen Zeit hatten sie auch Kontakte zu Walter Hümmer in Selbitz und zu Br. Eugen Belz in Stuttgart-Weilimdorf. Da die beiden Brüder aus der reformierten Kirche stammten, hatten sie wenig Erfahrung auf dem Gebiet des gestalteten Ordenslebens und suchten Anleitung und Hilfestellung bei anderen, ähnlich strukturierten Gruppen.

Für ihre Gemeinschaft gaben sie sich zunächst den Namen »Oekumenische Christus-Bruderschaft«. Mit dem ersten Teil des Namens wollten sie ihre Ausrichtung auf die Einheit des Leibes Christi ebenso ausdrücken wie den Unterschied zu der bereits bestehenden lutherischen Christusbruderschaft in Selbitz. Dennoch war die Wahl äußerst ungeschickt. Ihr väterlich-seelsorgerlicher Freund Otto Siegfried von Bibra aus der Geschwisterschaft v. g. L. sprach es ihnen schließlich zu: »Ihr seid Jesus-Bruderschaft!« Dabei ist es geblieben.[41]

Nach zwei Jahren wurde den beiden Brüdern das Haus gekündigt, weil die Erben ihre Ansprüche darauf geltend machten. Sie nahmen das zum Anlass, »mitten in der Welt« eine neue Bleibe zu finden, um den Menschen unserer Tage in ihrem eigenen Lebensumfeld nahe zu sein. Durch Vermittlung von Arnold Bittlinger, damals Leiter des volksmissionarischen Amtes der pfälzischen Landeskirche, kamen sie nach Ludwigshafen am Rein und lernten dort Ehepaar Bangel kennen. Bangels kannten Pfr. Klaus Heß v. g. L. und waren über ihn mit den Gedanken des Oekumenischen Christusdienstes zur Einheit des Gottesvolkes vertraut geworden. Sie erkannten in den Brüdern dasselbe Verlangen und schlossen sich mit ihnen um Jesu willen zusammen. In ihrem Haus konnte 1964 der Anfang für junge Frauen aus dem

---

[40] D. Bonhoeffer, Gemeinsames Leben, München ²⁵1997. Bonhoeffer fasste darin seine Erfahrungen im Predigerseminar der Bekennenden Kirche in Finkenwalde zusammen und verarbeitete dabei auch ältere kirchliche Traditionen, ohne sie der Abfassungsumstände wegen (er rechnete wohl jederzeit mit seiner Verhaftung) genauer angeben zu können.

[41] Die einseitige Betonung eines einzigen Geschlechtes in diesem Namen fiel damals noch niemandem auf. Das Problembewusstsein für solche Bezeichnungen entstand in Deutschland erst 10 bis 15 Jahre später, weshalb ab Anfang der 80er Jahre der Name »Jesus-Bruderschaft« von der Bezeichnung »Kommunität Gnadenthal« abgelöst wurde. Das war aber in dem Moment nicht mehr stimmig, als sich die Gemeinschaft mit der Maueröffnung nach Ostdeutschland hin ausweitete und in Hennersdorf und Kloster Volkenroda weitere Kommunitäten gründete.

Ursprungskreis gemacht werden, die wie die Brüder zölibatär leben wollten. Der Schwesternzweig der Gemeinschaft entstand.

Wenige Jahre später nahm die Familiengemeinschaft der Jesus-Bruderschaft ihren Anfang. Es ist kein Zufall, dass sich gerade 1968 Ehepaare zur Gemeinschaft zusammen schlossen; bald stießen andere hinzu. Der dritte Phänotyp entstand, die gemischte Gemeinschaft oder Familienkommunität. 1969 wurde ein Hof in dem heutigen Weiler Gnadenthal (Hünfelden, Hessen), einem ehemaligen Zisterzienserinnenkloster, gekauft, um ein Stillezentrum aufzubauen.

Die späten 60er und die 70er Jahre sahen eine explosionsartige Verbreitung der Jesus-Bruderschaft: Viele neue Brüder und Schwestern traten in rascher Folge ein und wurden nach ein oder zwei Jahren in Dreiergruppen ausgesandt in verschiedene Großstädte der Welt. Zeitweise gab es 23 solcher »Außenkommunitäten«, meist bestehend aus drei Brüdern und drei Schwestern. Diese arbeiteten in ihren normalen weltlichen Berufen und versuchten, ihren Kollegen und Mitarbeitern Bruder und Schwester zu sein. Das Modell erinnert sehr stark an die »Kleinen Brüder und Schwestern Jesu« von Charles de Foucauld und betont noch einmal den eher ordensmäßigen Charakter der zölibatären Zweige der Jesus-Bruderschaft.

Zu gleicher Zeit war es auch möglich, dass einzelne Personen oder Familien, die nicht im gemeinsamen Leben standen, sondern irgend wo außerhalb lebten und ihrem Beruf nachgingen, als vollwertige Mitglieder in die Gemeinschaft aufgenommen wurden. Der eher losere, bruderschaftliche Phänotyp bestand also noch weiter. Erst Anfang der 80er Jahre wurde damit bewusst aufgehört, was nicht ohne Konflikte und Schmerzen abging.

Zur selben Zeit wurden der Gemeinschaft mehrere Höfe in Gnadenthal zum Kauf angeboten. Das war die Chance, die ehemaligen Klostergebäude wieder zusammenzuführen und neu zu gestalten und gleichzeitig die geschwisterliche Dorfgemeinschaft aufzubauen. Heute umfasst der Ort eine ökologisch geführte Landwirtschaft und verschiedene andere Betrieben, Unweltbildung, Lehrstellen, das Haus der Stille für Einkehr und Exerzitien, mit der Kirche buchstäblich »mitten im Dorf« für die Tagzeitgebete, belebt und geführt von Brüdern, Schwestern und Familien der Jesus-Bruderschaft. Das Nebeneinander der Phänotypen – diesmal des zweiten und dritten – zeigt sich bis heute darin, dass die zölibatären Geschwister mit »Bruder« und »Schwester« angeredet werden, die Famlien jedoch die Anrede für sich nicht übernommen haben. Es zeigt sich weiter darin, dass die Brüder und Schwestern eine schlichte Tracht tragen und in den Abendmahlsgottesdiensten ein weißes Chorgewand anlegen, was die Familien ebenfalls für sich nicht aufgegriffen haben. Schließlich tragen die Zölibatären die Tagzeitgebete, weil diese stärker in ihren Lebensrhythmus eingebaut sind, als das bei einer Familie, vor allem mit kleinen Kindern, der Fall sein kann. Die Brüder und

Schwestern leben jeweils für sich in eigenen Lebensgemeinschaften, während die Familien ihre je eigene Wohnung haben, fast alle Dienste tragen sie aber gemeinsam. Auf die Frage, ob Gnadenthal eher ein evangelisches Kloster oder ein christliches Dorf ist, haben die Geschwister bis heute keine endgültige Antwort gefunden.

Was bedeutet »evangelisches Ordensleben«?

Was bedeutete das für die aufgezählten Gemeinschaften inhaltlich, ein evangelisches Ordensleben zu führen? Die Frage muss so gestellt werden, denn äußerliche Kriterien allein können nicht genügen – das äußerlichste wäre ein kirchliches Ordensrecht, dem sich die Gemeinschaften einfügen würden, aber das gibt es in den Kirchen der Reformation nicht. Vielmehr muss der evangelische Charakter dieses Lebens inhaltlich zum Ausdruck kommen, was aber sekundär natürlich äußere Ausdrucksformen nach sich zieht.[42]

Im Großen und Ganzen haben sich die Kommunitäten lange dagegen gewehrt, als »Orden« betrachtet zu werden. Das mag zum einen damit zusammenhängen, dass die eigenen Anfänge häufig einen fast familiären Charakter trugen, weil die Mitgliederzahlen noch klein waren und damit das Wort »Orden« als zu groß erschien. Zum andern spielte dabei sicher die Abwehrhaltung gegen den Vorwurf: »Das ist doch katholisch!« eine wichtige Rolle.

Was aber ist dann »evangelisch« an den Evangelischen Kommunitäten? Das oben erwähnte Faktum, dass es kein Ordensrecht in den Kirchen der Reformation gibt, sagt bereits das Wesentliche: »Evangelische Gelübde« haben allesamt den Charakter der persönlichen Entscheidung und der freiwilligen Hingabe. Es gibt keine äußeren Druckmittel, weder kirchliche noch juristische noch staatliche oder sonst irgendwelche. Genau hier lag aber einer der Haupteinwände von Luther gegen das damalige Verständnis der Mönchsgelübde. Liegt aber kein Zwang, kein »Gesetz« vor, sondern wird das Leben im Orden aus Glauben gelebt ohne die Hoffnung, dadurch besonders gerecht, heilig und selig zu werden, dann liegen von Luthers Seite her keinerlei Einwände dagegen vor.[43]

Das Problem der »Evangelischen Räte«

Evangelisches Ordensleben ist gekennzeichnet durch Verfügbarkeit für Jesus Christus im verbindlichen gemeinsamen Leben, das nach den drei »Evange-

---

[42] Joest, Spiritualität (Anm. 1) 150-157.

[43] Vgl. A. Lindner (Anm. 3) 17; ferner Luther über Antomios d. Gr. in seiner Schrift De votis monasticis iudicium, der »frei in der Wüste gewohnt und in freier Weise ehelos nach der Form des Evangeliums gelebt« habe; erst die Späteren hätten daraus einen Zwang und eine Knechtschaft gemacht: Luthers Werke in Auswahl, hg. v. O. Clemen, Bd. 2, Berlin 1967, 194.

lischen Räten« Armut, Keuschheit und Georsam gestaltet wird. Eine Regel als Ausdruck der Verbindlichkeit war unter evangelischen Kommunitäten lange Zeit undenkbar. Versprechen oder Gelübde dagegen wurden abgelegt, um die jeweilige Berufung des Bruders oder der Schwester vor Gott und der Gemeinschaft fest zu machen.[44]

Untrennbar verbunden mit der Aufnahme der Evangelischen Räte und der Gelübde war die Reflexion über die Frage höherwertigen Christseins, die im Mittelalter damit verknüpft war. Hier lag ja der zweite Haupteinwand Luthers gegen die Gelübde. Von den neuen Gemeinschaften wurde diese Meinung natürlich als unevangelisch abgelehnt. So mussten sie auf der einen Seite gegen den Vorwurf kämpfen: »Ihr wollt etwas Besseres sein als wir!«, auf der anderen Seite um das Recht, freiwillig einer Berufung folgen zu dürfen, die nicht automatisch für jedermann so gegeben ist. Sie kämpften um die evangelische Freiheit, nach Mt 19,12 und 1 Kor 7,7 leben zu können, ohne sich damit über andere Formen der Nachfolge hinausheben zu wollen.

»Keuschheit« (Zölibat, Ehelosigkeit um des Reiches Gottes willen) wird von den evangelischen Kommunitäten nicht als etwas Fertiges verstanden. Nach Paulus ist sie ein »Charisma« (1 Kor 7,7), ist also kein Selbstzweck, sondern dient, wie alle anderen Geistesgaben, »dem Nutzen aller« (1 Kor 12,7) und braucht wie sie den Raum der Entfaltung, Bewährung und Korrektur. Sie ist die von Besitzansprüchen gereinigte »Gabe der Du-Fähigkeit« (H. Eisenberg, Imshausen). Sie »ist Freiheit und Wagnis, Ruf und Charisma. Sie ist kein Zustand sondern ein Weg.«[45] Das ist typisch evangelisch. Zwar trug Br. Hans Eisenberg von der Kommunität Imshausen mehrfach zu verschiedenen Gelegenheiten seine Meinung vor, dass eine Familienkommunität unmöglich nach den Evangelischen Räten leben könne, weil die »Keuschheit« Ehelosigkeit bedeute. Damit knüpfte er zweifellos an das mittelalterliche Verständnis dieses Rates an, übersah aber, dass in der heutigen Zeit die absolute Treue in der Ehe als für Verheiratete gültiges Äquivalent der Keuschheit gelten kann. Die Ev. Communität Koinonia fügt hinzu: »Zölibat als ›Geweihtsein‹ bzw. ›Keuschheit als eschatologischre Existenz‹ kann theologisch bisweilen etwas Gequältes annehmen. Nüchtern betrachtet fällt vor allem das Charisma der größeren Verfügbarkeit für den Dienst der Kirche ins Auge. ... Ehe muss nicht Verfügbarkeit halbieren; sie kann sie auch verdoppeln! Und wenn es einen Unterschied zwischen der zölibatären und der ehelichen Verfügbarkeit gibt, dann ist er ein gradueller, kein prinzipieller.«[46]

---

[44] Joest, Spiritualität (Anm. 1) 157–185; ders., Art. »Gelübde«, in: ELThG 2 (1993) 697 f; ders., Art. »Gelübde« in: LKStKR 2 (2002) 25-26.

[45] Ein Bericht vom Werden und Auftrag der Christusbruderschaft in Selbitz, Selbitz 1987, 14/18; vgl. auch Ch. Joest, Art. »Zölibat«, in: LKStKR 3 (2004) 910-911.

[46] Geistliche Nachrichten aus der evangelischen Communität und Geschwisterschaft Koinonia, 6. Oktober 2005, 2.

»Armut« wird meist als Gütergemeinschaft verstanden. Sie beinhaltet das mit-geteilte Leben und umfasst nicht nur die materiellen Güter, sondern auch das Teilen von Gaben und menschlichen Grenzen. Motivation ist das Doppelgebot der Liebe Gott und den Menschen gegenüber (Mt 22,37–39).

»Gehorsam« bedeutet »Anerkennung einer Autorität« (der Ausdruck stammt aus der Regel von Taizé), beinhaltet aber nicht die Delegation der eigenen Verantwortung für das Leben an die jeweilige Leitung. Unter den Kommunitäten wird viel vom »mündigen Gehorsam« gesprochen. Damit ist gemeint, dass das Mitglied sein Leben freiwillig in einen verbindlichen Lebensrahmen stellt, es dementsprechend gestaltet und mit seinen Gaben und Aufgaben dazu beiträgt, die Berufung seiner Kommunität zu fördern und zu leben. Ferner ist damit gemeint, sich mit verantwortlichen Geschwistern über seine Pläne, Ziele und Wünsche auszutauschen in der Bereitschaft, das, was sie zu sagen haben, zu hören und in sein Denken aufzunehmen; umgekehrt ist man auch bereit, zu hören und anzunehmen, was sie an einen herantragen, und mit ihnen darüber zu sprechen.

In einem Rundbrief fragt die Kommunität Imshausen: »Sind die soge-nannten ›Evangelischen Räte‹ an die monastische Lebensform gebunden und daher nur für einige wenige Menschen von Bedeutung? Oder können wir sie neu verstehen als Angebot für alle Getauften, jeden Bereich unse-res Lebens – den materiellen, psychischen und spirituellen – dem Geist des Evangeliums zu öffnen?«[47] Und sie fährt fort: »Dass Gott sein Geschöpf, mich, so ansieht und annimmt, das macht meine Würde aus und weckt mei-ne Du-fähigkeit (sic) gegenüber dem, dem ich mein Leben verdanke und zu den Menschen neben mir, die ich auch als Gottes Du, als sein Ebenbild wahrnehme – trotz vieler Schatten und Verzerrungen. In dieser liebenden Achtsamkeit mit Menschen und auch mit anderen Geschöpfen umgehen, ihre Eigenständigkeit wahren und bestaunen, das ist mit Keuschheit ge-meint. Aus dieser Haltung erwächst das Vertrauen, die Sorge im mein ›Ich‹ loszulassen (Armut) und die Bereitschaft zum aufmerksamen Hinhören auf das, was durch Worte und Ereignisse in mein Leben hineingesagt wird – und darauf zu antworten (Gehorsam).«[48]

Dr. Wolfgang Kubik von der Evangelischen Communität Koinonia geht noch weiter. In einem Vortrag beim Treffen der Geistlichen Gemeinschaften vom 15. – 17.11.2005 in Ottmaring führte er aus: »Über viele Jahrhunderte war der Lebensentwurf von Mönchen und Nonnen kulturell hochgradig anerkannt. ... Meist waren kommunitäre Bewegungen an der Spitze gesell-schaftlicher Umbrüche zu finden. Sie prägten die sie umgebende Kultur mit Innovationen. ... Aber heute sind evangelische und katholische Kommuni-täten nicht mehr Vorreiter für neue Wege aus gesellschaftlichen und kirchli-

---

[47] Freundesbrief aus Imshausen, im Advent 2005, 1.
[48] Ebd. 2, Hervorhebungen im Original.

chen Krisen. Sie sind nicht nur nicht an der Spitze neuer Lebenskonzepte zu finden. Oft gelingt es ihnen nicht einmal, ihre eigenen alten Lebensmodelle verständlich zu übersetzen. Das betrifft nun vor allem die Evangelischen Räte. ... In einen Orden einzutreten war früher in hohem Maße kirchlich und gesellschaftlich anerkannt. Es bedeutete sozialen Aufstieg. Heute wird ein solcher Schritt als Weg ins soziale Abseits angesehen.«[49] Daher fordert er die Kommunitäten auf, zu prüfen, ob die Evangelischen Räte heute noch das leisten, was sie einst leisteten, »mögen sie noch so klassisch sein!«, und fragt die Gemeinschaften, ob sie sich »an die Spitze der Risikogesellschaft« setzen und »in Krisen der Gesellschaft und der Kirche ihre Herausforderungen« erkennen[50].

Im Folgenden macht Dr. Kubik drei »neue Herausforderungen« aus, die »nach neuen Verbindlichkeiten rufen«. Dies sind: a) Die Herausforderung der Beliebigkeit und die Antwort der entschiedenen Hingabe, b) die Herausforderung der maßlosen Begierde nach Macht und Reichtum und die geistliche Verpflichtung zu einfacher Konzentration, und c) die Herausforderung des Individualismus und die Nachfolge als Selbstverpflichtung zur Gemeinschaft[51].

Die dementsprechend zeitgemäße Form von »Versprechen«, als Diskussionsvorschlag gemeint, könnte so aussehen: a) »Ich verspreche, mich ganz auf diese Kommunität und ihre Ordnungen einzulassen und in ihr Christus allein nachzufolgen.« b) »Ich verspreche, in Gemeinschaft ein konzentriertes und einfaches Leben für Gott zu führen.« c) »Ich verspreche, aus Liebe zu Gott ein gemeinsames, kommunitäres Leben zu führen.«[52]

Evangelische »Gelübde«?

Zur Frage der Gelübde (»Profess«) und ihrer Wertigkeit haben sich die Kommunitäten bereits 1979 in einem gemeinsamen Papier geäußert und festgestellt: In der Profess bekennt ein Christ öffentlich die Einwilligung in seine Berufung, unter den Evangelischen Räten zu leben; diese Lebensform ist ein Charisma und hat keinerlei Verdienstcharakter; das Nebeneinander verschiedener Lebensformen ist Ausdruck unterschiedlicher Berufungen; und: die Profess wurzelt in der Taufe und kann nicht über sie hinaus, sonder nur, wie diese, in die Kirche hineinführen. Im Mittelalter war die Auffassung vertreten worden, die Mönchsprofess wirke wie eine zweite Taufe und versetze den Profitenten wieder in den Stand der Unschuld. Demgegenüber hielten die Kommunitäten fest, dass die Profess die Taufe nicht überbieten

---

[49] W. Kubik, Mit den Evangelischen Räten heute leben, Manuskript, 3.
[50] Ebd. 4, Hervorhebung im Original.
[51] Ebd. 5-6.
[52] Ebd. 6.8.

kann, sondern sie für den einzelnen gemäß seiner persönlichen Berufung konkretisiert[53].

Für die Kommunitäten war es wichtig, ihre Lebensform der Nachfolge nicht durch den Nutzen gerechtfertigt zu sehen, den sie für die Gesellschaft hat, sondern als einen Wert in sich selbst um Christi und seines Rufes willen zu betrachten. Selbstverständlich bringt dieses Leben dann auch Früchte hervor, weil die Liebe nicht für sich bleiben kann, sondern den Nächsten sucht: Auf Schloss Schwanberg betreibt die Communität Casteller Ring eine Tagungsstätte, in Selbitz hat man ein Altenheim gebaut, Adelshofen hat ein Theologisches Seminar errichtet, in Gnadenthal wird Umweltbildung betrieben, und so könnte man fortfahren. Fast alle Kommunitäten haben in irgendeiner Form die Möglichkeit für Gäste zur Einkehr mit dem Angebot von Seelsorge und geistlicher Begleitung.

So darf man mit Andreas Lindner resümieren: »Die Zeiten haben sich geändert. Katholische und evangelische Klöster heute sind keine spätmittelalterlichen Einrichtungen von werkheiliger Intensität und geistlicher Exklusivität. ... In einer geistlichen Kommunität zu leben, sich von Gott dazu gerufen zu wissen und damit in unsere heutige Welt hineinzuwirken, ist ein mögliche geistliche Lebensform innerhalb der evangelischen Kirche. Sie ist im Zeitalter des Individualismus und Intellektualismus sicher auch eine alternative und – je nach Sichtweise – eine notwendige oder eine provozierende Lebensform. Von daher sind sie mancher Kritik ausgesetzt. Die kann sich aber nicht auf Luther und die reine evangelische Lehre berufen.«[54]

Das Verhältnis zur Kirche

Schon 1936 hatte Karl Heussi festgestellt, dass die Meinung, »auf ein unasketisches Urchristentum (sei) ein unevangelisches, in diesem Sinne ›katholisches‹ Christentum gefolgt«, unhaltbar ist[55]. Umso erstaunlicher mag es sein, dass sich der Vorwurf im Sinne eines vernichtenden Einwands so lange halten konnte, evangelische Kommunitäten würden »katholisch« leben. Damit hängt zusammen – und es ist bezeichnend – dass katholische Autoren früher auf diese aufmerksam wurden und sie würdigten, als evangelische.[56]

Die erste größere Veröffentlichung und Darstellung evangelischer Bruderschaften und Kommunitäten erschien erst 1959 in dem Sammelband von

---

53 Profess und Kirche. Theologische Reflexionen evangelischer Kommunitäten, US 34 (1979) 93-95; wieder abgedruckt in: J. Halkenhäuser, Kommunitäten und Kirche. Engagement und Zeugnis II, Schwanberg 1993, 17-22.

54 Lindner (Anm. 3) 17.

55 K. Heussi, Der Ursprung des Mönchtums, Tübingen 1936 (unveränderter Nachdruck Aalen 1981), 1.

56 Belege bei Joest, Protestantismus (Anm. 1) 273-274.

Lydia Präger, »Frei für Gott und die Menschen«.[57] Eine öffentliche Äußerung seitens der evangelischen Kirchen erfolgte sogar erst 1976 in der »Stellungnahme der Bischofskonferenz« der VELKD[58]. Bis dahin hatte das Verdikt gegolten, das noch 1971 in der großen Brockhaus-Enzyklopädie abgedruckt wurde: »Die aus der Reformation hervorgegangen Kirchen lehnten und lehnen (!) das Mönchtum ab.«[59]

1977 traf sich der Rat der EKD auf Initiative des damaligen Ratsvorsitzenden, des württembergischen Landesbischofs D. Helmut Claß (1913-1998), in Gnadenthal. Im selben Jahr besuchte der Rat der EKD die Communauté de Taizé. Als Konsequenz dieser Begegnungen lud Bischof Claß am 20. Dezember 1978 alle Kommunitäten nach Stuttgart in das Tagungshaus »Bernhäuser Forst« ein, um einen offiziellen Weg der Kirche mit den Kommunitäten zu beginnen.[60] Aus diesem Treffen entstand die Konferenz Evangelischer Kommunitäten (KEvK), die sich nach einigen Kämpfen auf zölibatäre Gruppen mit vita communis, also auf den ordensmäßigen Phänotyp beschränkte. Insofern der dritte Phänotyp in Form von Familiengemeinschaften zu der Zeit bereits seit 10 Jahren existierte, war diese Einschränkung leicht anachronistisch, signalisierte aber den Nachholbedarf der Kirche und half den ordensmäßigen Kommunitäten zu einer Vertiefung ihres Selbstverständnisses.

1979 erschien die Denkschrift der EKD »Evangelische Spiritualität«, in der die Kommunitäten und christlichen Lebensgemeinschaften als »Gnadenorte« bezeichnet wurden[61]. Im selben Jahr wurde Landesbischof Claß nach seinem Ausscheiden aus dem Amt als Kontaktmann der EKD für die Evangelischen Kommunitäten beauftrag. Seine Aufgabe bestand in jenen Jahren darin, in den Kirchen der Reformation ein Bewusstsein für die monastische Berufung zu wecken. Ein Ergebnis dieser Jahre dürfte sein, dass der Rat der EKD seit 1985 einen Vertreter bzw. eine Vertreterin der Kommunitäten in die Synode beruft.

1990 bat Landesbischof Claß aus Altersgründen darum, von seinem Dienst entbunden zu werden. In seinem Abschiedswort beim Treffen der KEvK in Selbitz sagte Claß am 27. Juni 1991: »Ich danke Gott, dass es die Kommunitäten gibt. Darin sehe ich einen Hinweis auf die Treue Gottes zu unserer

---

[57] Siehe oben Anm. 17.

[58] Abgedruckt in: L. Mohaupt (Hg.), Modelle gelebten Glaubens. Gespräche der Lutherischen Bischofskonferenz über Kommunitäten und charismatische Bewegungen (Zur Sache 10), Hamburg 1976, 142-144, wieder abgedruckt in: J. Halkenhäuser, Kommunitäten und Kirche (Anm. 53) 14-16.

[59] Brockhaus Enzyklopädie Bd. 12 (1971), Art. »Mönchtum«, S. 731.

[60] Davon berichtet J. Halkenhäuser, Die Evangelischen Kommunitäten – die ekklesiale und ökumenische Dimension ihres Lebens, in: ÖR 30 (1981) 121-132, hier: 126, wieder abgedruckt in: ders., Engagement und Zeugnis, Schwanberg 1982, 34-48, hier: 40.

[61] Evangelische Kirche in Deutschland, Denkschrift »Evangelische Spiritualität«, Gütersloh 1979, 53 f.

evangelischen Kirche. Ich sehe darin auch eine göttliche Korrektur einer Fehlentscheidung unserer Kirche im 16. Jahrhundert ...«[62] Ab 1990 hatte das Amt des Beauftragten Bischof i. R. Dr. Ulrich Wilckens inne, der gemeinsam mit seiner Frau in großem Engagement und unendlichem Reiseaufwand alle Kommunitäten besuchte, die Konferenzen fortführte und in zahllosen Nöten und Krisen einzelnen Gemeinschaften beistand. Im Jahre 2000 übernahm Bischof i. R. Dr. Christian Zippert (1936–2007) das Amt und setzte die Arbeit seines Vorgängers mit ebensolchem Engagement fort. Ihm war es vorbehalten, nun auch die gemischten Gemeinschaften und Familienkommunitäten zu sammeln und in einer eigenen Konferenz, dem »Treffen der geistlichen Gemeinschaften«, zusammen zu führen. Die erste Begegnung dieser Art fand 2003 in Reichelsheim bei der Offensive Junger Christen statt und wird seither mit wechselnden Orten jährlich weiter geführt. Seit 2007 ist Jürgen Johannesdotter, amtierender Landesbischof der Schaumburg-Lippeschen Landeskirche, der Beauftragte der EKD für die Kommunitäten und geistlichen Gemeinschaften.[63]

Abschließend stellt sich die Frage, wie das innere Verhältnis von Kirche und Kommunitäten beschaffen ist. Die Beobachtung ist zutreffend: »In ihren Anfängen haben sich nur die Gemeinschaften selbst als diejenigen verstanden, die zur Erneuerung der Kirche beitragen wollten. ... Aber die verfasste Kirche fühlte sich durch diesen Erneuerungswunsch eher angegriffen.«[64] Doch 1988 schrieb Johannes Halkenhäuser, der langjährige »Schwanbergpfarrer« für die Communität Casteller Ring: »In der evangelischen Christenheit vertieft sich ... die Einsicht, dass die Bildung gemeinschaftsintensiver Modelle christlichen Lebens wie etwa der Kommunitäten ein Vorgang ist, der sich aus dem Wesen der Kirche selbst ableitet.«[65] In der Tat hatte Hans Dombois das an dem vierfachen Ekklesia-Begriff des Neuen Testamentes bereits aufgezeigt.

In der Regel des Ordo Pacis heißt es: »Unsere Schwesternschaft ist nichts für sich allein, sie lebt in und mit der Kirche. Das wird deutlich an unserem gemeinsamen gottesdienstlichen Leben, in dem die Eucharistie in der Mitte steht, an der Präsenz des Geistlichen Vaters (heute: der Begleitenden Pastorin) und auch daran, dass jede Schwester ... sich am Leben einer Gemeinde

[62] Vollständig abgedruckt bei Joest, Spiritualität (Anm. 1) 427–431; das Zitat: 427.
[63] Insofern ist die Bemerkung von K. Wiefel-Jenner, Begleitende Pastorin des Ordo Pacis, vorläufig überholt: »Nach evangelischem Verständnis hat ein Altbischof ... genauso wenig zu sagen wie jeder andere Ruhestandsgeistliche. Allein die persönliche Autorität der jeweiligen EKD-Beauftragten mag darüber hinwegtäuschen, dass die Kommunitäten damit für die Kirche den gleichen Rang einnehmen wie z. B. die Beschäftigung mit agrarsozialen Fragen oder dem Sport.« In: Ordo Pacis, Freundesbrief 2005, 18.
[64] K. Wiefel-Jenner (s. Anm. 63) 17 u. 18.
[65] J. Halkenhäuser, Das Evangelium in Gemeinschaft leben. Zur ekklesialen Dimension des Christseins in Kommunitäten, in: J. Schreiner/K. Wittstadt (Hg.), Communio Sanctorum (FS P.-W. Scheele), Würzburg 1988, 490-503, hier: 498.

beteiligt. Eine Gemeinschaft wie unsere steht aber auch in einem gewissen Gegenüber zur Kirche und drückt gerade darin ihr Dasein in der Kirche und für die Kirche aus, denn bruderschaftliches und kommunitäres Leben muss sich in einer bestimmten Unabhängigkeit entfalten können, wenn es seine Zeichenhaftigkeit für die Kirche ausprägen und bewahren will.«[66]

Um dieses Verhältnis der Kommunitäten und Geistlichen Gemeinschaften zur Kirche näher zu fassen, traf sich unter der Führung von Bischof i. R. Dr. Christian Zippert und OKR Dr. Thies Gundlach von 2004 bis 2006 in Hannover eine Arbeitsgruppe von Vertretern unterschiedlicher Gemeinschaften. Was sie erarbeitet haben, ist als »Votum des Rates der EKD zur Stärkung evangelischer Spiritualität« veröffentlicht worden.[67] Nach einem kirchen- und geistesgeschichtlichen Rückblick wird dort »der Dienst der Kommunitäten und geistlichen Gemeinschaften in der Kirche« (Kapitel 2) und »der Dienst der Kirche an Kommunitäten und geistlichen Gemeinschaften« (Kapitel 3) beschrieben. Ein Ausblick mit Perspektiven für das Miteinander von Kirchen und Kommunitäten sowie eine Adressliste aller Gemeinschaften runden die Veröffentlichung ab.

Im Geleitwort schreibt der derzeitige Ratsvorsitzende der EKD, Bischof Dr. Wolfgang Huber: »Die Einsicht ist gewachsen, dass auch evangelische Spiritualität auf Gemeinschaften angewiesen ist, die dem gemeinsamen geistlichen Leben gewidmet sind. ... Die evangelischen Kommunitäten, die Schwestern- und Bruderschaften und die verbindlichen Gemeinschaften einschließlich ihrer Zentren legen Wert darauf, frei zu bleiben ... Es ist diese Mischung aus Autonomie und Alternative, aus geistlicher Verdichtung und ökumenischer Offenheit, die die Faszination der Kommunitäten und verbindlichen Lebensgemeinschaften heute ausmacht. ... Ein gutes und förderliches Zusammenwirken von Kirche und Kommunitäten enthält große geistliche Chancen in sich.«[68]

Der unverwechselbare Beitrag dieser Gemeinschaften in der und für die Kirche ist »das Sein und die darin gegebene Lebensgestalt, die einen Raum öffnet und geistliche Heimat gibt für andere Menschen Das Sein ist allem Tun vorgeordnet. Das Sein in Christus steht vor dem Tun für Christus. ... Dass Gemeinschaft geschieht, ist ein Geschenk, aus dem das Dasein füreinander und für andere entspringt. ... Kommunitäten und geistliche Gemeinschaften sind Glieder am weltweiten Leib Christus und gleichzeitig konkrete Verleiblichung von Kirche. Sie sind Lebenszellen innerhalb ihrer Kirchen im Horizont der einen, heiligen, katholischen (allgemeinen) und apostoli-

---

[66] Ordo Pacis, Freundesbrief 2005, 1.
[67] Verbindlich leben. Kommunitäten und geistliche Gemeinschaften in der Evangelischen Kirche in Deutschland. Ein Votum des Rates der EKD zur Stärkung evangelischer Spiritualität (EKD Texte 88), Hannover, Januar 2007.
[68] Verbindlich leben (s. Anm. 67) 5-6.

schen Kirche. ... Aus dem Sein erwachsen Dienste in und an der Kirche. Alle Dienste werden auch von anderen Christen in der Kirche gestaltet und angeboten. Das charakteristische der Kommunitäten und geistlichen Gemeinschaften ist, dass ein Gruppe diese Dienste trägt, die eine Verbindlichkeit im geistlichen Leben eingegangen ist. Die Gemeinschaft ist der hermeneutische Rahmen für das Tun.«[69]

Als Dienst der Landeskirchen an ihren Kommunitäten und geistlichen Gemeinschaften empfiehlt der Rat der EKD den Gliedkirchen: »Wahrnehmen – Kontakt suchen – Anteil nehmen«, dann: »Anerkennen – Freiraum gewähren – fördern«, und schließlich: »Rechtliche Regelungen suchen und Vereinbarungen schließen«. Besonderer Sorgfalt bedarf die Klärung von Wortverkündigung, Sakramentsverwaltung und Kasualhandlungen, vor allem wenn die geistliche Gemeinschaft zu öffentlichen Gottesdiensten einlädt.[70]

Zuletzt wünscht der Rat der EKD, »dass sich die Kommunitäten und geistlichen Gemeinschaften als eine legitime Sozialgestalt der Kirche verstehen«[71] – was sie ja schon lange tun. Aber in diesem Statement liegt umgekehrt die Anerkennung dieser Sozialgestalt seitens der Kirche als legitim, und das ist das Entscheidende. Dass daran gearbeitet wird, wie Gottesdienste, Wortverkündigung und Sakramentsverwaltung verantwortlich geregelt werden können, zeigt, dass die Kommunitäten und Gemeinschaften heute nicht mehr um ihre Daseinsberechtigung kämpfen müssen, sondern in einem fruchtbaren Dialog mit ihren Kirchen stehen. Die einzelnen Landeskirchen sind dabei unterschiedlich weit vorangegangen. Ein evangelisches »Ordensrecht« ist nirgends in Sicht. Vielleicht ist aber auch die gewisse Schwebe, die durch das gleichzeitige Stehen der Kommunitäten und Gemeinschaften in der Kirche und gegenüber der Kirche erzeugt wird, sogar typisch evangelisch und insofern ebenfalls legitim.

Anmerkung der Herausgeber: Dieser Beitrag erschien erstmals in dem Band »Reformation und Mönchtum. Aspekte eines Verhältnisses über Luther hinaus«, hg. von Athina Lexutt, Volker Mantey und Volkmar Ortmann (Verlag Mohr Siebeck: Tübingen 2008). Wir danken Autor, Herausgebern und Verlag für die Genehmigung, den Beitrag auch in unserem Band zu publizieren, stellt er doch einen markanten Überblick über die Entwicklung der Gemeinschaften im evangelischen Raum dar. [J.H./N.W.]

---

[69] Ebd. 17-19.
[70] Ebd. 21-24.
[71] Ebd. 25.

Die Bedeutung des Ordenslebens in Tschechien in Geschichte und Gegenwart

Abt Filip Zdeněk Lobkowicz OPraem,
Kloster Teplá (dt. Tepl/Tschechien)

Das Ordensleben hat in der katholischen Kirche tiefe Wurzeln. Schon in den ersten Jahrhunderten der christlichen Zeitrechnung verlassen viele die Welt und weihen sich ganz Gott. Beispiele von mönchischem Leben finden wir im christlichen Osten wie im Westen. Wir treffen Einsiedler, die in der Einsamkeit der Wüste leben und Mönche, die Gemeinschaften bilden. Das christliche Mönchtum nahm seinen Anfang in Ägypten und in Palästina. Vom östlichen Teil des Römischen Reiches aus verbreitete es sich auch im Westen. Ein großer Meilenstein gottgeweihten Lebens war das Wirken des heiligen Benedikt von Nursia (470-547). Im 11. Jahrhundert begegnet das Phänomen von Mönchen, die Kanoniker werden. Sie lehnen sich an die Regel des hl. Augustinus aus dem 5. Jahrhundert an. Ursprünglich war dies keine feste Ordensregel, es handelte sich vielmehr um eine gewisse Hausregel für die Menschen, die mit Augustinus in seinem Haus zusammenlebten. Hier finden wir die Grundlage für das Mönchsleben, in dem sich Elemente des kontemplativen und des aktiven Lebens verbinden.

Anfänge des Klosterlebens in Prag

In den Böhmischen Ländern begegnen wir zuerst der Ordensregel des heiligen Benedikts. Auf der Prager Burg wurde schon im Jahre 972 ein Frauenkloster zum hl. Georg unter der Leitung der Äbtissin Mlada gegründet. Das Männerkloster entstand dann einige Jahrzehnte später (993) durch den hl. Adalbert (Bischof von Prag) und dem damals regierenden Fürsten Boleslav II. auf dem Prager herzoglichen Hof Břevnov. Dieses Kloster existiert bis heute. Die Benediktinerinnen vom hl. Georg wurden in der Zeit der Regierung des Kaisers Josef II. aufgelöst. Im Lauf der Geschichte wuchs die Zahl der Benediktinerklöster. Heute existieren in der Tschechischen Republik noch vier Benediktinerabteien.

Im 12. Jahrhundert wurden gleichzeitig Zisterzienser- und Prämonstratenserklöster gegründet. Sie hatten eine große Bedeutung für das geistliche Leben, aber auch für Kultur und Wirtschaft. Erinnert sei hier auch an das Wirken des souveränen Ordens der Malteserritter. Schon vom 12. Jahrhundert an hatte dieser in Prag ein eigenes Haus und eine eigene Kirche. Vom 17. Jahrhundert an verwendet der Leiter den Titel »Großprior«.

Mit der Entwicklung der Städte im Mittelalter kamen auch die Bettelorden zu uns: Dominikaner (um das Jahr 1232) und Franziskaner (13. Jahrhundert). Zu den bedeutendsten Klarissinnen bei uns gehörte die böhmische hl. Agnes, die Tochter von König Otakar I. Sie stand in Verbindung mit der hl. Klara und Teile ihrer Korrespondenz sind erhalten (zwei Lesungen der liturgischen Tagzeiten vom Tag der hl. Klara sind aus dem Brief an die hl. Agnes enthalten). Die hl. Agnes ist zugleich die Gründerin des Ritterordens mit dem roten Stern. Es ist der einzige böhmische Orden, der bis heute in Tschechien und in Österreich wirkt. Die Hochmeister der Kreuzherren beteiligten sich auch im 16. Jahrhundert an der Erneuerung des Prager Erzbistums.

In der Periode der Rekatholisierung hatte das Ankommen der Jesuiten (Gesellschaft Jesu) im Jahre 1556 eine große Bedeutung. Damals wurde ihnen das Areal des Prager Klementinums anvertraut. Dazu gründeten sie weitere Häuser in Prag und an anderen Plätzen der böhmischen Länder. Es ist selbstverständlich, dass sich auch die übrigen Orden zur Rekatholisierung des Landes zusammengeschlossen haben (z. B. Kapuziner).

In der Periode der Aufklärung kam es in Jahre 1773 zur Auflösung des Jesuitenordens. Auf Druck der europäischen Regierungen löste Papst Klemens XV. die Gesellschaft Jesu auf. Aber der Orden ging nicht vollkommen unter. Im Jahre 1853 nimmt er in Prag sein Wirken wieder auf. In den Jahren der Herrschaft Kaiser Josefs II. (1780-1790) wurde in den böhmischen Ländern ein großer Teil der Ordenshäuser aufgelöst, vor allem derjenigen, die sich dem kontemplativen Leben widmeten. Diese Auflösung war mit großen kulturellen Schäden verbunden.

In einer weiteren Periode traten Ordenskongregationen auf; unter ihnen ist die Kongregation von heiligsten Erlöser zu nennen, die Redemptoristen. Sie wirken in Böhmen vom Jahre 1855 an.

Vorher schon kam von den Redemptoristen der geborene Südmähre Klemens Maria Hofbauer (1751-1820), der Apostel von Warschau und Wien. Später wurde er heiliggesprochen. Von den weiteren Zeugen aus dem Redemptoristenorden in unserem Land ist der in Prachatitz geborene hl. Jan Nepomuk Neumann (1811-1860) zu nennen, Bischof im amerikanischen Philadelphia. Im 20. Jahrhundert kommen zu uns die Salesianer der hl. Don Bosco; zuerst in die Slowakei, kurz darauf (1927) auch nach Böhmen. Eingeführt wurden sie von Ignac Stuchlý (1869-1953), dem ersten Provinzial, und Štepan Trochta (1905-1974), dem späteren Bischof von Leitmeritz und Kardinal. Der heilige Gründer Don Bosco gab ihnen die Bestimmung, für die Jugend zu sorgen. Im Gesundheits- und Schulwesen engagierten sich viele Frauenkongregationen; ihre Mitglieder überstanden auch die Verfolgung der kommunistischen Zeit und gaben ein Zeugnis von ihrer Überzeugung.

In der Zeit zwischen den Weltkriegen wirkten die Orden viel unter der katholischen Intelligenz; denken wir an die hervorragenden Persönlichkeiten des Dominikanerordens Dr. Meoděj Habán, Dr. Reginald Dacík und Dr. Silvester Brait. Aus dem Kreis der Familie der Franziskaner ist besonders zu erwähnen Dr. Jan Evangelist Urban.

Die Zeit des Kommunismus

In der Ära des kommunistischen Totalitarismus war die Liquidierung der Kirche das Hauptziel. Aber die Taktik zur Erreichung dieses Ziel war nicht für alle durchschaubar. In allen Verfassungen der kommunistischen Zeit war das Recht auf Religionsfreiheit deklariert, was aber nur eine Phrase war. Für die Vernichtung der Kirche war es zunächst notwendig, die Verbindung nach Rom zu kappen, weiterhin die Bischöfe und Ordensleute zum Schweigen zu bringen. Gleich am Anfang der kommunistischen Herrschaft war der Vertreter der Vatikanbotschaft zur »*persona non grata*« erklärt und aus der Tschechoslowakei ausgewiesen worden. Die Mehrheit der residierenden Bischöfe wurde interniert, zunächst in ihren Residenzen, später an geheimen Ortenen. Außer Dr. Štepan Trochta aus Leitmeriz und Weihbischof Zela aus Olmütz und den geheimen Bischöfen Ladislav Hald und Karl Otčenášek wurden die tschechischen Bischöfe nicht verurteilt. Sie lebten einfach in Isolation und man durfte nicht wissen, wo man sie findet.

Der Prager Erzbischof Dr. Josef Beran konnte sich einige Male im Jahr mit seiner Familie treffen im Gebäude des Innenministeriums in Prag. Seiner leiblichen Schwester kostete es viel Anstrengung, um das zu erreichen. Im Jahr 1963 begann man eine neue Seite der Geschichte zu schreiben, die sogenannte Vatikanische Ostpolitik. Der junge vatikanische Diplomat Agostino Casarolli traf sich in diesem Jahr mit den internierten Bischöfen und mit denen, die kurz vorher aus den Gefängnissen entlassen worden waren. Es war eine Folge der internationalen Entspannung. In der Presse wurde proklamiert, dass sie in die Freiheit entlassen worden sind, aber sie durften nicht in ihre Ämter zurückkehren und hatten im Grund einen vorgeschriebenen Aufenthaltsort. Sie konnten aber Besuche empfangen. Im Zeitraum um das Jahr 1968 konnten einige von ihnen wieder ihre Funktionen übernehmen. Erzbischof Beran konnte, als er im Jahr 1965 zum Kardinal ernannt worden war, unter der Bedingung nach Rom reisen, dass er nicht mehr zurückkehren könnte. In Prag durfte als Apostolischer Administrator Dr. František Tomášek wirken, der im Jahr 1949 Bischof geworden war. Aber weil er nicht öffentlich geweiht war, erkannte der Staat sein Ernennung bis zu dieser Zeit nicht an und der Bischof wirkte wie ein gewöhnlicher Pfarrer. Ähnlich war es mit den Prager Weihbischof Kajetán Matoušek, der Pfarrer war in der

Prager Kirche zum hl. Adalbert in der Prager Neustadt. Die Ernennung zum Prager Bischof im Jahre 1965 war ein Kompromiss, der sich dann als gute Lösung erwiesen hat, denn dieser Bischof war voll und ganz ein Mann der Kirche und wurde später in den achtziger Jahren zur führenden Persönlichkeit der tschechischen und slowakischen Katholiken.

Weil die Ordensleute häufig den Glauben ihrer Gläubigen beeinflussten und stärkten, war es logisch, dass das feindliche Regime sie vernichten wollte. Damit sie einen Grund hatten, gegen alle Ordensleute vorzugehen, wurde ein Prozess gegen Machalek und seine Glaubensgefährten ausgedacht, in dem zwei Prämonstratenser (Augustin Machalek, Vít Tajovský), der Provinzial der Jesuiten (František Šilhan) und andere Ordensangehörige (Dominikaner, Franziskaner, Redemptoristen) angeklagt wurden, insgesamt 10 Personen. Dies war der erste von der kommunistischen Partei künstlich inszenierte Schauprozess. Angeblich waren die Angeklagten in Spionagetätigkeit zu Gunsten des Vatikans verwickelt. Die Verhandlung zog sich vom 31. März bis zum 5. April 1950 hin. Es wurde ein Urteil auf lebenslänglich gefällt (gegen Dr. Ivan Mastiliak) und weitere Freiheitsstrafen verhängt, insgesamt 137 Jahre. Im Gefängnis starb der Jesuit Adolf Kajpr. Die übrigen wurden in der Zeit des politischen Tauwetters nacheinander freigelassen. Selbstverständlich waren sie immer unter der Aufsicht der Staatssicherheit. Wenn die »Feindschaft« der vorgestellten Ordensleute gegenüber dem Sozialismus »bewiesen« war, war es möglich, auch die Vernichtung aller anderen Ordensangehörigen anzugehen.

In der Nacht vom 13. auf den 14. April 1950 überfielen Einheiten im Rahmen der sog. *Aktion »k«* Klöster und die meisten Ordensleute und führten die Ordensmitglieder in verschiedene Internierungsklöster, wo sie selbstverständlich durch bewaffnete Wacheinheiten bewacht wurden. Dieser nächtliche Überall betraf insgesamt 809 Ordensleute. Nach zwei Wochen, am 28. April fuhr man fort und die Sicherheitskräfte überfielen die übrigen Männerklöster, insgesamt wurden 355 Ordensleute in Internierungslager umgesiedelt. Die kommunistische Führung versuchte die Ordensleute zu liquidieren, aber gesetzliche Regelungen gaben sie nicht heraus, die die Tätigkeit der Ordensleute beenden würden. In den Lagern arbeiteten die Brüder unter unmenschlichen Bedingungen. Die meisten von ihnen verbrachten in diesen Einrichtungen zwei bis drei Jahre. Danach wurden sie »entlassen«; die Älteren wurden in karitativen Häusern untergebracht (unter staatlicher Kontrolle), die Jüngeren arbeiteten in verschiedenen Baustellen, einige schickte man zum Militär zu den sog. Technischen Hilfseinheiten.

In der kommunistischen Tschechoslowakei gab es sehr viele inszenierte Prozesse und so kamen eigentlich alle führenden Ordensleute ins Gefängnis. Die Äbte des Klosters Břevnov (Anastás Opasek) und des Klosters Strahov (Bohuslav Jarolímek) waren mit dem Weihbischof von Olmütz, Stanislav

Zela verurteilt. Der Prior Heřmann Josef Tyl von Tepl war vom Februar 1950 an eingesperrt und wurde am 24 Januar 1951 im Prozess mit dem Malteserpriester Vladimir Pícha zu einer Freiheitsstrafe von zehn Jahren verurteilt. Die Verfolgung machte auch vor den Ordensfrauen nicht Halt. Die Schwestern wurden genauso interniert. Soweit sie Lehrerinnen waren, durften sie nicht unterrichten und waren gezwungen, in den Fabriken zu arbeiten. Später wurde ihnen die Arbeit in den Anstalten für geistig Behinderte anvertraut. Es war nicht möglich, sie sofort aus dem Gesundheitswesen zu beseitigen, denn es gab für sie keinen Ersatz. Bis zum Anfang der sechziger Jahre konnte man noch Schwestern in einigen Krankenhäusern antreffen. Dann wurde sie in wenig bewohnte Gegenden umgesiedelt, damit Leute nicht mit ihnen zusammen kamen. Die allermeisten Schwestern verzichteten nämlich nicht auf ihr Ordenkleid.

In den Jahren 1962 bis 1965 fand das Zweite Vatikanische Konzil statt, das sich auch mit dem Ordensleben befasste. Am 28. Oktober 1965 nahm es das Dekret *Perfectae caritatis* von der Erneuerung des Ordenslebens an, Die Ausgabe dieses Dokuments interessierte selbstverständlich die Ordensleute, auch wenn sie zerstreut lebten und in weltlichen Berufen arbeiteten. Einige Ordenspriester konnten in der Zeit der Lockerung schon in der Seelsorge wirken. Deswegen trafen sie sich und ermutigten sich in ihrer Berufung.

Es ist gut, daran zu erinnern, dass auch schon am Ende der fünfziger Jahre neue Prozesse gegen Ordensleute stattfanden, die unter veränderten Bedingungen das Ordensleben organisierten. In der Zeit des sog. Prager Frühlings, das war im Jahre 1968 schimmerte auch für die Ordensleute Hoffnung auf. Ordenspriester setzte man in den Kirchen für die Seelsorge ein, wo sie früher tätig waren und dort belebten sie auch wieder die Tradition des »dritten Ordens«, wo Laien sich der Ordensspiritualität anschlossen, und von den Orden eingeführt wurden. Als im April 1969 Dr. Gustav Husák an die Spitze der Kommunistischen Partei der Tschechoslowakei/KSC kam (in den fünfziger Jahren auch ein Opfer des Stalinismus) begann allmählich die sog. »Normalisierung«. Alles kam in die alten Geleise und auch die Kirchenpolitik des Staates wurde wieder hart. Es ist richtig, dass drei residierende Bischöfe im Amt bleiben konnten, die im Jahre 1968 in ihr Amt kamen, aber nach ein paar Jahren starben sie. Einer von ihnen, der Bischof von Leitmeritz, Dr. Štepan Trochta, wurde noch zum Kardinal ernannt (zum Missfallen des kommunistischen Staates). Nichtsdestoweniger starb auch er im Jahre 1974. Für sie wurden an die Spitze der Diözesen Kapitularvikare gestellt, die oftmals dem Druck der Kirchenbeauftragten unterlagen, indem sie sie zu personellen Veränderungen zwangen. Und auch viele Ordensleute mussten in dieser Zeit ihre Wirkungsstätten verlassen, damit sie nicht Einfluss nehmen konnten, etwa auf die Jugend. Sie wurden in Pfarreien eingesetzt, wo das religiöse Leben nicht erfreulich war. Einigen wurde auch die staatliche Anerkennung verweigert; sie gingen in die Altersrente oder mussten in einem weltlichen Beruf arbeiten.

Ein bekannter Fall ist der Priester der Budweiser Diözese Dr. Miloslav Vlk (der spätere Kardinal), der in Prag Fensterputzer war. Er war nicht der einzige. Priester, die die staatliche Anerkennung nicht hatten und trotzdem weiter pastoral wirkten, drohte Bestrafung wegen Missachtung der staatlichen Aufsicht über die Kirchen. Ähnlich bemühten sich auch die Ordensleute, ihre Berufung treu zu leben und einige Ordensfamilien bildeten geheime Gemeinschaften. Auch Dominik Duka, der Priester ohne staatliche Anerkennung war, organisierte das Leben seines Dominikanerordens und wurde dafür im Jahre 1981 eingesperrt und verurteilt. Nach seiner Entlassung war er weiterhin beschäftigt in den Pilsner Skoda-Werken und er hörte nicht auf, für die Kirche und den Orden zu arbeiten. Heute ist er Kardinal und Erzbischof von Prag. Auch die tschechischen Franziskaner entschieden sich für die Fortsetzung des Ordenslebens, sie gewannen eine Unterkunft und lebten ihr Leben nach dem Vorbild des hl. Franziskus. Auch das blieb nicht vor der Geheimpolizei verborgen.

So beteiligte sich zum Beispiel Jan Baptista Bárta (1921-1982) an der Organisation des franziskanischen Lebens, wofür er verfolgt wurde. Wegen Missachtung der staatlichen Kirchenaufsicht wurde er im Jahre 1980 zu sechzehn Monaten Gefängnis verurteilt. Aus Gesundheitsgründen wurde der Antritt der Strafe verschoben. Er starb im Dezember 1982 an einem Herzinfarkt. Zwei Wochen nach seinem Begräbnis kam an seine Adresse die Aufforderung zum Antritt der Strafe. Im Jahre 1983 verkündete Papst Johannes Paul II. als außerordentliches Gnadenjahr das Jahr der Erlösung (1950. Jahr des Kreuzesopfers Christi). In der ganzen Kirche wurde dieses Jahr begonnen am Fest der Verkündigung des Herrn. Zwei Tage danach führte man eine gesamtstaatliche Aktion gegen die Franziskaner durch und ihre Häuser wurden überfallen. Sieben Ordensmitglieder wurden eingesperrt und zwei von ihnen verurteilt wegen Missachtung der Kirchenaufsicht. Auch die übrigen Orden bemühten sich – jeder nach seinen Möglichkeiten – Novizen aufzunehmen und ihre Ordensberufung zu fördern. Im Seminar in Leitmeritz studierten heimlich Ordensleute immer für eine bestimmte Diözese, als ob sie Kandidaten des Dözesanklerus wären.

Auch der Prämonstratenserorden entfaltete weiter sein Wirken. In Tschechien sind Klöster in Prag auf dem Strahov, in Zeliv (Seelau) und in Tepl und in Mähren in Nová Říše (Neureisch). Zwischen diesen selbständigen Häusern war in der Zeit des Totalitarismus eine enge Zusammenarbeit, denn einige Brüder, die nach 1945 in den Orden eingetreten sind, absolvierten das gemeinsame Noviziat in Nová Říše (Neureisch). Sie lebten dort eng zusammen. Der Abt von Želiv (Seelau) Vít Bohumil Tajovský war Vikar des Generalbtes für das tschechoslowakische Cirkarium (Analogie für eine Provinz in ihren Orden). All das reicht in ihren Ursprüngen bis ins Mittelalter. Das Kloster auf dem Strahov gehört zu den bedeutendsten im Orden, denn dort sind seit dem Jahr 1627 die Reliquien des Gründers, des heiligen Norbert, aufbewahrt.

Das Prämonstratenserkloster Tepl

Strahov wurde im Jahre 1143 gegründet und Tepl im Jahre 1193. Große Ländereien im Grenzgebiet gehörten dem böhmischen Adeligen Hroznata, der nach dem Tod seiner Ehefrau und des Sohnes das Versprechen ablegte, dass er am Kreuzzug teilnimmt. Er war ein Mann, der eine bedeutende Position am Hof des tschechischen Königs hatte, mit dem er auch blutsverwandt war. Weil er unter dem Einfluss verschiedener Umstände schließlich zum Kreuzzug nicht mitkam, wurde ihm das Gelübde abgeändert und er gründete in Tepl das Prämonstratenserkloster. Später trat er in den Orden ein als Laienbruder und verwaltete das ausgedehnte Klostereigentum. Im Jahre 1217 wurde er ein Opfer des damaligen Terrorismus. Raubritter aus dem Egerland nahmen ihn gefangen und forderten ein hohes Lösegeld. Er starb am 14. Juli 1217. Seine sterblichen Überreste wurden überführt und aufbewahrt in der Klosterkirche in Tepl. Hroznata gründete auch ein Prämonstratenserinnenkloster in Choteschov (Chotieschau) bei Pilsen, welches im Jahr 1782 unter der Herrschaft des Kaisers Josef II. aufgelöst worden war.

Der älteste Bau in Tepl ist die Abteikirche, die am Anfang erbaut wurde; endgültig wurde sie vollendet im Jahre 1232. Am 20. Juni dieses Jahres wurde die Kirche festlich eingeweiht unter der Teilnahme des damaligen Königs Václav I. Die Konventsgebäude und die Prälatur stammen aus der Barockzeit. Ein Umbau wurde in den Jahren 1688 bis 1722 verwirklicht. Der Bibliothekstrakt links von der Kirche wurde am Anfang des 20. Jahrhundert ausgeführt. Der Umbau war nötig, weil das Kloster in Kriegszeiten öfter ausgeraubt wurde (z. B. im Dreißigjährigen Krieg). Die Brüder wirkten im Kloster und auch als Pfarrer in inkorporierten Pfarreien in der Umgebung von Tepl, von Marienbad und im Pilsener Raum (Chotěšov/Chotieschau und Umgebung). Jedes Kloster hatte immer seine eigene Bibliothek, auch in Tepl trifft man auf alte Bücher, Handschriften und Antiquitäten. Für die Bibliothek war Abt Zikmund Hausmann sehr bedeutend, der von 1458 bis 1506 an der Spitze des Kanonikats gestanden hat. Er ordnete mit Malereien versehene liturgische Bücher an, mit denen die Klosterbibliothek bereichert worden war. Bis heute kann man in der Bibliothek Faksimiles besichtigen.

Dieser Abt war ein enger Vertrauter des Königs Georg von Podebrad und zu seiner Zeit blühte auch die Wirtschaft des Klosters auf. Und auch im Kulturbereich blühte das Kloster auf. Einige nehmen an, dass hier eine gewisse Zeit auch Johann von Saaz wirkte, der auch Johann von Tepl genannt wird, der Verfasser eines der bedeutendsten literarischen Werke des deutschen Mittelalters des »Ackermann aus Böhmen«. Bedeutende Persönlichkeiten aus Tepl wirkten am Pilsener Gymnasium, das das Kloster im Jahre 1804 übernahm. Prof. Joseph Stanislaus Zauper war beispielsweise in Kontakt mit dem berühmten Johann Wolfgang von Goethe, der auch nach Marienbad kam. Das Kloster war auch ein wichtiger Wirtschaftsfaktor im ganzen Kreis. Und aus dem Ertrag des guten Wirtschaftens konnten sie das weltbekannte Marienbad gründen. Das Verdienst erwarb sich vor allem Abt Karl Kaspar Reitenberger zusammen mit dem Klosterarzt Jan Josef Nehr. Nicht alle Brüder waren von der Investition von so bedeutenden Mitteln in ein unsicheres Unternehmen begeistert, und so musste Reitenberger im Jahr 1827 resignieren und lebte dann im Exil in dem österreichischen Kloster Wilten bei Innsbruck, wo er im Jahre 1860 auch gestorben ist. Er überlebte einige seiner Nachfolger auf dem Abtthron.

Der Entwicklung von Marienbad widmeten sich auch einige seiner Nachfolger. Dr. Gilbert Helmer, der 49. Abt, ließ zu Beginn des 20. Jahrhundert ließ die sterblichen Überreste Reitenbergers nach Tepl überführen. Er ruht jetzt in der Abtgruft auf dem Klosterfriedhof. Abt Gilbert leitete das Kloster 44 Jahre und starb im Jahre 1944. Nach seinem Tod wurde Petrus Möhler gewählt, der nach dem Ende des Zweiten Weltkrieges mit den übrigen deutschen Mitbrüdern nach Deutschland ausgewiesen wurde. Zuerst fanden sie Aufnahme im bayerischen Speinshart, später siedelten sie in das Kloster Schönau in der Diözese Limburg über. Der Nachfolger des Abtes Möhler gründete ein Prämonstratenserkloster im indischen Mananthavady, im Staat Kerala, welches bis heute eine lebendige Prämonstratensergemeinschaft ist. Abt Möhler verzichtete vor seinem Weggang aus Böhmen auf sein Recht der Jurisdiktion über das Kloster und über die Brüder in Böhmen. Der Generalabt ernannte den Abt Jarolímek vom Kloster Strahov zum Administrator von Tepl. Prior wurde der Priester Hermann Josef Tyl aus Nová Říše (Neureisch). Im übriggebliebenen Konvent blieben nur vier Kanoniker und zugleich wurden neue tschechische Novizen aufgenommen.

Prior Tyl war im Februar 1950 eingesperrt und verurteilt. Die jungen Brüder, die Theologie in Prag studierten, wohnten im Kloster auf dem Strahov und erlebten dort diese Bartholomäusnacht; von dort aus wurden mit den anderen Ordensleuten im ostböhmischen Braunau interniert. Die älteren Priester erlebten diese traurigen Ereignisse direkt im Kloster in Tepl. Die ausgedehnten Gebäude besetzte die tschechische Armee, welche sie als Kaserne bis zum Jahre 1978 nutzten. Die sterblichen Überreste des seligen Hroznata, des Gründers des Klosters im 12. Jahrhundert, wurden stillschweigend in die Stadtkirche von Tepl überführt. Das Hauptverdienst dafür gebührt dem damaligen Pfarrer von Tepl, Metoděj Cetl. Die provisorische Grabstätte befindet sich in der Kirche des hl. Jilia bis heute. Ende der fünfziger Jahre wurden für die Öffentlichkeit die Bibliothek und die Abteikirche zugänglich. Es kamen die Touristen, denen gegenüber man betonte, wie die reaktionäre Kirche die religiösen Gefühle der Gläubigen missbrauchte. Selbst die Soldaten sahen, wie ringsum alles verfiel. Es ist selbstverständlich, dass die Kirche zur damaligen Zeit nicht für ihren eigentlichen Zweck, den Gottesdienst, verwendet wurde.

Ab den sechziger Jahren war es immerhin möglich, Orgelkonzerte zu organisieren. Für diese bestand damals ein bemerkenswertes Interesse. In den Jahren um 1968 wurde es einige Male erlaubt, in der Abteikirche eine Heilige Messe zu feiern um den Festtag des seligen Hroznata herum (14. Juli). In der Zeit der »Normalisierung« wurde auch das wieder verboten. Im politischen Tauwetter versprach man wenigstens teilweise religiöse Freiheit. In dieser Zeit durfte das einzige Priesterseminar mehr Interessenten am Priestertum aufnehmen. Es meldeten sich auch die, die bis 1950 an der theologischen Fakultät studierten, damit sie ihr Studium vollendeten und zum Priester geweiht wurden. Unter ihnen waren viele Ordensleute und auch Prämonstratenser. Gerade auch junge Seminaristen fühlten sich von der Spiritualität des hl. Norbert angesprochen und traten in den Orden ein. Nach der Priesterweihe wirkten einige von ihnen in den normalen Pfarreien. Prior Tyl übersiedelt von Mähren und wurde als Administrator des Dekanats Marienbad eingesetzt. Der Generalabt ernannte ihn zum Administrator des Kanonikats Tepl. In der Seelsorgeverwaltung wirkte er fünf Jahre, bis man ihm in den sechziger Jahren die Zulassung zum Priesterdienst entzog. Er zog wieder nach Mähren, kam aber ab und zu nach Böhmen, damit er sein Mitbrüder ermutigte. Für die Entwicklung der Orden in der Zeit des Totalitarismus hatte große Bedeutung P. Hugo Josef Pitel. Nach Tepl kam er als junger Mann nach dem Krieg, im Jahre 1969 war er zum Priester geweiht und wirkte am Anfang als Kaplan in Marienbad und später als Administrator in der normalen Pfarrei in Dobřany (Dobrzan) bei Pilsen; von da fuhr er nach Chotěšov (Chotieschau). Nach einigen Jahren musste er diesen Platz verlassen und war dann eingesetzt als Diözesanpriester in Bochov (Buchau). Im Jahre 1986 ernannte ihn P. Heřmann Tyl zum Prior der Kanonie und wurde dort Vertreter des Administrators. Im September des Jahres 1989 versammelten sich die Kanoniker des Klosters Tepl und wählten den bisherigen Verwalter Heřmann Josef Tyl zum 51. Abt. Die Weihe erteilte ihm der Prager Weihbischof Dr. Antonín Liška in der Kapelle des erzbischöflichen Palastes in Prag am 14. Oktober 1989. Nach der Heiligsprechung der hl. Agnes von Böhmen fiel der Kommunismus und so konnten die Brüder wieder Eucharistie in ihrer Abteikirche feiern. Es war am 27. Dezember 1989. Zur Vervollständigung ist es notwendig festzustellen, dass noch vor dem Fall des kommunistischen Regimes wieder die Erlaubnis gegeben wurde, im Rahmen der Wallfahrt zum seligen Hroznata im Juli 1989 eine hl. Messe zu feiern. Das

Regime war in der Auflösung begriffen und konnte sich nicht mehr halten.

Im Februar des Jahres 1990 übernahm der Orden die Seelsorge in Marienbad, wo im Pfarramt provisorisch der Konvent des Klosters war. Das eigene Kloster war so verwüstet, das man dort nicht wohnen konnte. Erst am 28. Oktober 1991 war wenigstens ein Teil renoviert und die Ordensleute zogen wieder in ihr eigenes Haus ein. Das war möglich dank vieler Wohltäter aus Böhmen und auch aus Bayern. Bei der 800-Jahr-Feier der Klostergründung 1993 wurden die Reliquien des seligen Hroznata in das Kloster zurückgebracht und im Jahre 1997 gründete Papst Johannes Paul II die Diözese Pilsen.

Ausblick

Die christlichen Ordensleute leben in dieser Welt und müssen in ihr Zeugnis geben von ihrem Glauben und von ihrer Entscheidung für Christus. Die heutige Zeit, in der Konsumdenken vorherrscht, braucht dieses Zeugnis. Und deswegen ist das Ordensleben auch heute aktuell. Wir hoffen, dass die Klöster auch weiterhin geistliche Zentren in einer geistlich ausgedörrten Welt sind, dass sie mit den Gebeten ihrer Mitglieder das Gesicht der Erde erneuern. Mögen die Klöster das mit ihrer reichen geistlichen und kulturellen Tradition unterstützen und auch die Neugründungen wie z. B. das Trappistenkloster in Novy Dvůr.

Fülle und Friede unserem Land!
Kyrie eleison!

Übersetzung: Pfarrer Franz Tremmel, (Selb)

V.

Klosterleben der Gegenwart
als zeitgenössische Pastoral

Klöster als Stätten der Bildung –
Der Bildungsauftrag der Klöster
in Geschichte und Gegenwart

Inge Bosl in Zusammenarbeit mit Äbtissin M. Petra Articus OCist,
Zisterzienserinnenabtei Seligenthal in Landshut (Bayern)

Schon bald nach dem Niedergang des Römischen Reiches wurde die Kirche, vor allem mit ihren Klöstern, zur entscheidenden Trägerin der Bildung. Klosterschulen erhielten zunehmende Bedeutung. Eine Klosterschule – so gemäß mündlicher Überlieferung – soll es bereits um 529 in Monte Cassino gegeben haben. Benedikt von Nursia (um 480-547)[1], Cassiodor (um 486–580)[2] und Benedikt von Aniane (um 750-821)[3] waren bedeutende Förderer der Klosterschulen.

Die ältesten deutschsprachigen Klosterschulen entstehen im 7./8. Jahrhundert in Benediktinerklöstern, zum Beispiel Reichenau, St. Gallen, Niederaltaich, Kremsmünster und Tegernsee.

Zu einer Blütezeit der Klosterschulen kam es unter Karl dem Großen († 814), für den Bildung eine grundlegende Basis seiner Herrschaft darstellte. 798 erließ er eine Verordnung, in der festgelegt wurde, dass in allen Klöstern und an Bischofssitzen Schulen errichtet werden müssen.[4]

Die Schulen waren zunächst nur Bildungsstätten für die Mitglieder eines Klosters und dienten vor allem der religiösen, monastischen und musikalischen Ausbildung (Liturgie und Choral) der Neueintretenden. Die Schüler kamen mit spätestens sieben Jahren in die sogenannten »inneren Schulen«. Zur Zeit Karls des Großen erfolgte eine Öffnung der Klosterschulen auch für Laien (äußere Schulen). Der Unterrichtsstoff beinhaltete Theologie (Bibelstudium), Rechtsfragen und Vorschriften (modern: Kirchenrecht). Jahrhundertelang wurden die sogenannten Sieben Freien Künste (septem artes liberales) gelehrt, geteilt in das Trivium (Grammatik, Rhetorik, Dialektik) und das Quadrivium (Musik, Arithmetik, Geometrie, Astronomie).

---

[1] Vgl. Pius Engelbert, Art. *Benedikt v. Nursia*, in: LThK 2 (1994/2006), Sp. 203 f.
[2] Vgl. Siegmar Döpp, Art. *Cassiodorus*, in: LThK 2 (1994/2006), Sp. 970 f.
[3] Vgl. Josef Semmler, Art. *Benedikt v. Aniane*, in: LThK 2 (1994/2006), Sp. 200 f.
[4] Vgl. de.wikipedia.org/wiki/Liste_der_ältesten_Schulen_im_deutschen_Sprachraum (aufgerufen 15.03.2013), S. 1 (von 37).

Klöster waren Hauptträger der Bildung

Seit dem 12. Jahrhundert kamen als Bildungsträger die Zisterzienser hinzu, die Dominikaner und die Franziskaner, die auch außerhalb der Klöster lehrten, vor allem an den neu entstehenden Universitäten, besonders in Paris (Philosophie und Theologie) und Bologna (Rechtswissenschaften). Mit Gründung des Jesuitenordens in der frühen Neuzeit entwickelten sich neue bedeutende Bildungsstätten mit fundierter, umfassender theologischer und wissenschaftlicher Ausbildung.

In der Zeit der Reformation haben viele evangelische Fürsten den Bildungsauftrag der Klöster, die sie säkularisiert hatten, weitergeführt. Oft wurden ganze Klöster zu Schulen umgewidmet. Man hat trotz Säkularisation und Beendigung der katholischen klösterlich-monastischen Tradition an der Bildungsaufgabe der Klöster festgehalten. Ein berühmtes Beispiel für die Umbildung eines ganzen Klosters in eine Schule finden wir in Sachsen: Schulpforta bei Naumburg. Die ursprüngliche Zisterzienserabtei wurde 1540 durch Herzog Heinrich den Frommen säkularisiert und durch Herzog (später Kurfürst) Moritz von Sachsen 1543 zu einer Landesschule für Knaben umgestaltet.[5] Aus den Klostergebäuden wurden Schulgebäude. Es war eine höhere Schule zur Förderung von Begabten mit Schulgeldfreiheit und Hochschulausbildung. Die »Landesschule Pforta« besteht bis heute als Gymnasium. Eine Reihe bedeutender Deutscher haben in Pforta ihre schulische Ausbildung erhalten, z. B. Friedrich Nietzsche, Johann Hermann Schein, Johann Gottlieb Fichte, der große Historiker Leopold von Ranke, der Mediziner Lepsius und viele andere.[6]

Trotz einer nicht gerade überragenden Wertschätzung der Frau gab es schon im Mittelalter Frauenklöster, in denen sowohl Novizinnen als auch adelige und patrizische Mädchen unterrichtet wurden. Die Nonnen erreichten oft ein hohes Bildungsniveau und bemühten sich häufig, weitere Schulen für Mädchen zu errichten. Als Beispiel hochgebildeter Frauen seien genannt: Roswitha von Gandersheim (erste bekannte deutsche Dichterin), Caritas Pirkheimer (aus patrizischer Nürnberger Familie, Äbtissin), Hildegard von Bingen (Äbtissin, theologische, historische und naturkundliche Abhandlungen – großer Bekanntheitsgrad in unserer Zeit), Adelheid von Vilich[7], die im 10. Jahrhundert dort Äbtissin war und dazu von Kaiser Otto III. und dem Kölner Erzbischof Heribert als Äbtissin nach Köln in das Kloster »Maria im Kapitol« berufen wurde; bis zu ihrem Tod war sie Beraterin von Bischof Heribert.

---

[5] Vgl. de.wikipedia.org/wiki/Landesschule_Pforta (aufgerufen 15.03.2013), S. 1 (von 9).
[6] A. a. O., S. 7.
[7] Aufsatz von Schwester Dr. Adelheid Schneider (hausintern).

Bedeutende Klosterfrauen begründen Mädchenbildung

Insgesamt war die Bildung der Frauen aber eingeschränkt; ab der frühen Neuzeit bemühte sich daher eine Reihe von Frauen um eine breitere Mädchenbildung; ihre Einrichtungen – die Schulorden – bestehen bis heute. Angela Merici (um 1474–1540)[8] rief die »Gesellschaft der hl. Ursula« (nach ihrem Tod »Orden der Ursulinen«/OSU) ins Leben, deren vorrangige Aufgabe die Kindererziehung war, aus der Erkenntnis heraus, dass ohne Bildung weder Familie noch Gesellschaft sich positiv entwickeln können.

Maria Ward (1585–1645)[9] stieß mit ihrer Vorstellung, ein Leben nach der Regel des hl. Ignatius zu führen und ihr Apostolat, die Mädchenbildung, außerhalb einer Klausur auszuüben, auf großen Widerstand. Sie erregte, weil sie so leben wollte wie die Jesuiten, größtes Ärgernis, ihre Vereinigung wurde aufgelöst und Maria als Ketzerin 1631 neun Wochen in Haft genommen.

200 Jahre später erhielt eine junge Frau, Karolina Gerhardinger (1797–1879) aus Stadtamhof bei Regensburg, kräftige kirchliche Anregung und Unterstützung für ihre erzieherische Arbeit durch den damaligen Dompfarrer und späteren Bischof von Regensburg, Georg Michael Wittmann. Karolina Gerhardinger wird zur Gründerin der »Arme(n) Schulschwestern von Unserer Lieben Frau«; sie nimmt den Namen Maria Theresia von Jesu an; bis heute gilt sie als eine Pionierin der modernen Frauenbildung: »Mustergültige Lehrpläne umfassten modernen Anschauungsunterricht, hauswirtschaftliche und kaufmännische Fächer, Fremdsprachen, musische Bildung und Turnen.«[10]

In den heutigen klösterlichen Schulen ist die Ausbildung der Mädchen und Jungen selbstverständlich gleich. Und es gibt sogar eine Reihe klösterlicher Bildungsstätten mit gemeinsamer Erziehung von Buben und Mädchen.

Zusammenfassend kann zur Bedeutung der Klöster und ihrer Bildungseinrichtungen gesagt werden: Die Klöster (neben Dom- und Stadtschulen) waren im Mittelalter die Hauptträger der Bildung; sie waren durch die Jahrhunderte die Heimstätten des religiösen Lebens, der Studien, der Wissenschaft, der Kultur und damit auch Vorbilder im Bereich von Handwerk und Agrarwirtschaft. Die Agrarkultur war ein Bereich, in dem vor allem die Zisterzienser Hervorragendes leisteten (Be- und Entwässerungskultur, oft mit

---

[8] Vgl. Karl Suso Frank, Art. *Angela Merici*, in: LThK 1 (1993/2006), Sp. 647; Johanna Lanczkowski, Art. *Ursulinen*, in: *Kleines Lexikon des Mönchtums und der Orden*, Stuttgart 1995, S. 249 f.; www.heiligenlexikon.de/*Biographien/Angela_Merici_vonBrescia.htm* (aufgerufen 18.03.2013).

[9] Vgl. Manfred Eder, Art. *Ward, Mary*, in : RGG⁴ 8 (2005), Sp. 1306 ; *de*.wikipedia.org/wiki/Maria_Ward (aufgerufen 18.03.2013).

[10] In: de.wikipedia.org/wiki/Karolina_Gerhardinger; vgl. auch Karl Suso Frank, Art. *Gerhardinger, Karolina*, in: LThK 4 (1995/2006), Sp. 513.

ausgeklügelter Kanalisation, moderner Ackerbau, Züchtungen von Vieh, Getreidesorten, Obstkulturen).

Trotz Reformation und Säkularisation existieren bis heute noch viele der ältesten Klosterschulen, natürlich in gewandelter Form, z. B. St. Gallen, Freising, Fulda, Melk, Görlitz, Kremsmünster, Tegernsee, Niederaltaich.

Der Bildungsauftrag der Klosterschulen ändert sich natürlich im Lauf der Jahrhunderte, wobei ein Bildungsziel immer gleich bleibt: der starke religiöse Bezug. Es ändern sich die Schultypen, es ändert sich der Fächerkanon, es ändert sich der Unterrichtsstil.

Zeugnisse zur Bildung im Zisterzienserinnenkloster Seligenthal

In der Klosterchronik und in einem sogenannten Hausbuch des Zisterzienserinnenklosters Seligenthal in Landshut (Bayern)[11] finden sich ab dem 17. Jahrhundert Hinweise auf Schulunterricht und damit verbunden Aussagen zum Bildungsauftrag. Ziele des Unterrichts sollten sein: »gute Zucht der Kinder, Erziehung zur höchsten Ehre Gottes und zur Ehre der gebenedeitesten Jungfrau Maria.« Es handelt sich also um eine ausgesprochen christlich–religiöse Erziehung, die praktische Zielsetzungen einschloss: Die Mädchen sollten lesen, schreiben und rechnen lernen, um eine gewisse Selbständigkeit zu erreichen, auch in Musik sollten sie unterrichtet werden, um bei besonderen liturgischen Anlässen mitwirken zu können.

Um der Hetze der Aufklärer gegen die »nichtsnutzige Einrichtung der Klöster« entgegenzuwirken und um der drohenden Säkularisierung zu entgehen, eröffnete Seligenthal 1782 eine Trivialschule, in der Hauswirtschaft und die Elementarfächer unterrichtet wurden. Die Schule hatte besten Erfolg. Dennoch wurde Seligenthal 1803 säkularisiert – wie fast alle bayerischen Klöster. Und es waren nicht nur Bibliotheken, Archive, Klostergebäude und Kirchen, die durch die Säkularisation zerstört wurden, es kam mit dem Ende der meisten klösterlichen und kirchlichen Bildungseinrichtungen zu einer kulturellen und bildungsmäßigen Verarmung des Landes. Es hat lange gedauert, bis diese Verarmung durch Schaffung staatlicher Einrichtungen abgebaut wurde.

Als unter der Regierung König Ludwigs I. Seligenthal 1835 wiederbegründet wurde, war dies verbunden mit der Pflicht zur Übernahme von Schulen zum Nutzen der Gesellschaft. So wurde das früher monastische Zisterzienserinnenkloster ab 1835 bis heute zu einem großen Schulzentrum, das jeden Tag etwa 1800 Kinder und junge Menschen besuchen.

Seligenthal begann mit einer Volksschule, der eine Armenkinderbewahranstalt angegliedert war, in der Kinder »abgenährt« wurden und von acht Uhr früh bis vier Uhr nachmittags unter der Aufsicht der Schwestern stan-

---

[11] Chronik und Hausbuch: Archiv Seligenthal.

den, die sie im Stricken, Nähen und Spinnen unterrichteten. Es war also modern ausgedrückt, eine Art Hort, ein Tagesheim. In der Chronik heißt es dazu: »Die Schule für arme, verwahrloste und uneheliche Kinder begann allmählich aufzublühen, indem so viele Kinder Nahrung, Kleidung und heilsamen Unterricht empfingen.«[12] Die Schule war also eine Bildungs- und Bewahranstalt und darüber hinaus eine caritative Einrichtung: kostenloses Essen, Ausgeben von Kleidern (bis 1890).

1838 wurde ein Erziehungsinstitut, das bedeutete eine höhere Schule, eröffnet. Die Bildungsziele werden klar dargelegt:

1. körperliche Ertüchtigung;
2. geistige Bildung; dazu ein großes Angebot (neun Hauptfächer, elf Wahlfächer), das heißt eine solide Wissensausbildung;
3. religiös-moralische Erziehung als Grund wahrer Zufriedenheit und wahren Glücks für Zeit und Ewigkeit.[13]

Es wird also das klassische *mens sana in corpore sano* aufgegriffen und es wird eine Erziehung zu Menschlichkeit und zur Entwicklung der Persönlichkeit angestrebt, die bis heute wichtige Bildungsziele der klösterlichen Schulen sind.

Bildungsziele der heutigen klösterlichen Schulen

Die Bildungsziele der heutigen klösterlichen Schulen zeigen vor allem in einem Bereich weitgehende Übereinstimmung. Für alle gilt im Bereich der Werteerziehung die Übermittlung des christlichen Glaubensgutes in einer immer mehr säkularisierten Welt als oberstes Ziel. So heißt es z. B. im Internat des Benediktinerinnen-Klosters Wald: »Der Besuch des Sonntagsgottesdienstes, das Feiern der christlichen Feste, Gebet, Meditation gehören zum selbstverständlichen Tun im Jahresablauf. Das Kennenlernen und Einüben christlicher Werte geschieht im täglichen Miteinander ...«[14]

Neben religiöser Erziehung, der fundierten Glaubensvermittlung, sind Leistung und Erfolg, eine solide wissenschaftliche Bildung, Erziehung zur Verantwortung für die Mitmenschen und die gesamte Schöpfung nach wie vor Bildungsziele der Klosterschulen.

Seligenthal gründete 2000 eine Schulstiftung, da es allein die enormen finanziellen Belastungen nicht mehr schultern konnte. In der Satzung für die Schulstiftung werden Zielsetzungen und Bildungsziele ausführlich dar-

---

[12] Chronik III., S. 1 – Archiv Seligenthal.
[13] Ausführungen angelehnt an Vortrag von Inge Bosl, »*Von der Mädchenbildung zum Bildungszentrum*«, in: FS Dreifachjubiläum im Jahr 2010, S. 25.
[14] Vgl. www.relaunch2012.heimschule-kloster-wald.de/internat/leben_im_internat.php (aufgerufen 26. 01.2013), S. 2.

gelegt: »Richtungsweisend für den Unterricht und die Erziehung sind die in der Heiligen Schrift und der kirchlichen Tradition enthaltenen und von der katholischen Kirche vorgegebenen Wahrheiten und Wertvorstellungen, vor allem das christliche Menschenbild. Ziel der Tätigkeit der Stiftung ist es, Jugendlichen nicht nur Wissen zu vermitteln, sondern sie zur Selbstbestimmung, verantwortlichem Handeln und zum Engagement in Familie, Gesellschaft, Kirche und Staat zu qualifizieren und günstige Voraussetzungen für eine umfassende Entfaltung aller menschlichen Kräfte und für die Pflege personaler Beziehungen zu schaffen.«

Das »Theresia–Gerhardinger–Gymnasium am Anger« in München, eines der Gymnasien der Armen Schulschwestern, drückt die pädagogischen Zielsetzungen der Schule in einem Satz der Lebensregel der Armen Schulschwestern aus: »Für uns bedeutet Erziehung, die Menschen hinzuführen zu ihrer vollen Entfaltung als Geschöpf und Abbild Gottes und sie zu befähigen, ihre Gaben einzusetzen, um die Erde menschenwürdig zu gestalten.«[15]

Die konkrete Ausgestaltung[16] dieser Ziele umfasst eine solide Wissensbildung, die Möglichkeit zur Entfaltung der Persönlichkeit (über zwanzig wahlfreie Angebote), gemeinsame Feier der christlichen Feste im Verlauf des Kirchenjahres, Messen, schulpastorale Veranstaltungen (z. B. Nacht der Begegnung), oft ausgerichtet auf die Altersstufe der Schülerinnen.

Das Zisterzienserkloster »Our Lady of Dallas« (Dallas/USA) sieht als wichtige Arbeit der Mönche Bildung und christliche Erziehung der Schüler. Ihre Bildungsziele finden sich in der Ansprache Papst Benedikts XVI. (2010) an die katholischen Lehrer Englands:

»Wie Sie wissen, besteht die Aufgabe des Lehrers nicht einfach darin, Informationen zu vermitteln oder für eine Schulung in gewissen Fertigkeiten zu sorgen, um den wirtschaftlichen Gewinn für eine Gesellschaft zu steigern; Erziehung ist nicht und darf nie rein utilitaristisch verstanden werden. Vielmehr geht es um die Ausbildung der menschlichen Person, um ihn oder sie zu rüsten, das Leben in seiner Fülle zu leben – kurz, es geht um die Vermittlung von Weisheit. Wahre Weisheit ist untrennbar mit dem Wissen um den Schöpfer verbunden, denn ›wir und unsere Worte sind in seiner Hand, auch alle Klugheit und praktische Erfahrung‹ (Weish 7,16).«[17]

Wenn heute die moderne Gesellschaft klösterliche Schulen wertschätzt und sie häufig als Bildungsstätten für ihre Kinder präferiert, so liegt das nur zum Teil an der geistlich-religiösen Zielsetzung der Institute. Geschätzt wird in erster Linie die gründliche und konsequente wissenschaftliche Schulung, die persönliche Zuwendung der Lehrer, die Hilfe für schwächere Schüler,

---

[15] Vgl. de.wikipedia.org/wiki/Karolina-Gerhardinger-Gymnasium am Anger (aufgerufen 26.01.2013), S. 3.

[16] *Ebda.*

[17] Vgl. *Cistercienser Chronik 2012*, Heft 3, S. 449.

Schutz, Geborgenheit und Halt, die die Schulen gewähren. Prägend für junge Menschen können auch die Gebäude, die Schönheit der Architektur, die Klosterkirchen und das ikonographische Programm, die Ausstattung (Ordnung, Geschmack) der Lehrräume wirken.

Die meisten klösterlichen Schulen haben heute einen sehr guten Ruf, der viele Eltern dazu führt, ihre Kinder einem klösterlichen Institut anzuvertrauen.

Klöster und Sozialarbeit
in der Rumänischen Orthodoxen Kirche

Abt Archimandrit Vasile Crişan, Dumbrava/Unirea Kloster Dumbrava,
Erzbistum Alba Iulia (Rumänien)

> *»Wir aber, die wir stark sind, sollen das Unvermögen der Schwachen tragen.«*
> (Röm. 15,1)

Die Kirche als Leib Christi vermittelt allen ihren Kindern zu allen Zeiten die Früchte des Wirkens Jesu in Wort und Tat, der in die Welt gekommen ist, damit Er »werde alles in allem«. Neben allem sakramental-heiligenden Wirken, das die Kirche seit Pfingsten ausübt, hat die Kirche nie die pastorale und soziale Arbeit vernachlässigt, durch die jene dem sakramentalen Akt eigenen Bedingungen und letztlich die Erlösung der Gläubigen nach dem Bild unseres Erlösers Jesus Christus verwirklicht werden.

Besondere Aufmerksamkeit schenkte unser Herr Jesus Christus immer benachteiligten Personen. Seine Haltung gegenüber diesen Menschen äußerte sich praktisch durch seinen Trost für leidende Menschen und durch das Erheben der Caritas und Nächstenliebe zu einer wesentlichen Bedingung für die Erlösung, wie es das Bild vom Weltgericht eindrucksvoll demonstriert (vgl. Mt. 25,31-46). Um dem gerecht zu werden, haben sich die ersten christlichen Gemeinden so organisiert, dass sie sowohl die geistlichen Bedürfnisse der Gläubigen befriedigen, als auch gleichzeitig die Leiden der Benachteiligten lindern und erleichtern konnten (vgl. Apg. 4,34; 1. Kor. 16; 2. Kor. 8-9).

In unserem Land hatte die Sozialarbeit von Anfang an einen eminent religiösen Charakter, entwickelte sie sich doch über die Jahrhunderte im Rahmen der Klöster und der Kirchen. Die sogenannten »Krankenlager« bei den Klöstern dienten über die Jahrhunderte nicht nur den Klöstern selbst, sondern sie boten ihre Dienste auch armen Kranken und alten Menschen ohne Familien an. Denken wir nur an die Klöster Câmpulung (14. Jahrhundert), die Krankenlager der Klöster Putna, Bistriţa, Vâlcea, Dragomirna (1619), Cozia und Hurez (1696), Hl. Spiridon Iaşi (1757), Precista Mare Roman (1787) und im Kloster Neamţ (18. Jahrhundert). Im 16. Jahrhundert entstehen auch Sozialeinrichtungen für Arme in den Klöstern von Bukarest, hier seien zum Beispiel Colţea und Pantelimon erwähnt. In der Walachei war die Kirche bis in die erste Hälfte des 19. Jahrhundert. die einzige Institution, die Aktivitäten karitativen Charakters entwickelt hat.

Zur Zeit der Herrschaft von Alexandru Ioan Cuza (19. Jahrhundert)[1] lässt sich erstmals das Ansinnen der politischen Obrigkeit erkennen, sich im Bereich der Sozialarbeit zu engagieren durch die Gründung von entsprechenden Einrichtungen, die vom Staat betrieben werden sollten. Trotzdem werden die Kirche insgesamt und die Klöster insbesondere ihre privilegierte Position als Trägerin von Sozialarbeit bis 1948 behalten. Mit der kommunistischen Machtergreifung in Rumänien 1944 bis 1948 wurde die kirchliche Sozialarbeit vollständig untersagt, die entsprechenden Einrichtungen der Kirche und der Klöster wurden allesamt aufgelöst. Die Kirche war zu jener Zeit marginalisiert, ihre Beziehungen zur Gesellschaft unterlagen engen Beschränkungen. Die Priester bemühten sich im Bewusstsein ihrer Verantwortung um den sakramentalen Dienst auch in jener Zeit trotz aller Verfolgung und Einschränkungen leidenden, bedürftigen und ausgestoßenen Menschen nahe zu sein und beizustehen. Die Pfarrgemeinden wie die Klöster bemühten sich weiter, Bedürftigen zu helfen. Und dank der Fürsorge von Priestern und Mönchen wurden auch in jener Zeit Bedürftige mit dem Nötigsten versorgt.

Nach dem Fall des Kommunismus wurde die alte philanthropische Tradition der Kirche wieder aufgegriffen und als geistliche Herausforderung wie praktische Notwendigkeit wahrgenommen, die sowohl aus dem Evangelium der Liebe Christi zu allen Menschen erwächst, wie auch aus der Göttlichen Liturgie der Kirche, in der die barmherzige und aufopferungsvolle Liebe Christi zu den Menschen gefeiert wird. So wurden noch 1990 auf Initiative einiger weitsichtiger Hierarchen und Priester wieder sozial-karitative Einrichtungen für Kinder in Not, behinderte Menschen oder sozial gefährdete Familien gegründet. Denn – wie unser Patriarch Daniel sagt – »im kranken, armen, hungrigen und nackten, erniedrigten oder der Freiheit beraubten Menschen ist Christus selbst auf geheimnisvolle Weise gegenwärtig als der Menschenliebende, der uns aufruft, barmherzig zu sein wie unser Himmlischer Vater«.

Zur Lösung der komplexen Probleme in der Sozialarbeit hat die Rumänische Orthodoxe Kirche schon im Jahr 1991 in den großen Universitätszentren an den Theologischen Fakultäten den Studiengang »Sozialassistenz« zur Ausbildung von Fachpersonal für die Sozialarbeit geschaffen. Auf Empfehlung der Heiligen Synode der Rumänischen Orthodoxen Kirche (Bischofskonferenz der Rumänischen Orthodoxen Kirche) wurde 1995 in den Bistumsverwaltungen aller Eparchien eine eigene Sozialabteilung ge-

---

[1] Alexandru Ioan Cuza (1820-1873) vereinigte 1859 die Fürstentümer Walachei und Moldau durch seine Regentschaft in Personalunion und gründete damit das Fundament zum späteren Rumänien. Am 24. Dezember 1861 proklamierte er den Staat România (Rumänien) mit der Hauptstadt Iași, das ein Jahr später – nachdem die beiden Länder auch formal vereinigt worden waren – von Bukarest abgelöst wurde.

schaffen sowie ein eigener Sozial- und Missionsdienst auf der Ebene des Rumänischen Patriarchats, der in Zusammenarbeit mit dem Arbeits- und Sozialministerium, dem Gesundheitsministerium, dem Justizministerium und anderen Institutionen des Staates eine Strategie ausarbeiten soll für die Implikation der Kirche in der geistlichen und materiellen Hilfe für bedürftige und benachteiligte Menschen.

Im Jahre 1997 wurde auf Initiative des Erzbistums von Alba Iulia und Erzbischof Andrei, heute Erzbischof und Metropolit von Klausenburg, das erste »Organisationsstatut der Sozialassistenz« in der Rumänischen Orthodoxen Kirche (»Regulamentul de organizare şi funcţionare a sistemului de Asistenţa socială în Biserica Ortodoxă Română«) erarbeitet und verabschiedet sowie der erste Leitfaden für die Praxis für die Büros der Sozialarbeit in den Eparchien und Pfarreien. Um diese verschiedenen Herausforderungen im Bereich der Sozialarbeit mit religiösem Charakter zu bündeln, wurde auf der Ebene des Patriarchats die Hauptabteilung »Kirche und Gesellschaft« mit drei Unterabteilungen gegründet: der Unterabteilung für Sozialassistenz, der Unterabteilung für Jugendarbeit und der Unterabteilung für Fragen der Anstaltsseelsorge (Krankenhaus-, Gefängnis- und Militärseelsorger).

Im Blick auf die Kinder- und Jugendfürsorge beispielsweise wurde von Anfang an darauf abgezielt, kirchliche Einheiten aller Ebenen von der Pfarrgemeinde bis zur Patriarchalverwaltung in die Ausarbeitung und Strukturierung eines angemessenen Programms einzubinden, das Kindern in besonderen Schwierigkeiten und Problemlagen helfen soll. Der erste wichtige Schritt im Bereich der kirchlichen Sozialarbeit war die Gründung von »Familienhäusern« in Zusammenarbeit mit staatlichen Stellen unter der juristischen Trägerschaft der Pfarrgemeinden.

In dieser Form der Zusammenarbeit wurden in allen Bistümern zahlreiche solche »Familienhäuser« gegründet, in der die Kinder unter dem liebe- und aufopferungsvollen Schutz der Priester und Pfarrfrauen eine grundlegende Fürsorge und Erziehung bekommen und geeignete Vorbilder für ihr Leben kennenlernen und den Wert der Integration in die Gemeinschaft und die Gesellschaft.

Auch Klöster erfüllen solche Aufgaben bis heute. So ein Beispiel haben wir auch in unserem Kloster Dumbrava im Erzbistum Alba Iulia (Siebenbürgen), wo Vater Archimandrit Vasile Crişan sich um 110 Kinder kümmert, die entweder ausgesetzt bzw. verlassen wurden oder aus bedürftigen Familien kommen und für die er wie ein wahrer Vater ist.

Diese Sorge und Fürsorge, bedürftigen Kindern ein Dach über dem Kopf, regelmäßige Verpflegung und Erziehung zukommen zu lassen, hat die Pfarrgemeinden und manche Klöster motiviert, Waisenkindern oder verlassenen Kindern entsprechend zu helfen, was auch einen wichtigen Punkt in der Sozialen Mission der Gemeindepriester darstellt. Gleichzeitig haben etliche

Klöster auch Altenheime gegründet, in denen zur Zeit hunderte von alten Menschen ohne Angehörigen leben, die sonst von keiner Seite Hilfe erfahren.

Zur Prävention des Auseinanderbrechens von Familien und des Aussetzens von Kindern nach der Geburt wurden mit Hilfe von »USAID« durch das Projekt »World Learning« Familienzentren für Sozialdienste gegründet, die soziale und juristische Beratung anbieten, den Zugang zu medizinischer Versorgung und entsprechenden Leistungen erleichtern oder überhaupt ermöglichen, sowie väterliche Unterstützung, materielle Unterstützung und Informationen bieten sowie in den Beziehungen zu den Lokalbehörden vermitteln.

In unserem Kloster wie in anderen auch wurden zudem Zentren für junge Mütter gegründet zum Schutz von Müttern und Kindern in Schwierigkeiten und sozialen Risiken gegründet.

Die ganze Vielfalt der Sozialarbeit im gesamten Rumänischen Patriarchat wird an der großen Bandbreite der Dienste deutlich, die in Pfarrgemeinden und Klöstern angeboten werden: Soforthilfe, Notfalldienste, stationäre Kinderbetreuung, Kinderbetreuung in Tageszentren, Betreuung missbrauchter Kinder, Stipendien, schulische Angebote, Betreuung behinderter Kinder, Suchtberatung, Beratung von behinderten Menschen, Betreuung von alten Menschen in Heimen und Tageszentren, häusliche sozial-medizinische Betreuung von alten Menschen, Herbergen für Obdachlose, Sozialkantinen, Berufsfortbildung für Erwachsene. Grundlegend für all diese Aktivitäten und Dienste ist die aufopferungsvolle Arbeit vieler Priester, Mönche und Nonnen, Sozialassistenten und Theologiestudierender, die sich dem Dienst am Nächsten weihen.

Gegenwärtig wird die sozial-philanthropische Arbeit der Kirche für die Menschen und ihre Gemeinschaften im Sinne der christlichen Lehre von der »Föderation Philanthropia« gefördert, die eine private Non-Profit-Organisation darstellt, die mit dem Segen des Heiligen Synod der Rumänischen Orthodoxen Kirche wirkt. Die Föderation hat sich auch zum Ziel gesetzt, die Wirkung und Effizienz ihrer Mitgliedsorganisationen und der Sozialabteilungen der Eparchien durch die einheitliche Bündelung ihrer Kräfte in einer gemeinsamen, koordinierten, kohärenten und effizienten Stimme im Blick auf alle aktuellen Herausforderungen.

Diese Föderation führt gemeinsame Projekte mit Partnern aus dem In- und Ausland durch. So kam es, dass das territoriale Netz an Dienstleistern christlicher Sozialdienste sich wesentlich erweitert hat sowohl, was die Zahl der beteiligten Eparchien betrifft, als auch die Bandbreite der Arbeitsgebiete. Dadurch wird die die Entwicklung der organisatorischen Kapazität der Rumänischen Orthodoxen Kirche als strategischer Partner der Regierung im Bereich der Sozialen Inklusion bezweckt.

Für die Zukunft will die Föderation eine gemeinsame Plattform für gemeinsames Handeln für alle Vereinigungen und Stiftungen bieten, die unter dem Dach der Kirche wirken. Dadurch will die Föderation ihren Beitrag leisten zur pastoralen und sozialen Mission der Rumänischen Orthodoxen Kirche. Unsere Kirche erweist sich auch in ihrer Sozialarbeit für die Menschen und ihre Gemeinden als lebendige Kirche.

Unser Patriarch Daniel hat bei der Unterzeichnung des gemeinsamen »Protokolls der Kooperation im Bereich der Sozialen Inklusion zwischen Staat und Kirche« gesagt: »Wir hoffen, dass die heutige Kooperation der Kirche mit dem Staat im Bereich der Sozialassistenz vereinte Kräfte für eine größere Effizienz und geistliche Tiefe ... im Blick auf die Hilfe für Bedürftige und im Einsatz für den Schutz der Menschenwürde bedeutet, weil die Menschen nach dem Bilde Gottes von einzigartigem ewigem Wert geschaffen worden sind.«

Übersetzung: Jürgen Henkel (Selb-Erkersreuth)

Der Kraft des Wortes vertrauen

P. Dr. Manfred Entrich OP, Düsseldorf (Deutschland),
Dominikanerkonvent Düsseldorf,
Geschäftsführer des Institutes für Pastoralhomiletik

Einleitung

In einer Zeit, in der große Fragen gestellt werden, werden auch große Antworten von uns verlangt. Es sind dies die Fragen nach Krieg und Frieden, Terror und Hunger, nach einem Leben in Würde und einem Leben, das von der Geburt bis zum Tod bejaht wird. Gleichfalls stehen die Fragen nach einer gerechten sozialen Ordnung auf der Agenda unserer Antwortversuche. Lebensangst und Zukunftssorge, Glaubensnot und Sinnsuche sind ein Boden, aus dem eine Lebensangst aufwächst, die ein Fragen *nach* Gott und ein Sprechen *von* Gott um des in Angst geratenen Menschen willen so dringend notwendig erscheinen lässt.[1] Unbezweifelbar sehnt sich der Mensch nach Nähe zum Mitmenschen und nach Vertrautheit mit Gott, so er ihnen glauben kann. Die bittere Erfahrung aber, die er oft machen muss, ist die Enttäuschung über sich selbst, weil das Brücke schlagende Gespräch zum anderen nicht gelingt und sich dann doch als Selbstgespräch enttarnt und das Gebet auf Gott hin im leeren Raum eines nicht antwortenden Gegenüber zu verhallen droht.[2] Erwartungsvoll und häufig ängstlich, gelassen oder mit Tränen in den Augen, suchen Menschen die Kirche auf in der Hoffnung, dass sie sich dort selbst näher und damit Gott verbundener erfahren können. Wo sind die Räume, und wo leben die Menschen, die von Gott auf eine Weise zu sprechen vermögen, die den großen Fragen gerecht wird und die nicht verstummen vor der Herausforderung, eine Antwort zu formulieren? Die Hoffnung, Menschen dieser Art in der Kirche zu finden, trifft auf eine Situation, in der tief greifende Veränderungen im Raum der Kirche angesagt sind. Nicht selten ausgelöst durch ökonomische und personelle Engpässe, verändern sich die gewohnten Strukturen und wächst eine veränderte soziale Gestalt der Gemeinden und Ordensgemeinschaften.

---

[1] Eugen Biser, *Der obdachlose Gott. Für eine Neubegegnung mit dem Unglauben*, Freiburg i. Br. ²2005, S. 26 f.

[2] Ebd., S. 34 f.

Es ist nicht nur eine verlegene Formulierung, wenn wir davon sprechen, in einer *Übergangssituation* zu stehen. Übergänge sind immer auch kritische Momente, in denen wir mit Recht fragen: Trägt die Brücke von einem Ufer zum anderen, sind die Konstruktionen, auf die wir uns verlassen, um den Weg von A nach B zu beschreiten, hinreichend auf ihre Belastungsfähigkeit ausgetestet, und ist es überhaupt gut, dass wir von A nach B wechseln?

Ernsthaft fragen

Nun ist es nicht in unser Belieben gestellt, ernsthaft den Fragen auszuweichen, im Gestern zu bleiben und so die Unsicherheit des Übergangs in den Weg von morgen zu meiden. Diese Haltung entspricht nicht der vitalen Erfahrung der Kirche. Sie war in ihrer Geschichte immer gezwungen, mit dem Gepäck des Glaubens und dem Stützstab ihrer Traditionen den Weg in die Zukunft zu gehen, um in veränderten Zeitumständen und unterschiedlichen Gesellschaften das Wort des Lebens und damit die Botschaft von Jesus, dem Christus, als dem allen Menschen Heil Bringenden zu verkünden.

Das Volk Gottes ist auf der Pilgerschaft, um sein Ziel, Gott selbst, zu erreichen. Über das Verhältnis beider Bilder – Leib Christi und Volk Gottes, über deren theologische Belastbarkeit im Blick auf die Herausforderungen einer modernen Welt gilt es festzuhalten: Die Kirche ist »keine Konserve«, die auf dem Weg durch die Zeit, durch verschiedene Kulturen und Gesellschaftsformen hindurchgereicht wird. Vielmehr bewahrt sie in ihrer Vitalität (konserviert) Glaubenserfahrung und Glaubenswissen, um von dieser Nahrung zu leben und Kraft zu finden, sich auf die jeweiligen neuen Herausforderungen auch einlassen zu können. Kirche ist eben kein Museum, in dem bewundert werden kann, was einmal war, sondern sie ist Raum in der Zeit, in der Menschen zu Atem und zur Besinnung kommen, in der sie Lebensdeutung erfahren und Gottes Verheißung verkündet wird. In ihr werden Menschen gesammelt und gesendet. Sie wird sichtbar in den Orten der Danksagung (Liturgie) und an den Orten engagierter, helfender und liebender Zuwendung (Diakonia), sowie hörbar in den vielen guten Glaubensworten, die Menschen einander zusprechen, Eltern zu Kindern, Lehrer zu Schülern, Jugendleiter zu Jugendlichen und nicht zuletzt durch Priester und Diakonie in der Verkündigung der Gemeinde (Martyria). Man kann sagen: »Jesus hat eine ›Kirche‹, d. h. eine neue sichtbare Heilsgemeinschaft geschaffen. Er versteht sie als ein neues Israel, ein neues Gottesvolk, das sein Zentrum in der Abendmahlsfeier hat, aus der es entstanden ist und in der es seine bleibende Lebensmitte hat. Oder anders gesagt: Das neue Gottesvolk ist Volk vom Leib Christi her.«[3]

---

[3] Joseph Ratzinger, *Das neue Volk Gottes. Entwürfe zur Ekklesiologie*, Düsseldorf ²1970, S. 80.

Wovon reden

Wovon also ist zu reden? Was muss in und durch die Kirche unbedingt gesagt werden, und was darf nicht aus falscher Rücksicht verschwiegen oder übergangen werden? Konkret kann das z. B. heißen:

- gegen Lärm und Hektik der der heutigen Welt schweigen und hörendes Innehalten vor Gott zu suchen;
- gegen Gleichgültigkeit und Egomanie offene Augen und Ohren, vor allem aber viel Zeit und offene Türen zu haben für die Not und Sorgen der Mitmenschen und ihnen ein Stück heimatlicher ›Oase‹ zu vermitteln;
- gegen das Besetztsein von Geldgier und Konsumrausch, von Sex- und Erlebnishunger ein einfaches Leben zu führen in treuer Bindung an die anvertrauten Menschen und übertragenen Aufgaben.[4]

I. Einfache Fragen haben es in sich

Vielleicht hilft es, sich deshalb von Zeit zu Zeit *einfache Fragen* zu stellen: Wer sind wir – wo leben wir – wohin gehen wir – und nicht zuletzt ... was wollen wir?

»Wer heute über Gott sprechen will, gleicht jemanden, der unter Wasser ein Streichholz anzünden will.«

Diese Bemerkung stammt von einem anglikanischen Mönch und Geigenvirtuosen und wurde in einer Rundfunksendung der BBC zitiert.

Das Thema der pastoralen Praxis der nächsten Jahre ist eine zunächst erst höchst unpraktisch erscheinende Frage: Wie kann die kirchliche Praxis ihre Gründe zur Sprache bringen, die sie zu der Praxis veranlasst? Deutlicher, wie kann Gott selbst als Handelnder oder zurückhaltender formuliert als Ursache für unser praktisches Handeln in den Blick kommen.

Selbstverständlich kann auf diese Fragen eine durchaus gute, theologisch durchdachte Antwort gegeben werden, aber hier ist anderes gemeint. Es geht mehr um ein bewusstes Innehalten, einen Stopp, eine Unterbrechung, um sich selbst zu vergewissern.

Wer amerikanisches Fernsehen sieht, kennt die Breaking-News. Im Ablauf der alltäglichen Nachrichten, wo das Neue oftmals auch das immer schon Gekannte ist, gibt es die besonders herausragenden Ereignisse. Im Nachrichtenspektrum sind es meist die Katastrophenmeldungen, die den »break« verursachen. Im pastoralen Alltag aber den Breaking-News – der guten Nachricht – eine Chance zu geben, verdient zumindest einmal angedacht zu werden.

---

4 Gisbert Greshake, *Wüstenväter heute*, in: Internationale Zeitschrift Communio, 33. Jahrgang, September/Oktober 2004, S. 399-508, hier: S. 443.

Die Versuchung besteht, in der Kirche auch das zu sagen, was andere hören wollen. Unweigerlich führt dies zu einer Entkräftigung des Wortes Gottes selbst, dem zu begegnen das Eintauchen in das »Wort-Bad« des Evangeliums helfen kann. Dies kann im alltäglichen Sprechen miteinander und auch in der Verkündigung der Kirche geschehen.

Wohl aus diesem Bewusstsein heraus gab die evangelische Kirche in Köln anlässlich einer Werbekampagne im Jahre 2000 auf die Frage, wer die Kirche sei, die schlichte und herausfordernde Antwort: »*Die Kirche ist der Anbieter der Antwort auf große Fragen.*« Ein steiles Wort – zugegeben.

Wer weiß, woher er kommt, hat eine Chance, die Zukunft zu finden. So gesehen, können Ordensgemeinschaften theologisch in gewisser Weise geistlich qualifizierte Selbsthilfegruppen im Glauben werden, Orte, an denen die Menschen Begleitung finden. Alles Engagement von Orden ist *temporär* begrenzt, also auf Zeit angelegt. Gerade weil die Orte von Ordensgemeinschaften Lebens- und Glaubenshilfe für den Augenblick sind, treten sie nicht in Konkurrenz zu pastoralen Strukturen einer Diözese. Sie sind – ideal verstanden – Kraftorte, an denen für Tage oder Wochen Gott und Mensch ausschließlich zum Thema eines Lebens werden können. Orden und Ortskirchen, Gemeinschaften und Pfarreien müssen über das ins Gespräch kommen, was in Zukunft tragen wird, und das ist mehr als Geld und Gut, aber es braucht auch die Ökonomie.

Kundschafter und Kompass

Ordensgemeinschaften sind herausgefordert, im Gespräch mit den Diözesen ihre neuen Schwerpunkte zu setzen, ggf. Niederlassungen aufzugeben, um in ordensleeren Regionen neu zu siedeln. Das Verhältnis Orden und Kirche ist nicht ein beliebiges Verhältnis, schon gar nicht eines distanzierten Gegenübers, sondern Ordensgemeinschaften sind ein unverzichtbarer Teil der Kirche – sie sind in der Kirche (Bischof Dr. F. Genn). Es greift zu kurz, wenn die Bedeutung von Ordensgemeinschaften ausschließlich im Blick auf ihre pastoralen, sozialen oder kulturellen Leistungen – meist als historischer Verdienst – beschrieben wird.

Ordensgemeinschaften wollen über ihr spezifisches Tätigkeitsprofil hinaus, vor allem als *Kundschafter spiritueller Wege und Lebensformen* wahrgenommen werden. Ihr Eingewurzelt-Sein in einer geistlichen Tradition lässt sie unter den schwierigen Veränderungen in Kirche und Gesellschaft ähnlich einem Kompass sein, dessen Bedeutung darin liegt, den Weg in die richtige Richtung zu weisen. So sollten es die Orden sein, die den Himmel offen halten. Ordenschristen wollen Begleiter von suchenden Menschen sein und bieten ihnen Wegstation und für bestimmte Zeit auch Heimat an.

In seinem Reisebericht Berlin – Moskau erzählt Wolfgang Büscher, wie er an einem Abend zu einem Kloster kommt, das etwas außerhalb lag: »Mauern und Türme des Klosters waren vor Kurzem getüncht worden, es leuchtete inmitten von Holzhäusern und Gärten. Seine Nebengebäude bildeten die Klostermauer, sie öffneten sich nach innen und standen mit dem Rücken zur Welt. Im großen Hof, den sie umschlossen, lag die Kirche, sie hatte die Form eines kleinen schneeweißen Berges und erinnerte mich an indische Tempel.« Es war niemand zu sehen. »Der weite Klosterhof war erfüllt von der feierlichen Abwesenheit der Bewohnerinnen, denn soviel wusste ich, vor der Revolution war es ein Männerkloster gewesen, jetzt hatten es Nonnen übernommen. Das Schöne am orthodoxen Ritual ist seine poröse Monotonie, man kann fast jederzeit eintauchen oder daraus auftauchen und gehen.«[5]

Das Wort von der ›porösen Monotonie‹ weist den Weg, wie der Mensch das Wort Gottes in der vermeintlichen Monotonie der alltäglich immer gleichen Grundfragen aufzunehmen vermag.

Abschleppdienste

Es kann eigentlich nicht sein, dass die Fragen nach Gott und Mensch, nach der Zukunft unseres Lebens und unserer Vergangenheit nicht mehr freigelegt werden können, weil wir zugeschüttet, sprich »zugemüllt« sind mit den zur Qual werdenden Banalitäten unseres Lebens. Bewusste Unterbrechung des Alltags, Raum und Zeit für die Breaking-News zu geben, ist nicht etwas, worauf man auf längere Zeit verzichten kann. Wer hier nicht ernsthaft ist, verliert an Ernsthaftigkeit, wer hier nicht unterbricht, verliert den Weg, wer hier nicht ehrlich ist, gerät in den Schatten der Ideologie.

Aufreizend selbstverständlich wurde in einer Sendung am 1.10.2005 formuliert: »*Die einzig stabile Organisation ist der Allgemeine Deutsche Automobil-Club (ADAC). Er gilt nach allen Umfragen als zielgruppenorientiert, berechenbar und bietet einen klaren Service an, nämlich Abschleppdienste und nicht Weltanschauungen.*«

Eine solche Bemerkung trifft und sitzt ärgerlich herausfordernd tief. Die einzig stabile Organisation sei der ADAC, ausschließlich deshalb, weil er einen klaren Service anbietet. Nun geht es in dem Hinweis wahrscheinlich nicht darum, sich von Weltanschauungen abzusetzen. Das Zitat deutet auf etwas anderes: das klare Profil. Wozu ist der ADAC da? Für Abschleppdienste. Wozu ist er nicht da? Für Weltanschauungen. Es geht präzise um die Frage, für was man steht und erkennbar ist. Der ADAC hat diese Frage offensichtlich gelöst. Seine Autos, sein Signet, seine Farbe, sein Angebot, das alles scheint anzukommen. Die Menschen haben etwas davon.

---

[5] Wolfgang Büscher, *Berlin – Moskau. Eine Reise zu Fuß*, Hamburg [8]2003, S. 201.

Die großen Fragen des Lebens brechen in Not und Leid auf, gefährdete oder gescheiterte Beziehungen werfen den Menschen auf sich zurück. In dunklen Nächten kann der Weg nur mit treuen Wegbegleiterinnen und Wegbegleitern durchschritten werden. Das Signet der Kirche ist das Kreuz Jesu und ihre Botschaften sind Erlösung und Befreiung – Ordensgemeinschaften stehen dafür.

Wenn die ›Abschleppdienste‹ für den ADAC der Werbefaktor sind, sind sie es im übertragenen Sinn auch für die Kirche: Gemeint sind jene Weisen der Begleitung, die verunfallten Menschen auf den Straßen des Lebens, die die Orientierung verloren haben, deren Lebensmotor stottert, Hilfe anbieten. Hilfe – nicht beliebige Weltanschauungen, sondern eine gültige Deutung der Welt, ein Wissen darum, wohin es mit dieser Welt geht, woher sie kommt, und damit auch ein Wissen darüber, woher der Mensch kommt und welches Ziel sein Leben hat, davon spricht Kirche und deshalb sprechen wir von Gott – von wem denn sonst? Verkündigung ist in diesen Rahmen eingebettet, der dem Wort Halt bietet.

II. Mit Organisationskosmetik lassen sich keine Probleme lösen

Die Kirche kann nicht an jedem Ort in der Fläche alle Dienste vorhalten. Es braucht Zentren pastoraler Planung und seelsorglicher Angebote. Dennoch wird Kirche in der Fläche erkennbar und berührbar bleiben müssen. Das kann bedeuten, gekannte, eingeführte und über lange Zeit durchgehaltene Angebote auch in ökonomisch schwierigen Zeiten durchzuhalten, weil sich auf Dauer vielleicht doch rechnet, was zunächst unrentabel schien. Worte ohne den konkreten Menschen, der sich für das Wort verantwortlich weiß und für dessen Wahrheit steht, zerfallen, verlieren jede Faszination und Kraft. In den Straßen des Lebens dem Menschen das Wort anbieten, dies ist ein gültiges Angebot von Kommunitäten, in denen Menschen verbindlich im und unter dem Wort leben.

Gibt es eine Theo-logie (Gottes-Rede)? Wenn Ortsbedingungen sich verändern, wird die Rede von Gott am Ort nicht verstummen dürfen. Von Gott sprechen, heißt doch auch, von der Zukunft des Menschen sprechen. Strukturen können sich ändern, das Wort Gottes aber – die Rede von Gott – in der Fläche präsent zu halten, sind undispensierbar, weil die Grundfragen des Lebens auch immer Grundfragen der Theologie sind. »Dort, wo Theologie ihrem Anspruch gerecht wird und die großen Worte der Theologie ihren Ort finden, antwortet die Verkündigung auf die zentralen Fragen des Lebens, die jede Generation neu zu stellen und zu beantworten lernen muss.«[6]

---

[6] Manfred Entrich, *Graffiti der Hoffnug. Pastorale Impulse aus dem Geist des Evangeliums*, Stuttgart 2004, S. 42.

Predigt in einer post-säkularen Welt ist der notwendige provokative Impuls die Gottes-Rede hörbar zu machen.

Umstrukturierungen und Neuordnungen werden ihre Kirchlichkeit nicht zuletzt daran ausweisen müssen, dass sie die Rede von Gott nicht beschädigen. Alle Zukunftsplanung hat immer etwas mit Vergangenheit zu tun, und jede Gegenwart gestaltet sich aus Vergangenheit und Zukunft.

Wer die Realität *heute* leben will, muss die Vision von *morgen* im Blick haben, um nicht zwischen ökonomischen Möglichkeiten und pastoralen Notwendigkeiten zerrieben zu werden. Breaking-News sind auch Kernfragen: Wohin gehen wir, wer sind wir, oder auch: Wo müssen wir bleiben? Wenn sich vieles verändert, werden auch Pfarreien mit verändert. Das ist notwendigerweise so. Wenn sich Menschen in ihren Gewohnheiten und Einstellungen verändern, wird damit auch das kirchliche Leben beeinflusst. Die Kirche bildet zu allen Zeiten ihre Sozialgestalt aus, das ist auch jetzt am Beginn des neuen Jahrhunderts bzw. dritten Jahrtausends so. Unabhängig davon, welche konkreten Veränderungen noch eintreten werden – der Grundauftrag der Kirche und damit auch aller Christen besteht darin, entschieden an allen Orten von Gott zu sprechen, von wem denn sonst? Was für die Pfarreien gilt, gilt gleichermaßen für Ordensgemeinschaften.

III. 17 Minuten Zeit ...

Ein ungewöhnlicher Zeitpunkt – ein ungewöhnlicher Ort – ein ungewöhnlicher Anlass: Drei Jugendliche fragen nach dem Glauben. So geschehen wenige Wochen nach dem Weltjugendtag 2005 in Köln. Vor Beginn der Abendmesse im Bonner Münster kommen drei Jugendliche und bitten den Priester, der dort die Beichtbereitschaft wahrnimmt, um ein Gespräch. Sie haben ein Problem und fragen, ob er Zeit habe. Den Hinweis, dass es noch 17 Minuten bis zur Abendmesse seien und die Zeit für ein ausführliches Gespräch damit sehr knapp, ließen sie nicht gelten. Es passe schon mit den 17 Minuten. Die Frage, worum es denn in ihrer Glaubensfrage ging, wurde etwas ungelenk beantwortet: *Na, um den Glauben. Um die Dreifaltigkeit und überhaupt.* Eine Nachfrage ergab, dass der eine ein junger katholischer Pole sei, der zweite ein Alewit und der dritte ein Protestant, dessen einer Elternteil aus Südamerika stammt. Die Schüler eines Bonner Gymnasiums waren unterschiedlicher Konfession, Religion sowie sozialer und kultureller Herkunft. In 17 Minuten wollten sie ihre Fragen stellen, und vor allem wollten sie Antwort erhalten. So haben wir über die drei großen monotheistischen Religionen gesprochen, die katholische, orthodoxe und protestantische Kirche. Diese außergewöhnliche Situation zwang zu sehr knappen Antworten. Am Schluss fragten sie: *»Und was sollen wir jetzt tun?«* Ich riet ihnen, jeden Morgen und jeden Abend einen Satz zu sprechen: *»Gott, wenn es dich wirk-*

lich gibt, dann lass mich dich erkennen.« (Charles de Foucauld) Und falls sie an Gott glauben könnten, sollten sie den Satz umzuwandeln, in: »Gott, lass mich das tun, was ich erkannt habe.« Sie verabschiedeten sich mit der Bitte, dass wir uns wieder treffen könnten.

17 Minuten Zeit für eine ungewöhnliche Begegnung, ein ungewöhnliches Gespräch zu ungewöhnlicher Zeit, in der Bonner Münsterkirche. Meine innere Anspannung nahmen sie nicht wahr. Wichtig war einzig, dass sie ihre Fragen loswerden konnten und Antwort erhielten. Bis heute geht mir diese Begegnung nach. Und ich frage: »Was wäre denn gewesen, wenn ich nicht zufällig zu dieser Zeit an diesem Ort gewesen wäre.« Hätten die jungen Menschen jemanden getroffen, der ihre Fragen hörte und der bereit war, so knappe Antworten zu geben? Sie waren ganz sicher, wie sie sagten, dass man in der Kirche einen Pfarrer finden kann. Und in unserem Beispiel war es ja auch so.

Diese Geschichte öffnet den Blick für die Systematik allen pastoralen und seelsorglichen Handelns. Es braucht Verlässlichkeit, Orte der Begegnung und Zeiten, in denen Menschen zum Gespräch bereit sind, damit Erwartungen nicht enttäuscht werden und Fragen ihre Antwort erhalten. Es muss nicht unbedingt eine spektakuläre Form der Präsenz von Kirche kreiert werden. Große Feste wie der Weltjugendtag, Katholikentage oder andere Festivals braucht es von Zeit zu Zeit, um die Erfahrung einer größeren Gemeinschaft zu erleben und die Freude zu erfahren, die aus der Begegnung entstehen kann. Im Alltag der Kirche aber sind Erkennbarkeit und stabile Verlässlichkeit unersetzbare Voraussetzungen.

IV. Wie sich verhalten?

Im Buch Genesis wird die Geschichte des gerechten Lot, seiner Frau und seiner Familie sowie der schlimmen Zustände in der Stadt dort berichtet (Gen 19, 1-29). Die Ereignisse sind dramatisch. Lot versucht, seine Gäste vor dem Zugriff der Stadtbevölkerung zu schützen, und diese suchen Lot und seine Familie vor dem Untergang der Stadt zu retten. Die beiden Gäste des Lot – Engel in Menschengestalt – führen ihn am Tag, an dem die Stadt vernichtet werden wird, nach draußen ins Freie mit den Worten: *»Bring dich in Sicherheit, es geht um dein Leben. Sieh dich nicht um, und bleib in der ganzen Gegend nicht stehen! Rette dich ins Gebirge, sonst wirst du auch weggerafft.«* (Gen 19, 17) Die Geschichte endet tragisch. Lots Frau schaut entgegen der Warnung zurück und erstarrt zur Salzsäule. Das Zurückschauen in dieser Geschichte war eine todbringende Versuchung.

Wenn in der Heiligen Schrift Menschen im Namen Gottes auftreten, erinnern sie an Gott. Zu ihm zurückzukehren, bringt Zukunft. Die Umkehr des Menschen meint nicht die Rückkehr in die Vergangenheit. Vielmehr ist mit dem Umkehrruf immer ein personales Moment verbunden, von Gott zu sprechen, denn von Gott wird immer gegenwartsbezogen gesprochen. Das gilt für die Rede alttestamentlicher Propheten in gleicher Weise wie Jesu Weckruf, umzukehren und sich auf Gottes Willen zu beziehen. Christen finden in den Worten des Evangeliums die Gestalt Jesu wieder. Es sind nicht nur die Worte des Evangeliums, die eine Faszination auslösen, sondern die Gestalt Jesu selbst, die diese Worte beschreiben. In Jesus begegnet der Mensch der Gegenwart Gottes.[7]

Immer sind es Menschen, die Träger der Zukunft sind, und nicht Programme und Strukturen. Selbstverständlich braucht es Vereinbarungen und strukturelle Absicherungen, aber Programmatik und Struktur haben keine Stimme. In Diskussionen, Debatten und Planungen, die in den Veränderungen von Kirche und Gesellschaft geführt werden, um zukunftsfähig zu werden, bedarf es einer deutlicheren Rede von Gott in der Sprache des Evangeliums.

Es geht nicht um die Verpackung des Glaubens. Der Glaube kann nicht verpackt werden. Ihn zu erkennen, ist nur über den lebendigen Menschen möglich, also jeden einzelnen Christen – Männer und Frauen in der Verkündigung.

Die Frage der Anschlussfähigkeit der Kirche an das Lebensempfinden und Denken der Menschen unserer Zeit wird nicht durch vermeintliche Anpassung gelingen können. Betriebswirtschaftliche Analysen und professionell ausgearbeitete Werbestrategien decken im Ernstfall Reichtum oder Mangel an eigenen Ressourcen auf. Wenn es um Anschlussfähigkeit und Zukunftsplanung der Kirche geht, braucht es den Blick auf die Beispiele Jesu im Neuen Testament. Die Pastoral der zwölf Körbe (Bischof Dr. Franz-Josef Bode) spricht eine eigene Sprache (Mt 14, 20 ff). Brot für so viele Menschen stand nicht zur Verfügung, aber der Gehorsam auf Jesu Weisung zeigt, dass in den scheinbar begrenzten Ressourcen eine Fülle von Möglichkeiten steckt. Zwölf Körbe mit dem restlichen Brot – es war also mehr als ursprünglich angenommen.

Eine andere Erzählung aus dem Neuen Testament führt in die ähnliche Richtung (Apg. 3,1-10). Petrus und Johannes gehen in den Tempel. Sie begegnen einem Gelähmten, der sie um ein Almosen bat. Petrus schaut ihn an und sagt: »*Silber und Gold besitze ich nicht. Doch was ich habe, das gebe ich dir: Im Namen Jesu Christi, des Nazoräers, geh umher! Und er fasste ihn an der rechten Hand und richtete ihn auf.*« Die Menschen sahen den vormals Gelähmten umhergehen.

Diese Geschichte wirft ein kritisches Licht auf manche Bemühungen, anschlussfähig zu werden, und deckt die nicht seltenen Peinlichkeiten banaler Modernismen auf. Petrus gab, was er hatte: seinen Glauben. Vielleicht ist weniger die Anschlussfähigkeit der Kirche das Thema, sondern die Verge-

---

7 Thomas Pröpper, *Evangelium und freie Vernunft. Konturen einer theologischen Hermeneutik*, Freiburg i. Br. 2001, S. 44.

wisserung, dass wir uns in einem Laboratorium der Zukunft befinden, in einem Advent, in dem die Kirche am Beginn des dritten Jahrtausends auch im Vertrauen auf das Petruswort sich dessen vergewissert, was sie ausdrücklich und nur sie allein zu sagen vermag.

Es war nach dem Ersten Weltkrieg, als der junge sozialistische Pfarrer Karl Barth im Schweizer Safenwil am 3. Advent 1919 schrieb: »*Die eine Zukunftserwartung rechnet mit dem Möglichen, mit Entwicklungen, Verbesserungen, Erziehung und allmählichem Fortschritt. Die andere Zukunftserwartung rechnet in der Tat mit dem Unmöglichen, mit der Vergebung der Sünden, mit dem Reich Gottes, mit dem Heiland.*« (FAZ Sonntagszeitung 11.12.2005)

V. Ausblick

Die Sprache der Welt zu verstehen und zu sprechen, ist eine Voraussetzung, um das Evangelium allen zu verkünden. Die Verkündigung des Wortes Gottes, die an die Sprache der Hörerinnen und Hörer, ›dem Fassungsvermögen aller als auch den Erfordernissen der Gebildeten‹ (GS 44, 2) angepasst ist, wird wie ein Grundgesetz aller Evangelisation angesehen. Daraus lässt sich auch die pastorale Qualität der Theologie bestimmen. (...) Für die Theologie kommt es darauf an, jene Sprache aufzuspüren, die aus den Zeichen der Zeit spricht und zugleich die Wahrheit Gottes entschlüsseln hilft.«[8]

Fassen wir zusammen:

Wo sind die Räume, und wo leben die Menschen, die von Gott auf eine Weise zu sprechen vermögen, die den großen Fragen gerecht wird und die nicht verstummen vor der Herausforderung, eine Antwort zu formulieren? Es sind nicht einfach Häuser, sondern Horizonte, die unserem Leben den Rahmen bieten. Eine faszinierende Möglichkeit zu leben – realistisch und hoffend.

Unbezweifelbar sehnt sich der Mensch nach Nähe zum Mitmenschen und nach Vertrautheit mit Gott. Die bittere Erfahrungen sind Enttäuschungen, wenn das Gespräch nicht gelingt – das Gebet im leeren Raum eines nicht wahrgenommenen Gegenüber zu verhallen droht.[9] Konvente und Klöster sind Räume, in denen der Mensch sich ausreden, ausschreien und erschöpfen darf, damit er Worte findet, die ihn frei sein lassen. Er darf auch in die Agonie der Wortlosigkeit fallen. Ordenschristen können warten – sehr nahe bleiben, bis das Wort den Menschen wiederfindet.

In dem Buch »Gottes Wahl«, das in ausführlichen Interviews mit Kardinal Jean-Marie Lustiger, dessen Leben und Werdegang sowie seine Perspektiven und Grundeinstellungen darlegt, wird Kardinal Lustiger vom Interviewer

---

[8]   Hans-Joachim Sander, in: Herders theologischer Kommentar zum Zweiten Vatikanischen Konzil, Bd. 4, Freiburg 2005, S. 581-887, hier S. 727 f.

[9]   Ebd., S. 34 f.

über die Situation der Studentenunruhen 1968 befragt. U. a. berichtet er davon, dass sie in der Studentengemeinde inmitten der revolutionären Bewegungen und des gesellschaftlichen Chaos sich darum bemühten »eine Art Anlaufstelle für die Jugendlichen zu sein«, mit denen sie Umgang hatten. »Wir haben weiterhin Gottesdienste abgehalten, immer wieder gebetet und auch den Studenten die Möglichkeit gegeben, zu beten und zu beichten.

Im Gegensatz zu früher jedoch, wo die Liturgie gesungen wurde, herrschte nun während der Messen tiefes Schweigen. Diese Besinnung und Andacht war nötig, um die christlichen Grundwahrheiten des Evangeliums in Erinnerung zu rufen:

Achtung vor dem Mitmenschen, Liebe zu dem Nächsten, Ablehnung von Gewalt als erlaubtem Mittel, es sei denn, man befindet sich in einer Notwehrsituation«.[10] Was hier beschrieben ist beschreibt auch das Leben von Kommunitäten. Inmitten der gesellschaftlichen Umbrüche, der stunden- und tagelangen Diskussionen sowie der Demonstrationen auf der Straße, die zum Teil mit konfrontativer Gewalt einhergingen, setzte das Studentenzentrum auf Kontinuität.[11]

Kontinuität zeigt sich als die innere Kraft im Fluss der Zeit und den hektischen, sich abrupt abwechselnden Lebensrhythmen; im Wechsel die Stabilität, was auch heißt »die christlichen Grundwahrheiten des Evangeliums in Erinnerung zu rufen«.[12] Verlorene Worte werden wiedergefunden und zerbrochene Worte werden geheilt. Sprache wird zur Brücke zwischen Gott und Mensch.

---

[10] J.-M. Lustiger, *Gotteswahl. Jüdische Herkunft, Übertritt zum Katholizismus, Zukunft von Kirche und Gesellschaft. Gespräche mit Jean-Louis Missika und Dominique Wolton*, München u. a. 1992, S. 254.

[11] Vgl. M. Entrich, *Graffiti der Hoffnung. Pastorale Impulse aus dem Geist des Evangeliums*, Stuttgart 2004, bes. S. 49–50.

[12] Ebd.

Das Mönchtum – heilige Modelle christlichen Lebens für alle Zeiten und Menschen

P. Protosingel Arsenie Hanganu, Kloster Cetăţuia,
Erzbistum Iaşi (Rumänien)

Mönchsvater Protosingel Arsenie bietet hier eine grundsätzliche Sicht auf das Leben und die Lebensweise von Mönchen und Nonnen und deren besondere Ausstrahlung für die Welt. Dieses Plädoyer für eine radikale Jesusnachfolge aller nach dem Vorbild des Mönchtums bringt altkirchliche Väterzeugnisse in Verbindung mit zeitgenössischen Fragen. Der westliche Leser möge an diesem herausfordernden Text erkennen und ermessen, wie stark das orthodoxe Mönchtum bis heute von der urchristlichen Naherwartung und dem altkirchlichen Verständnis des christlichen Lebens in strenger Opposition zu Welt und Gesellschaft als Grundlagen seiner Spiritualität geprägt ist.
Es sei darauf hingewiesen, dass bei dem Begriff »Mönche« in der Übersetzung immer der rumänische Begriff »monahi« im Original zugrundeliegt, der als Plural Mönche und Nonnen einschließt. Die korrekte geschlechterneutrale Übersetzung wäre »Angehörige des Mönchsstandes« oder »das Mönchtum«, auf die wir aber hier verzichten. Der Unterschied zwischen Mönchen (sg. călugăr/pl. călugări) und Nonnen (sg. maică/pl. maici) ist dann im Original betont, wenn es so auch übersetzt ist. [J. H.]

In Zeiten, in denen die Welt immer stärker danach strebt, in Modellen von Menschen moralische Werte wiederzuentdecken, könnte es erfolgversprechend sein, dies auch mit Blick auf das Mönchtum und die Entfaltung seiner Mission in geistlicher Hinsicht zu versuchen, und nicht nur in dieser.

Das Kloster ist wie auch die Pfarrgemeinde selbst Kirche nach den Worten des Erlösers: »Wo zwei oder drei in Meinem Namen versammelt sind, da bin Ich mitten unter ihnen.« (Mt. 18,20) Der Aufruf unseres Herrn Christus: »Wer Mir nachfolgen will, der verleugne sich selbst, nehme sein Kreuz auf sich und folge Mir nach« (Mk. 8,34) richtet sich unterschiedslos an jeden Christen, wobei jeder – ob Mönch oder Laie – sein Kreuz in dem Maße individuell auf sich nimmt und sich »verleugnet«, in dem er Christus der Gnade nach gleich werden will.

Die Intensität des Wunsches, Christus in vollem Zusammenwirken mit der göttlichen Gnade gleich zu werden, äußert sich bei Laien und Mönchen auf unterschiedliche Weise, ohne antagonistisch zu sein oder sich gegenseitig auszuschließen und ohne dass die eine Form einen Vorrang vor der anderen hätte. Die Gläubigen in der Welt verwirklichen diese Synergie in der Erlösung in der Pfarrei und die Mönche, ob Männer (Mönche) oder Frauen (Nonnen), in den Klöstern. Aber Mönche und Laienchristen bilden gemeinsam die Kirche und lassen sich auf ihrem geistlichen Weg von denselben Dogmen leiten. Das Kloster ist dabei seiner Bestimmung oder auch seiner Lage nach der Raum, in dem die Gläubigen mit der Berufung zum geweihten Leben, Mönche und Nonnen, im Zusammenwirken mit der göttlichen Gnade nach dem Himmelreich streben.

Die Mönche sind »Abbilder der Engel« und gerufen, »Mitbewohner der Engel« zu werden. Ihr ganzheitliches Leben, ihr entschlossener Kampf gegen die Leidenschaften und die Geister, ihre endgültige Entscheidung für den Rückzug aus der Welt als Ort der Gemeinschaft, ihr Sich-Nähren mehr aus dem Wort Gottes als von Brot und irdischer Nahrung, die Stillung des Durstes mehr aus der Quelle der Tränen als aus den Quellen »irdischen Wassers« – all dies macht sie zu Tischgenossen der Engel.

Bei einem Vergleich zwischen einem Kaiser und einem Mönch kommt Johannes Chrysostomos zu folgendem Schluss:

> *»Wir werden den Mönch als geschmückt im Dienste Gottes und der Gebete finden. Er singt früher am Morgen als die Vögel. Er lebt mit den Engeln, spricht mit Gott und erfreut sich der himmlischen Wohltaten. (...) Der Mönch isst nur so viel, dass er nicht in einen tiefen Schlaf fällt. (...) Kleidung und Esstisch des Mönchs sind knapp bemessen; seine Gefährten sind auch Mönche, Athleten derselben Tugend, (...). Wenn er auftritt, stiftet er Reichen und Armen eine bestimmte Freude. Und zwar dieselbe Freude den einen wie den anderen. Er trägt das ganze Jahr über ein und dasselbe Gewand. Er trinkt Wasser mit größerem Vergnügen als andere den wunderbarsten Wein. Er fordert von den Reichen für sich selbst keine Gabe, sei sie klein oder groß; für Arme und Bedürftige aber fordert er häufige und viele Gaben, die den einen wie den anderen von Nutzen sind: den Reichen, die sie geben, und den Armen, die sie empfangen. So wird der Mönch zum Arzt für die Gemeinschaft, von größtem Nutzen für Reiche wie Arme. Die Reichen befreit er von der Last der Sünden durch seinen guten Ratschlag, die Armen von Armut.«*[1]

Der freiwillige Verzicht auf alles Weltliche zusammen mit der Unterwerfung unter alles Göttliche machen das Leben als Mönch zu jenem Anhaltspunkt, der die Berufung des Menschen aufzeigt, aus der Gnade Gottes nach dem

---

[1] Vgl. Sfântul Ioan Gură de Aur (Hl. Johannes Chrysostomus), *Omiliile despre pocăință* (De paenitentia homiliae), traducere de Pr. Prof. Dumitru Fecioru, Editura Institutului Biblic și de Misiune al Bisericii Ortodoxe Române, București, 1998. Ediție electronică, APOLOGETICUM, 2005.

Vorbild und Modell der Engel zu leben, die Tag und Nacht auf unsichtbare Weise der Menschheit dienen.

Das Mönchtum nimmt seinen Ausgang in den ersten Jahrhunderten der Sammlung und Verbreitung des Christentums. Die Seele des Menschen strebt unablässig nach Selbstüberwindung, nach Vollendung nach dem Bild der Engel. Das Mönchtum wünscht die eigene Glückseligkeit und die der Nächsten durch permanentes Streben nach dem Zustand der Vollendung und der Annäherung an Gott. Die Gläubigen, die nach diesem Zustand streben, haben für ihren geistlichen Aufstieg gerade auch im Leben und in der Lehre des Erlösers Jesus Christus Grundlagen zu entdecken, wenn sie etwa in Seinem demütigen und »sündlosen Leben« (vgl. 1. Petr. 2,22), auf Sein reiches Erbarmen gegenüber den Menschen Seiner Zeit, denen Er diente, die Er tröstete und denen er väterlich und brüderlich zugleich half, oder auch auf »Seinen Gehorsam bis zum Tode« (Phil. 2,8) blicken, die wohl wertvollste geistliche Richtschnur.

Das Leben in Keuschheit des Lieblingsjüngers des Herrn, des heiligen Evangelisten Johannes, die Strenge des asketischen Lebens des heiligen Propheten Johannes, des Täufers des Herrn, die harte Handarbeit des heiligen Apostels Paulus, des »Zeltmachers« aus Tarsus Kilikien (Apg. 18,3), waren ein ebenso lebendiger Ansporn für die, die danach strebten, auf dem Goldenen Weg in ihrer heiligen Bemühung »dem Herrn nachzufolgen« (Mt. 16,24) zu laufen. Aus dieser unstillbaren Sehnsucht nach Gott heraus ließen sehr viele glaubensstarke Gläubige die Welt hinter sich und zogen sich an ruhigere Orte zurück, sie verzichteten auf das Familienleben und materielle Güter und begannen ein neues »*Leben in der Einsamkeit*«, sie bemühten sich um Arbeit und das unablässige Gebet gleichermaßen und unterstellten sich der geistlichen Führung durch einen der ihren, der in seinem Bemühen schon weiter vorangeschritten war.

Die Wiege, aus der dieses besonders vertiefte geistliche Leben hervorgegangen ist, war der Mittlere Osten, wo berühmte Begründer des christlichen Mönchtums, Heilige und Väter wie Antonius der Große, Pachomius, Athanasius, Makarius, Hilarion und andere schon ab dem 3. Jahrhundert begannen, die ersten Regeln und Formen des Mönchslebens zusammenzustellen und festzulegen.[2]

Die Evangelischen Räte

Das hilfreiche Fundament des Mönchtums waren von Anfang an die Evangelischen Räte bzw. die Mönchsgelübde: *Keuschheit, freiwillige Armut und bedingungsloser Gehorsam*. Ohne die Welt abzulehnen oder gering zu schät-

---

[2] K. Heussi, *Der Ursprung des Mönchtums*, Tübingen, 1936, Rez. bei Pr. Prof. L. Stan in »Ortodoxia«, Nr. 2, 1955, S. 278.

zen, kämpften sie gegen drei schwere Sünden, und zwar »die Fleischeslust, die Lust der Augen und hoffärtiges Leben« (1. Joh. 2,16). Sie beschränkten sich freilich nicht nur darauf, den Buchstaben des Gebotes auf eine rein formale Weise im Leben zu erfüllen, sondern strebten unablässig danach, die christlichen Tugenden in Liebe zu ihren Mitmenschen zu leben, was sich in Hilfe für Arme und Bedürftige, Gastfreundschaft und christlichem Beistand in allen seinen Formen äußerte. Dazu mussten sie arbeiten, mussten Nahrung für sich und andere erwerben, um niemand zur Last zu fallen, und dadurch zu zeigen, dass Arbeit keinen Menschen erniedrigt, sondern erhöht.[3]

Wer das geistliche Gebäude des Mönchtums in all seinen Facetten grundsätzlich begründet hat, war der heilige Basilius der Große in zweien seiner Werke: der »Großen Regel« und der »Kleinen Regel«. Diese bildeten die Grundregel für die Organisation des Mönchtums im Osten wie im Westen und leiten bis heute das gesamte orthodoxe Mönchtum. In der vom heiligen Basilius dem Großen gegebenen Organisationsform verbreitete sich das Mönchtum in der gesamten christlichen Welt, auch wenn es später mit der Zeit einige besondere Formen in der Ost- und der Westkirche entwickelt hat.[4]

In der Orthodoxen Kirche hat das Mönchtum über Jahrhunderte eine große und heilige Rolle erlangt. Es schwang sich auf im Kampf für die Bewahrung des unverfälschten Glaubens und bekämpfte Häresien und Schismen, die im Leben der Kirche auftraten, sowie den Machtmissbrauch durch Kaiser und Herrscher, es verteidigten die Rechte jener, die schutzlos waren, manchmal sogar unter dem Opfer des Lebens vieler Mönche. Ausgewiesene theologische Persönlichkeiten, die das Denken und die Kultur des orthodoxen Ostens auf ihre höchsten Gipfel geführt haben, sind im Klima von Frömmigkeit und des Wirkens der Klöster aufgewachsen und wurden davon geformt.[5]

Ein Spross des ostkirchlichen Mönchtums ging auf dem Boden unseres Landes auf, wuchs hier und reifte und brachte reiche Früchte. Seine Existenz datiert aus nachapostolischer Zeit, als unsere Vorfahren begannen, die Lehre unseres Erlösers anzunehmen und danach zu leben, womit sie auch die Evangelischen Räte praktisch umsetzten.

Unsere Klöster – wahre Heimstätten der von den Vorfahren überlieferten Frömmigkeit – sind errichtet auf den Gebieten, in den Bergen und auf lieb-

3 Pr. Pavel C. Constantin, *Atitudinea Sfinților Trei Ierarhi față de problemele morale ale vremii lor*, in: »Studii Teologice«, Nr. 3-4, 1977, S. 223-224.

4 Sebastian Șebu, *Sfinții Trei Ierarhi – modele alese de înțelegere și trăire actuală a creștinismului*, in: »Mitropolia Ardealului«, Nr. 1-3, 1976, S. 142-143.

5 Pr. Prof. D. Stăniloae, *Temeiuri dogmatice și duhovnicești pentru viața monahală de obște*, in: »Studii Teologice«, Nr. 7-8, 1952, S. 374.

lichen Hügeln unseres Landes. Schon lange bevor im 14. Jahrhundert die Metropolien von Muntenien und der Moldau gegründet wurden, gab es in unserem Land Mönche und Mönchssiedlungen.[6] Während sich im Westen Mönchsorden herausbildeten, gründeten unsere Mönche Einsiedeleien und wurden hier zu Aposteln der Kultur und opferten sich für die Bewahrung der Einheit im Glauben und des Volkes auf.

In den rumänischen Klöstern schrieben und vervielfältigten die Mönche liturgische Bücher, sie druckten Erbauungs- und Verkündigungsschriften für das geistliche Leben der Gläubigen. Hier blühten die Kalligraphie, die Miniaturenkunst und andere Zweige der christlichen Kunst auf, die zur Bestimmung hatten, die Werte unseres Glaubens zu verewigen. Für die Rumänische Orthodoxe Kirche war das Mönchtum stets eine hell leuchtende Fackel zur Erleuchtung der rumänischen Gläubigen, zur Verbreitung des Evangeliums und zur Bewahrung unserer nationalen Werte sowie der Liebe unter den Menschen.

Unsere Geschichte kennt und ehrt viele Persönlichkeiten aus dem Mönchtum, die die Kultur gefördert haben, und von Mönchen, die sich als beispielhaft für geistliches Leben, Heiligkeit und Hingabe für Christus erwiesen haben.[7]

Rumänisches Mönchtum in der Antike

Nach unserer Tradition haben die Predigt des Apostels Andreas, des »Erstberufenen«, vor allem aber das ständige Kommen und Gehen von Menschen, die aus allen Teilen des Römischen Reiches stammten, wie auch die Anwesenheit der römischen Kolonisten und Soldaten, die zur Zeit der römischen Herrschaft in unsere Gebiete kamen[8] und von denen viele Christen wurden, zur Verbreitung und Entwicklung des christlichen Glaubens in den dakischen Gebieten und zur Gründung von Gemeinden geführt.

Die geographische Lage der Region hat deren Durchdringung mit den Ideen des Christentums noch gefördert, denn »jeder zum Christentum konvertierte Kaufmann und Reisende hatte die heilige Pflicht, auf seinen Reisen noch neue Anhänger zum Glauben hinzuzugewinnen«.[9] Es ist kaum vorstellbar, dass es unter den christlichen Gemeinden an der unteren Donau, die durch die Christenverfolgungen schweren Schaden erlitten, »keine Klös-

---

[6] Ebda.

[7] A. a. O., S. 376. (Vgl. den Beitrag von Archimandrit Mihail *Heilige Mönche und bedeutende geistliche Mönchsväter aus Rumänien* in diesem Band; *J. H.*).

[8] Schon seit 257 siedelten die Goten rund 100 000 Personen um, die meisten davon Christen mit ihren Priestern an der Spitze.

[9] N. Iorga, *Istoria Bisericii românești și a vieții religioase a românilor*, Bd. I, 2. Aufl., Bukarest 1929, S. 12-13.

ter als aktive Brennpunkte der Glaubensverbreitung und sichere Rückzugsorte in Zeiten der Verfolgung gegeben hat«.[10]

Das Mönchtum entstand auf einzelne Initiativen hin und nicht als offizielle Institution der Kirche, in deren Rahmen es den Charakter einer Verbindung gläubiger und frommer Menschen erlangte, die nach bestimmten Regeln ihr Leben Christus weihen.[11] Als Produkt des moralischen Geistes des Christentums, das bei gläubigen Menschen den Wunsch nach Vollendung erweckte, hat das Mönchtum als Quelle auch das Beispiel des Erlösers Christus und die Evangelischen Räte[12], so dass sich auch auf dem von Dako-Rumänen bewohnten Territorium fromme Menschen fanden, die bereit waren, nach den monastischen Regeln zu leben. Ein anderes Zeugnis für die Existenz des Mönchtums in dieser Periode wird uns überliefert in den Beziehungen zwischen der Dobrudscha und den berühmten Mönchszentren in Palästina und Ägypten, die auch zur Verbreitung des Mönchtums in diesen Küstengegenden geführt haben. Dieses kirchliche Leben hat schließlich zur Gründung des Bistums von Tomis geführt.[13]

Auf dem Gebiet des Bistums von Tomis muss das monastische Leben geblüht haben, denn seine bedeutenden Hierarchen entwickelten ein intensives Wirken auf religiösem Gebiet und ihr Leben war beispielhaft. Unter ihnen war, um ein Beispiel zu geben, Bischof Teotim I. eine überaus bemerkenswerte Persönlichkeit des skythisch-dakischen Mönchtums. Sein asketisches Leben wie auch seine Unbeflecktheit wurden von den Zeitgenossen bewundert, darunter sogar Heiden wie die Hunnen, die ihn »Gott der Rumänen« nannten.[14] Bischof Teotim I. war gewiss nicht der einzige Vertreter des Mönchtums in der Eparchie von Tomis; er hatte unter seiner Jurisdiktion Klöster und war Oberhirte auch von Mönchen.

Mit einer so beispielhaften Tradition ist es kein Wunder, dass das rumänische Mönchtum auch in den folgenden Jahrhunderten und bis heute nicht nur ein sprechendes Beispiel für das christliche Leben, sondern auch ein authentisches christliches Lebensmodell ist, auch würdig als Vorbild für Laienchristen. Überhaupt wurde in der Kirche von Anfang an kein Unterschied gemacht zwischen den Anforderungen des monastischen und des nicht-ge-

---

[10] Pr. Prof. I. Coman, *Aria misionară a Sf. Niceta de Remesiana*, in: »Biserica Ortodoxă Română«, Nr. 5-8, 1948, S. 350.

[11] N. Milas, *Dreptul bisericesc oriental*, übers. von D. Cornilescu şi V. Radu, überarbeitet von I. Mihălcescu, Bukarest 1915, S. 533-560; Pr. Prof. Liviu Stan, *Locurile sfinte din Orient*, in: »Ortodoxia«, Nr. 1, 1952, S. 7-17.

[12] K. Heussi, *Der Ursprung des Mönchtums*, Tübingen, 1936, Rez. bei Pr. Prof. L. Stan, in: »Ortodoxia«, Nr. 2, 1955, S. 278; vgl. Mk. 8,34,21; Mt. 19,11-12,21; 1. Kor. 7,25-40.

[13] *Ebda.*

[14] Pr. Prof. I. Coman, *Însemnări asupra lui Teotim de Tomis*, in: »Glasul Bisericii«, Nr. 1, 1975, S. 46; Pr. Prof. I. Rămureanu, *Sfinţi şi martiri la Tomis-Constanţa*, in: »Biserica Ortodoxă Română«, Nr. 7-8, 1974, S. 1007.

weihten Lebens. Die Erlösung sowohl der einen wie auch der anderen folgt denselben Maßstäben. Der heilige Johannes Chrysostomus († 407) sagte:

> *»Denn, auch wenn man in einer Stadt wohnt, kann man das Tugendbeispiel der Mönche nachahmen; auch wenn man ein Weib hat und ein Haus bewohnt, kann man beten, fasten und Buße tun. Diejenigen, welche zuerst von den Aposteln unterrichtet wurden, wohnten ja auch in Städten und legten doch eine Frömmigkeit an den Tag, als lebten sie in der Wüste, und eben so andere, die Werkstätten zu leiten hatten, wie Priszilla und Aquila. Auch die Propheten hatten ohne Ausnahme Weiber und Häuser, wie Isaias, Ezechiel, der große Moses, und doch litt ihre Tugend keineswegs darunter. Diese wollen also auch wir nachahmen, wollen allezeit Gott danksagen, allezeit ihm Hymnen singen, die Mäßigkeit und die anderen Tugenden üben und die Weisheit der Wüste in die Städte einführen, damit wir auch vor Gott wohlgefällig und bei den Menschen angesehen erfunden werden und die ewigen Güter erlangen.« (»In Matthaeum homiliae«; Fünfundfünfzigste Homilie. Zu Kap. 16; Bibliothek der Kirchenväter)*

Und an anderer Stelle: »Denn wer in der Welt lebt, soll gegenüber den Einsiedlern nichts voraus haben als nur, daß er verehelicht sein kann; in *dieser* Beziehung findet er Nachsicht, in allen anderen Stücken hat er dieselbe Pflicht wie der zu erfüllen, der als Einsiedler lebt.«[15] Und er hatte durchaus recht, denn der Mönch wie der Laienchrist hören auf ihren Seelsorger, und der eine wie der andere können freiwillig in Keuschheit und Armut leben nach seinem Vorbild.

Wenn die Entscheidung ansteht, wählen die meisten jungen Menschen heute die Ehe, weil sie das monastische Leben als viel zu entbehrungsreich und unmöglich zu leben betrachten, vor allem wegen der Ansprüche an die Heiligkeit des eigenen Lebens. Oft hören wir die Frage: »Wie sollte ich auf die vielen Freuden des Lebens verzichten?« Oder es heißt: »Ich will mich meines Lebens erfreuen, Gott kann nicht dieselbe Vollkommenheit von allen verlangen, vor allem von mir nicht.« Oder: »Ich will heiraten wie alle anderen Menschen auch.« Für jene stellt die Ehe einen Mittelweg dar mit mittleren Ansprüchen.[16]

Diese Lebensphilosophie ist nicht neu, auch der heilige Johannes Chrysostomus erachtete es für nötig, zu seiner Zeit zu schreiben:

> *»Wenn also Paulus uns gebietet, Christus selbst nachzuahmen und nicht nur Seine Jünger, also die Mönche, und wenn er sagt, dass ein großes Verhängnis denen droht, die nicht Christus Selbst nachahmen, kann man dann noch*

---

[15] Hl. Johannes Chrysostomos, *Homilien über den Brief an die Hebräer*, Bibliothek der Kirchenväter, 1. Serie, Bd. 77 (1884), S. 133.

[16] Leonard Tony Farauanu, *Monahismul: Model pentru familie? Reflecţii pe marginea unor scrieri ale Sfântului Ioan Gură de Aur*, in: »Familia creştină«, Nr. 5/2004.

glauben, dass die Mönche ein den Laien überlegenes Leben zu führen haben?
Alle Menschen müssen zu diesem höheren christlichen Leben aufsteigen. Der
moralische Verfall der menschlichen Gesellschaft rührt von dem Irrglauben
her, nur die Mönche müssten ein besonders christliches Leben führen, wäh-
rend es allen anderen freistehe, in Trägheit zu leben und die Gebote Gottes
zu missachten. Das ist nicht wahr, überhaupt nicht wahr, ruft uns Paulus zu.
Von uns allen, Mönchen und Laien, wird dasselbe vollendete christliche Leben
gefordert. Ich vertrete dies mit allem Nachdruck, doch besser gesagt nicht ich,
sondern Christus Selbst, der unsere Taten richten wird.«[17]

Man beachte, für welch großen Irrtum der heilige Johannes Chrysostomus es hält zu glauben, dass von Laienchristen weniger verlangt wird als
von Mönchen, wenn er darin »den Auslöser des moralischen Verfalls der
menschlichen Gesellschaft« erblickt! Und das ist auch nicht schwer zu begreifen. Stellen wir uns einmal vor, alle Christen würden wie die Mönche leben: Wären die Christen dann nicht wirklich »Licht der Welt« und »Salz der
Erde« (Mt. 5, 13-14)? Würde die Erde nicht zu einem Winkel des Himmelreiches? Würden sich die Ungläubigen nicht darüber so wundern wie zur Zeit
der Verfolgung, als es hieß: »Seht, wie sehr sie sich lieben!« Nun kann gefragt werden: »Gut, also es wird von den Laienchristen dasselbe wie von den
Mönchen verlangt. Aber wie soll das gehen? Wie kann ein Laienchrist einem
Mönch gleich sein? Wie kann ein Laienchrist einen Mönch imitieren?«

Um darauf zu antworten, müssen wir zunächst darauf schauen, was spezifisch für das monastische Leben ist. Zunächst legt der Mönch ein dreifaches
Gelübde ab: Keuschheit, Armut und Gehorsam. Dies ist seine Antwort auf
die Evangelischen Räte, und die Befolgung dieser drei Räte bedeutet keine
größere Perfektion, sondern einen leichteren Weg zur Perfektion (vgl. Thomas von Aquin, *Summa Theologiae*, IIa IIae, q. 184).

Das Mönchtum als Vorbild für das Eheleben

Die Verheirateten »haben sich aufgrund der Beschwernisse, die mit dem
Ehestand verbunden sind, zunächst verstärkt um die Erlösung zu bemühen«,
weil »der freie Mensch schneller läuft als der an den Füßen Gebundene.«[18]
Auch wenn für Verheiratete der Weg zur Erlösung anstrengender ist, so ist
er doch möglich, und »auch wenn einige in der Ehe ins Straucheln kommen,
dann sollen sie erfahren, dass nicht die Ehe das Hindernis zur Erlösung ist,
sondern vielmehr ihre Entscheidungsfreiheit, die sie innerhalb der Ehe auch
schlecht gebrauchen können«[19]. Das Wesen der Mönchsgelübde steht nicht

---

[17] Hl. Johannes Chrysostomus, *Apologia Vieții Monahale* (*Apologie des monastischen Lebens*), 14, 11.
[18] A. a. O., 15, 3.
[19] A. a. O., 3, 14.

grundsätzlich dem Familienleben entgegen, sondern es ist gerade auch in der Ehe wiederzufinden, in der eine besondere Form der Keuschheit gefordert wird: die in ehelicher Treue ausgedrückte Reinheit des Herzens, die periodische sexuelle Enthaltsamkeit, die Geburt von Kindern etc. Es gibt auch eine Form der Armut, die von Verheirateten gefordert wird: »Die diese Welt gebrauchen, sollen sie so gebrauchen, als brauchten sie sie nicht; denn das Wesen dieser Welt vergeht« (1. Kor. 7,30-31), sie sollen also ihr Herz von allem Vergänglichen lösen. Genauso existiert auch ein innerehelicher Gehorsam, wenn von Eheleuten verlangt wird, sich gegenseitig in allem unterzuordnen (vgl. Eph. 5,21) und vor allem die Ehefrauen zur Unterordnung unter den Mann aufgefordert werden (Eph. 5,24) und von allen verlangt wird, auf den Seelsorger zu hören. In all dem können die Mönche somit ein Modell für die Verheirateten werden, ein ständiges Vorbild des evangelischen Geistes und eine unablässige Erinnerung daran, dass wir zwar in der Welt leben, aber nicht von der Welt sind (vgl. Joh. 17,11-14), weil wir der Welt gestorben sind und Christus unser neues Leben ist (vgl. Kol. 3,3-4).

Andere wesentliche Elemente des monastischen Lebens sind das immerwährende Gebet (persönlich und in der Gemeinschaft der Gläubigen), die Lektüre religiöser Bücher (Heilige Schrift, Lebensbeschreibungen der Heiligen, Schriften der Heiligen, etc.), die Askese, das Bereuen der Sünden, das Schweigen und die Mission. Auch diese Elemente finden sich im Leben der Familie wieder. Das Gebet ist als »Atem der Seele« von vitaler Bedeutung für jeden Christen und darf sich nicht auf einige wenige Momente des Tages beschränken, sondern muss zu einer unablässigen Lebenshaltung werden. Der heilige Maximus Confessor versucht, ein der monastischen Kontemplation vergleichbares Äquivalent zu beschreiben, wenn er von der Erfahrung eines »unablässigen Gefühls unsichtbarer Annäherung« schreibt.[20] Auch die Familie muss wie die Mönchsgemeinschaften miteinander beten. »Die gemeinsam beten, werden vereint bleiben«, und diese Gemeinschaft kann nie voller sein, als wenn die Familienmitglieder gemeinsam die Heilige Eucharistie empfangen.

Ein anderes wichtiges Element ist das moralische Leben des Mönchs als Modell für die moralische Haltung der verheirateten Menschen. Der heilige Johannes Chrysostomus schrieb: »Paulus wendet sich in seiner Epistel an verheiratete Männer mit Kindern und legt ihnen nahe, so tugendhaft wie Mönche zu leben. Nachdem er ihnen empfiehlt, aus ihrem Leben jeden Luxus an Kleidung sowie reiche und ausgewählte Speisen zu meiden, schreibt er diese Worte: ›Desgleichen sollen sich die Frauen schmücken mit Anstand und Zucht, nicht mit Haarflechten und Gold oder Perlen oder kostbarem Gewand.‹ (1. Tim. 2,9) Und weiter: ›Wenn wir aber Nahrung und Kleider

---

[20] Paul Evdokimov, *Taina iubirii. Sfințenia unirii conjugale în lumina tradiției ortodoxe*, Editura Christiana, Bukarest, 1999, S. 91.

haben, so wollen wir uns daran genügen lassen.‹ (1. Tim. 6,8). Kann von Mönchen mehr als die Erfüllung dieser Gebote verlangt werden?«[21]

Angehörige des Mönchsstandes, Mönche wie Nonnen, tun bei ihrem Verzicht auf alles Weltliche und ihrer Wahl eines bescheidenen Lebensstils nichts anderes, als die Worte des heiligen Apostels Paulus zu befolgen, die sich an Verheiratete richten. So sind die ersteren sogar Vorbilder für die Letzteren für Einfachheit und Bescheidenheit. Sind Mönche mit vornehmen Kleidern bekleidet? Sind Nonnen mit teurem Schmuck ausgestattet, mit Gold behängt, mit teuren Kleidern versehen? Gehen sie »mit der Mode« und tragen tief ausgeschnittene Kleider, extra kurze Röcke, durchsichtige Blusen und andere Kleidungsstücke, die mehr den Zweck haben, den nackten Leib vorzuführen, als ihn zu bedecken? Gewiss nicht. Warum sollten wir dann nicht auch den angemessenen Stil der monastischen Kleidung ansatzweise berücksichtigen? Haben wir mehr Angst vor dem Zeitgeist und dem Trend der Zeit als davor, unseren Seelen zu schaden?

Der heilige Johannes Chrysostomus geht sogar so weit zu sagen:

»Verlange nach seelischer Schönheit; ahme hierin den Bräutigam der Kirche nach! Die äußere Schönheit ist eine reiche Quelle von Prahlerei und Torheit, stürzt in Eifersucht und läßt dich häufig den lächerlichsten Verdacht hegen. – Aber man hat doch an ihr seine Lust? Ja, im ersten und zweiten Monat, oder, wenn es hoch kommt, ein Jahr lang, dann nicht mehr; sondern infolge des Zusammenlebens schwindet der Reiz. Aber die durch die Schönheit verursachten Fehler dauern fort: die Hoffart, der Dünkel und der Übermut. (...) Suchen wir an einer Frau Zuneigung, Bescheidenheit und Milde!«[22]

Ähnelt diese ideale Beschreibung einer Ehefrau nicht der Beschreibung einer Nonne? Kann eine verheiratete Frau nicht die Nonne als Modell nehmen, was die Bescheidenheit und die Entsagung gegenüber dem Geist der Welt betrifft? Sie sollte es sogar tun, wenn sie Christus nachfolgen will.

Ein anderer wichtiger Aspekt wäre die Teilnahme an weltlichen Vergnügungen. Auch hier ist das Modell des Mönchs von großer Hilfe: Würde ein Mönch wohl zu Partys jeder Art gehen? Würde ein Mönch manche Musik hören? Würde ein Mönch so liederlich tanzen, wie heute manchmal üblich (wenn er überhaupt je tanzen würde)? Und warum würde er dies nicht tun? Hat ein Mönch die Seelenruhe nötiger als ich? Muss ein Mönch mehr schweigen und beten als ich? Oder muss sich ein Mönch mehr der Sünde enthalten als ich? Muss ein Mönch weniger seine Sünden bereuen als ich? Oder muss mein Herz weniger rein sein als seines?

---

[21] Hl. Johannes Chrysostomus, *Apologie des monastischen Lebens*, 14,4.
[22] Johannes Chrysostomos, Kommentar zu den Briefen des hl. Paulus an die Epheser (In epistulam ad Ephesios commentarius), XX. Homilie (zu Eph. 5,22-33), Bibliothek der Kirchenväter, 2. Reihe, Bd. 15 (1936).

Nun werden sicher viele denken, das alles könne unmöglich von Laienchristen verlangt werden. Doch siehe, was der heilige Johannes Chrysostomus seinen Zeitgenossen schreibt – was scheinbar direkt für unsere Zeit und uns heute geschrieben zu sein scheint. Auch er sagt, die jung Verheirateten mögen unziemliche Musik und Tänze meiden, die so sehr in Mode sind. Und er betont:

> *Ich weiß wohl, daß manchen vielleicht solche Vorschriften lächerlich erscheinen; allein wenn ihr mir folgen wollt, so werdet ihr mit der Zeit durch den Nutzen, den ihr daraus ziehet, die Vorteilhaftigkeit derselben einsehen. Dann wird der Spott verstummen, und ihr werdet die jetzt herrschende Sitte verlachen und finden, daß das jetzige Tun und Treiben in Wahrheit dem Gebaren unverständiger Knaben und betrunkener Männer gleicht, daß dagegen die Befolgung meines Rates von Besonnenheit, Weisheit und himmlischem Wandel zeugt, – Was verlange ich also? Daß du alle schändlichen, satanischen Gesänge, alle unehrbaren Lieder (...) von deiner Hochzeit ausschließest.*«[23]

Derselbe Heilige sagt zu den Partys aus Anlass von Hochzeiten, Kamele und Esel verhielten sich dezenter als manche Menschen auf einer Hochzeitsfeier. Dabei sei sie ein Sakrament, ein Bild für etwas viel Höheres. Wenn die Trunkenheit komme, verschwinde die Reinheit. Wo schmutzig geredet werde, sei der Teufel immer bestrebt, seinen Beitrag dazu zu leisten.[24]

Wir sehen klar, dass der heilige Johannes Chrysostomus sich dessen bewusst war, welchen Schock seine Worte bei den Zuhörern damals auslösten, genauso wie wir uns unsererseits bewusst sind von der Wirkung unserer Worte auf die heutigen Leser. Das Bewusstsein darum überzeugt uns umso mehr von der Notwendigkeit, diese Wahrheiten immer wieder zu wiederholen. Das Leben des Mönchs bietet so einen vitalen Orientierungsrahmen für das unruhige Leben der Laienchristen, ein Abbild des Lebens Christi, der uns Sein Beispiel gegeben hat, damit wir auf Seinen Spuren wandeln (1. Petr. 2,21).[25]

Die Nachhaltigkeit der Nachfolge

Der Mönch wie auch der verheiratete Mensch sind gleichermaßen aufgefordert zu einer vollständigen Hingabe an Gott, einer Hingabe, die nicht in ihrem Maß an Intensität unterschieden ist, sondern nur in der Art und Weise, wie dies gelebt wird. Der Mönch weiht sich Christus auf direkte Weise in

---

[23] Ders., Kommentar zu den Briefen des hl. Paulus an die Epheser (In epistulam ad Ephesios commentarius, XX. Homilie (zu Eph. 5,22-33), Bibliothek der Kirchenväter, 2. Reihe, Bd. 15 (1936).
[24] Vgl. *ebda.*
[25] Vgl. L. T. Farauanu, *A. a. O.*

einer Art »eschatologischem Maximalismus«, wie es P. Evdokimov nennt, während sich der Familienmensch durch die Hingabe an den anderen Menschen Gott hingibt, der »ein Zeichen Seiner Gegenwart« ist. Für die Mönche wie auch für die Verheirateten gleichermaßen bleibt Christus der Bräutigam der Seele (vgl. Mt. 25,6), und im künftigen Äon »werden sie weder heiraten noch sich heiraten lassen, sondern sie sind wie Engel im Himmel« (Mt. 22,30), oder anders gesagt: wie Mönche. So ist eschatologisch gesehen jeder Mensch »ein Mönch im Werden«.

Das orthodoxe Mönchtum ist keineswegs ein Stereotyp und auf unverbesserliche Weise in rigide Typen eingeschlossen, so dass es gar nicht imstande wäre, der Kirche zum Nutzen und Gott zur Ehre zu gereichen. Immer, wenn die Kirche von Häresien herausgefordert wurde, haben die Mönche ihre Wüste verlassen, sind in die Welt gegangen und haben zur Bekämpfung der Häresien nach ihren Möglichkeiten beigetragen. Auch heute stellen die Mönche ihre ihnen von Gott geschenkten natürlichen oder erworbenen Gaben in den Dienst der Kirche. Als Beispiele aus unserer Kirche seien nur unter anderem die Väter Benedict Ghiuş, Ilie Cleopa, Sofian Boghiu, Arsenie Papacioc, Teofil Păräian, Ioan Iovan, Mina Dobzeu als leidenschaftliche Verkündiger des kommenden Äons genannt.

Die Kultur und Zivilisation unseres Volkes kann auch aus der Existenz des Mönchtums verstanden werden, jener »Engel in Menschengestalt«. In der rumänischen Orthodoxie haben das Leben und das Glaubenszeugnis der Mönche im Laufe der Zeit den Kultus, die Theologie, die Spiritualität und das pastorale und apostolische Wirken der Kirche begründet und entscheidend geprägt. Durch ihre Präsenz inmitten des Säkularismus unserer Zeit geben die Mönche den Menschen ein lebendiges Beispiel für die Art und Weise, wie das Leben auch abseits der heutigen Reduktion ausschließlich auf die irdischen Zwecke interpretiert werden kann.

Nirgends kann man sich mehr an den göttlichen Quellen sättigen als im Umfeld der Klöster und der Seelsorger und geistlichen Väter, die in ihnen wohnen und wirken und die, indem sie das Licht Gottes widerspiegeln, die Welt erleuchten und in ihrer Mitte die Welt des Himmelreiches hochhalten. Daher ist es gut, wenn wir Christen, die wir »Gäste und Fremdlinge auf Erden sind« (Hebr. 11,13), so oft als möglich Pilgerbesuche in unseren Klöstern machen. Dort angelangt, werden wir Ruhe in Gott finden, denn jedes Kloster bietet das Modell einer christlichen Gesellschaft und das lebendige Bild einer Welt, in der die Menschen in Frieden, freiwilligem Verzicht und Liebe leben, sowie das Urbild einer Gesellschaft, deren Gesetz das Evangelium ist.

Übersetzung: Jürgen Henkel (Selb-Erkersreuth)

Gott auf der Spur:
Das orthodoxe Mönchtum
in Rumänien in Geschichte und Gegenwart

Pfarrer Dr. Jürgen Henkel, Selb/Sibiu-Hermannstadt,
Akademieleiter a. D., Gründungsherausgeber und Schriftleiter
der Deutsch-Rumänischen Theologischen Bibliothek/DRThB

Im Gedenken an Vater Archimandrit Mina Stan (1931-2009) aus dem Heiligen
Skit Cornet im Alttal (Bistum Râmnic), von dem ich mehr über die Ortho-
doxie gelernt habe als aus vielen Büchern. Ewiges Gedenken!

1. Einleitung: Gott auf der Spur – Beobachtungen eines Pilgers[1]

Der Weg zum Kloster ist zerklüftet und eng. Durch ein lang gezogenes be-
waldetes Tal wie aus dem Bilderbuch fernab der Hauptstraße mit einer zwar
geteerten, aber kaum zwei Fahrzeuge nebeneinander fassenden Fahrbahn
quälen sich auch an diesem Sonntagmorgen wieder hunderte von Fahrzeu-
gen. Daneben plätschert der kristallklare Bach gemütlich talabwärts. An
manchen besonders schmalen Biegungen stockt der Verkehr und kommt
minutenlang zum Erliegen. Es bedarf einiger Rangierkünste aller Beteiligten, bis die Traube an Autos und Bussen sich entwirrt und den Weg wieder
freigibt. Doch die Autofahrer harren und weichen geduldig aus. Denn diese
Straße bringt sie für einige Stunden dem Heiligen näher. Sie fahren zum
Gottesdienst in das Kloster Prislop bei Hatzeg (rum. Haţeg) in den westlichen Karpaten Rumäniens.

Der Gottesdienst der Ostkirche – die Göttliche Liturgie – dauert mehrere
Stunden. Auch hier bei den Mönchen und Priestern, die wissen, dass hunderte von Menschen den Gottesdienst im Hof des Klosters bei brütender
Hitze über große und manchmal dröhnende Lautsprecher verfolgen. Tief
im Gebet versunken, lauschen die Gläubigen und beten mit. Das Innere der
Kirche ist so überfüllt, dass kein Zutritt in das Gotteshaus mehr möglich ist,
erst am Schluss der Liturgie nach zwölf Uhr mittags, wenn alle vom Priester

---

[1] Die Einleitung ist die überarbeitete, ergänzte und aktualisierte Fassung einer Repor-
tage, die ich für die deutsche Kirchenpresse geschrieben habe und die auch in manchen Sonntagsblättern veröffentlicht war.

mit Salböl in Kreuzform auf der Stirn gesegnet werden und sich geweihtes Brot mitnehmen. Es soll die symbolische erste Nahrung sein, die die Gläubigen zu sich nehmen, denn zum Gottesdienst geht der orthodoxe Christ nüchtern, ohne vorheriges Frühstück.

Viele knien mehrere Stunden. Einige beten zu einem Knäuel zusammengekauert immer wieder das Jesusgebet. Manche sitzen andächtig ein paar Meter weiter unter Schatten spendenden Bäumen neben einer Quelle, die aus dem Berg sprudelt. Die Frauen haben Kopftücher auf. Sonst hartgesottene Männer mit mancher Tätowierung auf dem Arm stehen still und bekreuzigen sich.

Nach dem Gottesdienst besuchen die meisten die Einsiedlerhöhle und das Grab von Mönchsvater Arsenie Boca rund zweihundert Meter oberhalb des Klosters am Berg. Der charismatische Einsiedler mit großer Ausstrahlung auf die orthodoxen Gläubigen lebte zu Zeiten des kommunistischen Systems. Er starb kurz vor der Revolution 1989. Seine Predigten gaben den Menschen Hoffnung in den Jahren der Unterdrückung. Um seinen Tod, seine Beerdigung und sein Grab rankt sich bereits manche Heiligenlegende. Selbst im tiefsten Winter blühen dort die Blumen, heißt es. Irgendwann wird er sicher heiliggesprochen.

Nach dem Gottesdienst füllen die Menschen mitgebrachte Plastikflaschen mit frischem Quellwasser für die Rückfahrt, setzen sich unter die Bäume und machen ein Picknick und geben ihre Geschenke im Kloster ab – Mehl, Zucker, Reis, Speiseöl. Mancher holt sich persönlich geistlichen Rat. Die Mönchspriester sind in Rumänien sehr gefragte Seelsorger und Beichtväter.[2] Andere lassen ihr neues Auto segnen – mit Weihwasser und Gebeten für behütete Fahrt. Erst am späteren Nachmittag leert sich der Parkplatz.

So wie hier im Kloster Prislop haben sich die orthodoxen Klöster in ganz Rumänien nach der Wende von 1989 wieder zu besonders beliebten Pilgerstätten der Spiritualität entwickelt. Die wenigen vor 1989 noch bestehenden Menschen sind hier Gott auf der Spur. Manche kommen zu Klostergottesdiensten aus weiter Entfernung mit dem Wagen. Pilger aus umliegenden Dörfern laufen zu Fuß oft mehrere Kilometer weit. Vor allem für alte Leute bei Schnee oder Hitze kein leichtes Unterfangen.

Katholiken in der Moldau

Szenenwechsel. Das Kloster der Franziskaner am Stadtrand von Roman in der Moldau ist schwer zu finden. Wer es noch nicht besucht hat, dreht trotz der bekannten Adresse sicher ein paar Touren in der Stadt und muss an

---

[2] Zum orthodoxen Seelsorgeverständnis des Seelsorgers als geistlicher Vater vgl. den ausgezeichneten Aufsatz von Andreas Müller: *Geistliche Väter als Lebensbegleiter. Ein Beitrag zur Seelsorgepraxis in der ostkirchlichen Orthodoxie*, in: IKZ 89 (1999), S. 209-51.

mancher Tankstelle nachfragen. Hinter Werkshallen, Barracken und Betriebshöfen einer Industriestraße ist es fast schon versteckt. Ein großer Bau, aber eben nicht direkt an der Ausfallstraße, die von Roman nach Jassy (rum. Iași) oder Suceava führt, sondern etwas dahinter. Es braucht den zweiten Blick, um das Kloster zu entdecken. Wer aber ankommt, den erwartet das Universum franziskanischer Spiritualität.

Der in kommunistischer Zeit in Rumänien verfolgte katholische Orden der Franziskaner hat sich auch in der Moldau seit 1990 wieder etabliert, wie etwa 50 andere katholische Orden auch. Fromm, ins Gebet vertieft und gleichzeitig von einer unbeschreiblichen Herzlichkeit, Gastfreundschaft und Offenheit erwarten die Franziskaner hier Gäste und Pilger.

Nach einem Kloster sieht das Gebäude nicht gerade aus, eher nach einem Lyzeum mit Internat oder einer Hochschule. Der Bau wurde nach 1990 aus dem Boden gestampft und sollte vor allem groß werden. Er ist trotzdem nicht protzig, sehr funktional und umfasst auch ein Studentenwohnheim. Denn zum Kloster gehört ein Theologisches Institut, an dem rund 90 Mönche und Novizen aus unterschiedlichen katholischen Orden des Landes Theologie studieren. Es ist die einzige Hochschule für Ordensmönche mit Rumänisch als Unterrichtssprache im Land, sagt Pater Iosif Bisoc, Ordensmönch der Franziskanerkonventualen (OFMKonv) und Professor am Theologischen Institut. In der Region von Băcău und Roman in der Moldau sind die Katholiken traditionell stark vertreten. Ganze Dörfer sind mehrheitlich katholisch. Mit Petru Gherghel haben sie einen eigenen Bischof für die Moldau und Bukowina in Jassy.

Wer nach Roman kommt, der trifft immer wieder auf Mönche und Nonnen unterschiedlicher Orden und Nationen – Kapuziner und Jesuiten aus Rumänien und Polen sowie weitere Ordensangehörige aus Italien, Spanien, Kroatien oder Indien. Für die fröhlichen Franziskaner-Mönche aus Roman, darunter auffallend viele junge, zählt dieses multiethnische Bild ihrer Weltkirche schon längst zum Lebensalltag. Die große Zahl von Novizen und jungen Mönchen ist für Pater Iosif »ein Grund zur Freude und Dankbarkeit gegenüber Gott. Rumänien ist ein geistlich reiches Land und kann diesen Reichtum in Europa einbringen«, sagt er. Manche Mönche lernen Deutsch und werden nach ihrer Priesterweihe zum Dienst in den Westen entsandt.

Explosion der Berufungen

Dieses neue Aufblühen des orthodoxen und katholischen Mönchtums seit 1989 nach über 50 Jahren staatlich verordnetem Atheismus war nicht ohne weiteres vorauszusehen. Das Mönchtum und die Klöster waren stets im besonderen Visier der Kommunisten und der berühmt-berüchtigten Securitate. Nachdem die katholische und die orthodoxe Kirche sehr stark vom

Mönchtum und der Spiritualität der Klöster geprägte Kirchen sind, wollten die Kommunisten den Kirchen so ihr geistliches Rückgrat brechen.

Das Dekret 410 aus dem Jahr 1959 – der Zeit des finstersten Stalinismus in Rumänien – brachte das Aus für die meisten Klöster. Sie wurden geschlossen, Mönche und Nonnen mussten das Ordenskleid ablegen und in die Welt zurück. In abgeschiedenen Bergregionen durften einzelne Klöster für ältere Schwestern und Mönche weiter bestehen. Die anderen wurden zu touristischen Zielen. Aber zerstört oder zweckentfremdet wurden die Klöster und vor allem ihre Kirchen nicht, anders als in der Sowjetunion. Vor allem die Kirchen blieben unangetastet. Selbst überzeugte und hochdekorierte Kommunisten hielten sich lieber ein Hintertürchen zum lieben Gott offen und ließen sich nachts heimlich trauen oder ihre Kinder taufen.

Dass der Kommunismus in Rumänien trotz Staats- und Parteichef Nicolae Ceaușescu ganz eigenen Regeln folgte, wird auch daraus ersichtlich, dass zur Zeit der Wende die orthodoxe Kirche immer noch rund 115 Klöster mit 450 Mönchen und Nonnen hatte. Bei der ersten Volkszählung nach dem Kommunismus und der Wende ergaben sich sensationelle Zahlen: nur 0,1 Prozent der Bevölkerung erklärten sich zu Atheisten. Aber 87 Prozent für orthodox und rund fünf Prozent für katholisch. Der christliche Glaube hatte den längeren Atem bewiesen.

Der orthodoxe Erzbischof von Sibiu/Hermannstadt und Metropolit von Siebenbürgen, Laurențiu Streza, nennt den neuen Aufbruch »eine Explosion der Berufungen nach der Zeit der Verfolgung«. Die Zahlen sind beeindruckend: heute gibt es laut Rumänischem Patriarchat 637 Klöster und Skiten der Rumänischen Orthodoxen Kirche mit über 8000 Mönchen und Nonnen[3]. Etliche wurden nach 1989 völlig neu gegründet wie etwa in Orlat bei Hermannstadt. Die Klöster unterstehen in der orthodoxen Kirche direkt den Bistümern und damit den Bischöfen. Für viele Bischöfe war es auch eine Frage des Prestiges, möglichst viele Klöster zu gründen. Es gibt keine Orden wie in der katholischen Kirche. Es gelten die altkirchlichen Mönchsregeln des heiligen Basilius sowie eine Regel des jeweiligen Klosters.

Gewiss mag in Einzelfällen angesichts der wirtschaftlichen Situation in mancher Region ein Versorgungsgedanke eine Rolle spielen, wenn junge Leute heute ins Kloster gehen. Andererseits verzichten sie gerade in Rumänien auf viel diesseitige Lebensfreude. Metropolit Laurențiu umschreibt dies schmunzelnd: »Es gibt wunderschöne Beschreibungen des Mönchtums und des Zölibats durch verheiratete Laien und Priester. Die Freuden des Ehelebens wiederum werden von zölibatär lebenden Autoren in den höchsten Tönen gelobt.«

---

[3] Vgl. deutschsprachige Präsentation der Rumänischen Orthodoxen Kirche auf der Homepage des Rumänischen Patriarchats: *Die Rumänisch-Orthodoxe Kirche – Kurze Vorstellung* (http://www.patriarhia.ro/ro/scurta_prezentare_de.html; abgerufen 5. Juni 2013).

Orthodoxe wie Katholiken profitieren vom kirchenfreundlichen gesellschaftlichen Klima in Rumänien. Wer in Deutschland als junger Mensch erklärt, ins Kloster gehen zu wollen, erntet Kopfschütteln und Unverständnis. In Rumänien ist das eine Ehre und ein Segen für die Familie, die Kirchengemeinde und das Dorf oder die Stadt. Klöster und Mönchtum sind hoch angesehen.

Freilich gibt es auch fundamentalistische Tendenzen im Mönchtum. Der siebenbürgische Metropolit weist diese zurück: »Einige glauben, dass sie stärker sind im Glauben als andere. Denen fehlt die Demut. Und die erste Sünde ist der Stolz. Theologie heißt nicht Rechthaberei, sondern Theologe ist, wer betet.«

Nachdem sich die Bischöfe klar von fundamentalistischen Strömungen abgrenzen, hat die Kirche auch den Skandal von Tanacu 2005 gut überstanden. Damals starb eine junge Frau nach einem Exorzismus. Doch das Kloster Tanacu war nicht offiziell anerkannt, die Kirche distanzierte sich sofort und wirkte an der Aufklärung des Falles mit. Und die Frau war von einer psychiatrischen Klinik ins Kloster geschickt worden und starb nach dem Vorfall erst im Spital. Die sensationsgierige Presse und Kirchenkritiker versuchten, diesen Fall gegen die Kirche zu instrumentalisieren. Dabei behandelte die Kirche selbst den Fall als Straftat.

Kloster im Donnerhall

Der Liebe der Menschen zu den Klöstern tat dieser Vorfall jedenfalls keinen Abbruch. Immer mehr Menschen pilgern gerne zu Klöstern. »Jeder hat ein besonderes Anliegen. Einige wollen dem Gottesdienst lauschen und beten. Andere wollen ein seelsorgerliches Gespräch, andere ein Fürbitten- oder Segensgebet für die Familie. Viele lassen ihre Kinder im Kloster taufen. Auch die schöne Liturgie in den Klostergottesdiensten gefällt den Menschen«, sagte Archimandrit Mina Stan (*1931 – †2009) einst, einer der charismatischsten Prediger und Mönchsväter der Gegenwart in der rumänischen Orthodoxie, leider viel zu früh verstorben. Dem weisen Abbas mit der markanten Stimme genügte oft ein Blick, um das Anliegen der Gläubigen zu erkennen, die zu ihm kommen. Archimandrit Mina lebte, wirkte, zelebrierte und predigte von 1980 bis 2009 hier, seine Grabstätte ist auf dem Klosterfriedhof.

Vater Mina lebte als Priestermönch in dem kleinen Skit Cornet im malerischen Alttal in der Walachei, wo drei Nonnen und er lebten und Gottesdienste feierten. Das Skit liegt direkt an der Europastraße, die Hermannstadt mit Râmnicu Vâlcea verbindet, der Hauptverkehrslinie zwischen Siebenbürgen und der Hauptstadt Bukarest. Während der Gottesdienste donnern draußen vor der Klosterpforte Vierzigtonner vorbei. Und unter dem kleinen Kirchlein rattert die Eisenbahn rhythmisch hindurch: eine Bahnlinie verläuft durch eine Unterführung direkt unter dem Kloster. Doppelter Donnerhall als Begleitmusik für die Liturgie.

Zu kommunistischer Zeit sollte das Kloster zuerst umgesetzt, dann abgerissen werden. Riesige Stauseen sollten hier entstehen. Doch beides blieb dem Kloster erspart. Vater Mina freute sich über die Entwicklung des Mönchtums in den Jahren seit 1990: »Es treten auch Intellektuelle und Leute, die mitten im Berufsleben stehen, ins Kloster ein. Viele wählen diesen Weg sehr bewusst. Es braucht aber eine geistliche Grundlage.«

Die Klöster leben heute von Spenden und dem Verkauf ihrer Erzeugnisse wie Kerzen, Ikonen und Teppichen, Kirchensteuer gibt es in Rumänien nicht. Auch Kloster auf Zeit bieten immer mehr Klöster an. Viele finden dabei die Ruhe, die sie in der Hektik des Alltags und rumänischer Großstädte so vermissen. Und die Gedanken werden zu Gott gelenkt. Gerade die Klöster in Metropolen wie Bukarest oder Jassy sind gefragte Oasen der Stille. Auch viele junge Menschen suchen dort tagsüber Ruhe, Stille und geistliche Erbauung. »Unser Leben hier ist nicht alles. Wir versuchen viel zu oft, unsere Seele mit irdischen Dingen zu füllen, dabei füllt Gott unser Herz mit den Dingen der Ewigkeit. Die Ewigkeit wird heute gerne vergessen«, sagt Schwester Veronica (58) aus Cornet, die als 25-jährige noch zu kommunistischer Zeit ins Kloster eingetreten ist. Ihre Berufung beschreibt sie mit den Worten: »Gott zu dienen ist Sinn unseres Lebens. Wir sind nicht nur auf der Erde, um unserem Leib zu dienen.«

Diese reiche Spiritualität ist ein Pluspunkt Rumäniens, den es erst noch zu entdecken gilt. Eine Spurensuche lohnt jedenfalls – ob in den berühmten alten Moldauklöstern oder in den neuen Klöstern. Diese Studie will einen Beitrag dazu leisten. Rumänischerseits wird dieser Schatz der eigenen nationalen orthodoxen Spiritualität immer mehr erkannt und auch über die bisher schon zahlreichen Werke und Bildbände zu den Klöstern der Moldau und Bukowina hinaus[4] in wunderschönen Bildbänden[5], historischen Darstellungen zu einzelnen Klöstern[6] oder auch besonderen Reiseführern speziell über Klöster für Touristen und Pilger dargestellt. Besonders wertvoll ist der Klosterführer aus dem Bukarester Verlag Sophia, der alle (!) orthodoxen Klöster des Landes nach Bistümern sortiert vorstellt inklusive Anreisebeschreibungen, Kontaktdaten und Hinweisen zu Übernachtungsmöglichkei-

---

[4] Vgl. die zahlreichen Literaturhinweise in dem Beitrag S. E. Metropolit Teofan der Moldau und Bukowina zum Mönchtum in der Moldau in diesem Band (v. a. Anm. 5). Vgl. auch W. Nyssen, *Bildgesang der Erde, Außenfresken der Moldauklöster in Rumänien*, Köln 1994 (KOINONIA-ORIENS, Bd. XLI); *Die Wandmalereien in der Moldau im 15. und 16. Jahrhundert*, Bukarest 1983.

[5] Zum Beispiel zu den Klöstern der Metropolie Oltenien: *Oltenia de lângă Cer*, Craiova 2006.

[6] Zum Beispiel zu dem oben erwähnten kleinen Skit Cornet: Pr. N. Moga, *Sfântul Schit Cornet*, Cornet 2008, 340 S.

ten für Pilger.[7] Von den meisten Klöstern und Skiten ist auch ein Foto beigefügt. Außerdem wird angegeben, wie viele Mönche bzw. Nonnen in dem Kloster leben.

2. Geschichtlicher Überblick[8]

Antike, Mittelalter und frühe Neuzeit

Die Entwicklung der rumänischen Spiritualität und der Rumänischen Orthodoxen Kirche überhaupt war stets eng mit dem Mönchtum verknüpft. Überhaupt ist die orthodoxe Spiritualität seit der Antike stark von monastischer und asketischer Frömmigkeit geprägt.[9] Seit frühesten Zeiten gab es im Gebiet des heutigen Rumänien ein lebendiges und in die Universalkirche ausstrahlendes Mönchtum. In der Dobrudscha, jener Gegend zwischen der Donau und der Schwarzmeerküste im Südosten des Landes, haben sich parallel zu kirchlichen Strukturen schon Klöster entwickelt. Nach der orthodoxen Tradition hat der Apostel Andreas in der Dobrudscha missioniert. Er gilt daher auch als Nationalheiliger. Die Höhle, in der er lebte, kann bis heute in jenem Kloster nahe der Donau im Erzbistum Tomis besichtigt werden, das seinen Namen trägt. Dieses Kloster ist ein Wallfahrtsort für orthodoxe Rumänen, die in der Dobrudscha die ältesten Zeugnisse ihres christlichen Glaubens aufsuchen. Das frühere Bistum und jetzige Erzbistum Tomis (heute Konstanza), ist seit dem vierten Jahrhundert belegt, auch gab es entlang der Donau schon in jener Zeit Bistümer. Die rumänischen orthodoxen Klöster haben im Laufe der Jahrhunderte sowohl frömmigkeitsgeschichtlich als auch kunstgeschichtlich Weltbedeutung erlangt. Der Siegeszug der mönchischen Erweckungsbewegung des Hesychasmus in der orthodoxen Spiritualität der frühen Neuzeit – jene Renaissance der byzantinischen Mystik auf der Basis der Philokalia-Texte der Kirchenväter zur Askese und Mystik – ist ohne das Wirken von Paisij Veličkovskij in den Moldauklöstern nicht denkbar.[10] Und mit den Moldauklöstern haben sich die orthodoxen Rumä-

---

[7] Gh. Ciocioi/Pr. Ş. Tica/A. Dragne/D.-Cr. Vlad/M. Voicu (Hg.), *Ghidul mănăstirilor din România*, Bukarest ²2011, 360 S.

[8] Alle Daten nach Ioan I. Ică Jr., Art. *Rumänische Klöster*, in: RGG⁴ Bd. 7, Sp. 696 f., und Mircea Păcurariu, *Geschichte der Rumänischen Orthodoxen Kirche*, Erlangen 1994 (= OIKONOMIA 33); ders., *Istoria Bisericii Ortodoxe Române*, Bd. I-III, Iaşi 2004.

[9] Vgl. die guten Einführungen bei: Hans-Dieter Döpmann, *Die orthodoxen Kirchen in Geschichte und Gegenwart*, Frankfurt/Main ²2010 (= Trierer Abhandlungen zur Slawistik, Bd. 9), S. 253-258; E. Hämmerle, *Frömmigkeitsformen und geistliches Leben*, S. 14-26, in: R. Thöle (Hg.), *Zugänge zur Orthodoxie*, S. Göttingen ³1998 (= BenshH 68), S. 11-37; U. Köpf, Art. *Mönchtum III* (Kirchengeschichtlich), in: RGG⁴ Bd. 5, Sp. 1414-1420.

[10] Zur byzantinischen Mystik und der Philokalia-Frömmigkeit vgl. die ausgezeichnete

nen und der moldauische Fürst Stefan der Große ihren Ehrenplatz im Weltkulturerbe der UNESCO gesichert. Auch die Klosteranlage von Hurezu gilt als UNESCO-Weltkulturerbe. Vom 4. bis 6. Jahrhundert ist in der Scythia Minor ein blühendes Mönchtum nachgewiesen, als dessen Hauptvertreter Bischof Theotimos von Tomis (†nach 403), Johannes Kassian (†435), Dionysiis Exiguus (†545) sowie Einsiedlermönche gelten, die in die theopaschitischen Streitigkeiten der ersten Hälfte des 6. Jahrhunderts verwickelt waren. Die Existenz eines eremitischen Mönchtums ist in hunderten von monastischen Ortsnamen bezeugt. Die Präsenz rumänischer orthodoxer Mönche ist auch in Siebenbürgen/Transilvanien belegt: um 1000 gibt es Zeugnisse in Morisena bei Arad, 1204 in Oradea/dt. Großwardein. Im 14. Jahrhundert ist rumänisches Mönchtum auch auf dem Athos belegt.

In den Fürstentümern der Walachei und der Moldau, die vom Ökumenischen Patriarchat 1359 bzw. 1401 als Metropolien anerkannt wurden, kam es mit der Herausbildung der kirchlichen Strukturen auch zu einer gezielten Organisation des rumänischen Mönchtums. Mit dem Bau großer und befestigter Klosteranlagen erhielt das rumänische Mönchtum auch eine politische Dimension. Sie wurden zu Zentren der nationalen und kulturellen Identität sowohl gegenüber dem Islam (Türken und Tartaren), als auch gegenüber dem Katholizismus (Ungarn und Polen). Eine wichtige Rolle spielte dabei der heilige Nikodim (†1406). Der in Krajna (Serbien) geborene Mönch gründete wichtige Klöster wie Tismana (1376) in der Walachei. Zu jener Zeit entstanden auch andere berühmte Klöster der Walachei wie Cozia (gegründet 1388), Snagov (1428), Dealu (1431), Govora (1491), Bistrița (1491) und Argeş (1517). In der Moldau stifteten die herrschenden Fürsten Klöster wie Neamț und Bistrița (beide 1407), Moldovița (1402), Humor (1415), Putna (1465) sowie das wegen seiner späteren Außenbemalung weltberühmte Voroneț (1472). 1595 und 1626 beschlossen lokale Synoden der beiden Metropolien, das Mönchtum strikt gemeinschaftlich (koinobitisch) zu organisieren, um dem ausufernden Eremitentum entgegenzuwirken. In der Walachei kam es schließlich im 17. und 18. Jahrhundert zu weiteren Klostergründungen durch Fürsten wie Matei Basarab (1632-1654). Dazu zählen die bekannten Klöster Arnota (1638) und Hurezi (1693).

Mit der Phanariotenherrschaft über die rumänischen Fürstentümer im 18. Jahrhundert gingen massive »freiwillige Schenkungen« aus rumänischen Klöstern an griechische Klöster auf dem Athos einher. Diese sicherten zwar den Athos-Klöstern ganz wesentlich das Überleben, doch für die rumänischen Klöster selbst bedeutete diese orthodoxe Form des »Solidaritäts-

---

Einführung von Georg Günter Blum, *Byzantinische Mystik. Ihre Praxis und Theologie vom 7. Jahrhundert bis zum Beginn der Turkokratie, ihre Fortdauer in der Neuzeit,* Berlin 2009 (= FOTh Bd. 9); auch F. v. Lilienfeld, Art. *Hesychasmus,* in: TRE Bd. 15 (1986), S. 282-289.

zuschlages« einen wirtschaftlichen Niedergang. Das ging soweit, dass sich das mönchische Leben auch wieder vermehrt in Einsiedeleien und Skiten verlagerte. Am Ende des 18. Jahrhunderts gab es in der Moldau 83 Einsiedlerskiten und nur noch vier Klöster, in der Walachei 93 Einsiedlerskiten und 14 Klöster. Gerade in diesen Skiten aber nahm die hesychastische Erneuerung mit Auswirkung auf die gesamte orthodoxe Spiritualität ihren Anfang. Hier sind der in der Moldau wirkende ukrainische Starez Paisij Veličkovskij (1722-1794), aber auch Starez Calinic von Cernica (1787-1869; bei Bukarest) zu nennen. In Siebenbürgen und der Bukowina, die zum Habsburgerreich gehörten, kam es in den Jahren 1761 und 1762 zur Zerstörung von nach orthodoxen Angaben rund 200 Holzklöstern im Rahmen der katholischen Bemühungen zur »Union« der siebenbürgischen Rumänen mit Rom. Doch nicht nur das Habsburgerreich diskriminierte das rumänische Mönchtum, sondern auch rumänische Staatsführer selbst. Nach der Gründung des neuen rumänischen Staates 1861 kam es nämlich 1863 unter Fürst Alexandru Ioan Cuza, der wohl Freimaurer war, zu einer drastischen Säkularisation und völliger Enteignung der Klöster. Das Mönchtum wurde wieder unterdrückt, was eine Mönchsemigration nach Russland und auf den Athos auslöste. Von 250 Klöstern und Skiten im Altreich blieben am Ende des 19. Jahrhunderts nur 75 übrig, von 6545 Mönchen und Nonnen nur 3025.

Kommunistische Unterdrückung

In der Zeit des Kommunismus, der in Rumänien im Blick auf die Orthodoxe Kirche in mancher Hinsicht eigenen Regeln folgte, war die Kirche zwar diskriminiert und unterdrückt. Viele Priester und Theologen, aber auch bekennende Christen ohne kirchliche Funktionen kamen in politische Haft, wurden zur Zwangsarbeit am Schwarzmeerkanal verurteilt; manche starben in der Verfolgung oder in der Haft. Doch es kam nicht zu jenen Massenmorden und der reihenweisen Schließung von Kirchen und ihrem Missbrauch als Ställen, Kinos, Kasernengebäuden, Lagerräumen oder Schwimmbädern wie in der Sowjetunion. Die Kommunisten hatten Respekt vor der Kirche. Selbst hohe Parteifunktionäre suchten nachts heimlich Kirchen und Klöster auf, um ihre Kinder taufen oder sich trauen zu lassen. So gab es in Rumänien zwar vier Millionen KP-Mitglieder, doch kaum echte Kommunisten. Um jedoch den Kirchen das geistliche Rückgrat zu brechen, erließen die Kommunisten im Jahre 1959 das berühmt-berüchtigte Dekret 459, das die Schließung der Klöster verfügte. Nur ganz wenige konnten sich dem entziehen. Dies war die Zeit kurz nach dem Ungarnaufstand von 1956. Die rumänische Staats- und Parteiführung setzte zur massiven Verfolgung von Intellektuellen, Regimekritikern und -gegnern, Journalisten und Theologen an, die sich nicht zum Kommunismus bekannten oder als potentielle Oppositionelle galten. Das Regime war aufgeschreckt von den Ereignissen im kommunistischen Bruder- und Nachbarland Ungarn. Und die Klöster waren stets schlecht kontrollierbare Nester des Widerstandes.

Das 2007 ökumenisch erarbeitete und veröffentlichte »Rumänische Martyrologion« bietet eine erste Bestandsaufnahme der Christen, die als überzeugte Christen Opfer des Kommunismus auf Seiten der Orthodoxen Kirche, der Römisch-katholischen Kirche und der Evangelischen Kirche A. B. in Rumänien wurden. Der von einer Arbeitsgruppe aus orthodoxen, katholischen und evangelischen Bischöfen, Kirchenhistorikern und Historikern sowie Archivforschern gemeinsam erstellte und von dem orthodoxen Patriarchen Teoctist (Arpașu, 1914-2007; Patriarch 1986-2007), dem römisch-katholischen Erzbischof von Bukarest und Metropolit Ioan Robu (*1944; Apostolischer Administrator des Erzbistums Bukarest seit 1984; Erzbischof seit 1990, Vorsitzender der Katholischen Bischofskonferenz Rumäniens) sowie dem damaligen Bischof der Evangelischen Kirche A. B., Christoph Klein (*1937; Bischof 1990-2010) herausgegebene Band dokumentiert auf über 800 Seiten Biographien und bietet Lebensbilder bekannter christlicher Opfer und Märtyrer des kommunistischen Regimes.[11] Der Band nennt außerdem 110 weitere Opfer mit Kurzbiographien, zu denen noch keine ausführlicheren Lebensbilder erstellt werden konnten. Wobei es sich um eine erste Sammlung handelt, die Dunkelziffern liegen noch wesentlich höher. Nicht aufgenommen sind griechisch-katholische Opfer und Märtyrer, nachdem sich die Griechisch-katholische mit Rom unierte Kirche aus dem laufenden Projekt wieder ausgeklinkt hat. Es werden von orthodoxer Seite neben zahlreichen Priestern, Theologieprofessoren und Bischöfen auch die Mönche Ieromonach Daniil (Skit Rarău, Kreis Suceava), Ieromonach Emilian Gâțu (Kloster Polovragi, Kreis Gorj), Ieromonach Gherasim Iscu (Kloster Tismana, Kreis Gorj), Ieromonach Dionisie Șova (Kloster Fägețel, Kreis Harghita), Ieromonach Visarion Toia (Kloster Lainici, Kreis Gorj), Ieromonach Haralambie Vasilache (Skit Pocrov, Kreis Neamț) und Ieromonach Iov Volănescu (Kloster Dealul, Kreis Dâmbovița) sowie die Nonne Maria Iordache (Kloster Vladimirești, Kreis Galați) als Opfer oder Märtyrer des kommunistischen Regimes porträtiert.[12] Unter den 110 weiter genannten Opfern und Märtyrern ohne ausführliche Biographien sind noch einmal vier orthodoxe Mönche genannt.[13]

So blieben bis 1989 nur rund 114 orthodoxe Klöster mit etwa 450 Mönchen und Nonnen übrig. Erstaunlich ist freilich, dass sich die Schergen des Systems in den säkularisierten Klöstern nicht an die Gotteshäuser selbst heranwagten. Das zum Serbischen Orthodoxen Vikariat des Banats gehöri-

---

[11] *Martiri pentru Hristos din România în perioada regimului communist*, Bukarest 2007.
[12] Vgl. *Rumänisches Martyrologion*, S. 158-167, 275-277, 385-389, 681 f., 691-693, 716-722, 732-737, 360-370.
[13] Vgl. *a. a. O.*, S. 752-772.

ge Kloster zum heiligen Georg bei Birda aus dem 17. Jahrhundert zum Beispiel wurde von den Kommunisten in eine Kaserne umgewandelt. Doch die Klosterkirche selbst blieb unversehrt.

Neue Blüte nach der Wende

Seit der Wende von 1989 haben die Klöster wieder einen regen Zulauf. Es gibt mittlerweile wieder wie schon gesagt 637 Klöster und Skiten mit über 8000 Mönchen und Nonnen. Darunter sind zahlreiche Neugründungen. Zu einzelnen Klöstern wie etwa dem Frauenkloster Agapia in der Moldau gehören mehrere hundert Nonnen, im Falle von Agapia derzeit 315![14] Obwohl es deutlich mehr Männer- als Frauenklöster gibt, sind knapp zwei Drittel der Klosterangehörigen Nonnen, ein Drittel Mönche. Die Motive für diesen Zulauf sind vielfältig. Natürlich spielt für manche auch die Flucht vor der Armut in das doch relativ gesicherte Leben einer Klostergemeinschaft eine gewisse Rolle. Gerade in der Moldau gibt es viele arme und fromme Familien mit hoher Kinderzahl. Doch ist diese Flucht vor der Armut nicht die entscheidende Begründung für den Zulauf, dessen sich die orthodoxen Klostergemeinschaften nach 1989 wieder erfreuen. Zumal ja die Gelübde der Keuschheit, der Armut und des Gehorsams doch eine wesentliche Einschränkung der Lebensqualität für junge Menschen mit sich bringen.

Gerade in der Moldau gilt es aber auch als eine Ehre und eine Krönung des in der Familie praktizierten Glaubens, wenn ein Sohn oder eine Tochter dem Ruf ins Kloster folgt. Und es ist auch gelegentlich Anmaßung und Arroganz im Spiel, wenn westliche Kommentatoren die Flucht vor der Armut als Hauptmotiv für den Zulauf der Klöster ausmachen. Denn damit werden vielen gläubigen Christen, die aus echter Überzeugung ins Kloster gehen, materielle Motive unterstellt. Das ist vergleichbar mit dem häufig geäußerten anmaßenden Vorwurf westlicher Theologen und Autoren sowie orthodoxiekritischer Intellektueller aus orthodoxen Ländern, die orthodoxen Christen seien bei ihren Gottesdiensten nur Gäste und Zuschauer ohne innere Beteiligung, nicht aber Mitwirkende wie in den Gottesdiensten der westlichen Kirchen. Leider erkennen manche Intellektuelle den speziellen Beitrag der Orthodoxie zur europäischen Spiritualität nicht und grenzen sich, um als westlich zu gelten, oft künstlich von der Orthodoxie ab. Dazu zählen auch gegenwärtige Größen des rumänischen Geisteslebens wie Horia-Roman Patapievici oder Cristian Pârvulescu, denen in so mancher Diskussionsrunde westliche Beobachter und in Rumänien lebende Ausländer die Bedeutung der orthodoxen Spiritualität und Liturgie und des Mönchtums entgegenhalten.

Das moderne großstädtische Leben in Rumänien etwa in Bukarest, Klausenburg oder Temeswar ist durchaus mit den großstädtischen Lebens-

---

[14] *Ghidul mănăstirilor*, S. 137.

formen des Westens vergleichbar. Rumänien hat sich in vieler Hinsicht voll an den Westen angeglichen: Neureiche stellen ihren Luxus zur Schau; es gibt in allen Städten Sex-Shops und Striptease-Bars, eine Kommerzialisierung und Amerikanisierung von Feiertagen bis ins Geschmacklose, endlose Staus im Stadtverkehr, Lohndumping, ungleiche Bildungschancen und eine ganze Palette an Nobellimousinen, daneben Obdachlose und Bettler. Und doch gehören die orthodoxe Spiritualität, das kirchliche Fasten und überhaupt ein Bekenntnis zum eigenen Glauben bis hin zur Bekreuzigung beim Passieren einer Kirche selbst für viele junge Leute zum festen Bestandteil ihrer Lebens- und Werteordnung. Das sieht man auch an der Zusammensetzung der Gottesdienstbesucher nach Alter und Geschlecht. Da finden sich in rumänischen Gottesdiensten auffallend viele junge Leute, die sich nach Kleidung und persönlichem Auftreten eindeutig zur postrevolutionären Schicht moderner Rumänen zählen lassen. Doch die Gesellschaft ist gespalten. Daneben gibt es eben auch jene Kreise, die der Ökumene, der europäischen Einigung und überhaupt der Verwestlichung Rumäniens nicht ohne weiteres zustimmen.

Diese Kreise kann man nun nicht einfach als Nostalgiker oder Modernisierungsverlierer abstempeln. Dazu ist die Einstellung etwa zur im Westen immer häufiger staatlich geförderten Homoehe, zu Abtreibung und Werteverfall, einem säkularen Europa ohne Gottesbezug in der Verfassung und einem rein ökonomischen und kommerziellen Verständnis der EU als Freihandelszone wie auch als politische, kulturelle und religiöse Wertegemeinschaft zu reflektiert und wird auch biblisch, theologisch und philosophisch begründet. Es wird nicht die Moderne an sich abgelehnt, sondern die moralischen Konsequenzen einer ausschließlich liberal und säkular verstandenen und sich verstehenden Moderne. Diese christlichen Gruppen und Kreise nutzen sehr wohl das Internet und alle anderen modernen Kommunikationsmittel. Sie gründen Radio- und Fernsehsender, um ihre orthodoxe Botschaft von einer besseren christlicheren Welt zu verbreiten. Viele junge Männer und Frauen und ausgewiesene Intellektuelle aus diesem Umfeld gehen aus bewusster Opposition zu dem einseitigen (wirtschafts-)liberalen und säkularen Verständnis von Europa und der Moderne in Opposition und ins Kloster. Und das ist eine ernstzunehmende Haltung, ein existenzieller Versuch, den eigenen Glauben authentisch zu leben, kein blinder Fundamentalismus und keine vordergründige Gesellschafts- und Modernitätsverweigerung. Wobei die Grenzen manchmal durchaus fließend sind.

In den 90er Jahren gab es diesen regen Zulauf in die Klöster, aus den dargestellten unterschiedlichen Motiven. Dies führte zwischen manchen Bischöfen zu einem regelrechten Wettbewerb: wer gründet wie schnell wie viele neue Klöster? Klöster wurden teilweise buchstäblich aus dem Boden gestampft. Es war eine Prestigesache für die Bischöfe. Heute stellt sich für viele Klöster vor allem im mehr und mehr verwestlichten Siebenbürgen die Frage nach dem gesicherten Bestand in der Zukunft und auch nach der Finanzierung der Folge- und Unterhaltskosten mancher überdimensionierter Bauten. Dabei ist festzustellen, dass die Katholische Kirche beider Riten – lateinisch wie byzantinisch – den Orthodoxen im Kirchenbau in Rumänien in nichts nachsteht. Der eine oder andere Bischof macht sich nun bereits Sorgen, ob er auch in 20 Jahren genügend Mönche und Nonnen zur Verfügung hat, um die Klostergemeinschaften aufrechtzuerhalten. In den rumänischen Klostergemeinschaften auf orthodoxer wie katholischer Seite gibt es heute eine interessante Mischung. Die mittlere Generation fehlt fast völlig. Es gibt etliche hochbetagte Mönche und Nonnen, die zum Teil noch vor der kommunistischen Machtergreifung 1944 bis 1948, meist jedoch bis 1959 den Weg ins Kloster fanden. Und dann gibt es die Mönche und Nonnen der jungen Generation, die nach 1989 das Mönchshabit anlegten.

In der Orthodoxie gibt es bekanntlich keine Mönchsorden. Das klösterliche Leben richtet sich nach den Mönchsregeln des heiligen Basilius des Großen sowie einer eigenen Regel für das jeweilige Kloster. Die Aufsicht über die Klöster obliegt den Ortsbischöfen. Die Verbindung zwischen den Klöstern und den Bischöfen ist in der Regel sehr eng und soll nach einem Beschluss der Heiligen Synode vom Herbst 2005 noch enger werden. Die Bischöfe sollen die Klöster und die Ausbildung der Priester, Mönche und Nonnen besser beaufsichtigen.

3. Vielfältige Klosterlandschaft

Die rumänische Klosterlandschaft nach 1989 ist insgesamt sehr unterschiedlich geprägt. Es gibt Klöster, die sich um ökumenischen Dialog bemühen, die wie Sâmbăta de Sus am Fuße der Karpaten im Erzbistum Sibiu/Hermannstadt oder Durău in der Moldau sogar eine eigene Orthodoxe Akademie oder ein internationales Tagungszentrum beherbergen. Viele Klöster haben nach 1989 Sozialeinrichtungen auf- oder ausgebaut. Daneben gibt es aber auch Klöster, die unter dem Einfluß charismatischer und äußerst populärer Mönchsväter stehen wie das Kloster Techirghiol bei Konstanza, wo der über 90jährige Mönchsvater Arsenie (Papacioc; 1914-2011) lebte oder Sihastria in der Moldau, wo Vater Cleopa (Ilie 1912-1998) lebte und wirkte. Solche Klöster verstehen sich als Vorposten und Wächter der reinen Lehre der Orthodoxie und beziehen ihre besondere Autorität aus dem Charisma von Mönchsvätern, die zum Teil über Jahre und Jahrzehnte in kommunistischer Zeit unter Hausarrest standen oder sogar im Gefängnis litten. Diese werden zu Recht als Märtyrer verehrt. Doch gleichzeitig äußerten sich diese Charismatiker und Mönchsväter nach 1989 dezidiert gegen die europäische Einigung, gegen die EU-Integration Rumäniens, gegen die Ökumene und alle nicht-orthodoxen

Kirchen. Man findet Schriften dieser Mönche, die nicht zu vermuten geben, dass sie in den 90er Jahren des 20. Jahrhunderts veröffentlicht wurden. Die Katholiken gelten als Schismatiker, die Protestanten als Häretiker. Gelegentlich wäre etwas mehr Dezenz in den Predigten, Interviews und Schriften solcher einflußreicher Möchsväter angesagt. Dass der europäische Gedanke nach 1945 vor allem christlich motiviert war und bedeutende Politiker auf dem Weg zur EU wie Robert Schuman, Konrad Adenauer, Alcide de Gaspari und Helmut Kohl gerade große europäische Christdemokraten waren, entzieht sich der Kenntnis solcher Mönchsväter meist. Auch die Päpste oder der Reformator Martin Luther werden heftig angegriffen.

Von der Position eines gewissen mönchischen Hochmuts aus werden auch die Bischöfe als kompromissbereit und verweichlicht kritisiert, weil sie im Dialog mit der Gesellschaft und der Ökumene stehen. Das Charisma der Mönchsväter nährt sich größtenteils von Askese und Mystik. Man könnte solche Erscheinungen als lokalen Fundamentalismus abtun. Doch das Problem greift tiefer. Es ist ein Problem der Wirklichkeitswahrnehmung und der Gesprächsfähigkeit der Orthodoxie mit der modernen Welt und Gesellschaft. Jedes Kloster bietet an sich schon einen wichtigen wie wertvollen und sogar unverzichtbaren Gegenentwurf zur allgemeinen Ökonomisierung der Welt und zur Kommerzialisierung des Lebens und damit eine Chance für die Verkündigung der christlichen Botschaft eines sinnhaften und nicht nur materialistisch orientierten Lebens.

Viele Menschen lieben die Klöster in Rumänien, und das aus gutem Grund. Sie sind Stätten der Einkehr. Die Klostergottesdienste sind überfüllt. Viele Mönchspriester sind gefragte Beichtväter und Seelsorger, denen die Rumänen lieber ihre Seelenplagen und Sünden anvertrauen als manchem Dorfpriester. Mönchsväter wie Arsenie Papacioc werden praktisch rund um die Uhr von Dutzenden Beichtwilligen belagert. Um ihre Bedeutung für die rumänische Gesellschaft zu behalten, wird es ganz wesentlich darauf ankommen, ob Klöster und Mönchtum eine Sprache finden, die es erlaubt, die Botschaft des Evangeliums in die Gesellschaft hinein zu kommunizieren. Dabei können die Klöster auch auf die besondere historische Rolle und die daraus erwachsende Anerkennung in Rumänien bauen. Völlig zu Recht schreibt der renommierte Ostkirchenkundler Hans-Dieter Döpmann: »Dem Besucher orthodoxer Kirchen wird immer wieder vor Augen geführt, welche Bedeutung den Klöstern in der Geschichte der orthodoxen Kirchen und ihrer Völker zukommt: als Stätten der Spiritualität und des Festhaltens am überkommenen Glauben, aber auch Stätten, ohne die das Bewahren der kulturellen und nationalen Identität unter der Fremdherrschaft kaum denkbar gewesen wäre.«[15] Dies kann für die Rumänische Orthodoxe Kirche und ihre Klöster nur nachhaltig unterstrichen werden.

---

[15] Döpmann, a. a. O., S. 253.

Die Rumänische Orthodoxe Kirche hat nun im Rahmen ihres organisatorischen und strukturellen Wiederaufbaus nach der Wende von 1989 auch die rechtliche Struktur der Klöster wieder kanonisch-kirchenrechtlich festgelegt. In dem neuen Kirchenstatut, das am 28. November 2007 beschlossen wurde und bis 2011 noch wesentlich erweitert wurde, sind auch die rechtlichen Strukturen der Klöster klar geregelt.[16] Auch die derzeit nicht gerade kirchenfreundlich gesonnenen Strukturen der Europäischen Union in Brüssel erkennen mittlerweile die kulturprägende Bedeutung der Klöster. Im Kloster Comana (Bistum Giurgiu) und anderswo laufen derzeit eine Kloster- und Kirchensanierung mit EU-Mitteln. Private Spender und Stifter sind zahlreich vorhanden, die vom buchstäblichen »Scherflein der Witwe« bis zu hohen Spenden von Millionären dazu beitragen, dass die reiche Klosterkultur und monastische Spiritualität in Rumänien bewahrt und sogar weiter ausgebaut werden kann.

---

[16] Vgl. Art. 74-83 des neuen Kirchenstatuts. Auf Deutsch: Rumänische Orthodoxe Metropolie für Deutschland, Zentral- und Nordeuropa (Hg.), *Organisations- und Funktionsstatut der Rumänischen Orthodoxen Kirche (2011). Übers. und eingel. von Pfarrer Dr. Jürgen Henkel. Kirchenrechtliche Bearbeitung und Einführung von Akad. Oberrat Dr. Dr. Anargyros Anapliotis*, Hermannstadt/Sibiu-Bonn 2012 (=DRThB 2), S. 101-106.

Kloster auf Zeit – Mitleben im Kloster
als Gelegenheit zum Einüben geistlichen Lebens

Abt Hermann Josef Kugler OPraem, Kloster Windberg (Bayern),
Vorsitzender der Deutschen Ordensobernkonferenz/DOK, Bonn

Es ist schon ein jahrelang anhaltender Trend, dass sich Menschen für einige oder mehrere Tage in ein Kloster zurückziehen. Die Menschen suchen dort Einkehr, Ruhe und Besinnung. Das tat auch der ehemalige Bundespräsident Christian Wulff nach seinem Rücktritt, um sich von den Strapazen der letzten Monate seiner Amtszeit zu erholen. Nur für den Großen Zapfenstreich, bei dem er verabschiedet wurde, hat er, der zu dieser Zeit nach Medienberichten auch gesundheitlich angeschlagen war, seinen Klosteraufenthalt unterbrochen[1]. Vom amtierenden bayerischen Ministerpräsidenten Horst Seehofer ist bekannt, dass er regelmäßig im Kloster Plankstetten in der Nähe seiner Ingolstädter Heimat innerlich auftankt. Während solcher Aufenthalte auch in anderen bayerischen Klöstern nimmt er sich Zeit zum »beten, schweigen, ruhen und lesen«[2]. Die Motivationen und Beweggründe der Menschen, sich für ein paar Tage in ein Kloster zurückzuziehen, sind aber durchaus sehr unterschiedlich.

»Kloster auf Zeit« – Was versteht man eigentlich darunter?

Der Terminus »Kloster auf Zeit« hat im Laufe der Zeit unterschiedliche Ausformungen erfahren in Abgrenzung zu »Urlaubstagen im Kloster«[3] oder »Wellnesstagen im Kloster«[4] oder auch sogenannten »Klosterkursen«[5] u. ä. Ich möchte daher diesen Begriff »Kloster auf Zeit« von seinem ursprüngli-

---

[1] Vgl. Erschöpfter Christian Wulff erholt sich im Kloster, in: Die Welt vom 11.03.2012.
[2] Vgl. Böhm Angela, Seehofer nimmt Auszeit im Frauenkloster, in: AZ vom 25.03.2012.
[3] Vgl. Oschwald, Hanspeter, Der Klosterurlaubsführer. Informationen – Tipps, Freiburg 2003.
[4] Vgl. die Homepage der Dominikanerinnen im Kloster Arenberg mit den Stichworten: erholen – begegnen – heilen.
[5] Die Prämonstratenser-Abtei Windberg und das Kloster Roggenburg bieten seit den 80er Jahren sogenannte »Klosterkurse« an für junge Männer ab dem 16. Lebensjahr, die sich vom Ordensleben angesprochen fühlen, die für sich die Berufungsfrage klären wollen und sich dafür interessieren, wie Prämonstratenser-Chorherren leben. Sie sind eingeladen, einige Tage mit den Mitbrüdern zu leben, gemeinsam nachzudenken, zu hinterfragen, weiterzudenken und die Aktualität des Klosterlebens an der heutigen Zeit zu messen.

chen Ziel her verstanden wissen, wie es Abt Emmanuel Heufelder aus der Abtei Niederalteich von Anfang an beschrieben hat und wie diese Tage seit 1962 dort durchgeführt werden. Die Anregung zu dem Angebot »Kloster auf Zeit« erhielt Abt Heufelder von einem Industriellen, der auf einer Asienreise die buddhistische Tradition erlebt hatte. Dort ist es üblich, dass sich junge Männer für ein Jahr in ein Kloster als Mönch zurückziehen, um so die eigene Spiritualität zu vertiefen und in ihrer persönlichen und menschlichen Reifung weiter zu kommen.[6] So findet bis heute in Niederalteich aus dieser Anregung heraus eine christlich adaptierte Form dieser buddhistischen Tradition im Angebot »Kloster auf Zeit« regen Zuspruch. Bis heute – so Fr. Johannes Hauck OSB – wird dieses Angebot in einer besonderen, im Wesentlichen unveränderten Form angeboten:

> »Im Unterschied zu einem normalen Gastaufenthalt – wie er für Männer, Frauen und Gruppen das ganze Jahr über möglich ist, um einmal Abstand vom Alltag zu bekommen, die klösterlichen Gottesdienste mitzufeiern und in der Stille Kraft zu schöpfen – partizipieren die Teilnehmer von »Kloster auf Zeit« in einer besonderen Weise am Klosterleben. Sie ziehen zusammen mit den Mönchen in die Basilika ein, feiern die Stundengebete im Chorgestühl der Mönche mit und nehmen die Mahlzeiten gemeinsam schweigend im Refektorium ein. In speziellen Einheiten geben die Mönche Verstehenshilfen für das Mitleben und vermitteln Erfahrungsschätze der klösterlichen Tradition, die auch (oder gerade) heute als inspirierend und bereichernd für das alltägliche Leben erfahren werden. Aufgrund der besonderen Hineinnahme in das gemeinschaftliche Klosterleben ist die Teilnahme an »Kloster auf Zeit« in Niederalteich Männern vorbehalten, während alle anderen Veranstaltungen und Seminare auch Frauen offen stehen. Diese Hineinnahme in das Leben unserer Klostergemeinschaft veranschaulicht ferner der eigens für die Kurse angefertigte, dem schwarzen Mönchsgewand ähnliche Chormantel mit Kapuze und weiten Ärmeln. Diesen tragen die Teilnehmer zu den Gottesdiensten sowie zu den gemeinsamen Mahlzeiten im Refektorium. Der Chormantel ist eine Hilfe für Sammlung und Gebet. Er drückt brüderliche Verbundenheit der Kursteilnehmer untereinander sowie mit der Gemeinschaft der Mönche aus und versinnbildlicht nicht zuletzt, dass die Träger aus ihrem Alltag heraustreten und sich auf einen Prozess einlassen wollen.«[7]

Es versteht sich von selbst, dass bei solchen inneren Prozessen auch entsprechende Zeit vonnöten ist. Daher hat sich für einen ersten Aufenthalt eine Zeitspanne von 14 Tagen als sinnvoll erwiesen. Später sind die Teilnehmer

---

[6] Vgl. Müller, Beda OSB, Kloster auf Zeit – Kloster auf Lebenszeit, in: OK 2 (1995), 171-75.

[7] Hauck, Johannes OSB, 50 Jahre Kloster auf Zeit. Ein spezielles Angebot der Einkehr und geistlichen Orientierung, in: Die beiden Türme 1 (2012), 43.

zu sogenannten »Wochen der Wiederkehr« eingeladen, in denen sie sich den Fragen stellen können, die ihnen im Laufe des Alltags neu gekommen sind. Vorrangig werden Themen besprochen wie »die Bedeutung von Zeiten des Alleinseins mit sich selbst« und den »Wert der Stille (zu bestimmten Zeiten und an bestimmten Orten)«[8].

Darüber hinaus spielen noch weitere Themenfelder eine Rolle, wie etwa u. a. Zugänge und Betrachtungen zur Heiligen Schrift, vertiefte Feier der Liturgie, allgemein christliche, benediktinisch-monastische Spiritualität, Impulse und Anregungen zur christlichen Meditation, Klärung theologischer und philosophischer Fragen. Damit eine ernsthafte Auseinandersetzung mit dem eigenen Leben auch wirklich stattfinden kann, werden die Teilnehmer in die monastische Lebensweise für die Zeit ihres Aufenthalts eingebunden. Der Rhythmus des Tages wird von den Gebetszeiten und den Gottesdiensten bestimmt. Es gibt nichts, was die Teilnehmer ablenken könnte, weder Tageszeitungen, Fernseher oder Internet. Zwischen den gemeinschaftlichen Gebetszeiten werden Zeiten der Stille und der Meditation eingeplant. Es versteht sich von selbst, dass diese Form erhebliche seelische und geistige Anforderungen an die Teilnehmer stellt, weshalb verständlicherweise auch Gesprächsmöglichkeiten für die Teilnehmer angeboten werden, um aufkommende Probleme und Fragen in einzelnen Gesprächen zu bearbeiten. Daher ist Menschen, die in psychiatrischer Behandlung sind, von solchen Tagen im Kloster abzuraten.[9]

Versteht man »Kloster auf Zeit« in diesem Sinn, dann wundert es nicht, dass auch Menschen des 21. Jahrhunderts sich an der Spiritualität der Mönche orientieren wollen, um sich eingebettet in einer geistlichen Atmosphäre eine Auszeit zu nehmen, sich einen Raum der Stille zu schaffen ohne Verpflichtungen und Termine, und einen Weg nach innen zu suchen. Insofern ist »Kloster auf Zeit« eine asketische Übung im wahrsten Sinne des Wortes, eine »Einübung« in Formen geistlichen Lebens. Allerdings ist gerade »Kloster auf Zeit« keine »Askese versus Konsumgesellschaft«, also eine von der Alltagswelt isolierte und im Gegensatz zu ihr stehende geistliche Einübung, sondern das Üben und Erlernen geistlicher Grundhaltungen oder das Neu-Entdecken alter geistlicher Quellen, die man dann auch in seinen Alltag mit hineinnehmen kann und soll. Einige spezifische geistliche Grundhaltungen oder spirituelle Quellen unserer christlichen Tradition, die bei »Kloster auf Zeit« eingeübt werden, möchte ich nun im Folgenden näher untersuchen und ihre Aktualität für Menschen von heute aufzeigen: die Stille und das Schweigen, ein geregelter Rhythmus des Tages und das Stundengebet bzw. das Beten von Psalmen.

---

[8] Vgl. ebd. 44.
[9] Ebd. 46.

Stille und Schweigen – das Erlernen und Einüben einer monastischen Methode für einen geistlichen Weg

Einer der Ersten, der seine Erfahrungen eines Lebens im Kloster auf Zeit niedergeschrieben hat, war der bekannte in Amerika lebende holländische Theologe und Psychologe Henri J. M. Nouwen. Er zog sich im Jahr 1974 sieben Monate in ein Trappistenkloster zurück, lebte in dieser Zeit bewusst nicht als Gast, sondern teilte das mönchische Leben mit der geistlichen Begleitung des Abtes samt den Regeln des strengen Schweigens, der Handarbeit und der Betrachtung. Seine Tagebuchnotizen, die 1978 in deutscher Übersetzung erschienen sind, geben einen Einblick in seine geistlichen und menschlichen Erfahrungen.

Nouwen beschreibt darin in großer Offenheit, wie er in der Stille und im Schweigen mit sich selbst konfrontiert wurde, mit seinen Gefühlen, die in ihm leben, mit all den Gedanken und Widerständen, den Fragen und Zweifeln, die sich ihm entgegenstellten. So schreibt er in seinem Tagebucheintrag vom 12. September:

>»Schweigen. In der Tat: das Schweigen ist sehr wichtig für mich. Während der letzten Woche, mit diesem Abstecher nach New Haven, der voller Diskussionen und mündlichen Austausches war, verbunden mit vielen scheinbar notwendigen Telefongesprächen und mit einer ganzen Reihe von Gesprächen mit den Mönchen, wurde das Schweigen immer weniger ein Teil meines Lebens. [...] Mir kommt zu Bewusstsein, dass mit den Worten zweideutige Gefühle in mein Leben eindringen. [...] Auf unerklärliche Weise vermindert das Sprechen meine Fähigkeit, wachsam und offen zu sein, und macht mich egozentrischer. [...] Der heilige Benedikt spricht sehr deutlich über die Wichtigkeit des Schweigens. Er meint, dass man sogar über gute Dinge besser schweigt als spricht. Er scheint damit sagen zu wollen, es sei praktisch unmöglich, von guten Dingen zu sprechen, ohne dabei auch mit den schlechten in Berührung zu kommen, so wie es auch unmöglich ist, Fleisch zu essen, ohne vorher ein Lebewesen getötet zu haben. Er schreibt: ›[...] Deshalb soll wegen der Gewichtigkeit des Schweigens selbst vollkommenen Jüngern nur selten die Erlaubnis zum Reden gegeben werden, mag es sich um noch so gute, heilige und erbauliche Gespräche handeln. [...]‹ [...] Viele Leute bitten mich zu sprechen, aber bis jetzt hat noch niemand mich zum Schweigen eingeladen. Dennoch merke ich: je mehr ich spreche, um so mehr habe ich das Schweigen nötig, um mit dem, was ich sage, glaubwürdig zu bleiben. Die Menschen erwarten zuviel vom Sprechen, zuwenig vom Schweigen. [...]«[10]

---

[10] Nouwen, Henri J. M., Ich hörte auf die Stille. Sieben Monate im Trappistenkloster, Freiburg 1978, 124 f.

Gerade in unserer heutigen Welt, die laut, hektisch und überladen ist mit vielen Bildern, Schlagwörtern und Parolen, in einer Welt, die als Medienzeitalter kurze Kommunikationswege im globalen Netz kennt, wirkt das Schweigen und die Stille anachronistisch. Vielleicht sehnen sich gerade deswegen viele Menschen nach Ruhe und Stille. Mitten im Lärm und der Hektik unserer Tage suchen Menschen ganz bewusst die Stille im Schweigen. Das ist ein Weg, zu sich selbst zu kommen. Vieles lenkt uns davon im Alltag ab. Nicht wenige können es überhaupt nicht ertragen, einfach so dazusitzen und nichts zu tun. Manche brauchen immer eine Beschäftigung. Solche Tage im Kloster helfen dabei, zu sich selber zu kommen, das Schweigen zu lernen, Stille auszuhalten. Schweigen ist ein »Weg zur Selbstbegegnung«, der nicht einfach zu gehen ist. »Schweigen meint nicht bloß, dass ich nichts rede, sondern dass ich die Fluchtmöglichkeiten aus der Hand gebe und mich aushalte, wie ich bin. Ich verzichte nicht bloß auf das Reden, sondern auch auf all die Beschäftigungen, die mich von mir selbst ablenken. Im Schweigen zwinge ich mich, einmal bei mir zu sein. Wer das versucht, der entdeckt, dass es zunächst gar nicht angenehm ist. Es melden sich da alle möglichen Gedanken und Gefühle, Emotionen und Stimmungen, Ängste und Unlustgefühle. Verdrängte Wünsche und Bedürfnisse kommen ans Licht, unterdrückter Ärger steigt hoch, ausgelassene Chancen, nicht gesagte oder ungeschickt gesagte Worte fallen einem ein.«[11] Das gilt es alles zu bearbeiten, und nicht ohne Grund ist es deshalb hilfreich und sinnvoll, seine Gedanken und Gefühle auch einem Begleiter anzuvertrauen, sie mit diesem zu besprechen. So kann das Schweigen durchaus heilend sein, es kann uns helfen, Abstand zu finden.

»Kloster auf Zeit« ist für viele Menschen in erster Linie eine Einübung in das Schweigen, ein Lernort für die innere Haltung, in der sich Menschen für die Wirklichkeit Gottes öffnen. Die Menschen sollen – wie die Mönche – in dieser Zeit lernen, sich nicht von dem Durchdrungensein von Gottes Gegenwart abzulenken. Sie sollen lernen, den ganzen Tag vor Gott zu leben, »im Gespür seiner Nähe«[12].

Der Rhythmus des Tages – geistliches Leben braucht Ordnung und Struktur

Eine andere wichtige geistliche Grundlage der christlichen Spiritualität ist eine richtige Tageseinteilung. Geistliches Leben braucht einen sinnvollen Rhythmus, eine gewisse Regelmäßigkeit und Ausdauer. Das Leben der Menschen hat sich in den vergangenen 50 Jahren rasant weiterentwickelt.

---

[11] Grün, Anselm OSB, Der Anspruch des Schweigens, in: Münsterschwarzacher Kleinschriften 11 (1984), 15.
[12] Ebd. 54.

Gesellschaftliche, soziokulturelle Veränderungen bestimmen den Rhythmus des Lebens und des Alltags, der Arbeitswelt. Immer größere Mobilität, immer schnellere Prozesse bedingt durch die technischen und medialen Möglichkeiten, veränderte Geschlechterrollen, allein den ökonomischen Zielen untergeordnete Arbeitsbedingungen sind nicht immer kompatibel mit dem Lebensrhythmus der Menschen. Nicht ohne Grund ist das »Burn-out-Syndrom« ein typisches Kennzeichen unserer Zeit. In der Regel führen mehrere Ursachen in ein »Burn-out«, in ein innerliches »Ausgebrannt-Sein«. Oft ist das Burn-out das Ergebnis einer lang andauernden Überlastung. Dazu kommt nicht selten beruflicher Stress. Dieser Stress kann darüber hinaus durch einen starken Zeit- und Leistungsdruck, Mobbing oder auch ein schlechtes Arbeitsklima ausgelöst werden. Daneben befördern auch individuelle Faktoren das Burn-out. So sind besonders Menschen dafür anfällig, die sich sprichwörtlich für andere aufopfern und ihre eigenen Bedürfnisse in den Hintergrund stellen. Durch Zeit- und Leistungsdruck bedingt kommt auf Dauer auch der genannte Biorhythmus oder Lebensrhythmus der Menschen durcheinander. So gibt es wissenschaftliche Erkenntnisse, dass jedes Lebewesen periodischen Schwankungen unterworfen ist.[13] In diesen Lebensschwankungen oder -rhythmen finden sich Perioden der körperlichen Kräfte, in denen man körperlich aktiver und belastbarer ist, und dann aber auch Zeiten, in denen man körperlich labiler ist, in denen man leichter ermüdet und anfälliger ist – kurz, in denen man Zeit zur Erholung braucht. Auf dem Hintergrund dieser Erfahrungen und dieser gesellschaftlichen Veränderungen ist das Eingebundensein in einen festen Tagesablauf eines Klosters auf Zeit sehr aktuell und ein wichtiges Lernfeld, den eigenen Tag gut zu strukturieren. In der Regel ergibt sich bei einem Klosteraufenthalt auf Zeit – nach Nikolaus Nonn – Mittagspause und Rekreationszeit hinzugenommen, insgesamt ein »Tagespensum von zwölf Stunden, die mit Arbeit und Gebet, und zwölf Stunden, die mit Ruhe, Erholung und Schlaf verbracht werden.«[14] Wichtig dabei ist am Anfang, um in einen solchen Tagesrhythmus zu kommen, »ausgiebig zu schlafen und ausgeruht in den Tag zu gehen«[15]. Viele Gäste, die solche Tage im Kloster erlebt und erfahren haben, erzählen zuallererst davon, wie gut ihnen dieser geregelte Tagesablauf tue. Anselm Grün bestätigt das in seinem Büchlein »Im Zeitmaß der Mönche«. Der Mensch habe einen inneren Zeitrhythmus. Ein Beispiel sei für ihn das Fliegen in eine andere Zeitzone, wo Menschen spüren, dass sie mit ihrem inneren Zeitempfinden durcheinander kommen. Hier brauche es erst wieder Zeit, um sich an die neue Zeit zu gewöhnen. »Erst der Rhythmus lässt uns die Zeit

---

[13] Siehe dazu auch Burisch, Matthias, Das Burnout-Syndrom. Theorie der inneren Erschöpfung, Springer 2010, 4. Aufl.
[14] Nonn, Nikolaus, Tage im Kloster, Mainz 2002, 26.
[15] Ebd.

als Zeit erleben. Er gibt der Zeit ihren Inhalt. Er ist nicht bloße Zeit, die verrinnt.«[16] Und vom ursprünglichen Wortsinn »*rhythmizo*« her bedeutet das dann, »etwas in ein Zeit- und Ebenmaß bringen, es gehörig ordnen«[17]. Es ist von entscheidender Bedeutung für Menschen von heute, gerade in den Herausforderungen des Alltags, der Familie und des Berufs, den eigenen Tag zu ordnen und zu strukturieren. Dabei braucht es ein großes Gespür, den Tag so einzuteilen, dass er dem Leben des Einzelnen, aber auch dem Leben der Menschen, mit denen ich zusammenlebe oder zusammenarbeite, gerecht wird, sowie meinen eigenen Bedürfnissen und meinem Lebensrhythmus. Das zeitlich begrenzte Mitleben in einem Kloster kann dafür eine Einübung sein. Zwar wird man keine klösterliche Lebensordnung in den Alltag übertragen können, doch wird man lernen, bewusster Zeit für sich, für das persönliche Gebet und die Betrachtung, Zeit für die Erholung und Ruhe, Zeit zum Lesen und die Freizeit für den Tag oder die Woche einzuplanen. Nicht nur im Arbeitsleben, sondern auch im geistlichen Leben braucht der Mensch Struktur, Ordnung und Kontinuität. Das einzuüben und zu erlernen ist u. a. die Intention eines Aufenthalts in einem »Kloster auf Zeit«.

Das Stundengebet – das Kennenlernen und Entdecken der Psalmen

Diese Struktur, dieser Tagesrhythmus, wird stark geprägt von der Liturgie, dem Tagzeitengebet der jeweiligen Klostergemeinschaft. Die alten Hymnen, Psalmen und Gebete bergen ungeahnte Schätze, die vielen Christen im Laufe ihres Lebens wenig bis gar nicht erschlossen werden oder gar verschlossen bleiben. »Kloster auf Zeit« leistet hier auch einen wichtigen katechetischen Beitrag. Die Psalmen und Texte des liturgischen Gebets, in die die Teilnehmer eingeführt werden, begleiten den Tag, sie bringen die jeweilige Tageszeit ins Gebet. So bringen etwa die Laudes die aufgehende Sonne als Bild für die Auferstehung ins Wort oder in Anlehnung an einen Hymnus des Ambrosius ist der Hahnenschrei ein Bild für den Morgen, der zur Wachsamkeit aufruft.[18] Insgesamt bekommt für Anselm Grün beim Rezitieren der Psalmen in den einzelnen Horen die Zeit eine ganz andere Qualität: »Ich bete die Psalmen gemeinsam mit Christus, der vor zweitausend Jahren mit den gleichen Worten das Geheimnis des Lebens und der Welt bedacht hat. In einem solchen Beten ist also die Zeit aufgehoben. Ich bin heute in der Zeit. Aber ich habe teil an der Erfahrung Jesu und an der Erfahrung aller Menschen, die seit über 3000 Jahren die Psalmen gebetet haben. Ich bete die Psalmen aber auch gemeinsam mit den Menschen, die gestorben sind und nun bei

---

[16] Grün, Anselm, Im Zeitmaß der Mönche. Vom Umgang mit einem wertvollen Gut, Freiburg 2003, 30.
[17] Ebd. 31.
[18] Vgl. ebd. 41.

Gott sind. [...] So werden in den Worten Vergangenheit und Zukunft eins. Die Gegenwart ist gefüllte Zeit.«[19] Die Teilnehmer bei solchen Aufenthalten in Klöstern auf Zeit lernen diesen reichen Schatz der Psalmen kennen und wachsen mehr und mehr in das Beten der Psalmen hinein. Sie lernen dabei auch, diese alten Gebetstexte mit ihrem Erleben und ihren Emotionen zu füllen. Denn: »Nichts Menschliches ist ihnen fremd. Da werden Freude, Ärger, Traurigkeit, Hoffnung, Verzweiflung, Liebe, Sehnsucht, Hass und Wut, Enttäuschung und Resignation ausgedrückt. Im Beten der Psalmen können wir unsere eigenen Gefühle in diese menschlichen Worte hineinlegen und sie vor Gott ausbreiten. Wir brauchen unsere Gefühle nicht zu zensieren. Wir dürfen sie ohne schlechtes Gewissen und ohne Risiko im heiligen Raum zur Sprache bringen.«[20] Der große Kirchenvater Augustinus hat das Ineinander und Miteinander der verschiedenen Weisen des Gebetes immer wieder ins Wort gebracht. Vorgefertigte Gebetstexte, wie sie die Psalmen und andere liturgische Texte eben sind, sollen immer auch mit meinem Leben, mit meinen Gedanken und Gefühlen gefüllt werden. Das Innere soll mit dem Äußeren zusammenstimmen. In einer Auslegung zu Psalm 39 schreibt Augustinus: »Lass deine Lippen mit deinem Herzen übereinstimmen. Wenn du Frieden bei Gott suchst, sei in Frieden mit dir selbst. Lass keinen Zwiespalt zwischen deinem Mund und deinem Herzen aufkommen. [...] Herr, du weißt, dass auch in meinem Herzen lebt, was auf meinen Lippen tönt.«[21] Mit anderen Worten: Das regelmäßige Beten und Einüben der Psalmen soll die Teilnehmer eines Aufenthalts im Kloster auf Zeit dazu hinführen, diese Texte auch zu verinnerlichen. Neben dem Schweigen, der Stille und dem kontemplativen Gebet ist das liturgische Gebet oder das Gebet mit Worten ein notwendiges Hilfsmittel, um die Menschen immer wieder zum Beten anzustiften und um ihnen die Sehnsucht nach Gott bewusst zu machen. Das betont Augustinus in einem Brief: »Wir bitten Gott zu festgesetzten Stunden und Zeiten auch mit Worten und zwar, um uns selbst mittels der Zeichen von Wirklichkeiten, was das mündliche Gebet ist, anzuspornen. Wir tun dies, um uns selbst bewusst zu machen, wie viel Fortschritte wir in der Sehnsucht gemacht haben. Wir tun dies auch, um uns kräftig aufzurütteln, damit die Sehnsucht wächst. [...] Zu bestimmten Stunden rufen wir unseren Geist weg von anderen Sorgen und Beschäftigungen, wodurch diese Sehnsucht in gewissem Sinn lau wird. Wir rufen unseren Geist zurück zur Einkehr, zur Beschäftigung mit dem Gebet und spornen uns selbst durch das mündliche Gebet an, uns auf den Gegenstand unserer Sehnsucht auszurichten. Wir

---

[19] Ebd. 40.
[20] Grün, Anselm OSB, Chorgebet und Kontemplation, in: Münsterschwarzacher Kleinschriften 50 (1989), 42 f.
[21] En. Ps 39, 16. Zitiert nach: Van Bavel, Tarsicius J., Die Sehnsucht betet immer. Augustins Lehre über das Gebet, Würzburg 2008, 77.

tun dies, damit das, was lau zu werden begann, nicht ganz abkühlt und in unserem Innersten ausgelöscht wird, wenn es nicht immer wieder entfacht wird.«[22]

›Kloster auf Zeit‹ ist für viele Menschen von heute ein Eintauchen in eine andere Welt. Doch gerade das Fremde, das aus einer langen kirchlichen Tradition erwachsen ist, macht neugierig. Vielleicht mag das ein Grund für den andauernden Trend sein, sich für einige Tage in eine klösterliche Welt zurückzuziehen. Die Erfahrung der Stille und das Einüben des Schweigens werden von vielen Teilnehmern als wohltuend und als wertvolle geistliche Wege beschrieben. Gleichzeitig bringt der geregelte Tagesablauf mit einer bestimmten Anzahl von Stunden, die nur dem Gebet und der Meditation gewidmet sind, eine Entschleunigung mit sich, die in der Schnelligkeit und Hektik unserer modernen Welt oft zu kurz kommt. In Verbindung mit dem Tagzeitengebet, dem Beten der Psalmen, die aus dem reichen geistlichen Erfahrungsschatz der Bibel stammen, entdecken die Teilnehmer von »Kloster auf Zeit« alte spirituelle Quellen neu.

---

[22] ep. 130, 9, 18. Zitiert nach ebd. 80/81.

Gott auf der Spur –
Pilgern als Suche nach Gott
in Geschichte und Gegenwart

Br. Dr. Niklaus Kuster OFMCap, Olten (Schweiz),
Citykloster Olten

An den Wallfahrtsorten der Religionen berühren sich Himmel und Erde in der Erfahrung von Pilgernden aller Jahrhunderte. Unter den großen christlichen Wallfahrtszielen der Welt ragen auch franziskanische hervor. Einer der attraktivsten Pilgerorte Mitteleuropas war bis zur Reformation das Grab Elisabeths von Thüringen (1207-1231) in Marburg, wo denn auch die erste rein gotische Kirche Deutschlands entstand.[1] Heute zählen Vierzehnheiligen in Franken[2] und Altötting in Oberbayern[3] zu den beliebtesten Wallfahrtsstätten Deutschlands, während die Liebfrauenkirche in Frankfurts City für einen lokalen Pilgerort steht, der täglich Hunderten von Großstadtmenschen Räume der Einkehr, Begegnung und Hilfe bietet.[4] In Italien betreuen Kapuziner mit dem Wallfahrtsort Loreto[5] das bedeutendste Marienheiligtum Südeuropas und Minoriten zusammen mit Franziskanern die Pilgerkirchen Assisis, die zum UNESCO-Welterbe gehören.[6] In Osteuropa kämpfen Fran-

---

[1] Zu Lebensorten, Wirkungsgeschichte und Verehrung Elisabeths bis in die Gegenwart: *Elisabeth von Thüringen – eine europäische Heilige. Aufsätze*, hg. von Dieter BLUME – Matthias WERNER, Petersberg 2007, dazu ein reich illustrierter Katalogband.

[2] Günter DIPPOLD – Andreas BORNSCHLEGEL, *Basilika Vierzehnheiligen*, Bad Staffelstein 1992; Bernhard SCHÜTZ, *Wallfahrtskirche Basilika Vierzehnheiligen*, Regensburg [18]2005.

[3] Lothar ALTMANN, *Heilige Kapelle Altötting*, Regensburg 2013; Peter BECKER – Heiner HEINE, *Altötting. Herz.B.yerns und eines der Herzen Europas*, München [2]2008; Robert BAUER, *Bayerische Wallfahrt Altötting. Geschichte – Kunst – Volksbrauch*, Regensburg [4]1998; Oliva WIEBEL-FANDERL, *Die Wallfahrt Altötting. Kultformen und Wallfahrtsleben im 19. Jahrhundert* (Diss. München 1981), Passau 1982; neu als praktischer Führer: Peter PFARL, *Der Wolfgangweg. Von Regensburg über Altötting nach St. Wolfgang am Wolfgangsee*, für Fußpilger und Radfahrer, Regensburg 2013.

[4] Zur modernen Citypastoral der Kapuziner: www.liebfrauen.net

[5] Gottfried MELZER, *Loreto – der erste und ehrwürdigste Marienwallfahrtsort*, Lauerz 1998; Giuseppe SANTARELLI, *Loreto. Guida storica ed artistica*, Ancona 2003, sowie it.wikipedia.org/wiki/Loreto

[6] Einen Überblick bieten Pier Maurizio DELLA PORTA – Ezio GENOVESI – Elvio LUNGHI, *Stadtführer von Assisi. Kunst und Geschichte*, Assisi 1991; an weitere Pilgerziele zu Lebensorten des Poverello begleitet Gerard Pieter FREEMAN, *Umbrie in de voetsporen van Franciscus*, Haarlem [4]2010; *Franziskus, ein Sohn Umbriens. Ein Reise-*

ziskaner seit den Anfängen für die Echtheit der Marienerscheinungen von Međugorje.[7] Im Heiligen Land sind die Brüder des Franziskus die einzigen Vertreter der Lateinischen Kirche, die seit dem 13. Jahrhundert auch unter islamischen Herrschern dauerhaft präsent blieben und bis heute zahlreiche Stätten des Lebens Jesu betreuen, unter ihnen die Geburtskirche in Betlehem und die Grabeskirche in Jerusalem.[8]

Weder Heilige und noch heilige Stätten sind jedoch das eigentliche Ziel franziskanischer Wallfahrtsorte und Pilgerseelsorge. Franz von Assisi (1182-1226) verweist darauf, dass wir Menschen immer und existenziell »Pilger und Gäste auf Erden« sind – unterwegs »ins Land der Lebenden«[9]. Sein Sonnengesang preist den Schöpfer für die geschaffene Welt, die als kunstvolles Lebenshaus nur Herberge und Vorgeschmack auf die ewige Welt, die zweite und neue Schöpfung ist. Der Gottessohn ist selber pilgernd in diese Welt gekommen: »geboren am Weg«[10], arm in der Krippe, mit leeren Händen unterwegs und nackt am Kreuz[11], um »alle Menschen, wo auch immer auf Erden« mit dem einen Abba zu verbinden.[12] Jesusnachfolge ist für Franziskus nicht sesshaft vorstellbar. Im Folgenden soll der genuin franziskanische

---

[ ] *begleiter zu franziskanischen Stätten*, Werl 1998.

[7] Die Kontroverse zum jungen europäischen Wallfahrtsort in Bosnien-Herzegowina spiegeln: E. Michael Jones, *Der Medjugorje-Betrug. Geschichte und Fakten zu seiner Aufdeckung*, Müstair 2001; Thomas Lintner, *Der Stellenwert von Privatoffenbarungen am Beispiel der »Gospa« von Medjugorje*, Nordhausen 2003; Donal Anthony Foley, *Medjugorje verstehen. Himmlische Visionen oder from me Illusion?*, Augsburg 2011; Rudo Franken, *Eine Reise nach Medjugorje. Bedenken hinsichtlich der Erscheinungen*, Augsburg ²2011.

[8] Geschichte und Gegenwart der Franziskaner in Israel und Palästina schildert neu Gottfried Egger, *An den Quellen unseres Glaubens. Franziskus und seine Brüder im Heiligen Land*, St. Ottilien 2012.

[9] Das Zitat von 1 Petr 2,11 entfaltet die definitive Ordensregel im 6. Kapitel radikal mit Blick auf die Brüder: *Franziskus-Quellen. Zeugnisse des 13. und 14. Jahrhunderts zur Franziskanischen Bewegung*. 1, hg. von Dieter Berg – Leonhard Lehmann (abgekürzt: FQ), Kevelaer 2009, 98 (= RB 6).

[10] Das Motiv »natus fuit pro nobis in via« findet sich im Passionsoffizium, Vesper am Weihnachtsfest, Psalm XV: FQ (wie Anm. 9), 30. Möglicherweise klingt Papst Gregors des Grossen Homilia VIII zu Lk 2,1-14 an: »Qui non in parentum domo, sed in via nascitur« (PL 76, 1104).

[11] Zum Dreiklang liebender Armut in Krippe, Leben und Kreuz Jesu: FQ (wie Anm. 9), 624 (= Gef 22); ebenso bei Klara in einem Kerntext: *Klara-Quellen. Die Schriften der heiligen Klara, Zeugnisse zu ihrem Leben und ihrer Wirkungsgeschichte (Zeugnisse des 13. und 14. Jahrhunderts zur Franziskanischen Bewegung. 2)*, hg. von Johannes Schneider – Paul Zahner, Kevelaer 2013, 38-39 (4 Agn 18-23).

[12] Gottesbild und Sendung des Franziskus erhellt die Dissertation von Leonhard Lehmann, *Tiefe und Weite. Der universale Grundzug in den Gebeten des Franziskus von Assisi*, Werl 1984; zusammengefasst: Leonhard Lehmann, *Franziskus – Meister des Gebetes. Eine Einführung*, Kevelaer 2007.

Beitrag zur christlichen Spiritualität beleuchtet werden: Was macht die *novitas franciscana* am mittelalterlichen »Morgen der Moderne« aus und wozu ermutigt ihr Charisma die Kirchen, die Religionen und suchende Menschen im 21. Jahrhundert?

1. Brüder – nicht Mönche

Franziskaner sind keine sesshaften Mönche, sondern »Brüder, die durch die Welt ziehen«[13]. Ihr praktisches Modell der Nachfolge ist die *vita apostolica* der Jünger Jesu in Galiläa und nicht die Imitation der Urgemeinde von Jerusalem.[14] Der Franziskusorden ermutigt durch seine ganze Geschichte zu Weltliebe statt Weltflucht, Dynamik statt Stabilität und Pilgerschaft statt Ortsgebundenheit.[15] Obwohl Franziskus entschieden jede Orientierung seines Ordens an monastischen Regeln ablehnte, wird er zu Recht in eine enge Beziehung zu den Benediktinern gesetzt. Anton Rotzetter sieht die beiden fruchtbarsten Ordensgründer der abendländischen Geschichte gar in einer untrennbaren »Polarität«. So gegensätzlich ihre Lebensmodelle sich entfalten, so komplementär erscheinen sie dem modernen Betrachter:

> »*Die beiden spirituellen Perspektiven ... erweisen sich bei einer genauen Analyse als wirkliche Polarität ... Benedikt lebt ›auf dem Berg‹, auf Zion ... Franziskus wandert in den Niederungen des Irdischen ... Benedikt vertritt das Endgültige in der Zeit, Franziskus das andauernde Provisorium dieser Zeit. Diese Polarität muss innerhalb des Christlichen als solche erhalten bleiben.*«[16]

Bereits mittelalterliche Bild- und Textquellen setzen die beiden Umbrer Benedikt und Franziskus in eine enge Beziehung[17]: den Mönchsvater mit dem Bettelbruder, den weisen Meister mit dem charismatischen Poverello, den spätantiken Abt mit dem hochmittelalterlichen Wanderprediger.[18]

---

[13] Die Bezeichnung als Wanderbewegung – »fratres vadunt per mundum« – steht mit einer markanten Auslegung in der ersten Ordensregel: NbR 14, in FQ (wie Anm. 9), 81.

[14] Zum Profil dieser Nachfolge: Niklaus KUSTER, *Franziskus. Rebell und Heiliger*, Freiburg ²2010, 125-170.

[15] Die Geschichte aller Ordenszweige skizziert *Inspirierte Freiheit. 800 Jahre Franziskus und seine Bewegung*, hg. von Niklaus KUSTER – Thomas DIENBERG – Marianne JUNGBLUTH, Freiburg 2009.

[16] Anton ROTZETTER, *Spirituelle Lebenskultur für das dritte Jahrtausend*, Freiburg 2000, 49-82 (= »Die umbrische Seinspolarität: Benedikt von Nursia und Franz von Assisi – Stabilität und Mobilität«).

[17] Das antike Nursia (Norcia) war eine Sabinerstadt und gehört erst im geeinten Italien zur Region Umbrien.

[18] Mosaiken in Venedigs Markusdom, die Bardikapelle von S. Croce in Florenz und Fresken in Subiaco stehen für parallelisierende Quellen: Ruth WOLFF, *Der heilige Franziskus in Schriften und Bildern des 13. Jahrhundert*, Berlin 1996, (speziell 147-167, 187-191, Tafel I, mit Parallelen in den Szenen: IX-XIX, Tafelteil XXXVI-XXXVII). Zu

2. Franziskanische Mobilität – benediktinische Stabilität

In einer Epoche schneller und radikaler Wechsel suchen Menschen existentiell nach Halt und Orientierung. Mitten in der Völkerwanderung mit ihren äußeren Umbrüchen und inneren Unruhe fand Benedikt eine religiöse Lebensform, die auf Stabilität, Kontinuität und Ordnung baut. Sie erwies sich im Frühmittelalter als spirituelle und zivilisatorische Kraft ersten Ranges, die ganz Europa prägte und die Grundlagen zur Kultur des christlich-germanischen Europa legte.[19] Franziskus lebte in der Blütezeit der *christianitas,* als die erwachenden Städte Nord- und Mittelitaliens aus der erstarrten Feudalordnung ausbrachen. Die neue bürgerliche Kultur ging ab 1100 Hand in Hand mit einer wirtschaftlichen Revolution und politisch-sozialen Umbrüchen. Das Europa der »Ritter, Mönche und Bauern«[20] wich der Zeit der Stadtrepubliken, Kathedralen und Zünfte. Kommunen setzten sich gegen kirchliche und adelige Herren durch, erkämpften demokratische Gemeinwesen, entwickelten mit Geldwirtschaft, Handel und Gewerbe frühkapitalistische Strukturen, schufen sich ein urbanes Bildungswesen und entfalteten Handelsbeziehungen über die Alpen und Meere. Auch kirchlich brachen erste Wanderprediger aus starren Ordnungen aus.[21]

Franziskus ist Sohn einer dynamischen Kleinstadt und eines international tätigen Kaufmanns, trägt als junger Bürger die kommunale Revolution Assisis mit und überträgt die demokratische Dynamik auf seine neue religiöse Bruderschaft. Diese radikalisiert die Mobilität der urbanen Kultur: sozial, indem sie Menschen aller Schichten in einer einzigen *fraternitas* gleichstellt, geographisch, indem sie ganz Europa durchwandert und selbst jenseits des Meeres Fuß fasst, und kirchlich, indem sie Leben und Sendung der Apostel Laien zutraut – »in allen Kirchen« und »bis an die Grenzen der Welt«[22]. Wie Benedikt in einem epochalen Umbruch, der sich nach neuer Ordnung

---

Subiaco: Niklaus KUSTER, *Franz von Assisi und Benedikt von Nursia. Was Bettelbruder und Mönchsvater spannungsvoll verbindet,* in *Verum, pulchrum et bonum. Miscellanea di studi offerti a Servus Gieben,* hg. von Yoannes TEKLEMARIAM, Roma 2006, 185-228.

[19] Einen guten Überblick vermittelt Ulrich FAUST, *Benediktiner,* in: *Kulturgeschichte der christlichen Orden,* hg. von Peter DINZELBACHER – James Lester HOGG, Stuttgart 1997, 67-116.

[20] Nach der berühmten Definition von Georges Duby, Die drei Ordnungen. Das Weltbild des Feudalismus, Frankfurt am Main 21993.

[21] Zu Robert von Arbrissel und Norbert von Xanten, die neue Orden gründeten, und zur religiösen Dynamik der Waldenser: Niklaus KUSTER, *Wanderradikale und heimatlose Mönche – oder: Wie eine bewegte Lebensform immer wieder sesshaft wird,* in *Menschen, die suchen,* hg. von José SÁNCHEZ DE MURILLO, *Edith Stein Jahrbuch* 9 (2003) 46-81.

[22] Zur weltweiten Friedenssendung des Franziskus neu: Jan HOEBERICHTS, *Francis‹ understanding of mission. Living the gospel, going through the world, bringing peace,* in ZMR 92 (2008) 280-297.

sehnt, innere und äußere *stabilitas* lehrt, so inspiriert Franziskus einen neuen epochalen Aufbruch, der sich aus starren Ordnungen löst und eine dynamische Kultur entwickelt. Dass sich die beiden Modelle bleibend ergänzen, hängt wohl mit der Natur des Menschen und der menschlichen Gesellschaft zusammen, die beide Dimensionen kennt: das lebensnotwendige Bedürfnis nach Ordnung, Strukturen und Kontinuität wie auch das existentielle »Pilger- und Fremdling-Sein« in dieser Welt.

3. In den Fußspuren Jesu – geschwisterlich

Die erste franziskanische Generation der *fratres minores* entwickelt schon früh das Bewusstsein, in den »Fußspuren Jesu« etwas gänzlich Neues zu entwickeln: *vita apostolica*, von Laien in radikaler Armut und geschwisterlich innerhalb der Kirche gelebt. Wie entschieden sich bereits Franziskus vom abendländischen Mönchsvater abgrenzt, wird in einer Briefpassage deutlich, welche die Eröffnungsverse der Benediktsregel umformuliert:[23]

Benediktsregel:	Franziskus an den Orden:
Höre,	*Hört,*
mein Sohn	*ihr Söhne Gottes und meine Brüder,*
auf die Vorschriften	*und vernehmt meine Worte*
des Meisters	*mit euren Ohren.*
und neige das Ohr deines Herzens.	*Neigt das Ohr eures Herzens und gehorcht der Stimme des Sohnes Gottes.*
Nimm	*Bewahrt*
die Mahnung des gütigen Vaters	*seine Gebote*
willig an	*in eurem ganzen Herzen*
und erfülle sie	*und erfüllt seine Räte*
in der Tat.	*in vollkommener Gesinnung.*

Stellt der Abt und Meister sich spirituell sorgsam über den Mönch als seinen Sohn, tritt Franziskus in den Kreis seiner Brüder, die alle Söhne Gottes sind. Eine radikal geschwisterliche Sicht von Welt, Menschen und seiner *fraternitas* lässt den Poverello mit dem Evangelium (Mt 23, 8-10) auf jede Art menschlicher Meister und Väter verzichten: und sei es ein noch so erfahrener »vicarius Christi« oder sorgsamer irdischer »abbas« im Auftrag des himmlischen Vaters. Gewiss streben auch Mönche ein radikales Leben in der Schule Christi an, wozu die »Vorschriften des Magisters und die Mahnungen des Vaters« anleiten sollen. Für Franziskus stellen jedoch die »Räte und Gebote« des Gottessohnes die eigentliche und einzige wahre Regel dar: Der

---

[23] Zu den Quellen und ihrem Vergleich: KUSTER, *Franziskus* (wie Anm. 14), 132-134.

Doppelausdruck steht im Mittelalter für das Evangelium in seiner Ganzheit, das Franziskus wie die Apostel auf den Fußspuren Jesu zu leben ermutigt.[24]

4. »Sola scriptura« – das Evangelium als einzige Regel

Weil die franziskanische Berufung sich radikal geschwisterlich in die Nachfolge des armen Wanderpredigers Jesus aufmacht und das Evangelium als Ganzes ohne Vermittlung durch Ordensregeln leben will, muss Franziskus 1209 in Rom kurialen Versuchen widerstehen, seinen Brüdern die monastische oder eremitische Form der Nachfolge schmackhaft zu machen.[25] Als der junge Orden in einer schwierigen Wachstumskrise strukturiert und sein Leben klarer geregelt werden musste, suchten ihm gebildete Brüder durch Anleihen an das benediktinische oder das kanonische Lebensmodell klareres Profil zu geben. An einem Pfingstkapitel zwischen 1219 und 1221 reagiert der Heilige geradezu zornig auf solche Versuche.[26] »Leben und Regel der *fratres minores* ist das Evangelium unseres Herrn Jesus Christus«, hält der Eröffnungsvers der offiziellen Regel von 1223 markant fest.[27]

Die Lebensform für San Damiano bezieht auch Schwestern und der Brief an die Gläubigen Menschen aller Lebensweisen in diese gemeinsame Berufung ein.[28] Franziskus ermutigt seinen Gefährten Leo, sich von der Phantasie der Liebe leiten zu lassen, um »Christus zu gefallen und seinen Fußspuren und seiner Armut zu folgen«.[29] Klaras Schwestern sieht er als »Töchter des himmlischen Vaters« und »Geliebte des Heiligen Geistes« den Fußspuren

---

[24] Niklaus Kuster, *Barfuss in den Fußspuren Jesu: Zur Mystik des Franz von Assisi,* in *Porträts großer Mystikerinnen und Mystiker,* hg. von Christian M. Rutishauser – Marie-Theres Beeler, Edlibach 2005, 39-64.

[25] Vgl. 1 C 32-33, Gef 46-53, AP 31-36, ebenso LM 3,9 in *FQ* (wie Anm. 9), 218-219, 637- 641, 592-594, 706-707; Zur ersten Romreise der Brüder: *Francesco a Roma dal Signor Papa, Atti del VI Convegno storico di Greccio, 9-10 maggio 2008,* a cura di Alvaro Cacciotti – Maria Melli, Milano 2008.

[26] Dazu zwei Gefährtenberichte in FQ (wie Anm. 9), 1105-1106 (= Per 18), und 1279: das *Speculum Perfectionis* rückt die Benediktregel an die erste Stelle der zurückgewiesenen Vorbilder: »Deshalb will ich nicht, dass ihr mir irgendeine Regel nennt, weder die des hl. Benedikt noch die des hl. Augustinus noch die des hl. Bernhard noch irgend einen Weg oder eine Lebensform außer jener, die mir vom Herrn selbst in seiner Barmherzigkeit gezeigt und geschenkt wurde« (SP 68).

[27] Vgl. *FQ* (wie Anm. 9), 94; dazu 60 (Test 14-15) und 68 (FormKl).

[28] Zu San Damiano: Martina Kreidler-Kos – Niklaus Kuster – Ancilla Röttger, *»Den armen Christus arm umarmen«. Das bewegte Leben der Klara von Assisi: Antworten der aktuellen Forschung und neue Fragen,* in *Klara von Assisi. Zwischen Bettelarmut und Beziehungsreichtum. Beiträge zur neueren deutschsprachigen Klara-Forschung,* hg. von Bernd Schmies, Münster 2011, 73-139.

[29] Brief an Bruder Leo: *FQ* (wie Anm. 9), 107; dazu Kuster, *Franziskus* (wie Anm. 14), 132-134.

Jesu wie die Apostel folgen, um die *perfectio evangelii* in freier Wahl und geschwisterlich zu leben.[30] In einem Rundschreiben an alle Gläubigen erweitert Franziskus diese Schau auf alle Menschen, die den Willen des gemeinsamen himmlischen Vaters tun und für dessen Geist in sich eine Wohnung bereiten: Sie werden zu Geliebten und Freunden Christi, seinen Geschwistern und Müttern:[31]

> »*Sie sind Verlobte, Geschwister und Mütter unseres Herrn Jesus Christus. Verlobte sind wir, wenn die gläubige Seele durch den Heiligen Geist unserem Herrn Jesus Christus verbunden wird. Geschwister sind wir ihm, wenn wir den Willen des Vaters tun, der im Himmel ist; Mütter sind wir, wenn wir ihn durch die göttliche Liebe und ein reines und lauteres Gewissen in unserem Herzen und Leibe tragen; wir gebären ihn durch ein heiliges Wirken, das anderen als Vorbild leuchten soll.*«

5. Wanderschaft statt Weltflucht

Dem ersten Biographen des Heiligen fiel 1228 die delikate Aufgabe zu, der Gesamtkirche ein Leben und eine Spiritualität zu präsentieren, die dem dominanten Modell der monastischen Orden in wesentlichen Punkten diametral widersprachen.[32] Thomas von Celano charakterisiert Franziskus von der ersten Gefährten-Aussendung bis zu seinem Tod als itineranten Bruder:

> *Franziskus teilte seine ersten Gefährten »in vier Zweiergruppen auf und sagte ihnen:* ›*Geht, Liebste, zu zweit durch die verschiedenen Weltgegenden und verkündet den Menschen den Frieden und die Umkehr zur Vergebung der Sünden. Und seid geduldig in der Bedrängnis, weil der Herr seinen Vorsatz und sein Versprechen erfüllen wird* ‹ ...«.
> *Denn im Lauf von achtzehn Jahren, die er damals erfüllte, gönnte Franziskus seinem Leib kaum oder nie Ruhe [2 Kor 7,5], wenn er verschiedenste und ausgedehnte Regionen durchstreifte, auf dass der bereitwillige, hingebungsvolle und glühende Geist in ihm überall die Samen des Gotteswortes aussäte (Lk 8,11; Mt 26,41). Er erfüllte die ganze Erde (Ws 1,7) mit dem Evangelium von Chris-*

---

30 KREIDLER-KOS – KUSTER – RÖTTGER, »*Den armen Christus arm umarmen*« (wie Anm. 28), 94-99; sowie den Kerntext der *FormKl* deutend: Niklaus KUSTER, »*Quia divina inspiratione ...*«. San Damiano zwischen ›*Sorores Minores*‹ und dem päpstlichen ›*Ordo Sancti Damiani*‹, ebda. 193-211.

31 Zum Brief an die Gläubigen: *FQ* (wie Anm. 9), 123-135 (zwei Fassungen mit Einleitung und Anmerkungen); der verdichtete trinitarische Schlüsseltext wird hier zitiert nach 1 Gl 7-10.

32 Dieser Abschnitt folgt Niklaus KUSTER, *L'itineranza francescana nelle opere di Tommaso da Celano*, in *Pellegrini e forestieri. L'itineranza francescana*, a cura di Luigi PADOVESE, Bologna 2004, 125-155.

tus (Mk 1,1; 16,15; Mt 9,35; 11,15; 24,14; 26,13 par.). Dabei war er imstande, an einem einzigen Tag durch vier oder auch fünf Dörfer oder Städte zu ziehen (Mk 6,6) und allen das Gottesreich anzukündigen (Lk 8,1). Und er erbaute die Zuhörenden nicht weniger durch sein Beispiel als durch das Wort: Man könnte sagen, den ganzen Leib hat er sprechen lassen ... So sehr lag ihm das Heil der Seelen (1 Petr 1,9) am Herzen und ersehnte er das Wohl der Nächsten, dass er auf dem Rücken eines Esels durch die Gegenden zog (Lk 9,6), als er die Kraft zum Wandern nicht mehr hatte.«[33]

Vergleicht man die Lebensweise der Minderbrüder mit dem Modell, das sich mit der Benediktsregel im Abendland durchgesetzt hat, zieht der neue Orden eine doppelte Verurteilung durch den Mönchsvater auf sich. Durch den Verzicht auf Kloster, Abt und Regel gleicht er den Sarabaiten, »von Land zu Land ziehend« aber und »unstet vagabundierend« (*semper vagi et numquam stabiles*) erinnern die frühen Brüder an die alten Gyrovagen.[34] Thomas von Celano wird denn auch nicht müde, den tieferen Sinn der franziskanischen Itineranz zu betonen, der bei Franziskus zu extremer äußerer »Instabilität« führt.

Die vielen Anspielungen ans Evangelium unterstreichen, dass die Minderbrüder keine Vagabunden sind: Ihre Inspiration ist evangelisch, ihr Meister Christus, ihre Vorbilder die Apostel, ihre Regel die Jüngerreden und die Bergpredigt des Herrn. Damit unterscheidet sich die franziskanische »vita apostolica« entschieden von den Sarabaiten und Gyrovagen, die Benedikt kritisierte, wie auch von der monastischen *stabilitas*. Das unbehauste Unterwegssein der Minderbrüder ist in seiner Radikalität nur als Antwort auf den Ruf des Herrn zu verstehen: Nachfolge in seinen Fußspuren und gemäß der Jüngeraussendung, die sich in der Berufung des Poverello und seiner Brüder wiederholt.[35]

---

[33] So Thomas von Celano in 1 C 29 und 1 C 97-98: vgl. *FQ* (wie Anm. 9), 216-217, 258- 259.

[34] Regula Benedicti 1, 1-12: »Bekanntlich gibt es vier Arten von Mönchen: Die erste ist die der Koinobiten, die in einem Kloster unter Regel und Abt ihren Dienst leisten. Die zweite Art sind die Anach*oreten* oder *Eremiten*. Nach langer Prüfzeit im Kloster ... lernten sie gegen den Teufel zu kämpfen. Für den Einzelkampf in der Wüste wurden sie in der Reihe der Brüder gut gerüstet ... Eine dritte, ganz abscheuliche Art von Mönchen sind die *Sarabaiten*. Sie wurden nie durch eine Regel erprobt ... Sie wahren in ihren Werken noch immer der Welt die Treue ... Zu zweit oder dritt oder einzeln leben sie ohne Hirten ... Die vierte Art Mönche sind die so genannten *Gyrovagen*. Zeit ihres Lebens ziehen sie von Land zu Land, und lassen sich je drei oder vier Tage in den Zellen dieser oder jener Mönche beherbergen; immer unstet und nie beständig sind sie ... in allem schlimmer als die Sarabaiten.« (1. Regelkapitel nach: Die Benediktsregel. Eine Anleitung zum christlichen Leben, übersetzt und erklärt von Georg Holzherr, Fribourg 62005, 68-69, mit fundiertem Kommentar 70-76.)

[35] Dazu die Berufungsgeschichten in 1 C 24-25 und 2 C 15: vgl. *FQ* (wie Anm. 9), 214- 215, 308-309.

Thomas zeichnet ein Profil der franziskanischen Lebensform, das die grundlegende Lebenssituation im radikal armen, brüderlichen Unterwegs-Sein und periodischen Rückzug in stille Wälder erkennt – beides in deutlichem Gegensatz zur *conversatio morum* in gut situierten Abteien. Der Weltbezug der Brüder zeichnet sich durch Offenheit für jeden Menschen aus, für den sie arbeiten und sich engagieren. Liebe zur Welt, prophetischer Dialog mit ihr und Verkündigung mitten unter den Menschen in Wort und Tat entlasten in den aufblühenden Städten Europas all die Mönchs- und Nonnenabteien, welche durch *fuga mundi* und die Schule der Liebe das Ideal der Urgemeinde nach der Benediktsregel leben. An die Stelle monastischer »vita communis« tritt im Franziskusorden brüderliche Gefährtenschaft,[36] und Liebe zur Stille in Einsiedeleien verbindet sich mit Mission, Wanderpredigt und Friedensinitiativen.[37]

6. »Unser Kloster ist die Welt« – weltweite Sendung

Das früheste Beispiel einer franziskanischen Lesart der Ordensgeschichte insgesamt und einer theologischen Emanzipation vom monastischen Typus der Nachfolge stellt das *Sacrum Commercium* dar.[38] Im Kontext des Mendikantenstreits an der Pariser Universität vor 1255 geschrieben, lässt das Werk die personifizierte Frau Armut die Ordensgeschichte seit der Zeit der Wüstenväter beleuchten. Sie sieht die Mönche schon in der Antike der jesuanischen Lebensweise untreu werden und die Armut, liebste Gefährtin des Rabbi aus Nazareth, aus ihren Häusern verbannen.[39] Auf dem erzählerischen Höhepunkt des Mysterienspiels fragt die Armut Franziskus und seine Brüder nach ihrem Kloster. Die Bitte ihrer Herrin erfüllen die Brüder erst nach dem gemeinsamen Mahl unter freiem Himmel und nachdem die Gefährtin Jesu sich zur Siesta wie eine Pilgerin »nackt auf der nackten Erde ausgestreckt hat«:

---

[36] Illustrativ dafür 1 C 77-79, in *FQ* (wie Anm. 9), 245-247. Weder Franziskus noch sein erster Biograph verwenden die monastischen Schlüsselbegriffe *stabilitas* und *vita communis*. Dazu KUSTER, *L'itineranza francescana*, (wie Anm. 32), 125-130 mit Wortstatistik.

[37] Ein schönes Beispiel kombiniert stille Tage in Greccio mit einer Friedensmission in Perugia: *FQ* (wie Anm. 9) 320-321 (= 2 C 37). Zu Kontrast und Kooperation der beiden Ordenskulturen: Niklaus KUSTER, *Eine reiche Klosterlandschaft als Kontext der novitas franciscana. Assisis Mönchsabteien, Nonnenklöster und Hospitäler um 1200*, in *WiWei* 75 (2012) 3-79.

[38] Lateinischen Ausgabe: *Sacrum Commercium sancti Francisci cum domina Paupertate*, in *Fontes Franciscani*, a cura di Enrico MENESTÒ – Stefano BRUFANI, Assisi 1995, 1691-1732; italienisch mit guten Anmerkungen: Carlo PAOLAZZI, *Sacrum Commercium sancti Francisci cum domina Paupertate*, in *Fonti Francescane*, Padova ²2004; deutsch in *FQ* (wie Anm. 9), 654-685.

[39] Die Geschichte des Mönchtums wird eingehend bewertet: *FQ* (wie Anm. 9), 675-681.

Und als sie alles zubereitet hatten, luden sie die Armut ein, mit ihnen zu essen. Sie jedoch sprach: Zeigt mir zuerst Gebetsraum, Kapitelsaal, Kreuzgang, Speisesaal, Küche, Schlaf- und Aufenthaltsraum, schöne Sessel, feine Tische und geräumige Häuser! Denn nichts von alledem erblicke ich; nur euch sehe ich, heiter und fröhlich, überströmend von Freude ... als wenn ihr erwarten würdet, dass euch alles nach Wunsch zu Verfügung gestellt würde.
[Nach Mahl und Siesta] stand Frau Armut eilends auf und bat, man möge ihr das Kloster zeigen. Die Brüder führten sie auf einen Hügel, zeigten ihr die ganze Welt, soweit man sehen konnte, und sprachen: Das ist unser Kloster, Herrin![40]

Das *Sacrum Commercium* sieht Nachfolge Jesu in evangelischer Armut erst im hohen Mittelalter durch Franziskus wieder entdeckt. Bei allen freundschaftlichen Beziehungen zu Benediktinern verzichtet die erste Generation der Minderbrüder daher auf klösterliche Strukturen. Im Stil des Minnedienstes umwirbt Franziskus die erwählte Dame seines Herrn und gelobt ihr Bundestreue in einem Bankett der Armen. Im Mendikantenstreit der Pariser Universität zeigen die Minderbrüder dem Säkularklerus, dass ihre Berufung weder die von Mönchen ist, die weltabgeschieden beten, noch jene der Weltgeistlichen, die sich in ihrer Seelsorgetätigkeit auf Pfründen abstützen. Wenn »die Welt das Kloster ist«, wird Gott nicht durch Weltflucht gefunden: Den spirituellen Gegensatz zwischen monastischem Beten und franziskanischer Kontemplation hat Ilia Delio gut aufgezeigt.[41]

Chiara Frugoni legt neu dar, wie Franziskus die Sendung seiner Brüder seit den Anfängen der *fraternitas* weltweit versteht. Sie überwand schon in den ersten Wochen die Grenzen der Diözese, wurde von Innozenz III. 1209 zu lebenspraktischer Predigt »urbi et orbi« ermutigt und wagte sich seit 1212 auch in die Länder anderer Religionen.[42] Franziskus‹ Intervention im Fünften Kreuzzug, sein Dialog mit dem Sultan[43] und seine Rundbriefe an alle Menschen auf Erden folgen *inspiratione divina* der Vision einer universalen Menschheitsfamilie, die vom einen Vater geliebt und vom gleichen Geist bewegt einen Frieden finden kann, der durch Christus geschwisterlich verbindet. Das erste Missionsstatut einer christlichen Ordensregel ermutigt die Minderbrüder, dienstbereit unter Andersgläubigen zu leben, da »Gottes Geist auch unter den Sarazenen anwesend ist« und Gott in anderen Religi-

[40] Zitiert aus SC 30: in *FQ* (wie Anm. 9), 682-683.
[41] Ilia DELIO, *Franciscan Prayer*, Cincinnati 2004, speziell 53-73 (= »Prayer and the spiritual Journey«).
[42] Chiara FRUGONI, *Francesco e le terre dei non cristiani*, Milano 2012.
[43] Dazu neu: Leonhard LEHMANN, *Francesco incontra il sultano: L'inizio di una missione di pace. Studio comparativo delle più antiche fonti*, in *Miscellanea Franciscana* 112 (2012) 504-556.

onen wirkt.[44] Damit vollzog Franziskus im hohen Mittelalter einen Schritt, den die Gesamtkirche 1965 in der Konzilserklärung »Nostra Aetate« mit Blick auf die Religionen umfassend tun wird.[45]

7. Friedenstreffen in Assisi – pilgernde Weltreligionen und Kirchen

Als Prophet des interreligiösen Dialogs steht Franziskus heute Pate für die Friedenstreffen der Weltreligionen, die sich auf höchster Ebene seit 1986 in Assisi versammeln.[46] Als Papst Benedikt XVI. die Welt- und Naturreligionen am 27. Oktober 2011 zum jüngsten großen Treffen in die Stadt des Poverello einlud, nannte er sie zusammen mit den christlichen Kirchen und mit agnostischen Menschen »Pilgernde zu Wahrheit und Frieden«. Die Delegationen suchten bei der Portiunkula-Kapelle von der Weisheit in jeder Religion zu lernen, beteten in Assisis Kirchen, feierten gemeinsam bei San Francesco und dankten zum Schluss am Grab des Bruders. Dass die Weltreligionen sich heute im »Geist von Assisi« versammeln, ist als eine der bedeutendsten Früchte des Zweiten Vatikanums zu werten: Öffnete sich die katholische Kirche nach dem jüngsten Konzil zunächst für das Gespräch mit einzelnen Weltreligionen, nimmt sie schließlich seit den Achtzigerjahren die Vorreiterrolle im weltweiten interreligiösen Dialog ein. Johannes Paul II. sah die Begegnungen der Weltreligionen denn auch ausdrücklich im Konzil wurzeln: »Lo spirito di Assisi« bringe den Traum der einen Menschheitsfamilie sichtbar zum Ausdruck und mache die katholische Kirche zum Instrument Gottes, um die Geschwister aus allen Kirchen und allen Religionen zu vereinen.[47] Als Religionshistoriker erkennt Kardinal Julien Ries in den Begegnungen der Religionen in Assisi »ein großes spirituelles Ereignis«, das Vertreter aller Religionen gemeinsam »ganz auf Gott ausrichtet«.[48] Dabei übernimmt das Papsttum überraschend eine spirituelle *leadership* unter den

---

[44] Jan Hoeberichts, Feuerwandler. Franziskus und der Islam, Kevelaer 2001, 136, dazu 112-114.

[45] HOEBERICHTS, *Feuerwandler* (wie Anm. 44), 136, 189-197. Zum Ringen um die Konzilserklärung über das Judentum und die nichtchristlichen Religionen: COMUNITÀ DI SANT'EGIDIO, *Lo spirito di Assisi. Dalle religioni una speranza di pace*, Cinisello Balsamo 2011, 13-23.

[46] Das erste Treffen vom 27. Oktober 1986 wird theologisch gewürdigt und die Gebetstexte sind deutsch greifbar im Buch: *Die Friedensgebete von Assisi,* mit einer Einleitung von Franz KÖNIG und einem Kommentar von Hans WALDENFELS, Freiburg 1987.

[47] Entsprechende Wertungen zitiert COMUNITÀ DI SANT'EGIDIO, *Lo spirito di Assisi* (Anm. 45), 7-11. Dazu vertieft: Alberto MELLONI, *Da »Nostra Aetate« ad Assisi 1986. Cornici e fatti di una recezione creativa del Concilio Vaticano II*, in *Convivium Assisiense* 9 (2007) 1, 63-89.

[48] Julien RIES, *Incontro e dialogo. Cristianesimo, religione e culture*, Milano 2009, 193.

leaders der Religionen, die in der globalisierten Welt keine andere religiöse Instanz oder christliche Konfession derart wirksam einnehmen könnte.[49] Der Papst beruft sich nicht auf seine Autorität, sondern auf Franziskus als Friedenspropheten.[50]

Als Glaubenshüter von den Treffen der Weltreligionen in Assisi noch nicht begeistert,[51] führte Benedikt XVI. als Papst die verbindende Sendung seiner Kirche weiter. Er zog »als Pilger in die Stadt des heiligen Franziskus« und lud »alle christlichen Geschwister der verschiedenen Konfessionen, die Vertreter der religiösen Traditionen der Welt und idealerweise alle Menschen gute Willens ein«, es ihm gleich zu tun. Der deutsche Papst zögerte in Assisi auch nicht mehr, seine Kirche als »Pilgerin zu Wahrheit und Frieden« in den Kreis der Welt- und Naturreligionen zu stellen: Wer Gott suche, trete in den aufrichtigen Dialog mit Gottsuchenden in allen Religionen und Philosophien, ohne jemanden auszuschließen, um miteinander weltweit an der *fraternitas* aller Menschen und am Frieden zu bauen.[52] Mit dem »Weg von Assisi« stellt sich die katholische Kirche in den Dienst aller Völker, um die Einheit der Welt zu fördern und mit dem »Geist von Assisi« die Religionen der Erde in der Friedenssorge spirituell zu verbinden.[53]

Der neue Papst, der sich entschieden am Poverello orientiert, hat zu seiner Amtseinsetzung am 19. März 2013 nicht nur die christlichen Kirchen und abrahamitischen Religionen, sondern weitere Welt- und Naturreligionen mit Delegationen eingeladen.[54] Das nährt die Hoffnung, dass auch Papst Franziskus den »Geist vom Assisi« nutzen und für das gemeinsame Pilgern der Religionen zu Wahrheit und Frieden fruchtbar machen wird.

---

[49] COMUNITÀ DI SANT'EGIDIO, *Lo spirito di Assisi* (Anm. 45), 37 nennt diesen neuartigen »primato spirituale tra i *leaders* religiosi del mondo« eine »ricchezza provvidenziale per tutti«.

[50] COMUNITÀ DI SANT'EGIDIO, *Lo spirito di Assisi* (Anm. 45), 38.

[51] Dazu Josef RATZINGER, *Glaube, Wahrheit, Toleranz. Das Christentum und die Weltreligionen*, Freiburg 2003, 14-45 (»Einheit und Vielfalt der Religionen«) und 170-186 (»Glaube – Wahrheit – Toleranz«).

[52] Zur Begründung des Motto »Pellegrini della verità, pellegrini della pace«: Osservatore Romano, 3. April 2011, zit. und kommentiert in COMUNITÀ DI SANT'EGIDIO, *Lo spirito di Assisi* (Anm. 45), 6.

[53] Vgl. das Schlusswort in COMUNITÀ DI SANT'EGIDIO, *Lo spirito di Assisi* (Anm. 45), 195, dazu 70 (Francesco, apostolo della pace evangelica). Eine franziskanische Würdigung des ganzen Prozesses bietet Pietro MESSA, *Dallo »Spirito di Assisi« alla libertà religiosa. Un percorso di 25 anni*, in *In Caritate Veritas*, a cura di Paolo MARTINELLI, Bologna 2011, 697-711.

[54] Zu den ersten Akzenten, die der neue Papst setzt: Stefan VON KEMPIS, *Papst Franziskus. Wer er ist, wie er denkt, was ihn erwartet*, Freiburg 2013; für seine Grundhaltungen: PAPST FRANZISKUS, *Mein Leben – mein Weg. El Jesuita. Die Gespräche mit Jorge Mario Bergoglio von Sergio Rubin und Francesca Ambrogetti*, Freiburg 2013, darin 81-104 (»auf Menschen zugehen«) und 119-126 (»Kultur der Begegnung«).

Evangelische Schwestern im Dienst des Nächsten – Die Diakonissen von Neuendettelsau in Geschichte und Gegenwart

Pfarrer Prof. Dr. h. c. Hermann Schoenauer, Neuendettelsau (Bayern), Rektor der Diakonie Neuendettelsau Mitglied des Herausgeberkreises der Deutsch-Rumänischen Theologischen Bibliothek/DRThB

Im Jahre 1866 schreibt Wilhelm Löhe an seine Tochter Marianne, die sich auf einem Kuraufenthalt im böhmischen Karlsbad befand, einen Geburtstagsgruß, dem er eine kleine Fotografie beigelegt hatte: »Es ist die ›kluge Jungfrau von Dettelsau‹, wie sie Herr Küchle so schön für den Betsaal gemalt hat. Du wirst finden, daß sie gar keiner Schwester gleich ist. Auch das ist ein Vorzug des Bildes. Es kann sich keine einbilden, daß Herr Küchle eigentlich sie gemalt habe. So ein unschuldiges Jungfrauengesicht hat keine. Desto besser predigt das Bild. Indes ist die Jungfrau doch eine leibhaftige Dettelsauer Schwester: es fehlt ja gar nichts. Siehst Du, wie die schöne – nur in der Fotografie dunkel geratene Hand, die rechte, die Lampe so vorsichtig trägt, während die linke das Ölgefäß noch hält, aus welchem sie nachgegossen hat. Es weht aber ein Morgenwind und weht Flamme und Schleier zurück. Der Morgenwind aber kommt vom Licht, das sie plötzlich erblickt. Es ist das Licht des kommenden Menschensohnes, dessen Zeichen oben in Gestalt einer Hostie mit dem Lamme erscheint. Überrascht beugt die Jungfrau den Oberleib etwas zurück, weil sie Haupt und Auge dem Menschensohnszeichen zuwendet, aufwärts. Aber obwohl gespannt nach oben schauend vergisst sie doch ihre Lampe nicht. Sie entsinkt ihr nicht: vorsichtig und fest trägt sie ihr Lichtlein dem Bräutigam entgegen, an dem und seinen Zeichen ihr Auge hängt.

Das Bild vereinigt Dettelsauer Eigentümlichkeiten: Diakonissentum – Hoffnung der letzten Zeit und Abendmahl. Abendmahl – Zeichen der Wiederkunft des Herrn.«[1]

Wilhelm Löhe hatte in seiner Funktion als Rektor und Leiter der Neuendettelsauer Diakonissenanstalt dieses Bild bei dem Münchener Maler Benedikt Küchle in Auftrag gegeben und seine Vorstellungen der idealen Diakonisse bildlich umsetzen lassen. Bereits 1863 hatte Löhe sich Gedanken über eine bildliche Darstellung gemacht und sich im Kalender der Diakonissenanstalt entsprechend geäußert: »Ich bin weder ein Maler, noch ein Sänger;

---

[1] Wilhelm Löhe, Gesammelte Werke Bd. 2, hrsg. v. Klaus Ganzert, Neuendettelsau 1985, S. 479 f. Brief an Marianne Löhe vom 15.12.1866. [Wilhelm Löhe, GW].

wenn ichs aber wäre, so malte ich die Diaconissin, wie sie sein soll, in ihren verschiedenen Lebenslagen und Arbeiten ... Malen würde ich die Jungfrau im Stall – und am Altare, in der Wäscherei – und wie sie die Nackenden in reines Linnen der Barmherzigkeit kleidet, in der Küche – und im Krankensaale, auf dem Feld – und beim Dreimalheilig im Chor ... ich würde alle möglichen Diaconissenberufe malen: in allen aber Eine Jungfrau, nicht immer im Schleier, aber immer Eine Person ... Warum? Weil eine Diaconissin das Geringste und das Grösste können und thun, sich des Geringsten nicht schämen und das höchste Frauenwerk nicht verderben soll ... Das Geringste und Grösste vereinigen, Martha und Maria sein in Einer Person!«[2]

Wie war es dazu gekommen, dass sich ein fränkischer Lutheraner in der Mitte des 19. Jahrhunderts intensiv mit dem Bild und Ideal einer neuzeitlichen Diakonisse auseinandersetzte?

Am 9. Mai 1854 hatte Wilhelm Löhe die erste Diakonissenanstalt in Bayern zusammen mit seinem Helferkreis in dem kleinen fränkischen Dorf Neuendettelsau ins Leben gerufen. Die sozialen Nöte auf dem Lande, die Massenarmut des Pauperismus, herrschten auch im agrarisch geprägten Franken vor, in der fränkischen Städteachse Nürnberg, Fürth, Erlangen und Schwabach entwickelten sich erste Industriezentren, in denen die mit der Industrialisierung verbundenen sozialen Problemen auftraten. Beide Entwicklungen wurden von Löhe beobachtet und bewusst wahrgenommen.[3] Die Linderung und Abhilfe dieser sozialen Probleme waren eine der Beweggründe Löhes, sich sozial zu engagieren und eine Ausbildungsstätte für Diakonissen zu gründen. Hinzu kommt, dass er durch diese Hilfeleistung die von der Kirche abgefallenen Personen wieder für diese zu gewinnen suchte. Dies war aber nicht die einzige Motivation. Er hatte mit der Gründung der Diakonissenanstalt zudem die Ausbildung von Frauen auf dem Lande im Blick. In der Mitte des 19. Jahrhunderts standen gerade in den ländlichen Gebieten Frauen kaum Ausbildungsmöglichkeiten zur Verfügung. Klar und deutlich legt Löhe seine Vorstellungen in seiner Programmschrift »Bedenken über weibliche Diakonie innerhalb der protestantischen Kirche Bayerns, insbesonderheit über zu errichtende Diakonissenanstalten« dar: »Wenn wir Seelsorger auf unsere Dörfer hinauskommen, die Kranken zu besuchen, so finden wir allenthalben solche weibliche Personen, welche sich der Kranken und Elenden mehr als andere annehmen, weil sie durch eine in ihnen liegende Gabe dazu angereizt werden. Sie folgen dem natürlichen Drang«[4],

---

[2] Kalender der Diaconissenanstalt Neuendettelsau auf das Jahr des Heils 1863. Ansbach 1863, S. 37/38.

[3] Vgl.: Hans Rößler, Fürth und Neuendettelsau als Lebens- und Erfahrungshintergrund für Wilhelm Löhes Wirken, in: Hermann Schoenauer (Hrsg.), Wilhelm Löhe 1808-1872. Seine Bedeutung für Kirche und Diakonie, Stuttgart 2008, S. 169-188.

[4] Correspondenzblatt der Gesellschaft für innere Mission, Dezember 1853, S. 121-124,

so Löhe zu seinen Planungen und Vorstellungen. So wurde die Neuendettelsauer Diakonissenanstalt in erster Linie als Bildungsanstalt konzipiert.

Die Entwicklung des Diakonissenbildes bei Wilhelm Löhe[5]

Die prägende Person der Neuendettelsauer Diakonissengemeinschaft in der Gründungszeit war Pfarrer Wilhelm Löhe. Ganz im Zeichen des 19. Jahrhunderts war es damals in Neuendettelsau Aufgabe des Rektors, die Richtlinien für die Diakonissengemeinschaft zu bestimmen. Bereits seit 1852, also noch vor der Gründung der Diakonissenanstalt, bereitete Löhe seine Veröffentlichung »Von der weiblichen Einfalt« vor, die ein Jahr später gedruckt werden konnte.[6] Die Schrift gilt als Programmschrift für Löhes Vorstellungen über weibliche Diakonie. In zwei weiteren grundlegenden Schriften befasste sich der Rektor der Diakonissenanstalt mit dem Frauen- und Diakonissenbild. Beide erschienen 1858 bis 1860 im »Correspondenzblatt« unter den Titeln »Von den Diakonissen«[7] und »Von der Barmherzigkeit«[8]. Die Vorträge waren Bestandteil des Unterrichts der Diakonissen und Schülerinnen und zeigen einen Schwerpunkt des Unterrichts auf. Für Löhe war der Begriff der Barmherzigkeit ein entscheidendes Element: »Eine Diakonisse ist eine Dienerin der Barmherzigkeit, wie könnte sie anders als barmherzig sein«, so eine seiner Aussagen.[9]

Im Artikel »Von den Diakonissen« legt Löhe zudem seine Ansichten über die berufliche »Laufbahn« einer Diakonisse dar: »Willst du eine *Stufenleiter* für den Diaconissenberuf, so nenne ich dir folgende:

---

hier S. 121.

[5] Dazu Ute Gause, Die Diaconissin, ein Beispiel für Nacheiferung für alle. Das Diakonissenbild Wilhelm Löhes, in: Hermann Schoenauer (Hrsg.), Wilhelm Löhe 1808-1872. Seine Bedeutung für Kirche und Diakonie, Stuttgart 2008, S. 355-371.

[6] Vgl. dazu: Silke Köser, »Weibliche Einfalt« und »innere Herrlichkeit eines männlich vollendeten Charakters«. Geschlechterrollen und Frauenbild bei Wilhelm Löhe, in: Hermann Schoenauer (Hrsg.), Wilhelm Löhe 1808-1872. Seine Bedeutung für Kirche und Diakonie, Stuttgart 2008, S. 391-409, hier 405 f.

[7] Vgl. Wilhelm Löhe, Gesammelte Werke Bd. 4, hrsg. v. Klaus Ganzert, Neuendettelsau 1982, S. 447-453. Ganzert dazu in den Erläuterungen: »Der Vortrag ›über Amt und Beruf der Diakonissen nach dem Wort Gottes und der Geschichte‹ stand ›an der Spitze‹ im Diakonissenunterricht.«, ebd., S. 704. Der Text wurde im Correspondenzblatt der Diaconissen von Neuendettelsau 1858 in den Ausgaben 1 und 2 abgedruckt.

[8] Vgl. Wilhelm Löhe, Gesammelte Werke Bd. 4, hrsg. v. Klaus Ganzert, Neuendettelsau 1962, S. 466-523. Erstmals gedruckt im Correspondenzblatt der Diaconissen von Neuendettelsau 1859, 3 und 4 bis 1860, 6 (mit Unterbrechungen). Bereits im Correspondenzblatt 1858 Nr. 3 und 4 hatte Löhe einen ähnlichen Aufsatz unter dem Titel »Von der seligen Übung der Barmherzigkeit« veröffentlicht.

[9] Wilhelm Löhe; GW Bd. 4, S. 463.

a) Werde zuallererst eine *Magd* und lerne alle häuslichen Geschäfte vom geringsten bis zum schönsten vollkommen. Schmach der Jungfrau, die die erste Stufe nicht erreicht.

b) Geh eine Zeit lang in eine *Kinderstube* und lerne Kinder warten. Schmach der Diaconissin, die von der Kindsmagd beschämt wird.

c) Laß dich unterweisen zur *Kleinkinderlehrerin* und ruhe nicht, bis du das, was sie soll, weißt und kannst: die Aufgabe ist nicht sehr groß.

d) Hast du die Gabe, so laß dich zur *Schullehrerin* unterrichten und bilden; ruhe nicht, bis du das Deine gethan hast, die Mädchenschule nicht aus der Hand des Pfarrers, denn den hat Gott zum Hirten gesetzt, aber des männlichen Schullehrers in weibliche Hand zu bringen.

e) Laß dich unterweisen, wie du das *Rettungshaus* einer Gemeinde regieren könntest, nämlich das weibliche Rettungshaus; das männliche scheue, sowie die großen Rettungshäuser, die unnatürlich sind und schwerlich von großer Dauer.

f) Laß dich zur *Krankenpflegerin* unterweisen für leibliche Kranke und vergiß nicht, daß dabei dein geistlicher Beruf bedeutender ist als dein leiblicher.

g) Laß dich unterweisen zur *Pflege der Gemüthskranken*, aber nicht in einem rationalistischen Spital oder Irrenhaus, sondern da, wo man für jede Gemüthskrankheit die einfache Arznei aus Gottes Wort zu sagen weiß.

h) Nach diesem allem werde, wenn du kannst, eine *Gemeindediaconissin*.«[10]

Diese Zielsetzungen wurden im Diakonissenhaus, später Mutterhaus, umgesetzt.

Um diese berufliche »Laufbahn« zu beschreiten, wurde den zukünftigen Diakonissen im Diakonissenhaus der entsprechende Unterricht erteilt und angeboten.

Die Ausbildung im Mutterhaus

Der erste Kurs fand noch im Gasthaus »Zur Sonne«, in der Dorfmitte Neuendettelsaus gelegen, statt, da die junge Diakonissenanstalt noch über keine geeigneten Räumlichkeiten verfügte. Die Planungen für den Bau eines Diakonissenhauses waren bereits eingereicht und der Baubeginn sollte noch im Sommer 1854 erfolgen. Sechs Diakonissenschülerinnen und zwei Hospitantinnen sowie acht weitere Mädchen wurden von den drei Vorsteherinnen unterrichtet und betreut, hinzu kamen die Stunden bei Wilhelm Löhe und dem Arzt Dr. Schilffahrt sowie Gesangsunterricht durch den Kantor. Der Umzug im Herbst 1854 in das neue Gebäude änderte im Prinzip an

---

[10] Correspondenzblatt der Diaconissen von Neuendettelsau, 2 (1858), S. 7.

dieser Aufteilung nichts. Die Zahl der Schülerinnen wuchs allerdings. Im zweiten Kurs waren es bereits 12 Diakonissenschülerinnen und 10 »Schülerinnen, welche den Curs zu ihrer weiblichen Ausbildung mitmachen, ohne als Diaconissin verwendet werden zu wollen«, wie der erste Jahresbericht der Diakonissenanstalt Neuendettelsau berichtet.[11] Durch die Öffnung des Unterrichtes für diese Gruppe brachte Löhe ein neues Element in die Ausbildungslehrgänge der deutschen Mutterhäuser. Erstmals wurden nicht nur Diakonissenschülerinnen unterrichtet.

Die Ausbildung war von Anfang an differenziert festgelegt in die Bereiche berufliche und allgemeine Ausbildung. Der berufliche Unterricht, etwa für Krankenpflegerinnen oder für Kinderschullehrerinnen, basierte auf dem dualen System von theoretischem und praktischem Unterricht. So wurden für den praktischen Unterricht Einrichtungen wie eine Kleinkinderschule oder auch ein kleines Krankenhaus eingerichtet, um den entsprechenden Unterricht durchzuführen.[12] Die Zweiteilung des Unterrichtes rechtfertigt Löhe im zweiten Jahresbericht: »Dafür haben wir ... besonders in der Bildungsschule der kleinen Schülerinnen unserer Anstalt ein Lehr- und Förderungsmittel unserer Diakonissen, das wohl anderwärts abgehen dürfte. Unsere Lehrdiakonissen bekommen nämlich nicht blos eine theoretische Anweisung zur Pflege und Unterricht jüngerer Kinder, sondern sie unterrichten ... die kleinen Schülerinnen des Hauses nach wöchentlichen Pensen.«[13]

Aus dieser Konzeption der Ausbildung im Neuendettelsauer Diakonissenhaus entwickelte sich in der Folgezeit ein dreigliedriges Schulsystem: die Blaue Schule für die Diakonissenschülerinnen, die Grüne Schule für die konfirmierten Mädchen, die nicht Diakonisse werden wollten, und die Rote Schule für die Mädchen im Vorkonfirmationsalter. Diese Dreigliederung prägte bis zur Rektoratszeit von Hermann Bezzel (1891-1909) das Neuendettelsauer Schulwesen. Über die Form des Unterrichts, die Inhalte und die Stellung des Schulwesens innerhalb der Diakonissenanstalt berichtet Löhe im Jahresbericht 1857: »Obwol die Schule ein für sich abgeschlossenes Ganze bildet und ihre eigene Organisation hat, so ist sie doch ein integrierender Bestandteil der Diakonissenanstalt und mit dieser auf's innigste verbunden.«[14]

Die Unterrichtsformen waren die akromatische Weise [Vortrag des Lehrers, der Schüler hört zu, Anm. H.S.] und die katechetische Form. Die einzelnen Fächer waren: Lesen, Schönschreiben, Deutsche Sprache, Rechnen,

---

[11] Erster Bericht über den Bestand der Diakonissenanstalt zu Neuendettelsau 1854/1855, Nördlingen 1855, Anhang.

[12] Vgl. Matthias Honold, Ausbildung und Fortbildung. Die Bedeutung der Bildungsarbeit für die Diakonie Neuendettelsau, in: Korrespondenzblatt der diakonischen Gemeinschaften von Neuendettelsau, Nr. 7, 2005, 132-137.

[13] 2. Jahresbericht der Diakonissenanstalt Neuendettelsau 1855, 18.

[14] 4. Jahresbericht der Diakonissenanstalt Neuendettelsau 1857, 12.

theologischer Unterricht (Katechismus, Einleitung in die Heilige Schrift, Biblische Geschichte, Liturgie, Kirchenjahr und Symbolik als Beispiel). Später wurden auch Fächer wie Französisch oder Mittelhochdeutsch oder auch Klavierunterricht angeboten.

So erhielten die Neuendettelsauer Diakonissen eine umfassende Ausbildung, ein enormes Lernpensum war zu absolvieren, wie Löhe selbst bemerkte: »Es versteht sich von selbst, daß so vieles im Laufe eines einzigen Semesters nicht vorgetragen werden kann, wer nicht mindestens 4 Semester im Hause bleibt, wird alle diese Vorträge nicht hören vollenden können.«[15]

Das Mutterhaus als Zentrum der Neuendettelsauer Diakonissengemeinschaft und als Ausbildungsstätte

Standen zu Beginn der Diakonissengemeinschaft noch drei Vorsteherinnen vor[16], so trat 1858 die Oberin an die Spitze der schwesterlichen Genossenschaft. Die ursprüngliche Konzeption Löhes – Ausbildung der Diakonissen in Neuendettelsau, Entsendung in die Gemeinden und Aufbau diakonischer Einrichtungen vor Ort durch Hilfsvereine – wie er Löhe es vorgesehen hatte, erwies sich als nicht praktikabel. Löhe selbst berichtet 1857 dazu: »Als vor drei Jahren das Diakonissenhaus dahier entstand, waren wir nicht der Meinung, zwischen dem Mutterhaus und den ausgesandten Diakonissen eine dauernde Verbindung anstreben zu sollen. Wir wollten hauptsächlich durch Unterricht und gemeindliches Leben den Sinn für demütiges weibliches Dienen erwecken ... Dann sollten unsere Schülerinnen entweder in ihre Familien zurücktreten oder einen Beruf des Dienens finden.« Weiter begründet Löhe die Veränderung: »Wir sahen daher bald ein, dass zur tieferen Gründung und zur Erhaltung des Diakonissensinnes doch anders verfahren werden müsse, als wir gedacht hatten. Soll die Diakonissin aufopfernd und sorglos sich dem Dienst der leidenden Menschheit hingeben, so muß man ihrer Schwachheit, [gemeint sind Alter und Krankheit, Anm. HS] dadurch zu Hilfe kommen, dass man ihr die Sorge für ihre Zukunft abnimmt; ihre Bildungsanstalt muß ihr ein Asyl und ein Mutterhaus werden, wo sie in Tagen der Krankheit und Schwachheit mit offenen Armen aufgenommen wird.«[17] Der Schritt hin zur Mutterhausdiakonie veränderte die

---

[15] 3. Jahresbericht der Diakonissenanstalt Neuendettelsau 1856, 22.

[16] Nach dem Tod der Ersten Vorsteherin, Karoline Rheineck, nahm Amalie Rehm diese Stellung ein, Helene von Meyer übernahm die Stellung der zweiten Vorsteherin, die Stelle der Dritten Vorsteherin wurde nicht mehr besetzt. Nachdem zwischenzeitlich auch Helene von Meyer das Diakonissenhaus wegen eines Auslandaufenthaltes verlassen hatte, war die Stelle der Zweiten Vorsteherin ebenfalls vakant.

[17] Zitiert nach Justus Götz; Wilhelm Löhe. Im Dienst der Kirche. Quellen und Urkunden zum Verständnis Neuendettelsauer Art und Geschichte, Neuendettelsau ²1933,

Neuendettelsauer Diakonissenanstalt vielfältig. Neben der Neuordnung der Gemeinschaft stand nun der Aufbau von Arbeitsgebieten rund um das Mutterhaus herum.[18] Ein Zentrum diakonischer Arbeit entstand in Neuendettelsau, im damaligen Sprachgebrauch auch als »Colonie« bezeichnet.[19]

Die Stellung des Mutterhauses blieb bestimmend für die Diakonissengemeinschaft. Dort fanden sie die geforderte Aufnahme, dort verbrachten sie in der Regel ihren (kurzen) Urlaub, dort holten sie sich geistliche Zurüstung und Kraft für die vielfältigen Aufgaben in Neuendettelsau und vielen weiteren Orten.

Die Einsatzgebiete der Neuendettelsauer Diakonissen

Geprägt durch den Unterricht und vorbereitet für die berufliche Laufbahn durch die Bildungsinhalte, die die Diakonissen im Diakonissenhaus, dem späteren Mutterhaus, erhielten, wurden die Diakonissen in die verschiedensten Arbeitsgebiete und auch Regionen entsandt. Diese Vorgehensweise erstreckte sich bis in die zweite Hälfte des 20. Jahrhunderts. Wilhelm Löhe zeigt in seiner Schrift »Etwas aus der Geschichte der Diakonissenhauses Neuendettelsau«, erschienen 1870, welche Entwicklung die Diakonissenanstalt genommen hatte.[20]

Neben den Arbeitsgebieten in Neuendettelsau selbst, Mutterhaus, Blödenanstalt, Magdalenium mit Wäscherei, Frauenhospital, Männerhospital, Industrieschule, Rettungshaus, Suppenanstalt und Dorfindustrieschule, zählt Löhe die weiteren Orte im Königreich Bayern und darüber hinaus auf: Altdorf, Egloffstein, Fürth, Heidenheim, Hof, Kempten, Kitzingen, Kloster Heilsbronn, Lindau, Memmingen, München, Nördlingen, Nürnberg, Oettingen, Polsingen (als Filiale der Diakonissenanstalt), Regensburg, Schillingsfürst, Thurnau, Wendelstein, Würzburg, Bernburg, Dessau, Eisenberg, Hannover, Hildesheim, Kloster Marienberg bei Helmstedt, Lüneburg, Odessa, Reval, Sarata in Bessarabien und Buffalo. In nicht weniger als 32 Orten in fast 100 Einrichtungen waren Neuendettelsauer Diakonissen tätig. Ihre

---

S. 98. Erstmals wurde der Text im Correspondenzblatt der Diaconissen von Neuendettelsau im Jahre 1857 publiziert. Das Correspondenzblatt erschien 1857 noch nicht im Druck, sondern wurde handschriftlich verfasst und vervielfältigt.

[18] Ursprünglich gab es in den ersten Jahren nach der Gründung neben dem Diakonissenhaus im Ort nur ein Haus, in dem die Pfründeanstalt und eine Einrichtung für Menschen mit Behinderung untergebracht waren.

[19] Unter anderem entstanden noch zu Löhes Zeiten ein Männerspital, ein Frauenspital, die sogenannte Blödenanstalt, ein Magdalenium und ein Waisenhaus. Dazu noch Versorgungseinrichtungen wie ein landwirtschaftliches Gut, eine Bäckerei, eine Gärtnerei sowie ein Waschhaus.

[20] Wilhelm Löhe, GW 4, Etwas aus der Geschichte des Diakonissenhauses Neuendettelsau, S. 259-341, hier S. 330 ff.

Tätigkeit erfolgte in Krankenhäusern, Schulen, Kleinkinderschulen, Industrieschulen, in Einrichtungen für Menschen mit Behinderungen, in der Gemeindepflege, in Rettungshäusern, in Pfründeanstalten oder in Privatpflegen. Eine große Rolle spielten dabei vor allem die städtischen Krankenhäuser wie in Nürnberg oder Fürth.

Alle diese Einsatzmöglichkeiten hatte Löhe bereits in seiner »Stufenleiter« genannt.

1875 war die Diakonissenanstalt Neuendettelsau bereits die viertgrößte Einrichtung zusammen mit dem Mutterhaus in Stuttgart und reihte sich hinter Kaiserswerth, Berlin-Bethanien und Dresden ein.[21]

Interessant ist auch das internationale Engagement der Neuendettelsauer Diakonissen. Die Aufzählung allein nennt vier Stationen in Osteuropa und den USA, zuvor waren Neuendettelsauer Diakonissen auch bereits in Nizza aktiv gewesen. Dort in der Pflege reicher Touristen. Ebenso waren seit der Mitte der 50er Jahre bereits Diakonissen in die USA entsandt worden. Seit 1868 stand die Diakonissenanstalt Neuendettelsau in Verhandlungen über den Aufbau eines amerikanischen Mutterhauses, das allerdings nicht realisiert werden sollte. Das internationale Engagement wurde zu einem Kennzeichen der Neuendettelsauer Diakonissengemeinschaft. Nach Löhe folgten weitere Entsendungen so nach Indien, nach Frankreich, in die USA oder auch auf den afrikanischen Kontinent.[22]

Eine bedeutende Rolle spielte die Arbeit der Diakonissen in den Gemeindepflegestationen. Durch ihr Engagement wurde die Diakonissenhaube zu einem Kennzeichen diakonischer Arbeit, dem Dienst am Nächsten.

Die Entwicklung der Diakonissengemeinschaft bis in die Gegenwart

Die Grundlagen für die Entwicklung der Diakonissengemeinschaft waren durch Löhe gelegt worden, doch die Entwicklung ging bis Mitte des 20. Jahrhunderts kontinuierlich weiter. Unter Rektor Friedrich Meyer wurden weitere Grundlagen gelegt, das kontemplative Element der Gemeinschaft wurde verstärkt, ehe unter Rektor Hermann Bezzel der Anschluss an die Landeskirche intensiviert wurde. Steigende Eintrittszahlen belegen die positive Entwicklung. Anfang der 1930er Jahre zählte die Neuendettel-

---

[21] Vgl. Harald Jenner, Neuendettelsau in alle Welt. Entwicklung und Bedeutung der Diakonissenanstalt Neuendettelsau/Diakonie Neuendettelsau 1854-1891/1900, Neuendettelsau [2004], S. 87 f.

[22] Walter Gebhardt/Matthias Honold, Internationale Beziehungen der Diakonie Neuendettelsau im historischen und aktuellem Kontext I, in: Hermann Schoenauer u. a. (Hrsg.), Tradition und Innovation. Diakonische Entwicklungen am Beispiel der Diakonie Neuendettelsau, Stuttgart 2004, S. 47-57.

sauer Diakonissenanstalt fast 1300 Diakonissen und Probeschwestern. Die Arbeitsgebiete wurden erweitert, so wurde das Schulwesen ausdifferenziert, neue Arbeitsgebiete wurden eröffnet, so etwa die Arbeit mit Psychopathen (im damaligen Sprachgebrauch), weitere Stationen in Bayern und darüber hinaus mit Neuendettelsauer Diakonissen besetzt.

Die größte Veränderung erlebte aber die Ausbildung der Diakonissen im beruflichen Bereich. Die geistliche Zurüstung zur Diakonisse wurde durch die Veränderungen kaum tangiert. Noch immer erfolgte der Schritt in die Gemeinschaft über mehrere Stadien: von der Vorprobeschwester zur Haubenfeier, zur Aufnahme als Probediakonisse über die Blaue Schule hin zur Einsegnung, und damit verbunden die feierliche Aufnahme in die Schwesternschaft.

Durch staatliche Vorgaben veränderte sich aber die Berufsausbildung der Diakonissen, so etwa durch die in Bayern seit 1921 vorgeschriebene staatliche Krankenpflegeausbildung- und prüfung. Oder die Ausdifferenzierung der sozialen Berufe bis hin zur Ausbildung neuer Berufszweige.[23] So eröffnete die Diakonissenanstalt Neuendettelsau 1961 die erste Altenpflegeschule und 1963 die erste Heilerziehungspflegeschule in Bayern. Dort erhielten auch Neuendettelsauer Diakonissen neben Schülerinnen und später auch Schülern ihre Berufsausbildung.

Seit den 50er Jahren des 20. Jahrhunderts ist ein Rückgang der Diakonissenzahlen zu bemerken, der dazu geführt hat, dass es heute nur noch 100 Neuendettelsauer Diakonissen gibt, die allermeisten davon im Ruhestand, dem sogenannten Feierabend. Dies hatte zur Folge, dass viele auswärtige Stationen aufgegeben werden mussten in diesem Zeitraum. Die Mitarbeiterschaft der Diakonissenanstalt bzw. der Diakonie Neuendettelsau wuchs weiter, so dass 2013 über 6600 Mitarbeitende beschäftigt sind, doch nun zumeist in eigenen Einrichtungen und nicht mehr per Gestellungsvertrag bei anderen Trägern. Trotzdem prägen die Gemeinschaften noch heute das Bild der Diakonie Neuendettelsau.

Die Gemeinschaften von Neuendettelsau und ihre Bedeutung für das spirituelle Leben in der Diakonie Neuendettelsau[24]

Neben die Diakonissengemeinschaft traten im Laufe der Geschichte weitere Dienstgemeinschaften hinzu. Den Beginn machte 1863 die Brüderschaft,

---

[23] Dazu: Ralph Christian Amthor, Die Geschichte der Berufsausbildung in der Sozialen Arbeit. Auf der Suche nach Professionalisierung und Identität, Weinheim und München 2003.

[24] Dazu: Elisabeth Benkert/ Erika Albus, Spiritualität in der Mutterhausdiakonie, in: Hermann Schoenauer u. a. (Hrsg.), Tradition und Innovation. Diakonische Entwicklungen am Beispiel der Diakonie Neuendettelsau, Stuttgart 2004, S. 237-244.

welche sich noch unter Wilhelm Löhe zusammenschloss, aber ihre Blütezeit unter dem Nachfolger Hermann Bezzel erlebte.[25] 1919 konstituierte sich die heutige Diakonische Schwesternschaft, damals als Hilfsschwesternschaft und ab 1939 als Verbandsschwesternschaft bezeichnet. Die Erfahrungen des Ersten Weltkrieges führten dazu, dass diese weitere Gemeinschaft entstand. In den folgenden Jahren emanzipierte sie sich innerhalb der Diakonissenanstalt Neuendettelsau.[26] Seit 1994 sind Brüderschaft und Verbandsschwesternschaft in der Diakonischen Schwestern- und Brüderschaft zusammengeschlossen.

Seit 1999 werden zudem Mitarbeitende der Diakonie Neuendettelsau mit dem kirchlichen Amt der Diakonie beauftragt, vorausgegangen ist der Beauftragung eine biblisch-diakonische Zurüstung. Die Mitarbeitenden im Diakonat stellen etwas Neues dar, stehen aber zugleich in der diakonischen Tradition der Neuendettelsauer Schwesternschaft. Sie werden das geistliche Profil der Diakonissen aufnehmen und versuchen, es für die Diakonie der Zukunft fruchtbar zu machen. Zusammen bilden alle eine gemeinsame Dienstgemeinschaft.[27] In vielen Bereichen der Arbeit der Diakonie Neuendettelsau heute bilden diese Gemeinschaften einen spirituellen Mittelpunkt innerhalb der diakonischen Arbeit.

Rektor Wilhelm Löhe war es, der auch das gottesdienstliche und spirituelle Leben der Neuendettelsauer Diakonissengemeinschaft, der Diakonischen Schwestern- und Brüderschaft, der Diakonatsbeauftragten und aller Menschen in der Diakonie Neuendettelsau bis heute prägte. Die Tageszeitengottesdienste (Matutin, Vesper, Komplet) gehen auf sein Wirken zurück, hinzu kommt noch das 1960 von Rektor Schober eingeführte Mittagslob als weiterer Tageszeitengottesdienst. Löhe hinterließ auch Einflüsse in der Liturgie, rief die Paramentenwerkstatt und die Hostienbäckerei ins Leben. Auch diese Arbeit hat die Diakonissengemeinschaft geprägt und Spuren in deren geistlichem Leben hinterlassen.

Von Anfang an wurde der Kontakt unter den Diakonissen in den sogenannten Kapiteln gehalten. In zeitlich regelmäßigen Zusammenkünften werden biblische Texte oder Glaubensfragen angesprochen und Angelegenheiten der Gemeinschaft diskutiert.

---

[25] Zur Brüderschaft: Hans-Walter Schmuhl/Ulrike Winkler, Auf dem Weg ins 20. Jahrhundert. Die Diakonissenanstalt unter den Rektoren Hermann Bezzel (1891-1909) und Wilhelm Eichhorn (1909-1918), Neuendettelsau 2009, hier: 162 ff.

[26] Hanna Enzingmüller, Entstehung und Entwicklung der Verbandsschwesternschaft dargestellt am Beispiel Neuendettelsau, Neuendettelsau 1984. Allgemein: Günther Freytag, Unterwegs zur Eigenständigkeit. Von den ›freien Hilfen‹ zur ›Diakonischen Schwesternschaft‹, Gemeinschaft evangelischer Frauen und Männer im Kaiserswerther Verband deutscher Diakonissenmutterhäuser e. V., Gütersloh 1998.

[27] Dokumentation zur 10. Beauftragung mit dem kirchlichen Amt der Diakonie am 16. November 2008 in Neuendettelsau, Neuendettelsauer Beiträge, Neuendettelsau 2009.

Die Zukunft der Diakonissengemeinschaft

Die Oberin der Neuendettelsauer Diakonissengemeinschaft, Erna Biewald, gibt in einem Interview in der Zeitschrift »Diakonie & Spiritualität« eine Vorstellung ihrer Zukunftsvision für die Neuendettelsauer Diakonissengemeinschaft. Zu der Frage nach der Zukunft antwortet sie wie folgt: »Diese Frage kann ich mit einem eindeutigen ›Ja‹ beantworten. Meine Vision einer zukunftsfähigen Diakonissengemeinschaft ist die einer Gemeinschaft, in der Frauen auf der Grundlage der Evangelischen Räte (Armut, Ehelosigkeit, Gehorsam) miteinander ihren Auftrag erfüllen. Der Auftrag ist, und da bin ich ganz nah an unserem Gründer – zu dienen – wie Wilhelm Löhe es in seinem berühmt gewordenen Diakonissenspruch gesagt hat.

In kleine Münze umgesetzt heißt das:

Mitglied der Gemeinschaft werde ich, weil ich Gott in meinem Leben erfahren habe und ich weiter auf der ›Suche‹ nach ihm bin, und Sehnsucht habe, ihm tiefer zu begegnen. So trete ich ein aus Dank und Liebe, und bringe meine Gaben und Fähigkeiten dort ein, wo sie nötig sind. In welchem Beruf das ist, ist meiner Ansicht nach zweitrangig, denn jede Arbeit dient dem Menschen. Es gab von Anfang an Diakonissen in nahezu allen Berufen. Sich mit anderen dabei auf dem Weg zu wissen, dazu ist die Lebensgemeinschaft Kraft, Hilfe und auch Stütze.

Das ganz praktische Dienen geschieht auch im Miteinander, denn die neue Form der Diakonissengemeinschaft wird nicht mehr wie bisher den Versorgungsstatus haben. Ein hilfreicher, guter spiritueller Rahmen ist uns aus unserer Geschichte gegeben, aber wir sind auch offen für neue Formen, wie z. B. das kontemplative Gebet. Darüber hinaus wird künftig verstärkt die geistliche Begleitung eine Rolle spielen.

Ich bin gespannt, welche Frauen sich von dieser neuen Form des Diakonisse-Seins ansprechen und rufen lassen. Sie ist in einer Welt, die sehr stark versingelt eine sehr attraktive Alternative. Hätte ich selbst denn sonst diesen Schritt getan ...?«[28]

Ein Fazit

Mit den Worten von Rektor Hermann Dietzfelbinger im Vorwort zur Jubiläumspublikation des Jahres 1954 anlässlich der 100-Jahr-Feier wird die Geschichte der Neuendettelsauer Diakonissengemeinschaft nochmals deutlich:

»Die Geschichte der Diakonissenanstalt scheint die Geschichte der Männer zu sein, die sie geleitet haben. So ist sie nach den Amtszeiten ihrer Rektoren gegliedert. Aber wir würden doch nur einen Teil der Geschichte sehen, wenn wir über diesen Männern nicht gleichzeitig all der vielen Frauen

---

[28] Diakonie & Spiritualität 2_2012, S. 24-27.

gedächten, die mit ihrem Dienen und Glauben, ihrem Hören, Hoffen und Tragen diese Geschichte beleben. Gewiß sind es die Rektoren gewesen, die der Anstalt das Gepräge gaben, und ihre Namen leuchten weit. Aber neben ihnen sehen wir Frauen wie die Oberin Therese Stählin und andere, deren Namen auf den Gedächtnistafeln im Mutterhaus geschrieben sind und die für die Namen aller anderen Diakonissen stehen. Daß das Wirken dieser Männer fruchtbar wurde und in die Weite ging, daß es manchmal die Landeskirche erfüllte und über sie hinausdrang, dazu haben ihnen alle diese Frauen geholfen. Sie haben ja nicht nur die Kräfte des stillen Dienstes hinausgetragen. Auch mit ihren Nachschriften von Predigten, Vorträgen, Bibelstunden haben sie Schätze gesammelt und weitergegeben. Sie haben gehört und repetiert, neu gestaltet, bezeugt, geschrieben, erzählt und haben so das Wort weitergesagt, das in Neuendettelsau gesprochen wurde. So sind diese Diakonissen zugleich Gehilfinnen des Wortes geworden. Ihnen allen sei diese Schrift gewidmet.«[29]

---

[29] Hermann Dietzfelbinger, Vorwort, in: Hans Lauerer, Die Diakonissenanstalt Neuendettelsau 1854-1954, Neuendettelsau 1954, 3 f.

Unsere Träume hinter uns lassen und ans Werk – Geistlicher Neuaufbruch in Nový Dvůr

Abt Dom Samuel OSCO, Nový Dvůr (Tschechien),
Abtei Unserer Lieben Frau von Nový Dvůr

In dem stark säkularisierten EU-Land der Republik Tschechien ist dem nach strenger Observanz lebenden Orden der Trappisten (OSCO) nach der Wende von 1989 ein ganz beachtlicher Aufbruch gelungen: in Nový Dvůr wurde ein Kloster völlig neu gegründet. Es ist eines von zwei Trappistenklöstern in Tschechien und liegt etwa 20 Kilometer südlich von Karlsbad/Karlovy Vary, das zweite ist das Trappistinnenkloster Naší Paní nad Vltavou und liegt südlich von Prag.
2002 wurde das Kloster mit dem Einzug der ersten Mönche offiziell errichtet und ist seit 2007 selbständig. Am 8. Dezember 2011 wurde es zur Abtei erhoben. Der aus aus Brünn/Brno stammende P. Samuel OCSO, Titularprior seit 2007, wurde am selben Tag zum Abt gewählt und am 12. Dezember 2011 zum Abt geweiht. Das Kloster unserer Lieben Frau von Nový Dvůr ist eine Tochtergründung der französischen Abtei Sept-Fons. Abt Samuel äußert sich zur wirtschaftlichen Entwicklung und zur Krise und die im Rahmen des Klosterlebens bewusste Armut. Es handelt sich um Auszüge aus einem Buch, das in Frankreich (*De tout cœur*, Ed. Ad solem, 2011) sowie in Tschechien (*Celým srdcem*, Triada-KNA) veröffentlicht wurde. (Quelle: orden-online.de) [*J. H.*])

In seinem Buch »*Lumière du monde*« (Gespräche mit Peter Seewald)[1] entwickelt der Heilige Vater Benedikt XVI. Gedanken über den Lebensstil der reichen Länder, über die Gefahren, die dem Planeten Erde drohen, er fragt nach der Legitimität der Verschuldung von Staaten, die über ihre Verhältnisse und vorhandenen Mittel leben, und schließt dann folgendermaßen: »Wie kann der große moralische Wille, den alle bejahen und nach dem alle rufen, zu einer persönlichen Entscheidung werden? (…) In dieser Hinsicht haben die Ordensgemeinschaften eine exemplarische Bedeutung. Sie können auf ihre Weise vorleben, dass ein Lebensstil des rationalen, moralischen Verzichtes durchaus praktizierbar ist, ohne dabei die Möglichkeiten unserer

---

[1] Dt. *Licht der Welt*: Der Papst, die Kirche und die Zeichen der Zeit. Ein Gespräch mit *Peter Seewald (2010)*, S. 64 f.

Zeit ganz ausklammern zu müssen.« Starke Worte, die uns nur aufrütteln können! Wenn ich es richtig verstehe, verlangt der Papst von den Gläubigen, ein Beispiel zu geben, indem sie die Güter, die der Fortschritt bieten mag, verwenden können, aber auf vernünftige und moralische Weise, d. h. indem man auf das Schädliche, das Unnütze und das Überflüssige verzichtet.

Es stimmt, dass die Mönche einfacher leben als die meisten Menschen in ihrer Umgebung. Im Schlaftrakt, wo wir schlafen, hat unsere Zelle von zwei mal zwei Metern als einzige Ausstattung einen Vorhang, der eine Tür ersetzt, drei Haken und drei Regalbretter. Die Anzahl unserer Autos und Handys ist niedrig im Vergleich zu jener der Bevölkerung unseres Landes. Unsere Nahrung ist reichlich aber einfach. Wir haben weder Fernsehen noch Radio, und die Eichhörnchen, die in unseren Wäldern hausen, können in aller Ruhe das Heu fressen, das man ihnen im Winter gibt; wir haben weder Gewehre noch die Zeit zu jagen. Gewiss können die Kosten für den Bau eines Klosters beeindrucken, wobei man auch bedenken muss, dass 30 bis 40 Erwachsene untergebracht werden müssen. Mit Kirche, Krankenstation, Gästetrakt und Wirtschaftsgebäuden bleiben diese Kosten sehr weit unter dem, was solche Gebäude kosten, welche die gleichen Funktionen auf dem Niveau des üblichen Komforts in der bürgerlichen Gesellschaft erfüllen. Dennoch sind die Mönche von heute – wie die von früher wahrscheinlich auch – empfänglich für die Konsumgüter. Manchmal sehr empfänglich, manchmal zu empfänglich.

Die Zeit scheint sich völlig geändert zu haben, schien doch früher alles leicht und der mit einem schlüsselfertig garantierten Glück, Komfort in Reichweite. Wir wollen uns nicht beklagen. Was haben die Traumjahre gebracht? Nicht viel Gutes! Und was versprechen die Jahre, die vor uns liegen? Die Konfrontation zwischen Christen und Moslems gestaltet sich blutig; die Kinder kommen in einer Gesellschaft zur Welt, die dermaßen säkularisiert ist, dass die Werte, die sie zum Leben brauchen, darin kaum mehr sichtbar sind; die Wirtschaft ist krank, und jemand der die nächste Krise vorsehen könnte, müsste ganz schön schlau sein; die Treue wird überall verletzt: zerbrochene Ehen, Jugendliche, die links und rechts aus der Spur geworfen werden, im Stich gelassen von Priestern und Gläubigen. Keine Familie, keine Gemeinschaft, keine Diözese bleibt von alledem verschont.

Ob reich oder arm, jeder stößt schmerzhaft an seine Grenzen, an seine Ängste, an den Sinn seines Daseins, an die Möglichkeit, die er hat – oder auch nicht hat – Gott frei zu dienen. Die wirtschaftlichen Gepflogenheiten zeigen nur ein viel gravierenderes geistliches Ungleichgewicht auf, und aus diesem Grund verlangen sie unsere Wachsamkeit. Aus Angst etwas zu verpassen, häuft man Dinge an und sieht in großen Mengen all das vor, was wir eventuell brauchen könnten. Tun wir das, aber mit Maß, ohne aufzuhören, mit der Vorsehung zu rechnen und indem wir uns bewusst bleiben, dass unsere Güter letztendlich aufgeteilt werden. Es gab Epochen und es gibt heute

Länder, wo es vielen am Wesentlichen fehlt; es gibt Personen in unserem Land, denen es so ergeht. Wo ist das Überflüssige, wie soll man es einschätzen? Sollte das Ausmaß unseres Konsums geistliche Auswirkungen haben? Wird man das Zeugnis der Asketen ablehnen, die nichts brauchten, da sie ganz mit Gott beschäftigt waren, losgelöst von der Sorge um sich selbst und natürlich trotzdem aufmerksam ihren Nächsten gegenüber?

Im Kloster sehen sich diejenigen, die mit ihrem geistlichen Leben nicht zufrieden sind, der Versuchung ausgesetzt, dies mit einer Ersatzaktivität zu kompensieren, um sich selbst abzusichern, ihre eigene Nachhaltigkeit auszutesten und »die Wüste zu möblieren«. Natürlich üben Temperament und Bildung einen Einfluss aus. Derjenige, der in seiner Kindheit alles vermisst hat, wird besorgt sein, sobald er etwas ausgibt, oder im Gegenteil geneigt sein, das im Erwachsenenalter aufzuholen; derjenige, der nichts vermissen musste, wird Schwierigkeiten haben, sich einzuschränken und wird gleichzeitig Großzügigkeit vermissen lassen. Aber der Mönch, der Fotos macht, regelmäßig seinen Computer auswechselt, von schönen Autos und elektronischen Geräten träumt – zeigt er nicht dadurch, dass ihm etwas fehlt? Ich arbeite, ich predige, ich schreibe ein Buch. Ist es zum Wohl der Brüder und meiner Leser oder weil ich, unzufrieden, dem strengen Gebet entkommen will?

Es ist lächerlich, auf Aktuelles zu reagieren, indem man sich Angst einjagt, als sei unsere Epoche die dunkelste, die je existiert hat. Es ist noch dazu naiv, die Begierden zu vernachlässigen, die sogar den Geistlichen innewohnen, als sei es gleichgültig, sich von ihnen verführen zu lassen. Weise ist es schließlich, zu verstehen, dass das Mittel dagegen mit Treue zu tun hat. Sich dem Herrn anheim zu geben und die Aufmerksamkeit für Ihn und für den Nächsten schränken den Egoismus ein, reduzieren die Genusssucht, mindern die Angst, stellen alles an den richtigen Platz. Das, was wir brauchen – unser Konsum – findet so sein Maß, ohne lange Überlegungen, weil unser höchstes Wohl dann nicht mehr von ihm abhängt. Es ist nicht der Fortschritt, der unsere Zeitgenossen von Gott entfernt hat. Es ist die Tatsache, dass wir Gott vergessen, die uns dazu bringt, einem an und für sich guten Fortschritt im Übermaß zu frönen.

Den Übergang der Traumjahre in die Jahre des geistlichen Kampfes werden wir nicht auf einem Kalender erspähen. 2012 wird im Rückblick kein Wendejahr sein und auch nicht 1968 in Frankreich, nicht 1989 in der ehemaligen Tschechoslowakei, noch irgendein anderes mythisches Datum. Dieser Übergang macht sich nach und nach im Leben eines jeden bemerkbar, wenn die Illusion verloren geht, dass alles leicht sein wird, wenn der geistliche Kampf eine unausweichliche und geliebte Realität wird.

Zwischen Weihnachten und Epiphanias meldete sich ein sehr junges Paar beim Gastbetrieb des Klosters, zur Vesper, nachdem sie in der Dunkelheit und Kälte die vier oder fünf Kilometer zurückgelegt haben, die uns von der nächsten Bushaltestelle trennen. Die Mutter in spe sollte in einigen Tagen entbinden. Sie sind ohne Esel und ohne Gepäck, ohne Familie und mittellos gekommen. Wenn es ein Junge ist, könnte man ihn Emmanuel nennen. Sie sind nicht getauft. Man gibt ihnen ein Zimmer im Gastbetrieb, da es weder Grotte, noch Engel, noch Hirten in der Umgebung gibt. Am folgenden Tag kommt der junge Mann, der noch keine zwanzig Jahre alt scheint, zum Abendgottesdienst und bleibt danach verzweifelt in der Kirche, den Kopf auf die Hände gestützt. Ich gehe zu ihm hin, segne ihn mit dem Kreuzzeichen und gebe ihm das Lukasevangelium zu lesen. Wie soll man für sie ein Dach über dem Kopf und eine Arbeit finden und sie an der Hoffnung, die uns erfüllt, teilhaben lassen? In der Umgebung des Klosters vereinen Sozialarbeiter ihre Bemühungen mit unseren. Ketten fesseln diese jungen Leute. Ihre Familien sind zerrüttet. Die Illusion, die sie unglücklicherweise vereint, ist, dass Gott für all ihre Bedürfnisse sorgen wird. Wozu soll man sich Mühe geben, Verantwortung übernehmen, wenn man sich helfen lassen kann? Das Wunderbare nimmt nicht immer den besten Teil in der Wirklichkeit ein. Aber man kann träumen!

Geben Sie acht: Das Leben ist, wie es ist! Man muss damit zurechtkommen, so gut wie möglich. Wenn man, um glücklich zu sein, darauf warten müsste, dass es keine Sorgen mehr gäbe, keine Probleme, keine Konflikte, könnte man lange warten. Seien Sie ruhig und optimistisch, was auch immer das Auf und Ab des Lebens bringt. Darin verwirklichen wir uns, und nicht indem wir unseren Gedanken, unseren Vorstellungen, unserer Sensibilität und unseren Ängsten folgen. Unsere Träume hinter uns lassen und ans Werk!

Der Weg eines Wanderpredigers kreuzt für ein paar Tage die Spuren, die wir, um Gott zu dienen, rund um das Kloster hinterlassen. Vor zehn Jahren war in der Nähe von Nový Dvůr im Winter keine Spur zu sehen, außer von einem Rudel von Füchsen. Heute bahnen sich die Brüder, die zur Arbeit gehen, und die Gäste, die zur Kirche kommen, einen Weg durch den Schnee. Dieser Prediger macht mit mir ein paar Schritte durch die Nachmittagsstunden. Die Lage der Diözesen, der Kirchensprengel, der Religionsgemeinschaften, die er besucht, macht ihm Sorgen. Verständlich, er ist nicht der Einzige. Mir auch ...

Kein Christ zweifelt daran, dass Gott allmächtig ist. Das Wissen darum ist wertvoll, aber nicht ausreichend, um unsere Sorgen zu zerstreuen. Wie viele gibt es, die Seine Liebe konkret genug erfahren, dass Er ihnen Sicherheit gibt?

Ein Bruder erholt sich von einer schweren Verletzung. Der Unfall hat ihn verwundbar gemacht. Seine Verteidigungsstrategien, die er organisiert hatte, um sich zu schützen, brechen ein. Er wird empfänglich für die Freundschaft zu uns, mehr noch, sein Gebet wird herzlich. Um sich davon zu überzeugen, braucht man ihn nur anzuschauen, wie er in der Kirche in seinem Sessel voller Kissen sitzt, eine Nachttischlampe an seinen Krücken festgeklemmt, die er an die Wand gelehnt hat. Er wacht, milde gestimmt. Gott ist uns nahe, aber, um uns diese Erfahrung machen zu lassen, können solche Schocks von Nutzen sein. Sie helfen uns, den Weg des Gebets wiederzufinden und zwingen uns auch dazu, uns aufeinander zu verlassen.

Jeder trägt seinen Teil an Prüfungen, und wir sind uns gegenseitig Aufmerksamkeit schuldig, um darüber zu sprechen, Trost, um das Unvermeidliche zu ertragen. Das erfordert Energie, Zeit, Mut – das stimmt. Natürlich werden wir denjenigen, die leiden, nicht zu nahe kommen. Sie haben große Schwierigkeiten auszudrücken, was sie fühlen! Oder wir würden auf andere warten, dass sie uns trösten und ihnen ihre Gleichgültigkeit vorwerfen. Die Schwierigkeiten der anderen bringen mich zu meinen eigenen Schwierigkeiten zurück.

Ein solides tiefes Gebet beschützt. Nicht diese hastigen Gebete, diese verstohlenen Kniefälle am Ende einer Messe oder eines Gottesdienstes, bevor man in die Welt und zu ihren Teufeln zurückkehrt; das lange und anhaltende Gebet, das selten kurzfristig tröstet, das einen erleuchtet und die Kraft gibt, diejenigen zu hören, die leiden, ohne durch ihr Leid mitgerissen zu werden. Ein solides Gebet tröstet: »Dir ist zum Weinen zumute? Geh vor den Tabernakel!«

Ein junger Mann, der noch nicht lange da ist, der aber die dreißig schon überschritten hat, hat Mühe, sich mit seiner Einsamkeit abzufinden: »Ich denke an das Familienleben, an zwei Eheleute, die zusammen altern ...« Entspricht das, wovon er träumt, der Realität? Von idealen Beziehungen zu träumen ist eine ständige Versuchung, die davon ablenkt, sich auf echte Beziehungen einzulassen.

Um sich davon zu überzeugen, dass man nicht mehr träumen soll, muss man die Beichte des Léon Bloy noch einmal lesen: »Ich habe nicht getan, was Gott von mir verlangte, das ist sicher. Ich habe im Gegenteil davon geträumt, was ich von Gott wollte, und hier bin ich nun mit 68 Jahren und habe nur noch Papier in den Händen!« (aus: »*An der Schwelle zur Apokalypse*«). Grausame Ehrlichkeit, welche die laut tönende Polemik rechtfertigt. Ich habe auch von heldenhaften Kämpfen geträumt; diejenigen, die zustande gekommen sind, waren ohne Glanz, aber nicht ohne Wirkung. Als ich träumte aufzuatmen, musste ich darauf warten, mich an das zu gewöhnen, was mich belastete. Als mir die Schwierigkeiten bekannt vorkamen, verschwanden sie, bevor andere, unerwartete, sie ersetzten. Die Hindernisse verschwanden nicht; ich lernte, sie zu umgehen, manchmal sie zu überwinden, am häufigsten, sie links liegen zu lassen. Meine kämpferischen Jahre haben meine Träume ausgelöscht, und die Traumjahre existieren nicht mehr. Neue Jahre, um so vieles glücklicher! Ein junger Bruder, der gerade seine Gelübde abgelegt hat und Zeuge eines Schiffbruchs geworden ist, der ihm nahegeht, erwidert: »Eines ist sicher: Diejenigen, die loslassen, vermeiden ein großes Kreuz, doch ein Kreuz, das mit einer Auferstehung schwanger geht, um ein anderes auf sich zu nehmen, das weitaus schwerer, hart und grausam ist, das in sich eine Totgeburt trägt.« Er hat recht.

Tauwetter im April. Die Herbstblätter, starr durch die Kälte, haben drei Monate in den Dachrinnen verbracht und befinden sich am Fuß des Barockbaus, mitgerissen durch den Schnee, der lärmend von den schiefen Dächern rutscht. Sie werden endlich verfaulen und wieder zu Erde werden. Man wundert sich über diese dunklen und dreckigen Flecken nach den makellosen Färbungen des langen Winters. Wenn wir vor Gott erscheinen werden, werden sich die Übeltaten, die wir zeitlebens begangen haben, so dort wiederfinden: gealtert und verrottet, damit Gott sie mit Wohlwollen betrachtet, damit auch wir uns darauf einlassen, sie demütig zu betrachten.

Die Verstorbenen gehen durch eine sehr geheimnisvolle Tür, aber man kann, was sie betrifft, beruhigt sein. Wenn sie sich für ihr Handeln verantworten müssen, gehen sie zu jemand, der sie mit einer Güte empfängt, die voller Verständnis und Barmherzigkeit ist, wovon unsere menschliche Güte, die existiert, ein schwacher Abglanz ist.

Unser Schicksal wäre nicht zu entziffern, wenn wir den Frühling der Toten vergäßen, die Auferstehung. Wenn der Schnee geschmolzen ist, entdeckt man auf dem mit Wasser vollgesogenen Gras die Pfade, auf denen ohne unser Wissen unter der dichten Schicht die Feldmäuse spaziert sind – eine unglaubliche Aktivität, aber unsichtbar – und auf einer noch gefrorenen Platte ihre Tunnels. Das Heidekraut richtet seine Zweige auf und macht sich bereit wieder aufzublühen. Was die Blüten daran hinderte, sich zu entfalten, ist endlich verschwunden.

»Seit der Leib Christi in der Weinpresse seufzt und bis zum Ende der Zeiten (...) hört dieser Mensch nicht auf, zu seufzen und zu Gott zu rufen. Du hast in deinen Tagen gerufen, und deine Tage sind vorbeigegangen; ein anderer ist dir nachgefolgt und hat in seinen Tagen geklagt. Der eine hier, der andere d. Der Leib Christi seufzt den ganzen Tag, während seine Glieder vergehen und aufeinander folgen. Ein einziger Mensch erstreckt sich bis zum Ende des Jahrhunderts. Aber unser Haupt sitzt zur Rechten des Vaters und bittet für uns.«

(Augustinus, Enarrationes in Psalmos 85,5)

Übersetzung: Evelin Fritsch (Kirchenlamitz)

Die Spiritualität des evangelischen Priorats St. Wigberti im Land der Reformation: Neue Wege zu Gott für evangelische Christen

Prior P. Franz M. Schwarz OSW, Werningshausen, Thüringen (Deutschland),
Evangelisches Kloster St. Wigberti

Uns und mir persönlich ist es eine Ehre, dass wir in ökumenischer Verbundenheit auf der Suche sind nach den gemeinsamen Wurzeln christlichen und klösterlichen Lebens. Der Heilige Geist ist jene Kraft, die alle Gräben überbrücken kann.

1. »Was sagen die Leute ...?« (Mt. 16,3)

In diesem Jahr feiert unsere kleine Gemeinschaft ihren 40. Jahrestag, seit wir nach Werningshausen kamen. Acht Jahre zuvor war die kleine Gruppe entstanden. Wir haben uns bei der Hand genommen und bildeten einen Kreis. Wir wurden eine Gemeinschaft aus Gnade, denn wir hätten es sonst nicht geschafft. Ihm, dem Geist der Kraft und der Stärke, sei Dank, Lob und Preis.

Ganz kurz zu meiner Person. Durch die Kriegswirren habe ich meine Heimat und meine ganze Familie verloren. Ich stamme aus Ostpreußen und kam in das Kindersammellager und später ins Waisenhaus. Gottes gütige Hand hat mich aus »Ägypten« geholt und in das »gelobte Land« guter Adoptiveltern geführt. Meine sonnige Kindheit und Jugend erhellt jetzt noch mein Herz. Als kleiner Junge lernte ich Klavier und Orgel spielen und tat auch Dienste in beiden Konfessionen. Durch den Krieg waren viele katholische Geschwister in die früher rein evangelische Gegend (bei Querfurt) gekommen. So lernte ich beide Gottesdienste von Kindesbeinen an. Die einen hatten die Heimat verloren und sangen wie die Engel in ihren Gottesdiensten. Die anderen hatten zwar nicht ihre Heimat, aber ihren Glauben verloren und kamen kaum zu den Gottesdiensten, und so beeindruckte mich als Kind die Treue der Alten.

Für mein späteres Leben waren die Kindheitserlebnisse Weichenstellungen. So fragte ich damals schon: »Wieso sind die Katholischen und Evangelischen sich uneinig, sie werden doch beide im Gottesdienst mit dem Segen und dem *»Gehet hin in Frieden!«* entlassen? Diese Frage blieb offen – leider! Meine Eltern haben mich geliebt und beschenkt. Ich konnte die Schule besuchen, später studieren und zuletzt schenkten sie mir ihre Gebete. Mein

Vater wollte nicht, dass ich Theologie studieren sollte. Als alter Mann ist er erst wieder zum Glauben gekommen. Ich erlernte das Malerhandwerk und arbeitete dann in der Schriftenmalerei und Kirchenmalerei. Der sozialistische Staat der DDR förderte den geistlichen Aufbau der Kirche nicht – um es höflich zu sagen! Als Handwerker kam ich auch in viele Kirchen und sah den trostlosen Zustand der Kirche. Mir blutete das Herz, es war nicht nur die Ideologie, sondern die erschreckende Gleichgültigkeit. Glaube, das war etwas Überwundenes.

In meiner Jugend erlebte ich aber gute Vorbilder im Glauben. Unser Nachbarpfarrer war sehr mutig. Eines Tages kam der Küster aufgeregt zum Pfarrer und sagte: »Herr Pfarrer, in der Kirche hängt vor der Kanzel die FDJ-Fahne[1], was soll ich damit machen?« Der Pfarrer sagte schlicht und bestimmend: »Hängen lassen.« Der Küster lief durch das Dorf und erzählte allen, was da passiert ist. Sonntags war die Kirche gut besucht, die Neugierde ist der beste Missionar. Nun freute sich der Pfarrer und predigte über die drei Buchstaben: F, D und J! Das heißt: Frieden Durch Jesus! Das war wie ein Einschlag, da wehte jener Geist, der es in Güte und Wahrheit vermag, Verkrampfungen zu lösen. In diesem spirituellen Umfeld durfte ich aufwachsen und mein Herz fand den Weg, der mich glücklich machte. Es war der uralte im Protestantismus äußerst zugeschüttete Weg des monastischen Lebens. Freilich gab es auch nach Luther kleine versprengte Reste monastischen Lebens, die nach dem Evangelium leben wollten. Solche Haltung befürwortet Luther. (Der Konvent von Herford – Briefverkehr mit Luther).

Es waren zwei Beweggründe, die mich damals sehr prägten: 1. Warum sind die Kirchen in solch einem lieblosen Zustand? Und 2. Warum gibt es kein Mönchtum mehr? Viel später fand ich die Klammer um meine Fragen, nämlich in dem alten klösterlichen Grundsatz »Ora et labora«. Dann verließ ich meinen Beruf und meine Heimat und ging zur Diakonenausbildung nach Eisenach. Hier waren es wieder die Gedanken von Hinrich Wichern, Johannes Falk und vielen anderen, die mich immer tiefer in das Geheimnis gemeinschaftlichen Lebens führte. Bis ich mich dann doch entschlossen habe, über den kirchlichen Weg Theologie zu studieren.

Der Rektor des Predigerseminars war genau der Mann, der mir wie ein Wegweiser war. Die Liebe zur Liturgie und die Begründungen der Notwendigkeit der Liturgie begeisterten mich. In dieser Zeit kam es dann auch zu den Anfängen einer kleinen Gemeinschaft in Hermsdorf in Thüringen, die sich um die Bibel scharte und die Weisungen Jesu ganz neu entdeckte. Natürlich sorgte das für Verdächtigung und Beschuldigungen: »Ihr wollt wohl etwas Besseres sein?« Auf die Hintergründe der immer wiederkehrenden ähnlichen Vorwürfe möchte ich hier nicht eingehen, aber auch die Refor-

---

[1] FDJ – »Freie Deutsche Jugend«: Sozialistische Jugendorganisation der DDR.

mation ist eben nicht nur verstanden, sondern auch kräftig missverstanden worden. So war unser Weg auch ein Weg der Hindernisse und Rückschläge. War doch die Lebensform den evangelischen Mitchristen fremd. Unser Verhalten, wenn wir von Fremdheit überfremdet werden, kennen wir wohl bis in die neueste Neuzeit.

Damals, Anfang der 70 Jahre, hatte Thüringen einen liturgischen Frühling. Ich nenne hier einen Förderer unseres Weges, den früheren Landesbischof Dr. Werner Leich[2]. Die großen ökumenischen Veranstaltungen brachten Hoffnung und die verstärkte Sehnsucht nach Annäherung und Einheit. Der Lebensstrom der Kirche hat in seiner Urkraft das Anliegen zur Einheit zu gelangen. Mir scheint, dass es da ein peinliches Missverständnis gibt. Nennen wir es einmal ganz vorsichtig: Ökumene wird gleichgesetzt als gegenseitige Anerkennung und nicht als der Weg zur Einheit. Die Kirche gleicht mehr einem Delta eines Flusses an der Mündung. Keiner der kleinen Zersplitterungen ist noch der einheitliche Fluss. Ökumene ist freilich das Wort für die weltumspannende Kirche – in der Vielfalt, in der Fremde und Diaspora, aber sie ist immer Teil der *Einen* Kirche.

Die in »der Natur der Sache« liegende Bestrebung zur Einheit ist das wunderbare Geheimnis der Kirche. Jesu Bitte: »Vater, lass sie eins sein ...« könnte in diesem Bild mit der ewigen Kraft der Pole verglichen werden. *Gott zieht uns zur Einheit.* So waren wir immer ein »zusammengewürfelter« Haufen sich in der Sehnsucht nach Einheit stets einiger Christen. Das löst bei vielen Zeitgenossen ein mitleidiges Lächeln hervor. Die Zeit in der DDR war überschattet von dem Druck der Stasi, sie wollte ja auch nur die eine – und zwar ihre! – Denkweise verwirklicht haben. Aus deren Augen waren wir Zerstörer und Feinde. Die Kirchen haben sich auch und oft befeindet und haben in Wahrheit die Liebe Gottes nicht verstanden. Es hat aber zu allen Zeiten nie an Menschen, ja Boten gefehlt, die zur Einheit lebten und wirkten. Setzen wir unser Vertrauen auf jene Kräfte, die den Frieden aus Gott suchen. Einheit ist schon dort angebrochen, wo wir dem Geist Gottes Raum geben. Sein eigenes Prinzip ist ja Einheit.

2. Der Aufbau unserer Gemeinschaft

Die kleine Gemeinschaft von zirka sechs bis zehn Männern versuchte dort zu wirken, wo die zwei Fragen am Anfang meiner Ausführung standen:

1. Warum sind die Kirchen in solch einem lieblosen Zustand? Und:
2. Warum gibt es kein Mönchtum mehr?

Wir haben viele Kirchen renoviert und mit den Menschen wieder aufgebaut. In diesen Menschen spiegelt sich die große Hoffnung wider, ja unser Gott

---

[2] Geb. 1927; von 1978 bis 1992 Landesbischof der Evangelisch-Lutherischen Kirche in Thüringen.

ist ein Gott mitten unter uns. Er will bei uns wohnen und wir sind heute so reich, dass wir Ihm den schönsten Tempel bauen könnten, aber wie oft fehlt die Liebe? Ein orthodoxer Priester sagte dies treffend: »Für Gott das Schönste.« Nach einer langen inneren und äußeren Wartezeit kamen wir in das kleine Dörfchen im Norden Thüringens. Pfarrhaus und Kirche waren dem Abriss näher als dem Wiederaufbau. Die Brüder waren handwerklich begabt und so verwandelte sich in kürzester Zeit diese Kirchenwüste in ein blühendes Feld. Menschen kamen und suchten Hilfe und Trost. Die Spenden kamen von Herzen, sodass unser Wirken genau das bewirkte, was wir erhofften. Gott selbst zeigte sich als der Starke, der in uns Schwachen mächtig wurde.

In diese Zeit fällt meine Reise nach Russland um ein wenig die Russische Orthodoxe Kirche kennen zu lernen. In unserer Nachbarschaft war ein kleiner Hubschrauberflugplatz der »Roten Armee«. In den Abendstunden – besonders im Winter – suchten die russischen Soldaten Kontakte zur Bevölkerung, was ihnen strengstens verboten war. Eines Tages wollte ich die Breviere in der kleinen Marienkapelle sortieren und alles für die Komplet herrichten. Doch ich staunte nicht schlecht, als ich ganz sanft und leise herrliche Gesänge hörte. Ich war verunsichert! Stimmten meine Antennen noch, oder waren die himmlischen Heerscharen hier eingekehrt? Vorsichtig öffnete ich die Kapellentür, und da sah ich einige Gewehre. Da dachte ich: Das kann doch nicht sein? Oh ja – fünf Männer standen im Halbkreis um unsere Marienikone und sangen wie Himmelsstimmen. Daraus erwuchs eine wunderbare Freundschaft, bis dies von einer Frau im Dorf bei der Stasi verraten wurde und alles zerbrach unter großen Schmerzen. Viel später fand sich alles zum Guten und heute noch schlägt unser Herz für die Orthodoxie! Unsere Gottesdienste wurden reicher an Liturgie – und die Menschen kommen bis heute – 40 Jahre danach!

3. Die Wende 1989

Die Wende hat Gott gemacht. In den achtziger Jahren hatten wir als evangelisches Kloster fast traumhafte »Lebensbedingungen«. Unter den Landesbischöfen Werner Leich und Roland Hoffmann[3] konnte sich das kontemplative Leben entfalten. Wir fanden Anerkennung in der Kirche und im Volk. Viele sahen dies so, wie neulich ein Bewerber für das Kloster uns schrieb: »Das Kloster St. Wigbert zu Werningshausen ist eine heilsame Kraftquelle und Insel des Glaubens.« Es wird ganz liebevoll angenommen, dass Klöster von jeher Orte der Anbetung, der Einkehr und Bewahrung des christlichen Glaubens sind. »Burgen« auch gegen moderne Verirrungen und »Wachtür-

---

[3] Geb. 1938; von 1992 bis 2001 Landesbischof der Evangelisch-Lutherischen Kirche in Thüringen.

me« für die gefahrenreiche Religionsvermischung. Ganz demütig müssen wir sagen: Klöster sind die Hüter des Wortes Gottes ungeachtet aller Unbilden, über allen Wandel im Laufe der Geschichte hinweg.

Zu einem solchen Ort ist nun auch das Kloster St. Wigbert in Wernigshausen herangewachsen. Trotz aller Schwierigkeiten und Anfechtungen, auch und gerade in jüngster Zeit, ist hier den Brüdern des Konventes unter meiner schwachen Leitung und mit tatkräftiger Unterstützung der Kirchgemeinde sowie unzähliger Mitglieder des Freundeskreises aus Nah und Fern gelungen, ein lebendiges Zeichen des Glaubens zu errichten. Dies strahlt weit über die regionalen Grenzen hinaus. Der Wahlspruch des Konvents »Die Freude am Herrn ist unsere Stärke« ist Sinnbild für das daraus Entstandene.

4. Kloster der Felsen

So erwuchs in dem doch recht unscheinbaren Dorf in Thüringen, der Heimat Martin Luthers, eine Insel des Glaubens, die wie ein Fels in der Brandung des schnelllebigen Daseins, ja eine Insel gegen den alles zerstörenden Zeitgeist wirkt, der unser aller Leben fest im Griff zu haben scheint. Dieser Fels ist gekennzeichnet durch konfessionsübergreifenden wahrhaft gelebten Glauben, dessen sichtbares Zeichen nicht zuletzt der ungebrochene und stetig wachsende Zuspruch der Gläubigen ist.

Die Verkündung des Wortes des lebendigen Gottes ist der Grundsatz des Konventes – im Glauben leben und lebendigen Glauben zu vermitteln ihre Aufgabe. »*Ora et labora*« – der alte benediktinische Grundsatz. Das beharrliche Festhalten an den liturgischen Abläufen und Handlungen ist oberster Grundsatz und zugleich die Grundlage einer würdigen Feier der Heiligen Messe. Diese ist der unumstößliche Leitfaden, der es auch der häufig entkirchlichten breiten Masse der Besucher erlaubt, den Gottesdienst zu verstehen und zu verfolgen. Nicht zuletzt sind es die Predigten, deren volksverbundene Worte in der Auslegung der Heiligen Schrift, von denen sich viele angesprochen fühlen und die zum Nachdenken und letztendlich zum Handeln eines Jeden führen und motivieren.

5. Mahl der Einheit

Besonders hervorzuheben bleibt jedoch die Liebe bei der Feier des Heiligen Sakraments des Altares als sicht- und fühlbares Zeichen der Gegenwart Gottes, des Segens und der Einheit. Glaube will einen nicht zerstören oder gar ausgrenzen! Dies wird hier im Kloster hier spürbar! Die Gottesdienste sind Ausdruck des lebendigen Glaubens, sie verbreiten spürbar eine heilsame, ja heilende Wirkung, die sich auf das Herz und damit auf das Wohlbefinden der Seele eines Jeden legt. Sie sind Kraftquell und Ansporn zugleich.

Nicht zuletzt daraus erklärt sich für mich, durch meine persönliche Erfahrung all dessen, die wachsende Zahl der Gläubigen, die dieses erleben durften und daraus resultierend der wachsende Wunsch nach Einheit. Umso unverständlicher erscheint jedoch gleichzeitig die Abkehr einiger Damen und Herrn in der Kirchenleitung von den Grundlagen kirchlichen Lebens, von den realen Bedürfnissen und Forderungen ihrer Gemeindeglieder! Ein Kloster ist auch das Ohr am Volk. Dort hören wir auch mit Bestürzung von der fortschreitenden Abkehr von den tragenden Säulen des Glaubens!

Modernismus und dem Zeitgeist verpflichtet zu sein, scheint vielerorts oberstes Gebot. Wenn sich Pfarrer nicht mehr als Hirten der ihnen anvertrauten Gemeinden fühlen und dementsprechend handeln und ihren pastoralen Dienst nur noch als – neudeutsch – *Job* verstehen, wenn Kirchen als Plattform für politische Meinungsäußerung ge- und missbraucht werden oder gar als ein Ort zur Selbstdarstellung verkommen, an denen die eigentlichen Inhalte fehlen, und dies alles auch noch geduldet wird – ja wohin soll das führen? Dadurch kommt es unweigerlich zum Verfall der christlichen Werte und somit wird auch der Zerstörung der Gesellschaft Tür und Tor geöffnet! Viele Christen spüren das und schließen sich zusammen. Solchen suchenden Menschen muss das Kloster ein Ort der Stille und der Ruhe sein. Ein Ort der Besinnung, des Kraftschöpfens im und durch den Glauben – jederzeit und für jeden Menschen offen!

Wir versuchen die christlichen Werte nicht nur zu bewahren, sondern auch zu leben. Wir sind keine Elite, sondern ganz schwache Menschen mit großen Vorsätzen. Oft reiben wir uns aneinander, weil die Probleme von außen auch ins Kloster drängen. Wir möchten oft mehr Kraft finden, weil für einander auch viel Kraft brauchen. Wir möchten nie aus der Gebetsgemeinschaft der allumfassenden Kirche fallen, denn nur gemeinsam sind wir stark. Unser evangelisches Kloster St. Wigbert will ein kleines Leuchten des gelebten Glaubens, der spürbaren Liebe und der immerwährenden Hoffnung sein.

Das Martha-Marien-Stift in Moskau – Eine Kommunität neuer Art in der Russischen Orthodoxen Kirche

Ipodiakon Nikolaj Thon, Düsseldorf (Deutschland),
Generalsekretär Orthodoxe Bischofskonferenz Deutschland,
Ständige Vertretung der Russischen Orthodoxen Kirche in Deutschland

Die Gründerin

Am 1. November 1864 wurde in Darmstadt dem damaligen Erbprinzen Ludwig (1837-1892) von Hessen, dem späteren Großherzog Ludwig IV., ein Mädchen geboren, das in der lutherischen Taufe den Namen Elisabeth[1] erhielt – zu Ehren der »Stammheiligen« des hessischen Hauses, Elisabeth von Thüringen. Die kleine Elisabeth oder Ella, wie man sie in der Familie allgemein nannte, war somit eine ältere Schwester der letzten russischen Kaiserin Aleksandra Feodorovna. Doch ahnte wohl niemand bei der Taufe, wie sehr die kleine Ella ihrer großen Ahnfrau nacheifern würde – nicht allein im unermüdlichen Einsatz für die Armen, sondern auch in der Treue zum Glauben, die wie bei dieser durch die spätere Heiligsprechung anerkannt werden sollte.

Nach dem frühen Tod ihrer Mutter, der Prinzessin Alice von Großbritannien (1843-1878), wuchs Elisabeth unter der Obhut ihrer Großmutter, der englischen Königin Victoria, auf. Zu ihren frühen Verehrern gehörte der preußisch-deutsche Kronprinz Wilhelm, der nachmalige Kaiser Wilhelm II. Allerdings kam diese Verbindung nicht zustande, vielmehr ehelichte Elisabeth schon als 19-jährige den russischen Großfürsten Sergej Aleksandrovič (1857-1905), einen Bruder Kaiser Aleksandrs III. Dabei handelte es sich um eine echte Liebesheirat, die Elisabeth auch gegen erheblichen Widerstand vor allem ihrer englischen Verwandtschaft durchsetzte. Da sie zu diesem Zeitpunkt noch lutherische Christin war und das vorerst auch blieb, wurde die Trauung sowohl nach orthodoxem wie anschließend nach evangelischem Ritus vollzogen.

---

[1] Die biographischen Angaben im Einleitungs- und Schlussteil basieren vor allem auf den folgenden Werken (passim): Millar, Grand Duchess; Eßer, Weg; Anastasij, Svetloj pamjati; Thon, Martha-Marien-Stift; ders.: Elizaveta Feodorovna – Fürstin, Priorin und Märtyrerin.

Großfürst Sergej, zu dieser Zeit Kommandeur des berühmten Preobraženskij-Garderegimentes war und 1891 zum Generalgouverneur von Moskau berufen, galt wegen seiner konservativen politischen Ansichten vielen in Rußland als finsterer Reaktionär, war in Wirklichkeit aber eher ein Mensch, der einer – zu seiner Zeit wohl schon überlebten – patriarchalischen Gesellschaftsordnung anhing und diese etwa durch die Förderung der christlichen Gewerkschafts-bewegung Sergej Zubatovs (1864-1917) zu verteidigen suchte.

Zudem war Sergej Aleksandrovič ein tieffrommer Mann und Vorsitzender der Russischen Palästina-Gesellschaft. Als solcher unternahm er mit seiner Gattin 1888 aus Anlaß der Einweihung der russischen Kirche auf dem Ölberg in Jerusalem eine Pilgerfahrt ins Heilige Land. Diese Reise wurde zum end-gültigen Anstoß, daß Elisabeth bzw. Elizaveta Feodorovna, wie sie jetzt als Großfürstin von Rußland hieß, einen Schritt tat, den sie schon lange erwo-gen hatte: Im Dezember 1890 legte sie das orthodoxe Glaubensbekenntnis ab und wurde in die Orthodoxe Kirche aufgenommen. Schon bald zeigte sich, wie ernst Elizaveta Feodorovna ihre Hinwendung zum orthodoxen Glau-ben war, denn die junge, lebensfrohe Frau beschäftigte sich immer stärker mit der sozialen Frage und arbeitete intensiv in verschiedenen Hilfswerken mit. Besonders während des Russisch-Japanischen Krieges steigerte sie ihre karitativen Aktivitäten, organisierte Lazarettzüge und richtete im Großen-Kreml'-Palast Werkstätten für Verbandszeug ein.

Doch sollte ihr eine schreckliche Prüfung nicht erspart bleiben: Am 17.2.1905 explodierte unweit der Wohnung des großfürstlichen Paares eine Bombe, die der Sozialrevolutionär Ivan Kaljaev (1877-1905) geworfen hatte. Sie tötete Großfürst Sergej, dessen Körper buchstäblich in Stücke gerissen wurde. Elizaveta Feodorovna zeigte eine fast übermenschliche Selbstbeherr-schung: Im Schnee kniend sammelte sie selbst die blutigen Überreste ihres Mannes, sorgte aber auch dafür, daß für den schwerverletzten Kutscher ge-sorgt wurde, zu dessen Beerdigung sie persönlich erschien. Und sie tat noch etwas, was viele ihrer Zeitgenossen nicht verstanden: Sie besuchte den Atten-täter, den Mörder ihres Mannes, im Gefängnis, um ihn zur Reue zu bewegen.

Die Gründung

Nach der Ermordung ihres Gatten hätte es für die Großfürstin – zumal ange-sichts der andauernden revolutionären Unruhen des Jahres 1905 – vielleicht nahegelegen, in ihre alte Heimat zurückzukehren, wie ihr dies auch von ih-ren hessischen Verwandten angeboten worden war. Sie stellt aber in einem Schreiben vom 19. November an ihren Bruder klar: »*I will live or die here. I seem to have grown into this place, and don't fear.*«[2] Es war aber mehr als nur

---

2   Zitiert nach: Millar, Grand Duchess, 115. Die Kaiserliche Familie wie auch die An-gehörigen des hessischen Hauses bedienten sich im Briefwechsel untereinander fast

Anhänglichkeit an die Orte, wo sie mit ihrem Gatten glücklich gewesen war: In Elizaveta Feodorovna reiften Pläne, einen neuen Abschnitt ihres Lebens anzugehen: »*Allmählich verschenkte sie von ihren Sachen und Schmuck Vieles an ihre nächsten Verwandten. Die große Masse aber und viele Kunstgegenstände verkaufte sie, um eine große Summe zu erreichen. Mit derselben hat sie später das Martha-Marien-Stift gegründet*«, beschreibt Großherzog Ernst Ludwig den nächsten Schritt im Leben seiner Schwester und erläutert ihre Motive so: »*Sie hatte mit den Jahren beobachtet, daß es außer den Nonnen, die beinahe zu nichts nutz waren als Sticken, noch freie Schwestern in den Kliniken gäbe, die aber so freidenkend waren, daß sie den gewöhnlichen Russen abstießen. Nun wollte sie ein Mittelding zwischen Kloster und Schwesternheim gründen. Deshalb studierte sie die deutschen Diakonissenhäuser und Pflegerinnenheime und auch ähnliche englische Institute. Sie mußte aber etwas, was dem russischen religiösen Geist genehm war, schaffen. So gründete sie das Kloster oder Stift der Martha-Marien-Schwestern.*«[3]

Als Großfürstin Elizaveta nach der Ermordung ihres Gatten begann, sich allmählich[4] von der Welt zurückzuziehen, lange Stunden in einsamen Gebet zu verbringen und schon bald ihren einst so geliebten Schmuck – eine der bedeutendsten und berühmtesten Juwelensammlungen Europas – zu verschenken oder zu verkaufen, als sie nun zur Vegetarierin wurde, die sich nur noch von Brot, Gemüse, Eiern und Milch ernährte, da glaubten Viele, auch in ihrer näheren Umgebung, dies als Zeichen eines nervlichen Zusammenbruchs, ja geistiger Verwirrung deuten zu müssen, da man sich anders nicht erklären konnte, wie eine Angehörige des Hochadels zu solchen Entschlüssen fähig wäre. In Wirklichkeit scheint aber die Großfürstin – diese »*vollkommen verehrte und so sehr unglückliche Frau*«[5], wie Graf Sergej Vitte Elizaveta Feodorovna einmal charakterisiert hat – schon zu dieser Zeit den Entschluß gefaßt zu haben, einen Konvent neuer Art in Rußland zu gründen, dessen Hauptaufgabe aktive Sozialarbeit sein sollte – und damit auch ein Zeichen zu setzen in der politischen Umbruchsituation ihrer Zeit, sozusagen eine Antwort zu geben auf die revolutionäre Bewegung, die ihrem Mann das Leben genommen hatte. Elizavetas Reaktion darauf war, wie es die heutige Schwesternschaft formuliert hat, »*eine Antwort der Liebe und des Glaubens auf Haß und Fanatismus*«[6].

---

ausschließlich der englischen Sprache.
[3] Franz, Ernst Ludwig, 64.
[4] So verzeichnet das Tagebuch Nikolaj II. in der ersten Zeit nach der Ermordung des Großfürsten Sergej noch relativ viele Besuche Elizavetas in St. Petersburg, nämlich am 24. Mai und 6. Dezember 1905, 9. März, 7. und 22.-24. April sowie 24.-26. Mai 1906, während danach die Erwähnungen deutlich geringer werden, vgl. Melgunoff, Tagebuch, 245, 282, 289 f., 293 f.
[5] Zitiert nach: Irosnikov u. a., Nikolaj II, 229.
[6] M. I. Krjučkova, Marfo-Mariinskaja Obitel' Miloserdija (Manuskript), 1.

Bis zur eigentlichen Gründung der Gemeinschaft dauerte es noch einige Jahre, zum einen, weil Elizaveta erst noch für ihre Mündel zu sorgen hatte[7], zum anderen, weil sie die Vorbereitungen mit großer Sorgfalt betrieb. So besuchte sie verschiedene Sozialeinrichtungen, besonders Waisenhäuser, in Moskau und studierte darüber hinaus Autoren der westlichen Christenheit – wie Vincent de Paul und Teresa von Avila –, die sich intensiv mit der geistlichen Begründung christlicher Sozialarbeit beschäftigt hatten. Vor allem aber besorgte sie sich – teilweise mit Hilfe ihrer Schwester Victoria[8] – die entsprechenden Regeln evangelischer Diakonissenanstalten, anglikanischer und römisch-katholischer Schwesternschaften für den caritativen Dienst. So studierte sie vor allem das Leben der Kaiserswerther Diakonissen und der auch in London wirkenden »Little Sisters of Love«, einer französischen römisch-katholischen Gemeinschaft. Nicht von ungefähr charakterisierte später der englische Diplomat Sir Samuel Hoare die Atmosphäre des Martha-Marien-Stiftes als etwas ihm sehr Vertrautes »wie bei anglikanischen Schwesternschaften«.[9]

Der Name der von Elizaveta Feodorovna gegründeten neuen Schwestern-Gemeinschaft macht schon deutlich, wo der Schwerpunkt des Konventes liegen sollte, nämlich in der Verbindung von sozialer und geistlicher Aktivität. Daher wurden die beiden Schwestern des Lazarus zu Patronen des Stiftes gewählt: Martha, die »sich um vieles sorgt«, und Maria, die weiß »das nur eins notwendig ist« (Lk 10, 41 f.). Dazu vermerkt Erzbischof (später: Metropolit) Anastasij (Gribanovskij): »Schon der Name, den die Großfürstin ihrer Gründung gab, war sehr bezeichnend: Martha-Marien-Konvent. In ihm wurde schon die Mission desselben angekündigt. Die Gemeinschaft war bestimmt wie das Haus des Lazarus zu werden, in dem Christus oft zu Bethanien weilte. Die Schwestern des Konventes sind gerufen, in sich das hohe Los der Maria, die die ewigen Worte des Lebens vernimmt, und den Dienst der Martha zu vereinen, indem sie Christus in kleinsten Seiner Brüder für sich erkennen«[10].

Neben der geistigen Vorbereitung der Gründung stand die materielle: Dazu erwarb Elizaveta Feodorovna südlich der Moskva an der Großen-

---

[7] Sowohl das Petersburger »Sergej«-Stadtpalais wie auch der Landsitz Il'inskoe wurden auf Großfürst Dimitrij Pavlovič überschrieben, weshalb dessen spätere amerikanische Frau Anne-Audrey Emery (1904-1971) bei ihrer Eheschließung 1926 vom Großfürsten Kirill Vladimirovič, dem damaligen Chef des Kaiserlichen Hauses, der Titel einer Fürstin Romanov-Il'inskaja verliehen wurde, vgl. Ferrand, Grand-Duc, 117. – Auch die Mehrzahl der im Tagebuch Kaiser Nikolajs erwähnten Besuche erfolgte zusammen mit den Pflegekindern, die offenbar so zu einem eigenständigen Leben in Petersburg geführt werden sollten.

[8] Vgl. Eßer, Weg, 10.

[9] Hoare, Siegel, 312.

[10] Anastasij, Svetloj pamjati, 8.

Ordynka-Straße[11] unweit des Kreml' einen ausgedehnten Grundbesitz und *»baute einen großen Komplex voll, Kirche, Hospital, Pflegerinnenschule, Apo-thekerschule, Schule für Auswärtige, Pflege und Rettung von Verkommenen etc. ... Es wuchs sich zu einer großen Sache aus«*[12]. Hauptaufgaben der Ge-meinschaft sollten einmal die Besuche und Hilfe bei den Bedürftigen zu Hause sein, zum anderen die entsprechenden sozialen Einrichtungen im Kloster-Komplex selber, darunter das Sterbehaus, in dem obdachlose und alleinstehende Arme einen behüteten Tod finden konnten.

Diese Betonung der sozialen Aktivitäten, hinter denen die traditionellen monastischen Beschäftigungen, vor allem die regelmäßigen Gebetszeiten, schon aus rein zeitlichen Gründen zurücktreten mußten, stellte die Mar-tha-Marien-Gemeinschaft in einen gewissen Gegensatz zu den meisten herkömmlichen russischen Frauenklöstern, die zwar zu einem erheblichen Teil auch Hospize, Waisenhäuser und Altenheime, vor allem Armenküchen in ihren Mauern unterhielten[13], deren Akzent aber doch deutlich auf dem gemeinsamen Gebetsleben und geistlichen Übungen lag. Aber auch noch andere »Sonderregelungen« sah Elizaveta Feodorovna für ihren Konvent vor. Obwohl sie selber seit Jahren auf den Verzehr von Fleisch verzichtete, sollten die Schwestern – in Abkehr von der traditionellen Regelung in ortho-doxen Klöstern – beispielsweise die Erlaubnis dazu erhalten, um genügend Kraft für ihren schweren Dienst aufzubringen. Nächtliche Gottesdienste wa-ren aus demselben Grunde nicht vorgesehen. Auch die klösterliche Abge-schiedenheit und Bindung der einzelnen Schwestern an den Konvent sah Elizaveta den vorangestellten caritativen Zielen untergeordnet: So sollten die Schwestern weitgehend selbst entscheiden, wann sie das Stift verließen und sollten selbst nach eigenem Gutdünken ihre Verwandten besuchen[14]. Sogar an einen Einsatz weit entfernt von der Gemeinschaft war ausdrücklich gedacht. Lediglich eine Bedingung wurde in der Regel der Gemeinschaft

---

[11] Heute: Bol'šaja Ordynka, 34.
[12] Franz, Ernst Ludwig, 64.
[13] So hatte es in Rußland 1887 schon 93 von Klöstern unterhaltene Krankenhäuser und 66 Altersheime gegeben und 1914 unterhielten fast alle der 475 Nonnenklöster Pfarr-schulen für Mädchen. Zudem existierten auch einzelne neuere Gründungen, die eben-falls dem sozialen Gedanken stärkere Beachtung erwiesen, wie die 1884 von der Gräfin Efimovskaja, spätere Mutter Nina, gegründete Gottesmutter-Gemeinschaft in Lesna, die ein Frauen-Alterheim, ein Krankenhaus und eine Mittelschule umfaßte, vgl. Eßer, Weg, 11. – Eine soziale Zielsetzung, nämlich die Betreuung eines Krankenhauses, hatte auch das von einer ebenfalls konvertierten deutschstämmigen Prinzessin, gegründe-te Mariä-Obhut-Kloster in Kiev, das die Großfürstin Aleksanda Petrovna, geborene Prinzessin von Oldenburg, die Gattin des Großfürsten Nikolaj Nikolaevič d. Ä. und Mutter des späteren Höchstkommandierenden Großfürst Nikolaj Nikolaevič d. J. (1856-1929) ins Leben gerufen hatte und dessen Vorsteherin sie wurde.
[14] Vgl. Eßer, Weg, 10.

436

festgeschrieben: Wo auch immer die Schwestern arbeiten würden, sie sollten den Moskauer Konvent der Barmherzigkeit betrachten als ihr »*geistliches Zentrum, als ihr Familienheim sui generis, von wo sie Weisung und Unterstützung erhielten, und wohin sie sich von Zeit zu Zeit wenden können zu moralischer Rüstzeit und zur Erneuerung der Kräfte*«[15].

Auch die Kleidung der Schwestern unterschied sich deutlich vom üblichen schwarzen Habit einer russischen orthodoxen Nonne und stellte eine Neuentwicklung dar: »*An Sonn- und Feiertagen tragen die Schwestern eine weiße Baumwolltracht. Zur Arbeit tragen alle Schwestern ein graues Baumwollkleid im Schnitt eines Nonnentalars, das vorne glatt herunterfällt und an der Seite geknöpft ist, mit weißen Manschetten an den Ärmeln. Die Schwestern mit Gelübden haben zudem weiße Kopfschleier [russ. apostol'niki] von monastischem Zuschnitt und graue wollene Decktücher [russ. pokryvalo] darüber sowie auf der Brust ein Kreuz aus Zypressenholz an einem weißen Band mit einer Darstellung des Mandylions und der Obhut der Gottesmutter. Auf der Rückseite befindet sich eine Darstellung der hll. Maria und Martha sowie die Aufschrift: ›Liebe den Herrn, deinen Gott, aus ganzem Herzen ...‹ ... Alle Schwestern erhalten auch beim Eintritt die Gebetsschnur, und sie sollen am Tag einhundert Mal das Jesusgebet sprechen. Dabei sollen die Probanden die Gebetsschnur noch nicht sichtbar tragen, sondern nur die Gelübde-Schwestern, welche sie zum zweiten Mal bei ihrer Einsegnung erhalten; diese tragen sie offen an der linken Hand.*«[16]

Die Frage des Diakonissenamtes

Allerdings: Unter vielen, wenn auch nicht allen Mitgliedern der höheren Geistlichkeit, darunter etlichen Mitgliedern des Heiligsten Synod, der ja das Projekt einer solchen neuartigen Schwesternschaft zu billigen hatte, fand Elizaveta Feodorovna in der ersten Zeit eher Skepsis als Zustimmung. Daß der

---

[15] Zitiert nach: Velikaja knjazna Elizaveta, in: Otčizna, Nr. 9 (September), Moskau 1991, 53.

[16] Marfo-Mariinskaja obitel' Miloserdija, Moskau 1914, 48, zitiert nach: Miller, Svjata mučenica, 158. – M. Paléologue beschreibt so: »*Die Tracht besteht aus einem langen feinen härenen Gewande von perlgrauer Farbe, einer Haube aus dünnstem Linnen, das Gesicht und Hald eng umschließt, endlich einem weiten Schleier aus weißer Wolle, der in großen priesterlichen Falten auf die Brust fällt. Der Gesamteindruck ist schlicht, streng und reizvoll*«, in: M. Paléologue, Am Zarenhof während des Weltkrieges, München5 1939, 155. – Von einigen Kritikern wurde Elizaveta Feodorovna übrigens vorgeworfen, dass sie mit dem Entwurf der Schwesterntracht den bekannten Moskauer Künstler Michail Nesterov beauftragt hatte; so kann sich Paléologue selbst nicht die spitze Bemerkung verkneifen: »*Aber im Augenblick, wo sie sich von den weltlichen Interessen lossagte, hatte sie noch eine letzte Regung weiblicher Eleganz; sie ließ ihr Ordenskleid von einem Moskauer Künstler, dem Maler Nesterow, entwerfen*«, vgl. ebd.

Gedanke einer solch neuartigen Gründung von einer Großfürstin, zudem der leiblichen Schwester der Kaiserin, ausging, war dabei keineswegs immer hilfreich, denn etliche Bischöfe konnten sich kaum vorstellen, daß eine Angehörige des Kaiserhauses, darüber hinaus eine konvertierte Ausländerin, zur Realisation der anspruchsvollen Pläne unter Wahrung der orthodoxen Identität fähig wäre.

Insbesondere riefen die Pläne Elizavetas, durch ihre Schwestern zu einer Erneuerung des altkirchlichen Diakonissenamtes beizutragen, Einwände hervor. Allerdings fand sie hierfür fand sie beim einflußreichen Moskauer Metropoliten Vladimir Verständnis und Unterstützung, so dass der Synod schon geneigt schien, Elizavetas Projekt wohlwollend zu behandeln, zumal sich die Großfürstin darauf berufen konnte, daß es nach dem Zeugnis des berühmten byzantinischen Kanonisten Balsamon[17] das Amt und einen entsprechenden Weiheritus für Diakonissen in Konstantinopel noch am Ende des 12. Jahrhunderts gegeben hatte, der sich nur in unwesentlichen Dingen von der entsprechenden Ordination für männliche Diakone unterschied[18], wenn auch nach dem 3. Buch der Apostolischen Konstitutionen (Kapitel 9) die Cheirotonie der Diakonissen nicht als priesterliche Weihe verstanden werden soll.

Trotzdem löste allein schon der Gedanke, den Schwestern der Martha-Marien-Kommunität eine kirchliche Weihe als Diakonissen zu spenden, bei einigen konservativer denkenden Kreisen erbitterte Ablehnung aus, als die Frage im Herbst 1911 auf die Tagesordnung des Heiligen Synods gesetzt wurde[19]. Besonders der damalige Bischof von Saratov, Germogen [Dolganov] (1858-1918)[20], »*beschuldigte die Großfürstin ohne jegliche Begründung protestantischer Tendenzen (was er später selbst bereut hat) und beschwor sie von ihrer Idee zu lassen*«.[21] Gerade in der Frage der D iakonissen stellte sich der entschieden konservativ denkende[22] Germogen, den Metropolit Evlogij [Georgievskij] als einen »*Asketen, gebildeten Menschen, ausgezeichneten und*

---

[17] Vgl. Die Antworten Balsamons auf die Fragen des Markos, 35. Kapitel.

[18] Vgl. den Text bei: A. v. Maltzew, Die Sakramente der Orthodox-Katholischen Kirche des Morgenlandes, Berlin 1898, Anhang 10-16.

[19] Vgl. Fuhrmann, Rasputin, 81.

[20] Vgl. zu ihm (mit reicher Bibliographie): Metropolit Manuil / Patock, Bischöfe <OIKONOMIA, Bd. 16>, Teil II, Erlangen 1981, 336-345.

[21] Anastasij, Svetloj pamjati, 9.

[22] Im gleichen Telegramm an den Kaiser vertrat Germogen auch im Gegensatz zu den meisten anderen Bischöfen im Synod eine kompromißlos ablehnende Position in einem weiteren umstrittenen Punkt: So verurteilte er scharf, dass der Synod eine Beerdigungsritus für das Begräbnis von nicht-orthodoxen Christen in Notfällen einführen wollte, vgl. Metropolit Manuil / Patock, Bischöfe <OIKONOMIA, Bd. 16>, Teil II, Erlangen 1981, 338.

reinen Bischof«[23] würdigt, auf eine radikal ablehnende Position und beschuldigte sogar in einem Telegramm vom 15. Dezember 1911[24] an den gerade in Jalta weilenden Zaren »*zu seinem allergrößten Bedauern [k veličajšemu priskorbiju]*« den gleich den ganzen Synod der Häresie: »*In der gegenwärtigen Zeit verstärkt sich im Heiligsten Synod die Tendenz, einige Einrichtungen und Entscheidungen direkt unkanonischen Charakters einzuführen.*« So habe man in Moskau – und damit ist die Martha-Marien-Gemeinschaft gemeint – »*eine rein häretische Korporation von Diakonissen, die fälschlich vorgibt, eine solche Einrichtung zu sein*«[25], unterstützt – und zwar, obwohl der Metropolit von St. Petersburg und der Bischof von Saratov, also Germogen selbst, auf ihrer anderslautenden Meinung beharrt hätten: »*Das Los dieser Sondermeinung ist aber unbekannt*«[26], weshalb Bischof Germogen jetzt den Schutz »*der Allerheiligsten Mutter-Kirche*« durch den Kaiser als des Hüters der Orthodoxie vor den antikanonischen Aktionen des Synods fordert[27]. Doch stellte sich der Synod nicht auf die Seite Germogens. Vielmehr wies er dessen Anschuldigungen zurück und ergriff sogar Maßnahmen gegen ihn[28]: Germogen wurde am 3. Januar 1912 von der Teilnahme an den Sitzungen des Synods entbunden und ihm wurde befohlen, unverzüglich in seine Diözese zurückzukehren. Da er sich allerdings weigerte und weiter publizistisch seine Vorwürfe verbreitete, im gleichen Jahr in den Ruhestand versetzt, ja, in das Kloster Žirovicy in der Eparchie Grodno verbannt[29], wo er bis zu seiner Evakuierung vor der deutschen Invasion 1915 verblieb[30], was allerdings den

---

[23] Evlogij, Put', 198.

[24] Vgl. V. Rožkov, Cerkovnye voprosy v Gosudarstvennoj Dume [Diss.], Rom 1975, 330.

[25] Zitiert nach: Metropolit Manuil / Patock, Bischöfe <OIKONOMIA, Bd. 16>, Teil II, Erlangen 1981, 338.

[26] Zitiert nach: Rožkov, Voprosy, 330. – Vgl. auch: Beilage zu den »Cerkovnye vedomosti«, 1912, 1, Nr. 8, 314.

[27] Ein zweiter Anklagepunkt Germogens ist, dass der Synod der »*Einführung einer grob antikanonischen Ordnung des Totengedenkens für häretische Heterodoxe in der Orthodoxen Kirche zugestimmt hat*«, nach: Rožkov, Voprosy, 332.

[28] Vgl. Metropolit Manuil / Patock, Bischöfe <OIKONOMIA, Bd. 16>, Teil II, Erlangen 1981, 338.

[29] Vgl. Evlogij, Put', 198.

[30] Vgl. J. W. Cunnningham, A Vanquished Hope – The Mouvement for Church Renewal in Russia 1905-1906, Crestwood N. Y. 1981, 323. – Erst nach dem Ende des Kaisertums wurde er reaktiviert und am 8. März 1917 zum Bischof von Tobol'sk ernannt, wo er am 16. Juni 1918 von Rotgardisten in der Tura, einem Nebenfluß des Tobol, ertränkt worden ist, indem man ein 80-Pud Gewicht an seine Füße band, vgl.: P. M. Bykov, The Last Days of Tsardom, London 1934, 47-51, 58 f.; Pol'skij, Mučeniki I, 66 ff.; T. Botkin, Meine Erinnerungen an die Zarenfamilie, München – Wien 1983, 394; Fuhrmann, Rasputin, 222. – Nach anderen Quellen wurde der Bischof »*bei lebendigem Leibe an das Schaufelrad eines Dampfers gebunden und nach und nach zerfasert*«, so: A. Latyschew, Geschichte, neu gelesen – Unveröffentlichte Belege leninscher Kirchenpolitik,

rebellischen Bischof von Saratov nicht davon abhielt, in diversen Zeitungs-
artikeln weiterhin die Moskauer Gründung und den Synod als häretisch zu
verdächtigen.[31]

Auch seine Anhänger ergriffen Partei: So schaltete sich beipielsweise der
bekannte Priestermönch Iliodor [Trufanov] (1880-1958), der damalige Vorsteher des Klosters in Caricyn[32], auf Germogens Seite in den Streit ein: »*Der
Moskauer Metropolit Vladimir ... möchte der Großfürstin Elizaveta Fedorovna
gefallen, die in ihrer Martha-Marien-Gemeinschaft den Stand der Diakonissen
nach protestantischer Ordnung einführen möchte.*«[33] Um die Anklagen Bischof Germogens und seine landesweit in der Presse verbreiteten Verdäch-
tigungen gegenstandslos erscheinen zu lassen, bestanden nun allerdings die
Hierarchen des Synod gegenüber Elizaveta Feodorovna erst einmal darauf,
daß die Fragen nach der Wiedereinführung eines mit der Weihe verbundenen Diakonissenamtes nicht von ihnen im Alleingang gelöst werden könne,
sondern einem zukünftigen Landeskonzil zur Entscheidung vorgelegt werden müsse.[34] Zum anderen forderten sie eine deutlich geänderte Fassung der
Regel, die jeden Gedanken an eine Diakonissenweihe klar ausschloß. Diese
Neufassung fand schließlich am 20. November 1908 die Billigung durch den
Heiligsten Synod und definierte die Martha-Marien-Gemeinschaft so, daß
sie »*das Ziel habe, durch die Arbeit der Schwestern, ... und andere mögliche
Mittel im Geiste des reinen Christentums den Kranken und Armen zu helfen und Hilfe und Trost den Leidenden und denen in Kummer und Leid zu
spenden*«.[35] Elizaveta Feodorovna hatte trotz ihres Standes auf die offizielle

in: Stimme der Orthodoxie, 1/1993, 13; vgl. auch: Heresch, Nikolaus II., 361; Evlogij,
Put', 199.

[31] Vgl. J. Sh. Curtiss, Church and State in Russia – The Last years of the Empire 1900-
1917, New York 1940, 370 f.

[32] Iliodor wurde 1912 laisiert, und zwar nicht aufgrund seines am 28. Mai eingereichten
Gesuches, sondern weil er sich inzwischen als Leugner der Auferstehung Christi,
Deist und Anhänger des Heidentums erklärt hatte. Er ging ins Ausland, wo er 1917 in
Norwegen sein berühmtes Buch »Der heilige Teufel« publizierte; er verließ dann die
Orthodoxe Kirche und gründete eine eigene Religion »der Vernunft und der Sonne«,
mit der er im bolschewistischen Rußland nach seiner Rückkehr 1918 Erfolg zu haben
versuchte, jedoch vergeblich. 1921 trat er in New York zur den Baptisten über und
arbeitete als Versicherungsagent. Er starb 1952 nach einer bewegten Karriere als Agi-
tator an Herzversagen im Bellevue Hospital, vgl. Iliodor [Sergej Michajlovič Trufa-
nov], The Mad Monk of Russia, New York 1918; J. J. Stephan, The Russian Fascists –
Tragedy and Farce in Exile, New York 1978, 7 f.; Cunningham, Hope, 323; Fuhrmann,
Rasputin, 84, 222.

[33] So in seinem berühmten Buch »Svjatoj čert – Zapiski o Rasputine«, 104. – Zitiert
nach: Metropolit Manuil / Patock, Bischöfe <OIKONOMIA, Bd. 16>, Teil II, Erlangen 1981, 339.

[34] Vgl. Rozkov, Voprosy, 331.

[35] Zitiert nach: Velikaja knjazna Elizaveta, 53.

Zustimmung des Synods besonderen Wert darauf und vermied sorgsam jeden Konfliktkurs mit der Kirchenleitung, wie Erzbischof Anastasij vermerkt: »*Da sie in allem danach strebte, eine gehorsame Tochter der Orthodoxen Kirche zu sein, wollte die Großfürstin die Vorrechte ihres Standes nicht benutzen, um sich in nichts, auch nicht im kleinsten von der Unterordnung unter die Kanones oder die mündlichen Anordnungen der kirchlichen Gewalt freizumachen, die für alle gilt.*«[36] Trotz dieser Bereitschaft, Elizavetas, sich den Wünschen der Bischöfe zu fügen, fanden die meisten der konservativen Hierarchen erst während des Krieges positive Worte für die Gemeinschaft, die ihnen allzu westlichen Charakter zu tragen schien.[37]

Die Gemeinschaft neuen Stils

Am 10. Februar 1909 konnte endlich die offizielle Eröffnung des Stiftes – vorläufig noch auf der Basis eines provisorischen Statuts[38] – stattfinden. Geistliche Unterstützung fand Elizaveta Feodorovna in diesen Jahren vor allem bei einigen Männern, die selbst in der Kirche eine gewisse Außenseiterstellung einnahmen, so außer bei Metropolit Vladimir bei ihrem eigenen geistlichen Vater, Erzpriester Aleksandr Senatskij (1871-1930?), besonders natürlich bei dem späteren Spiritual der Martha-Marien-Gemeinschaft, dem im Jahre 2000 kanonisierten Erzpriester (ab 1919 nach Ablegen der monastischen Gelübde: Archimandrit Sergij) Mitrofan Serebrjanskij (1870-1948)[39], aber auch bei dem für seine liturgischen Studien und seine Vorliebe für die Wiederherstellung altkirchlicher Bräuche bekannten damaligen Bischofs von Dmitrovo, Trifon [Fürst Turkestanov, eigentl. Turkišvili] (1861-1934)[40].

---

[36] Anastasij, Svetloj pamjati, 9.

[37] Vgl. Hoare, Siegel, 329.

[38] Vgl. Millar, Grand Duchess, 126.

[39] Er entstammte einer Priesterfamilie und studierte nach Beendigung des Geistlichen Seminars von Voronež zuerst Tiermedizin am Veterinärinstitut von Warschau. 1893 zum Diakon und 1896 zum Priester geweiht, wurde er Militärpfarrer in mehreren Dragoner-Regimentern und nahm als solcher am Russisch-Japanischen Krieg teil. Seit 1908 war er dann Spiritual des Marth-Marien-Stiftes. 1919 legten er uns seine Frau Ol'ga mit dem Segen von Patriarch Tichon beide die monastischen Gelübde ab. 1923 wurde Archimandrit Sergij das erste Mal von den Bolschewisten verhaftet und nach Tobol's verbannt, aber noch einmal freigelassen. 1930 wurde er in die Arktis verbannt, wo er 1948 verstarb. Beim Konzil des Jahres 2000 wurde er kanonisiert. Vgl. zu ihm: Ieromonach Damaskin (Orlovksij), Mučeniki, ispovedniki i podvižniki blagočestija Russkoj Pravoslavnoj Cerkvi XX stoletija, Bd. 3, Tver' 1999, 59-102.

[40] Bischof Trifon entstammte väterlicherseits einem alten georgischen Fürstengeschlecht, mütterlicherseits der Familie Naryškin, vgl. zu ihm (mit reicher Bibliographie): Metropolit Manuil / Patock, Bischöfe <OIKONOMIA, Bd. 26>, Teil VI, Erlangen 1989, 318-322; Ierodiakon Feofan, Pamjati Mitropolita Trifona, in: Zurnal Moskovskij Patriarchii, Nr. 10, Moskau 1954, 24 f.; V. Nikitin, Pamjati Mitropolita

Es wäre übrigens verfehlt, in der von Elizaveta Feodorovna vertretenen und gegen Widerstände wenigstens in den wesentlichen Punkten auch durchgesetzten eigenständigen Ordnung ihrer Schwesternschaft eine grundsätzliche Ablehnung des traditionellen monastischen Ideals zu sehen. Im Gegenteil: Die Marchioness of Milford Haven berichtet, daß Elizaveta durchaus für sich selber an den Empfang der vollen Mönchsgelübde dachte: »She had always intended, as she told me, to withdraw quite from the world when her home was well established, and end her days as a nun.«[41] Am 4. April 1910 erfolgte während der Göttlichen Liturgie die Einsegnung der ersten 17 Schwestern durch Metropolit Vladimir, darunter auch der Großfürstin selbst, die zur Vorsteherin eingesetzt wurde. Die Schwestern erhielten das vorstehend beschriebene, neu entworfene Gewand und dazu die geschnitzten Zypressen-Kreuze an einem weißen Band. Der offizielle Titel der Gemeinschaft lautete nach den Vorstellungen des Heiligsten Synods jetzt »Kreuzes-Schwestern der Liebe [russ. *Krestovye sestry ljubvi*]«, um sie deutlich von den »normalen« Nonnen zu unterscheiden[42], was aber in der Ordnung des Stiftes ohnehin schon deutlich zum Ausdruck kam. Denn die Schwesternschaft war in ihren Regeln wesentlich stärker auf ihre soziale Aufgabe ausgerichtet. So lebte nur ein Teil der Schwestern, eben die erwähnten »Kreuzesschwestern«, im Konvent selbst; dabei handelte es sich um jene Frauen, die Gelübde der Ehelosigkeit zumindest für eine bestimmte Zeit abgelegt hatten und entsprechend eingesegnet worden waren. Auch sie konnten aber nach Ablauf der Zeit ihrer Verpflichtung den Konvent wieder frei verlassen und sich verehelichen. In diesem Fall erhielten sie vom Stift eine entsprechende Aussteuer und wurden gut versorgt[43]. Elizaveta Feodorovna verwirklichte also, ihrer Zeit darin weit voraus, hier sogar – wenn man es so nennen will – eine spezifische Form des »Klosters auf Zeit« oder der »sozialen Jahre«. Auf jeden Fall handelte es sich um einen neuen und zukunftsweisenden, ja beispielgebenden Impuls für das russische und allgemein orthodoxe Mönchtum, wie

---

Trifona (Turkestanova), in: Zurnal Moskovskij Patriarchii, Nr. 9, Moskau 1984, 16-22 (mit Abb.). – Metropolit Trifon ist die Hauptfigur auf Pavel Korins berühmten Gemälde »Requiem« oder »Die hinausschreitende Rus'«, vgl. (mit Abb.): S. Skalová, Das »Alte Rußland« in einer verborenen Sammlung in Moskau – Das Museum Pavel Korin – eine Dependence der Tret'jakov Galerie, in: HERMENEIA – Zeitschrift für ostkirchliche Kunst, 4. Jg. / Heft 1 (März), Recklinghausen 1988, 33 ff. (dort auch eine ausführliche Biographie von Metropolit Trifon, 38); V. Narcissov, Rus' uchodjaščaja, in: Nase Nasledie – Our Heritage, Heft 2, Moskau 1989, 195-203 (Abb. Metropolit Trifon, 196). Zu seiner Biographie vgl. auch: Nikolaj Thon, Ein Akathistos zum Lobe der Schöpfung ... und sein Autor, in: Orthodoxie aktuell. Jg. XII, Heft 9 (September), Dortmund 2008, 2-10.
[41] Zitiert nach: Eßer, Weg 11.
[42] Vgl. Miller, Svjataja mučenica, 159.
[43] Vgl. Kjručkova, Obitel', 2.

dies noch 1942 Archimandrit Kiprian (Kern) [1899-1960][44] in seinem programmatischen[45] Vortrag zur Gestaltung des orthodoxen Mönchtums beim Jahresakt des Orthodoxen Theologischen Institutes herausstellte, bei dem er ein aktives und die Welt veränderndes Mönchtum forderte: »*Jede Hinwendung zum Menschen und zur Welt mit ihren Krankheiten und Nöten ist eine Verwirklichung des engelhaften Dienstes der Mönche auf Erden. Die Diakonissen der ersten Jahrhunderte und ihre unvergeßliche Wiedergeburt in unseren Tagen durch die Äbtissin von Lesna, M. Ekaterina (Gräfin Efimovskaja) und im Martha-Marien-Konvent der Großfürstin Elisaveta Feodorovna mögen zur Illustration des Gesagten dienen.*«[46]

Schon 1912 zählte die Gemeinschaft 60 Mitglieder und bei der gewaltsamen Auflösung 1918 waren es sogar 105. Sie entfalteten eine segensreiche Tätigkeit: In der Ambulanz arbeiteten unentgeldlich 34 Ärzte in der Woche und allein im Jahre 1913 wurden 139 443 Essen an Bedürftige ausgegeben. Zudem gab es dort eine Sterbeklinik, ein Waisenhaus, ein kleines Krankenhaus mit Operationssaal, eine Bibliothek und etliche andere soziale Einrichtungen. Seele der ganzen Arbeit war die Großfürstin-Priorin, die sich auch selbst nicht schonte, sondern bereit war, jede Arbeit zu übernehmen, sogar die Besuche in den Moskauer Elendsvierteln. Als die Polizei sie ersuchte, diese wenigstens einzustellen, da man sie – die leibliche Schwester der Kaiserin! – dort nicht schützen könne, antwortete Elizaveta, sie danke für die Sorge, aber sie wäre in Gottes Hand und nicht der der Polizei.

Unter dem bolschewistischen Joch

Trotz all ihrer aufopfernden Tätigkeit für das russische Volk blieb Elizaveta Feodorovna nach der Machtergreifung der Bolschewisten nicht lange unbe-

---

[44] Archimandrit Kiprian, seit 1927 Priestermönch, war 1925-28 und 1931-36 Lehrer am Seminar in Bitola (Serbien) und in der Zwischenzeit Leiter der russischen Geistlichen Mission in Jerusalem, dann 1936-1960 Professor für Liturgik am Pariser Institut St. Serge, vgl. N. Zernov, Russkoe religioznoe vozroždenie XX veka, Paris 1974, 353.

[45] So fordert er dort u. a.: »*Diesen Bedarf an Koordination und Konzentration der kulturellen monastischen Kräfte spürten auch bei uns alle. Vor dem Moskauer Lokalkonzil von 1917 wurde die Frage aufgeworfen und behandelt, wenigstens ein solches gelehrtes Kloster zu gründen, wo die wissenschaftlich Arbeitenden zusammengeführt werden sollten. Die Revolution hat dies unmöglich gemacht. Die russische Kirche ist kulturell beraubt und desorganisiert. Für wie lange? Das wissen wir nicht. Aber dessen ungeachtet, steht die Frage vor uns und verliert auch nicht nur nicht ihre Dringlichkeit, sondern gewinnt diese immer noch dazu. Die Orthodoxie braucht nicht nur vereinzelte gelehrte Mönche, solche Unikate konnte man auch früher in unseren monastischen Weinbergen antreffen, sondern* **wir brauchen einen monastischen wissenschaftlichen Orden**«, in: Archimandrit Kiprian, Angely, inočestvo, čelovecestvo – K voprosu ob učenom monašestve, Paris 1942, 15 (Fettschrift im Original).

[46] Kiprian, Angely, 8.

helligt, galt sie in der Klassifizierung der neuen Gewalthaber doch sogar in doppeltem Sinne als Vertreterin der »Reaktion«: Zum einen sah man in ihr ein Mitglied der Kaiserlichen Familie, zum andern eine Vertreterin der Kirche, die besonders dadurch verhaßt war, daß sie durch ihr soziales Wirken zugunsten der Ärmsten des Volkes die marxistisch-leninistische These von der Religion als dem »Opium des Volkes« offenkundig widerlegte.

So wurde sie am dritten Tag der Osterwoche 1918, dem Fest der Iberischen Ikone der Gottesmutter, kurz nach dem Gottesdienst, den Patriarch Tichon im Konvent gehalten hatten, verhaftet und schließlich nach Alapaevsk, 140 Verst nördlich von Ekaterinburg gebracht, wo sich auch weitere Mitglieder der Kaiserlichen Dynastie befanden, darunter der trotz seiner Jugend schon als Dichter bekannte Prinz Vladimir Palei (1897-1918). Nur eine Schwester aus ihrem Konvent, Varvara Jakovleva, dürfte bei ihr bleiben.

Zuerst wurden die Gefangenen noch relativ locker gehalten, als aber die anti-kommunistischen sibirischen Truppen des Admirals Kolčak sich der Stadt näherten, wurden sie auf direkten Befehl Sverdlovs und unter ausdrücklicher Billigung Lenins von örtlichen Bolschewisten in der Nacht vom 5./18. Juli 1918 ermordet, indem man sie in einen etwa 30 m tiefen Schacht stürzte. Noch tagelang dauerte dort ihr Leiden, wobei Elizaveta die anderen Opfer stärkte, bis auch sie verschied.

Nach dem Einmarsch der »Weißen« wurden die Gebeine der Großfürstin, der Schwester Varvara und der anderen Ermordeten aus dem Schacht geborgen und eindeutig identifiziert. Auch die näheren Umstände ihrer Ermordung konnten von den Untersuchungsbeamten durch Befragung von Augenzeugen geklärt werden.

Als im kommenden Jahr die anti-kommunistischen Truppen den Rückzug antreten mußten, konnte abenteuerliche Weise ein Priestermönch Serafim die Gebeine retten und in die russische Kirche nach Peking bringen. Auf Intervention der Marquioness of Milford-Haven Victoria wurden die Särge der beiden Schwestern dann 1920/21 auf einem britischen Kreuzer nach Jerusalem gebracht und in derselben Kirche auf dem Ölberg beigesetzt, bei deren Weihe 1888 Elizaveta gewesen war. Dort ruhen sie bis heute.

Bei der Bischofssynode der Russischen Orthodoxen Kirche im April 1992 wurde die feierliche Kanonisation der »*Großfürstin Elisaveta, der Gründerin des Martha-Marien-Konventes in Moskau*« vorgenommen, denn sie »*weihte ihr frommes christlichen Leben der Wohltätigkeit, der Hilfe an den Armen und Kranken*« und der 5. Juli zu ihrem Gedächtnistag bestimmt. In vielen Kirchen Rußlands und der weltweiten russischen Diaspora erklingt dieser Festgesang zu Ehren der Heiligen, die Deutschland und Rußland verbindet: »*Wer kann die Größe deiner Glaubenstat künden? In der Tiefe der Erde, wie im lichtvollen Paradies, frohlockte mit den Engeln die Dulderin, die Großfürstin Elisabeth, in Psalmen und Gesängen und rief, den gewaltsamen Tod erlei-*

dend, über die gottlosen Peiniger aus: Herr, verzeih' ihnen diese Sünde, denn sie wissen nicht, was sie tun. Durch ihre Gebete, Christus, unser Gott, erbarme dich und rette unsere Seelen!«

Bibliographie

Anastasij [Gribanovskij, Erzbischof]: Svetloj pamjati Velikoj Knjagini Elizavety Feodorovny, Jerusalem 1925.

Ders.: The Holy New Martyr Grand Duchess Elizabeth Feodorovna, in: Orthodox Life, Jg. 31, Nr. 5 (September/Oktober), 1981, 3-14.

Eßer, Ambrosius OP: Der geistliche Weg der Prinzessin Elisabeth von Hessen und bei Rhein, *in:* Orthodoxie heute, 16. Jg., Nr. 65, Düsseldorf 1978, 3-15 (mit einem Porträt).

Ders.: Die Priorin von Moskau – Elisabeth von Hessen und bei Rhein, *in:* Darmstädter draußen, Darmstadt 1980, 354-376.

Franz, Eckart G. [Hrsg.]: Aufzeichnungen des letzten Großherzogs Ernst Ludwig von Hessen und bei Rhein – Erinnertes, Darmstadt 1983, bes. 60-66.

Fuhrmann, Joseph T.: Rasputin – A Life, New York 1990.

Hoare, Samuel [Sir]: Das vierte Siegel – Das Ende des russischen Kapitels/ Meine Mission in Russland 1916/17, Berlin – Leipzig 1935, bes. Kap. XIV »Eine leidvolle Frau«, 309-337.

Irošnikov, Michail / **Procaj**, Ljudmila / **Selaev**, Jurij: Nikolaj II. – Poslednij Rossijskij Imperator, Sankt Petersburg 1992.

Krjučkova, Marja Ivanovna [Staršaja sestra = Oberschwester]:, Marfo-Mariinskaja Obitel' Miloserdija (Manuskript, 6 + 2 S.).

Melgunov, S[ergej Petrovič]: Das Tagebuch des letzten Zaren von 1890 bis zum Fall – nach den unveröffentlichungen russischen Handschriften herausgegeben, Berlin 1923.

Miller, Ljubov': Svjataja mučenica Rossijskaja Velikaja knjaginja Elizaveta Feodorovna, Frankfurt o. J. (1988).

Dies. <= Millar>: Grand Duchess Elizabeth of Russia – New martyr of the Communist Yoke, Redding/California 1991.

Paléologue, Maurice: La Russie des Tsars pendant la Grande Guerre, 3 Bde., 22 Paris 1926/27 [dt. Ausgabe: Am Zarenhof während des Weltkrieges – Tagebücher und Betrachtungen, München ⁵1939].

Pol'skij, Michail [Protoierej]: Novye mučeniki Rossijskie, Bd. I, Jordanville 1949, bes. 10-25 (Metropolit Vladimir), 265-286 (Elizaveta Feodorovna); engl. Ausgabe: Polsky, Michael: The New Martyrs of Russia, Montreal 1972, 124-132.

Thon, Nikolaj: Das Martha-Marien-Stift in Moskau – Ein besonderes Beispiel russischer Sakralarchitektur am Beginn des 20. Jahrhunderts, *in:* Hermeneia – Zeitschrift für ostkirchliche Kunst, 9. Jg., Heft 2 (Juni), Herten 1993, 109-118.

Ders.: Eine rheinische Prinzessin – Rußlands Heilige: Elizaveta Feodorovna – Zum 75. Jahrestag ihres Martyriums, *in:* KNA – Ökumenische Information, Nr. 30 vom 21. Juli 1993, Bonn, 5-10; Nr. 31 vom 28. Juli 1993, 5-10.

ders.: Elizaveta Feodorovna – Fürstin, Priorin und Martyrerin, *in:* Kohlbacher, Michael / Lesinski, Markus: Horizonte der Christenheit – Festschrift für Friedrich Heyer zu seinem 85. Geburtstag <OIKONOMIA – Quellen und Studien zur orthodoxen Theologie, Bd. 34>, Erlangen 1994, 359-385.

Kurzporträts der Autorinnen und Autoren

(in der Reihenfolge der Beiträge im Buch)

† S. E. Metropolit Dr. h. c. Augoustinos von Deutschland, Bonn (Deutschland)

Mit bürgerlichem Namen Georgios Labardakis. Geb. 1938 auf Kreta, Griechenland. Dr. theol. h. c.; 1956–1965 Theologie- und Philosophiestudium in Chalki (bei Istanbul), Salzburg, Münster und Berlin; 1977–1982 Lehrbeauftragter für Orthodoxe Theologie im Katholischen Seminar der Freien Universität Berlin; 1964–1972 Pfarrer der griechisch-orthodoxen Kirchengemeinde in Berlin (West und Ost); 1972 Bischofsweihe; 1972–1980 Vikarbischof der Griechisch-Orthodoxen Metropolie von Deutschland; seit 1980 Metropolit von Deutschland. 1973–1979 Vorsitzender des Ökumenischen Rates Berlin, 1978–2007 stellvertretender Vorsitzender der Arbeitsgemeinschaft christlicher Kirchen (ACK) in Deutschland; 2006-2010 Vorsitzender des Vorstands und der Bischofsversammlung der Kommission der Orthodoxen Kirche in Deutschland (KOKiD); seit 2010 Vorsitzender der Orthodoxen Bischofskonferenz in Deutschland (OBKD); Vorsitzender mehrerer hochrangiger Delegationen und Kommissionen für den ökumenischen Dialog mit den evangelischen und katholischen Kirchen.

† S. E. Metropolit Teofan der Moldau und Bukowina, Jassy/Iași (Rumänien)

Geb.1959 in Corbi, Kreis Argeș (Rumänien). 1974-1979 Theol. Seminar Craiova, 1979-1984 Theol. Institut Bukarest, 1985-1990 Theologisches Institut St. Serge Paris, 1985 Dr. theol., 1984 Eintritt ins Kloster Crasna (Erzbistum Bukarest), 1985 Weihe zum Priestermönch, 1987-1990 Spiritual des Klosters »Acoperamântul Maicii Domnului« in Bussy-en-Othe, Frankreich, 1990-1991 Sekretär des Büros des Patriarchen, 1991-2000 Patriarchal-Vikarbischof des Rumänischen Patriarchats. 1992-1997 Mitglied des Zentralkomitees der Konferenz Europäischer Kirchen/KEK. 2000-2008 Erzbischof von Craiova und Metropolit von Oltenien, seit 2008 Erzbischof von Iași und Metropolit der Moldau und Bukowina.

447

† S. E. Bischof Gregor Maria Hanke OSB, Bischof von Eichstätt, (Bayern)

Geb. 1954 unter dem Geburtsnamen Franz M. Hanke in Elbersroth (Kreis Ansbach/Franken), Benediktiner. 1974-1980 Studium in Eichstätt und London, 1980-1981 Religionslehrer an der Berufsschule in Roth. 1981 Eintritt in die Benediktinerabtei Plankstetten, 1982 Profess, Ordensname: Gregor Maria. 1982-1985 Studium der Anglistik in Eichstätt und Oxford. 1983 Priesterweihe. 1993 Wahl und Weihe zum 54. Abt der Benediktinerabtei Plankstetten. 2002 Promotion an der Theologischen Fakultät der Jesuitenhochschule St. Georgen in Frankfurt. 2006 Ernennung durch Papst Benedikt XVI. zum 82. Bischof von Eichstätt und Bischofsweihe im Dom zu Eichstätt.

† S. E. Landesbischof em. Jürgen Johannesdotter, Bückeburg/Norderney (Deutschland)

Geb. 1943 in Bramsche, verheiratet, fünf Söhne. 1972-1982 Soziologie- und Theologiestudium in Göttingen und Marburg, jahrelang Pastor einer Kirchengemeinde in Bingum (Ostfriesland), anschl. Studiendirektor am Kloster Loccum, dem ältesten evangelischen Predigerseminar Deutschlands. 1992-2001 Landessuperintendent des Sprengels Stade, 2001-2009 Landesbischof der Evang.-Luth. Landeskirche Schaumburg-Lippe mit Sitz in Bückeburg. Beauftragter des Rates der EKD für den Kontakt zu den Kommunitäten.

† S. E. Weihbischof Dr. Sofian von Kronstadt, München

Rumänische Orthodoxe Metropolie für Deutschland, Zentral- und Nordeuropa

Geb. 1970 in Bacel, Kreis Covasna (Rumänien), 1990 Eintritt ins Brâncoveanu-Kloster Sâmbăta de Sus, 1992-1996 Theol. Fakultät Sibiu/Hermannstadt, 1993 Priesterweihe, 1999-2003 Studium Universität Thessaloniki, seit 2003 Vikarbischof des Erzbistums von Deutschland, Zentral- und Nordeuropa mit Sitz in München, 2010 Dr. theol.

P. Prof. Dr. h. c. Hermann Schoenauer, Neuendettelsau (Bayern)

Rektor des Evang.-Luth. Diakoniewerkes Neuendettelsau
Mitherausgeber der Deutsch-Rumänischen Theologischen Bibliothek/DRThB

Geb. 1950 in Fürth (Franken). 1970-1977 Studium der ev. Theologie (Erlangen) und Diplom-Pädagogik (Bamberg), 1977–1987 Pfarrer in München und in Mittelfranken (Oberferrieden). 1987–1990 Konrektor und Abteilungsdirektor für Krankenhauswesen des Evang.-Luth. Diakoniewerkes Neuendettelsau, seit 1990 Rektor und Vorstandsvorsitzender (Direktorium) des Evang.-Luth. Diakoniewerkes Neuendettelsau, Vorsitzender des Stiftungsvorstandes der Stiftung Altenhilfe, der Stiftung Kinder und Jugendliche, der Löhe-Kulturstiftung, des Ökumenischen Geistlichen Zentrums, Mitglied im Stiftungsvorstand der Stiftung Diakonische Schwestern- und Brüderschaft u. a., Mitglied in der Diakonischen Konferenz des Diakonischen Werks der Evangelischen Kirche in Deutschland/EKD, Lehrauftrag für Diakoniewissenschaft an der Augustana-Hochschule Neuendettelsau, Univ.-Prof. an der Rumänisch-Deutschen Universität Sibiu/Hermannstadt und Ehrensenator, Vorstandsmitglied der Stiftung Bavaria-Romania. 2008 Dr. h. c. (Ovidius-Universität, Konstanza/Rumänien).

P. Dr. Jürgen Henkel,

Akademieleiter a. D., Kirchengemeinde Selb-Erkersreuth (Bayern)
Gründungsherausgeber und Schriftleiter Deutsch-Rumänische Theologische Bibliothek/DRThB

Geb. 1970 in Bad Windsheim (Franken), Pfarrer, Journalist, Publizist, Übersetzer. 1989/90 Mitglied der Redaktion der *Windsheimer Zeitung*. 1990-1997 Studium der ev. Theologie Universität Erlangen und Protestantisch-Theologisches Institut Hermannstadt/Sibiu (Rumänien). 1998-2001 Promotionsstudium, 2001 Dr. theol. Universität Erlangen. Seit 1988 auch als Journalist tätig. 2001-2003 Vikar in Brand bei Marktredwitz, 2003 Ordination zum Pfarrer. 2003-2008 Akademieleiter der Evangelischen Akademie Siebenbürgen/EAS in Hermannstadt/Sibiu, Gemeindepfarrer auf der Kleinen Kokel/Siebenbürgen, Lehrauftrag für Ökumenische Sozialethik an der Fakultät für Orthodoxe Theologie Sibiu. Seit 2008 Gemeindepfarrer in Selb-Erkersreuth (Bayern).

P. Prof. Dr. Dr. h. c. Cornelius Petrus Mayer OSA,
Würzburg (Bayern)

Zentrum für Augustinus-Forschung/ZAF in Würzburg

Geb. 1929 in Pilisborosjenö (dt. Weindorf, Ungarn), Augustiner. 1950-1955 Studium der Philosophie und Theologie an der Julius-Maximilians-Universität Würzburg. 1955 Priesterweihe in Würzburg. 1955-1965 Präfekt und Direktor des Klosterseminars St. Augustin Würzburg. 1968 Dr. theol. Universität Würzburg, 1973 Habilitation ebd. 1979-1996 Professor für Systematische Theologie an der Universität Gießen. Seit 1979 Hauptherausgeber des

Augustinus-Lexikons. 1981-1983 Erstellung der ersten elektronischen Edition aller Werke Augustins, ab 1996 Erstauflage dieser Edition als Corpus Augustinianum Gissense a Cornelio Mayer editum. 2001 Gründer des Zentrums für Augustinus-Forschung/ZAF in Würzburg, und bis 2012 dessen wissenschaftlicher Leiter. Herausgeber der Reihe Cassiciacum 39 (= Res et signa 1-10).

M. Dr. Michaela Puzicha OSB,
Abtei Varensell (Westfalen/Deutschland)

Leiterin des Instituts für Benediktinische Studien, Salzburg

Sr. Dr. theol. Michaela Puzicha, Benediktinerin, trat nach ihrem Abitur in die Abtei der Benediktinerinnen von Varensell in Westfalen ein. Ab 1970 studierte sie Katholische Theologie in Münster und schloss 1977 mit der Promotion im Fach Alte Kirchengeschichte und Patristik ab. Seit 2000 Leiterin des Instituts für Benediktinische Studien/IBS in Salzburg. Zahlreiche Publikationen zur Benediktsregel.

P. Univ.-Prof. Dr. Iosif Bisoc OFMConv,
Kloster Roman (Bistum Iași/Rumänien)

Katholisch-Theologisches Institut der Franziskaner mit Universitätsgrad, Roman

Geb. 1968 in Brăila (Rumänien), Franziskaner-Konventuale. 1990 Eintritt in den der Orden der Franziskaner-Konventualen, Provinz »Hl. Josef« Rumänien, 1991-1995 Studium am Katholisch-Theologischen Institut der Franziskaner Roman, 1995 Ewige Profess. 1995-1998 Studium Päpstliche Fakultät St. Bonaventura der Franziskanerkonventualen in Rom, dort Masterat. 1997 Priesterweihe. 1998-2003 Promotionsstudium in Rom und Bukarest, 2003 Dr. theol. Universität Bukarest. Seit 2007 Univ.-Prof. am Katholisch-Theologischen Institut der Franziskaner Roman für Bibelwissenschaften (Altes Testament) und Ökumenik.

Abt Archimandrit Michael Karl Proházka OPraem,
Stift Geras (Österreich)

Geb. 1956 in Wien, Prämonstratenser-Chorherr, 57. Abt der Prämonstratenserabtei Stift Geras im Waldviertel. Studium der Theologie, Philosophie, Psychologie und Völkerkunde in Wien, Freiburg i. Br. und Rom mit Schwerpunkt ostkirchlicher Liturgie. 1979 Eintritt in den Prämonstratenorden (Stift

Geras). 1983 Priesterweihe, Priester des lateinischen wie des byzantinischen Ritus. Danach Seelsorger in mehreren Klosterpfarren und Religionslehrer an weiterführenden Schulen. 2004/2005 Vizerektor am Collegium Orientale, einem ökumenisch ausgerichteten Priesterseminar für Studenten aus verschiedenen östlichen Schwesterkirchen in der Diözese Eichstätt (Bayern). 2005-2007 Prior in der Abtei. 2007 Wahl und Weihe zum Abt von Stift Geras. 2012 Ernennung zum Archimandriten durch Patriarch Gregorios III. Laham.

P. Antoine Lambrechts OSB,
Monastère de l'Exaltation de la Sainte Croix Chevetogne (Belgien)

Geb. 1955 in Antwerpen (Belgien), Benediktiner. Studium der Germanistik (Antwerpen), Slawistik (Leuven) und Theologie (Thessaloniki, Louvain-la-Neuve, Rom). Seit 1978 Mönch im Benediktinerkloster Chevetogne (Belgien). 1988 Priesterweihe. War Mitredaktor der Zeitschrift *Irénikon*, Gastpater und Prior. Heute ist er Bibliothekar und Verantwortlicher des Rundbriefes *Lettre de Chevetogne*. Publikationen im Bereich der Geschichte der orthodoxen Kirche und Spiritualität.

Father Dr. Michael Casey OSCO,
Tarrawarra Abbey, Melbourne (Australien)

Michael Casey ist ein bekannter Trappist in der australischen Abtei Tarrawarra bei Melbourne. 1960 Eintritt in die Abtei. Studium am Melbourne College of Divinity (1980 Dr. theol.) und an der Katholischen Universität Leuven. 1988-2002 Prior der Abtei. In zahlreichen Veröffentlichungen und Kursen vermittelt er die geistlichen Traditionen der Klöster und des benediktinischen Mönchtums einem internationalen Publikum.

Abt Dr. Maximilian Heim OCist,
Zisterzienserabtei Stift Heiligenkreuz (Österreich)

Geb. 1961 in Kronach (Franken), Zisterzienser. Studium an der Universität Augsburg und an der Phil.-Theol Hochschule Heiligenkreuz, seit 1983 Zisterzienser von Heiligenkreuz. 1987 Sponsion zum Magister theologiae an der Universität Wien, 1988 Priesterweihe und Klosterneugründung in Bochum-Stiepel. 1996-2004 Novizenmeister im Stift Heiligenkreuz, 1999-2004 Prior des Stiftes. Als Novizenmeister war er unter anderem auch verantwortlich für die Ausbildung des Ordensnachwuchses der wiederbelebten tschechischen Klöster Hohenfurth und Ossegg. Doktoratsstudium an der Ruhr-Universität Bochum und an der Karl-Franzens-Universität Graz, 2003 Dr. theol., 2003-

2011 Lehrauftrag für Fundamentaltheologie an der Heiligenkreuzer Hochschule. Seit 2011 68. Abt von Heiligenkreuz und Großkanzler (Magnus Cancellarius) an der Philosophisch-Theologischen Hochschule Benedikt XVI. Heiligenkreuz.

Abt Protosingel Dr. Nectarie Petre,
Kloster Crasna (Erzbistum Bukarest/Rumänien)

Geb. 1980 in Vălenii de Munte (Kreis Prahova) mit dem Geburtsnamen Nicolae Petre. 1996-2001 Theologisches Seminar Kloster Cernica, 2002-2012 Studium und Promotion am Institut St. Serge (Frankreich), 2012 Dr. theol. Mit 16 Jahren Eintritt ins Kloster Crasna, 2000 Mönchsweihe und Mönchsname Nectarie, 2006 Weihe zum Priestermönch. 2009 Wahl zum Abt des Klosters von Crasna, 2010 Weihe zum Abt. 2013 Weihe zum Protosingel.

P. Prof. Dr. theol. Dr. phil. Michael Plattig OCarm,
Münster (Deutschland)

Geb. 1960 in Fürth (Franken), Karmelit, Studium in Bamberg und Wien, Priesterweihe 1986, Dr. theol. 1994 Universität Wien, 1995-1999 Geistlicher Rektor des Cusanuswerkes in Bonn, 1995-2002 Geschäftsführer der Arbeitsgemeinschaft Theologie der Spiritualität (AGTS), Dr. phil. 1998 FU Berlin, Professor für Theologie der Spiritualität an der Philosophisch-Theologischen Hochschule Münster, Leiter des Instituts für Spiritualität an der Hochschule, Spiritual der Mauritzer Franziskanerinnen, seit 1999 Mitglied von SDI (Spiritual Directors International) mit verschiedenen Aufgaben, u.a. in der »Task force« zur Evaluation von Ausbildungsgängen für Geistliche Begleiter/innen, 2001-2008 Mitglied des »Advisory Boards« für das Institute for Spirituality in Manila/Philippinen, Mitglied des Institutum Carmelitarum Rom, Gastprofessor am Institut für Psychologie an der Päpstlichen Universität Gregoriana in Rom und am Institut für Spiritualität an der Päpstlichen Universität Antonianum in Rom.

P. Archimandrit Univ.-Dozent Dr. Teofil Tia,
Metropolie von Klausenburg (Rumänien)

Geb. 1971 în Ocna-Mureş (Kreis Alba). 1988-1992 Orthodoxes Theologisches Seminar Cluj-Napoca, 1992-1996 Orthodoxe Theologische Fakultät Sibiu und 1996-2000 Pastoral-Theologisches Institut Padua. 2000 Weihe zum Priestermönch, 2001 Mönchsweihe und Weihe zum Archimandrit. 2001 Dr. theol. Universität Sibiu. 2000-2012 Dozent der Universität Alba Iulia, seit 2012 Universität Babeş-Bolyai Cluj-Napoca. 2004-2008 Wissenschaftlicher Sekretär und 2008-2012 Prodekan der Fakultät für Orthodoxe Theologie Alba Iulia. Seit 2012 Spiritual der Fakultät für Orthodoxe Theologie Cluj-Napoca und Priester an der Metropolitankathedrale Cluj-Napoca. 2002-2012 Kanzler der Erzbischöflichen Kanzlei Alba Iulia und Priester an der Kathedrale *Reîntregirii* Alba Iulia. 16 Buchveröffentlichungen (darunter eine Trilogie in italienischer Sprache), zahlreiche wissenschaftl. Studien. Mitglied im Oberkonsistorium für Angelegenheiten des Mönchtums des Rumänischen Patriarchats.

Abt Archimandrit Melchisedec Velnic,
Kloster Putna (Erzbistum Suceava/Rumänien)

Klosterexarch des Erzbistums von Suceava und Rădăuți (Rumänien)

Geb. 1961 in Ceplenița (Kreis Iași) unter dem Geburtsnamen Mihai. Theologisches Seminar Kloster Neamț 1979-1984, Studium der Theologie am Theologischen Institut mit Universitätsgrad Bukarest zwischen 1985-1989[1]. 1989 Eintritt ins Kloster Putna und Mönchsweihe, Mönchsname Melchisedek. 1990 Weihe zum Priestermönch und Protosingel. 1992 Wahl und Installation zum Abt des Klosters Putna, 1993 Weihe zum Archimandriten. Seit 1997 Klosterexarch des Erzbistum von Suceava und Rădăuți.

P. Univ.-Dozent Dr. Ştefan Acatrinei OFMConv,
Kloster Roman (Bistum Iași/Rumänien)

Katholisch-Theologisches Institut der Franziskaner mit Universitätsgrad, Roman

Geb. 1966 in Nicolae Bălcescu (Kreis Bacău/Rumänien), Franziskanerkonventuale. 1990 Eintritt in den Orden der Franziskanerkonventualen, Provinz »Hl. Josef« in Rumänien, 1995 Ewige Profess. 1996 Absolvent Päpstliche Fakultät »St. Bonaventura« der Franziskanerkonventualen in Rom. 1996-1998 dort und an der Päpstlichen Universität »Antonianum« Masterats-Studium. 1997 Priesterweihe. 1998-2000 Studium Päpstliche Fakultät »St. Bonaventura«, 2000-2003 Promotionsstudium Universität Bukarest, dort Dr. theol.; weitere Studien an der Päpstlichen Universität »Gregoriana« in Rom, 2012

---

[1] Die Theologischen Fakultäten der Orthodoxen Kirche wurden nach der kommunistischen Machtergreifung in Rumänien aufgelöst, nur die Fakultäten in Bukarest, Cluj-Napoca/Klausenburg und Sibiu/Hermannstadt blieben als Theologische Institute mit Universitätsgrad bestehen. 1952 musste Cluj-Napoca mit Sibiu fusionieren. Nach 1989 konnten die Fakultäten wieder aufgebaut werden. Vgl. J. Henkel, *Einführung in Geschichte und kirchliches Leben der Rumänischen Orthodoxen Kirche*, Berlin 2006 (= FOTh Bd. 6), S. 30-41.

dort weiteres Masterat (Spiritualität). Seit 1998 Universitätslektor am Katholisch-Theologisches Institut der Franziskaner in Roman; derzeit Univ.-Dozent (Conf. univ.). 2000-2008 Provinzialvikar der Ordensprovinz »Hl. Josef« Rumänien.

P. Archimandrit Vartolomeu Androni,
Abt Kloster Cozia (Erzbistum Râmnic/Rumänien)

Klosterexarch Erzbistum Râmnic

Geb. 1952 in Latinu unter dem Geburtsnamen Valeriu Androni (Kreis Brăila, Rumänien). 1971 Eintritt Kloster Cozia. 1975-1980 Theologisches Seminar Craiova, 1981-1985 Theologisches Institut mit Universitätsgrad Bukarest, 1986 Weihe zum Priestermönch. 1988-1993 Promotionsstudium am Theologischen Institut mit Universitätsgrad Sibiu und Theologische Fakultät Cluj Napoca. 1990-1994 Studium in Regensburg (Katholische Fakultät und Ostkirchliches Institut/OKI), 1992 Gastsemester in Besancon/Frankreich. 2.-29. Oktober 1994 Beobachter der Rumänischen Orthodoxen Kirche bei der IX. Generalversammlung der Synode der Bischöfe der Katholischen Kirche im Vatikan. 1995 Weihe zum Archimandriten. Seit 2000 Wahl und Weihe zum Abt des Klosters Cozia; Klosterexarch des Erzbistums Râmnic.

P. Archimandrit Mihail Daniliuc,
Igumen des Klosterskits Voividenia des Klosters Neamţ (Erzbistum Iaşi/Rumänien)

Geb. 1975 in Erbiceni (Kreis Iaşi). 1995-2000 Theologisches Seminar Kloster Neamţ, 2000-2005 Studium der orth. Theologie in Iaşi, 2005-2007 Masterstudium. Nach der Schulausbildung Eintritt in das Klosterskit Voividenia des Klosters Neamţ, 1995 Mönchsweihe, Mönchsname Mihail. 1998 Weihe zum Priestermönch, 2006 Protosingel, 2008 Archimandrit, seit 2007 Igumen des Klosterskits Voividenia des Klosters Neamţ (Erzbistum Iaşi/Rumänien). Gründungsvorsitzender der Kulturvereinigung Voividenia-Neamţ.

Altabt Dr. Burkhard Ellegast OSB, Stift Melk (Österreich)

Geb. 1931 in Melk, Benediktiner. Nach dem Besuch des Stiftsgymnasiums Melk trat er 1951 in den Konvent ein. Nach dem Noviziat studierte er bis 1956 Theologie an der Universität Salzburg, 1956 Priesterweihe in der Stiftskirche Melk. Nach einem Lehramtsstudium für Latein und Griechisch 1963 Dr. phil. an der Universität Wien, danach Gymnasialprofessor und als Novizenmeister tätig. 1975-2001 66. Abt des Stiftes Melk. Zunächst auf eine Amtszeit von zwölf Jahren gewählt, wurde er 1987 und 1999 als Abt bestätigt. Ellegast war Initiator einer umfassenden Restaurierung des Stiftes, die zwanzig Jahre andauerte. 2001-2011 Vorsitzender der Monastischen Kommission der Österreichischen Benediktinerkongregation.

Diakon Prof. em. Dr. Karl Christian Felmy,
Effeltrich (Bayern)

Geb. 1938 in Liegnitz (Schlesien). Theologiestudium in Münster und Heidelberg, 1969 Promotion zum Dr. theol. in Münster, 1981 Habilitation in Erlangen. 1882-1985 Professor für Konfessionskunde in Heidelberg, 1985-2003 o. Professor für Geschichte und Theologie des christlichen Ostens in Erlangen. 2005 Dr. h.c. der Moskauer Geistlichen Akademie. 2008 Dr. h. c. der Theologischen Fakultät Bukarest. Seit 2007 Glied der Russischen Orthodoxen Kirche (Moskauer Patriarchat) mit dem Namen Vasilij. 14. September 2012 Weihe zum Diakon für die Kirche der hl. und sel. Ksenija von St. Petersburg in Nürnberg.

P. Prior Dr. Franziskus (Christoph) Joest,
Jesus-Bruderschaft Gnadenthal (Deutschland)

Geb. 1949, 1969–1975 Studium der Evangelischen Theologie in Erlangen und in Hamburg, nach dem Vikariat 1978 zum Pfarrer der Evangelischen Kirche in Hessen und Nassau ordiniert. 1994 Dr. theol. an der Jesuiten-Hochschule Sankt Georgen in Frankfurt am Main (Thema: »Spiritualität evangelischer Kommunitäten. Altkirchlich–monastische Tradition in der Spiritualität evangelischer Kommunitäten von heute« (veröffentlicht 1995). Seit 1973 zölibatärer Bruder in der Jesus-Bruderschaft Gnadenthal. Ausbildung in Exerzitienbegleitung. Spiritual im »Haus der Stille« in Gnadenthal. Seit 1999 Prior des Brüderzweiges der Jesus-Bruderschaft.

Abt Filip Zdeněk Lobkowicz,
Stift Teplá/Tepl (Bistum Pilsen/Tschechien)

Geb. 1954 in Pilsen. 1973-1975 Bibliothekarsausbildung in Prag, 1975-1979 Studium der Bibliothekarswissenschaft an der Karls-Universität Prag. 1979-1980 Militärdienst. 1980-1990 Nationalmuseum Prag (Bibliothek). 1976 Eintritt in den Prämonstratenser-Orden und heimliches Studium der Theologie. 1990 Priesterweihe, 1990 in der Seelsorge in Mariánské Lázně/Marienbad und Umgebung, 1995-1997 Seelsorger im Stift Tepl und Umgebung, 1997-2003 Pfarrer in Eger/Cheb, 2003-2011 Pfarrer in Marienbad. 2011 Wahl und Weihe zum Abt des Prämonstratenser-Stifts Tepl.

Inge Bosl/Äbtissin Maria Petra Articus OCist,
Abtei Seligenthal, Landshut (Bayern)

Inge Bosl, geboren 1935, ist pensionierte Studiendirektorin und hat an der Universität in München Geschichte, Geographie, Deutsch, politische Wissenschaft studiert.

Maria Petra Articus OCist, geboren 1948 in Husum, Zisterzienserin. Studierte in Freiburg im Breisgau schon als Ordensfrau Sozialpädagogik und Religionspädagogik. Eintritt ins Kloster 1969, Profess 1971, dann bis 2002 Unterricht an der Fachakademie für Sozialpädagogik, seit 1999 Äbtissin der Abtei Seligenthal.

Abt Archimandrit Vasile Crişan,
Kloster »Sf. M. Mc. Dimitrie Izvorâtorul de mir«
Dumbrava (Erzbistum Alba Iulia/Rumänien)

Geb. 1967 unter dem Geburtsnamen Teodor in Marişel (Kreis Cluj). Theologisches Seminar Cluj-Napoca, Studium Theologische Fakultät Piteşti, 1986-1989 Mitarbeiter im orthodoxen Bischofsamt Alba Iulia, 1990 Priesterweihe, 1995 Kreuztragender Erzpriester. 1996 Gründer des Klosters von Dumbrava, Gemeinde Unirea, Kreis Alba, mit angeschlossenem Sozialzentrum (Kinderheim, Familienbetreuung, Betreuung alleinerziehender Mütter, Förderschule, Altenheim), 2000 Weihe der Klosterkirche. 2004 Mönchsweihe, Weihe zum Protosinghel und Archimandrit.

P. Dr. Manfred Entrich OP,
Dominikanerkonvent Düsseldorf (Deutschland)

Geschäftsführer des Institutes für Pastoralhomiletik/IPH Düsseldorf

Geb. 1943 in Göttingen, Dominikaner. Lehre als Fernmeldehandwerker, 1968 Eintritt in den Dominikaner-Orden. Studium der Kath. Theologie u. a. am Ordensinstitut in Walberberg, Priesterweihe 1972. Studium der Sozialpädagogik in Köln, dort Jugendseelsorger. 1979 Prior des Konventes St. Andreas in Köln, Promotion. Ausbildungsleiter am Institut der Orden (IMS), danach Dozent für Homiletik (Predigtlehre) am Priesterseminar der Erzdiözese Köln und an der Universität Bonn. 1996-2010 (Zentralstellen-)Leiter des Bereiches Pastoral im Sekretariat der Deutschen Bischofskonferenz berufen. Mitbegründer und Geschäftsführer des Instituts für Pastoralhomiletik/IPH Düsseldorf. (www.pastoralhomiletik.de)

P. Protosingel Arsenie Hanganu,
Kloster Cetățuia (Erzbistum Iași/Jassy, Rumänien)

Geb. unter dem Namen Adrian Constantin 1974 in Beceni (Kreis Buzău). Eintritt ins Kloster Horaița (Kreis Neamț) 1993, 1994 Mönchsweihe und Mönchsname Arsenie. 1995 Wechsel ins Kloster Cetățuia (Kreis Iași/Jassy). 1997 Weihe zum Priestermönch. 2008 Weihe zum Protosingel. 1995-2000 Studium Orthodoxe Theologische Fakultät »Dumitru Stăniloae« Iași, 2000-2005 Studium der Literaturwissenschaft Universität Iași, 2006-2008 Masterat Orthodoxe Theologische Fakultät »Dumitru Stăniloae« Iași. Seit 2006 Igumen des Klosters Cetățuia (Erzbistum Iași).

Abt Hermann-Josef Kugler OPraem,
Abtei Windberg (Bayern)

Geb. 1966 in Lauingen an der Donau (Bayern), Prämonstratenser-Chorherr. Abt der Prämonstratenserklöster Windberg und Roggenburg. Hermann Josef Kugler trat nach seinem Abitur 1985 als Novize in das Kloster Windberg der Prämonstratenser-Chorherren ein. Er studierte Theologie an der Katholischen Universität Eichstätt und der Universität Augsburg. 1988 zog er ins Kloster Roggenburg, offiziell Priorat der Abtei Windberg, und legte 1989 die Ewige Profess ab. 1992 Priesterweihe in Windberg Er war zunächst Benefiziumsvikar, ab 1996 Pfarradministrator in Weißenhorn. 1998 wurde er Dekan von Neu-Ulm, ab 2003 Regionaldekan der Region Neu-Ulm. Am 9. November 2003 wurde er zum 47. Abt der Prämonstratenserabtei Windberg gewählt. Abtsweihe am 17. Januar 2004 durch Gerhard Ludwig Müller, Bischof von Regensburg. Seit 2010 Vorsitzender der Deutschen Ordensobernkonferenz (DOK), der offiziellen Vertretung aller römisch-katholischen Ordensgemeinschaften in Deutschland. Seit Januar 2011 ist Kugler Prior der bayerischen Ordensprovinz des Ritterordens vom Heiligen Grab zu Jerusalem. Seit 2006 Administrator der Prämonstratenserabtei Speinshart.

Br. Dr. Niklaus Kuster OFMCap,
Citykloster Olten (Schweiz)

Geb. 1962 in Eschenbach (SG, Schweiz), Kapuziner. Dozent an den Universitäten Luzern und Fribourg sowie an den Ordenshochschulen in Venedig, Madrid und Münster; Leiter spiritueller Reisen. Nach zwei Jahren Geschichtsstudium in Fribourg trat er 1984 in den Kapuzinerorden ein. Dem Noviziat in Solothurn folgte das Theologiestudium an den Universitäten Luzern und Fribourg. 1992-1996 studierte er franziskanische Spiritualität und

Geschichte an der päpstlichen Universität Antonianum in Rom, Promotion über den Gründer der Schweizer Caritas. Seit 2004 im Citykloster Olten, arbeitet er für die franziskanischen Kreise der Schweiz, gestaltet Kurse und Exerzitien. Autor mehrerer Sachbücher. 1998-2010 in den Leitungsgremien der Schweizer Kapuzinerprovinz, zuletzt als Provinzvikar.

Abt Dom Samuel OCSO,
Abtei Unserer Lieben Frau von Nový Dvůr (Tschechien)

Dom Samuel, Trappist. Im Jahr 1983 Eintritt in die Abtei Notre Dame de Sept-Fons (Frankreich). Novize bei Pater Nicolas, 1990 Priesterweihe. Danach Klosterprior. 2002 war er einer der Gründer des Klosters Unserer Lieben Frau von Novy Dvur (Tschechien). Prior des Klosters. Am 8. Dezember 2011 ist die Gemeinschaft, die auf den Ruinen der Atheismus aufblühte, Abtei geworden. Am selben Tag wählten die Brüder Dom Samuel zum Abt. Am 12. Dezember 2011 wurde er zum Abt geweiht.

Prior P. Franz Schwarz OSW,
Werningshausen (Thüringen/Deutschland)

Priorat St. Wigberti (OSW)

Geb. 1944 in Bad Kösen. Nach Verlust beider Eltern im Krieg 1947 adoptiert, aufgewachsen in der Nähe von Querfurt. Erlernen des Malerhandwerks. Nach einigen Stationen Diakonenausbildung in Thüringen, danach Studium der Theologie. 1973 Diakon in Werningshausen; Ordination zum Pfarrer und Gemeindedienst. In dieser Zeit entstand eine kleine Bruderschaft in Hermsdorf in Thüringen, die von der Staatssicherheit (Stasi) sehr beargwöhnt wurde. Weigerung der Mitgliedschaft bei den kommunistischen Jugendverbänden der Jugendpioniere und der »Freien Deutschen Jugend«/ FDJ, Verweigerung des Wehrdienstes aus Glaubensgründen. Neben Kirchenrenovierung in der Gemeinde Aufbau des kleinen lutherischen Klosters mit Unterstützung vieler Menschen vor Ort. Das lutherische Priorat St. Wigberti Werningshausen entwickelte sich seither zum geistlichen und ökumenischen Zentrum der Region. 2013 40. Jahrestag der Gemeinschaft. Pfarrer Franz Schwarz ist Prior und Apostolischer Vorsteher der Gemeinschaft.

Bischöflicher Rat Ipodiakon Nikolaj Thon,
Düsseldorf/Dortmund (Deutschland)

Geb. 1948 in Herne, orthodoxer Diplom-Theologe und Ipodiakon der Russischen Orthodoxen Kirche (Ständige Vertretung der Russischen Orthodoxen

Kirche, Düsseldorf). Bischöflicher Rat, seit ihrer Gründung 1994 Geschäftsführer der Kommission der Orthodoxen Kirche in Deutschland; seit der Gründung der Orthodoxen Bischofskonferenz in Deutschland 2010 deren Generalsekretär, zugleich deren Beauftragter für Fernseh- und Rundfunkarbeit. Von 1985 bis 2003 war er Schriftleiter der Zeitschrift für Ostkirchliche Kunst *Hermeneia*, seit 1997 ist er Redakteur des im Auftrag der Bischofskonferenz publizierten Informationsdienstes *Orthodoxie aktuell*.

(Zusammenstellung: Jürgen Henkel)

Abkürzungsverzeichnis

Ed.	Editura (rumänisch/italienisch: »Verlag«)
FF	Fonti Francescane
Fr.	Frater (lat.: »Bruder« für Ordens- oder Klosterbruder)
M.	Mater (lat.: »Mutter« – bei Äbtissinnen und hervorgehobenen Ordensschwestern)
OCarm	»Ordo Fratrum Beatae Mariae Virginis de Monte Carmelo« – Orden der Karmeliten
OCist	»Sacer Ordo Cisterciensis« – Orden der Zisterzienser
OCSO	»Ordo Cisterciensium Strictioris Observantiae« – Orden der Trappisten (Zisterzienser der strengen Observanz)
OFM	»Ordo Fratrum Minorum« – Orden der Franziskaner
OFMCap	»Ordo Fratrum Minorum Capuccinorum« – Orden der Kapuziner
OFMKonv	»Ordo Fratrum Minorum Conventualium« – Orden der Franziskaner-Konventualen
OP	»Ordo Fratrum Praedicatorum« – Orden der Dominikaner (Orden der Predigerbrüder)
OSA	»Ordo Sancti Augustini« – Augustiner-Orden
OSB	»Ordo Sancti Benedicti« – Benediktiner-Orden
OSW	Priorat St. Wigberti (Werningshausen, Thüringen, evangelisch-lutherisch)
P.	Pater/Priester (katholisch oder orthodox)
Pfr.	Pfarrer (evangelisch)
RB	Regel des hl. Benedikt
Sr.	Soror (lat.: »Schwester« für Ordens- bzw. Klosterschwester)

Danksagung

Es ist mir eine Freunde und Ehre zugleich, dass aus Anlass meines 65. Geburtstages dieser Band erscheint, der sich ganz speziell dem Mönchtum, Ordens- und Klosterleben in Ost und West widmet. Für unsere in Geschichte und Gegenwart so stark von monastischer Spiritualität geprägte Orthodoxe Kirche bildet das Mönchtum das geistliche Rückgrat. Ein alte Weisheit des asketischen Lebens besagt: »Theologe ist, wer betet.« Auch wenn es vielfältige vom Heiligen Geist gewirkte Ausprägungen des geweihten Lebens in Ost und West gibt, wie dieser Band in einer aktuellen Schau eindrucksvoll belegt, so ist doch das Gebet für Männer und Frauen, die sich entschlossen haben, ihr Leben ganz Gott zu weihen und nach den Evangelischen Räten zu leben, die Mitte des eigenen Glaubenslebens und das Herzstück der eigenen Existenz vor Gott. Im Gebet stehen wir in der Verbindung mit Gott, das Gebet bringt uns Gott näher und vereint uns als Geschöpf mit dem Schöpfer. Für Männer und Frauen des geweihten Lebens wird das regelmäßige Gebetsleben im persönlichen Gebet wie im Gebet der Gemeinschaft zum geistlichen Lebensrhythmus. Umso mehr freut es mich, dass sich so viele Autorinnen und Autoren hier gerade zum geweihten Leben in der Orthodoxen Kirche und der Westkirche äußern, das vom Gebet lebt.

Ich bin für dieses Buch sehr dankbar und möchte diesen meinen Dank vor allem denen übermitteln, die das Erscheinen des Bandes möglich gemacht haben. Unser herzlicher Dank gilt vor allem:

- den Brüdern im bischöflichen Amt aus vier Kirchen, den Äbten und Angehörigen aus neun katholischen Ordensgemeinschaften, katholischen und orthodoxen Klöstern sowie evangelischer Gemeinschaften wie auch weiterer Theologen aus insgesamt sieben Ländern, die Beiträge zu diesem Band beigesteuert haben;

- unserem langjährigen Persönlichen Referenten, Berater, Übersetzer und Freund Pfarrer Dr. Jürgen Henkel, dem Initiator und Gründungsherausgeber der »Deutsch-Rumänischen Theologischen Bibliothek/DRThB«, der die Idee und Initiative zu diesem Buch hatte, davon die hier versammelten Autorinnen und Autoren wie auch die Förderer überzeugt, dieses Projekt konkret mit Monsignore Dr. Nikolaus Wyrwoll gemeinsam entwickelt und in den letzten Monaten unermüdlich an diesem Buch gearbeitet hat;

- Monsignore Dr. Nikolaus Wyrwoll, Päpstlicher Ehrenprälat, dem Mitherausgeber dieses Bandes und früheren Leiter des Ostkirchlichen Instituts/OKI in Regensburg, zu dem wir nicht nur besonders herzliche, freundschaftliche und brüderliche Beziehungen haben, sondern mit dem uns auch immer die dankbare Erinnerung an unsere ersten Jahre in Deutschland verbinden, als unsere Metropolie im Ostkirchlichen Institut ihren Sitz hatte;

– den Herausgebern der »Deutsch-Rumänischen Theologischen Bibliothek/DRThB« für die Aufnahme des Bandes in die Buchreihe;

– dem Schiller-Verlag und Herrn Verleger Anselm Roth für die Produktion der Druckvorlage und den Vertrieb des Buches;

– dem Verband der Diözesen Deutschlands/VDD, der Diakonie Neuendettelsau und der Deutschen Ordensobernkonferenz für die Druckkostenzuschüsse, ohne die dieser Band nicht hätte gedruckt werden können, sowie

– dem Mitbruder im Hirtenamt, S. E. Bischof Dr. Gerhard Feige (Magdeburg) für die freundlichen Worte zum Geleit.

Ich darf nach nun fast 20 Jahren des Dienstes als Metropolit der Rumänischen Orthodoxen Metropolie von Deutschland, Zentral- und Nordeuropa für alle Offenheit und die Weite aller Herzen danken, die ich hier immer spüren durfte. Mein besonderer Dank gilt der Politik in Deutschland. Wir wurden bereits in mehreren Ländern als Körperschaft des Öffentlichen Rechts, zuerst in Bayern, dann in Baden-Württemberg, in Hessen und im Saarland. Und ich danke an dieser Stelle ausdrücklich der Römisch-Katholischen Kirche in Deutschland und der Evangelisch-Lutherischen Kirche in Deutschland. Beide Kirchen haben unser Wirken und unsere Rumänische Orthodoxe Metropolie für Deutschland, Zentral- und Nordeuropa seit Beginn genauso großzügig wie großherzig unterstützt und damit dazu beigetragen, dass unsere Metropolie hier zu einer lebendigen Kirche in der Diaspora werden konnte. Viele unserer Gemeinden feiern in katholischen oder evangelischen Kirchen ihre Gottesdienste.

Ich bete zum Dreifaltigen Gott, unserem Herrn, dass unser gemeinsames Zeugnis vom Heil im Auferstandenen Herrn Jesus Christus alle Menschen zu Gott führt, dem Schöpfer, Bewahrer und Vollender des Lebens, von Dem allein uns das Heil zukommt.

Nürnberg, 10. Juli 2013
† Metropolit Serafim

Deutsch-Rumänische Theologische Bibliothek/DRThB

Gründungsherausgeber und Schriftleiter

- Pfr. Dr. **Jürgen Henkel** (Selb/Hermannstadt)
- Ao. Prof. Dr. **Radu Preda** (Orthodoxe Theologische Fakultät, Universität Cluj-Napoca)

Die *Deutsch-Rumänische Theologische Bibliothek* (DRThB) widmet sich der Veröffentlichung wichtiger theologischer Literatur auf Deutsch und Rumänisch. Relevante Werke der rumänischsprachigen und deutschsprachigen Theologie werden in die jeweils andere Sprache übersetzt. Dazu zählen bisher unzugängliche Klassiker oder Standardwerke genauso wie wichtige Arbeiten der theologischen Gegenwartsliteratur in beiden Sprachen. Die zweisprachigen deutsch-rumänischen Sammelbände sollen den aktuellen akademischen Diskurs bereichern.

Abteilungen:

Abteilung I:	**Documenta**	(Sammelbände, Lexika und Dokumentationen)
Abteilung II:	**Historica**	(Abhandlungen zur Kirchengeschichte, Patristik und wissenschaftliche Ausgaben historischer Texte und Werke)
Abteilung III:	**Dogmatica**	(Abhandlungen zu Dogmatik, Moraltheologie, Soziallehre und -theologie, Ethik und Spiritualität)
Abteilung IV:	**Diaconica**	(Abhandlungen zu Diakoniewissenschaft und Sozialwirken der Kirche)
Abteilung V:	**Practica**	(Abhandlungen zu Pastoraltheologie, Religionspädagogik, Liturgik und Kirchenrecht).

Herausgeberkreis:

- S. E. **Erzischof Prof. Dr. Gerhard Ludwig Müller**, Rom
- S. E. **Metropolit Dr. Serafim Joantă** von Deutschland, Zentral- und Nordeuropa (Nürnberg)
- S. E. Bischofsvikar Pfr. Dr. **Daniel Zikeli** (Evangelische Kirche A. B. in Rumänien, Bukarest).
- Pfr. ao. Prof. Dr. **Daniel Benga** (Orthodoxe Theologische Fakultät der Universität Bukarest)
- Pfr. Univ.-Lektor Dr. **Daniel Buda** (Orthodoxe Theologische Fakultät der Lucian-Blaga-Universität Hermannstadt/Genf)
- Pfr. Prof. Dr. **Nicolae Dura** (Kirchliche Pädagogische Hochschule Wien-Krems)
- Univ.-Dozent Pfr. Dr. **Lucian Farcaş** (Institut für Römisch-Katholische Theologie, Iaşi)
- Pfr. Prof. em. Dr. **Hermann Pitters** (Evangelisch-Theologische Fakultät der Lucian-Blaga-Universität Hermannstadt)

- Rektor Pfr. Prof. Dr. h. c. **Hermann Schoenauer** (Diakonie Neuendettelsau)
- Mons. Dr. Dr. h. c. **Albert Rauch** (Ostkirchliches Institut, Regensburg)

Bisher erschienen:

Bd. 1 Ulrich H. J. Körtner: Curs fundamental de etica îngrijirii
Bd. 2 Jürgen Henkel (Hg.): Kirchenstatut der Rumänischen Orthodoxen Kirche
Bd.3 Laurentiu Mitropolit von Siebenbürgen, Hermann Schoenauer, Jürgen Henkel
    (Hg.): Der Heilige Geist – unsere Heiligung / Sfântul Duh – Sfintirea noastra

www.schiller.ro

Biblioteca teologică germano-română/BTGR

Editori fondatori
- Pr. dr. **Jürgen Henkel** (Selb/Sibiu)
- Prof. asoc. dr. **Radu Preda** (Facultatea de Teologie Ortodoxă Cluj-Napoca)

Biblioteca teologică germano-română (BTGR) este dedicată publicării unor importante contribuții teologice în germană și română. Opere relevante ale teologiei românești și germane urmează să fie traduse dintr-o limbă în alta. Printre acestea, evident, se numără lucrări clasice, inaccesibile din rațiuni lingvistice, precum și pagini din literatura teologică recentă a celor două limbi. Publicarea bilingvă a referatelor reuniunilor științifice, precum și a volumelor colective, va îmbogăți discursul academic actual.

Secțiunile

Secțiunea I:	**Documenta**	(volume colective, dicționare și ediții de documente)
Secțiunea II:	**Historica**	(studii de istorie bisericească, patristică, ediții științifice de texte și opere istorice)
Secțiunea III:	**Dogmatica**	(studii de dogmatică, teologie morală, teologie socială, etică și spiritualitate)
Secțiunea IV:	**Diaconica**	(studii din domeniul științei diaconiei și al angajamentului social al bisericii)
Secțiunea V:	**Practica**	(studii de teologie pastorală, didactică religioasă, liturgică și drept canonic).

Editori
- E. S. Archepiscop prof. Dr. **Gerhard Ludwig Müller**, Roma
- Î. P. S. dr. **Serafim Joantă**, Mitropolit pentru Germania, Europa Centrală și de Nord, Nürnberg
- E. S. Pr. dr. **Daniel Zikeli,** Episcop-vicar al Biserici Evanghelice C. A. din România; București.
- Pr. conf. dr. **Daniel Benga,** Facultatea de Teologie ortodoxă, Universitatea București
- Pr. lector univ. dr. **Daniel Buda,** Facultatea de Teologie ortodoxă, Universitatea »Lucian Blaga« din Sibiu/Geneva
- Pr. prof. dr. **Nicolae Dura** (Kirchliche Pädagogische Hochschule Viena-Krems, Viena)
- Pr. lector univ. dr. **Lucian Farcaş**, Institutul Teologic Romano-Catolic, Iași
- Pr. prof. univ. em. dr. **Hermann Pitters,** Departamentul de Teologie protestantă, Universitatea „Lucian Blaga«, Sibiu
- Pr. prof. asoc. dr. h. c. **Hermann Schoenauer,** Rector, Diaconia Neuendettelsau
- Pr. dr. dr. h. c. **Albert Rauch**, Ostkirchliches Institut, Regensburg
-

BTGR vă mai oferă:

Forum Orthodoxe Theologie

hrsg. von Karl Christian Felmy (Erlangen) und Ioan I. Ică jr. (Sibiu)

Jürgen Henkel

Eros und Ethos

Mensch-gottesdienstliche Gemeinschaft und
Nation als Adressaten theologischer Ethik
bei Dumitru Staniloae. Mit einem Geleitwort
von Metropolit Serafim

Orthodoxer Theologie wird vorgehalten, ethische
Fragestellungen zu vernachlässigen. Am rumänischen Theologen Dumitru Stăniloae (1903 – 1993)
untersucht der Verfasser, inwieweit die orthodoxe
Spiritualität, die Liturgie und das volkskirchliche
Modell einer „orthodoxen Nation" auf Grundfragen des Lebens antworten. Mensch, gottesdienstliche Gemeinschaft und Nation kommen so
als Adressaten theologischer Ethik in den Blick.
Analysiert werden die das Denken Stăniloaes bestimmenden Traditionen, seine Methode und der
zeitgeschichtliche Kontext. Es entsteht eine neue
ethische Interpretation orthodoxer Theologie.
Die Arbeit wurde mit dem Förderpreis der
Südosteuropa-Gesellschaft 2002 ausgezeichnet.

360 S., 30,90 €, br., ISBN 3-8258-5904-5

Gesamtübersicht: www.lit-verlag.de *Gesamtverzeichnis und Fachkataloge senden wir Ihnen gerne zu.*

 **Verlag** Berlin – Hamburg – London – Münster – Wien – Zürich

Fresnostr. 2 D-48159 Münster Tel. 0251-62 032 22 Fax 0251-922 60 99 E-Mail: vertrieb@lit-verlag.de

Forum Orthodoxe Theologie
hrsg. von Karl Christian Felmy (Erlangen) und Ioan I. Ică jr. (Sibiu)

Jürgen Henkel

Einführung in Geschichte
und kirchliches Leben der
Rumänischen Orthodoxen Kirche

LIT   Forum Orthodoxe Theologie

Jürgen Henkel
**Einführung in Geschichte und kirchli-
ches Leben der Rumänischen Orthodoxen
Kirche**
Die Rumänische Orthodoxe Kirche ist mit rund 20
Millionen Gläubigen die zweitgrößte und gleichzeitig ökumenisch aufgeschlossenste orthodoxe
Kirche der Welt. Ihre geschichtlichen Wurzeln
reichen zurück bis ins vierte Jahrhundert. Als einzige Ostkirche mit romanischer Sprache bildet
sie eine wichtige Brücke zwischen Ost und West.
Der vorliegende Band bietet erstmals einen breit
angelegten Überblick über Geschichte, kirchliches
Leben und Spiritualität der Kirche, die sich nach
dem Umbruch von 1989 wieder in der Freiheit
entfalten kann und seither eine neue Blüte erlebt.
Die hier versammelten Beiträge und Studien fügen
sich zu einem Gesamtbild mit vielen Facetten.
208 S., 19,90 €, br.,
ISBN 978-3-8258-9453-5

Gesamtübersicht: www.lit-verlag.de   *Gesamtverzeichnis und Fachkataloge senden wir Ihnen gerne zu.*

 Verlag   Berlin – Hamburg – London – Münster – Wien – Zürich

Fresnostr. 2   D-48159 Münster   Tel. 0251-62 032 22   Fax 0251-922 60 99   E-Mail: vertrieb@lit-verlag.de

Ökumenische Studien / Ecumenical Studies

hrsg. von Prof. Dr. Ulrich Becker (Universität Hannover), Prof. Dr. Erich Geldbach (Marburg), Prof. Dr. Ulrike Link-Wieczorek (Universität Oldenburg), Prof. Dr. Gottfried Orth (TU Braunschweig, Ernst Lange-Institut Rothenburg) und Prof. Dr. Konrad Raiser (Genf/Berlin) in Verbindung mit dem Ernst Lange-Institut Rothenburg

NEUE BRÜCKEN
ODER
NEUE HÜRDEN?

Eine Bilanz der Dritten Europäischen
Ökumenischen Versammlung (EÖV3)

Herausgegeben von
Jürgen Henkel und Daniel Buda

LIT

Jürgen Henkel; Daniel Buda (Hrsg.)
Neue Brücken oder neue Hürden?
Eine Bilanz der Dritten Europäischen Ökumenischen Versammlung (EÖV3)
Vom 4. bis 9. September 2007 fand im siebenbürgischen Sibiu/Hermannstadt in Rumänien die
Dritte Europäische Ökumenische Versammlung
(EÖV3) statt, nach Basel (1989) und Graz (1997)
erstmals in einem orthodoxen Umfeld. Das vorliegende Buch bildet einen wichtigen Baustein zur
Rezeption dieser Versammlung in den europäischen Kirchen. 40 Kommentare von Teilnehmern
aus unterschiedlichen Kirchen und Ländern geben ein Meinungsbild wieder zu der Frage, ob die
EÖV3 neue Brücken bauen konnte oder neue Hürden auf dem Weg der Ökumene sichtbar wurden.
Vorangestellt sind informative Beiträge zur Geschichte dieser Form ökumenischer Versammlun-
gen sowie zu Konzeption und Ablauf der EÖV3.

Gesamtübersicht: www.lit-verlag.de   *Gesamtverzeichnis und Fachkataloge senden wir Ihnen gerne zu.*

 **LIT Verlag**   Berlin – Hamburg – London – Münster – Wien – Zürich

Fresnostr. 2   D-48159 Münster   Tel. 0251-62 032 22   Fax 0251-922 60 99   E-Mail: vertrieb@lit-verlag.de